마하반야바라밀다경 16

摩訶般若波羅蜜多經 16

마하반야바라밀다경 16
摩訶般若波羅蜜多經 16

三藏法師 玄奘 漢譯 | 釋 普雲 國譯

혜안

역자의 말
보운

    수행자의 삶은 출가(出家)와 재가(在家)의 경계선이 교차하는 지점에서 조화와 균형을 추구하는 의무가 뒤따르는 일상이 요구되는데, 어려운 선택의 갈림길에서 많은 고뇌를 일으키고 있다. 세간에 머무르는 하나의 존재로서 지나왔던 자취를 지우고자 노력할지라도 자신의 관념과는 다른 방향으로 진행되어 간다. 한 인간으로서 왕성한 활동을 추구하던 시절에 사유하였고 다른 사람에게 널리 권유하였던 신념도 어느덧 삶의 뒤안길을 쫓아가고 있고, 손쉽게 마주하였던 인연들도 이제는 가까이 다가갈 수 없는 그리움의 존재로 저기에서 손짓하는 듯하다.
    지금은 삶의 끝자락을 사유하고 이것에 알맞은 준비를 할 시간이 가까워졌다고 스스로에게 위안할지라도 그리운 존재들을 향하여 달려가는 마음의 끝자락은 집적된 수행력의 부족을 나타내는 것인가? 아니면 한 존재의 삶의 업력에 쌓아왔던 허물과 그릇된 사유를 통한 참회를 향한 한 줄기의 고뇌인가? 긴 역경의 시간이 쌓일수록 함께 따라다녔던 번민을 이제는 내던지라는 제불과 제보살들의 메아리인가? 아직은 나아가야 할 길이 멀다고 스스로에게 외치고 있으나, 사문으로서 소임에 충실할 남겨진 시간은 어느 정도인가? 복잡한 상념이 얽혀있는 현재는 상대를 향한 열정들도 많은 시간을 번민에 집착한 헛되고 공허한 망상이었다는 사유가 어리석은 나의 주위를 맴돌고 있다.
    수행의 과정에서 항상 굴곡의 진퇴가 있을지라도 지난 몇 개월의 시간을 돌이켜보니 지금까지의 삶에 가장 거칠었던 시간이었던 것 같다. 수행자로서 여러 장애의 일을 겪어왔고 번민도 많은 시간이었으나 그 가운에서도 지난 세상에서 지었던 인과의 매서움을 처연하게 느끼면서 시방의 불·보살들님과 나한님들의 무한한 가피(加被)가 얼마나 크고 소중한가를 다시 되새겨보는 시간이었다. 이생(異生)들이 기거하는 세간에서 안락하게 존재하기 위하여서는 지혜가 많이 필요하고 시절에 적절하게 따라서 행하는 지혜를 합리적으로 실천하는 과정이라고 매우 깊이 체험한 시간이었다.

  모든 인과는 이숙(異熟)되어 다음 생의 공간과 시간을 유전(流傳)하므로 세존께서는 윤회하는 유정들을 위하여 위대한 법문을 설하시어 지혜를 갖추도록 교계하셨고 인간세계에서 마지막까지도 인간을 위한 자비를 멈추시지 않았다. 인간은 누구나 삶의 목적을 가지고 태어난다고 일상적으로 말하고 있으나, 나의 관점에서는 인간은 진보(進步)하기 위하여 인간의 몸을 수용하고 세상에 발걸음을 내디뎠다고 사유하고 있다. 따라서 인간은 성불에 이르도록 매우 고귀한 존재로 나아가는 것이다. 누구나 삶의 장애와 고통이 있을지라도 미래의 진보를 위한 삶을 향하여 나아가기를 발원드린다.

  『마하반야바라밀다경』의 역경불사에는 많은 신심과 원력이 담겨있으나, 번역과 출판을 위하여 동참하신 사부대중들은 현세에서 스스로가 소원하는 소원에서 무한한 이익을 얻고, 세간에서 생겨나는 삼재팔난의 장애에서 벗어나기를 발원드리며, 이미 생(生)의 인연을 마치신 영가들께서는 아미타불의 극락정토에 왕생하시기를 발원드린다. 현재까지의 역경과 출판을 위하여 항상 후원과 격려를 보내주시는 은사이신 세영 스님과 죽림불교문화연구원의 사부대중들께 감사드리면서, 이 불사에 동참하신 분들께 불보살들의 가호(加護)가 항상 가득하기를 발원하면서 인사의 글을 마친다.

불기 2569년(2025) 10월에
서봉산 자락의 죽림불교문화연구원에서
사문 보운이 삼가 적다

출판에 도움을 주신 분들

이수빈	홍완표	손영덕	오해정	손연서	손영상
이지은	손민하	김양순	이계철	이인범	이이범
김옥자	이재윤	이리안	이지안	이국범	이혜범
박세권	박세종				
이민두靈駕	여 씨靈駕	이학헌靈駕	오입분靈駕	유혜순靈駕	이순범靈駕
손선군靈駕	우효순靈駕	김길환靈駕	손성호靈駕	손양웅靈駕	손성배靈駕

차 례

역자의 말 5

출판에 도움을 주신 분들 7

일러두기 13

해제(解題) 15

  1. 성립과 한역 15

  2. 설처(說處)와 결집(結集) 18

  3. 각 품(品)의 권수와 구성 20

제2분 第二分

마하반야바라밀다경 제451권 31

  56. 몽행품(夢行品) 31

  57. 원행품(願行品) 35

  58. 긍가천품(殑伽天品) 51

마하반야바라밀다경 제452권 55

  59. 습근품(習近品) 55

  60. 증상만품(增上慢品)(1) 71

마하반야바라밀다경 제453권　78
　　60. 증상만품(增上慢品)(2)　78

마하반야바라밀다경 제454권　101
　　60. 증상만품(增上慢品)(3)　101
　　61. 동학품(同學品)(1)　117

마하반야바라밀다경 제455권　126
　　61. 동학품(同學品)(2)　126
　　62. 동성품(同性品)(1)　138

마하반야바라밀다경 제456권　149
　　62. 동성품(同性品)(2)　149
　　63. 무분별품(無分別品)　153
　　64. 견비견품(堅非堅品)(1)　167

마하반야바라밀다경 제457권　172
　　64. 견비견품(堅非堅品)(2)　172
　　65. 실어품(實語品)(1)　188

마하반야바라밀다경 제458권　194
　　65. 실어품(實語品)(2)　194
　　66. 무진품(無盡品)　209

마하반야바라밀다경 제459권　217
　　67. 상섭품(相攝品)　217

마하반야바라밀다경 제460권　239
　　68. 교편품(巧便品)(1)　239

마하반야바라밀다경 제461권　262
　　68. 교편품(巧便品)(2)　262

마하반야바라밀다경 제462권　285
　　68. 교편품(巧便品)(3)　285

마하반야바라밀다경 제463권　310
　　68. 교편품(巧便品)(4)　310
　　69. 수유품(樹喩品)　315

마하반야바라밀다경 제464권　332
　　70. 보살행품(菩薩行品)　332
　　71. 친근품(親近品)　339
　　72. 변학품(遍學品)(1)　347

마하반야바라밀다경 제465권　358
　　72. 변학품(遍學品)(2)　358
　　73. 점차품(漸次品)(1)　377

마하반야바라밀다경 제466권　383
　　73. 점차품(漸次品)(2)　383
　　74. 무상품(無相品)(1)　398

마하반야바라밀다경 제467권　407
　　74. 무상품(無相品)(2)　407
　　75. 무잡품(無雜品)(1)　421

마하반야바라밀다경 제468권　429
　　75. 무잡품(無雜品)(2)　429

76. 중덕상품(衆德相品)(1) 443

마하반야바라밀다경 제469권 453
　　76. 중덕상품(衆德相品)(2) 453

마하반야바라밀다경 제470권 479
　　76. 중덕상품(衆德相品)(3) 479

마하반야바라밀다경 제471권 502
　　76. 중덕상품(衆德相品)(4) 502
　　77. 선달품(善達品)(1) 510

마하반야바라밀다경 제472권 525
　　77. 선달품(善達品)(2) 525

마하반야바라밀다경 제473권 547
　　77. 선달품(善達品)(3) 547
　　78. 실제품(實際品)(1) 551

마하반야바라밀다경 제474권 569
　　78. 실제품(實際品)(2) 569
　　79. 무궐품(無闕品)(1) 585

마하반야바라밀다경 제475권 591
　　79. 무궐품(無闕品)(2) 591

마하반야바라밀다경 제476권 614
　　80. 도사품(道士品) 614

마하반야바라밀다경 제477권 636
　81. 정정품(正定品) 636
　82. 불법품(佛法品) 652

마하반야바라밀다경 제478권 661
　83. 무사품(無事品) 661
　84. 실설품(實說品) 671
　85. 공성품(空性品) 686

제3분 第三分

마하반야바라밀다경 제3회 서문 693

마하반야바라밀다경 제479권 695
　1. 연기품(緣起品) 695
　2. 사리자품(舍利子品)(1) 706

마하반야바라밀다경 제480권 721
　2. 사리자품(舍利子品)(2) 721

일러두기

1. 이 책의 저본(底本)은 고려대장경(高麗大藏經) 1권부터 결집된 『마하반야바라밀다경(大般若波羅蜜多經)』이다.

2. 원문은 600권으로 구성되어 있으나 이 책에서는 각 권수를 표시하되 30권을 한 권의 책으로 편집하여 번역하였다.

3. 번역의 정밀함을 기하기 위해 여러 시대와 왕조에서 각각 결집된 여러 한역대장경을 대조하고 비교하며 번역하였다.

4. 원문은 현장 삼장의 번역을 충실하게 따랐으나, 반복되는 용어를 생략하였던 용어에서는 번역자가 생략 이전의 본래의 용어로 통일하여 번역하였다.

5. 원문에 나오는 '필추(苾芻)', '필추니(苾芻尼)' 등의 용어는 음사(音寫)이므로 현재에 사용하는 '비구(比丘)', '비구니(比丘尼)'라고 번역하였다.

6. 원문에서의 이전의 번역과는 다른 용어가 사용되고 있으므로 원문을 존중하여 저본의 용어로 번역하였다.
   예) 보시·지계·인욕·정진·선정·지혜바라밀다 → 보시(布施)·정계(淨戒)·안인(安忍)·정진(精進)·정려(靜慮)·반야바라밀다(般若波羅蜜多), 축생 → 방생(傍生), 아귀→ 귀계(鬼界)

7. 원문에서 사용되고 있으나, 현재의 용어와 많이 다른 경우는 현재 용어로 번역하였고, 생략되거나, 어휘가 변화된 용어도 현재의 용어를 사용하여 번역하였다.
   예) 루(漏) → 번뇌, 악취(惡趣) → 악한 세계, 여래(如來)·응(應)·정등각(正等覺) → 여래·응공·정등각, 수량(壽量) → 수명, 성판(成辦) → 성취

8. 원문에서 사용한 용어 중에 현재와 음가(音價)가 다르게 변형된 사례가 많이 발견된다. 원문의 뜻을 최대한 살려 번역하였으나 현저하게 의미가 달라진 용어의 경우 현재 사용하는 용어로 바꾸어 번역하였다.
   예) 우파색가(鄔波索迦)→ 우바색가, 나유다(那庾多)→ 나유타(那庾多)
9. 앞에서와 같이 동일한 문장이 계속하여 반복되는 경우에는 원문에서 내지(乃至)라는 용어가 사용되고 있는데, 현재의 의미로 해석하여 '…… 나아가 ……' 또는 '나아가'의 형태로 바꾸어 번역하였다.

해제(解題)

1. 성립과 한역

이 경전의 범명(梵名)은 Mahāprajñāpāramitā Sūtra이다. 모두 600권으로 결집되었고, 여러 반야부의 경전들을 집대성하고 있다. 선행연구에서 대략 AD.1~200년경에 성립되었다고 연구되고 있으며, 인도의 쿠샨 왕조 시대에 남인도에서 널리 사용되었다고 추정되고, 뒤에 북인도에서 대중화되었으며, 산스크리트어로 많은 부분이 남아있다.

본 번역의 저본은 고려대장경에 수록된 『대반야바라밀다경(大般若波羅蜜多經)』으로 당(唐)의 현장(玄奘)이 방주(方州)의 옥화궁사(玉華宮寺)에서 659년 또는 660년에 번역을 시작하여 663년에 번역한 경전이고, 당시까지 번역된 경전과 현장이 새롭게 번역한 경전들을 모두 함께 수록하고 있다.

중국에서 반야경의 유통은 동한(東漢)의 지루가참(支婁迦讖)이 역출(譯出)한 『도행반야경(道行般若經)』 10권을 번역하였던 것이 확인할 수 있는 최초의 사례이다. 이후에 삼국시대의 오(吳)나라 지겸(支謙)은 『대명도무극경(大明度無極經)』 6권으로 중역(重譯)하여 완성하였으며, 축법호(竺法護)는 『광찬반야바라밀경(光讚般若波羅蜜經)』 10권을 번역하였고, 조위(曹魏)의 사문 주사행(朱士行)이 감로(甘露) 5년(260)에 우전국(于闐國)에서 이만송대품반야범본(二萬頌大品般若梵本)을 구하여 무라차(無羅叉)와 함께 『방광반야바라밀경(放光般若波羅蜜經)』 20권으로 번역하였으며, 요진(姚秦)의 구마라집(鳩摩羅什)은 홍시(弘始) 6년(404)에 대품이만송(大品二萬頌)의 『마하반야바라밀경(摩訶般若波羅蜜經)』을 중역하였고, 홍시(弘始) 10년(408)에 『마하반야바라밀경(摩訶般若波羅蜜經)』과 『금강반야경(金剛般若經)』 등을 역출(譯出)하였으며, 북위(北魏) 영평(永平) 2년(509)에 보리유지(菩提流支)는 『금강반야경(金剛般若經)』 1권을 역출하였다.

용수보살이 주석한 대지도론에서는 "또 삼장(三藏)에는 올바른 30만의 게송(偈)이 있고, 아울러 960만의 설(言)이 있으나, 마하연은 너무 많아서 무량하고 무한하다. 이와 같아서 「반야바라밀품(般若波羅密品)」에는 2만2천의 게송이 있고, 「대반야품(大般若品)」에는 10만의 게송이 있다."라고 전하고 있고, 세친(世親)이 저술하고 보리유지가 번역한 『금강선론(金剛仙論)』에서는 "8부(八部)의 반야가 있는데, 분별한다면 『대반야경초(大般若經初)』는 10만의 게송이고, 『대품반야경(大品般若經)』은 2만 5천의 게송이며, 『대반야경제삼회(大般若經第三會)』는 1만 8천의 게송이고, 『소품반야경(小品般若經)』은 8천의 게송이며, 『대반야경제오회(大般若經第五會)』는 4천의 게송이고, 『승천왕반야경(勝天王般若經)』은 2천 5백의 게송이며, 『문수반야경(文殊般若經)』은 6백의 게송이고, 『금강경(金剛經)』은 3백의 게송이다."라고 주석하고 있다.

본 경전의 다른 명칭으로는 『대반야경(大般若經)』, 『대품반야경(大品般若經)』, 또는 6백부반야(六百部般若)라고 불린다. 6백권의 390품이고 약 4백6십만의 한자로 결집되어 있으므로 현재 전하는 경장과 율장 및 논장의 가운데에서 가장 방대한 분량이다.

반야경의 한역본을 살펴보면 중복되는 명칭이 경전을 제외하더라도 여러 소경(小經)의 형태로 번역되었던 것을 살펴볼 수 있다. 그 사례를 살펴보면 『방광반야경(放光般若經)』(20卷), 『광찬경(光贊經)』(10卷), 『마하반야바라밀경(摩訶般若波羅蜜經)』(27卷), 『도행반야경(道行般若經)』(10卷), 『대명도경(大明度經)』(6卷), 『마하반야초경(摩訶般若鈔經)』(5卷), 『소품반야바라밀경(小品般若波羅蜜經)』(10卷), 『불설불모출생삼법장반야바라밀다경(佛說佛母出生三法藏般若波羅蜜多經)』(25卷), 『불설불모보덕장반야바라밀경(佛說佛母寶德藏般若波羅蜜經)』(3卷),『성팔천송반야바라밀다일백팔명진실원의다라니경(聖八千頌般若波羅蜜多一百八名眞實圓義陀羅尼經)』,『승천왕반야바라밀경(勝天王般若波羅蜜經)』(7卷),『문수사리소설마하반야바라밀경(文殊師利所說摩訶般若波羅蜜經)』(2卷),『문수사리소설반야바라밀경(文殊師利所說般若波羅蜜經)』,『불설유수보살무상청정분위경(佛說濡首菩薩無上淸淨分衛經)』(2卷),『금강반야바라밀경(金剛般若波羅密經)』,『금강능단반야바라밀경(金剛能斷般若波羅蜜經)』,『불설능단금강반야바라밀다경(佛說能斷金剛般若波羅蜜多經)』, 『실상반야바라밀경(實相般若波羅蜜經)』,『금강정유가이취반야경(金剛頂瑜伽理趣般若經)』,『불설변조반야바라밀경(佛說遍照般若波羅蜜經)』, 『대락금강불공진실삼마야경(大樂金剛不空眞實三麽耶經)』,『불설최상근본대락금강불공삼매대교왕경(佛說最上根本大樂金剛不空三昧大敎王經)』(7卷),『불설인왕반야바라밀경(佛說仁王般若波羅蜜經)』(2卷),『인왕호국반야바라밀다경(仁王護國般若波羅蜜多經)』(2卷),『불설요의반야바라밀다경(佛說了義般若波羅蜜多經)』,『불설오십송성반야바라밀경(佛說五十頌聖般若波羅蜜經)』,『불설제석반야바라밀다심경(佛說帝釋般若波羅蜜多心經)』,『마하반야바라밀대명주경(摩訶般若波羅蜜大明呪經)』,『반야바라밀다심경(般若波羅蜜多心經)』,『보편지장반야바라밀다심경(普遍智藏般若波羅蜜多心經)』,『당범번대자음반야바라밀다심경(唐梵飜對字音般若波羅蜜多心經)』,『불설성불모반야바라밀다경(佛說聖佛母般若波羅蜜多經)』,『불설성불모소자반야바라밀다경(佛說聖佛母小字般若波羅蜜多經)』,『불설관상불모반야바라밀다보살경(佛說觀想佛母般若波羅蜜多菩薩經)』,『불설개각자성반야바라밀다경(佛說開覺自性般若波羅蜜多經)』(4卷),『대승이취육바라밀다경(大乘理趣六波羅蜜多經)』(10卷) 등의 독립된 경전으로 다양하게 번역되었다.

2. 설처(說處)와 결집(結集)

마하반야바라밀다경의 결집은 4처(處) 16회(會)로 구성되어 있는데, 제1회에서 제6회까지와 제15회는 왕사성의 영취산에서, 제7회에서 제9회까지와 제11회에서 제14회까지는 사위성의 기원정사에서, 제10회는 타화자재천 왕궁에서, 제16회는 왕사성의 죽림정사에서 이루어졌으며, 표로 구성한다면 아래와 같다.

九部般若	四處	『大般若經』의 卷數	특기사항(別稱)
上品般若	鷲峰山	初會79品(1~400卷)	十萬頌般若
中品般若		第二會85品(401~478卷)	二萬五千頌般若, 大品般若經
		第三會31品(479~537卷)	一萬八千頌般若
下品般若		第四會29品(538~555卷)	八千頌般若, 小品般若經
		第五會24品(556~565卷)	四千頌般若
天王般若		第六會17品(566~573卷)	勝天王般若經
文殊般若	給孤獨園	第七會(574~575卷, 曼殊室利分)	七百頌般若, 文殊說般若經
那伽室利般若		第八會(576卷, 那伽室利分)	濡首菩薩經
金剛般若		第九會(577卷, 能斷金剛分)	三百頌般若, 金剛經
理趣般若	他化自在天	第十會(578卷, 般若理趣分)	理趣百五十頌, 理趣般若經
六分般若	給孤獨園	第十一會(579卷~583卷, 布施波羅蜜多分)	五波羅蜜多經
		第十二會(584卷~588卷, 戒波羅蜜多分)	
		第十三會(589卷, 安忍波羅蜜多分)	
		第十四會(590卷, 精進波羅蜜多分)	
	鷲峰山	第十五會(591~592卷, 靜慮波羅蜜多分)	
	竹林精舍	第十六會(593~600卷, 般若波羅蜜多分)	善勇猛般若經

제1회는 범어로는 Śatasāhasrikāprajñāpāramitāsūtra이고, 제1권~제400권의 10만송으로 결집되고 있으며, 79품으로 이루어져 있고, 전체의

3분의 2에 해당하는 분량이다. 현장에 의해 처음으로 번역되었으므로 이역본이 없다.

제2회는 범어로는 Pañcaviṃśatisāhasrikāprajñāpāramitā sūtra이고, 제401권~제478권의 2만5천송(大品般若)으로 결집되고 있으며, 85품으로 이루어져 있고, 제1회와 비교하여 「상제보살품(常啼菩薩品)」과 「법용보살품(法涌菩薩品)」의 두 품이 생략되어 있다. 이역본으로『방광반야바라밀경(放光般若波羅蜜經)』,『마하반야바라밀경(摩訶般若波羅蜜經)』,『광찬경(光讚經)』 등이 있다.

제3회는 범어로는 Aṣṭādaśasāhasrikāprajñāpāramitā sūtra이고, 제479권~제537권의 1만8천송으로 결집되고 있으며, 31품으로 이루어져 있고, 제2회와 같이 「상제보살품」과 「법용보살품」이 생략되어 있다.

제4회는 범어로 Aṣṭasāhasrikāsūtra이고, 제538권~제555권의 8천송(小品般若)으로 결집되고 있으며, 29품으로 이루어져 있다.

제5회는 범어로 Aṣṭasāhasrikāprajñāpāramitā sūtra이고, 제556권~제565권의 8천송(小品般若)으로 결집되고 있으며, 24품으로 이루어져 있다. 반야경은 큰 위력이 있어서 그 자체가 신비한 주문이라고 설하면서 수지하고 독송하는 것을 강조하였다. 이역본으로는『마하반야초경(摩訶般若鈔經)』,『도행반야경(道行般若經)』,『대명도경(大明度經)』,『마하반야바라밀경(小品般若經)』, 시호 역의『불모출생삼장반야바라밀다경』, 법현 역의『불모보덕반야바라밀다경』, 시호 역의『성팔천송반야바라밀다일백팔명진실원의다라니경』 등이 있다.

제6회는 범어로 Devarājapravaraprajñāpāramitā sūtra이고, 제566권~제573권으로 결집되고 있으며, 17품으로 이루어져 있다. 이역본으로『승천왕반야바라밀경(勝天王般若波羅蜜經)』이 있다.

제7회는 범어로는 Saptaśatikāprajñāpāramitā sūtra이고, 제574~제575권으로 결집되고 있으며, 7백송이다. 만수실리분(曼殊室利分)이라고도 부르는데, 만수실리는 문수사리를 가리킨다. 이역본으로『문수사리소설마하반야바라밀경(文殊師利所說摩訶般若波羅蜜經)』,『문수사리소설반야바라밀경(文殊師利所說般若波羅蜜經)』이 있다.

제8회는 범어로는 Nāgaśrīparipṛcchā sūtra이고, 제576권으로 결집되고 있으며, 5백송이다. 이역본으로 『불설유수보살무상청정분위경(佛說濡首菩薩無上淸淨分衛經)』이 있다.

제9회는 범어로 Vajracchedikāprajñāpāramitā sūtra이고, 제577권으로 결집되고 있으며, 능단금강분(能斷金剛分)이라 한다. 이역본으로 구마라집·보리유지·진제가 각각 번역한 『금강반야바라밀경』과 현장이 번역한 『능단금강반야바라밀다경』, 의정(義淨)이 번역한 『불설능단금강반야바라밀다경』이 있다.

제10회는 1백50송이며, 범어로는 Adhyardhaśatikāprajñāpāramitā sūtra이고, 제578권으로 결집되고 있으며, 1백50송이고, 반야이취분(般若理趣分)이라고 부른다. 이역본으로 『실상반야바라밀경(實相般若波羅蜜經)』, 『금강정유가이취반야경(金剛頂瑜伽理趣般若經)』, 『변조반야바라밀경(遍照般若波羅蜜經)』, 『최상근본금강불공삼매대교왕경(最上根本金剛不空三昧大敎王經)』 등이 있다.

제11회부터 제15회까지는 범어로는 Pañcapāramitānirdeśa이고 1천8백송이다. 제16회는 범어로 Suvikrāntavikramiparipṛcchāprajñāpāramitā sūtra이고, 2천1백송이다. 구체적으로 살펴보면, 제11회는 제579권~제583권의 보시바라밀다분이고, 제12회는 제584권~제588권의 정계바라밀다분이며, 제13회는 제589권의 안인바라밀다분이고, 제14회는 제590권의 정진바라밀다분이며, 제15회는 제591권~제592권의 정려바라밀다분이고, 제16회는 제593권~제600권의 반야바라밀다분으로 결집되어 있다.

3. 각 품(品)의 권수와 구성

『마하반야바라밀다경』의 결집은 4처(處) 16회(會)로 구성되어 있으나,

설법(說法)에 따른 분량에서 매우 많은 차이를 보여주고 있다. 이러한 차이는 각 법문의 내용과 대상에 따른 차이를 반영하고 있는데, 표를 통하여 600권에 수록된 각각의 품(品)과 분(分)을 살펴보면 다음과 같다.

법회(法會)	구분(區分)	설법의 분류	수록권수(收錄卷數)	특기사항
初會	緣起品	第1-1~2	1~2권	서문 수록
	學觀品	第2-1~2	3~4권	
	相應品	第3-1~4	4~7권	
	轉生品	第4-1~3	7~9권	
	贊勝德品	第5	10권	
	現舌相品	第6	10권	
	敎誡敎授品	第7-1~26	11~36권	
	勸學品	第8	36권	
	無住品	第9-1~2	36~37권	
	般若行相品	第10-1~4	38~41권	
	譬喩品	第11-1~4	42~45권	
	菩薩品	第12-1~2	45~46권	
	摩訶薩品	第13-1~3	47~49권	
	大乘鎧品	第14-1~3	49~51권	
	辨大乘品	第15-1~6	51~56권	
	贊大乘品	第16-1~6	56~61권	
	隨順品	第17	61권	
	無所得品	第18-1~10	61~70권	
	觀行品	第19-1~5	70~74권	
	無生品	第20-1~2	74~75권	
	淨道品	第21-1~2	75~76권	
	天帝品	第22-1~5	77~81권	
	諸天子品	第23-1~2	81~82권	
	受敎品	第24-1~3	82~83권	
	散花品	第25	84권	
	學般若品	第26-1~5	85~89권	
	求般若品	第27-1~10	89~98권	
	嘆衆德品	第28-1~2	98~99권	
	攝受品	第29-1~5	99~103권	
	校量功德品	第30-1~66	103~169권	
	隨喜迴向品	第31-1~5	169~172권	
	贊般若品	第32-1~10	172~181권	
	謗般若品	第33	181권	

	難信解品	第34-1~103	182~284권
	贊清淨品	第35-1~3	285~287권
	着不着相品	第36-1~6	287~292권
	說般若相品	第37-1~5	292~296권
	波羅蜜多品	第38-1~2	296~297권
	難聞功德品	第39-1~6	297~304권
	魔事品	第40-1~2	304~305권
	佛母品	第41-1~4	305~308권
	不思議等品	第42-1~3	308~310권
	辦事品	第43-1~2	310~311권
	衆喩品	第44-1~3	311~313권
	眞善友品	第45-1~4	313~316권
	趣智品	第46-1~3	316~318권
	眞如品	第47-1~7	318~324권
	菩薩住品	第48-1~2	324~325권
	不退轉品	第49-1~3	326~328권
	巧方便品	第50-1~3	328~330권
	願行品	第51-1~2	330~331권
	殑伽天品	第52	331권
	善學品	第53-1~5	331~335권
	斷分別品	第54-1~2	335~336권
	巧便學品	第55-1~5	337~341권
	願喩品	第56-1~2	341~342권
	堅等贊品	第57-1~5	342~346권
	囑累品	第58-1~2	346~347권
	無盡品	第59-1~2	347~348권
	相引攝品	第60-1~2	349~350권
	多問不二品	第61-1~13	350~363권
	實說品	第62-1~3	363~365권
	巧便行品	第63-1~2	365~366권
	遍學道品	第64-1~7	366~372권
	三漸次品	第65-1~2	372~373권
	無相無得品	第66-1~6	373~378권
	無雜法義品	第67-1~2	378~379권
	諸功德相品	第68-1~5	379~383권
	諸法平等品	第69-1~4	383~386권
	不可動品	第70-1~5	386~390권
	成熟有情品	第71-1~4	390~393권
	嚴淨佛土品	第72-1~2	393~394권
	淨土方便品	第73-1~2	394~395권

	無性自性品	第74-1~2	395~396권	
	勝義瑜伽品	第75-1~2	396~397권	
	無動法性品	第76	397권	
	常啼菩薩品	第77-1~2	398~399권	
	法湧菩薩品	第78-1~2	399~400권	
	結勸品	第79	400권	
第二會	緣起品	第1	401권	서문 수록
	歡喜品	第2	402권	
	觀照品	第3-1~4	402~405권	
	無等等品	第4	405권	
	舌根相品	第5	405권	
	善現品	第6-1~3	406~408권	
	入離生品	第7	408권	
	勝軍品	第8-1~2	408~409권	
	行相品	第9-1~2	409~410권	
	幻喩品	第10	410권	
	譬喩品	第11	411권	
	斷諸見品	第12	411권	
	六到彼岸品	第13-1~2	411~412권	
	乘大乘品	第14	412권	
	無縛解品	第15	413권	
	三摩地品	第16-1~2	413~414권	
	念住等品	第17-1~2	414~415권	
	修治地品	第18-1~2	415~416권	
	出住品	第19-1~2	416~417권	
	超勝品	第20-1~2	417~418권	
	無所有品	第21-1~3	418~420권	
	隨順品	第22	420권	
	無邊際品	第23-1~4	420~423권	
	遠離品	第24-1~2	423~424권	
	帝釋品	第25-1~2	425~426권	
	信受品	第26	426권	
	散花品	第27-1~2	426~427권	
	授記品	第28	427권	
	攝受品	第29-1~2	427~428권	
	窣堵波品	第30	428권	
	福生品	第31	429권	
	功德品	第32	429권	
	外道品	第33	429권	
	天來品	第34-1~2	429~430권	

	設利羅品	第35	430권	
	經文品	第36-1~2	431~432권	
	隨喜迴向品	第37-1~2	432~433권	
	大師品	第38	434권	
	地獄品	第39-1~2	434~435권	
	淸淨品	第40	436권	
	無標幟品	第41-1~2	436~437권	
	不可得品	第42	437권	
	東北方品	第43-1~3	438~440권	
	魔事品	第44	440권	
	不和合品	第45-1~2	440~441권	
	佛母品	第46-1~2	441~442권	
	示相品	第47-1~2	442~443권	
	成辦品	第48	444권	
	船等喩品	第49-1~2	444~445권	
	初業品	第50-1~2	445~446권	
	調伏貪等品	第51	446권	
	眞如品	第52-1~3	446~448권	
	不退轉品	第53	448권	
	轉不退轉品	第54	449권	
	甚深義品	第55-1~2	449~450권	
	夢行品	第56	451권	
	願行品	第57	451권	
	殑伽天品	第58	451권	
	習近品	第59	452권	
	增上慢品	第60-1~3	452~454권	
	同學品	第61-1~2	454~455권	
	同性品	第62-1~2	455~456권	
	無分別品	第63	456권	
	堅非堅品	第64-1~2	456~457권	
	實語品	第65-1~2	457~458권	
	無盡品	第66	458권	
	相攝品	第67	459권	
	巧便品	第68-1~4	459~463권	
	樹喩品	第69	463권	
	菩薩行品	第70	464권	
	親近品	第71	464권	
	遍學品	第72-1~2	464~465권	
	漸次品	第73-1~2	465~466권	
	無相品	第74-1~2	466~467권	

	無雜品	第75-1~2	467~468권	
	衆德相品	第76-1~4	468~471권	
	善達品	第77-1~3	471~473권	
	實際品	第78-1~2	473~474권	
	無闕品	第79-1~2	474~475권	
	道土品	第80	476권	
	正定品	第81	477권	
	佛法品	第82	477권	
	無事品	第83	478권	
	實說品	第84	478권	
	空性品	第85	478권	
第三會	緣起品	第1	479권	서문 수록
	舍利子品	第2-1~4	479~482권	
	善現品	第3-1~17	482~498권	
	天帝品	第4-1~3	498~500권	
	現窣堵波品	第5-1~3	500~502권	
	稱揚功德品	第6-1~2	502~503권	
	佛設利羅品	第7	503권	
	福聚品	第8-1~2	503~504권	
	隨喜迴向品	第9-1~2	504~505권	
	地獄品	第10-1~2	505~506권	
	嘆淨品	第11-1~2	506~507권	
	贊德品	第12	507권	
	陀羅尼品	第13-1~2	508~509권	
	魔事品	第14	509권	
	現世間品	第15	510권	
	不思議等品	第16	511권	
	譬喩品	第17	511권	
	善友品	第18	512권	
	眞如品	第19-1~2	513~514권	
	不退相品	第20-1~2	514~515권	
	空相品	第21-1~3	515~517권	
	殑伽天品	第22	517권	
	巧便品	第23-1~4	517~520권	
	學時品	第24	520권	
	見不動品	第25-1~2	521~522권	
	方便善巧品	第26-1~4	523~526권	
	慧到彼岸品	第27	527권	
	妙相品	第28-1~5	528~532권	
	施等品	第29-1~4	532~535권	

	佛國品	第30-1~2	535~536권	
	宣化品	第31-1~2	536~537권	
第四會	妙行品	第1-1~2	538~539권	서문 수록
	帝釋品	第2	539권	
	供養窣堵波品	第3-1~3	539~541권	
	稱揚功德品	第4	541권	
	福門品	第5-1~2	541~542권	
	隨喜迴向品	第6-1~2	543~544권	
	地獄品	第7	544권	
	清淨品	第8	545권	
	讚歎品	第9	545권	
	總持品	第10-1~2	545~546권	
	魔事品	第11-1~2	546~547권	
	現世間品	第12	547권	
	不思議等品	第13	547권	
	譬喩品	第14	548권	
	天贊品	第15	548권	
	眞如品	第16-1~2	548~549권	
	不退相品	第17	549권	
	空相品	第18-1~2	549~550권	
	深功德品	第19	550권	
	殑伽天品	第20	550권	
	覺魔事品	第21-1~2	551권	
	善友品	第22-1~2	551~552권	
	天主品	第23	552권	
	無雜無異品	第24	552권	
	迅速品	第25-1~2	552~553권	
	幻喩品	第26	553권	
	堅固品	第27-1~2	553~554권	
	散花品	第28	554권	
	隨順品	第29	555권	
第五會	善現品	第1	556권	서문 수록
	天帝品	第2	556권	
	窣堵波品	第3	557권	
	神呪品	第4	557권	
	設利羅品	第5	558권	
	經典品	第6	558권	
	迴向品	第7	558권	
	地獄品	第8	559권	
	清淨品	第9	559권	

	不思議品	第10-1~2	559~560권	
	魔事品	第11	560권	
	眞如品	第12	560권	
	甚深相品	第13	560~561권	
	船等喩品	第14	561권	
	如來品	第15-1~2	561~562권	
	不退品	第16	562권	
	貪行品	第17-1~2	562~563권	
	姉妹品	第18	563권	
	夢行品	第19	563권	
	勝意樂品	第20	564권	
	修學品	第21	564권	
	根栽品	第22-1~2	564~565권	
	付囑品	第23	565권	
	見不動佛品	第24	565권	
第六會	緣起品	第1	566권	서문 수록
	通達品	第2	566권	
	顯相品	第3	567권	
	法界品	第4-1~2	567~568권	
	念住品	第5	568권	
	法性品	第6	569권	
	平等品	第7	570권	
	現相品	第8	570권	
	無所得品	第9	571권	
	證勸品	第10	571권	
	顯德品	第11	572권	
	現化品	第12	572권	
	陀羅尼品	第13	572권	
	勸誡品	第14-1~2	572~573권	
	二行品	第15	573권	
	讚歎品	第16	573권	
	付囑品	第17	573권	
第七會	曼殊室利分	第1~2	574~575권	서문 수록
第八會	那伽室利分	第1	576권	서문 수록
第九會	能斷金剛分	第1	577권	서문 수록
第十會	般若理趣分	第1	578권	서문 수록
第十一會	施波羅蜜多分	第1~5	579~583권	서문 수록
第十二會	淨戒波羅蜜多分	第1~5	584~588권	서문 수록
第十三會	忍波羅蜜多分	第1	589권	서문 수록
第十四會	精進波羅蜜多分	第1	590권	서문 수록

| 第十五會 | 靜慮波羅蜜多分 | 第1~2 | 591~592권 | 서문 수록 |
| 第十六會 | 般若波羅蜜多分 | 第1~8 | 593~600권 | 서문 수록 |

따라서 마하반야바라밀다경은 설법의 내용을 따라서 각각 다른 결집의 형태를 보여주고 있으며, 매우 방대하였던 까닭으로 반야계통의 경전인 『소품반야경』, 『금강반야경』, 『반야심경』 등에 비교하여 많이 연구되지 않고 있다. 그러나 『고려대장경』의 처음에 『마하반야바라밀다경』을 배치하고 있는 것은 한국불교에서는 『마하반야바라밀다경』의 사상적인 위치가 매우 중요하였다고 추정할 수 있다.

제2분
第二分

마하반야바라밀다경 제451권

56. 몽행품(夢行品)

　그때 구수 사리자가 선현에게 물어 말하였다.
　"만약 보살마하살이 꿈속에서 이러한 세 가지의 삼마지(三摩地)를 행한다면 깊은 반야바라밀다에서 증익(增益)이 있습니까?"
　선현이 대답하여 말하였다.
　"만약 보살마하살이 낮의 때에 이러한 세 가지의 삼마지를 행한다면 깊은 반야바라밀다에서 증익이 있으므로, 그가 꿈속에서 행할지라도 증익이 있습니다. 왜 그러한가? 사리자여. 낮과 꿈속에 차별(差別)이 없는 까닭입니다. 사리자여. 만약 보살마하살이 낮에 반야바라밀다를 행하였고, 매우 깊은 반야바라밀다를 수습(修習)하였다고 이미 이름하였다면, 이것은 보살마하살이 꿈속에서 반야바라밀다를 행하는 것이며, 역시 매우 깊은 반야바라밀다의 세 가지의 삼마지를 수습하였다고 이름하고, 깊은 반야바라밀다에서 능히 증익하는 것도 상응하여 역시 이와 같습니다."
　이때 사리자가 다시 선현에게 물어 말하였다.
　"제보살마하살들이 꿈속에서 업을 조작한다면 증장(增長)이 있게 됩니까? 손해(損減)가 있게 됩니까? 세존께서는 유위(有爲)는 허망하고 진실하지 않아서 꿈속에 조작하는 것과 같다고 설하셨는데, 어찌 그러한 업이 능히 증장이 있겠고, 역시 손해가 있겠습니까? 그 까닭은 무엇인가? 꿈속에서 조작하였던 여러 업은 능히 증장과 손해가 있지 않는데, 요컨대 깨어나는 때에 이르러서 꿈속에 조작하였던 것을 기억하고 생각하며 분별해야 비로소 증장이 있고, 손해가 있습니다."

선현이 대답하여 말하였다.

"여러 유정들이 낮에 남의 목숨을 단절시키고 밤의 꿈속에 기억하고 생각하며 분별하면서 깊이 스스로가 즐겁고 기뻐하거나, 혹은 다시 사람이 있어서 꿈에 다른 사람의 목숨을 단절시키고 이를테면, 깨어있는 때에 큰 환희가 생겨난다면 이와 같은 두 가지 업에 그대의 뜻은 어떻습니까?"

이때 사리자가 선현에게 물어 말하였다.

"인연의 일이라는 것이 없으면 만약 생각(思)이거나 만약 업(業)이 함께 생겨나지 않고 반드시 인연인 것이 있다면, 생각이나 업이 비로소 일어나는데, 꿈속의 생각과 업은 무엇을 인연하여 생겨납니까?"

선현이 대답하여 말하였다.

"만약 꿈속이거나 만약 깨어있으면서 인연하는 일이라는 것이 없으면 생각이나 업이 생겨나지 않고, 반드시 인연하는 것이 있으면 생각이나 업이 비로소 일어납니다. 왜 그러한가? 사리자여. 반드시 보고 들으며 깨닫고 아는 법의 가운데에 깨닫는 지혜의 전전함이 있나니, 오히려 이것으로 염오를 일으키거나, 혹은 다시 청정함을 일으킵니다. 만약 보고 들으며 깨닫고 아는 것이 없다면 제법에 깨닫는 지혜의 전전함이 없나니, 염오도 없고 청정함도 없습니다. 오히려 이러한 까닭으로 만약 꿈속이거나 만약 깨어있으면서 인연하는 일이라는 것이 있다면 생각과 법이 비로소 생겨나는 것이고, 인연하는 일이라는 것이 없다면 생각과 법이 일어나는 것이 없습니다."

이때 사리자가 선현에게 물어 말하였다.

"세존께서는 생각과 업은 모두가 자성(自性)을 벗어났다고 설하셨는데, 어찌하여 인연하여 일어나는 것이 있다고 말합니까?"

선현이 대답하여 말하였다.

"비록 여러 생각과 업이 인연하는 일이라는 것이 모두 자성이 공할지라도, 그렇지만 오히려 스스로의 마음(自心)이 상(相)을 취하여 분별하는 까닭으로 생각과 업이 인연하는 일이라는 것이 있으면 생겨나고, 만약 인연하는 일이라는 것이 없으면 생각과 업이 일어나지 않습니다."
　이때 사리자가 선현에게 물어 말하였다.
　"만약 보살마하살이 꿈속에 보시(布施)·정계(淨戒)·안인(安忍)·정진(精進)·정려(靜慮)·반야바라밀다(般若波羅密多)를 수행하였고, 이 선근을 가지고 제유정들과 함께 평등하게 공유하면서 무상정등보리(無上正等菩提)에 회향한다면 이 보살마하살은 구하였던 것인 무상정등각(無上正等覺)을 향하여 진실로 회향하는 것입니까?"
　선현이 대답하여 말하였다.
　"자씨보살(慈氏菩薩)께서는 옛날에 이미 무상정등보리의 불퇴전(不退轉)의 수기(授記)를 받아서 오직 한 생이 지나면 결정적으로 마땅히 작불(作佛)하실 것인데, 능히 일체의 어려운 질문을 잘 대답하십니다. 현재 이곳의 회중(會中)에 머무시므로, 마땅히 그 분께 청하여 물으십시오. 보처(補處)[1] 이신 자존(慈尊)께서는 결정적으로 상응하여 대답하실 것입니다."
　이때 사리자는 선현의 말과 같이 공경스럽게 자씨보살에게 청하면서 물어 말하였다. 이때 자씨보살이 사리자에게 말하였다.
　"이를테면, 무엇 등의 명자(名字)를 자씨가 능히 대답해야 하는 것인가? 색(色)으로 삼는 것인가? 수(受)·상(想)·행(行)·식(識)으로 삼는 것인가? 색으로 공(空)을 삼는 것인가? 수·상·행·식으로 공을 삼는 것인가? 또한 색을 능히 대답할 수 없고, 수·상·행·식도 능히 대답할 수 없으며, 색의 공을 능히 대답할 수 없고, 수·상·행·식의 공도 능히 대답할 수 없습니다. 왜 그러한가? 사리자여. 나는 모두 능히 대답할 수 있는 법이 있다고 보지 않고, 나는 모두 능히 대답할 수 없는 법이 없다고 보지 않으며, 대답하는 처소와 대답하는 때와 더불어 오히려 이것을 대답하는 것도, 역시 모두 보지 않습니다. 나는 모두 능히 수기할 수 있는 법이 있다고 보지 않고, 나는 모두 능히 수기할 수 없는 법이 없다고 보지 않으며,

---

1) 산스크리트어 eka-jāti-pratibaddha의 번역이고, '최후의 윤회하는 자'라는 뜻이다. 따라서 한 번의 생사(生死)를 마치면 다음에는 성불하는 보살을 가리킨다.

수기하는 처소와 수기하는 때와 더불어 오히려 이것을 수기하는 것도, 역시 모두 보지 않습니다. 그 까닭은 무엇인가? 일체법의 본성(本性)은 모두 공하므로 모두가 무소유(無所有)이고 무이(無二)이며 차별이 없고, 반드시 결국에는 추징(推徵)2)하여도 얻을 수 없는 까닭입니다."

그때 구수 사리자가 다시 자씨보살마하살에게 물어 말하였다.

"당신(仁者)께서 증득하신 법이라는 것은 설하신 것과 같습니까?"

자씨보살마하살이 대답하여 말하였다.

"내가 증득한 법이라는 것은 설한 바와 같지 않습니다. 왜 그러한가? 사리자여. 내가 증득한 법은 설할 수 없는 까닭입니다."

이때 사리자는 곧 이렇게 생각을 지었다.

'자씨보살은 지혜가 깊고 넓어서 일체의 종류의 보시·정계·안인·정진·정려·반야바라밀다를 수행하였고 옛날에 이미 원만해졌으며 얻을 수 없는 것을 수용하여 방편을 삼았으므로 어렵게 묻는 것에서 능히 이와 같이 대답하는구나!'

그때 세존께서 사리자에게 알려 말씀하셨다.

"그대의 뜻은 어떠한가? 그대는 오히려 이러한 법으로 아라한과(阿羅漢果)를 증득하겠는가? 이러한 법성이 이것을 설할 수 있다고 보는가?"

사리자가 말하였다.

"아닙니다. 세존이시여."

세존께서 말씀하셨다.

"사리자여. 제보살마하살들이 깊은 반야바라밀다를 수행하면서 증득하였던 것인 법성(法性)도 역시 다시 이와 같아서 널리 설할 수 없느니라. 사리자여. 이 보살마하살은 '나는 오히려 이러한 법으로 그 무상정등보리에서 수기를 이미 얻었는가?'라고 이렇게 생각을 짓지 않느니라. '나는 오히려 이러한 법으로 마땅히 무상정등보리를 증득할 것인가?'라고 이렇게 생각을 짓지 않느니라. 사리자여. 이 보살마하살은 깊은 반야바라밀다

---

2) 체납된 세금 등을 조사해서 거두어들이는 것이다.

를 수행하는 때에 '내가 무상정등보리에서 증득할 것인가? 증득하지 못할 것인가?'라고 주저함이 생겨나지 않고, '나는 무상정등보리에서 결정적으로 마땅히 증득할 것이다.'라고 다만 이렇게 생각을 짓느니라.

사리자여. 이 보살마하살은 깊은 반야바라밀다를 수행하는 때에 매우 깊은 법을 들었을지라도 그 마음이 놀라지 않고 두려워하지 않으며 겁내지 않고 숨기지 않으며 침울하지 않고, 역시 근심하지 않고 후회하지 않는다면 결정적으로 스스로가 구하였던 것인 무상정등보리를 마땅히 증득하여 일체의 유정들을 이익되고 안락하게 하면서 미래의 세상이 끝자락까지 끝이 없다고 아느니라."

57. 원행품(願行品)

그때 세존께서 구수 선현에게 알리셨다.

"보살마하살이 있어서 보시바라밀다를 수행하면서 제유정들이 굶주림과 목마름에 핍박받았고, 의복은 낡고 찢어졌으며, 와구(臥具)는 부족하고 적어서 자구(資具)와 재물(財物)을 얻고자 하였으나 모두 뜻과 같지 않은 것을 보았다면, 이러한 일을 보고서 '내가 마땅히 어떻게 이와 같은 유정의 부류들을 발제(拔濟)하여야 간탐(慳貪)하는 마음을 벗어나서 부족한 것을 없게 하겠는가?'라고 이미 이렇게 사유를 지었으며, 이미 사유하였으므로 '나는 마땅히 정근(精勤)하면서 마음에 사무치는 것이 없게 하겠고, 보시바라밀다를 수행하여 유정들을 성숙시키고 불국토를 청정하게 장엄하며 빠르게 무상정등보리를 증득하여 원만하게 하겠으며, 내 불국토의 가운데에는 이와 같이 자구가 부족하고 적은 유정의 부류들을 없게 하여 4대왕중천(四大王衆天), 나아가 타화자재천(他化自在天) 등이 여러 종류의 상묘(上妙)한 악기(樂具)를 수용하는 것과 같이, 내 불국토의 가운데에서는 여러 유정의 부류들도 여러 종류의 상묘한 악기를 수용하게 하겠다.'라고 이미 이렇게 발원을 지으면서 말하였다면 선현이여. 이 보살마하살은 오히려 이것으로 보시바라밀다가 빠르게 원만함을 얻으므로 빠르게 무상정등보리를 증득하느니라.

다시 다음으로 선현이여. 보살마하살이 있어서 정계바라밀다를 수행하면서 제유정들이 번뇌가 치성(熾盛)하였고, 다시 서로를 살해(殺害)하였고, 나아가 삿된 견해였으며, 오히려 이것을 인연하여 수명이 짧고 병이 많으며, 얼굴과 용모가 초췌(憔悴)하여 위덕(威德)이 없으며, 자구와 재물이 부족하여 하천(下賤)한 집안에 태어나고, 지절(支節)과 몸이 결손(缺減)되어 여러 일이 비천하고 지저분한 것을 보았다면, 이러한 일을 보고서 '내가 마땅히 어떻게 이와 같은 유정의 부류들을 발제하여야 그들을 여러 악업의 과보에서 멀리 벗어나게 하겠는가?'라고 이미 이렇게 사유를 지었으며, 이미 사유하였으므로 '나는 마땅히 정근하면서 마음에 사무치는 것을 없게 하겠고, 정계바라밀다를 수행하여 유정들을 성숙시키고 불국토를 청정하게 장엄하며 빠르게 무상정등보리를 증득하여 원만하게 하겠으며, 내 불국토의 가운데에서는 이와 같은 여러 악업의 과보인 여러 유정의 부류들을 없게 하겠고, 일체의 유정들은 모두가 10선(十善)을 행하여 장수(長壽)하는 등의 수승한 과보를 받게 하겠다.'라고 이미 이렇게 발원을 지으면서 말하였다면 선현이여. 이 보살마하살은 오히려 이것으로 정계바라밀다가 빠르게 원만함을 얻으므로 빠르게 무상정등보리를 증득하느니라.

다시 다음으로 선현이여. 보살마하살이 있어서 안인바라밀다를 수행하면서 제유정들이 다시 서로가 분노하고 성내면서 입으로 긴 창(矛)과 작은 창(矟)을 뱉어내면서 헐뜯고 욕하며 능욕(凌辱)하였고, 칼과 몽둥이 등으로써 서로서로를 해쳤으며, 나아가 목숨을 단절시키면서 악한 마음을 버리지 않는 것을 보았다면, 이러한 일을 보고서 '내가 마땅히 어떻게 이와 같은 유정의 부류들을 발제하여야 그들을 이와 같은 여러 악업에서 멀리 벗어나게 하겠는가?'라고 이미 이렇게 사유를 지었으며, 이미 사유하였으므로 '나는 마땅히 정근하면서 마음에 사무치는 것을 없게 하겠고, 안인바라밀다를 수행하여 유정들을 성숙시키고 불국토를 청정하게 장엄하면서 빠르게 원만하게 하겠으며, 무상정등보리를 증득하여 내 불국토의 가운데에서는 이와 같이 번뇌하는 악업의 여러 유정의 부류들을 없게 하겠고, 일체의 유정들은 전전(展轉)하여 서로를 아버지와 같다고 보며, 어머니·형제·자매·처자(妻子)·권속(眷屬)과 같다고 보아서 서로를 무너트리고 어긋나지 않게 하겠다.'라고 이미 이렇게 발원을 지으면서 말하였다면 선현이여. 이 보살마하살은 오히려 이것으로 안인바라밀다가 빠르게 원만함을 얻으므로 빠르게 무상정등보리를 증득하느니라.

다시 다음으로 선현이여. 보살마하살이 있어서 정진바라밀다를 수행하면서 제유정들이 나태(懶惰)하고 해태(懈怠)하여 정근하면서 정진하지 않고 3승(三乘)을 버리고 인간과 천상(天上)의 선업(善業)도 수행하지 않는 것을 보았다면, 이러한 일을 보고서 '내가 마땅히 어떻게 이와 같은 유정의 부류들을 발제하여야 그들을 이와 같은 나태와 해태에서 멀리 벗어나게 하겠는가?'라고 이미 이렇게 사유를 지었으며, 이미 사유하였으므로 '나는 마땅히 정근하면서 마음에 사무치는 것을 없게 하겠고, 정진바라밀다를 수행하여 유정들을 성숙시키고 불국토를 청정하게 장엄하며 빠르게 무상정등보리를 증득하여 원만하게 하겠으며, 내 불국토의 가운데에서는 이와 같이 나태하고 해태한 유정의 부류들을 없게 하겠고, 일체의 유정들은 용맹스럽게 정진하고 선취(善趣)와 3승의 인과를 정근하면서 수행하여 인간과 천상의 가운데에 태어나서 빠르게 해탈을 얻게 하겠다.'라고 이미 이렇게 발원을 지으면서 말하였다면 선현이여. 이 보살마하살은 오히려 이것으로 정진바라밀다가 빠르게 원만함을 얻으므로 빠르게 무상정등보리를 증득하느니라.

다시 다음으로 선현이여. 보살마하살이 있어서 정려바라밀다를 수행하면서 제유정들이 오개(五蓋)에 덮여서 여러 정려의 무량(無量)과 무색(無色)을 잃어버렸다면, 이러한 일을 보고서 '내가 마땅히 어떻게 이와 같은 유정의 부류들을 발제(拔濟)하여야 그들을 여러 덮임(蓋)·산란함·동요에서 멀리 벗어나게 하겠는가?'라고 이미 이렇게 사유를 지었으며, 이미 사유하였으므로 '나는 마땅히 정근하면서 마음에 사무치는 것을 없게 하겠고, 정려바라밀다를 수행하여 유정들을 성숙시키고 청정하게 장엄하면서 빠르게 원만하게 하겠으며, 무상정등보리를 증득하여 내 불국토의 가운데에서는 이와 같이 함께 덮이고 산란하며 동요하는 유정의 부류들을 없게 하겠고, 일체의 유정들은 여러 정려 등을 들어가고 나오는 등에 있으면서 미묘하고 수승한 정려에 자재하게 하겠다.'라고 이미 이렇게 발원을 지으면서 말하였다면 선현이여. 이 보살마하살은 오히려 이것으로 정려바라밀다가 빠르게 원만함을 얻으므로 빠르게 무상정등보리를 증득하느니라.

다시 다음으로 선현이여. 보살마하살이 있어서 반야바라밀다를 수행하면서 제유정들의 우치와 악한 지혜로 세간과 출세간에서 정견(正見)을 함께 잃어버렸고, 선악(善惡)의 업과 업의 과보가 없다고 생각하였으며, 단절에 집착하고 항상함에 집착하였으며 하나에 집착하였고 다른 것이 갖추어졌고 갖추어지지 않았다는 등의 여러 종류의 삿된 법에 집착하는 것을 보았다면, 이러한 일을 보고서 '내가 마땅히 어떻게 이와 같은 유정의 부류들을 발제하여야 그들을 악한 견해와 삿된 집착을 멀리 벗어나게 하겠는가?'라고 이미 이렇게 사유를 지었으며, 이미 사유하였으므로 '나는 마땅히 정근하면서 마음에 사무치는 것을 없게 하겠고, 반야바라밀다를 수행하여 유정들을 성숙시키고 불국토를 청정하게 장엄하며 빠르게 무상정등보리를 증득하여 원만하게 하겠으며, 내 불국토의 가운데에서는 이와 같은 악한 견해와 삿된 집착의 제유정의 부류들을 없게 하겠고, 일체의 유정들은 정견을 성취하고 여러 종류의 미묘한 지혜를 구족하고서 장엄하게 하겠다.'라고 이미 이렇게 발원을 지으면서 말하였다면 선현이여. 이 보살마하살은 오히려 이것으로 6바라밀다가 빠르게 원만함을 얻으므로 빠르게 무상정등보리를 증득하느니라."

"다시 다음으로 선현이여. 보살마하살이 있어서 6바라밀다를 수행하면서 제유정들의 3취(三聚)³⁾의 차별을 보았다면, 이러한 일을 보고서 '내가 마땅히 무슨 방편으로 제유정의 부류들을 발제하여야 사정취(邪定聚)와 부정취(不定聚)를 멀리 벗어나게 하겠는가?'라고 이미 이렇게 사유를 지었으며, 이미 사유하였으므로 '나는 마땅히 정근하면서 마음에 사무치는 것을 없게 하겠고, 6바라밀다를 수행하여 유정들을 성숙시키고 불국토를 청정하게 장엄하며 빠르게 무상정등보리를 증득하여 원만하게 하겠으며, 내 불국토의 가운데에서는 사정취와 부정취라는 이름을 없게 하겠고, 일체의 유정들은 정정취에 안주하게 하겠다.'라고 이미 이렇게 발원을 지으면서 말하였다면 선현이여. 이 보살마하살은 오히려 이것으로 6바라밀다가 빠르게 원만함을 얻으므로 능히 빠르게 일체지지(一切智智)를 증득하느니라.

다시 다음으로 선현이여. 보살마하살이 있어서 6바라밀다를 수행하면서 제유정들의 3악취(三惡趣)에 떨어져서 여러 극심한 고통을 받는 것을 보았다면, 이러한 일을 보고서 '내가 마땅히 무슨 방편으로 제유정의 부류들을 발제하여야 그들을 3악취의 고통에서 영원히 벗어나게 하겠는가?'라고 이미 이렇게 사유를 지었으며, 이미 사유하였으므로 '나는 마땅히 정근하면서 마음에 사무치는 것을 없게 하겠고, 6바라밀다를 수행하여 유정들을 성숙시키고 불국토를 청정하게 장엄하며 빠르게 무상정등보리를 증득하여 원만하게 하겠으며, 내 불국토의 가운데에서는 이와 같은 3악취라는 이름을 없게 하겠고, 일체의 유정들은 모두 선취(善趣)에 섭수하겠다.'라고 이미 이렇게 발원을 지으면서 말하였다면 선현이여. 이 보살마하살은 오히려 이것으로 6바라밀다가 빠르게 원만함을 얻으므로 능히 빠르게 일체지지를 증득하느니라.

다시 다음으로 선현이여. 보살마하살이 있어서 6바라밀다를 수행하면

---

3) 사람의 성품을 세 종류로 분류한 것이다. 첫째는 항상 정진하여 결정적으로 성불할 부류인 정정취(正定聚)이고, 둘째는 성불할 자질이 없어 더욱 타락하는 부류인 사정취(邪定聚)이며, 셋째는 인연이 있으면 성불할 수 있고 인연이 없으면 성불할 수 없는 부류인 부정취(不定聚)이다.

서 제유정들이 오히려 악업의 장애로 기거하는 대지라는 것이 높고 낮으며 평탄하지 않고 흙무더기(堆)·언덕(阜)·도랑(溝)·구덩이(坑)·잡초(穢草)·나무의 그루터기(株杌)·독가시(毒刺)·여러 가시(荊棘)·더러운 것(不淨)이 가득한 것을 보았다면, 이러한 일을 보고서 '내가 마땅히 무슨 방편으로 제유정의 부류들을 발제하여야 여러 악업의 장애를 소멸시켜서 없애고 기거하는 처소인 대지(大地)가 평탄하여 손바닥과 같고 여러 잡초와 나무의 그루터기 등의 일이 없겠는가?'라고 이미 이렇게 사유를 지었으며, 이미 사유하였으므로 '나는 마땅히 정근하면서 마음에 사무치는 것을 없게 하겠고, 6바라밀다를 수행하여 유정들을 성숙시키고 불국토를 청정하게 장엄하며 빠르게 무상정등보리를 증득하여 원만하게 하겠으며, 내 불국토의 가운데에서는 이와 같은 여러 잡스럽고 더러운 일을 없게 하겠고, 대자비를 감응시켜서 평탄하게 장엄하겠으며, 여러 꽃과 과일이 풍성하여 매우 애락(愛樂)하게 하겠다.'라고 이미 이렇게 발원을 지으면서 말하였다면 선현이여. 이 보살마하살은 오히려 이것으로 6바라밀다가 빠르게 원만함을 얻으므로 능히 빠르게 일체지지를 증득하느니라.

다시 다음으로 선현이여. 보살마하살이 있어서 6바라밀다를 수행하면서 제유정들이 복덕이 엷은 까닭으로 기거하는 대지라는 것이 여러 진기한 보배도 없고 오직 여러 종류의 흙·돌·기왓장이 있는 것을 보았다면, 이러한 일을 보고서 '내가 마땅히 무엇으로 발제하여야 이와 같이 죄가 많고 복이 적은 제유정의 부류들이 기거하는 처소라는 것이 진기한 보배가 풍요롭겠는가?'라고 이미 이렇게 사유를 지었으며, 이미 사유하였으므로 '나는 마땅히 정근하면서 마음에 사무치는 것을 없게 하겠고, 6바라밀다를 수행하여 유정들을 성숙시키고 불국토를 청정하게 장엄하며 빠르게 무상정등보리를 증득하여 원만하게 하겠으며, 내 불국토의 가운데에서는 이와 같이 죄가 많고 복취가 적은 제유정의 부류들을 없게 하겠고, 금모래가 땅에 펼쳐져 있으며, 여러 곳에서 모두 폐유리(吠琉璃) 등의 여러 미묘하고 진기한 보배가 있다면 유정들이 수용하면서 염착(染著)이 생겨나지 않게 하겠다.'라고 이미 이렇게 발원을 지으면서 말하였다면 선현이여. 이 보살마하살은 오히려 이것으로 6바라밀다가 빠르게 원만함을 얻으므로 능히 빠르게 일체지지를 증득하느니라.

다시 다음으로 선현이여. 보살마하살이 있어서 6바라밀다를 수행하면서 제유정들이 대체로 섭수(攝受)하는 것에서 많은 애착(愛著)이 생겨나서 여러 종류의 악하고 선하지 않은 업을 일으키는 것을 보았다면, 이러한 일을 보고서 '내가 마땅히 무엇으로 발제하여야 이와 같이 많은 것을 섭수하는 제유정의 부류들을 그 악업의 애착에서 영원히 벗어나게 하겠는가?'라고 이미 이렇게 사유를 지었으며, 이미 사유하였으므로 '나는 마땅히 정근하면서 마음에 사무치는 것을 없게 하겠고, 6바라밀다를 수행하여 유정들을 성숙시키고 불국토를 청정하게 장엄하며 빠르게 무상정등보리를 증득하여 원만하게 하겠으며, 내 불국토의 가운데에서는 이와 같이 많은 것을 섭수하는 제유정의 부류들을 없게 하겠고, 일체의 유정은 색(色)·성(聲) 등에서 섭수하는 것이 없고 애착이 생겨나지 않게 하겠다.'라고 이미 이렇게 발원을 지으면서 말하였다면 선현이여. 이 보살마하살은 오히려 이것으로 6바라밀다가 빠르게 원만함을 얻으므로 능히 빠르게 일체지지를 증득하느니라.

다시 다음으로 선현이여. 보살마하살이 있어서 6바라밀다를 수행하면서 제유정들의 네 가지의 색깔(色)의 부류인 귀천(貴賤)의 차별을 보았는데 이를테면, 찰제리(刹帝利)와 바라문(婆羅門) 등이었으며, 이러한 일을 보고서 '내가 마땅히 무슨 방편으로 발제하여야 이와 같은 귀천(貴賤)의 차별이 없게 하겠는가?'라고 이미 이렇게 사유를 지었으며, 이미 사유하였으므로 '나는 마땅히 정근하면서 마음에 사무치는 것을 없게 하겠고, 6바라밀다를 수행하여 유정들을 성숙시키고 불국토를 청정하게 장엄하며 빠르게 무상정등보리를 증득하여 원만하게 하겠으며, 내 불국토의 가운데에서는 이와 같은 네 가지의 색깔의 부류인 귀천의 차별을 없게 하겠고, 일체의 유정은 동일한 색깔의 부류이고, 모두 존귀(尊貴)한 인취(人趣)로 섭수하겠다.'라고 이미 이렇게 발원을 지으면서 말하였다면 선현이여. 이 보살마하살은 오히려 이것으로 6바라밀다가 빠르게 원만함을 얻으므로 능히 빠르게 일체지지를 증득하느니라.

　다시 다음으로 선현이여. 보살마하살이 있어서 6바라밀다를 수행하면서 제유정들의 하품(下品)·중품(中品)·상품(上品)인 가족(家族)의 차별을 보았다면, 이러한 일을 보고서 '내가 마땅히 무슨 방편으로 발제하여야 이와 같은 하품·중품·상품인 가족의 차별이 없게 하겠는가?'라고 이미 이렇게 사유를 지었으며, 이미 사유하였으므로 '나는 마땅히 정근하면서 마음에 사무치는 것을 없게 하겠고, 6바라밀다를 수행하여 유정들을 성숙시키고 불국토를 청정하게 장엄하며 빠르게 무상정등보리를 증득하여 원만하게 하겠으며, 내 불국토의 가운데에서는 이와 같은 하품·중품·상품인 가족의 차별을 없게 하겠고, 일체의 유정은 모두 동일하게 상품이 되게 하겠다.'라고 이미 이렇게 발원을 지으면서 말하였다면 선현이여. 이 보살마하살은 오히려 이것으로 6바라밀다가 빠르게 원만함을 얻으므로 능히 빠르게 일체지지를 증득하느니라.

　다시 다음으로 선현이여. 보살마하살이 있어서 6바라밀다를 수행하면서 제유정들의 단정(端正)하거나 추루(醜陋)한 형색(形色)의 차별을 보았다면, 이러한 일을 보고서 '내가 마땅히 무슨 방편으로 발제하여야 이와 같은 단정하거나 추루한 형색의 차별을 없게 하겠는가?'라고 이미 이렇게 사유를 지었으며, 이미 사유하였으므로 '나는 마땅히 정근하면서 마음에 사무치는 것을 없게 하겠고, 6바라밀다를 수행하여 유정들을 성숙시키고 불국토를 청정하게 장엄하며 빠르게 무상정등보리를 증득하여 원만하게 하겠으며, 내 불국토의 가운데에서는 이와 같은 단정하거나 추루한 형색의 차별인 제유정의 부류들을 없게 하겠고, 일체의 유정들은 모두가 진금색(眞金色)이고 단엄(端嚴)하며 수승하고 미묘하여 대중이 보기를 즐거워하는 제일의 원만함과 청정한 형색을 이루게 하겠다.'라고 이미 이렇게 발원을 지으면서 말하였다면 선현이여. 이 보살마하살은 오히려 이것으로 6바라밀다가 빠르게 원만함을 얻으므로 능히 빠르게 일체지지를 증득하느니라.

　다시 다음으로 선현이여. 보살마하살이 있어서 6바라밀다를 수행하면서 제유정들의 주재(主宰)⁴⁾에게 얽매이고 귀속되어 여러 지었던 일이 있을지라도 자재하지 못한 것을 보았다면, 이러한 일을 보고서 '내가 마땅히 무슨 방편으로 발제하여야 여러 유정의 부류들이 모두 자재함을 얻게 하겠는가?'라고 이미 이렇게 사유를 지었으며, 이미 사유하였으므로 '나는 마땅히 정근하면서 마음에 사무치는 것을 없게 하겠고, 6바라밀다를 수행하여 유정들을 성숙시키고 불국토를 청정하게 장엄하며 빠르게 무상정등보리를 증득하여 원만하게 하겠으며, 나의 불국토의 가운데에서는 여러 유정의 부류들에게 주재가 없게 하겠고, 여러 지었던 일이 있다면 자재하게 하겠으며, 나아가 주재의 형상(形象)도 보지 못하고, 역시 다시 주재의 명자(名字)도 들을 수 없으며, 오직 여래·응공·정등각께서 법으로써 통솔하고 섭수하는 법왕이라는 명자가 있게 하겠다.'라고 이미 이렇게 발원을 지으면서 말하였다면 선현이여. 이 보살마하살은 오히려 이것으로 6바라밀다가 빠르게 원만함을 얻으므로 능히 빠르게 일체지지를 증득하느니라.

다시 다음으로 선현이여. 보살마하살이 있어서 6바라밀다를 수행하면서 제유정들의 지옥 등의 여러 세계(趣)의 차별이 있는 것을 보았다면, 이러한 일을 보고서 '내가 마땅히 무슨 방편으로 이와 같은 여러 유정의 부류들을 발제하여야 여러 선하고 악한 세계의 차별이 없게 하겠는가?'라고 이미 이렇게 사유를 지었으며, 이미 사유하였으므로 '나는 마땅히 정근하면서 마음에 사무치는 것을 없게 하겠고, 6바라밀다를 수행하여 유정들을 성숙시키고 불국토를 청정하게 장엄하며 빠르게 무상정등보리를 증득하여 원만하게 하겠으며, 내 불국토의 가운데에서는 선하고 악한 세계의 차별이 없게 하겠고, 나아가 지옥·방생·귀계·아소락·인간·천인 등의 명자도 없어서 일체의 유정들은 모두가 같이 하나의 부류로 평등하게 하나의 업을 수행하게 하겠는데 이를테면, 모두가 화합하여 보시, 나아가 반야바라밀다를 수행하고, 내공(內空), 나아가 무성자성공(無性自性空)에

---

4) 어느 일에 중심(中心)이 되고 맡아서 처리하는 사람을 가리킨다.

안주하며, 진여(眞如), 나아가 부사의계(不思議界)에 안주하고, 고·집·멸·도성제에 안주하며, 4념주(四念住), 나아가 8성도지(八聖道支)를 수행하고, 4정려(四靜慮)·4무량(四無量)·4무색정(四無色定)을 수행하며, 8해탈(八解脫)·8승처(八勝處)·9차제정(九次第定)·10변처(十遍處)를 수행하고, 공(空)·무상(無相)·무원해탈문(無願解脫門)을 수행하며, 다라니문(陀羅尼門)과 삼마지문(三摩地門)을 수행하고, 5안(五眼)과 6신통(六神通)을 수행하며, 여래(佛)의 10력(十力), 나아가 18불불공법(十八佛不共法)을 수행하고, 무망실법·항주사성을 수행하며, 일체지(一切智)·도상지(道相智)·일체상지(一切相智)를 수행하고, 보살마하살(菩薩摩訶薩)의 행(行)과 제불(諸佛)의 무상정등보리(無上正等菩提)를 수행하게 하겠다.'라고 이미 이렇게 발원을 지으면서 말하였다면 선현이여. 이 보살마하살은 오히려 이것으로 6바라밀다가 빠르게 원만함을 얻으므로 능히 빠르게 일체지지를 증득하느니라.

다시 다음으로 선현이여. 보살마하살이 있어서 6바라밀다를 수행하면서 제유정들의 4생(四生)의 차별을 보았는데 이를테면, 태생(胎生)·난생(卵生)·습생(濕生)·화생(化生)이었으며, 이러한 일을 보고서 '내가 마땅히 무슨 방편으로 발제하여야 이와 같은 4생의 차별을 없게 하겠는가?'라고 이미 이렇게 사유를 지었으며, 이미 사유하였으므로 '나는 마땅히 정근하면서 마음에 사무치는 것을 없게 하겠고, 6바라밀다를 수행하여 유정들을 성숙시키고 불국토를 청정하게 장엄하며 빠르게 무상정등보리를 증득하여 원만하게 하겠으며, 내 불국토의 가운데에서는 이와 같은 4생의 차별을 없게 하겠고, 제유정의 부류들을 모두 같이 화생이 되게 하겠다.'라고 이미 이렇게 발원을 지으면서 말하였다면 선현이여. 이 보살마하살은 오히려 이것으로 6바라밀다가 빠르게 원만함을 얻으므로 능히 빠르게 일체지지를 증득하느니라."

"다시 다음으로 선현이여. 보살마하살이 있어서 6바라밀다를 수행하면서 제유정들이 5신통(五神通)의 지혜가 없었으므로 여러 지었던 일이 있을지라도 자재하지 못한 것을 보았다면, 이러한 일을 보고서 '내가 마땅히 무슨 방편으로 발제하여야 모두에게 5신통의 지혜를 획득하게 하겠는가?'라고 이미 이렇게 사유를 지었으며, 이미 사유하였으므로 '나는 마땅히 정근하면서 마음에 사무치는 것을 없게 하겠고, 6바라밀다를 수행하여 유정들을 성숙시키고 불국토를 청정하게 장엄하며 빠르게 무상정등보리를 증득하여 원만하게 하겠으며, 내 불국토의 가운데에서는 여러 유정의 부류들에게 5신통의 지혜가 모두 자재하게 하겠다.'라고 이미 이렇게 발원을 지으면서 말하였다면 선현이여. 이 보살마하살은 오히려 이것으로 6바라밀다가 빠르게 원만함을 얻으므로 능히 빠르게 일체지지를 증득하느니라.

다시 다음으로 선현이여. 보살마하살이 있어서 6바라밀다를 수행하면서 제유정들이 단식(段食)5)을 수용(受容)하여 몸에 여러 종류의 대·소변과 피·고름의 더러움이 있었으므로 깊이 싫어하는 것을 보았다면, 이러한 일을 보고서 '내가 마땅히 무슨 방편으로 이와 같이 단식을 수용하는 제유정들을 발제하여야 그들의 몸의 가운데에 여러 대·소변의 더러움이 없겠는가?'라고 이미 이렇게 사유를 지었으며, 이미 사유하였으므로 '나는 마땅히 정근하면서 마음에 사무치는 것을 없게 하겠고, 6바라밀다를 수행하여 유정들을 성숙시키고 불국토를 청정하게 장엄하며 빠르게 무상정등보리를 증득하여 원만하게 하겠으며, 내 불국토의 가운데에서는 여러 유정의 부류들에게 미묘한 법희식(法喜食)6)을 수용하여 일체가 모두 극광정천(極光淨天)7)과 비슷하여 내(內)·외신(外身)과 지절(支節)에

---

5) 산스크리트어 Piṇḍa의 번역이고, 여러 음식의 가운데에서 형체가 있는 음식을 가리킨다.
6) 산스크리트어 dharma-prīty-āhāra의 번역이고, 불법(佛法)을 듣고 기쁜 마음으로 도(道)를 수행하여 선근(善根)을 자라게 하는 것을 음식에 비유한 말이다.
7) 산스크리트어 이름 Ābhāsvara의 번역이고, 색계(色界)의 제2선천(第二禪天)의 세 번째의 천상인 광음천(光音天)을 가리킨다. 이곳의 유정들이 뜻을 소통하는 때에 음성을 사용하지 않고 입에서 나오는 빛을 사용하여 소통을 하는 까닭으로 광음천이라고 이름한다.

여러 더러움이 없게 하겠다.'라고 이미 이렇게 발원을 지으면서 말하였다면 선현이여. 이 보살마하살은 오히려 이것으로 6바라밀다가 빠르게 원만함을 얻으므로 능히 빠르게 일체지지를 증득하느니라.

　다시 다음으로 선현이여. 보살마하살이 있어서 6바라밀다를 수행하면서 제유정들이 몸에 광명(光明)이 없어서 여러 지었던 것이 있을지라도 반드시 외부의 빛을 구하는 것을 보았다면, 이러한 일을 보고서 '내가 마땅히 무슨 방편으로 제유정들을 발제하여야 이와 같은 광명이 없는 몸을 벗어나게 하겠는가?'라고 이미 이렇게 사유를 지었으며, 이미 사유하였으므로 '나는 마땅히 정근하면서 마음에 사무치는 것을 없게 하겠고, 6바라밀다를 수행하여 유정들을 성숙시키고 불국토를 청정하게 장엄하며 빠르게 무상정등보리를 증득하여 원만하게 하겠으며, 내 불국토의 가운데에서는 여러 유정의 부류들에게 몸의 광명을 갖추어서 외부의 빛을 빌리지 않게 하겠다.'라고 이미 이렇게 발원을 지으면서 말하였다면 선현이여. 이 보살마하살은 오히려 이것으로 6바라밀다가 빠르게 원만함을 얻으므로 능히 빠르게 일체지지를 증득하느니라.

　다시 다음으로 선현이여. 보살마하살이 있어서 6바라밀다를 수행하면서 제유정들이 기거하는 국토라는 것에 낮이 있고 밤이 있으며 보름달이 있고 반달(半月)이 있으며 시절(時節)과 세수(歲數)가 전변(轉變)하여 항상하지 않는 것을 보았다면, 이러한 일을 보고서 '내가 마땅히 무슨 방편으로 이와 같은 제유정들을 발제하여야 기거하는 국토라는 것에 낮과 밤이 없고 시절의 변이(變異)가 없게 하겠는가?'라고 이미 이렇게 사유를 지었으며, 이미 사유하였으므로 '나는 마땅히 정근하면서 마음에 사무치는 것을 없게 하겠고, 6바라밀다를 수행하여 유정들을 성숙시키고 불국토를 청정하게 장엄하며 빠르게 무상정등보리를 증득하여 원만하게 하겠으며, 내 불국토의 가운데에서는 낮과 밤이 없고 보름달과 반달 등이 없으며 시절이라는 이름이 없게 하겠다.'라고 이미 이렇게 발원을 지으면서 말하였다면 선현이여. 이 보살마하살은 오히려 이것으로 6바라밀다가 빠르게 원만함을 얻으므로 능히 빠르게 일체지지를 증득하느니라.

다시 다음으로 선현이여. 보살마하살이 있어서 6바라밀다를 수행하면서 제유정들의 수명이 짧고 촉박한 것을 보았다면, 이러한 일을 보고서 '내가 마땅히 무슨 방편으로 이와 같은 제유정들을 발제하여야 이와 같은 수명이 짧고 촉박한 것을 벗어나게 하겠는가?'라고 이미 이렇게 사유를 지었으며, 이미 사유하였으므로 '나는 마땅히 정근하면서 마음에 사무치는 것을 없게 하겠고, 6바라밀다를 수행하여 유정들을 성숙시키고 불국토를 청정하게 장엄하며 빠르게 무상정등보리를 증득하여 원만하게 하겠으며, 내 불국토의 가운데에서는 제유정의 부류들의 수명이 길고 멀어서 겁의 숫자를 알지 못하게 하겠다.'라고 이미 이렇게 발원을 지으면서 말하였다면 선현이여. 이 보살마하살은 오히려 이것으로 6바라밀다가 빠르게 원만함을 얻으므로 능히 빠르게 일체지지를 증득하느니라.

다시 다음으로 선현이여. 보살마하살이 있어서 6바라밀다를 수행하면서 제유정들의 몸에 상호(相好)가 없는 것을 보았다면, 이러한 일을 보고서 '내가 마땅히 무슨 방편으로 이와 같은 제유정들을 발제하여야 제유정의 부류들에게 상호를 얻게 하겠는가?'라고 이미 이렇게 사유를 지었으며, 이미 사유하였으므로 '나는 마땅히 정근하면서 마음에 사무치는 것을 없게 하겠고, 6바라밀다를 수행하여 유정들을 성숙시키고 불국토를 청정하게 장엄하며 빠르게 무상정등보리를 증득하여 원만하게 하겠으며, 내 불국토의 가운데에서는 제유정의 부류들의 몸에 상호의 원만함과 장엄을 갖추어서 유정들이 그들을 본다면 청정하고 미묘한 환희가 생겨나게 하겠다.'라고 이미 이렇게 발원을 지으면서 말하였다면 선현이여. 이 보살마하살은 오히려 이것으로 6바라밀다가 빠르게 원만함을 얻으므로 능히 빠르게 일체지지를 증득하느니라.

다시 다음으로 선현이여. 보살마하살이 있어서 6바라밀다를 수행하면서 제유정들이 여러 선근(善根)을 벗어난 것을 보았다면, 이러한 일을 보고서 '내가 마땅히 무슨 방편으로 이와 같은 제유정들을 발제하여야 제유정의 부류들에게 선근을 갖추게 하겠는가?'라고 이미 이렇게 사유를 지었으며, 이미 사유하였으므로 '나는 마땅히 정근하면서 마음에 사무치는 것을 없게 하겠고, 6바라밀다를 수행하여 유정들을 성숙시키고 불국토를 청정하게 장엄하며 빠르게 무상정등보리를 증득하여 원만하게 하겠으며, 내 불국토의 가운데에서는 제유정의 부류들의 일체의 수승하고 미묘한 선근을 갖추게 하겠고, 오히려 이러한 선근으로 능히 여러 종류의 상묘(上妙)한 공양구를 성취하여 제불께 공양하며, 이러한 복력(福力)을 타고서 따라서 태어나는 곳에서 다시 능히 제불·세존께 공양하게 하겠다.'라고 이미 이렇게 발원을 지으면서 말하였다면 선현이여. 이 보살마하살은 오히려 이것으로 6바라밀다가 빠르게 원만함을 얻으므로 능히 빠르게 일체지지를 증득하느니라."

"다시 다음으로 선현이여. 보살마하살이 있어서 6바라밀다를 수행하면서 제유정들이 몸과 마음의 병을 갖추었고, 몸의 병은 네 가지가 있는데 이를테면, 풍(風)·열(熱)·담(痰)·잡병(雜病)이며, 마음의 병도 네 가지가 있는데 이를테면, 탐(貪)·진(瞋)·치(癡)·만(慢) 등이 있는 것을 보았다면, 이러한 일을 보고서 '내가 마땅히 어떻게 이와 같은 몸과 마음의 병으로 고통받는 제유정들을 발제하여야 하겠는가?'라고 이미 이렇게 사유를 지었으며, 이미 사유하였으므로 '나는 마땅히 정근하면서 마음에 사무치는 것을 없게 하겠고, 6바라밀다를 수행하여 유정들을 성숙시키고 불국토를 청정하게 장엄하며 빠르게 무상정등보리를 증득하여 원만하게 하겠으며, 내 불국토의 가운데에서는 제유정의 부류들이 몸과 마음이 청정하여 여러 병의 고통이 없고, 나아가 몸과 마음의 병이라는 이름도 없게 하겠다.'라고 이미 이렇게 발원을 지으면서 말하였다면 선현이여. 이 보살마하살은 오히려 이것으로 6바라밀다가 빠르게 원만함을 얻으므로 능히 빠르게 일체지지를 증득하느니라.

다시 다음으로 선현이여. 보살마하살이 있어서 6바라밀다를 수행하면서 제유정들의 여러 종류의 의요(意樂)에 3승(三乘)의 차별이 있는 것을 보았다면, 이러한 일을 보고서 '내가 마땅히 무슨 방편으로 제유정들을 발제하여야 그들이 2승(二乘)의 의요를 버리고서 오직 무상대승(無上大乘)

에 즐겁게 나아가게 하겠는가?'라고 이미 이렇게 사유를 지었으며, 이미 사유하였으므로 '나는 마땅히 정근하면서 마음에 사무치는 것을 없게 하겠고, 6바라밀다를 수행하여 유정들을 성숙시키고 불국토를 청정하게 장엄하며 빠르게 무상정등보리를 증득하여 원만하게 하겠으며, 내 불국토의 가운데에서는 제유정의 부류들이 오직 무상정등보리를 구하고, 성문승(聲聞乘)·독각승과(獨覺乘果)는 즐거워하지 않으며, 나아가 2승이라는 이름도 없게 하겠다.'라고 이미 이렇게 발원을 지으면서 말하였다면 선현이여. 이 보살마하살은 오히려 이것으로 6바라밀다가 빠르게 원만함을 얻으므로 능히 빠르게 일체지지를 증득하느니라.

다시 다음으로 선현이여. 보살마하살이 있어서 6바라밀다를 수행하면서 제유정들의 증상만(增上慢)을 일으켜서 얻지 못한 것을 얻었다고 말하고 증득하지 못한 것을 증득하였다고 말하는 것을 보았다면, 이러한 일을 보고서 '내가 마땅히 무슨 방편으로 이와 같은 제유정들을 발제하여야 그들이 증상만의 번뇌(結)를 버리게 하겠는가?'라고 이미 이렇게 사유를 지었으며, 이미 사유하였으므로 '나는 마땅히 정근하면서 마음에 사무치는 것을 없게 하겠고, 6바라밀다를 수행하여 유정들을 성숙시키고 불국토를 청정하게 장엄하며 빠르게 무상정등보리를 증득하여 원만하게 하겠으며, 내 불국토의 가운데에서는 이와 같은 증상만인 자가 없게 하겠고, 일체의 유정들도 증상만을 벗어나게 하겠다.'라고 이미 이렇게 발원을 지으면서 말하였다면 선현이여. 이 보살마하살은 오히려 이것으로 6바라밀다가 빠르게 원만함을 얻으므로 능히 빠르게 일체지지를 증득하느니라.

다시 다음으로 선현이여. 보살마하살이 있어서 6바라밀다를 수행하면서 여래·응공·정등각들께서는 광명과 수명(壽量)과 제자들의 숫자에 한계(分限)가 있는 것을 보았다면, 이러한 일을 보고서 '내가 마땅히 무엇으로 광명과 수명과 제자들의 숫자에 모두 한계가 없는 것을 얻게 하겠는가?'라고 이미 이렇게 사유를 지었으며, 이미 사유하였으므로 '나는 마땅히 정근하면서 마음에 사무치는 것을 없게 하겠고, 6바라밀다를 수행하여 유정들을 성숙시키고 불국토를 청정하게 장엄하며 빠르게 무상정등보리를 증득하여 원만하게 하겠으며, 나는 그때에 광명과 수명과 제자들의 숫자에 모두 한계가 없게 하겠다.'라고 이미 이렇게 발원을 지으면서 말하였다면 선현이여. 이 보살마하살은 오히려 이것으로 6바라밀다가 빠르게 원만함을 얻으므로 능히 빠르게 일체지지를 증득하느니라.

다시 다음으로 선현이여. 보살마하살이 있어서 6바라밀다를 수행하면서 여래·응공·정등각들께서 기거하시는 곳인 국토의 주변에 원만함의 분량(分量)이 있는 것을 보았다면, 이러한 일을 보고서 '내가 마땅히 무엇으로 기거하시는 곳인 국토의 주변에 원만함의 분량이 없게 하겠는가?'라고 이미 이렇게 사유를 지었으며, 이미 사유하였으므로 '나는 마땅히 정근하면서 마음에 사무치는 것을 없게 하겠고, 6바라밀다를 수행하여 유정들을 성숙시키고 불국토를 청정하게 장엄하며 빠르게 무상정등보리를 증득하여 원만하게 하겠으며, 시방으로 각각 긍가사와 같은 숫자의 대천세계를 합쳐서 하나의 국토로 만들고 내가 그 가운데에 머무르면서 설법하여 무량(無量)하고 무수(無數)이며 무변(無邊)한 유정을 교화하겠다.'라고 이미 이렇게 발원을 지으면서 말하였다면 선현이여. 이 보살마하살은 오히려 이것으로 6바라밀다가 빠르게 원만함을 얻으므로 능히 빠르게 일체지지를 증득하느니라.

다시 다음으로 선현이여. 보살마하살이 있어서 6바라밀다를 수행하면서 제유정들의 생사(生死)가 길고 멀며, 유정들의 세계의 그 숫자가 무변한 것을 보았다면, 이러한 일을 보고서 '생사의 변제(邊際)는 오히려 허공과 같고 제유정들의 세계도 허공과 같으며, 비록 제유정들이 생사를 유전(流傳)하는 것과 해탈을 얻는 것도 진실로 없으나, 제유정들은 허망하게 집착하여 있다고 생각하므로 생사를 윤회하면서 끝이 없는 고통을 받고 있구나! 내가 무슨 방편으로 발제해야 하겠는가?'라고 이미 이렇게 사유를 지었으며, 이미 사유하였으므로 '나는 마땅히 정근하면서 마음에 사무치는 것을 없게 하겠고, 6바라밀다를 수행하여 유정들을 성숙시키고 불국토를 청정하게 장엄하며 빠르게 무상정등보리를 증득하여 원만하게 하겠으며, 제유정들을 위하여 무상법(無上法)을 설하여 모두 생사의 큰 고통에서 벗어나게 하겠고, 역시 생사의 해탈이 모두 무소유(無所有)이고 반드시 결국에는 모두가 공하다고 증득하여 알게 하겠다.'라고 이미 이렇게 발원을 지으면서 말하였다면 선현이여. 이 보살마하살은 오히려 이것으로 6바라밀다가 빠르게 원만함을 얻으므로 능히 빠르게 일체지지를 증득하느니라."

58. 긍가천품(殑伽天品)

그때 대중의 가운데에 한 천녀(天女)가 있었고, 긍가천(殑伽天)이라고 이름하였는데, 자리에서 일어나서 세존의 발에 머리 숙여 예경하고, 왼쪽의 어깨를 덮고 오른쪽의 무릎을 땅에 붙이고 합장하고 공경스럽게 아뢰어 말하였다.

"세존이시여. 저는 마땅히 보시·정계·안인·정진·정려·반야바라밀다를 구족하고 수행하여 유정들을 성숙시키고 불국토를 청정하게 장엄하겠는데, 청정하게 장엄한 정토는 지금의 세존께서 여러 대중들을 위하여 이 반야바라밀다의 매우 깊은 경전의 가운데에서 설하신 국토의 모습과 같아서 일체가 원만할 것입니다."

이때 긍가천은 이렇게 말을 짓고서 곧 여러 종류의 금꽃(金花)·은꽃(銀花)·물과 육지에서 자라나는 꽃·스스로의 장엄구와 아울러 금색인 천의(天衣) 한 쌍을 가지고 와서 공경하고 지극한 마음으로 받들어 세존의 위에 뿌렸다. 세존의 신력(神力)을 까닭으로 공중으로 솟아올라서 둥글게 오른쪽으로 돌았으며 세존의 정수리 위에서 네 기둥과 네 모서리에 보대(寶臺)의 변화를 이루었는데, 아름다운 보물로 장엄되었으므로 매우 애락(愛樂)하였다. 이 천녀는 이러한 선근을 가지고 제유정들과 함께 평등하게 공유하면서 무상정등보리에 회향하였다.
 그때 세존께서는 그 천녀의 뜻과 서원이 깊고 넓은 것을 아시고 나아가 곧 미소를 지으셨는데 제불께서 미소를 지으시는 때에 여러 종류의 빛과 광명이 입에서 뿜어나오는 법과 같이, 지금의 세존께서도 역시 그와 같아서 그 입으로부터 여러 종류의 청(靑)·황(黃)·적(赤)·백(白)·홍(紅)·자(紫)·벽(碧)·녹(綠) 등의 광명이 시방의 무량하고 무변한 제불의 세계를 두루 비추었으며, 다시 이 국토로 돌아와서 큰 신통한 변화를 나타내었으며 세존을 세 번을 돌고서 세존의 정수리로 들어갔다.
 이때 아난다(阿難陀)는 이러한 일을 보고 들었으므로 곧 자리에서 일어나 세존의 발에 머리 숙여 예경하고 왼쪽의 어깨를 덮고 오른쪽의 무릎을 땅에 붙이고 합장하고 공경스럽게 세존께 아뢰어 말하였다.
 "세존이시여. 무슨 인연으로 이러한 미소를 나타내십니까? 제불께서 미소를 나타내시는 때에는 인연이 없지 않습니다."
 그때에 세존께서는 경희(慶喜)에게 알려 말씀하셨다.
 "지금의 이 천녀는 미래의 세상에서 마땅히 여래·응공·정등각을 성취하는데, 겁(劫)은 성유(星喩)라고 이름하고, 여래(佛)의 명호는 금화(金花)이니라. 경희여. 지금의 이 천녀는 곧 이것이 최후(最後)로 여성의 몸을 받은 것이고, 이 몸을 버리면 곧 남자의 몸을 받으며, 미래의 세상을 끝마치도록 다시는 여인이 되지 않을 것이고, 이곳에서 목숨을 버리고 동방(東方)의 부동(不動) 여래·응공·정등각의 매우 애락(愛樂)한 불국토의 가운데에 태어나서 그 여래의 처소에서 정근하면서 범행(梵行)을 수행할 것이며, 이 여인은 그 세계에서 곧 금화라는 명호로 제보살마하살의 행을 수행할 것이라고 마땅히 알아야 하느니라.
 경희여. 이 금화보살(金花菩薩)은 부동여래의 세계에서 목숨을 끝마친다면 다시 다른 세계에 태어나고, 한 불국토에서 한 불국토에 이르면서 제불·세존께 공양하고 공경하며 존중하고 찬탄하면서 태어나는 처소에서 항상 여래를 벗어나지 않는데, 전륜성왕이 하나의 누대(臺)에서 관찰하고 하나의 누대에 이르면서 관찰하면서 환희(歡娛)하고 즐거움을 받으며,

나아가 목숨을 끝마치도록 발로 땅을 밟지 않는 것과 같이, 금화보살도 역시 다시 이와 같아서 한 불국토에서 한 불국토에 다니면서 무상정등보리를 얻기까지 태어나는 가운데에서 항상 제불을 볼 것이고 항상 정법을 들으면서 보살의 행을 수행한다고 마땅히 알아야 하느니라."

그때 경희는 살며시 이렇게 생각을 지었다.

'금화보살께서 마땅히 작불(作佛)하는 때에 역시 마땅히 매우 깊은 반야바라밀다를 널리 설하시고, 그 회중(會中)의 보살마하살들의 그 숫자의 많고 적음도 상응하여 지금의 세존과 보살들의 회중과 같을 것이다.'

세존께서 그 뜻을 아시고 경희에게 말씀하셨다.

"그와 같으니라. 그와 같으니라. 그대의 뜻과 같으니라. 금화보살도 마땅히 작불하는 때에, 역시 마땅히 매우 깊은 반야바라밀다를 널리 설할 것이고, 그 회중의 보살마하살들의 그 숫자의 많고 적음도 상응하여 지금의 여래와 보살들의 회중과 같을 것이다. 경희여. 금화보살이 마땅히 작불하는 때에 출가한 제자들의 숫자가 매우 많아서 헤아릴 수 없는데 이를테면, 헤아릴 수 없는 만약 백이거나, 만약 천이거나, 만약 백천 등이니라. 다만 총체적으로 설한다면 무량하고 무변한 백천 구지(俱胝)·나유타(那庾多) 대중이라고 마땅히 알아야 하느니라. 경희여. 금화보살이 마땅히 작불하는 때에 그 국토에는 이『반야바라밀다경(般若波羅密多經)』에서 설한 것과 같은 여러 종류의 허물이 없다고 마땅히 알아야 하느니라."

그때 경희가 다시 세존께 아뢰어 말하였다.

"지금의 이 천녀는 먼저 어느 여래께 무상정등보리의 마음을 일으켰고 여러 선근을 심었고 서원하면서 회향하였으므로 지금을 만나서 공양하고 공경하며 불퇴전에서 수기를 얻어서 받았습니까?"

세존께서 경희에게 알리셨다.

"경희여. 지금의 이 천녀는 이미 연등불(燃燈佛)께 무상정등보리의 마음을 일으켰고 여러 선근을 심었으며 발원하면서 회향하였던 까닭으로 지금에 나를 만나서 공양하고 공경하며 불퇴전에서 수기를 얻어서 받았느니라. 경희여. 마땅히 알아야 하느니라. 내가 과거에 연등불께 다섯

송이의 꽃으로써 받들어 흩뿌렸고 그 여래께 발원하면서 회향하였는데 연등여래·응공·정등각께서는 나의 근기가 성숙되었던 것을 아시고 나에게 '그대는 미래의 세상에서 마땅히 작불할 것이고, 능적(能寂)이라고 명호할 것이며, 세계는 감인(堪忍)이라고 이름할 것이고, 겁은 현겁(賢劫)이라고 이름할 것이다.'라고 수기를 주셨느니라.

그때에 이 천녀는 여래께서 나에게 대보리(大菩提)의 수기를 주시는 것을 듣고서 환희(歡喜)하고 용약(踊躍)하였으며, 곧 금꽃으로써 여래의 위에 받들어 흩뿌렸고, 곧 무상정등보리의 마음을 일으켰으며 여러 선근을 심었고 회향하면서 '내가 미래의 세상에서 마땅히 작불하는 때에, 역시 지금의 여래와 같이 현전(現前)에서 대보리의 수기를 받게 하십시오.'라고 발원하였느니라. 이러한 까닭으로 내가 지금 그녀에게 수기를 주었느니라."

그때 경희는 세존께서 설하시는 것을 듣고 환희하고 용약하면서 다시 세존께 아뢰어 말하였다.

"지금의 이 천녀는 옛날부터 무상정등보리를 위하여 공덕의 근본을 심었고 지금 성숙되었으며, 이러한 까닭으로 여래·응공·정등각께서 그녀에게 수기를 주셨습니다."

세존께서 경희에게 말씀하셨다.

"그와 같으니라. 그와 같으니라. 그대가 말한 것과 같으니라. 이 긍가천녀는 옛날부터 무상정등보리를 위하여 근본을 심었고 지금 성숙되었던 까닭으로, 나는 그녀가 구하였던 것인 무상정등보리에서 불퇴전의 수기를 주었느니라."

마하반야바라밀다경 제452권

59. 습근품(習近品)

그때 구수 선현이 세존께 아뢰어 말하였다.
"세존이시여. 이와 같은 매우 깊은 반야바라밀다를 수행하는 제보살마하살들은 어떻게 공(空)을 가깝게 수습(修習)하고, 어떻게 공삼마지(空三摩地)에 들어갑니까? 어떻게 무상(無相)을 가깝게 수습하고, 어떻게 무상삼마지(無相三摩地)에 들어갑니까? 어떻게 무원(無願)을 가깝게 수습하고, 어떻게 무원삼마지(無願三摩地)에 들어갑니까? 어떻게 4념주(四念住), 나아가 8성도지(八聖道支)를 가깝게 수습하고, 어떻게 4념주, 나아가 8성도지에 들어갑니까? 어떻게 여래(佛)의 10력(十力), 나아가 18불불공법(十八佛不共法)을 가깝게 수습하고, 어떻게 여래의 10력, 나아가 18불불공법에 들어갑니까?"

세존께서 말씀하셨다.
"선현이여. 이와 같이 매우 깊은 반야바라밀다를 수행하는 제보살마하살들은 상응하여 색(色)이 공하다고 관찰해야 하고, 상응하여 수(受)·상(想)·행(行)·식(識)이 공하다고 관찰해야 하며, 상응하여 안처(眼處), 나아가 의처(意處)가 공하다고 관찰해야 하고, 상응하여 색처(色處), 나아가 법처(法處)가 공하다고 관찰해야 하며, 상응하여 안계(眼界), 나아가 의계(意界)가 공하다고 관찰해야 하고, 상응하여 색계(色界), 나아가 법계(法界)가 공하다고 관찰해야 하며, 상응하여 안식계(眼識界), 나아가 의식계(意識界)가 공하다고 관찰해야 하고, 상응하여 안촉(眼觸), 나아가 의촉(意觸)이 공하다고 관찰해야 하며, 상응하여 안촉(眼觸)을 인연으로 생겨난 여러 수(受), 나아가 의촉(意觸)을 인연으로 생겨난 여러 수가 공하다고 관찰해야 하고,

상응하여 지계(地界), 나아가 반야바라밀다(般若波羅蜜多)가 공하다고 관찰해야 하고, 상응하여 보시바라밀다(布施波羅蜜多), 나아가 법처(法處)가 공하다고 관찰해야 하며, 상응하여 내공(內空), 나아가 무성자성공(無性自性空)이 공하다고 관찰해야 하고, 상응하여 진여(眞如), 나아가 부사의계(不思議界)가 공하다고 관찰해야 하며, 고(苦)·집(集)·멸(滅)·도성제(道聖諦)가 공하다고 관찰해야 하고, 상응하여 4정려(四靜慮)·4무량(四無量)·4무색정(四無色定)이 공하다고 관찰해야 하며, 상응하여 8해탈(八解脫), 나아가 10변처(十遍處)가 공하다고 관찰해야 하고,

상응하여 공(空)·무상(無相)·무원해탈문(無願解脫門)이 공하다고 관찰해야 하고, 상응하여 3승(三乘)·보살(菩薩)의 10지(十地)가 공하다고 관찰해야 하며, 상응하여 다라니문(陀羅尼門)·삼마지문(三摩地門)이 공하다고 관찰해야 하고, 상응하여 5안(五眼)·6신통(六神通)이 공하다고 관찰해야 하며, 여래(佛)의 10력, 나아가 18불불공법이 공하다고 관찰해야 하고, 상응하여 32대사상(三十二大士相)·80수호(八十隨好)가 공하다고 관찰해야 하며, 상응하여 무망실법(無忘失法)·항주사성(恒住捨性)이 공하다고 관찰해야 하고,

상응하여 일체지(一切智)·도상지(道相智)·일체상지(一切相智)가 공하다고 관찰해야 하고, 상응하여 예류과(預流果), 독각(獨覺)의 보리(菩提)가 공하다고 관찰해야 하며, 상응하여 일체의 보살마하살(菩薩摩訶薩)의 행(行)이 공하다고 관찰해야 하고, 상응하여 제불(諸佛)의 무상정등보리(無上正等菩提)가 공하다고 관찰해야 하며, 유루법(有漏法)·무루법(無漏法)이 공하다고 관찰해야 하고, 상응하여 세간법(世間法)·출세간법(出世間法)이 공하다고 관찰해야 하며, 상응하여 유위법(有爲法)·무위법(無爲法)이 공하다고 관찰해야 하고, 상응하여 과거(過去)·미래(未來)·현재(現在)의 법(法)이 공하다고 관찰해야 하며, 상응하여 선법(善法)·불선법(不善法)·무

기법(無記法)이 공하다고 관찰해야 하고, 상응하여 욕계(欲界)·색계(色界)·무색계(無色界)의 법이 공하다고 관찰해야 하느니라.

선현이여. 이 보살마하살이 이렇게 관찰을 짓는 때에 마음이 산란하지 않는데, 만약 마음이 산란하지 않는다면 곧 법을 보지 않는 것이고, 만약 법을 보지 않는다면 증득(證得)을 짓지 않느니라. 그 까닭은 무엇인가? 선현이여. 이 보살마하살은 제법의 자상(自相)이 모두 공하므로 증장하는 법도 없고 감소하는 법도 없다고 잘 수학하느니라. 이러한 까닭으로 제법에서 보지도 않고 증득하지도 않느니라. 왜 그러한가? 선현이여. 일체법은 승의제(勝義諦)의 가운데에서 능히 증득하는 것(能證所證)·증득되는 것(所證)·증득하는 처소(證處)·증득하는 때(證時)와 더불어 오히려 이러한 증득이 만약 합쳐지거나 만약 벗어날지라도 모두 얻을 수 없고 볼 수 없는 까닭이니라."

구수 선현이 아뢰어 말하였다.

"세존이시여. 여래께서 말씀하신 것과 같이 제보살마하살은 상응하여 제법이 공하다고 관찰하면서 증득을 짓지 않습니다. 세존이시여. 어찌하여 제보살마하살은 제법이 공하다고 관찰하면서 증득을 짓지 않습니까?"

세존께서는 선현에게 알리셨다.

"제보살마하살들이 제법이 공하다고 관찰하는 때에 '나는 제상(諸相)이 모두 공하다고 상응하여 관찰해야 하고, 상응하여 증득을 짓지 않아야 하느니라. 나는 수학하기 위한 까닭으로 제법이 공하다고 관찰하는 것이고 증득하기 위하여 제법이 공하다고 관찰하는 것은 아니다. 지금은 이것을 수학하는 때이고, 증득하기 위한 때는 아니다.'라고 먼저 이렇게 생각을 지어야 하느니라.

선현이여. 이 보살마하살이 입정(入定)의 지위(位)가 아니라면 마음을 인연하는 것에 계박(繫縛)하고, 이미 입정의 때라면 마음의 경계에서 계박하지 않느니라. 선현이여. 이 보살마하살은 이와 같은 때에 보시바라밀다에서 물러나지 않으나 누진(漏盡)을 증득하지 않고, 나아가 반야바라밀다에서 물러나지 않을지라도 누진을 증득하지 않으며, 내공에서 물러나지 않을지라도 누진을 증득하지 않고, 나아가 무성자성공에서 물러나지 않을지라도 누진을 증득하지 않으며, 진여에서 물러나지 않을지라도 누진을 증득하지 않고, 나아가 부사의계에서 물러나지 않을지라도 누진을 증득하지 않으며,

고성제에서 물러나지 않을지라도 누진을 증득하지 않고 집·멸·도성제에서 물러나지 않을지라도 누진을 증득하지 않으며, 4정려에서 물러나지 않을지라도 누진을 증득하지 않고, 4무량·4무색정에서 물러나지 않을지라도 누진을 증득하지 않으며, 8해탈에서 물러나지 않을지라도 누진을 증득하지 않고, 8승처·9차제정·10변처에서 물러나지 않을지라도 누진을 증득하지 않으며, 4념주에서 물러나지 않을지라도 누진을 증득하지 않고, 나아가 8성도지에서 물러나지 않을지라도 누진을 증득하지 않으며, 공해탈문에서 물러나지 않을지라도 누진을 증득하지 않고 무상·무원해탈문에서 물러나지 않을지라도 누진을 증득하지 않으며,

3승·보살의 10지에서 물러나지 않을지라도 누진을 증득하지 않고 다라니문·삼마지문에서 물러나지 않을지라도 누진을 증득하지 않으며, 5안·6신통에서 물러나지 않을지라도 누진을 증득하지 않으며, 여래의 10력에서 물러나지 않을지라도 누진을 증득하지 않고, 나아가 18불불공법에서 물러나지 않을지라도 누진을 증득하지 않으며, 상호(相好)에서 물러나지 않을지라도 누진을 증득하지 않고 무망실법·항주사성에서 물러나지 않을지라도 누진을 증득하지 않으며, 일체지·도상지·일체상지에서 물러나지 않을지라도 누진을 증득하지 않고 보살마하살의 행에서 물러나지 않을지라도 누진을 증득하지 않으며, 제불의 무상정등보리에서 물러나지 않을지라도 누진을 증득하지 않느니라.

왜 그러한가? 선현이여. 이 보살마하살은 이와 같이 미묘하고 큰 지혜를 성취하여 법공(法空)과 일체 종류의 보리분법(菩提分法)에 잘 안주하면서 '지금의 때는 상응하여 수학해야 하고 상응하여 증득하는 것을 짓지 않아야 한다.'라고 항상 이렇게 생각을 짓느니라.

선현이여. 이 보살마하살은 깊은 반야바라밀다를 수행하면서 '나는

보시, 나아가 반야바라밀다에서 지금의 때는 상응하여 수학해야 하고 상응하여 증득하는 것을 짓지 않아야 하며, 나는 내공, 나아가 무성자성공에서 지금의 때는 상응하여 수학해야 하고 상응하여 증득하는 것을 짓지 않아야 하며, 나는 진여, 나아가 부사의계에서 지금의 때는 상응하여 수학해야 하고 상응하여 증득하는 것을 짓지 않아야 하며, 나는 고·집·멸·도성제에서 지금의 때는 상응하여 수학해야 하고 상응하여 증득하는 것을 짓지 않아야 하며, 나는 4정려·4무량·4무색정에서 지금의 때는 상응하여 수학해야 하고 상응하여 증득하는 것을 짓지 않아야 하며,

나는 8해탈, 나아가 10변처에서 지금의 때는 상응하여 수학해야 하고 상응하여 증득하는 것을 짓지 않아야 하며, 나는 4념주, 나아가 8성도지에서 지금의 때는 상응하여 수학해야 하고 상응하여 증득하는 것을 짓지 않아야 하며, 나는 공·무상·무원해탈문에서 지금의 때는 상응하여 수학해야 하고 상응하여 증득하는 것을 짓지 않아야 하며, 나는 3승 보살의 10지에서 지금의 때는 상응하여 수학해야 하고 상응하여 증득하는 것을 짓지 않아야 하며, 나는 다라니문과 삼마지문에서 지금의 때는 상응하여 수학해야 하고 상응하여 증득하는 것을 짓지 않아야 하며,

나는 5안과 6신통에서 지금의 때는 상응하여 수학해야 하고 상응하여 증득을 짓지 않아야 하며, 나는 여래의 10력, 나아가 18불불공법에서 지금의 때는 상응하여 수학해야 하고 상응하여 증득을 짓지 않아야 하며, 나는 상호에서 지금의 때는 상응하여 수학해야 하고 상응하여 증득을 짓지 않아야 하며,

나는 무망실법·항주사성에서 지금의 때는 상응하여 수학해야 하고 상응하여 증득하는 것을 짓지 않아야 하며, 나는 일체지·도상지·일체상지에서 지금의 때는 상응하여 수학해야 하고 상응하여 증득하는 것을 짓지 않아야 하며, 나는 일체의 보살마하살의 행에서 지금의 때는 상응하여 수학해야 하고 상응하여 증득하는 것을 짓지 않아야 하며, 나는 제불의 무상정등보리에서 지금의 때는 상응하여 수학해야 하고 상응하여 증득하는 것을 짓지 않아야 한다. 나는 지금 일체지지를 수학하기 위하여 상응하

여 예류과, 나아가 독각의 보리를 모두가 선교(善巧)로 증득하지 않게 해야 한다.'라고 항상 이렇게 생각을 짓느니라.

선현이여. 이 보살마하살은 깊은 반야바라밀다를 수행하면서 상응하여 공을 가깝게 수습하고 상응하여 공에 안주하며, 상응하여 공삼마지를 수행하면서 실제(實際)에서 상응하여 증득하는 것을 짓지 않으며, 무상을 가깝게 수습하고 상응하여 무상에 안주하며, 상응하여 무상삼마지를 수행하면서 실제에서 상응하여 증득하는 것을 짓지 않으며, 무원을 가깝게 수습하고 상응하여 무원에 안주하며, 상응하여 무원삼마지를 수행하면서 실제에서 상응하여 증득하는 것을 짓지 않으며,

4념주를 가깝게 수습하고 상응하여 4념주에 안주하며, 상응하여 4념주를 수행하면서 실제에서 상응하여 증득하는 것을 짓지 않으며, 4정단, 나아가 8성도지를 가깝게 수습하고 상응하여 4정단, 나아가 8성도지에 안주하며, 상응하여 4정단, 나아가 8성도지를 수행하면서 실제에서 상응하여 증득하는 것을 짓지 않으며, 이와 같이 나아가, 여래의 10력을 가깝게 수습하고 상응하여 여래의 10력에 안주하며, 상응하여 여래의 10력을 수행하면서 실제에서 상응하여 증득하는 것을 짓지 않으며, 4무소외, 나아가 18불불공법을 가깝게 수습하고 상응하여 4무소외, 나아가 18불불공법에 안주하며, 상응하여 4무소외, 나아가 18불불공법을 수행하면서 실제에서 상응하여 증득하는 것을 짓지 않느니라.

선현이여. 이 보살마하살은 비록 공·무상·무원을 가깝게 수습하고, 역시 공·무상·무원에 안주하며, 역시 공·무상·무원삼마지를 수행할지라도 그렇지만 예류과, 나아가 독각의 보리를 증득하지 않으며, 비록 4념주, 나아가 8성도지를 가깝게 수습하고, 역시 4념주, 나아가 8성도지에 안주하며, 역시 4념주, 나아가 8성도지를 수행할지라도 그렇지만 예류과, 나아가 독각의 보리를 증득하지 않느니라. 오히려 이러한 인연으로 성문·독각지에 떨어지지 않고 빠르게 무상정등보리를 증득하느니라.

선현이여. 장사(壯士)가 있어서 형상과 용모가 단엄(端嚴)하고 위엄(威

猛)이 있으며 용맹(勇健)하여 보는 자가 환희하고, 수승하며 원만하고 청정한 권속을 갖추었으며, 여러 병법(兵法)을 배웠고 나아가 구경에 무기를 잘 지녔으며 안정(安固)되어 움직이지 않고, 64가지의 재능과 18가지의 명처(明處)1)와 일체의 기술(伎術)에 선교(善巧)가 아닌 것이 없어서 여러 사람들이 흠모하고 우러러보면서 모두가 공경하고 복종한다면, 사업(事業)을 잘하는 까닭에 노력은 적고 이익이 많으니라. 오히려 이것으로 여러 사람들이 공경하고 공양하며 존중하고 찬탄하면서 잠시의 때에도 멈추지 않는데, 그는 그러한 때에 환희와 용약이 두 배로 증장하므로 여러 권속을 마주하고서 스스로가 축하하고 위안하느니라.

인연이 있었던 까닭으로 그는 부모·처자(妻子)·권속을 거느리고 다른 지방으로 나아갔고 중간의 도로에 험난(險難)한 광야(曠野)를 지나가는데 그 중간에는 사나운 짐승·도적(劫賊)·원수(怨家)의 여러 두렵고 무서운 일이 숨겨져 있어서 권속들의 아이들과 어른들이 모두가 놀라고 두려워하지 않는 자가 없을지라도, 그 사람은 스스로가 여러 기술(技術)이 많은 것을 믿었으므로 몸의 위엄이 용맹하고 마음이 태연(泰然)하여 부모와 여러 권속을 안심(安慰)시키고 근심과 두려움을 없게 하고 반드시 고통이 없게 하느니라. 그 사람은 이것에서 좋은 선교로써 여러 권속을 데리고 안은(安隱)한 처소에 이르며, 이미 액난(危難)을 벗어났다면 환희(歡娛)하면서 즐거움을 받는데, 그렇지만 그 장사는 광야의 가운데에서 사나운 짐승·도적·원수들을 해치려는 뜻이 없느니라. 그 까닭은 무엇인가? 스스로가 위엄이 있고 용맹스러우며 여러 기술을 갖추어서 두려운 것이 없다고 믿는 까닭이니라.

선현이여. 제보살마하살들도 이와 같아서 생사에 고통받는 제유정의 부류들을 애민하게 생각하시어 무상정등보리를 일으켜서 나아가면서 유정들을 널리 인연하여 4무량을 일으키고 4무량을 함께 행하는 마음에

---

1) 학습하여 생겨나는 지혜의 처소라는 뜻이고, 다섯 종류가 있다. 첫째는 내명처(內明處)이고, 둘째는 인명처(因明處)이며, 셋째는 성명처(聲明處)이고, 넷째는 의방명처(醫方明處)이며, 다섯째는 공업명처(工業明處)이다.

안주하면서 보시·정계·안인·정진·정려·반야바라밀다를 용맹하게 수습(修習)하여 빠르게 원만하게 하느니라. 이 보살마하살은 이 6바라밀다가 아직 원만하지 않은 지위에서는 일체지지(一切智智)를 수학하기 위하여 누진(漏盡)을 증득하지 않고, 비록 공·무상·무원해탈문에 안주하였어도, 그렇지만 그 세력을 따라서 전전하지 않고, 역시 그 장애에 이끌려서 빼앗기지도 않으며, 해탈문에서 증득하지도 않고, 오히려 증득하지 않는 까닭으로 성문·독각지에 떨어지지 않고 반드시 무상정등보리로 나아간다고 마땅히 알아야 하느니라.

선현이여. 날개가 굳센 새는 허공을 날아가면서 자자하게 날아오르고 빙글빙글 돌면서 오래도록 떨어지지 않는 것과 같이, 비록 허공에 의지하여 유희할지라도 허공에 기대지는 않으며, 역시 허공에 붙잡혀서 장애되지도 않느니라. 선현이여. 제보살마하살들도 이와 같아서 비록 공·무상·무원해탈문을 자주자주 가깝게 수습하고 안주하며 수행할지라도, 그 가운데에서 능히 증득하는 것을 짓지 않는데, 오히려 증득하지 않는 까닭으로 성문·독각지에 떨어지지 않고, 여래(佛)의 10력(十力)·4무소외(四無所畏)·4무애해(四無礙解)·대자(大慈)·대비(大悲)·대희(大喜)·대사(大捨)·18불불공법과, 무망실법·항주사성과, 다라니문·삼마지문과, 일체지·도상지·일체상지와 더불어 무량하고 무변한 불법을 수행할지라도, 만약 원만하지 않았다면 결국 공·무상·무원삼마지에 의지하지 않고 누진을 증득한다고 마땅히 알아야 하느니라.

선현이여. 장부(壯夫)가 있어서 활쏘기를 잘하였는데 스스로가 기술을 나타내기 위하여 허공을 향해 활을 쏘았고, 공중의 화살이 땅에 떨어지지 않게 하기 위하여 다시 뒤의 화살로써 앞의 화살의 오늬(筈)²⁾를 쏘았으며, 이와 같이 전전(展轉)하여 많은 시간이 지나가면서 화살과 화살이 서로를 이어가면서 떨어지지 않았으나, 만약 떨어뜨리고자 하였으므로 곧 뒤의 화살을 멈추면 그때 여러 화살이 곧 모두가 떨어지는 것과 같으니라.

---

2) 화살의 머리를 시위에 끼우도록 파낸 부분을 가리킨다.

선현이여. 제보살마하살들도 이와 같아서 깊은 반야바라밀다를 수행하는 때에 방편선교(方便善巧)에 섭수(攝受)되는 까닭으로, 나아가 무상정등보리의 인행(因行)인 선근(善根)이 아직 모두 성숙되지 않았다면, 결국 중도(中道)가 아니어도 실제(實際)에서 증득하느니라. 만약 이때 무상정등보리의 인행인 선근의 일체가 성숙되었다면, 그때 보살은 비로소 실제를 증득하고 곧 무상정등보리를 증득한다고 마땅히 알아야 하느니라. 이러한 까닭으로 선현이여. 제보살마하살들이 깊은 반야바라밀다를 수행하면서 앞에서 설한 것과 같은 제법의 실상(實相)을 모두 상응하여 이와 같이 자세하게 관찰해야 하느니라."

그때 구수 선현이 세존께 아뢰어 말하였다.
"세존이시여. 제보살마하살들은 매우 희유하므로 능히 어려운 일을 하는데, 비록 제법이 진여·법계·법성·실제라고 수학(修學)하고, 비록 제법이 모두 필경공, 나아가 자상공이라고 수행하며, 비록 고·집·멸·도성제를 수학하고, 비록 4념주, 나아가 8성도지를 수학하며, 비록 공·무상·무원해탈문을 수학할지라도 중도에서 성문·독각의 지위에 떨어지지 않아야 무상정등보리에서 퇴실(退失)하지 않습니다."

세존께서 말씀하셨다.
"선현이여. 제보살마하살들은 제유정들에게 서원을 버리지 않는 까닭으로 이를테면, '만약 제유정들이 해탈을 얻지 못한다면 나는 일으켰던 것인 가행(加行)을 결국 버리지 않겠다.'라고 이렇게 서원을 짓느니라. 제보살마하살들은 원력이 수승하므로 '일체의 유정들이 만약 해탈을 얻지 못할지라도 나는 결국 버리지 않겠다.'라고 항상 이렇게 생각을 짓느니라. 오히려 이와 같이 광대한 마음을 일으킨 까닭으로 그 중도(中道)에서 반드시 퇴전하여 떨어(退落)지지 않느니라. 선현이여. 제보살마하살들은 '나는 상응하여 일체의 유정을 버리지 않겠고 반드시 해탈시키겠다. 그렇지만 제유정들이 부정법(不正法)을 행한다면 나는 그들을 헤아리기 위하여 상응하여 자주 적정한 공·무상·무원해탈문을 이끌어 일으킬 것이고, 비록 자주 일으킬지라도 증득하는 것을 취하지 않겠다.'라고 항상 이렇게 생각을 짓느니라.

선현이여. 이 보살마하살은 선교방편(善巧方便)의 힘을 성취한 까닭으로 비록 세 가지의 해탈문을 자주 나타낼지라도 중간에서 실제를 증득하지 않고, 나아가 일체지지를 얻지 못할지라도 요컨대, 무상정등보리를 증득하기 위하여 비로소 다만 증득을 취하느니라.

다시 다음으로 선현이여. 제보살마하살들은 매우 깊은 처소에서 항상 즐겁게 관찰하는데 이를테면, 내공·외공·내외공·공공·대공·승의공·유위공·무위공·필경공·무제공·산공·무변이공·본성공·자상공·공상공·일체법공·불가득공·무성공·자성공·무성자성공을 즐겁게 관찰하고, 역시 4념주·4정단·4신족·5근·5력·7등각지·8성도지와 공·무상·무원해탈문 등이 모두 자상(自相)이 공하다고 즐겁게 관찰하느니라.

선현이여. 이 보살마하살이 이렇게 관찰을 지었다면, '제유정의 부류들은 오히려 악한 벗의 힘으로 장야(長夜)의 가운데에서 아상(我想)의 집착을 일으키고 유정상(有情想)에 집착을 일으키며, 나아가 지자상(知者想)과 견자상(見者想)에 집착을 일으키느니라. 오히려 이러한 생각과 집착으로 얻을 수 있는 것을 행하여 생사를 윤회(輪迴)하면서 여러 종류의 고통을 받는구나. 유정들의 이와 같은 생각과 집착을 단절하기 위하여 상응하여 무상정등보리에 나아가서 제유정들을 위하여 깊고 미묘한 법을 설하여 생각과 집착을 단절하고 생사의 고통을 벗어나게 하겠다.'라고 이와 같은 생각이 생겨나느니라.

선현이여. 이 보살마하살은 그때에 비록 공해탈문을 수학할지라도 이것에 의지하여 실제를 증득하지 않고, 비록 무상·무원해탈문을 수학할지라도 이것에 의지하여 실제를 증득하지 않으며, 실제에서 취하고 증득하지 않는 까닭으로 예류·일래·불환·아라한과에 떨어지지 않으며, 역시 독각의 보리에도 떨어지지 않느니라.

선현이여. 이 보살마하살은 오히려 이와 같이 깊은 반야바라밀다를 생각하고 행하면서 선근을 성취할지라도 실제를 증득하지 않나니, 비록 실제에서 곧 증득하는 것을 짓지 않을지라도 4정려·4무량·4무색정에서 퇴실하지 않고, 역시 4념주·4정단·4신족·5근·5력·7등각지·8성도지에서도 퇴실하지 않으며, 역시 8해탈·8승처·9차제정·10변처에서도 퇴실하지 않고, 역시 공·무상·무원해탈문에서도 퇴실하지 않으며, 내공, 나아가 무성자성공에서 퇴실하지 않고, 진여, 나아가 부사의계에서도 퇴실하지 않으며, 고·집·멸·도성제에서도 퇴실하지 않고, 보시바라밀다, 나아가 반야바라밀다에서도 퇴실하지 않으며, 다라니문·삼마지문에서도 퇴실하지 않고, 5안·6신통에서도 퇴실하지 않으며, 여래의 10력, 나아가 18불불공법에서도 퇴실하지 않고, 무망실법·항주사성에서도 퇴실하지 않으며, 일체지·도상지·일체상지에서도 퇴실하지 않고, 나머지의 무량하고 무변한 불법(佛法)에서도 물러나지 않느니라.

선현이여. 이 보살마하살은 그때 일체의 보리분법을 성취하였거나, 나아가 무상정등보리를 성취하기까지 여러 공덕에서 퇴실하거나 감소하지 않느니라. 선현이여. 이 보살마하살은 깊은 반야바라밀다를 수행하는 때에 선교방편에 섭수되는 까닭으로 생각·생각의 가운데에서 백법(白法)이 증장(增益)하고 여러 근(根)이 용맹하고 예리해져서 일체의 성문이나 독각을 초월하느니라.

다시 다음으로 선현이여. 만약 보살마하살이 '제유정의 부류들이 장야의 가운데에서 여러 악한 벗에게 섭수되는 까닭으로 그 마음이 항상 열두 가지의 전도(顚倒)를 행하는데 이를테면, 항상하다는 생각의 전도(常想倒)·마음의 전도(心倒)·견해의 전도(見倒)와, 만약 즐겁다는 생각의 전도(樂想倒)·마음의 전도·견해의 전도와, 만약 나라는 생각의 전도(我想倒)·마음의 전도·견해의 전도와, 만약 청정하다는 생각의 전도(淨想倒)·마음의 전도·견해의 전도이다. 나는 이와 같은 제유정들을 위하는 까닭으로 상응하여 무상정등보리에 나아가서 제보살마하살의 행을 수행하여 무상정등보리를 증득하는 때에 제유정들에게 전도가 없는 법인 이를테면, 생사는 무상(無常)하고 즐거움이 없으며 아(我)가 없고 청정함이 없으며, 오직 열반의 미묘함과 적정함이 있고, 여러 종류의 상(常)·락(樂)·아(我)·

정(淨)의 진실한 공덕을 구족하였다.'라고 항상 이렇게 생각을 짓느니라.
　선현이여. 이 보살마하살이 이러한 생각을 성취하여 깊은 반야바라밀다를 수행하는 때에 방편선교에 섭수되는 까닭으로 여래의 10력·4무소외·4무애해·대자·대비·대희·대사·18불불공법과 나머지의 무량하고 무변한 불법(佛法)에서 만약 원만하지 않았다면 결국 여래의 수승한 정려에 들어가지 못하느니라. 선현이여. 이 보살마하살은 그때에 비록 공·무상·무원해탈문을 수행하여 출입(出入)이 자재(自在)할지라도 실제를 곧 증득을 짓지 않으며, 나아가 무상정등보리에 이르기까지 인행(因行)의 공덕이 잘 원만하지 않는다면 실제와 나머지의 공덕을 증득하지 않고, 만약 무상정등보리를 증득하는 때라면 비로소 이러한 실제 등을 증득하느니라. 선현이여. 이 보살마하살은 그때 비록 여러 나머지 공덕을 수행하여 원만하게 하지는 않을지라도 무원삼마지문에서 수행하여 이미 원만하게 하였느니라.
　다시 다음으로 선현이여. 만약 보살마하살이 '제유정의 부류들이 장야의 가운데에서 여러 악한 벗에게 섭수되는 까닭으로 얻을 수 있는 것을 행하는데 이를테면, 아(我)가 있다고 집착하고 유정(有情)이 있다고 집착하며, 나아가 지자(知者)와 견자(見者)가 있다고 집착하거나, 혹은 색·수·상·행·식이 있다고 집착하거나, 안처, 나아가 의처가 있다고 집착하거나, 혹은 색처, 나아가 법처가 있다고 집착하거나, 안계, 나아가 의계가 있다고 집착하거나, 혹은 색계, 나아가 법계가 있다고 집착하거나, 안식계, 나아가 의식계가 있다고 집착하거나, 혹은 안촉, 나아가 의촉이 있다고 집착하거나, 안촉을 인연으로 생겨난 여러 수, 나아가 의촉을 인연으로 생겨난 여러 수가 있다고 집착하거나, 혹은 지계, 나아가 식계가 있다고 집착하거나, 무명, 나아가 노사가 있다고 집착하거나, 혹은 10선업도(十善業道)가 있다고 집착하거나, 혹은 4정려가 있다고 집착하거나, 혹은 4무량이 있다고 집착하거나, 혹은 4무색정이 있다고 집착하거나, 혹은 4섭사(四攝事)가 있다고 집착한다. 나는 이와 같이 제유정을 위하는 까닭으로 상응하여 무상정등보리에 나아가서 제보살마하살의 행을 수행하여 무상정등각

(無上正等覺)을 증득하는 때에 제유정들에게 이와 같이 얻을 수 있다는 것의 집착을 영원히 단절시키겠다.'라고 항상 이렇게 생각을 짓느니라.
　선현이여. 이 보살마하살이 이러한 생각을 성취하여 깊은 반야바라밀다를 수행하는 때에 방편선교에 섭수되는 까닭으로 여래의 10력·4무소외·4무애해·대자·대비·대희·대사·18불불공법과 나머지의 무량하고 무변한 불법에서 만약 원만하지 않았다면 결국 여래의 수승한 정려에 들어가지 않느니라. 선현이여. 이 보살마하살은 그때 비록 공·무상·무원해탈문을 수행하여 출입이 자재할지라도 실제를 곧 증득을 짓지 않으며, 나아가 무상정등보리에 이르기까지 인행의 공덕이 잘 원만하지 않는다면 실제와 나머지의 공덕을 증득하지 않고, 만약 무상정등보리를 증득하는 때라면 비로소 이러한 실제 등을 증득하느니라. 선현이여. 이 보살마하살은 그때에 비록 여러 나머지 공덕을 수행하여 원만하게 하지는 않을지라도 공삼마지문에서 수행하여 이미 원만하게 하였느니라.
　다시 다음으로 선현이여. 만약 보살마하살이 '제유정의 부류들이 장야의 가운데에서 여러 악한 벗에게 섭수되는 까닭으로 항상 여러 상(相)을 행하는데 이를테면, 남성의 상에 집착하고 여성의 상에 집착하며, 혹은 색깔의 상에 집착하고, 소리의 상에 집착하며, 혹은 냄새의 상에 집착하고, 맛의 상에 집착하고, 혹은 감촉의 상에 집착하며, 혹은 법(法)의 상에 집착하고, 혹은 그 가운데에서 여러 나머지의 상에 집착한다. 나는 이와 같이 제유정을 위하는 까닭으로 상응하여 무상정등보리에 나아가서 제보살마하살의 행을 수행하여 무상정등각을 증득하는 때에 제유정들에게 이와 같이 여러 상에 집착하는 것을 영원히 단절시키겠다.'라고 항상 이렇게 생각을 짓느니라.
　선현이여. 이 보살마하살이 이러한 생각을 성취하여 깊은 반야바라밀다를 수행하는 때에 방편선교에 섭수되는 까닭으로 여래의 10력·4무소외·4무애해·대자·대비·대희·대사·18불불공법과 나머지의 무량하고 무변한 불법에서 만약 원만하지 않았다면 결국 여래의 수승한 정려에 들어가지 않느니라. 선현이여. 이 보살마하살은 그때 비록 공·무상·무원해탈문을 수행하여 출입이 자재할지라도 실제를 곧 증득을 짓지 않으며, 나아가 무상정등보리에 이르기까지 인행의 공덕이 잘 원만하지 않는다면 실제와 나머지의 공덕을 증득하지 않고, 만약 무상정등보리를 증득하는 때라면 비로소 이러한 실제 등을 증득하느니라. 선현이여. 이 보살마하살은 그때에 비록 여러 나머지 공덕을 수행하여 원만하게 하지는 않을지라도 무상삼마지문에서 수행하여 이미 원만하게 하였느니라.

다시 다음으로 선현이여. 만약 보살마하살이 이미 보시바라밀다, 나아가 반야바라밀다를 잘 수학(修學)하였고, 내공, 나아가 무성자성공에 잘 안주(安住)하였으며, 진여, 나아가 부사의계에 잘 안주하였고, 고·집·멸·도성제에 잘 안주하였으며, 4념주, 나아가 8성도지를 잘 수학하였고, 공·무상·무원해탈문을 잘 수학하였으며, 4정려·4무량·4무색정을 잘 수학하였고, 8해탈·8승처·9차제정·10변처를 잘 수학하였으며, 행할 것인 10지를 잘 수학하였고, 다라니문·삼마지문을 잘 수학하였으며, 5안과 6신통을 잘 수학하였고, 여래의 10력, 나아가 18불불공법을 잘 수학하였으며, 무망실법·항주사성을 잘 수학하였고, 일체지·도상지·일체상지를 잘 수학하였으며, 일체의 보살마하살의 행을 잘 수학하였고, 제불의 무상정등보리를 잘 수학하였으며, 선현이여. 이 보살마하살이 이와 같은 공덕과 지혜를 성취하고서 만약 생사에서 즐겁다는 생각을 일으키거나, 혹은 즐거움이 있다고 설하거나, 혹은 3계에서 안주하면서 집착한다는 반드시 이러한 처소는 없느니라.

다시 다음으로 선현이여. 만약 보살마하살이 이미 보리분법과 일체의 여래·응공·정등각과 더불어 제보살마하살들의 법을 이미 잘 수행하였는데, 상응하여 시험삼아 '만약 보살마하살이 무상정등보리를 증득하고자 한다면 어떻게 보리분법을 수학해야 공(空)·무상(無相)·무원(無願)·무생(無生)·무멸(無滅)·무작(無作)·무위(無爲)·무성(無性)·실제(實際)를 증득하지 않고, 오히려 증득하지 않는 까닭으로 예류과·일래과·불환과·아라한과와 독각의 보리를 증득하지 않고서 매우 깊은 반야바라밀다를 정근하면서 수학하고 항상 집착함이 없습니까?'라고 물었으며, 선현이여. 이 보살마하살이 이러한 질문을 만났던 때에 '제보살마하살들이 무상정등보리를 증득하고자 한다면 다만 공·무상·무원·무생·무멸·무작·무위·무성·실제를 다만 상응하여 사유하고, 나머지 일체의 보리분법을 상응하여 수학하지 않아야 합니다.'라고 만약 이렇게 대답을 지었다면, 선현이여. 이 보살마하살은 여래·응공·정등각에게 무상정등보리에서 불퇴전의 수기를 받지 않았다고 마땅히 알아야 하느니라.

왜 그러한가? 선현이여. 이 보살마하살은 불퇴전지(不退轉地)에 안주하는 보살마하살이 수학하는 법상(法相)을 열어서 보여주지 못하거나 기별(記別)[3]하지 못하거나 명료하게 나타내지 못하였느니라.

선현이여. 이 보살마하살이 이러한 질문을 받았던 때에 '제보살마하살들이 무상정등보리를 증득하고자 한다면 다만 공·무상·무원·무생·무멸·무작·무위·무성·실제와 나머지 일체의 보리분법을 상응하여 바르게 사유해야 하고, 더불어 나머지 일체의 보리분법을 상응하여 바르게 사유해야 하며, 역시 방편에 상응하여 앞에 설한 것과 같은 선교를 수학할지라도 증득하지 않아야 합니다.'라고 만약 이렇게 대답을 지었다면, 선현이여. 이 보살마하살은 여래·응공·정등각들께 무상정등보리에서 불퇴전의 수기를 받았다고 마땅히 알아야 하느니라. 왜 그러한가? 선현이여. 이 보살마하살은 불퇴전지에 안주하는 보살마하살이 수학하는 법상을 열어서 보여주었고 기별하였으며 명료하게 나타내었느니라.

선현이여. 만약 불퇴전지에 안주하는 보살마하살이 수학하는 법상을 열어서 보여주지 못하거나 기별하지 못하거나 명료하게 나타내지 못한다면 이 보살마하살은 6바라밀다와 나머지의 보리분법을 잘 수학하지 못하였으므로, 박지(薄地)에 들어가지 못할 것이고, 그 나머지의 불퇴전지에 안주하는 보살마하살이 열어서 보여주고 기별하며 명료하게 나타내는 불퇴전의 상과 같지 않다고 마땅히 알아야 하느니라.

---

3) 산스크리트어 vyaakarana의 번역이고, 세존께서 불자들에게 미래(未來)에 성불(成佛)할 시기(時期)·국토(國土)·명호(名號)·수명(壽命) 등을 구별(區別)하여 수기하는 것이다.

선현이여. 만약 불퇴전지에 안주하는 보살마하살이 수학하는 법상을 열어서 보여주고 기별하며 명료하게 나타내었다면 이 보살마하살은 이미 6바라밀다와 나머지 일체의 보리분법을 잘 수학하였으며, 이미 박지에 들어갔고, 이미 불퇴전지에 안주하는 보살마하살이 열어서 보여주고 기별하며 명료하게 나타내는 불퇴전의 상과 같다고 마땅히 알아야 하느니라."

그때 선현이 세존께 아뢰어 말하였다.
"세존이시여. 대체로 불퇴전을 증득하지 못한 보살마하살도 능히 이와 같이 여실하게 대답할 수 있습니까?"
세존께서 말씀하셨다.
"선현이여. 보살마하살이 있어서 비록 불퇴전을 증득하지 못할지라도, 능히 이와 같이 여실하게 대답할 수 있느니라. 선현이여. 이 보살마하살은 비록 불퇴전을 증득하지 못하였을지라도, 능히 6바라밀다와 나머지 일체의 보리분법을 수학하였고, 이미 성숙되어 깨닫는 지혜가 맹렬하고 예리하였다면, 만약 들었거나, 듣지 못할지라도 능히 여실하게 대답하면서 불퇴전의 보살마하살과 같으니라."
그때 선현이 다시 세존께 아뢰어 말하였다.
"많은 보살마하살이 무상정등보리를 수행하면서 능히 여실하게 대답하면서 불퇴전의 보살마하살과 같은 자는 적게 있는데, 이미 잘 수습한 지위와 잘 수습하지 않은 지위에 안주하는 까닭입니다."
세존께서 선현에게 말씀하셨다.
"그와 같으니라. 그와 같으니라. 그대가 말한 것과 같으니라. 왜 그러한가? 선현이여. 어느 보살마하살은 이와 같은 불퇴전지의 미묘한 지혜의 수기를 받은 자가 적게 있나니, 만약 이와 같은 수기를 받은 자라면 모두가 이것에서 여실하게 대답을 짓느니라. 선현이여. 만약 능히 이것에서 여실하게 대답하는 자는 이 보살마하살의 선근이 밝고 예리하며, 지혜가 깊고 넓어서 세간의 천인·인간·아수라 등이 능히 이끌어서 빼앗지 못한다고 마땅히 알아야 하느니라."

60. 증상만품(增上慢品)(1)

그때 세존께서 선현에게 말씀하셨다.

"만약 보살마하살이 나아가 꿈속에서 성문·독각지를 애락(愛樂)하고 칭찬(稱讚)하지 않으며, 역시 3계법(三界法)에서 애락하고 칭찬하는 마음을 일으키지 않으며, 항상 제법이 꿈과 같고 메아리 같으며 형상과 같고 환영과 같으며 아지랑이와 같고 그림자 같으며 변화한 일 같고 심향성(尋香城)과 같다고 관찰하였으며, 비록 이와 같이 관찰할지라도 실제를 증득하지 않는다면 이 보살마하살은 불퇴전의 상이 있다고 마땅히 알아야 하느니라.

다시 다음으로 선현이여. 만약 보살마하살이 꿈에서 여래·응공·정등각께서 무량하고 무수인 백천 구지(俱胝)·나유타(那庾多)의 대중에게 공경스럽게 위요(圍繞)되어 설법하시는 것을 보았고, 이미 들었던 법의 의취(義趣)를 잘 이해하며, 의취를 이해하였으므로 법수법행(法隨法行)4)과 화경행(和敬行)과 아울러 수법행(隨法行)을 정진하고 수행하였다면, 이 보살마하살은 불퇴전의 상이 있다고 마땅히 알아야 하느니라.

다시 다음으로 선현이여. 만약 보살마하살이 꿈속에서 여래·응공·정등각께서 32대사부상(三十二大士夫相)·80수호(八十隨好)를 원만하게 장엄하였고, 항상 광명이 1심(尋)으로 주위를 비추면서 빛나며, 무량한 대중들과 함께 허공에 날아올라서 큰 신통을 나타내고 정법을 설하시며 변화로 불사(佛事)를 짓고, 타방(他方)의 무변(無邊)한 불국토에 가셔서 불사를 짓고 보시하시는 것을 보았다면, 이 보살마하살은 불퇴전의 상이 있다고 마땅히 알아야 하느니라.

다시 다음으로 선현이여. 만약 보살마하살이 꿈속에서 미친 도적이 마을과 성(城)을 파괴하거나, 혹은 불을 질러서 취락(聚落)을 불태우는

---

4) 산스크리트어 dharmānudharmacārī의 번역이고, 설일체유부에서는 '법(法)'은 열반(涅槃)을 가리키며, '수법(隨法)'은 팔정도(八正道)를 가리키고, '행(行)'은 팔정도를 행한다고 주석하고 있다.

것을 보았거나, 혹은 사자·호랑이·늑대 등의 사나운 짐승과 독사(毒蛇)와 악한 벌레들이 와서 몸을 해치려고 하는 것을 보았거나, 원수들이 이 머리를 자르려고 하는 것을 보았거나, 혹은 부모·형제·자매·처자·친우들이 곧 목숨을 끝마치려는 것을 보았거나, 혹은 자신(自身)이 추위·더위·기갈과 나머지의 괴로운 일에 핍박받아 번뇌하는 것을 보았는데, 이와 같은 등의 무섭고 두려운 일들을 보고서 놀라지 않고 두려워하지 않으며 역시 근심하지 않고 번뇌하지 않으며, 꿈에서 깨어나서 곧 '3계가 진실하지 않아서 모두가 꿈에서 보았던 것과 같나니, 내가 무상정등각을 증득하는 때에 마땅히 유정들을 위하여 3계의 법은 일체가 허망하여 모두 꿈속의 경계와 같다고 설하여서 제유정들에게 집착이 생겨나지 않게 하겠다.'라고 능히 사유하였다면, 이 보살마하살은 불퇴전의 상이 있다고 마땅히 알아야 하느니라.

다시 다음으로 선현이여. 만약 보살마하살이 나아가 꿈속에서 지옥(地獄)·방생(傍生)·귀계(鬼界) 등의 제유정의 부류들이 있는 것을 보았고, '나는 마땅히 보살행을 정근하면서 수행하고 빠르게 무상정등보리에 나아가겠으며, 나의 불국토에는 지옥·방생·귀계의 악취(惡趣)의 명자(名字)가 없게 하겠다.'라고 곧 이렇게 생각을 지었고, 꿈에서 깨어났어도 역시 이렇게 생각을 지었다면, 선현이여. 이 보살마하살은 마땅히 작불(作佛)하는 때에 그 불국토의 가운데에는 결정적으로 악취(惡趣)가 없느니라. 그 까닭은 무엇인가? 왜 그러한가? 만약 꿈이거나, 만약 깨어났을지라도 제법은 무이(無二)이고 두 부분이 없는 까닭이니, 이 보살마하살은 불퇴전의 상이 있다고 마땅히 알아야 하느니라.

다시 다음으로 선현이여. 만약 보살마하살이 꿈속에 지옥 등의 제유정의 부류들을 불태우는 것을 보았거나, 혹은 다시 성읍과 취락(聚落)을 불태우는 것을 보았으므로, '만약 내가 불퇴전의 수기를 받고서 마땅히 무상정등보리를 증득하는 때라면, 원하건대 이러한 큰불이 곧 때에 곧 소멸하여 청량(淸涼)하게 변하게 하십시오.'라고 곧 서원(誓願)을 일으켰으며, 이 보살마하살이 이러한 서원을 지었고, 꿈속에서 보았던 불이 곧 소멸하였다면 이미 불퇴전의 수기를 얻었다고 마땅히 알아야 하고, 만약 이 보살이 이러한 서원을 짓고서 꿈속에서 보았던 불이 곧 소멸되지 않았다면 불퇴전의 수기를 얻지 못하였다고 마땅히 알아야 하느니라.

다시 다음으로 선현이여. 만약 보살마하살이 깨어있는 때에 눈앞에 큰불이 갑자기 일어나서 여러 성읍이거나, 혹은 취락을 불태우는 것을 보았으므로, '내가 꿈속에 있거나, 혹은 깨어난 위치에 있을지라도, 일찍이 스스로가 불퇴전의 상이 있다고 보았으나, 허망하거나 진실한가는 자세하지 않는데, 만약 내가 보았던 것이 이것이 진실로 있는 것이라면 원하건대 이러한 큰불이 곧 때에 소멸하여 청량하게 변하게 하십시오.'라고 이렇게 생각을 지었으며, 만약 이 보살이 이렇게 서원을 지으면서 진실한 말을 일으켰고, 그때 큰불이 곧 소멸하였다면 이미 불퇴전의 수기를 얻었다고 마땅히 알아야 하고, 만약 보살이 이렇게 서원을 지으면서 진실한 말을 일으켰으나, 불이 곧 소멸되지 않았다면 불퇴전의 수기를 얻지 못하였다고 마땅히 알아야 하느니라.

다시 다음으로 선현이여. 만약 보살마하살이 깨어있는 때에 불이 여러 성읍이거나, 혹은 취락을 불태우는 것을 보았으므로, '내가 꿈속에 있거나, 혹은 깨어난 위치에 있을지라도, 일찍이 스스로가 불퇴전의 상이 있다고 보았으나, 만약 내가 보았던 것이 결정적으로 이것이 진실로 있고 반드시 무상정등보리를 획득한다면, 원하건대 이러한 불이 곧 때에 소멸하여 청량하게 변하게 하십시오.'라고 이렇게 생각을 지었으며, 이 보살이 이렇게 서원을 지으면서 진실한 말을 일으켰고, 큰불이 곧 소멸되지 않고 한 집을 태웠고 넘어가서 한 집을 남겨두었으며, 다시 한 집을 태웠거나, 혹은 한 거리(巷)를 태웠고 넘어서 한 거리를 남겨두었으며, 다시 한 거리를 태웠고, 이와 같이 전전하면서 그 불이 비로소 소멸하였다면, 이 보살마하살은 결정적으로 불퇴전의 수기를 얻었다고 마땅히 알아야 하느니라.

그렇지만 불태워졌던 자는 오히려 그 유정들이 정법(正法)을 파괴하는 업을 조작(造作)하고 증장(增長)시켰으므로, 그들은 오히려 이러한 업으로 먼저는 악취에 떨어져서 무량한 겁의 가운데에서 매우 괴로운 과보를 받았고, 지금은 인취(人趣)에 태어났으나 그 나머지 재앙을 받았거나, 혹은 오히려 이러한 업으로 마땅히 악취에 떨어져서 무량한 겁을 지내면서 매우 괴로운 과보를 받을 것인데, 지금 인취에 있으면서 작은 재앙이 먼저 나타났느니라.

다시 다음으로 선현이여. 앞에서 설하였던 여러 종류의 인연에 의지하여 이 자가 불퇴전의 보살마하살이라고 알았을 것이고, 다시 나머지의 행(行)·형상(狀)·상(相)을 성취할지라도 이 자가 불퇴전의 보살마하살이라고 알아야 하느니라. 내가 마땅히 그대를 위하여 분별(分別)하여 해설(解說)하겠노라. 그대는 상응하여 자세하게 듣고 매우 잘 사유(思惟)하라."

선현이 대답하여 말하였다.

"오직 바라옵건대 설하여 주십시오."

세존께서 말씀하셨다.

"선현이여. 만약 보살마하살이 남자이거나, 혹은 여인들이 있는 것을 보았는데, 현재에 비인(非人)인 것에게 미혹되어 집착하였고, 여러 고통과 번뇌를 받으면서 능히 멀리 벗어나지 못하는 것을 보았다면, 곧 '만약 제여래·응공·정등각께서 내가 이미 청정한 의요(意樂)를 얻었다고 아신다면 나에게 무상정등보리의 불퇴전의 수기를 주실 것이고, 만약 내가 옛날부터 청정한 작의(作意)를 일으켜서 무상정등보리를 증득하고자 구하면서 성문과 독각의 작의를 멀리 벗어났다면 성문이나 독각의 작의로 무상정등보리를 구하지 않을 것이며, 만약 내가 마땅히 미래에 반드시 무상정등보리를 증득한다면 미래를 끝마치도록 제유정의 부류들을 이익되고 안락하게 하겠다.

만약 시방세계의 현재에 무량한 여래·응공·정등각께서 진실로 머무시면서 미묘한 법을 설하시어 유정들을 이익되고 안락하게 하신다면, 그 제여래·응공·정등각께서는 보지 못하시는 것이 없고 알지 못하시는 것이 없으시며 이해하지 못하는 것이 없으시고 증득하지 못하시는 것이 없으시므로, 일체의 유정들의 의요의 차별을 현재에 아시고 보시며 깨달으시니,

원하옵건대 제가 심소(心所)에서 생각하는 것과 진실한 자세한 말을 비추어 관찰하시고 가피(加被)하십시오. 만약 제가 진실로 능히 보살행을 수행하여 반드시 무상정등보리를 획득하여 유정들을 생사의 고통에서 발제(濟拔)할 수 있다면, 원하옵건대 이 남자들과 혹은 여인들이 비인이라는 것에게 요란되고 번뇌하지 않으며, 그들이 저의 말을 따라서 곧 마땅히 버리고 떠나가게 하십시오.'라고 이렇게 생각을 지었고, 이 보살마하살이 이렇게 말을 짓는 때에 만약 그 비인이 떠나가지 않으면 아직 불퇴전의 수기를 얻지 못하였다고 마땅히 알아야 하느니라. 이 보살마하살이 이렇게 말을 짓는 때에 만약 그 비인이 곧 떠나갔다면 이미 불퇴전의 수기를 얻었다고 마땅히 알아야 하느니라.

다시 다음으로 선현이여. 보살마하살이 있어서 보시바라밀다, 나아가 반야바라밀다를 잘 수학하지 않았고, 내공, 나아가 무성자성공에 잘 안주하지 않았으며, 진여, 나아가 부사의계에 잘 안주하지 않았고, 고·집·멸·도성제에 잘 안주하지 않았으며, 4념주, 나아가 8성도지를 잘 수학하지 않았고, 4정려·4무량·4무색정을 잘 수학하지 않았으며, 8해탈·8승처·9차제정·10변처를 잘 수학하지 않았고, 공·무상·무원해탈문을 잘 수학하지 않았으며, 다라니문·삼마지문을 잘 수학하지 않았고, 보살의 정성이생(定性離生)에 들어가지 않았으며, 일체의 불법을 수습하고 구족하지 않았으므로 보살의 방편선교를 멀리 벗어났다면, 악마(惡魔)가 요란(擾亂)시키는 것을 벗어나지 못하고 여러 마사(魔事)에서 능히 깨달아 알지 못하며, 스스로가 선근의 많고 적은 분량을 헤아리지 못하면서 제보살들이 일으킨 진실하고 자세한 말을 수학한다면 곧 악마라는 것에 속아서 미혹되느니라.

이 보살마하살은 남자이거나, 혹은 여인들이 현재에 비인들인 것에게 미혹되어 집착하여 여러 고통과 번뇌를 받으면서 벗어나지 못하는 것을 보았다면, 나아가 곧 '내가 만약 과거의 제불께 이미 무상정등보리의 불퇴전의 수기를 받았다면, 이 남자거나, 혹은 이 여인에게 비인들이라는 것이 요란시키고 번뇌시키지 못하게 하겠나니, 그들이 나의 말을 따라서 빠르게 마땅히 버리고 떠나갈 것이다.'라고 경멸하면서 그러한 진실하고 자세한 말을 일으키는데, 이 보살마하살이 이렇게 말을 짓는 때라면, 그때 악마가 속이고 미혹시키려는 까닭으로 나아가 곧 비인들을 핍박하여 떠나가게 하느니라.

그 까닭은 무엇인가? 악마의 세력이 그 비인들을 이기는 것인데, 이러한 까닭으로 비인들이 악마의 가르침과 칙명(敎勅)을 받았으므로 나아가 곧 버리고 떠나가느니라. 이 보살마하살이 이러한 일을 보고서 환희(歡喜)하고 용약(踊躍)하면서 '비인들이 버리고 떠나가는 것은 나의 위력이다. 그 까닭은 무엇인가? 비인들이 내가 일으켰던 서원이라는 것을 따라서 나아가 곧 이 남자와 여인들을 풀어준 것이고, 다른 인연은 없는 까닭이다.'라고 이렇게 생각을 짓고서 말하였다면, 이 보살마하살은 악마가 지었던 것이라고 깨달아 알지 못하는데 이를테면, 이것이 자기의 힘이라고 허망하게 환희가 생겨나느니라. 이것을 믿고서 여러 나머지의 보살들을 경멸하고 희롱하면서 '나는 이미 과거의 제불께 무상정등보리의 불퇴전의 수기를 받았고 일으킨 서원이라는 것이 모두가 헛되지 않았는데, 그대들은 제불의 수기를 받지 못하였으니, 내가 일으켰던 진실하고 자세한 말을 상응하여 수학하지 않을 것이니, 설사 필요한 시기가 있을지라도 반드시 헛되고 과보가 없을 것이오.'라고 말하느니라.

이 보살마하살은 제보살들을 경멸하고 희롱하며 훼자(毀訾)하는 까닭으로, 망령되게 적은 능력을 믿고서 여러 공덕에서 많은 종류의 증상만(增上慢)을 생장시키는 까닭으로, 무상정등보리에서 멀리 벗어나서 능히 일체지지를 증득하지 못하느니라. 이 보살마하살은 선교방편(善巧方便)의 힘이 없는 까닭으로 여러 품류(品)의 증상만을 생장시키는 까닭으로, 제보살들을 경멸(輕蔑)하고 훼자하는 까닭으로, 비록 정근하면서 정진할지라도 성문지이거나, 혹은 독각지에 떨어지느니라. 이 보살마하살은 복덕이 엷은 까닭으로, 지었던 것인 선업과 일으켰던 진실하고 자세한 말이 모두가 마사(魔事)를 일으키느니라.

이 보살마하살은 여러 선지식(善知識)에게 능히 친근하면서 공양하고 공경하며 존중하고 찬탄하지 못하고, 불퇴전인 보살의 상을 능히 청하여 묻지 못하며, 여러 악마의 군대(惡魔軍)들이 지었던 것인 사업을 능히 자세하게 물어서 받지 못하나니, 오히려 이것으로 악마의 결박이 전전하여 다시 견고해지느니라. 그 까닭은 무엇인가? 이 보살마하살은 보시·정계·안인·정진·정려·반야바라밀다를 오랫동안 수행하지 않았고, 나아가 방편선교를 멀리 벗어난 까닭으로 악마가 하였던 것에 속았고 미혹되었느니라.

　이러한 까닭으로 선현이여. 제보살마하살들은 마땅히 여러 악마의 일을 상응하게 잘 깨달아 알아야 하고, 망령되게 증상만의 마음을 상응하여 일으키지 않아야 하며, 구하였던 것인 무상불과(無上佛果)에서 퇴실(退失)하지 않아야 하느니라."

마하반야바라밀다경 제453권

60. 증상만품(增上慢品)(2)

"다시 다음으로 선현이여. 어찌 보살마하살이 보시·정계·안인·정진·정려·반야바라밀다를 수행하면서 오래되지 않았어도, 나아가 방편선교를 멀리 벗어난 까닭으로 악마에게 속았고 미혹되었으므로 제보살들에게 권유하여 상응하여 잘 깨달아 알아야 한다고 말하는가? 이를테면, 악마가 있어서 속이고 미혹하기 위하여 방편으로 여러 종류의 형상(形像)을 짓고 보살마하살의 앞에 와서 '쯧쯧(咄哉). 남자여. 그대는 스스로가 알지 못하는가? 과거의 제불께서 이미 그대에게 대보리(大菩提)의 수기를 주셨으므로, 그대는 무상정등보리에서 결정적으로 마땅히 다시 퇴전(退轉)하지 않으리라. 그대의 몸과 부모·형제·자매·친우·권속, 나아가 7세(七世)의 명자(名字)의 차별을 내가 모두 알고 있소. 그대는 무슨 방향·무슨 나라·무슨 성·무슨 읍·무슨 취락의 가운데에 태어났었고, 그대는 무슨 년·무슨 달·무슨 날·무슨 때·무슨 별·누구의 오래 통치하던 왕의 때에 태어났었소.'라고 이와 같이 말을 짓느니라.

이와 같이 악마는 만약 보살의 성품(稟性)이 부드럽고 여러 근(根)이 어리석고 둔(闇鈍)한 것을 본다면, '그대는 이전의 세상에서도 성품과 근기가 일찍이 이와 같았소.'라고 곧 거짓으로 수기하여 말하느니라. 만약 보살의 성품이 강건(剛强)하고 여러 근이 밝고 예리한 것을 본다면, '그대는 이전의 세상에서도 성품과 근기가 역시 일찍이 이와 같았소.'라고 곧 거짓으로 수기하여 말하느니라.

만약 보살이 아련야(阿練若)에 안주하거나, 혹은 항상 걸식하거나, 혹은 한 번의 음식을 받거나, 혹은 한 자리에서 먹거나, 혹은 한 발우를 먹거나, 혹은 무덤 사이에 머무르거나, 혹은 노지(露地)에 머무르거나, 혹은 나무 아래에 기거하거나, 혹은 분소의(糞掃衣)이거나, 혹은 다만 3의(三衣)이거나, 혹은 항상 앉아 있고 눕지 않거나, 혹은 낡은 부구(敷具)와 같거나, 혹은 욕심이 적거나, 혹은 만족을 기뻐하거나, 혹은 멀리 벗어난 것을 즐거워하거나, 정념(正念)을 갖추었거나, 혹은 적정(寂定)을 즐거워하거나, 혹은 미묘한 지혜를 갖추었거나, 혹은 이양(利養)을 소중하게 생각하지 않거나, 혹은 명예를 귀중하게 생각하지 않거나, 혹은 청렴하고 검소함을 좋아하여 그 발에 흙을 묻히지 않거나, 혹은 수면(睡眠)이 적거나, 혹은 도거(掉擧)를 벗어났거나, 혹은 부드러운 말을 즐기거나, 혹은 말이 적은 것을 좋아하였거나 이와 같다면, 악마가 이 보살들의 차별된 수행을 보고서 '그대는 이전의 세상에서도 역시 일찍이 이와 같았소. 그 까닭은 무엇인가? 그대가 지금 이와 같고 이와 같은 차별된 공덕을 성취하였는데, 세간이 같이 보았을지라도 이전의 세상에서도 결정적으로 이와 같은 여러 종류의 공덕이 있었을 것이니, 상응하여 스스로 깊이 기뻐하고 위로하면서 스스로를 업신여기지 마시오.'라고 곧 거짓으로 수기하여 말하느니라.

이 보살마하살은 그 악마가 그의 과거와 미래의 공덕과 더불어 현재의 친우와 자신의 이름 등의 차별과 아울러 여러 종류의 수승한 선근을 말하는 것을 듣고서 환희하고 용약하면서 증상만이 생겨나서 여러 나머지의 보살들을 능멸(凌蔑)하고 헐뜯으며 꾸짖느니라. 그때 악마는 그가 어리석고 둔하여 증상만을 일으켜서 다른 사람들을 능멸하는 것을 보고서 '그대는 결정적으로 수승한 공덕을 성취할 것이오. 과거의 여래·응공·정등각께서도 이미 그대에게 수기를 주셨으니, 그대는 무상정등보리에서 결정적으로 마땅히 불퇴전을 증득하는 것인데, 이미 이와 같은 상서로운 상(相)이 현전(現前)하였소.'라고 다시 알려서 말하느니라.

이때 악마는 다시 그를 번뇌시키기 위하여 비구의 형상으로 속여서 변화를 짓거나, 혹은 거사의 형상으로 속여서 변화를 짓거나, 혹은 부모·친우·인비인(人非人) 등의 형상으로 속여서 변화를 짓고서 앞에 나타나서 '옳으시오(善哉). 대사(大士)여. 비로소 능히 이와 같은 공덕을 성취하였구려. 과거의 제불도 이미 그대에게 대보리의 수기를 옛날에 이미 주었으니, 그대는 무상정등보리에서 이미 불퇴전이오. 그 까닭은 무엇인가? 여러 불퇴전지의 보살마하살들의 수승한 공덕의 상을 그대는 모두 갖추고 있으니 상응하여 스스로 존중하면서 의혹이 생겨나지 마시오.'라고 큰소리로 외치면서 말하느니라.

  이때 보살은 그 말을 듣고 증상만의 마음이 전전하여 더욱 견고해지느니라. 선현이여. 내가 설한 것과 같이 진실로 불퇴전 보살마하살의 행·형상·상이 이 보살마하살은 진실로 모두 있지 않느니라. 선현이여. 이 보살마하살은 악마에게 붙잡혔거나, 악마에게 희롱당했다면 자재하지 못한다고 마땅히 알아야 하느니라. 그 까닭은 무엇인가? 이 보살마하살은 불퇴전인 보살마하살들의 제행(諸行)·형상(狀)·상(相)이 모두 있지 않으나, 다만 악마들이 그의 공덕과 명자 등을 속여서 말하는 것을 듣고서 증상만이 생겨나서 나머지의 보살들을 능멸하고 헐뜯으며 꾸짖었느니라.

  이러한 까닭으로 선현이여. 만약 보살마하살이 무상정등보리를 증득하고자 한다면 상응하여 여러 악마의 마사(魔事)를 잘 깨닫고 알면서 속아서 교만한 마음이 생겨나지 말아야 하느니라.

  다시 다음으로 선현이여. 보살마하살이 있어서 악마에게 붙잡혔거나, 악마에게 희롱당했다면 다만 헛된 명자를 들었을지라도 교만이 생겨나느니라. 그 까닭은 무엇인가? 이 보살마하살은 이전에 보시바라밀다, 나아가 반야바라밀다를 수학하지 않았고, 이전에 내공, 나아가 무성자성공에 안주하지 않았으며, 이전에 진여, 나아가 부사의계에 안주하지 않았고, 이전에 고·집·멸·도성제에 안주하지 않았으며, 이전에 4념주, 나아가 8성도지를 수학하지 않았고, 이전에 4정려·4무량·4무색정을 수학하지 않았으며, 이전에 8해탈, 나아가 10변처를 수학하지 않았고, 이전에 공·무상·무원해탈문을 수학하지 않았으며, 이전에 극희지(極喜地), 나아가 법운지(法雲地)를 수학하지 않았고, 이전에 다라니문·삼마지문을 수학하지 않았으며, 이전에 5안·6신통을 수학하지 않았고, 이전에 여래의 10력, 나아가 18불불공법을 수학하지 않았으며, 이전에 무망실법·항주사성을 수학하지 않았고, 이전에 일체지·도상지·일체상지를 수학하지 않았으며, 이전에 일체의 보살마하살의 행과 제불의 무상정등보리를 수학하지 않았느니라. 오히려 이것을 인연으로 악마에 틈새(便)를 얻게 하였느니라.

이 보살마하살은 네 가지인 악마의 행상(行相)을 능히 명료하게 알지 못하였으므로, 오히려 이것을 인연으로 악마에게 틈새를 얻게 하였느니라. 이 보살마하살은 색·수·상·행·식을 명료하게 알지 못하였고, 안처, 나아가 의처를 명료하게 알지 못하였으며, 색처, 나아가 법처를 명료하게 알지 못하였고, 안계, 나아가 의계를 명료하게 알지 못하였으며, 색계, 나아가 법계를 명료하게 알지 못하였고, 안식계, 나아가 의식계를 명료하게 알지 못하였으며, 안촉, 나아가 의촉을 명료하게 알지 못하였고 안촉을 인연으로 생겨난 여러 수, 나아가 의촉을 인연으로 생겨난 여러 수를 명료하게 알지 못하였으며,

지계, 나아가 식계를 명료하게 알지 못하였고, 무명, 나아가 노사를 명료하게 알지 못하였으며, 보시바라밀다, 나아가 반야바라밀다를 명료하게 알지 못하였고, 내공, 나아가 무성자성공을 명료하게 알지 못하였으며, 진여, 나아가 부사의계를 명료하게 알지 못하였고, 고·집·멸·도성제를 명료하게 알지 못하였으며, 4념주, 나아가 8성도지를 명료하게 알지 못하였고, 4정려·4무량·4무색정을 명료하게 알지 못하였으며, 8해탈, 나아가 10변처를 명료하게 알지 못하였고, 공·무상·무원해탈문을 명료하게 알지 못하였으며,

극희지, 나아가 법운지를 명료하게 알지 못하였고, 다라니문·삼마지문을 명료하게 알지 못하였으며, 5안·6신통을 명료하게 알지 못하였고, 여래의 10력, 나아가 18불불공법을 명료하게 알지 못하였으며, 무망실법·항주사성을 명료하게 알지 못하였고, 예류과, 나아가 독각의 보리를 명료

하게 알지 못하였고, 일체지·도상지·일체상지를 명료하게 알지 못하였으며, 역시 유정들의 제법과 명자의 실상(實相)도 명료하게 알지 못하였는데 이를테면, 무상(無相)이니라.

오히려 이것을 인연으로 악마에게 틈새를 얻게 하였으므로 방편으로 변화로 여러 형상을 지었고 이 보살마하살에게 '그대가 수행하였던 것인 행원(行願)이 이미 원만해졌으니, 마땅히 무상정등보리를 증득할 것이고, 그대가 성불(成佛)하는 때에는 마땅히 이와 같이 수승한 공덕과 존귀(尊貴)한 명호를 획득할 것이오.'라고 알려 말하느니라. 이를테면, 그 악마는 이 보살이 장야에 '내가 성불하는 때에 마땅히 이와 같은 공덕과 명호를 얻을 것이다.'라고 생각하고 서원하였으므로, 그의 생각과 서원을 따라서 그러한 수기를 말하느니라.

이때 이 보살은 반야바라밀다를 멀리 벗어나고 방편선교가 없는 까닭으로 악마가 수기하는 말을 듣고서 '기이하다! 이 사람은 내가 마땅히 성불하는 때의 공덕과 이름을 수기하였는데, 내가 장야에 생각하고 서원과 상응(相應)하는구나. 오히려 이러한 까닭으로 과거의 제불께서 반드시 나에게 대보리의 수기를 주셨다고 알겠으며, 나는 무상정등보리에서 결정적으로 마땅히 불퇴전을 획득할 것이고, 내가 성불하는 때에는 반드시 결정적으로 이와 같은 공덕과 존중받는 명호를 획득할 것이다.'라고 이렇게 생각하면서 말하느니라.

이 보살마하살은 이와 같은 악마이거나, 혹은 악마의 권속이거나, 혹은 악마에게 부려지는 여러 사문 등에게 미래의 세상에서 성불하며 명호는 이와 같고 이와 같다는 수기를 말한다면, '나는 미래의 세상에 결정적으로 마땅히 작불(作佛)할 것이고, 이와 같은 공덕과 명호를 획득(獲得)할 것이니, 여러 나머지의 보살들은 나와 동등한 자가 없을 것이다.'라고 교만이 전전하면서 증장하느니라.

선현이여. 내가 설한 것과 같이, 이미 불퇴전을 획득한 보살마하살의 제행·형상·상을 이 보살마하살은 모두 성취하지 못하였고, 다만 악마가 말하는 성불한다는 헛된 명자를 듣고 곧 교만이 생겨나서 여러 나머지의 보살마하살들을 업신여기고 희롱하며 헐뜯고 경멸한다고 마땅히 알아야 하느니라. 선현이여. 이 보살마하살은 오히려 교만을 일으켜서 여러 나머지의 보살마하살들을 업신여기고 희롱하며 헐뜯고 경멸하는 까닭으로 무상정등보리에서 멀리 벗어난다고 마땅히 알아야 하느니라.

선현이여. 이 보살마하살은 반야바라밀다를 멀리 벗어나고 방편선교가 없는 까닭으로, 선한 벗을 버리는 까닭으로, 항상 악한 벗에게 섭수되는 까닭으로, 마땅히 성문지이거나, 혹은 독각지(獨覺地)에 떨어진다고 마땅히 알아야 하느니라.

선현이여. 이 보살마하살이 혹은 이러한 몸이 있으나 돌이켜서 정념(正念)을 획득하고 지극한 마음으로 참회하며 교만한 마음을 버리며, 자주자주 진실하고 수승한 벗과 친근한다면 그가 비록 생사를 유전하는 때일지라도 뒤에 다시 매우 깊은 반야바라밀다의 방편선교에 의지하여 점차로 수학하여 마땅히 무상정등보리를 증득한다고 마땅히 알아야 하느니라. 선현이여. 이 보살마하살이 만약 이 몸이 있는데 정념을 획득하지 못하고 능히 허물을 참회하지 않으며 교만한 마음을 버리지 못하고 진실하고 수승한 벗과 친근하기를 즐거워하지 않는다면, 그는 결정적으로 생사를 유전하는 때에 그가 비록 정진하면서 여러 선법을 수학할지라도 성문지이거나, 혹은 독각지에 떨어진다고 마땅히 알아야 하느니라.

비유한다면 성문(聲聞)을 구하는 비구가 4중죄(四重罪)[1]에서 만약 하나를 따라서 범한다면 곧 사문이 아니고, 석가자(釋迦子)가 아닌 것과 같아서, 그는 현재에서 결정적으로 능히 4사문과(四沙門果)[2]를 얻지 못하는데, 헛된 명자를 망령되게 집착하는 보살도 역시 그와 같아서 다만 악마가 말하는 성불한다는 헛된 명자를 듣고 곧 스스로가 교만을 일으켜서 여러 나머지의 보살마하살들을 업신여기고 희롱하며 헐뜯고 경멸하므로, 이 죄는 그 비구가 일으켰던 죄과(罪過)인 4중죄보다 무량한 배수(倍數)이라

---

1) 비구가 범하는 중죄인 4바라이(四波羅夷)를 가리킨다.
2) 성문들이 증득하는 네 종류의 계위인 수다원과(須陀洹果)·사다함과(斯陀含果)·아나함과(阿那含果)·아라한과(阿羅漢果)를 가리킨다.

고 마땅히 알아야 하느니라.

　그 비구가 범한 4중죄는 제쳐두고, 이 보살의 죄과는 5무간(五無間)보다 역시 무량한 배수이니라. 그 까닭은 무엇인가? 이 보살마하살은 진실로 수승한 공덕을 성취하지 않았으나, 악마가 말하는 성불한다는 헛된 명자를 듣고서 곧 스스로 교만하여져서 나머지의 보살들을 경멸하느니라. 이러한 까닭으로 오히려 이 죄과는 5무간이니라. 오히려 이것으로 만약 보살마하살이 무상정등보리를 증득하고자 한다면 상응하여 이와 같이 수기하여 말하는 헛된 명호 등이 미세(微細)한 마사(魔事)라고 잘 깨달아 알고서 정근하면서 무상정등보리를 구해야 한다고 마땅히 알아야 하느니라.

　다시 다음으로 선현이여. 보살마하살이 있어서 멀리 벗어나는 행을 수행하면서 이를테면, 산림(山林)·빈 연못(空澤)·광야(曠野)에 숨었거나, 아련야(阿練若)에 안주하면서 연좌(宴坐)하여 사유하는 때에, 악마가 있어서 와서 그의 처소에 이르렀고 공경하고 찬탄하면서 '옳습니다. 대사(大士)여. 능히 이와 같이 진실로 원리행(遠離行)을 수행하십니다. 이러한 멀리 벗어나는 행은 일체의 여래·응공·정등각께서 함께 칭찬하시는 것이며, 천제석 등의 여러 천신(天神)들이 모두가 함께 수호하고 공양하며 존중하는 것이니, 상응하여 항상 이곳에 머무르고 나머지의 처소에 가지 마십시오.'라고 이렇게 말을 지었을지라도, 선현이여. 나는 제보살마하살들이 아련야·광야·산림에 연좌하여 사유하면서 원리행을 수행하는 것을 찬탄하지 않는다고 마땅히 알아야 하느니라."

　구수 선현이 아뢰어 말하였다.

　"세존이시여. 제보살마하살들은 무엇 등의 나머지 원리행을 상응하여 수행해야 하고, 세존께서는 아련야·광야·산림에 머무르면서 수승한 와구(臥具)를 버리고 연좌하면서 사유하는 원리행의 공덕을 칭찬하지 않습니까?"

　세존께서 선현에게 말씀하셨다.

　"제보살마하살들이 만약 산림·빈 연못·광야·아련야의 처소에 머무르거나, 만약 성읍·취락·왕도(王都) 등의 시끄러운 곳에 머무를지라도, 다만 번뇌의 악업과 제성문·독각들의 작의(作意)를 멀리 벗어나서 반야바라밀다를 정근하면서 수습하고 여러 나머지의 수승한 공덕을 수습한다면 이것을 보살의 진실한 원리행이라고 이름하느니라. 이러한 원리행은 일체의 여래·응공·정등각께서 함께 칭찬하신 것이고, 제불·세존께서 함께 열어서 허락하신 것이니, 제보살들이 항상 상응하여 수학하고 만약 낮이거나, 만약 밤에도 상응하여 바르게 사유하고 정진하면서 이러한 멀리 벗어나는 법(遠離法)을 수행한다면, 이것을 보살이 수행하는 원리행(遠離行)이라고 이름하느니라.

  이러한 원리행은 성문과 독각의 작의에 섞이지 않고, 일체의 번뇌하는 악업에도 섞이지 않으며, 여러 시끄럽고 잡스러움을 벗어나서 반드시 결국에는 청정하므로 제보살들에게 빠르게 무상정등보리를 증득하게 하고, 유정들의 이익과 안락에 항상 단절과 끝마침이 없나니, 악마들이 칭찬하는 것인 산림·빈 연못·광야·아련야의 처소에서 수승한 와구(臥具)를 버리고 연좌하여 사유하였다면, 제보살들의 진실한 원리행이 아니니라. 그 까닭은 무엇인가? 그 원리행은 오히려 시끄럽고 잡스러움이 있는데 이를테면, 그것은 혹은 악업의 번뇌에 섞였거나, 혹은 성문과 독각의 작의에 섞여서 깊은 반야바라밀다에서 능히 정근하면서 믿고 받아들이고 수학하지 못하며, 능히 일체지지를 원만하게 하지 못하느니라.

  선현이여. 마땅히 알아야 하느니라. 보살마하살이 있어서 비록 악마가 칭찬하는 것인 원리행의 법을 즐겁게 수행하며 교만하고 청정하지 않은 마음을 일으켜서 제보살마하살들을 경멸하고 훼자하는데 이를테면, 보살마하살이 있어서 비록 성읍·취락·왕도에 있을지라도 마음이 청정하여 여러 종류 번뇌의 나쁜 업과 제성문·독각들의 작의에 섞이지 않고, 보시바라밀다, 나아가 반야바라밀다를 정근하면서 수학하고, 내공, 나아가 무성자성공에 정근하면서 안주하며, 진여, 나아가 부사의계에 정근하면서 안주하고, 고·집·멸·도성제에 정근하면서 안주하며, 4념주, 나아가 8성도지를 정근하면서 수학하고, 4정려·4무량·4무색정과 5신통 등의 세간의 공덕을 정근하면서 수학하며, 공·무상·무원해탈문을 정근하면서 수학하고, 보살의 10지를 정근하면서 수학하며, 다라니문·삼마지문을 정근하면서 수학하고, 5안·6신통을 정근하면서 수학하며, 8해탈, 나아가 10변처를 정근하면서 수학하고, 여래의 10력, 나아가 18불불공법을 정근하면서 수학하며, 무망실법·항주사성을 정근하면서 수학하고, 일체지·도상지·일체상지를 정근하면서 수학하며, 불국토를 청정하게 장엄하고 유정을 성숙시켰으며, 비록 소란스러움에 머물지라도 마음이 적정하고 항상 진실한 원리행을 수행하였을지라도, 그는 이와 같이 진실하고 청정한 보살마하살들에게 마음이 항상 오만(傲慢)하므로 업신여기고 희롱하며 훼자하고 비방(誹謗)하면서 능멸하느니라.

  선현이여. 마땅히 알아야 하느니라. 이 보살마하살은 반야바라밀다를 멀리 벗어나고 방편선교가 없는 까닭으로 비록 머무르는 광야에 백 유선나(踰繕那)인 그 가운데에 여러 사나운 새·짐승·뱀·전갈·도적이 없고, 오직 귀신(鬼神)과 나찰사(羅刹娑)3) 등이 그 가운데에 돌아다니고 머무르며, 그는 이와 같은 아련야의 처소에서 설사 1년이거나, 혹은 5년이거나 혹은 10년이거나, 혹은 다시 나아가 백천 구지(俱胝)를 넘기거나, 만약 이러한 숫자를 넘겨서 원리행을 수행할지라도, 그렇지만 진실로 원리행을 명료하게 알지 못하느니라. 이를테면, 제보살마하살들은 비록 소란스러움에 머물렀어도 마음이 적정하다면, 여러 종류의 번뇌인 악업과 제성문과 독각들의 작의를 멀리 벗어나서 무상정등보리를 일으켜서 나아가느니라.

  선현이여. 마땅히 알아야 하느니라. 이 보살마하살은 비록 광야에 많은 시간을 보내면서 즐거운 집착이 생겨났고, 두 가지의 지위의 법에 의지하여 원리행을 수행하며, 다시 이러한 행에서 깊이 탐착하는 염오(貪染)가 생겨나느니라. 선현이여. 마땅히 알아야 하느니라. 그는 비록 이와 같은 원리행을 수행할지라도 여러 여래의 마음에 수순한다고 칭찬하지

---

  3) 산스크리트어 rākṣasa의 음사이고, 남성은 나찰사(羅刹娑)로 음사하며, 여성은 나찰사(羅刹斯)라고 음사한다. 식인귀(食人鬼)·속질귀(速疾鬼)·가외(可畏)·호자(護者) 등으로 번역하고, 원래 악귀로서 사람을 매료시켜 잡아먹는 마귀로 알려져서 악귀나찰(惡鬼羅刹)이라고 불렸으나, 뒤에는 불교의 수호신이 되었다.

않느니라.
　선현이여. 마땅히 알아야 하느니라. 내가 칭찬하는 제보살마하살들의 진실한 원리행을 이 보살마하살은 모두 성취하지 못하였나니, 그는 진실로 수승한 원리행의 가운데에서 역시 비슷한 행상(行相)이 있다고 볼 수 없느니라. 그 까닭은 무엇인가? 그는 보살의 진실한 원리행에서 애락하는 마음이 생겨나지 않았고, 다만 성문과 독각의 공(空)한 원리행을 즐겁게 정근하면서 수행하였느니라.
　선현이여. 마땅히 알아야 하느니라. 이 보살마하살이 진실하지 않은 원리행을 수행하는 때에 악마가 와서 공중에서 환희하고 찬탄하면서 '대사여. 옳습니다. 옳습니다. 그대는 능히 정근하면서 진실한 원리행을 수행하십니다. 이러한 원리행은 일체의 여래·응공·정등각께서 함께 칭찬하신 것입니다. 그대가 이러한 행을 정근하면서 수행한다면 빠르게 능히 일체지지를 증득할 것입니다.'라고 알려 말하느니라.
　선현이여. 마땅히 알아야 하느니라. 이 보살마하살은 이와 같이 2승(二乘)이 수행하는 것인 원리행의 법에 즐겁게 집착하면서 보살승에 머무르면서 비록 소란스러움에 머물지라도 마음이 적정한 여러 비구 등을 업신여기고 희롱하며 훼자하고 경멸하면서 '그들은 능히 원리행을 수행하지 못하나니, 몸은 소란스러움에 머무르고 마음은 적정하지 못하여 선법을 조절할 수 없다.'라고 말하느니라.
　선현이여. 마땅히 알아야 하느니라. 이 보살마하살은 세존의 처소에서 칭찬하셨던 것인 진실한 원리행에 머무르는 보살마하살을 경멸하고 훼자하나니, 소란스러움에 머무르고 마음은 적정하지 못하므로 능히 진실한 원리행을 정근하면서 수행하지 못한다고 말하고, 제여래·응공·정등각께서 칭찬하시지 않았던 것인 진실로 시끄럽고 잡스러운 행에 머무르는 보살마하살에게 존중하고 찬탄하나니, 시끄럽지 않고 잡스럽지 않아야 그 마음이 적정하여서 능히 진실로 원리행을 바르게 수행한다고 말하느니라.
　선현이여. 마땅히 알아야 하느니라. 이 보살은 마땅히 상응하여 친근하고 공경하며 공양해야 하는 제불과 같은 자에게는 친근하면서 공경하고 공양하지 않으며, 반대로 업신여김과 훼자가 생겨나서, 상응하여 멀리 벗어날 것에서 상응하여 친근하거나 공경하고 공양하지 않아야 할 악한 벗에게 반대로 친근하며 공경하고 공양하면서 제불을 섬기는 것과 같으니라.

선현이여. 마땅히 알아야 하느니라. 이 보살마하살은 반야바라밀다를 멀리 벗어났고 방편선교가 없는 까닭으로 망령되게 여러 종류의 분별과 집착이 생겨나느니라. 그 까닭은 무엇인가? 그는 '내가 수학하였던 이것이 진실로 멀리 벗어난 까닭으로 비인들이 찬탄하고 호념한다. 성읍에 기거하는 자들은 몸과 마음이 요란스러운데 누가 마땅히 호념하고 공경하며 찬미(讚美)하겠는가?'라고 이렇게 생각을 짓느니라. 이 보살들은 오히려 이러한 인연으로 마음이 많이 교만하여져서 여러 나머지의 보살마하살들을 경멸하고 훼자하므로, 번뇌의 악업이 밤낮으로 증장하느니라.

선현이여. 마땅히 알아야 하느니라. 이 보살들은 여러 나머지의 보살마하살들에게 전다라가 되어서 보살마하살들을 염오시키나니, 비록 보살마하살의 모습과 같으나 이 자는 천상과 인간의 가운데에서 큰 도적이므로, 천상·인간·아수라 등을 속이고 미혹시키느니라. 그의 몸은 비록 사문의 법의(法衣)를 입었으나, 마음은 항상 도적의 의요(意樂)를 품었으니, 여러 보살승에 나아가려는 자가 있다면, 이와 같은 악인(惡人)을 상응하여 친근하고 공경하며 공양하고 존중하며 찬탄하지 않아야 하느니라.

왜 그러한가? 이 사람은 증상만을 품었다고 마땅히 알아야 하나니, 겉으로는 보살과 비슷하나 안으로는 번뇌가 많으니라. 이러한 까닭으로 선현이여. 만약 보살마하살이 진실로 일체지지를 버리지 않고, 무상정등보리를 버리지 않으며, 깊은 마음으로 일체지지를 구하고자 하고, 무상정등보리를 증득하고자 하며, 널리 여러 유정들을 이익되고 안락하게 하고자 한다면, 이와 같은 악인을 상응하여 친근하고 공경하며 공양하고 존중하며 찬탄하지 않아야 하느니라.

선현이여. 마땅히 알아야 하느니라. 제보살마하살들은 항상 스스로의 사업(事業)을 정근하면서 수행하여 생사를 멀리 벗어나고 삼계에 집착하지 않아야 하나니, 그 악한 도적인 전다라(旃茶羅)에게는 항상 상응하여

자·비·희·사를 발생(發生)시켜야 하고, '나는 그 악인이 일으켰던 허물과 근심을 상응하여 일으키지 않을 것이고, 설사 마땅히 생각을 잃어서 그와 같은 것이 잠시 일어났을지라도, 나아가 상응하게 깨달아 알고서 빠르게 없애서 소멸시키겠다.'라고 상응하여 이렇게 생각을 지어야 하느니라. 이러한 까닭으로 보살마하살들이 무상정등보리를 증득하고자 하였다면, 마땅히 여러 악마의 마사를 잘 깨달아 알고서 상응하여 정근하면서 정진하여 그 보살들이 일으켰던 것인 허물과 근심을 멀리 벗어나서 없애고 소멸시키며, 정근하면서 무상정등보리를 구해야 하느니라.

다시 다음으로 선현이여. 만약 보살마하살이 있어서 증상(增上)의 의요(意樂)로 무상정등보리를 증득하고자 한다면 항상 진실한 선지식을 친근하고 공경하며 공양하고 존중하며 찬탄해야 하느니라."

그때 선현이 세존께 아뢰어 말하였다.
"세존이시여. 무엇 등이 제보살마하살들의 진실한 선지식이 된다고 이름합니까?"

세존께서 선현에게 알리셨다.
"일체의 여래·응공·정등각이 제보살마하살들의 진실한 선지식이고, 일체의 보살마하살들도 역시 진실한 선지식이며, 여러 성문이나 나머지의 좋은 사람이 능히 보살마하살들을 위하여 보시·정계·안인·정진·정려 반야바라밀다에 상응하는 의취(義趣)를 널리 설하고 열어서 보여주며 분별하고 명료하게 드러내며 쉽게 이해시키는 자라면 역시 이 자도 보살의 진실한 선지식이니라.

다시 다음으로 선현이여. 보시바라밀다, 나아가 반야바라밀다의 이것이 제보살들의 진실한 선지식이고, 4념주, 나아가 8성도지도 역시 이것이 보살의 진실한 선지식이며, 4정려·4무량·4무색정도 역시 이것이 보살의 진실한 선지식이고, 8해탈, 나아가 10변처도 역시 이것이 보살의 진실한 선지식이며, 공·무상·무원해탈문도 역시 이것이 보살의 진실한 선지식이고, 극희지, 나아가 법운지도 역시 이것이 보살의 진실한 선지식이며,

다라니문·삼마지문도 역시 이것이 보살의 진실한 선지식이고,

5안과 6신통도 역시 이것이 보살의 진실한 선지식이며, 여래의 10력, 나아가 18불불공법의 이것이 보살의 진실한 선지식이고, 무망실법·항주사성도 역시 이것이 보살의 진실한 선지식이며, 일체지·도상지·일체상지도 역시 이것이 보살의 진실한 선지식이고, 일체의 보살마하살의 행도 역시 이것이 보살의 진실한 선지식이며, 제불의 무상정등보리도 역시 이것이 보살의 진실한 선지식이고, 일체의 습기의 상속을 영원히 단절하는 것도 역시 이것이 보살의 진실한 선지식이니라.

다시 다음으로 선현이여. 고·집·멸·도성제의 이것이 제보살들의 진실한 선지식이고, 제법을 인연하는 성품도 역시 이것이 보살들의 진실한 선지식이며, 여러 연기지(緣起支)도 역시 이것이 보살들의 진실한 선지식이고, 내공, 나아가 무성자성공도 역시 이것이 보살들의 진실한 선지식이며, 진여, 나아가 부사의계도 역시 이것이 보살의 진실한 선지식이니라.

다시 다음으로 선현이여. 보시바라밀다, 나아가 반야바라밀다가 보살마하살들과 함께 스승(師)이 되고 인도자(導)가 되며, 광명(明)이 되고 횃불(炬)이 되며, 등불(燈)이 되고 비춤(照)이 되며, 이해(解)가 되고 깨달음(覺)이 되며, 지식(智)이 되고 지혜(慧)가 되며, 구제(救)가 되고 수호(護)가 되며, 작은 집(舍)이 되고 큰 집(宅)이 되며, 모래톱(洲)이 되고 물가(渚)가 되며, 귀의(歸)가 되고 나아감(趣)이 되며, 아버지(父)가 되고 어머니(母)가 되며,

4념주, 나아가 8성도지도 역시 보살마하살들과 함께 스승이 되고 인도자가 되며, 광명이 되고 횃불이 되며, 등불이 되고 비춤이 되며, 이해가 되고 깨달음이 되며, 지식이 되고 지혜가 되며, 구제가 되고 수호가 되며, 작은 집이 되고 큰 집이 되며, 모래톱이 되고 물가가 되며, 귀의가 되고 나아감이 되며, 아버지가 되고 어머니가 되며, 4정려·4무량·4무색정도 역시 보살마하살들과 함께 스승이 되고 인도자가 되며, 광명이 되고 횃불이 되며, 등불이 되고 비춤이 되며, 이해가 되고 깨달음이 되며, 지식이 되고 지혜가 되며, 구제가 되고 수호가 되며, 작은 집이 되고

큰 집이 되며, 모래톱이 되고 물가가 되며, 귀의가 되고 나아감이 되며, 아버지가 되고 어머니가 되며,

8해탈, 나아가 10변처도 역시 보살마하살들과 함께 스승이 되고 인도자가 되며, 광명이 되고 횃불이 되며, 등불이 되고 비춤이 되며, 이해가 되고 깨달음이 되며, 지식이 되고 지혜가 되며, 구제가 되고 수호가 되며, 작은 집이 되고 큰 집이 되며, 모래톱이 되고 물가가 되며, 귀의가 되고 나아감이 되며, 아버지가 되고 어머니가 되며, 공·무상·무원해탈문도 역시 보살마하살들과 함께 스승이 되고 인도자가 되며, 광명이 되고 횃불이 되며, 등불이 되고 비춤이 되며, 이해가 되고 깨달음이 되며, 지식이 되고 지혜가 되며, 구제가 되고 수호가 되며, 작은 집이 되고 큰 집이 되며, 모래톱이 되고 물가가 되며, 귀의가 되고 나아감이 되며, 아버지가 되고 어머니가 되며,

극희지, 나아가 법운지도 역시 보살마하살들과 함께 스승이 되고 인도자가 되며, 광명이 되고 횃불이 되며, 등불이 되고 비춤이 되며, 이해가 되고 깨달음이 되며, 지식이 되고 지혜가 되며, 구제가 되고 수호가 되며, 작은 집이 되고 큰 집이 되며, 모래톱이 되고 물가가 되며, 귀의가 되고 나아감이 되며, 아버지가 되고 어머니가 되며, 다라니문·삼마지문도 역시 보살마하살들과 함께 스승이 되고 인도자가 되며, 광명이 되고 횃불이 되며, 등불이 되고 비춤이 되며, 이해가 되고 깨달음이 되며, 지식이 되고 지혜가 되며, 구제가 되고 수호가 되며, 작은 집이 되고 큰 집이 되며, 모래톱이 되고 물가가 되며, 귀의가 되고 나아감이 되며, 아버지가 되고 어머니가 되며,

5안·6신통도 역시 보살마하살들과 함께 스승이 되고 인도자가 되며, 광명이 되고 횃불이 되며, 등불이 되고 비춤이 되며, 이해가 되고 깨달음이 되며, 지식이 되고 지혜가 되며, 구제가 되고 수호가 되며, 작은 집이 되고 큰 집이 되며, 모래톱이 되고 물가가 되며, 귀의가 되고 나아감이 되며, 아버지가 되고 어머니가 되며, 여래의 10력, 나아가 18불불공법도 역시 보살마하살들과 함께 스승이 되고 인도자가 되며, 광명이 되고

횃불이 되며, 등불이 되고 비춤이 되며, 이해가 되고 깨달음이 되며, 지식이 되고 지혜가 되며, 구제가 되고 수호가 되며, 작은 집이 되고 큰 집이 되며, 모래톱이 되고 물가가 되며, 귀의가 되고 나아감이 되며, 아버지가 되고 어머니가 되며,

　무망실법·항주사성도 역시 보살마하살들과 함께 스승이 되고 인도자가 되며, 광명이 되고 횃불이 되며, 등불이 되고 비춤이 되며, 이해가 되고 깨달음이 되며, 지식이 되고 지혜가 되며, 구제가 되고 수호가 되며, 작은 집이 되고 큰 집이 되며, 모래톱이 되고 물가가 되며, 귀의가 되고 나아감이 되며, 아버지가 되고 어머니가 되며, 일체지·도상지·일체상지도 역시 보살마하살들과 함께 스승이 되고 인도자가 되며, 광명이 되고 횃불이 되며, 등불이 되고 비춤이 되며, 이해가 되고 깨달음이 되며, 지식이 되고 지혜가 되며, 구제가 되고 수호가 되며, 작은 집이 되고 큰 집이 되며, 모래톱이 되고 물가가 되며, 귀의가 되고 나아감이 되며, 아버지가 되고 어머니가 되며,

　일체의 보살마하살의 행도 역시 보살마하살들과 함께 스승이 되고 인도자가 되며, 광명이 되고 횃불이 되며, 등불이 되고 비춤이 되며, 이해가 되고 깨달음이 되며, 지식이 되고 지혜가 되며, 구제가 되고 수호가 되며, 작은 집이 되고 큰 집이 되며, 모래톱이 되고 물가가 되며, 귀의가 되고 나아감이 되며, 아버지가 되고 어머니가 되며, 제불의 무상정등보리도 역시 보살마하살들과 함께 스승이 되고 인도자가 되며, 광명이 되고 횃불이 되며, 등불이 되고 비춤이 되며, 이해가 되고 깨달음이 되며, 지식이 되고 지혜가 되며, 구제가 되고 수호가 되며, 작은 집이 되고 큰 집이 되며, 모래톱이 되고 물가가 되며, 귀의가 되고 나아감이 되며, 아버지가 되고 어머니가 되며,

　일체의 습기의 상속을 영원히 단절하는 것도 역시 보살마하살들과 함께 스승이 되고 인도자가 되며, 광명이 되고 횃불이 되며, 등불이 되고 비춤이 되며, 이해가 되고 깨달음이 되며, 지식이 되고 지혜가 되며, 구제가 되고 수호가 되며, 작은 집이 되고 큰 집이 되며, 모래톱이

되고 물가가 되며, 귀의가 되고 나아감이 되며, 아버지가 되고 어머니가 되느니라.

다시 다음으로 선현이여. 고·집·멸·도성제도 역시 보살마하살들과 함께 스승이 되고 인도자가 되며, 광명이 되고 횃불이 되며, 등불이 되고 비춤이 되며, 이해가 되고 깨달음이 되며, 지식이 되고 지혜가 되며, 구제가 되고 수호가 되며, 작은 집이 되고 큰 집이 되며, 모래톱이 되고 물가가 되며, 귀의가 되고 나아감이 되며, 아버지가 되고 어머니가 되며, 제법을 인연하는 성품과 연기지(緣起支)도 역시 보살마하살들과 함께 스승이 되고 인도자가 되며, 광명이 되고 횃불이 되며, 등불이 되고 비춤이 되며, 이해가 되고 깨달음이 되며, 지식이 되고 지혜가 되며, 구제가 되고 수호가 되며, 작은 집이 되고 큰 집이 되며, 모래톱이 되고 물가가 되며, 귀의가 되고 나아감이 되며, 아버지가 되고 어머니가 되며,

내공, 나아가 무성자성공도 역시 보살마하살들과 함께 스승이 되고 인도자가 되며, 광명이 되고 횃불이 되며, 등불이 되고 비춤이 되며, 이해가 되고 깨달음이 되며, 지식이 되고 지혜가 되며, 구제가 되고 수호가 되며, 작은 집이 되고 큰 집이 되며, 모래톱이 되고 물가가 되며, 귀의가 되고 나아감이 되며, 아버지가 되고 어머니가 되며, 진여, 나아가 부사의계도 역시 보살마하살들과 함께 스승이 되고 인도자가 되며, 광명이 되고 횃불이 되며, 등불이 되고 비춤이 되며, 이해가 되고 깨달음이 되며, 지식이 되고 지혜가 되며, 구제가 되고 수호가 되며, 작은 집이 되고 큰 집이 되며, 모래톱이 되고 물가가 되며, 귀의가 되고 나아감이 되며, 아버지가 되고 어머니가 되느니라.

그 까닭은 무엇인가? 일체의 과거·미래·현재의 제불·세존께서도 모두 보시바라밀다, [자세한 내용은 생략한다.] 나아가, 부사의계로써 스승으로 삼고 인도자로 삼으며, 광명으로 삼고 횃불로 삼으며, 등불로 삼고 비춤으로 삼으며, 이해로 삼고 깨달음으로 삼으며, 지식으로 삼고 지혜로 삼으며, 구제로 삼고 수호로 삼으며, 작은 집으로 삼고 큰 집으로 삼으며, 모래톱으

로 삼고 물가로 삼으며, 귀의로 삼고 나아감으로 삼으며, 아버지로 삼고 어머니로 삼느니라. 왜 그러한가? 선현이여. 일체의 과거·미래·현재의 제불·세존께서는 모두 보시바라밀다, [자세한 내용은 생략한다.] 나아가, 부사의계에서 출생(出生)하는 까닭이니라.

이러한 까닭으로 선현이여. 만약 보살마하살이 증상(增上)의 작의로 무상정등보리를 증득하고서 유정을 성숙시키고 불국토를 청정하게 장엄하고자 한다면, 마땅히 보시바라밀다, 나아가 반야바라밀다를 수학해야 하고, 마땅히 4념주, 나아가 8성도지를 수학해야 하며, 마땅히 4정려·4무량·4무색정을 수학해야 하고, 마땅히 8해탈, 나아가 10변처를 수학해야 하며, 마땅히 공·무상·무원해탈문을 수학해야 하고, 마땅히 극희지, 나아가 법운지를 수학해야 하며, 마땅히 다라니문·삼마지문을 수학해야 하고, 마땅히 5안·6신통을 수학해야 하며, 마땅히 여래의 10력, 나아가 18불불공법을 수학해야 하고,

마땅히 무망실법·항주사성을 수학해야 하며, 마땅히 일체지·도상지·일체상지를 수학해야 하고, 마땅히 일체의 보살마하살의 행을 수학해야 하며, 마땅히 제불의 무상정등보리를 수학해야 하며, 마땅히 일체의 습기를 영원히 단절하는 것을 수학해야 하고, 마땅히 고·집·멸·도성제를 수학해야 하며, 마땅히 제법을 인연하는 성품과 연기지를 수학해야 하며, 마땅히 내공, 나아가 무성자성공을 수학해야 하고, 마땅히 진여, 나아가 부사의계를 수학해야 하느니라.

선현이여. 이 보살마하살이 보시바라밀다, [자세한 내용은 생략한다.] 나아가, 부사의계를 이미 수학하였다면, 다시 상응하여 4섭사(四攝事)로써 제유정들을 섭수하느니라. 무엇 등이 네 가지인가? 첫째는 보시(布施)이고, 둘째는 애어(愛語)이며, 셋째는 이행(利行)이고, 넷째는 동사(同事)이니라.

선현이여. 나는 이러한 의취를 관찰하였던 까닭으로 '일체의 보시바라밀다, [자세한 내용은 생략한다.] 나아가, 부사의계가 제보살마하살들과 함께 스승이 되고 인도자가 되며, 나아가 부모가 된다.'라고 이렇게 설하였

느니라. 이러한 까닭으로 선현이여. 제보살마하살들이 다른 사람의 말을 따라서 행하지 않으려고 하였거나, 다른 사람의 말에 의지하여 머무르지 않으려고 하였거나, 일체의 유정들에게 의심을 끊어주고자 하였거나, 일체의 유정의 소원을 채워주려고 하였거나, 불국토를 청정하게 장엄하려고 하였거나, 유정들을 성숙시키려고 하였다면, 상응하게 반야바라밀다를 수학해야 하느니라.

왜 그러한가? 선현이여. 이 반야바라밀다의 매우 깊은 경전의 가운데에는 보살마하살들이 상응하여 수학할 법이라는 것을 널리 설하나니, 일체의 보살마하살들은 모두 그 가운데에서 상응하여 정근하면서 수학해야 하느니라."

그때 선현이 아뢰어 말하였다.
"세존이시여. 매우 깊은 반야바라밀다는 무엇으로써 상(相)을 삼습니까?"
세존께서 말씀하셨다.
"매우 깊은 반야바라밀다는 허공(虛空)으로 상을 삼고 무착(無着)으로 상을 삼으며, 무상(無相)으로 상을 삼느니라. 그 까닭은 무엇인가? 선현이여. 이 반야바라밀다의 매우 깊은 상의 가운데에는 제법(諸法)과 제상(諸相)이 모두 무소유(無所有)이고 얻을 수 없는(不可得) 까닭이니라."
구수 선현이 다시 세존께 아뢰어 말하였다.
"대체로 무슨 인연이 있다면 반야바라밀다가 소유한 미묘한 상과 제법에도 이와 같은 상이 있다고 설할 수 있습니까?"
세존께서 선현에게 알리셨다.
"선현이여. 그와 같으니라. 그와 같으니라. 그대가 말한 것과 같으니라. 인연이 있는 까닭으로 반야바라밀다가 소유한 미묘한 상과 제법에도 이와 같은 미묘한 상이 있다고 설할 수 있느니라. 왜 그러한가? 선현이여. 매우 깊은 반야바라밀다는 멀리 벗어난 것으로써 상을 삼고, 제법도 멀리 벗어난 것으로써 상을 삼으며, 매우 깊은 반야바라밀다는 성품이 공한 것으로써 상을 삼고, 제법도 성품이 공한 것으로써 상을 삼느니라. 오히려 이것을 인연으로 '매우 깊은 반야바라밀다가 소유한 미묘한 상과 제법도 역시 이와 같은 미묘한 모양이 있다.'라고 설할 수 있나니, 일체법으로써 모두가 자성(自性)이 공(空)하고 제상을 벗어난 까닭이니라."

구수 선현이 다시 세존께 아뢰어 말하였다.

"만약 일체법은 모두가 자성이 공하고 제상을 벗어났다면, 곧 일체법은 일체법이 공하고 일체법은 일체법을 벗어났는데, 어찌하여 유정들은 염오와 청정함을 시설(施設)합니까? 성품이 공한 법에는 염오와 청정함이 있지 않고, 역시 벗어나는 법에서도 염오와 청정함이 있지 않으며, 성품이 공한 법에서 능히 무상정등보리를 증득하지 않고, 역시 벗어나는 법에서도 능히 무상정등보리를 증득하지 않으며, 성품이 공한 가운데에서는 얻을 법이 있지 않고, 역시 벗어나는 법에서도 얻을 법이 있지 않으며, 성품이 공한 가운데에서는 보살마하살이 무상정등보리를 증득하지 않고, 역시 벗어나는 가운데에서도 보살마하살이 무상정등보리를 증득하지 않습니다. 세존이시여. 어떻게 저에게 세존께서 설하신 매우 깊은 의취(義趣)를 이해시키겠습니까?"

세존께서 말씀하셨다.

"선현이여. 그대의 뜻은 어떠한가? 유정들이 장야에 아(我)·아소(我所)의 마음이 있어서 아·아소를 집착하지 않는가?"

선현이 대답하여 말하였다.

"그와 같습니다. 세존이시여. 유정들은 장야에 아·아소의 마음이 있어서 아·아소를 집착합니다."

세존께서 말씀하셨다.

"선현이여. 그대의 뜻은 어떠한가? 유정들이 집착하는 것인 아·아소가 공이고, 멀리 벗어난 것인가?"

선현이 대답하여 말하였다.

"그와 같습니다. 세존이시여. 유정들이 집착하는 아·아소는 모두 공이고, 멀리 벗어난 것입니다."

세존께서 말씀하셨다.

"선현이여. 그대의 뜻은 어떠한가? 어찌 유정들이 오히려 아·아소에 집착하므로 생사를 치달리고 유전하는 것이 아니겠는가?"

선현이 대답하여 말하였다.

"그와 같습니다. 세존이시여. 유정들이 오히려 아·아소에 집착하므로 생사를 치달리고 유전하는 것입니다."

세존께서 말씀하셨다.

"선현이여. 이와 같은 유정이 생사를 치달리고 유전하는 것은 오히려 염오가 있고, 이러한 까닭으로 유정에게 염오가 있다고 시설하느니라. 만약 제유정들이 아·아소에 집착하는 마음이 없다면 곧 잡염(雜染)이 없는 것이고, 만약 잡염이 없다면 곧 생사를 치달리고 유전하는 것이 있지 않을 것이니라. 생사를 치달리고 유전하는 것은 얻을 수 없고, 유정들이 잡염을 멀리 벗어났다면 오히려 잡염이 없으므로 유정을 시설한다고 마땅히 알아야 하느니라. 이러한 까닭으로 선현이여. 유정들은 비록 자성이 공하여서 제상을 멀리 벗어났을지라도, 잡염과 청정함을 시설할 수 있다고 상응하여 알아야 하느니라."

그때 구수 선현이 다시 세존께 아뢰어 말하였다.

"세존이시여. 만약 보살마하살이 능히 이와 같이 매우 반야바라밀다와 일체법의 공하고 멀리 벗어난 상을 행한다면 이 보살마하살은 곧 색(色)을 행하지 않는 것이고, 역시 수(受)·상(想)·행(行)·식(識)도 행하지 않는 것이며, 안처(眼處)를 행하지 않는 것이고, 역시 이(耳)·비(鼻)·설(舌)·신(身)·의처(意處)도 행하지 않는 것이며, 색처(色處)를 행하지 않는 것이고, 역시 성(聲)·향(香)·미(味)·촉(觸)·법처(法處)도 행하지 않는 것이며, 안계(眼界)를 행하지 않는 것이고, 역시 이(耳)·비(鼻)·설(舌)·신(身)·의계(意界)도 행하지 않는 것이며, 색계(色界)를 행하지 않는 것이고, 역시 성(聲)·향(香)·미(味)·촉(觸)·법계(法界)도 행하지 않는 것이며, 안식계(眼識界)를 행하지 않는 것이고, 역시 이(耳)·비(鼻)·설(舌)·신(身)·의식계(意識界)도

행하지 않는 것이며,

　안촉(眼觸)을 행하지 않는 것이고, 역시 이(耳)·비(鼻)·설(舌)·신(身)·의촉(意觸)도 행하지 않는 것이며, 안촉(眼觸)을 인연으로 생겨난 여러 수(受)를 행하지 않는 것이고, 역시 이(耳)·비(鼻)·설(舌)·신(身)·의촉(意觸)을 인연으로 생겨난 여러 수도 행하지 않는 것이며, 지계(地界)를 행하지 않는 것이고, 역시 수(水)·화(火)·풍(風)·공(空)·식계(識界)도 행하지 않는 것이며, 인연(因緣)을 행하지 않는 것이고, 역시 등무간연(等無間緣)·소연연(所緣緣)·증상연(增上緣)도 행하지 않는 것이며, 무명(無明)을 행하지 않는 것이고, 역시 행(行)·식(識)·명색(名色)·육처(六處)·촉(觸)·수(受)·애(愛)·취(取)·유(有)·생(生)·노사(老死)도 행하지 않는 것이며, 보시바라밀다(布施波羅蜜多)를 행하지 않는 것이고, 역시 정계(淨戒)·안인(安忍)·정진(精進)·정려(靜慮)·반야바라밀다(般若波羅蜜多)도 행하지 않는 것이며,

　내공(內空)을 행하지 않는 것이고, 역시 외공(外空)·내외공(內外空)·공공(空空)·대공(大空)·승의공(勝義空)·유위공(有爲空)·무위공(無爲空)·필경공(畢竟空)·무제공(無際空)·산공(散空)·무변이공(無變異空)·본성공(本性空)·자상공(自相空)·공상공(共相空)·일체법공(一切法空)·불가득공(不可得空)·무성공(無性空)·자성공(自性空)·무성자성공(無性自性空)도 행하지 않는 것이며, 진여(眞如)를 행하지 않는 것이고, 역시 법계(法界)·법성(法性)·불허망성(不虛妄性)·불변이성(不變異性)·평등성(平等性)·이생성(離生性)·법정(法定)·법주(法住)·실제(實際)·허공계(虛空界)·부사의계(不思議界)도 행하지 않는 것이며, 고성제(苦聖諦)를 행하지 않는 것이고, 역시 집(集)·멸(滅)·도성제(道聖諦)도 행하지 않는 것이며, 4념주(四念住)를 행하지 않는 것이고, 역시 4정단(四正斷)·4신족(四神足)·5근(五根)·5력(五力)·7등각지(七等覺支)·8성도지(八聖道支)도 행하지 않는 것이며,

　4정려(四靜慮)를 행하지 않는 것이고, 역시 4무량(四無量)·4무색정(四無色定)도 행하지 않는 것이며, 4념주(四念住)를 행하지 않는 것이고, 역시 4정단(四正斷)·4신족(四神足)·5근(五根)·5력(五力)·7등각지(七等覺支)·8성도지(八聖道支)도 행하지 않는 것이며, 8해탈(八解脫)을 행하지 않는

것이고, 역시 8승처(八勝處)·9차제정(九次第定)·10변처(十遍處)도 행하지 않는 것이며, 공해탈문(空解脫門)을 행하지 않는 것이고, 역시 무상(無相)·무원해탈문(無願解脫門)도 행하지 않는 것이며, 정관지(淨觀地)를 행하지 않는 것이고, 역시 종성지(種姓地)·제8지(第八地)·구견지(具見地)·박지(薄地)·이욕지(離欲地)·이판지(已辦地)·독각지(獨覺地)·보살지(菩薩地)·여래지(如來地)도 행하지 않는 것이며,

극희지(極喜地)를 행하지 않는 것이고, 역시 이구지(離垢地)·발광지(發光地)·염혜지(焰慧地)·극난승지(極難勝地)·현전지(現前地)·원행지(遠行地)·부동지(不動地)·선혜지(善慧地)·법운지(法雲地)도 행하지 않는 것이며, 일체(一切)의 다라니문(陀羅尼門)을 행하지 않는 것이고, 역시 일체의 삼마지문(三摩地門)도 행하지 않는 것이며, 5안(五眼)을 행하지 않는 것이고, 역시 6신통(六神通)도 행하지 않는 것이며, 여래(佛)의 10력(十力)을 행하지 않는 것이고, 역시 4무소외(四無所畏)·4무애해(四無礙解)·대자(大慈)·대비(大悲)·대희(大喜)·대사(大捨)·18불불공법(十八佛不共法)도 행하지 않는 것이며, 무망실법(無忘失法)을 행하지 않는 것이고, 역시 항주사성(恒住捨性)도 행하지 않는 것이며,

예류과(預流果)를 행하지 않는 것이고, 역시 일래(一來)·불환(不還)·아라한과(阿羅漢果)와 독각(獨覺)의 보리(菩提)도 행하지 않는 것이며, 일체지(一切智)를 행하지 않는 것이고, 역시 도상지(道相智)·일체상지(一切相智)도 행하지 않는 것입니다. 그 까닭은 무엇인가? 이와 같은 제법에서 능히 행하는 자와 행해지는 것과 오히려 이것을 행하는 것과 행하는 때와 행하는 처소를 모두 얻을 수 없습니다.

세존이시여. 만약 보살마하살이 능히 이와 같이 행한다면, 일체의 세간의 천인·인간·아소락 등에게 굴복되지 않는 것이고 능히 그들을 굴복시킬 것입니다. 세존이시여. 만약 보살마하살이 능히 이와 같이 행한다면, 일체의 성문과 독각 등에게 굴복되지 않는 것이고 능히 그들을 굴복시킬 것입니다. 그 까닭은 무엇인가? 이 보살마하살은 이미 누구도 능히 항복시킬 수 없는 지위에 안주하고 있는데 이를테면, 보살이생위(菩

薩離生位)입니다.
　세존이시여. 이 보살마하살은 항상 일체지지의 작의에 안주하므로 굴복(屈伏)시킬 수 없습니다. 세존이시여. 이 보살마하살이 이와 같이 행하는 때에, 곧 일체지지에 가까워져서 빠르게 무상정등보리를 증득합니다."
　세존께서 말씀하셨다.
　"선현이여. 그와 같으니라. 그와 같으니라. 그대가 말한 것과 같으니라. 만약 보살마하살이 능히 이와 같이 매우 반야바라밀다와 일체법의 공하고 멀리 벗어난 상을 행한다면 이 보살마하살은 곧 색을 행하지 않는 것이고, 역시 수·상·행·식도 행하지 않는 것이며, 나아가 일체지를 행하지 않는 것이고, 역시 도상지·일체상지도 행하지 않는 것이니라. 이와 같은 제법은 행하는 자와 능히 행하는 자와 행해지는 것과 오히려 이것을 행하는 것과 행하는 때와 행하는 처소를 모두 얻을 수 없느니라.
　만약 보살마하살이 능히 이와 같이 행한다면, 일체의 세간의 천인·인간·아소락 등에게 굴복되지 않으며, 역시 다시 일체의 성문과 독각 등에게 굴복되지 않는 것이고 능히 그들을 굴복시키느니라. 이 보살마하살은 이미 누구도 능히 항복시킬 수 없는 지위에 안주하고 있는데 이를테면, 보살이생위이고, 항상 일체지지의 작의에 안주하므로 굴복시킬 수 없으며, 곧 일체지지에 가까워져서 빠르게 무상정등보리를 증득하느니라."

마하반야바라밀다경 제454권

60. 증상만품(增上慢品)(3)

 "선현이여. 그대의 뜻은 어떠한가? 가사 이 남섬부주(南瞻部洲)에서 제유정의 부류들이 모두가 사람의 몸을 얻었고, 사람의 몸을 얻고서 마음을 일으켜서 제보살행(諸菩薩行)을 수학하였으며, 모두가 무상정등보리를 증득하였고, 선남자와 선여인 등이 있어서 그들의 수명을 끝마치도록 여러 세간의 상묘한 악기(樂具)로써 이러한 제여래·응공·정등각들께 공양하고 공경하며 존중하고 찬탄하며, 다시 이와 같이 집적한 선근(善根)을 가지고 제유정들과 평등하게 공유(共有)하면서 무상정등보리에 회향한다면, 이 선남자와 선여인 등이 오히려 이러한 인연으로 얻는 복덕이 많겠는가?"
 선현이 대답하여 말하였다.
 "매우 많습니다. 세존이시여."
 세존께서 선현에게 말씀하셨다.
 "만약 선남자와 선여인 등이 대중의 가운데에서 이와 같은 매우 깊은 반야바라밀다를 널리 설하면서, 시설(施設)하고 건립(建立)하며 분별(分別)하고 그것을 쉽고 명료하게 열어서 보여주었으며, 더불어 이와 같은 매우 깊은 반야바라밀다와 상응하는 작의에 안주하였다면 이 선남자와 선여인 등이 오히려 이러한 인연으로 획득하는 공덕은 매우 많아서 앞의 공덕보다 무량(無量)하고 무수(無數)이니라."
 "다시 다음으로 선현이여. 그대의 뜻은 어떠한가? 이와 같이, 나아가

가사 삼천대천세계의 제유정의 부류들이 모두가 사람의 몸을 얻었고, 사람의 몸을 얻고서 마음을 일으켜서 제보살행을 수학하였으며, 모두가 무상정등보리를 증득하였고, 선남자와 선여인 등이 있어서 그들의 수명을 끝마치도록 여러 세간의 상묘한 악기로써 이러한 제여래·응공·정등각들께 공양하고 공경하며 존중하고 찬탄하며, 다시 이와 같이 집적한 선근을 가지고 제유정들과 평등하게 공유하면서 무상정등보리에 회향한다면, 이 선남자와 선여인 등이 오히려 이러한 인연으로 얻는 복덕이 많겠는가?"

선현이 대답하여 말하였다.

"매우 많습니다. 세존이시여."

세존께서 선현에게 말씀하셨다.

"만약 선남자와 선여인 등이 대중의 가운데에서 이와 같은 매우 깊은 반야바라밀다를 널리 설하면서, 시설하고 건립하며 분별하고 그것을 쉽고 명료하게 열어서 보여주었으며, 더불어 이와 같은 매우 깊은 반야바라밀다와 상응하는 작의에 안주하였다면 이 선남자와 선여인 등이 오히려 이러한 인연으로 획득하는 공덕은 매우 많아서 앞의 공덕보다 무량하고 무수이니라."

"다시 다음으로 선현이여. 그대의 뜻은 어떠한가? 가사 이 남섬부주의 제유정의 부류들이 앞도 아니고 뒤도 아니며, 모두가 사람의 몸을 얻었고, 선남자와 선여인 등이 있어서 방편으로 교계하고 인도하여 모두 10선업도(十善業道)에 안주시키거나, 혹은 4정려에 안주시키거나, 혹은 4무량에 안주시키거나, 혹은 4무색정에 안주시키거나, 혹은 5신통에 안주시키거나, 혹은 예류과에 안주시키거나, 혹은 일래과에 안주시키거나, 혹은 불환과에 안주시키거나, 혹은 아라한과에 안주시키거나, 혹은 독각의 보리에 안주시키거나, 혹은 무상정등보리에 안주시켰고, 다시 이와 같이 교계하고 인도한 선근으로써 제유정과 함께 평등하게 공유하면서 무상정등보리에 회향한다면, 이 선남자와 선여인 등이 오히려 이러한 인연으로 얻는 복덕이 많겠는가?"

선현이 대답하여 말하였다.

"매우 많습니다. 세존이시여."
세존께서 선현에게 말씀하셨다.
"만약 선남자와 선여인 등이 대중의 가운데에서 이와 같은 매우 깊은 반야바라밀다를 널리 설하면서, 시설하고 건립하며 분별하고 그것을 쉽고 명료하게 열어서 보여주었으며, 더불어 이와 같은 매우 깊은 반야바라밀다와 상응하는 작의에 안주하였다면 이 선남자와 선여인 등이 오히려 이러한 인연으로 획득하는 공덕은 매우 많아서 앞의 공덕보다 무량하고 무수이니라."

"선현이여. 마땅히 알아야 하느니라. 이 보살마하살은 오히려 이러한 정진(精進)하는 증상(增上)의 위력(威力)으로 제유정들의 복전인 피안(彼岸)에 이르느니라. 그 까닭은 무엇인가? 이 보살마하살의 법에서 정진하는 증상의 위력은 오직 여래·응공·정등각을 제외하고는 일체의 유정들이 능히 미칠 수 없는 것이니라. 선현이여. 이 보살마하살은 반야바라밀다를 수행하면서 제유정들에게 이익과 안락이 없는 것을 본다면 대자(大慈)의 마음을 일으키는데, 제성문과 독각들은 얻지 못하는 것이니라. 제유정들에게 노쇠와 고통이 있는 것을 본다면 대자의 마음을 일으키는데, 제성문과 독각들은 얻지 못하는 것이니라. 제유정들이 이익과 안락을 얻는 것을 본다면 대자의 마음을 일으키는데, 제성문들과 독각들은 얻지 못하는 것이니라. 제유정들이 성품을 벗어나거나 상을 벗어나는 것을 본다면 크게 대사(大捨)의 마음을 일으키는데, 제성문과 독각들은 얻지 못하는 것이니라.
선현이여. 이 보살마하살은 비록 유정들에게 평등한 대자(大慈)·대비(大悲)·대희(大喜)·대사(大捨)를 일으킬지라도 일체에서 집착하는 것이 없나니, 이생(異生)·성문·독각들이 얻을 수 있는 것을 따라서 집착하는 마음을 일으키는 것과 같지 않으니라. 선현이여. 이 보살마하살은 비록 유정에게 평등한 대자·대비·대희·대사를 일으킬지라도, 그렇지만 사심(捨心)과 함께 항상 머무르지는 않는데, 항상 교화할 유정들을 요익하게 하면서 잠시도 버리지 않는 까닭이니라.

　선현이여. 이 보살마하살은 반야바라밀다를 수행한다면 큰 광명을 얻는데 이를테면, 보시바라밀다의 큰 광명을 얻는 까닭이고, 역시 정계바라밀다의 큰 광명을 얻는 까닭이며, 역시 안인바라밀다의 큰 광명을 얻는 까닭이고, 역시 정진바라밀다의 큰 광명을 얻는 까닭이며, 역시 정려바라밀다의 큰 광명을 얻는 까닭이고, 역시 반야바라밀다의 큰 광명을 얻는 까닭이니라.

　선현이여. 이 보살마하살은 비록 일체지지는 증득하지 못하였으나 무상정등보리에서 불퇴전을 얻은 까닭으로 유정들의 복전인 피안에 이르러서 일체의 의복·음식·평상·침구·약품·여러 자생구(資生具)를 받고 감당할 수 있느니라. 선현이여. 이 보살마하살은 항상 반야바라밀다에 상응하는 작의(作意)에 항상 안주하는 까닭으로, 능히 반드시 결구에는 시주의 은혜를 갚을 수 있고, 역시 능히 일체지지에 친근할 수 있느니라.

　이러한 까닭으로 선현이여. 만약 보살마하살이 국왕·대신과 나머지의 유정들이 소유한 신심있는 시주를 헛되게 받지 않으려고 하였거나, 유정들에게 진실하고 청정한 도로(道路)를 보여주려고 하였거나, 유정들에게 큰 광명(明照)를 짓고자 하였거나, 유정들을 삼계의 감옥(牢獄)에서 해탈시키고자 하였거나, 유정들에게 청정한 법안(法眼)을 베풀고자 하였거나, 유정들을 발제하여 생사의 바다에서 출리(出離)시키고자 하였거나, 유정들에게 큰 주저(洲渚)를 지어서 주고자 하였거나, 유정들에게 구경의 안락을 베풀고자 하였다면, 마땅히 매우 깊은 반야바라밀다에 상응하는 작의에 상응하여 항상 안주해야 하느니라.

　선현이여. 만약 보살마하살이 항상 매우 깊은 반야바라밀다에 상응하는 작의에 항상 안주한다면, 여러 설하는 것이 있을지라도 모두가 반야바라밀다에 상응하는 법이고, 반야바라밀다에 상응하는 법을 이미 설하였다면, 다시 반야바라밀다에 상응하는 법을 능히 이치와 같게 사유하느니라. 선현이여. 이 보살마하살이 항상 반야바라밀다에 상응하는 작의에 상응하여 항상 안주한다면, 여러 나머지의 작의에서 그 중간에서 잠시도 일어남이 허용되지 않느니라.
　선현이여. 이 보살마하살은 밤낮으로 정진하면서 반야바라밀다에 상응하는 작의에 안주하면서 잠시도 버리는 때가 있지 않으니라. 비유한다면 사람이 있어서 먼저 일찍이 마니보주(末尼珠寶)가 있지 않았는데, 뒤의 때에 우연히 얻고서 환희하고 스스로가 즐거웠으나 견고하게 간직하지 못하여 우연히 인연을 만나서 잃어버렸고, 큰 근심과 걱정이 생겨나서 항상 한탄과 애석함을 품었으며, '마땅히 무슨 계획으로 이 구슬을 다시 얻겠는가?'라고 잠시도 생각하는 마음을 벗어나지 않았다면, 그 사람이 오히려 이것에 상응하여 작의하는 인연으로 이 보주에서 마음의 상수를 벗어나지 않는 것과 같이, 제보살마하살들도 역시 다시 이와 같아서 항상 반야바라밀다에 상응하는 작의에 항상하는 때에 안주하느니라.
　만약 반야바라밀다에 상응하는 작의를 벗어나면 곧 일체지지에 상응하는 작의를 상실(喪失)하느니라. 이러한 까닭으로 선현이여. 제보살마하살들은 항상 매우 깊은 반야바라밀다에 상응하는 작의에 상응하여 항상 안주해야 하느니라. 만약 매우 깊은 반야바라밀다에 상응하는 작의에 항상 안주한다면, 곧 일체지지에 상응하는 작의를 상실하지 않느니라."

　그때 구수 선현이 세존께 아뢰어 말하였다.
　"세존이시여. 일체의 작의가 자성(自性)이 모두 공하고, 일체의 작의가 자성을 벗어났다면, 제법도 역시 그와 같아서 일체법에서 모두 자성이 공하고, 자성을 벗어난 가운데에서 만약 보살마하살이거나, 만약 반야바라밀다이거나, 만약 일체지지이거나, 만약 여러 작의도 모두 얻을 수 없는데, 어찌하여 여래·응공·정등각께서는 제보살마하살들에게 권유하여 반야바라밀다에 상응하는 작의를 벗어나지 않게 하시고, 역시 일체지지에 상응하는 작의를 벗어나지 않게 하십니까?"
　세존께서 선현에게 말씀하셨다.
　"만약 보살마하살이 일체법과 일체의 작의가 자성이 모두 공하고, 일체의 작의가 자성을 벗어났으며, 이와 같은 공과 벗어남은 성문이 지은 것이 아니고, 독각이 지은 것이 아니며, 보살이 지은 것이 아니고, 여래가 지은 것이 아니며, 나머지가 지은 것이 아닐지라도, 그렇지만 일체법은 법정(法定)·법주(法住)·법성(法性)·불허망성(不虛妄性)·불변이성(不變異性)·평등성(平等性)·이생성(離生性)·허공계(虛空界)·진여(眞如)·실제(實際)·부사의계(不思議界)이고, 법이 그와 같아서 항상 안주한다고 알았다면, 이 보살마하살은 곧 매우 깊은 반야바라밀다에 상응하는 작의를 벗어나지 않는 것이 되며, 역시 일체지지에 상응하는 작의를 벗어나지 않는 것이 되느니라. 그 까닭은 무엇인가? 매우 깊은 반야바라밀다와 일체지지와 여러 작의는 모두가 자성이 공하고 모두가 자성을 벗어났느니라. 이와 같이 공과 벗어남은 증장도 없고 감소도 없나니, 능히 바르게 통달한다면 벗어나지 않는 것이 된다고 이름하느니라."

구수 선현이 다시 세존께 아뢰어 말하였다.

"만약 깊은 반야바라밀다가 역시 자성이 공하고 자성을 벗어났다면 어찌하여 보살마하살들이 반야바라밀다의 평등한 성품을 수행하여 증득하고서 곧 무상정등보리를 증득합니까?"

세존께서 선현에게 말씀하셨다.

"제보살마하살들이 반야바라밀다의 평등한 성품을 수행하여 증득하는 때에 제불법(諸佛法)에 증장이 있지 않고 감소도 있지 않으며, 역시 제법의 법정·법주·법성·법계·불허망성·불변이성·평등성·이생성·허공계·진여·실제·부사의계에도 증장이 있지 않고 감소도 있지 않으니라. 왜 그러한가? 매우 깊은 반야바라밀다는 하나도 아니고, 둘도 아니며, 셋도 아니고, 넷도 아니며, 역시 많은 것도 아닌 까닭이니라.

선현이여. 만약 보살마하살이 이와 같은 매우 깊은 반야바라밀다를 설하는 것을 듣고 그 마음이 놀라지 않고 두려워하지 않으며 겁내지 않고 숨기지 않으며 침울하지 않고, 역시 의심이 생겨나지 않으면 이 보살마하살은 깊은 반야바라밀다를 행하면서, 이미 구경을 얻어 보살의 불퇴전지에 안주하였으므로, 빠르게 무상정등보리를 증득하여 널리 유정들을 위하여 큰 요익을 짓느니라."

선현이 다시 세존께 아뢰어 말하였다.

"세존이시여. 깊은 반야바라밀다의 공허(空虛)하고 비유(非有)이며 자재(自在)하지 않은 성품이고 견실(堅實)하지 않은 성품에 나아가게 된다면, 능히 깊은 반야바라밀다를 행할 수 있습니까?"

"그렇지 않으니라. 선현이여."

"세존이시여. 깊은 반야바라밀다의 공허하고 비유이며 자재하지 않은 성품이고 견실하지 않은 성품을 벗어나게 된다면, 얻을 수 있는 법이 있어서 능히 깊은 반야바라밀다를 행할 수 있습니까?"

"그렇지 않으니라. 선현이여."

"세존이시여. 깊은 반야바라밀다에 나아가게 된다면, 능히 깊은 반야바라밀다를 행할 수 있습니까?"

"그렇지 않으니라. 선현이여."

"세존이시여. 깊은 반야바라밀다를 벗어나게 된다면, 얻을 수 있는 법이 있어서 능히 깊은 반야바라밀다를 행할 수 있습니까?"

"그렇지 않으니라. 선현이여."

"세존이시여. 공성(空性)으로 나아가게 된다면, 능히 공을 행할 수 있습니까?"

"그렇지 않으니라. 선현이여."

"세존이시여. 공성을 벗어나게 된다면, 얻을 수 있는 법이 있어서 능히 공을 행할 수 있습니까?"

"그렇지 않으니라. 선현이여."

"세존이시여. 색·수·상·행·식으로 나아가게 된다면, 능히 깊은 반야바라밀다를 행할 수 있습니까?"

"그렇지 않으니라. 선현이여."

"세존이시여. 색·수·상·행·식을 벗어나게 된다면, 얻을 수 있는 법이 있어서 능히 깊은 반야바라밀다를 행할 수 있습니까?"

"그렇지 않으니라. 선현이여."

"세존이시여. 안처, 나아가 의처에 나아가게 된다면, 능히 깊은 반야바라밀다를 행할 수 있습니까?"

"그렇지 않으니라. 선현이여."

"세존이시여. 안처, 나아가 의처를 벗어나게 된다면, 얻을 수 있는 법이 있어서 능히 깊은 반야바라밀다를 행할 수 있습니까?"

"그렇지 않으니라. 선현이여."

"세존이시여. 색처, 나아가 법처에 나아가게 된다면, 능히 깊은 반야바라밀다를 행할 수 있습니까?"

"그렇지 않으니라. 선현이여."

"세존이시여. 색처, 나아가 법처를 벗어나게 된다면, 얻을 수 있는 법이 있어서 능히 깊은 반야바라밀다를 행할 수 있습니까?"

"그렇지 않으니라. 선현이여."

"세존이시여. 안계, 나아가 의계에 나아가게 된다면, 능히 깊은 반야바라밀다를 행할 수 있습니까?"

"그렇지 않으니라. 선현이여."

"세존이시여. 안계, 나아가 의계를 벗어나게 된다면, 얻을 수 있는 법이 있어서 능히 깊은 반야바라밀다를 행할 수 있습니까?"

"그렇지 않으니라. 선현이여."

"세존이시여. 색계, 나아가 법계에 나아가게 된다면, 능히 깊은 반야바라밀다를 행할 수 있습니까?"

"그렇지 않으니라. 선현이여."

"세존이시여. 색계, 나아가 법계를 벗어나게 된다면, 얻을 수 있는 법이 있어서 능히 깊은 반야바라밀다를 행할 수 있습니까?"

"그렇지 않으니라. 선현이여."

"세존이시여. 안식계, 나아가 의식계에 나아가게 된다면, 능히 깊은 반야바라밀다를 행할 수 있습니까?"

"그렇지 않으니라. 선현이여."

"세존이시여. 안식계, 나아가 의식계를 벗어나게 된다면, 얻을 수 있는 법이 있어서 능히 깊은 반야바라밀다를 행할 수 있습니까?"

"그렇지 않으니라. 선현이여."

"세존이시여. 안촉, 나아가 의촉에 나아가게 된다면, 능히 깊은 반야바라밀다를 행할 수 있습니까?"

"그렇지 않으니라. 선현이여."

"세존이시여. 안촉, 나아가 의촉을 벗어나게 된다면, 얻을 수 있는 법이 있어서 능히 깊은 반야바라밀다를 행할 수 있습니까?"

"그렇지 않으니라. 선현이여."

"세존이시여. 안촉을 인연으로 생겨난 여러 수, 나아가 의촉을 인연으로 생겨난 여러 수에 나아가게 된다면, 능히 깊은 반야바라밀다를 행할 수 있습니까?"

"그렇지 않으니라. 선현이여."

"세존이시여. 안촉을 인연으로 생겨난 여러 수, 나아가 의촉을 인연으로 생겨난 여러 수를 벗어나게 된다면, 얻을 수 있는 법이 있어서 능히 깊은 반야바라밀다를 행할 수 있습니까?"

"그렇지 않으니라. 선현이여."

"세존이시여. 지계, 나아가 식계에 나아가게 된다면, 능히 깊은 반야바라밀다를 행할 수 있습니까?"

"그렇지 않으니라. 선현이여."

"세존이시여. 지계, 나아가 식계를 벗어나게 된다면, 얻을 수 있는 법이 있어서 능히 깊은 반야바라밀다를 행할 수 있습니까?"

"그렇지 않으니라. 선현이여."

"세존이시여. 인연(因緣), 나아가 증상연(增上緣)에 나아가게 된다면, 능히 깊은 반야바라밀다를 행할 수 있습니까?"

"그렇지 않으니라. 선현이여."

"세존이시여. 인연, 나아가 증상연을 벗어나게 된다면, 얻을 수 있는 법이 있어서 능히 깊은 반야바라밀다를 행할 수 있습니까?"

"그렇지 않으니라. 선현이여."

"세존이시여. 무명, 나아가 노사에 나아가게 된다면, 능히 깊은 반야바라밀다를 행할 수 있습니까?"

"그렇지 않으니라. 선현이여."

"세존이시여. 무명, 나아가 노사를 벗어나게 된다면, 얻을 수 있는 법이 있어서 능히 깊은 반야바라밀다를 행할 수 있습니까?"

"그렇지 않으니라. 선현이여."

"세존이시여. 보시바라밀다, 나아가 반야바라밀다에 나아가게 된다면, 능히 깊은 반야바라밀다를 행할 수 있습니까?"

"그렇지 않으니라. 선현이여."

"세존이시여. 보시바라밀다, 나아가 반야바라밀다를 벗어나게 된다면, 얻을 수 있는 법이 있어서 능히 깊은 반야바라밀다를 행할 수 있습니까?"

"그렇지 않으니라. 선현이여."

"세존이시여. 내공, 나아가 무성자성공에 나아가게 된다면, 능히 깊은 반야바라밀다를 행할 수 있습니까?"

"그렇지 않으니라. 선현이여."

"세존이시여. 내공, 나아가 무성자성공을 벗어나게 된다면, 얻을 수 있는 법이 있어서 능히 깊은 반야바라밀다를 행할 수 있습니까?"

"그렇지 않으니라. 선현이여."

"세존이시여. 진여, 나아가 부사의계에 나아가게 된다면, 능히 깊은 반야바라밀다를 행할 수 있습니까?"

"그렇지 않으니라. 선현이여."

"세존이시여. 진여, 나아가 부사의계를 벗어나게 된다면, 얻을 수 있는 법이 있어서 능히 깊은 반야바라밀다를 행할 수 있습니까?"

"그렇지 않으니라. 선현이여."

"세존이시여. 고·집·멸·도성제에 나아가게 된다면, 능히 깊은 반야바라밀다를 행할 수 있습니까?"

"그렇지 않으니라. 선현이여."

"세존이시여. 고·집·멸·도성제를 벗어나게 된다면, 얻을 수 있는 법이 있어서 능히 깊은 반야바라밀다를 행할 수 있습니까?"

"그렇지 않으니라. 선현이여."

"세존이시여. 4정려·4무량·4무색정에 나아가게 된다면, 능히 깊은 반야바라밀다를 행할 수 있습니까?"

"그렇지 않으니라. 선현이여."

"세존이시여. 4정려·4무량·4무색정을 벗어나게 된다면, 얻을 수 있는 법이 있어서 능히 깊은 반야바라밀다를 행할 수 있습니까?"

"그렇지 않으니라. 선현이여."

"세존이시여. 8해탈, 나아가 10변처에 나아가게 된다면, 능히 깊은 반야바라밀다를 행할 수 있습니까?"

"그렇지 않으니라. 선현이여."

"세존이시여. 8해탈, 나아가 10변처를 벗어나게 된다면, 얻을 수 있는 법이 있어서 능히 깊은 반야바라밀다를 행할 수 있습니까?"

"그렇지 않으니라. 선현이여."

"세존이시여. 4념주, 나아가 8성도지에 나아가게 된다면, 능히 깊은 반야바라밀다를 행할 수 있습니까?"

"그렇지 않으니라. 선현이여."

"세존이시여. 4념주, 나아가 8성도지를 벗어나게 된다면, 얻을 수 있는 법이 있어서 능히 깊은 반야바라밀다를 행할 수 있습니까?"

"그렇지 않으니라. 선현이여."

"세존이시여. 공·무상·무원해탈문에 나아가게 된다면, 능히 깊은 반야바라밀다를 행할 수 있습니까?"

"그렇지 않으니라. 선현이여."

"세존이시여. 공·무상·무원해탈문을 벗어나게 된다면, 얻을 수 있는 법이 있어서 능히 깊은 반야바라밀다를 행할 수 있습니까?"

"그렇지 않으니라. 선현이여."

"세존이시여. 정관지(淨觀地), 나아가 여래지(如來地)에 나아가게 된다면, 능히 깊은 반야바라밀다를 행할 수 있습니까?"

"그렇지 않으니라. 선현이여."

"세존이시여. 정관지, 나아가 여래지를 벗어나게 된다면, 얻을 수 있는 법이 있어서 능히 깊은 반야바라밀다를 행할 수 있습니까?"

"그렇지 않으니라. 선현이여."

"세존이시여. 극희지(極喜地), 나아가 법운지(法雲地)에 나아가게 된다면, 능히 깊은 반야바라밀다를 행할 수 있습니까?"

"그렇지 않으니라. 선현이여."

"세존이시여. 극희지, 나아가 법운지를 벗어나게 된다면, 얻을 수 있는 법이 있어서 능히 깊은 반야바라밀다를 행할 수 있습니까?"

"그렇지 않으니라. 선현이여."

"세존이시여. 일체의 다라니문·일체의 삼마지문에 나아가게 된다면, 능히 깊은 반야바라밀다를 행할 수 있습니까?"

"그렇지 않으니라. 선현이여."

"세존이시여. 일체의 다라니문·일체의 삼마지문을 벗어나게 된다면, 얻을 수 있는 법이 있어서 능히 깊은 반야바라밀다를 행할 수 있습니까?"

"그렇지 않으니라. 선현이여."

"세존이시여. 5안·6신통에 나아가게 된다면, 능히 깊은 반야바라밀다를 행할 수 있습니까?"

"그렇지 않으니라. 선현이여."

"세존이시여. 5안·6신통을 벗어나게 된다면, 얻을 수 있는 법이 있어서 능히 깊은 반야바라밀다를 행할 수 있습니까?"

"그렇지 않으니라. 선현이여."

"세존이시여. 여래의 10력, 나아가 18불불공법에 나아가게 된다면, 능히 깊은 반야바라밀다를 행할 수 있습니까?"

"그렇지 않으니라. 선현이여."

"세존이시여. 여래의 10력, 나아가 18불불공법을 벗어나게 된다면, 얻을 수 있는 법이 있어서 능히 깊은 반야바라밀다를 행할 수 있습니까?"

"그렇지 않으니라. 선현이여."

"세존이시여. 32상(三十二相)·80수호(八十隨好)에 나아가게 된다면, 능히 깊은 반야바라밀다를 행할 수 있습니까?"

"그렇지 않으니라. 선현이여."

"세존이시여. 32상·80수호를 벗어나게 된다면, 얻을 수 있는 법이 있어서 능히 깊은 반야바라밀다를 행할 수 있습니까?"

"그렇지 않으니라. 선현이여."

"세존이시여. 무망실법·항주사성에 나아가게 된다면, 능히 깊은 반야바라밀다를 행할 수 있습니까?"

"그렇지 않으니라. 선현이여."

"세존이시여. 무망실법·항주사성을 벗어나게 된다면, 얻을 수 있는 법이 있어서 능히 깊은 반야바라밀다를 행할 수 있습니까?"

"그렇지 않으니라. 선현이여."

"세존이시여. 예류과, 나아가 독각의 보리에 나아가게 된다면, 능히 깊은 반야바라밀다를 행할 수 있습니까?"

"그렇지 않으니라. 선현이여."

"세존이시여. 예류과, 나아가 독각의 보리를 벗어나게 된다면, 얻을 수 있는 법이 있어서 능히 깊은 반야바라밀다를 행할 수 있습니까?"

"그렇지 않으니라. 선현이여."

"세존이시여. 일체의 보살마하살의 행과 제불의 무상정등보리에 나아가게 된다면, 능히 깊은 반야바라밀다를 행할 수 있습니까?"

"그렇지 않으니라. 선현이여."

"세존이시여. 일체의 보살마하살의 행과 제불의 무상정등보리를 벗어나게 된다면, 얻을 수 있는 법이 있어서 능히 깊은 반야바라밀다를 행할 수 있습니까?"

"그렇지 않으니라. 선현이여."

"세존이시여. 일체지·도상지·일체상지에 나아가게 된다면, 능히 깊은 반야바라밀다를 행할 수 있습니까?"

"그렇지 않으니라. 선현이여."

"세존이시여. 일체지·도상지·일체상지를 벗어나게 된다면, 얻을 수 있는 법이 있어서 능히 깊은 반야바라밀다를 행할 수 있습니까?"
"그렇지 않으니라. 선현이여."
"세존이시여. 색·수·상·행·식이 공허하고 비유이며 자재하지 못한 성품이고 견실하지 않은 성품에 나아가게 된다면, 능히 깊은 반야바라밀다를 행할 수 있습니까?"
"그렇지 않으니라. 선현이여."
"세존이시여. 색·수·상·행·식이 공허하고 비유이며 자재하지 못한 성품이고 견실하지 않은 성품을 벗어나게 된다면, 얻을 수 있는 법이 있어서 능히 깊은 반야바라밀다를 행할 수 있습니까?"
"그렇지 않으니라. 선현이여."
"세존이시여. 이와 같이 나아가, 일체지·도상지·일체상지가 공허하고 비유이며 자재하지 못한 성품이고 견실하지 않은 성품에 나아가게 된다면, 능히 깊은 반야바라밀다를 행할 수 있습니까?"
"그렇지 않으니라. 선현이여."
"세존이시여. 일체지·도상지·일체상지가 공허하고 비유이며 자재하지 못한 성품이고 견실하지 않은 성품을 벗어나게 된다면, 얻을 수 있는 법이 있어서 능히 깊은 반야바라밀다를 행할 수 있습니까?"
"그렇지 않으니라. 선현이여."
"세존이시여. 색·수·상·행·식이 진여·법계·법성·불허망성·불변이성·평등성·이생성·법정·법주·실제·허공계·부사의계에 나아가게 된다면, 능히 깊은 반야바라밀다를 행할 수 있습니까?"
"그렇지 않으니라. 선현이여."
"세존이시여. 색·수·상·행·식이 진여·법계·법성·불허망성·불변이성·평등성·이생성·법정·법주·실제·허공계·부사의계를 벗어나게 된다면, 얻을 수 있는 법이 있어서 능히 깊은 반야바라밀다를 행할 수 있습니까?"
"그렇지 않으니라. 선현이여."
"세존이시여. 이와 같이 나아가, 일체지·도상지·일체상지가 진여·법계·법성·불허망성·불변이성·평등성·이생성·법정·법주·실제·허공계·부사의계에 나아가게 된다면, 능히 깊은 반야바라밀다를 행할 수 있습니까?"
"그렇지 않으니라. 선현이여."
"세존이시여. 일체지·도상지·일체상지가 진여·법계·법성·불허망성·불변이성·평등성·이생성·법정·법주·실제·허공계·부사의계를 벗어나게 된다면, 얻을 수 있는 법이 있어서 능히 깊은 반야바라밀다를 행할 수 있습니까?"
"그렇지 않으니라. 선현이여."
"세존이시여, 만약 이와 같은 제법으로 모두 깊은 반야바라밀다를 행할 수 없다면, 제보살마하살들은 어찌하여 능히 깊은 반야바라밀다를 행할 수 있습니까?"
세존께서 선현에게 알리셨다.
"그대의 뜻은 어떠한가? 그대는 깊은 반야바라밀다의 행할 법이 있다고 보는가?"
선현이 대답하여 말하였다.
"아닙니다. 세존이시여."
세존께서 선현에게 알리셨다.
"그대의 뜻은 어떠한가? 그대는 깊은 반야바라밀다의 이것이 보살마하살의 행할 처소라고 보는가?"
선현이 대답하여 말하였다.
"아닙니다. 세존이시여."
세존께서 선현에게 알리셨다.
"그대의 뜻은 어떠한가? 그대가 보지 않았던 것의 법인 이것의 법을 얻을 수 있겠는가?"
선현이 대답하여 말하였다.
"아닙니다. 세존이시여."
세존께서 선현에게 알리셨다.
"그대의 뜻은 어떠한가? 얻을 수 없는 법이 생멸(生滅)이 있겠는가?"
선현이 대답하여 말하였다.

"아닙니다. 세존이시여."

세존께서 선현에게 알리셨다.

"그대가 보았던 것인 제법(諸法)의 법성(法性)은 곧 이것이 보살마하살의 무생법인(無生法忍)이니라. 만약 보살마하살이 이와 같은 무생법인을 성취한다면 곧 제불께서 무상정등보리에서 불퇴전의 수기를 주게 되느니라. 이 보살마하살은 여래의 10력·4무소외·4무애해·대자·대비·대희·대사·18불불공법 등의 무량하고 무변하며 수승한 공덕에서 능히 정진하는 여실행자(如實行者)라고 명호하나니, 만약 능히 이와 같이 전진하여 수행하고서 무상정등보리(無上正等菩提)·일체상지(一切相智)·대지(大智)·묘지(妙智)를 얻지 못한다는 이러한 처소는 없느니라. 그 까닭은 무엇인가? 하면 이 보살마하살은 이미 무생법인을 증득하였거나, 나아가 무상정등보리를 증득하기까지 얻었던 법에서 항상 퇴전과 감소가 없느니라."

구수 선현이 다시 세존께 아뢰어 말하였다.

"세존이시여. 제보살마하살들은 일체법에서 태어남이 없는 성품(無生性)으로써 제불의 무상정등보리에서 불퇴전의 수기를 증득합니까?"

"그렇지 않으니라. 선현이여."

"세존이시여. 제보살마하살들은 일체법에서 태어나는 성품(生性)으로써 제불의 무상정등보리에서 불퇴전의 수기를 증득합니까?"

"그렇지 않으니라. 선현이여."

"세존이시여. 제보살마하살들은 일체법에서 태어나는 성품으로써, 태어남이 없는 성품으로써 제불의 무상정등보리에서 불퇴전의 수기를 증득합니까?"

"그렇지 않으니라. 선현이여."

"세존이시여. 제보살마하살들은 일체법에서 태어나지 않는 성품으로써, 태어남이 없지 않는 성품으로써 제불의 무상정등보리에서 불퇴전의 수기를 증득합니까?"

"그렇지 않으니라. 선현이여."

"세존이시여. 만약 그와 같다면 어찌하여 제보살마하살들은 제불의 무상정등보리에서 불퇴전의 수기를 얻습니까?"

세존께서 말씀하셨다.

"선현이여. 그대의 뜻은 어떠한가? 그대는 능히 제불의 무상정등보리에서 불퇴전의 수기를 얻을 수 있는 법이 있다고 보는가?"

선현이 대답하여 말하였다.

"아닙니다. 세존이시여. 저는 제불의 무상정등보리에서 불퇴전의 수기를 얻을 법이 있다고 보지 않고, 역시 제불의 무상정등보리에서 능히 증득하는 자·증득하는 처소·증득하는 때의 법이 있다고 보지 않으며, 오히려 이러한 증득도 모두 얻을 수 없는 법이 있다고 보지 않습니다."

세존께서 선현에게 알리셨다.

"선현이여. 그와 같으니라. 그와 같으니라. 그대가 말한 것과 같으니라. 선현이여. 만약 보살마하살이 일체법에서 얻을 것이 없는 때에 '나는 무상정등보리에서 마땅히 증득하겠다. 나는 이러한 법을 수용하여 이와 같은 때에, 이와 같은 처소에서 무상정등보리를 증득하겠다.'라고 이렇게 생각을 짓지 않느니라. 그 까닭은 무엇인가? 선현이여. 제보살마하살들이 이와 같은 매우 깊은 반야바라밀다를 수행한다면 이와 같은 등의 일체의 분별이 없어지느니라. 왜 그러한가? 선현이여. 매우 깊은 반야바라밀다는 일체의 분별을 모두 멀리 벗어나는 까닭이니라. 만약 이와 같은 여러 종류의 분별을 일으킨다면 반야바라밀다를 행하는 것이 아니니라."

61. 동학품(同學品)(1)

그때 천제석(天帝釋)이 세존께 아뢰어 말하였다.

"세존이시여. 이와 같은 반야바라밀다는 지극히 깊어서 보기 어렵고 깨닫기 어려우며, 심사(尋思)할 수 없고 심사의 경계를 초월하며 비밀스럽고 총명(聰敏)하며 지혜로운 자가 증득하는 것이니, 제상(諸相)의 분별을 반드시 결국에는 벗어나는 까닭입니다. 세존이시여. 만약 선남자와 선여인 등이 이 반야바라밀다의 매우 깊은 경전을 항상 즐겁게 듣고 수지(受持)하고 독송(讀誦)하며 구경에 통달(究竟通利)하고 이치와 같이 사유하며(如理思惟) 교계에 의지하여 수행(依敎修行)하고 다른 사람을 위하여 바르게 설(爲他正說)하며, 나아가 무상정등보리를 증득하기까지 여러 나머지의 심(心)·심소법(心所法)에 섞이지 않는다면, 이 선남자와 선여인 등은 적은 부분의 선근을 성취하는 것이 아니고, 이 가운데에서 능히 이러한 일을 성취합니다."

그때 세존께서 천제석에게 알리셨다.

"그와 같으니라. 그와 같으니라. 그대가 말한 것과 같으니라. 교시가(憍尸迦)여. 만약 선남자와 선여인 등이 이 반야바라밀다의 매우 깊은 경전에서 항상 즐겁게 듣고 수지하고 독송하며 구경에 통달하고 이치와 같이 사유하며 교계에 의지하여 수행하고 다른 사람을 위하여 바르게 설하며, 나아가 무상정등보리를 증득하기까지 여러 나머지의 심·심소법에 섞이지 않는다면, 이 선남자와 선여인 등은 반드시 결정적으로 광대(廣大)한 선근을 성취하고서, 마땅히 이 가운데에서 능히 이러한 일을 성취하느니라.

교시가여. 만약 선남자와 선여인 등이 가사 능히 이 남섬부주, 나아가 삼천대천세계의 제유정들에게 권유하여 모두가 10선업도이거나, 만약 4정려이거나, 만약 4무량이거나, 만약 4무색정이거나, 만약 5신통 등의 무량한 공덕을 받아서 행하게 하였을지라도, 선남자와 선여인 등이 있어서 이 반야바라밀다의 매우 깊은 경전을 항상 즐겁게 듣고 수지하고 독송하며 구경에 통달하고 이치와 같이 사유하며 교계에 의지하여 수행하고 다른 사람을 위하여 바르게 설한다면, 이 선남자와 선여인 등이 획득한 것의 공덕은 앞의 복취(福聚)보다 백 배, 천 배, 나아가 오파니살담(鄔波尼殺曇) 배가 수승하느니라."

그때 대중의 가운데에 있었던 한 비구가 천제석에게 알려 말하였다.
"교시가여. 만약 선남자와 선여인 등이 이 반야바라밀다의 매우 깊은 경전에서 마음을 섭수하여 요란하지 않고 항상 즐겁게 듣고서 수지하고 독송하며 구경에 통달하고 이치와 같이 사유하며 교계에 의지하여 수행하고 다른 사람을 위하여 바르게 설하면서, 무상정등보리에 증득하기까지 여러 나머지의 심·심소법에 섞이지 않는다면, 이 선남자와 선여인 등이 획득한 것의 공덕은 남섬부주, 나아가 삼천대천세계의 제유정들이 모두가 10선업도이거나, 만약 4정려이거나, 만약 4무량이거나, 만약 4무색정이거나, 만약 5신통 등의 무량한 공덕을 함께 수지하고 행한 것보다 수승합니다."
천제석이 말하였다.
"이 선남자와 선여인 등이 처음에 일념(一念)으로 일체상지(一切相智)에 상응하는 마음을 일으키는 때에 획득한 것의 공덕은 이미 일체의 남섬부주, 나아가 삼천대천세계에 가득한 제유정의 부류들이 모두가 10선업도이거나, 만약 4정려이거나, 만약 4무량이거나, 만약 4무색정이거나, 만약 5신통 등의 무량한 공덕을 함께 수지하고 행한 것보다 백천 배가 수승합니다. 어찌 하물며 이 반야바라밀다의 매우 깊은 경전에서 마음을 섭수하여 요란하지 않고 항상 즐겁게 듣고 수지하고 독송하며 구경에 통달하고 이치와 같이 사유하며 교계에 의지하여 수행하고 다른 사람을 위하여 바르게 설하면서, 무상정등보리에 증득하기까지 여러 나머지의 심·심소법에 섞이지 않는다면, 획득한 것의 공덕을 교량(挍量)할 수 있겠습니까?
비구여. 마땅히 아십시오. 이 선남자와 선여인 등의 공덕과 지혜는 다만 그 남섬부주, 나아가 삼천대천세계에 가득한 제유정의 부류들이 모두가 10선업도이거나, 4정려 등의 무량한 공덕을 수지하고 행한 것보다 수승한 것이 아니고, 역시 일체 세간의 천상·인간·아수라 등이 소유한 공덕보다 수승합니다. 그 까닭은 무엇인가? 이 선남자와 선여인 등은 빠르게 무상정등보리를 증득하고서 유정들을 요익하게 하면서 변제(邊際)가 없는 까닭입니다. 비구여. 마땅히 아십시오. 이 선남자와 선여인 등의 공덕과 지혜는 다만 세간의 천상·인간·아수라 등의 공덕보다 수승한 것이 아니고, 역시 일체의 예류·일래·불환·아라한·독각들의 공덕보다 수승합니다. 그 까닭은 무엇인가? 이 선남자와 선여인 등은 빠르게 무상정등보리를 증득하고서 유정들을 요익하게 하면서 변제가 없는 까닭입니다.
 비구여. 마땅히 아십시오. 이 선남자와 선여인 등의 공덕과 지혜는 다만 일체의 예류·일래·불환·아라한·독각의 공덕보다 수승한 것이 아니고, 역시 일체의 보살마하살이 반야바라밀다의 방편선교를 멀리 벗어나서 보시·정계·안인·정진·정려·반야바라밀다를 수행하고, 내공, 나아가 무성자성공에 안주하며, 진여, 나아가 부사의계에 안주하고, 고·집·멸·도성제에 안주하며, 4정려·4무량·4무색정을 수행하고, 8해탈·8승처·9차제정·10변처를 수행하며, 4념주, 나아가 8성도지를 수행하고, 공·무상·무원해탈문을 수행하며, 극희지, 나아가 법운지를 수행하고, 일체의 다라니문과 삼마지문을 수행하며, 5안·6신통을 수행하며, 여래의 10력, 나아가 18불불공법을 수행하고, 무망실법·항주사성을 수행하며, 일체지·도상지·일체상지를 수행하고, 수순(隨順)하거나 역순(逆順)으로 12연기관(十二緣起觀)을 수행하며, 청정하게 불국토를 장엄하고 유정들을 성숙(成熟)시키며, 제보살마하살의 행을 수행하고, 무상정등보리를 수행하는 자가 소유한 공덕보다 수승합니다. 그 까닭은 무엇인가? 이 선남자와 선여인 등은 빠르게 무상정등보리를 증득하고서 유정들을 요익하게 하면서 변제가 없는 까닭입니다.
 비구여. 마땅히 아십시오. 이 선남자와 선여인 등은 곧 보살마하살이니, 이 보살마하살은 매우 깊은 반야바라밀다에서 설하는 것과 같이 수행하는 까닭으로 일체 세간의 천상·인간·아수라 등과 나머지의 보살·독각·성문들의 처소에서 승복(勝伏)하지 않고, 능히 일체지지의 종성(種性)을 이어서 단절시키지 않으며, 항상 제불·보살·진실하고 수승한 선한 벗을 멀리 벗어나지 않으므로, 오래지 않아서 마땅히 미묘한 보리좌(菩提座)에 앉을 것이고, 일체의 악마와 권속을 항복(降伏)시키고 무상정등보리를 증득할 것이며, 제유정들의 생로병사를 발제하여 구경에 적멸과 안락을 얻게 합니다.

비구여. 마땅히 아십시오. 이 보살마하살은 매우 깊은 반야바라밀다에서 설하는 것과 같이 수행하는 까닭으로 항상 보살마하살들의 처소에서 상응하여 수학할 법을 수학하고, 성문이나 독각의 처소에서 상응하여 수학할 법을 수학하지 않습니다.

비구여. 마땅히 아십시오. 이 보살마하살이 이와 같은 매우 깊은 반야바라밀다를 수행하면서 항상 보살마하살들의 처소에서 상응하여 수학할 법을 수학하는 까닭으로 호세사왕(護世四王)이 스스로가 천상의 대중들을 거느리고 와서 그의 처소에 이르러 공양하고 공경하며 존중하고 찬탄하면서, '옳습니다. 대사여. 마땅히 정근하면서 정진하고 여러 보살마하살들의 처소에서 상응하여 수학할 법을 수학하시고, 성문이나 독각의 처소에서 상응하여 수학할 법을 수학하지 마십시오. 만약 이와 같이 수학한다면 빠르게 마땅히 미묘한 보리좌에 안좌(安坐)하고서 무상정등보리를 증득할 것이고, 이전에 여래·응공·정등각께서도 4천왕이 받들었던 것의 네 발우를 받으신 것과 같이, 그대도 역시 마땅히 받을 것이며, 옛날의 호세사대천왕(護世四大天王)이 네 발우를 받들어 올린 것과 같이 우리들도 역시 받들어 올리겠습니다.'라고 이렇게 말을 지을 것입니다.

비구여. 마땅히 아십시오. 이 보살마하살이 이와 같은 매우 깊은 반야바라밀다를 수행하면서 항상 보살마하살들의 처소에서 상응하여 수학할 법을 수학하는 까닭으로 우리들의 천제(天帝)들이 스스로가 천상의 대중들을 거느리고 와서 그의 처소에 이르러 공양하고 공경하며 존중하고 찬탄하면서, '옳습니다. 대사여. 마땅히 정근하면서 정진하고 여러 보살마하살들의 처소에서 상응하여 수학할 법을 수학하시고, 성문이나 독각의 처소에서 상응하여 수학할 법을 수학하지 마십시오. 만약 이와 같이 수학한다면 빠르게 마땅히 미묘한 보리좌에 안좌하고서 무상정등보리를 증득할 것이고, 미묘한 법륜을 굴리면서 유정의 대중들을 도탈(度脫)시킬 것입니다.'라고 이렇게 말을 지을 것입니다.

비구여. 마땅히 아십시오. 이 보살마하살이 이와 같은 매우 깊은 반야바라밀다를 수행하면서 항상 보살마하살들의 처소에서 상응하여 수학할 법을 수학하는 까닭으로 묘시분천자(妙時分天子)가 시분천(時分天)¹⁾의 대중들을 거느리고 와서 그의 처소에 이르러 공양하고 공경하며 존중하고 찬탄하면서, '옳습니다. 대사여. 마땅히 정근하면서 정진하고 여러 보살마하살들의 처소에서 상응하여 수학할 법을 수학하시고, 성문이나 독각의 처소에서 상응하여 수학할 법을 수학하지 마십시오. 만약 이와 같이 수학한다면 빠르게 마땅히 미묘한 보리좌에 안좌하고서 무상정등보리를 증득할 것이고, 미묘한 법륜을 굴리면서 유정의 대중들을 도탈시킬 것입니다.'라고 이렇게 말을 지을 것입니다.

비구여. 마땅히 아십시오. 이 보살마하살이 이와 같은 매우 깊은 반야바라밀다를 수행하면서 항상 보살마하살들의 처소에서 상응하여 수학할 법을 수학하는 까닭으로 묘희족천자(妙喜足天子)가 희족천(喜足天)²⁾의 대중들을 거느리고 와서 그의 처소에 이르러 공양하고 공경하며 존중하고 찬탄하면서, '옳습니다. 대사여. 마땅히 정근하면서 정진하고 여러 보살마하살들의 처소에서 상응하여 수학할 법을 수학하시고, 성문이나 독각의 처소에서 상응하여 수학할 법을 수학하지 마십시오. 만약 이와 같이 수학한다면 빠르게 마땅히 미묘한 보리좌에 안좌하고서 무상정등보리를 증득할 것이고, 미묘한 법륜을 굴리면서 유정의 대중들을 도탈시킬 것입니다.'라고 이렇게 말을 지을 것입니다.

비구여. 마땅히 아십시오. 이 보살마하살이 이와 같은 매우 깊은 반야바라밀다를 수행하면서 항상 보살마하살들의 처소에서 상응하여 수학할 법을 수학하는 까닭으로 낙변화천자(樂變化天子)가 낙변화천(樂變化天)³⁾

---

1) 욕계의 제3천인 야마천(夜摩天)을 가리키고, 염마천(焰摩天)·염천(焰天) 등으로 음사하며, 선시천(善時天) 또는 시분천(時分天) 등으로 한역한다.
2) 욕계의 제4천인 도솔천(兜率天)을 가리키고, 도사다천(睹史多天)·도솔다천(兜率多天)·도솔천(都率天) 등으로 음사하며, 묘족천(妙足天)·지족천(知足天)·희락천(喜樂天) 등으로 한역한다.
3) 욕계의 제5천인 화락천(化樂天)을 가리키고, 니마라천(尼摩羅天)·수밀타천(須密陀天)·유나라니천(維那羅泥天) 등으로 음사하며, 낙무만천(樂無慢天)·낙변화천(樂變化天)·공고천(無貢高天)·화자락천(化自樂天)·화자재천(化自在天) 등으로 한역한다.

의 대중들을 거느리고 와서 그의 처소에 이르러 공양하고 공경하며 존중하고 찬탄하면서, '옳습니다. 대사여. 마땅히 정근하면서 정진하고 여러 보살마하살들의 처소에서 상응하여 수학할 법을 수학하시고, 성문이나 독각의 처소에서 상응하여 수학할 법을 수학하지 마십시오. 만약 이와 같이 수학한다면 빠르게 마땅히 미묘한 보리좌에 안좌하고서 무상정등보리를 증득할 것이고, 미묘한 법륜을 굴리면서 유정의 대중들을 도탈시킬 것입니다.'라고 이렇게 말을 지을 것입니다.

비구여. 마땅히 아십시오. 이 보살마하살이 이와 같은 매우 깊은 반야바라밀다를 수행하면서 항상 보살마하살들의 처소에서 상응하여 수학할 법을 수학하는 까닭으로 묘자재천자(妙自在天子)가 타화자재천(他化自在天)4)의 대중들을 거느리고 와서 그의 처소에 이르러 공양하고 공경하며 존중하고 찬탄하면서, '옳습니다. 대사여. 마땅히 정근하면서 정진하고 여러 보살마하살들의 처소에서 상응하여 수학할 법을 수학하시고, 성문이나 독각의 처소에서 상응하여 수학할 법을 수학하지 마십시오. 만약 이와 같이 수학한다면 빠르게 마땅히 미묘한 보리좌에 안좌하고서 무상정등보리를 증득할 것이고, 미묘한 법륜을 굴리면서 유정의 대중들을 도탈시킬 것입니다.'라고 이렇게 말을 지을 것입니다.

비구여. 마땅히 아십시오. 이 보살마하살이 이와 같은 매우 깊은 반야바라밀다를 수행하면서 항상 보살마하살들의 처소에서 상응하여 수학할 법을 수학하는 까닭으로 삭하계(索訶界)5)의 주인인 대범천왕(大梵天王)이 범중천(梵衆天)·범보천(梵輔天)·범회천(梵會天) 등 대중들을 거느리고 와서 그의 처소에 이르러 공양하고 공경하며 존중하고 찬탄하면서, '옳습니다. 대사여. 마땅히 정근하면서 정진하고 여러 보살마하살들의 처소에서

---

4) 욕계의 제6천인 산스크리트어 Para-nirmita-vaśa-vartino devāḥ의 번역이고, 바라니밀(波羅尼蜜)·바라니밀화야월치(波羅尼蜜和耶越致)·바라유마바사(波羅維摩婆奢) 등으로 음사하며, 타화락천(他化樂天)·타화자전천(他化自轉天) 등으로 한역한다.
5) 산스크리트어 sahā의 음사이고, 사바세계(娑婆世界)를 가리킨다.

상응하여 수학할 법을 수학하시고, 성문이나 독각의 처소에서 상응하여 수학할 법을 수학하지 마십시오. 만약 이와 같이 수학한다면 빠르게 마땅히 미묘한 보리좌에 안좌하고서 무상정등보리를 증득한다면, 내가 마땅히 보리수의 아래로 나아가겠으며, 무상법륜(無上法輪)을 굴리시어 무변한 제유정의 부류들을 이익되고 안락하게 하시라고 은근(慇懃)하게 청할 것입니다.'라고 이렇게 말을 지을 것입니다.

비구여. 마땅히 아십시오. 이 보살마하살이 이와 같은 매우 깊은 반야바라밀다를 수행하면서 항상 보살마하살들의 처소에서 상응하여 수학할 법을 수학하는 까닭으로 극광정천(極光淨天)·광천(光天)·소광천(少光天)·무량광천(無量光天) 등이 와서 그의 처소에 이르러 공양하고 공경하며 존중하고 찬탄하며, 광과천(廣果天)·광천(廣天)·소광천(少廣天)·무량광천(無量廣天) 등이 그의 처소에 이르러 공양하고 공경하며 존중하고 찬탄하며, 색구경천(色究竟天)·무번천(無煩天)·무열천(無熱天)·선현천(善現天)·선견천(善見天) 등이 그의 처소에 이르러 공양하고 공경하며 존중하고 찬탄하면서, '옳습니다. 대사여. 마땅히 정근하면서 정진하고 여러 보살마하살들의 처소에서 상응하여 수학할 법을 수학하시고, 성문이나 독각의 처소에서 상응하여 수학할 법을 수학하지 마십시오. 만약 이와 같이 수학한다면 빠르게 마땅히 미묘한 보리좌에 안좌하고서 무상정등보리를 증득할 것이고, 미묘한 법륜을 굴리면서 유정의 대중들을 도탈시킬 것입니다.'라고 이렇게 말을 지을 것입니다.

비구여. 마땅히 아십시오. 이 보살마하살이 매우 깊은 반야바라밀다에서 설하는 것과 같이 수행하는 까닭으로 일체의 여래·응공·정등각과 제보살마하살들과 아울러 여러 천상·용·아소락 등이 항상 따르면서 호념(護念)합니다. 오히려 이러한 인연으로 보살마하살은 세간에 일체의 험난(險難)한 액운(危厄)과 몸과 마음의 근심과 고통이 모두 능히 해치지 못합니다.

비구여. 마땅히 아십시오. 이 보살마하살이 매우 깊은 반야바라밀다에서 설하는 것과 같이 수행하는 까닭으로 세간에 있는 4대(四大)가 서로

어긋나서 일어나는 여러 병이 모두 침범하여 번뇌시키지 못하는데 이를테면, 안병(眼病)·이병(耳病)·비병(鼻病)·설병(舌病)·신병(身病)·지절의 병(肢節病)입니다. 이와 같은 일체의 404가지의 질병이 모두 몸속에서 영원히 무소유(無所有)인데, 오직 무거운 업이 전전하여 현재에 가볍게 받는 것은 제외합니다.

 비구여. 마땅히 아십시오. 이 보살마하살이 매우 깊은 반야바라밀다에서 설하는 것과 같이 수행하는 까닭으로 이와 같은 현재의 세상에서 공덕과 뒤의 세상에서 공덕을 획득하면서 무량하고 무변하며, 제불·세존께서는 능히 아시고 보시면서 깨달으십니다."

마하반야바라밀다경 제455권

61. 동학품(同學品)(2)

그때 구수(具壽) 경희(慶喜)는 잠며시 이렇게 생각을 지었다.
'지금 천제석은 스스로의 변재(辯才)를 위하여 이와 같은 매우 깊은 반야바라밀다를 널리 설하여 이와 같은 매우 깊은 반야바라밀다의 공덕과 수승한 이익을 찬탄하는 것인가? 이것은 여래의 위신력(威神力)인가?'
이때 천제석은 곧 경희가 마음으로 생각하는 것을 알고서 알려 말하였다.
"대덕이여. 내가 매우 깊은 반야바라밀다를 널리 설하여 매우 깊은 반야바라밀다의 공덕과 수승한 이익을 찬탄한 것은 이 모두가 여래의 위신력입니다."
그때 세존께서는 경희에게 알려 말씀하셨다.
"그와 같으니라. 그와 같으니라. 지금 천제석이 매우 깊은 반야바라밀다의 공덕과 수승한 이익을 널리 설하고 찬탄하는 모두가 이것이 여래의 신력이고, 스스로의 변재가 아니라고 마땅히 알아야 하느니라. 그 까닭은 무엇인가? 매우 깊은 반야바라밀다의 공덕과 수승한 이익은 결정적으로 일체 세간의 천상·인간·아소락 등이 능히 알거나 설하는 것이 아니니라.
경희여. 마땅히 알아야 하느니라. 보살마하살이 이와 같은 매우 깊은 반야바라밀다를 수습하고 수학하며 사유하고 수행하는 때에, 이 삼천대천 세계의 일체의 악마들이 모두 의혹이 생겨나서 '이 보살마하살은 실제로 증득하게 된다면 예류·일래·불환·아라한과와 독각의 보리로 퇴전을 취(取)하는가? 혹은 무상정등보리로 나아가는가?'라고 함께 이렇게 생각을 짓느니라.
　다시 다음으로 경희여. 만약 보살마하살이 이와 같은 매우 깊은 반야바라밀다를 벗어나지 않은 때에는 여러 악마들은 큰 근심과 번뇌가 생겨나고 몸과 마음이 매우 고통스러운 것이 독약의 화살에 맞은 것과 같으니라. 다시 다음으로 경희여. 만약 보살마하살이 이와 같은 매우 깊은 반야바라밀다를 수행하는 때에 여러 악마들이 와서 그의 처소에 이르러 여러 종류의 두려운 일을 변화로 짓고 보살의 몸과 마음을 놀라고 두렵게 하고 무상정등보리에서 미혹되고 잃어버리게 하여서 수행하였던 것에서 마음이 퇴전하여 굴복하는 것을 품게 하며, 나아가 일념(一念)에 혼란한 뜻을 일으켜서 무상정등보리를 얻는 것을 장애하는데, 이것이 그 악마들의 깊은 마음으로 원하는 것이니라."
　그때 경희가 곧 세존께 아뢰어 말하였다.
　"제보살마하살들이 깊은 반야바라밀다를 수행하는 때에 모두 악마에게 뇌란(惱亂)[1]을 당한다면, 뇌란되는 자도 있고 뇌란되지 않는 자도 있습니까?"
　세존께서 경희에게 알리셨다.
　"제보살마하살들이 깊은 반야바라밀다를 수행하는 때에 모두가 악마에게 뇌란되는 것은 아닐지라도, 뇌란되는 자도 있고 뇌란되지 않는 자도 있느니라."
　구수 경희가 다시 세존께 아뢰어 말하였다.
　"누구 등의 보살마하살이 깊은 반야바라밀다를 수행하는 때에 여러 악마에게 뇌란되고, 누구 등의 보살마하살이 깊은 반야바라밀다를 수행하는 때에 여러 악마에게 뇌란되지 않습니까?"
　세존께서 경희에게 말씀하셨다.
　"만약 보살마하살이 이전의 세상에서 이러한 깊은 반야바라밀다를 듣고서 마음으로 신해(信解)하지 않아서 훼자(毀呰)하고 비방(誹謗)하였다면, 이 보살마하살은 깊은 반야바라밀다를 수행하는 때에 여러 악마들

---

[1] 괴로워 마음이 어지럽거나, 또는 다른 사람의 마음을 괴롭히고 어지럽히는 것이다.

에게 뇌란되는 것이고, 만약 보살마하살이 이전의 세상에서 이러한 깊은 반야바라밀다를 듣고서 마음으로 신해하고 찬탄하며 비방이 생겨나지 않았다면, 이 보살마하살은 깊은 반야바라밀다를 수행하는 때에 여러 악마들에게 뇌란되지 않느니라.

다시 다음으로 경희여. 만약 보살마하살이 이전의 세상에서 이러한 깊은 반야바라밀다를 듣고서 '있는 것인가? 없는 것인가? 진실인가? 진실이 아닌가?'라고 의혹하고 주저하였다면, 이 보살마하살은 깊은 반야바라밀다를 수행하는 때에 여러 악마들에게 뇌란되는 것이고, 만약 보살마하살이 이전의 세상에서 이러한 깊은 반야바라밀다를 듣고서 그 마음에서 의혹과 주저가 생겨나지 않았고, 믿음이 진실로 있었다면, 이 보살마하살은 깊은 반야바라밀다를 수행하는 때에 여러 악마들에게 뇌란되지 않느니라.

다시 다음으로 경희여. 만약 보살마하살이 선지식을 벗어나고 악지식(惡知識)에게 섭수되었다면 이와 같은 매우 깊은 반야바라밀다를 듣지 못할 것이고, 오히려 듣지 못하는 까닭에 매우 깊은 반야바라밀다를 능히 명료하게 이해하지 못할 것이며, 명료하게 이해하지 못하는 까닭으로 매우 깊은 반야바라밀다를 능히 수습하지 못할 것이고, 수습하지 못하는 까닭으로 매우 깊은 반야바라밀다를 능히 청하여 묻지 못할 것이며, 청하여 묻지 못하는 까닭으로 설하는 것과 같이 매우 깊은 반야바라밀다를 수행하지 못할 것이고, 설하는 것과 같이 수행하지 못하는 까닭으로 매우 깊은 반야바라밀다를 증득하지 못하나니, 이 보살마하살은 깊은 반야바라밀다를 수행하는 때에 여러 악마들에게 뇌란되느니라.

만약 보살마하살이 선지식을 친근하고 악지식에게 섭수되지 않았다면 이와 같은 매우 깊은 반야바라밀다를 얻어서 들을 것이고, 오히려 얻어서 듣는 까닭에 매우 깊은 반야바라밀다를 능히 명료하게 이해할 것이며, 명료하게 이해하는 까닭으로 매우 깊은 반야바라밀다를 능히 수습할 것이고, 수습하는 까닭으로 매우 깊은 반야바라밀다를 능히 청하여 물을 것이며, 청하여 묻는 까닭으로 설하는 것과 같이, 매우 깊은 반야바라밀다를 수행할 것이고, 설하는 것과 같이 수행하는 까닭으로 매우 깊은 반야바라밀다를 증득하나니, 이 보살마하살은 깊은 반야바라밀다를 수행하는 때에 여러 악마들에게 뇌란되지 않느니라.

다시 다음으로 경희여. 만약 보살마하살이 반야바라밀다를 멀리 벗어나고, 진실하거나 미묘하지 않은 법을 섭수하여 찬탄한다면 이 보살마하살은 깊은 반야바라밀다를 수행하는 때에 여러 악마들에게 뇌란되는 것이고, 만약 보살마하살이 반야바라밀다를 친근하고, 진실하거나 미묘하지 않은 법을 섭수하지 않고서 찬탄하지 않는다면, 이 보살마하살은 깊은 반야바라밀다를 수행하는 때에 여러 악마들에게 뇌란되지 않느니라.

다시 다음으로 경희여. 만약 보살마하살이 반야바라밀다를 멀리 벗어나서 진실하고 미묘한 법을 훼자하고 비방한다면 그때 악마들은 '지금의 이 보살은 나에게 반려가 된다. 오히려 그가 진실하고 미묘한 법을 훼자하고 비방하는 까닭으로, 곧 무량한 보살승(菩薩乘)에 안주(安住)하는 보특가라(補特迦羅)들이 있을지라도 진실하고 미묘한 법에서 훼자와 비방이 생겨날 것이니, 오히려 이러한 인연으로 나의 소원이 원만해진다.'라고 곧 이렇게 생각을 짓느니라. 이 보살승의 보특가라는 설사 여러 선법을 정근하고 정진하면서 수행할지라도 성문·독각지에 떨어지고 역시 다른 사람도 떨어지게 하며, 이 보살마하살은 깊은 반야바라밀다를 수행하는 때에 여러 악마들에게 뇌란되느니라.

만약 보살마하살이 반야바라밀다에 친근하여 진실하고 미묘한 법을 찬탄하고 믿고서 수지하였고, 역시 무량한 보살승에 안주하는 보특가라들에게 진실하고 미묘한 법을 찬탄하고 믿고서 수지하게 하였다면, 오히려 이러한 악마는 근심하고 분노하며 두려워하느니라. 이 보살승의 보특가라는 설사 여러 선법을 정근하고 정진하면서 수행하지 않을지라도 역시 결정적으로 스스로와 다른 사람을 성문·독각지에 떨어지지 않게 하고 반드시 무상정등보리를 증득하나니, 이 보살마하살은 깊은 반야바라밀다를 수행하는 때에 여러 악마들에게 뇌란되지 않느니라.

다시 다음으로 경희여. 만약 보살마하살이 반야바라밀다의 매우 깊은 경전을 듣는 때에 '이와 같은 반야바라밀다의 이취(理趣)는 매우 깊어서 보기 어렵고 깨닫기 어렵나니, 이러한 경전을 널리 설하고 듣고서 수지(受持)하고 독송(讀誦)하며 사유(思惟)하고 정근(精勤)하면서 수습(修習)하며 서사(書寫)하여 유포(流布)할지라도 무슨 소용이 있겠는가? 나도 오히려 그 근원을 얻지 못하였는데, 하물며 나머지의 박복(薄福)하고 지혜가 얕은 자(者)이겠는가?'라고 이와 같이 말을 지었다면, 이때 무량한 보살승에 안주하는 보특가라들이 그의 말을 듣고서 모두 놀라고 두려워하면서 곧 무상정등보리의 마음에서 퇴전하여 2승지(二乘地)에 떨어지나니, 이 보살마하살은 깊은 반야바라밀다를 수행하는 때에 여러 악마들에게 뇌란되느니라.

　　만약 보살마하살이 반야바라밀다의 매우 깊은 경전을 듣는 때에 '이와 같은 반야바라밀다의 이취는 매우 깊어서 보기 어렵고 깨닫기 어려울지라도, 만약 널리 설하지 않고 듣고서 수지하지 않고 독송하지 않으며 사유하지 않고 정근하면서 수습하지 않으며 서사하여 유포하지 않고서 능히 무상정등보리를 능히 증득하는 이러한 처소는 반드시 없다.'라고 이와 같이 말을 지었다면, 이때 무량한 보살승에 안주하는 보특가라들이 그의 말을 듣고서 모두 환희(歡喜)하고 용약(踊躍)하면서 모두가 이와 같은 매우 깊은 반야바라밀다에서 항상 즐겁게 듣고서 수지하고 독송하며 구경에 날카롭게 통달(究竟通利)하고 이치와 같이 사유(如理思惟)하며 정진(精勤)하면서 수행(修習)하고 다른 사람을 위하여 널리 설(爲他演說)하며 서사하여 유포하고 무상정등보리를 일으켜서 나아간다면, 이 보살마하살은 깊은 반야바라밀다를 수행하는 때에 여러 악마들에게 뇌란되지 않느니라.

　　다시 다음으로 경희여. 만약 보살마하살이 자신(己)이 소유한 공덕과 선근을 믿고서 나머지의 보살마하살들을 경멸하면서 이를테면, '나는 보시바라밀다, 나아가 반야바라밀다를 수행할 수 있으나, 그대 등은 능히 수행할 수 없고, 나는 내공, 나아가 무성자성공에 안주할 수 있으나,

그대 등은 능히 안주할 수 없으며, 나는 진여, 나아가 부사의계에 안주할 수 있으나, 그대 등은 능히 안주할 수 없고, 나는 고·집·멸·도성제에 안주할 수 있으나, 그대 등은 능히 안주할 수 없으며, 나는 4념주, 나아가 8성도지를 수행할 수 있으나, 그대 등은 능히 수행할 수 없고, 나는 4정려·4무량·4무색정을 수행할 수 있으나, 그대 등은 능히 수행할 수 없으며,

나는 8해탈, 나아가 10변처를 수행할 수 있으나, 그대 등은 능히 수행할 수 없고, 나는 공·무상·무원 해탈문을 수행할 수 있으나, 그대 등은 능히 수행할 수 없으며, 나는 극희지, 나아가 법운지를 수행할 수 있으나, 그대 등은 능히 수행할 수 없고, 나는 정관지(淨觀地), 나아가 여래지지(如來地智)를 수행할 수 있으나, 그대 등은 능히 수행할 수 없으며, 나는 5안과 6신통을 수행할 수 있으나, 그대 등은 능히 수행할 수 없고, 나는 여래의 10력, 나아가 18불불공법을 수행할 수 있으나, 그대 등은 능히 수행할 수 없으며, 나는 무망실법·항주사성을 수행할 수 있으나, 그대 등은 능히 수행할 수 없고, 나는 일체지·도상지·일체상지를 수행할 수 있으나, 그대 등은 능히 수행할 수 없으며,

나는 불국토를 청정하게 장엄하고 유정들을 성숙시킬 수 있으나, 그대 등은 능히 성숙시킬 수 없고, 나는 수순하거나 역순으로 연기지(緣起支)를 관찰할 수 있으나, 그대 등은 능히 관찰할 수 없으며, 나는 자상(自相)과 공상(共相)을 관찰할 수 있으나, 그대 등은 능히 관찰할 수 없고, 나는 다라니문과 삼마지문을 수행할 수 있으나, 그대 등은 능히 수행할 수 없으며, 나는 일체의 보살마하살의 행과 제불의 무상정등보리를 수행할 수 있으나, 그대 등은 능히 수행할 수 없다.'라고 이렇게 말을 지었다면, 그때 악마들은 환희하고 용약하면서 '이 보살은 나의 반려(伴黨)이고 생사를 윤회(輪迴)하면서 벗어나는 시기가 없구나.'라고 말하나니, 이 보살마하살은 깊은 반야바라밀다를 수행하는 때에 여러 악마들에게 뇌란되느니라.

만약 보살마하살이 자신이 공덕과 선근이 있다고 믿고서 나머지의

보살마하살들을 경멸하지 않으며, 비록 여러 선법을 정근하면서 수행할지라도 여러 선법의 상(相)을 집착하지 않는다면, 이 보살마하살은 깊은 반야바라밀다를 수행하는 때에 여러 악마들에게 뇌란되지 않느니라.

다시 다음으로 경희여. 만약 보살마하살이 스스로가 명자(名字)와 종성(種姓)이 대중에게 알려진 것을 믿고서 다른 보살들을 경멸(輕懱)하며, 항상 자신의 공덕을 찬탄하고 다른 사람의 허물을 훼자하며, 진실로 불퇴전의 보살마하살의 제행(諸行)·형상(狀)·상(相)이 없으나 진실로 있다고 말하고, 여러 번뇌를 일으켜서 스스로를 찬탄하고 다른 사람을 훼자하면서 '그대들은 보살의 명자와 종성이 없고 오직 내가 혼자서 명자와 종성이 있다.'라고 말하고, 오히려 증상만(增上慢)으로 여러 나머지의 보살마하살을 경멸하고 훼자한다면, 그때 악마들은 이러한 일을 보고서 '지금의 이 보살은 나의 국토와 궁전을 비우지 않고 지옥(地獄)·방생(傍生)·귀계(鬼界)를 증장(增益)시킨다.'라고 곧 이렇게 생각을 짓느니라.

이때 악마는 그에게 신력(神力)으로 도와서 전전하여 위세(威勢)와 변재(辯才)를 치성(熾盛)하게 하는데, 오히려 이것으로 많은 사람이 그의 말을 믿고서 받아들이며, 이것을 인연으로 그의 악한 견해를 같이 일으켜서 권유하느니라. 같이 악한 견해를 보았다면 그의 삿된 수학을 따르고, 삿된 수학을 따랐다면 번뇌가 치성(熾盛)해져서 마음이 전도(顚倒)되는 까닭으로 여러 신(身)·어(語)·의업(意業)으로 일으켰던 것의 모두가 능히 애락(愛樂)하지 않고 쇠퇴하고 손해되며 괴로운 과보를 감응하여 얻나니, 오히려 이러한 인연으로 지옥·방생·귀계가 증장(增長)하고 악마의 궁전과 국토를 가득하게 채우느니라. 오히려 이것으로 악마들은 환희하고 용약하면서 여러 지었던 것이 있다면 뜻을 따라서 자재(自在)하나니, 이 보살마하살은 깊은 반야바라밀다를 수행하는 때에 여러 악마들에게 뇌란되느니라.

만약 보살마하살이 자신의 허망한 명자와 종성이 있다고 믿고서 선법을 수행하는 보살들을 경멸하지 않고, 여러 공덕에서 증상만이 없으며, 항상 스스로를 찬탄하지 않고 다른 사람을 훼자하지 않고 여러 악마의 마사(魔事)를 잘 깨달아 안다면, 이 보살마하살은 깊은 반야바라밀다를 수행하는 때에 여러 악마들에게 뇌란되지 않느니라.

다시 다음으로 경희여. 만약 보살마하살이 성문승이나 독각승을 구하는 자와 함께 다시 서로가 훼자하고 경멸하며 비방하고 투쟁(鬪諍)한다면, 그때 악마가 이러한 일을 보고서 '지금의 이 보살은 무상정등보리를 멀리 벗어나서 지옥·방생·귀계와 친근하다. 그 까닭은 무엇인가? 다시 서로가 훼자하고 경멸하며 비방하고 투쟁하므로 보리도(菩提道)가 아니고 다만 지옥·방생·아귀의 험악한 세계(險惡趣)의 도(道)이다.'라고 곧 이렇게 생각을 지었다면 환희하고 용약하면서 이 보살의 위력을 전진하여 치성하게 하여서 무량한 사람들에게 악업을 증장시키나니, 이 보살마하살은 깊은 반야바라밀다를 수행하는 때에 여러 악마들에게 뇌란되느니라.

만약 보살마하살이 성문승이거나 독각승을 구하는 자와 함께 서로가 훼자하지 않고 경멸하지 않으며 비방하지 않고 투쟁하지 않으며, 방편으로 교화하여 인도하여 대승으로 나아가게 하거나, 혹은 스스로의 법(自乘)인 선법을 수행하게 권유한다면, 이 보살마하살은 깊은 반야바라밀다를 수행하는 때에 여러 악마들에게 뇌란되지 않느니라.

다시 다음으로 경희여. 만약 보살마하살이 무상정등보리를 구하면서 안인하고 유연하며 화합하는 보살들과 함께 투쟁하고 비방하며 서로가 훼자하고 경멸한다면, 그때 악마들이 이러한 일을 보고서 '이 두 보살은 모두가 구하였던 것인 일체지지를 멀리 벗어났고 모두가 지옥·방생·아귀(餓鬼)·아소락(阿素洛) 등의 여러 험악한 세계에 가까워졌다. 그 까닭은 무엇인가? 투쟁하고 비방하면서 서로가 훼자하고 경멸한다면 보리도(菩提道)가 아니고, 다만 지옥·방생·아귀·아소락 등 험악한 세계의 길이다.'라고 곧 이렇게 생각을 짓느니라. 이때 악마는 이렇게 생각을 짓고서 환희하고 용약하면서 그들의 위세를 증장시켜서 두 붕당(朋黨)이 투쟁을 멈추지 못하게 하나니, 이 보살마하살은 깊은 반야바라밀다를 수행하는 때에 여러 악마들에게 뇌란되느니라.

만약 보살마하살이 무상정등보리를 구하면서 안인하고 유연하며 화합하는 보살들과 함께 투쟁하지 않고 비방하지 않으며 훼자하지 않고 경멸하지 않으며 다만 서로에게 권유하고 인도하면서 수승한 행을 수행하여 빠르게 무상정등보리를 증득하고자 하였다면, 이 보살마하살은 깊은 반야바라밀다를 수행하는 때에 여러 악마들에게 뇌란되지 않느니라.

다시 다음으로 경희여. 만약 보살마하살이 무상대보리(無上大菩提)의 수기를 얻지 못하였으나, 이미 무상대보리의 수기를 받은 보살마하살에게 성내고 분노하는 마음을 일으켜서 투쟁하고 경멸하며 훼자하고 비방한다면 이 보살마하살은 그와 같은 요익하지 않은 마음을 일으킨 것을 따라서 일찍이 수행한 수승한 행에서 도리어 그와 같은 겁을 퇴전하므로, 그와 같은 시간이 지나도록 선한 벗을 멀리 벗어나고, 도리어 그와 같은 생사의 계박(繫縛)을 받느니라.

만약 대보리심(大菩提心)을 버리지 않고서 그러한 겁에 갑옷을 입고 수승한 행을 정근하면서 수행하는 때에 잠시도 단절이 없게 하였다면, 그러한 뒤에 비로소 퇴전한 공덕이 보충되는 것이니라."

그때 경희가 아뢰어 말하였다.
"세존이시여. 이 보살마하살의 악한 마음을 일으켰던 것에서 생겨나는 생사의 죄와 고통은 반드시 그와 같은 시간이 지나도록 유전해야 합니까? 중간에서 출리(出離)를 얻을 수 있습니까? 이 보살마하살의 처소에서 퇴전한 수승한 행은 반드시 그와 같은 겁을 정근하면서 지내야 보충이 됩니까? 중간에서도 근본의 의취를 회복할 수 있습니까?"

세존께서 경희에게 말씀하셨다.
"내가 보살·독각·성문들을 위하여, 출죄(出罪)가 있고 도리어 선(善)을 보충하는 법이 있으니 설하겠노라. 경희여. 마땅히 알아야 하느니라. 만약 보살마하살이 무상대보리의 수기를 얻지 못하였으므로 이미 무상대보리의 수기를 얻은 보살마하살에게 성내고 분노하는 마음을 일으켜서 투쟁하고 경멸하며 훼자하고 비방하고서 뒤에 참괴(慚愧)[2]가 없고 악한 생각을 품고서 버리지 않으며 능히 여법(如法)하게 드러내어 참회하지 않는다면, 나는 그러한 부류들은 그 중간에서 출죄가 없고 도리어 선을 보충할 의취가 없어서 반드시 그와 같은 겁이 지나도록 생사를 유전하고 선한 벗을 멀리 벗어나며 여러 고통에 계박된다고 설하느니라. 만약 대보리심을 버리지 않았으면 반드시 그와 같은 겁이 지나도록 갑옷을 입고서 수승한 행을 정근하면서 수행하여 잠시도 단절이 없게 하였다면, 그러한 뒤에 비로소 퇴전한 공덕이 보충되는 것이니라.

만약 보살마하살이 무상대보리의 수기를 얻지 못하였으므로 이미 무상대보리의 수기를 얻은 보살마하살에게 성내고 분노하는 마음을 일으켜서 투쟁하고 경멸하며 훼자하고 비방하였으나 뒤에 참괴가 생겨나서 마음이 악법에 계박되지 않고, 곧 능히 여법하게 드러내고 허물을 참회하면서 '나는 지금 얻기 어려운 사람의 몸을 얻었는데, 어찌하여 다시 이와 같은 허물과 악업을 일으켜서 큰 이익을 잃겠는가? 나는 상응하여 일체의 유정을 요익하게 해야 하는데, 어찌 그 중간에서 반대로 쇠퇴와 손해를 짓겠는가? 나는 노비가 주인을 섬기는 것과 같이 상응하여 일체의 유정을 공경해야 하는데, 어찌 중간에서 반대로 교만·꾸짖음·모욕·능멸이 생겨나게 하겠는가?

나는 일체의 유정들의 구타(捶打)와 꾸짖음을 상응하게 인욕하고 받아들여야 하는데, 어찌 중간에서 반대로 포악한 몸과 말로써 보복하겠는가? 나는 마땅히 일체의 유정들을 상응하게 화해(和解)시켜서 서로를 공경하고 사랑하게 해야 하는데, 어찌하여 중간에 다시 사납고 악한 말을 일으켜서 그들과 투쟁하겠는가? 나는 일체의 유정들이 오랜 시간에 짓밟고 서 있으면서 오히려 도로와 같고 교량(橋梁)과 같을지라도 상응하여 참고 견디어야 하는데, 어찌 그들에게 반대로 능욕을 주겠는가? 내가 무상정등보리를 구하는 것은 유정들을 생사의 큰 고통을 발제하여 구경에 안락(安樂)과 열반(涅槃)을 얻게 하려는 것인데, 어찌 반대로 고통으로써 그것을

---

2) 산스크리트어 hrī-apatrāpya의 번역이고, '참(慚)'은 스스로에게 허물을 부끄러워하는 마음작용이고, '괴(愧)'는 다른 사람에게 허물을 부끄러워하는 마음작용이다.

늘려주겠는가?

  나는 상응하게 지금부터 미래를 끝마치도록 바보와 같고 벙어리와 같으며 귀머거리와 같고 장님과 같이 제유정들에게 분별하는 것을 없게 하겠다. 가사(假使) 머리·손·발·팔을 베고 자르거나, 눈을 빼내거나, 귀를 베거나, 코를 자르거나, 혀를 자르거나, 나머지 일체의 몸의 부분인 지절(支節)을 자를지라도 그 유정들에게 결국 악한 마음을 일으키지 않겠다. 만약 내가 악한 마음을 일으킨다면 곧바로 일으켰던 무상정등각(無上正等覺)의 마음에서 퇴전하고 파괴되며, 구하였던 것인 일체지지를 장애하여 능히 일체의 유정을 이익되고 안락하게 하지 못한다.'라고 곧 이와 같이 생각을 지었다면, 경희여. 이 보살마하살은 중간에서 역시 출리가 있고 도리어 선한 의취를 보충할 수 있으며, 반드시 그와 같은 겁을 지내면서 생사를 유전하지도 않으며, 악마들이 그를 능히 뇌란시키지도 못하므로, 빠르게 무상정등보리를 증득하느니라.

  다시 다음으로 경희여. 보살승에 안주하는 선남자와 선여인 등은 성문승과 독각승을 구하는 자들과 함께 상응하여 교섭(交涉)하지 않아야 하고, 설사 함께 교섭할지라도 상응하여 공주(共住)하지 않아야 하며, 설사 함께 공주할지라도 상응하여 그와 논의하여 결택(決擇)하지 않아야 하느니라. 그 까닭은 무엇인가? 만약 그러한 부류와 논의하여 결택한다면, 혹은 마땅히 분노하고 성내는 등의 마음을 일으켜서 움직이거나, 혹은 다시 추악(麤惡)한 언설(言說)을 일으키느니라. 그러므로 제보살들은 유정의 부류들에게 상응하여 분노하고 성내는 등의 마음을 일으키지 않아야 하고, 역시 상응하여 추악한 언설이 생겨나지 않아야 하며, 설사 머리와 발과 몸의 부분이 잘릴지라도 역시 분노하는 성내며 추악한 말을 일으키지 않아야 하느니라. 그 까닭은 무엇인가? 제보살마하살들은 '내가 무상정등보리를 구하는 것은 유정들의 생사의 여러 고통을 발제하여 구경에 이익과 안락을 얻게 하기 위한 것인데, 어찌 거꾸로 그들에게 악한 일을 시키겠는가?'라고 상응하여 이렇게 생각을 짓느니라.

  경희여. 마땅히 알아야 하느니라. 만약 보살마하살이 유정의 부류들에

게 분노하고 성내는 마음을 일으키거나 추악하게 말한다면, 곧 무상정등
보리를 장애할 것이고, 역시 무변한 보살의 행법(行法)을 파괴하느니라.
이러한 까닭으로 보살마하살이 무상정등보리를 증득하고자 한다면 제유
정들에게 상응하여 분노하고 성내는 마음을 일으키지 않아야 하고, 역시
상응하여 추악한 언설을 일으키지 않아야 하느니라."

구수 경희가 아뢰어 말하였다.
"세존이시여. 제보살마하살들은 보살마하살들과 함께 어떻게 공주(共
住)해야 합니까?"
세존께서 경희에게 말씀하셨다.
"제보살마하살들은 보살마하살들과 함께 공주하면서 서로가 상응하여
대사(大師)와 같이 보아야 하느니라. 그 까닭은 무엇인가? 이 제보살들은
전전하여 서로를 보면서 '그들은 모두가 나에게 진실한 선지식이고 나와
함께 반려가 되어서 같이 한 배에 탔으니, 수학하는 처소와 수학하는
때와 더불어 수학하는 법을 만약 오히려 이렇게 수학한다면 모두가 다른
것이 없으리라. 그들이 상응하여 수학하는 보시바라밀다, 나아가 반야바
라밀다와 같이 나도 역시 상응하여 수학하겠고, 그들이 상응하여 수학하
는 내공, 나아가 무상자성공과 같이 나도 역시 상응하여 수학하겠으며,
그들이 상응하여 수학하는 진여, 나아가 부사의계와 같이 나도 역시
상응하여 수학하겠고, 그들이 상응하여 수학하는 고·집·멸·도성제와 같이
나도 역시 상응하여 수학하겠으며, 그들이 상응하여 수학하는 4념주, 나아가
8성도지와 같이 나도 역시 상응하여 수학하겠고, 그들이 상응하여 수학하는
4정려·4무량·4무색정과 같이 나도 역시 상응하여 수학하겠으며,
그들이 상응하여 수학하는 8해탈, 나아가 10변처와 같이 나도 역시
상응하여 수학하겠고, 그들이 상응하여 수학하는 공·무상·무원해탈문과
같이 나도 역시 상응하여 수학하겠으며, 그들이 상응하여 수학하는 극희
지, 나아가 법운지와 같이 나도 역시 상응하여 수학하겠고, 그들이 상응하
여 수학하는 일체의 다라니문·일체의 삼마지문과 같이 나도 역시 상응하

여 수학하겠으며, 그들이 상응하여 수학하는 5안·6신통과 같이 나도 역시 상응하여 수학하겠고, 그들이 상응하여 수학하는 여래의 10력, 나아가 18불불공법과 같이 나도 역시 상응하여 수학하겠으며, 그들이 상응하여 수학하는 무망실법·항주사성과 같이 나도 역시 상응하여 수학하겠고, 그들이 상응하여 유정을 성숙시키고 불국토를 청정하게 장엄하는 것을 나도 역시 상응하여 수학하겠으며, 그들이 상응하여 수학하는 일체지·도상지·일체상지와 같이 나도 역시 상응하여 수학하겠다.'라고 상응하여 생각을 짓느니라.

다시 '그 제보살들은 우리들에게 대보리도(大菩提道)를 설하니, 곧 나의 선량한 반려이고, 역시 나를 인도하는 스승(導師)이다. 만약 그 보살마하살들이 잡염(雜染)의 작의(作意)에 안주하여 일체지지에 상응하는 작의를 멀리 벗어난다면, 나는 마땅히 가운데에서 그들과 같이 수학하지 않겠고, 만약 그 보살마하살들이 잡염의 작의를 벗어나고 일체지지에 상응하는 작의를 벗어나지 않는다면 나는 그 가운데에서 그들과 같이 수학하겠다.'라고 이렇게 생각을 짓느니라.

경희여. 마땅히 알아야 하느니라. 만약 보살마하살이 능히 이와 같이 수학한다면 보리의 자량(資糧)이 빠르게 원만해지나니, 만약 보살마하살이 이와 같이 수학하는 때에 제보살마하살들과 같이 수학한다(同學)고 이름하느니라."

62. 동성품(同性品)(1)

그때 구수 선현이 세존께 아뢰어 말하였다.
"세존이시여. 무엇을 보살마하살의 같은 성품(同性)이고, 오히려 제보살마하살들이 이 가운데에 안주하여 수학한다면 같이 수학(同學)한다고 이름합니까?"

　세존께서 선현에게 말씀하셨다.

　"내공의 이것이 보살마하살의 같은 성품이고, 외공, 나아가 무성자성공의 이것이 보살마하살의 같은 성품이니, 제보살마하살들이 그 가운데에 안주하여 수학하는 까닭에 같이 수학한다고 이름하며, 오히려 이렇게 같이 수학하므로 빠르게 무상정등보리를 증득하느니라.

　다시 다음으로 선현이여. 색은 색의 성품이 공하고, 수·상·행·식은 수·상·행·식의 성품이 공하므로 이것이 보살마하살의 같은 성품이며, 안처는 안처의 성품이 공하고, 나아가 의처는 의처의 성품이 공하므로 이것이 보살마하살의 같은 성품이며, 색처는 색처의 성품이 공하고, 나아가 법처는 법처의 성품이 공하므로 이것이 보살마하살의 같은 성품이며, 안계는 안계의 성품이 공하고, 나아가 의계는 의계의 성품이 공하므로 이것이 보살마하살의 같은 성품이며, 색계는 색계의 성품이 공하고, 나아가 법계는 법계의 성품이 공하므로 이것이 보살마하살의 같은 성품이며, 안식계는 안식계의 성품이 공하고, 나아가 의식계는 의식계의 성품이 공하므로 이것이 보살마하살의 같은 성품이며,

　안촉은 안촉의 성품이 공하고, 나아가 의촉은 의촉의 성품이 공하므로 이것이 보살마하살의 같은 성품이며, 안촉을 인연으로 생겨나는 여러 수는 안촉을 인연으로 생겨나는 여러 수의 성품이 공하고, 나아가 의촉을 인연으로 생겨나는 여러 수는 의촉을 인연으로 생겨나는 여러 수의 성품이 공하므로 이것이 보살마하살의 같은 성품이며, 지계는 지계의 성품이 공하고, 나아가 식계는 식계의 성품이 공하므로 이것이 보살마하살의 같은 성품이며, 무명은 무명의 성품이 공하고, 나아가 노사는 노사의 성품이 공하므로 이것이 보살마하살의 같은 성품이며, 보시바라밀다는 보시바라밀다의 성품이 공하고, 나아가 반야바라밀다는 반야바라밀다의 성품이 공하므로 이것이 보살마하살의 같은 성품이며,

　내공은 내공의 성품이 공하고, 나아가 무성자성공은 무성자성공의 성품이 공하므로 이것이 보살마하살의 같은 성품이며, 진여는 진여의

성품이 공하고, 나아가 부사의계는 부사의계의 성품이 공하므로 이것이 보살마하살의 같은 성품이며, 고성제는 고성제의 성품이 공하고, 나아가 집·멸·도성제는 집·멸·도성제의 성품이 공하므로 이것이 보살마하살의 같은 성품이며, 4념주는 4념주의 성품이 공하고, 나아가 8성도지는 8성도지의 성품이 공하므로 이것이 보살마하살의 같은 성품이며,

　4정려는 4정려의 성품이 공하고, 나아가 4무량·4무색정은 4무량·4무색정의 성품이 공하므로 이것이 보살마하살의 같은 성품이며, 8해탈은 8해탈의 성품이 공하고, 나아가 10변처는 10변처의 성품이 공하므로 이것이 보살마하살의 같은 성품이며, 공해탈문은 공해탈문의 성품이 공하고, 나아가 무상·무원해탈문은 무상·무원해탈문의 성품이 공하므로 이것이 보살마하살의 같은 성품이며, 정관지(淨觀地)는 정관지의 성품이 공하고, 나아가 여래지(如來地)는 여래지의 성품이 공하므로 이것이 보살마하살의 같은 성품이며, 극희지는 극희지의 성품이 공하고, 나아가 법운지는 법운지의 성품이 공하므로 이것이 보살마하살의 같은 성품이며,

　다라니문은 다라니문의 성품이 공하고, 나아가 삼마지문은 삼마지문의 성품이 공하므로 이것이 보살마하살의 같은 성품이며, 5안은 5안의 성품이 공하고, 나아가 6신통은 6신통의 성품이 공하므로 이것이 보살마하살의 같은 성품이며, 여래의 10력은 여래의 10력의 성품이 공하고, 나아가 18불불공법은 18불불공법의 성품이 공하므로 이것이 보살마하살의 같은 성품이며, 무망실법은 무망실법의 성품이 공하고, 나아가 항주사성은 항주사성의 성품이 공하므로 이것이 보살마하살의 같은 성품이며, 일체지는 일체지의 성품이 공하고, 도상지·일체상지는 도상지·일체상지의 성품이 공하므로 이것이 보살마하살의 같은 성품이며,

　예류과는 예류과의 성품이 공하고, 나아가 독각의 보리는 독각의 보리의 성품이 공하므로 이것이 보살마하살의 같은 성품이며, 보살마하살의 행은 보살마하살의 행의 성품이 공하므로 이것이 보살마하살의 같은 성품이며, 제불의 무상정등보리는 제불의 무상정등보리의 성품이 공하므로 이것이 보살마하살의 같은 성품이나니, 제보살마하살들이 그 가운데에

안주하여 수학하는 까닭으로 같이 수학한다고 이름하며, 오히려 같이 수학하므로 무상정등보리에 나아가느니라."

그때 선현이 다시 세존께 아뢰어 말하였다.
"세존이시여. 만약 보살마하살이 색을 끝마치기 위한 까닭으로 수학하고 수·상·행·식을 끝마치기 위한 까닭으로 수학한다면, 이것이 일체지지(一切智智)를 수학하는 것입니까? 색을 벗어나기 위한 까닭으로 수학하고 수·상·행·식을 벗어나기 위한 까닭으로 수학한다면, 이것이 일체지지를 수학하는 것입니까? 색을 소멸하기 위한 까닭으로 수학하고 수·상·행·식을 소멸하기 위한 까닭으로 수학한다면, 이것이 일체지지를 수학하는 것입니까? 색을 생겨나지 않게 하려는 까닭으로 수학하고 수·상·행·식을 생겨나지 않게 하려는 까닭으로 수학한다면, 이것이 일체지지를 수학하는 것입니까?

세존이시여. 이와 같이 나아가, 보살마하살의 행을 끝마치기 위한 까닭으로 수학하고 제불의 무상정등보리를 끝마치기 위한 까닭으로 수학한다면, 이것이 일체지지를 수학하는 것입니까? 보살마하살의 행을 벗어나기 위한 까닭으로 수학하고 제불의 무상정등보리를 벗어나기 위한 까닭으로 수학한다면, 이것이 일체지지를 수학하는 것입니까? 보살마하살의 행을 소멸하기 위한 까닭으로 수학하고 제불의 무상정등보리를 소멸하기 위한 까닭으로 수학한다면, 이것이 일체지지를 수학하는 것입니까? 보살마하살의 행을 생겨나지 않게 하려는 까닭으로 수학하고 제불의 무상정등보리를 생겨나지 않게 하려는 까닭으로 수학한다면, 이것이 일체지지를 수학하는 것입니까?"

세존께서 선현에게 알리셨다.
"그대가 말한 것과 같이 '만약 보살마하살이 색을 끝마치기 위한 까닭으로, 벗어나기 위한 까닭으로, 소멸하기 위한 까닭으로, 생겨나지 않게 하려는 까닭으로, 이것이 일체지지를 수학하는 것인가? 수·상·행·식을 끝마치기 위한 까닭으로, 벗어나기 위한 까닭으로, 소멸하기 위한 까닭으로, 생겨나지 않게 하려는 까닭으로, 이것이 일체지지를 수학하는 것인가? 이와 같이 나아가, 보살마하살의 행을 끝마치기 위한 까닭으로, 벗어나기 위한 까닭으로, 소멸하기 위한 까닭으로, 생겨나지 않게 하려는 까닭으로, 이것이 일체지지를 수학하는 것인가? 제불의 무상정등보리를 끝마치기 위한 까닭으로, 벗어나기 위한 까닭으로, 소멸하기 위한 까닭으로, 생겨나지 않게 하려는 까닭으로, 이것이 일체지지를 수학하는 것인가?'라는 것이라면, 선현이여. 그대의 뜻은 어떠한가? 색의 진여(眞如)가 끝마치고, 벗어나며, 소멸하고, 단절되는가? 수·상·행·식의 진여가 끝마치고, 벗어나며, 소멸하고, 단절되는가? 이와 같이 나아가, 보살마하살의 행의 진여가 끝마치고, 벗어나며, 소멸하고, 단절되는가? 제불의 무상정등보리의 진여가 끝마치고, 벗어나며, 소멸하고, 단절되는가?"

　선현이 대답하여 말하였다.

　"아닙니다. 세존이시여. 아닙니다. 선서시여."

　세존께서 선현에게 알리셨다.

　"선현이여. 만약 보살마하살이 진여를 이와 같이 수학한다면, 이것이 일체지지를 수학하는 것이니라. 선현이여. 마땅히 알아야 하느니라. 진여는 끝마침이 없고, 벗어남이 없으며, 소멸함이 없고, 단절도 증득을 지을 수 없나니, 만약 보살마하살이 진여를 이와 같이 수학한다면, 이것이 일체지지를 수학하는 것이니라.

　선현이여. 만약 보살마하살이 이와 같이 수학하는 때라면 이것이 보시바라밀, 나아가 반야바라밀다를 수학하는 것이고, 이것이 내공, 나아가 무성자성공을 수학하는 것이며, 이것이 진여, 나아가 부사의계를 수학하는 것이고, 이것이 4념주, 나아가 8성도지를 수학하는 것이며, 이것이 4정려·4무량·4무색정을 수학하는 것이고, 이것이 8해탈, 나아가 10변처를 수학하는 것이며, 이것이 공·무상·무원해탈문을 수학하는 것이고, 이것이 극희지, 나아가 법운지를 수학하는 것이며, 이것이 일체의 다라니문·삼마지문을 수학하는 것이고, 이것이 5안·6신통을 수학하는 것이며, 이것이 여래의 10력, 나아가 18불불공법을 수학하는 것이고, 이것이 무망실법·항주사성을 수학하는 것이며, 이것이 일체지·도상지·일체상지를 수학하는 것이고, 이것이 일체의 보살마하살의 행을 수학하는 것이며, 이것이 제불의 무상정등보리를 수학하는 것이니라. 선현이여. 만약 보살마하살이 보시바라밀다, 나아가 제불의 무상정등보리를 수학한다면 이것이 일체지지를 수학하는 것이라고 마땅히 알아야 하느니라.

다시 다음으로 선현이여. 만약 보살마하살이 이와 같이 수학하는 때라면 일체의 수학(修學)이 구경의 피안에 이르는데, 일체의 천마(天魔)와 여러 외도(外道)들이 항복시키지 못하나니, 보살이 불퇴전지에 빠르게 이르러서 조부(祖父)로부터 일체의 여래·응공·정등각께서 상응하여 행하였던 처소라는 것을 행하고, 능히 수호할 법에서 전도가 없이 따라서 전전하며, 능히 어둠을 벗어나서 지을 것을 상응하여 작법(作法)하고, 일체의 유정을 능히 잘 성숙시키며, 스스로가 불국토를 공교로 청정하게 장엄한다면, 대자·대비·대희·대사와 나머지의 무량하고 무변한 불법을 잘 수학한다고 이름하느니라.

선현이여. 만약 보살마하살이 이와 같이 수학하는 때에 이것이 삼전십이행상(三轉十二行相)의 무상법륜(無上法輪)이라고 수학하였거나, 백천구지(俱胝)·나유타(那庾多)의 대중을 무여의열반계(無餘依涅槃界)의 안은한 처소에서 반열반을 시킨다고 수학하였거나, 부처의 종자(佛種)를 단절하지 않는 미묘한 행이라고 수학하였거나, 제불의 감로문(甘露門)을 연다고 수학하였거나, 무량하고 무수이며 무변한 유정들을 안립(安立)시켜서 3승법에 안주하게 한다고 수학하였거나, 이것은 일체의 유정들에게 구경의 적멸(寂滅)하고 진실한 무위계(無爲界)를 보여준다고 수학하였거나, 이것은 일체지지를 위하여 수학하였거나, 이와 같이 수학하는 자는 하열한 유정들로서 능히 수학하는 것이 아니니라. 선현이여. 만약 보살마하살이 일체의 유정들의 생사에 큰 고통을 잘 발제(拔濟)시키고자 하였다면, 상응하여 이와 같이 수학해야 하느니라.

다시 다음으로 선현이여. 만약 보살마하살이 이와 같이 수학하는 때에는 결정적으로 지옥·방생·염마(剡魔)[3]의 귀계(鬼界)에 떨어지지 않으며,

결정적으로 변방이거나 달서(達絮)·멸례차(蔑隸車)에 태어나지 않으며, 결정적으로 전다라(旃茶羅)의 집안과 보갈사(補羯娑)의 집안이거나, 나머지의 빈궁(貧窮)하고 하천(下賤)하며 율의(律儀)가 아닌 집안에 태어나지 않고, 결국에는 맹인·귀머거리·말 더듬이·벙어리·손발이 떨리는 자·근(根)과 지절(支節)이 결손된 자가 아니며, 곱추·미친병·간질·옹창·등창·옴·문둥병·치질·종기 등이 아니고, 크지도 않고 작지도 않으며, 역시 검지도 않으며, 더불어 여러 종류의 더러운 창병(瘡病)도 아니니라.

다시 다음으로 선현이여. 만약 보살마하살이 이와 같이 수학하는 때에는 태어나는 생(生)에 항상 권속이 원만하고 형상과 용모가 단엄(端嚴)하며 말씨(言詞)가 위엄있고 엄숙하므로 여러 사람이 사랑하고 공경할 것이며, 태어나는 처소에서 생명을 해치는 것, 나아가 삿된 견해를 벗어나서 결국 허망하고 삿된 법을 섭수하지 않고, 삿된 법으로써 스스로가 생명을 유지하지 않으며, 역시 파계와 악한 견해와 법을 비방하는 유정들을 섭수하여 친근한 벗으로 삼지 않느니라.

다시 다음으로 선현이여. 만약 보살마하살이 이와 같이 수학하는 때에는 결국 작은 지혜를 탐내고 즐거워하는 장수천(長壽天)[4]에 태어나지 않느니라. 그 까닭은 무엇인가? 이 보살마하살은 방편선교의 세력(勢力)을 성취하였고, 오히려 이러한 방편선교의 세력을 까닭으로 비록 능히 자주 정려(靜慮)와 무량정(無量定)과 더불어 무색정(無色定)에 들어갔을지라도 그 세력을 따라서 생명을 받지 않는데, 매우 깊은 반야바라밀다에 섭수되는 까닭이니라. 이와 같은 방편선교를 성취하였고, 여러 정려에서 비록 자재(自在)한 출입(入出)을 획득하였으므로, 여러 선정의 힘을 따라서 장수천에 태어났을지라도 보살의 수승하고 미묘한 행을 수행하면서 그만두지 않느니라.

선현이여. 만약 보살마하살이 이와 같이 수학하는 때에는 여래의 10력·

---

3) 산스크리트어 Yama의 음사이고, 지옥의 감독자로 지옥에 사는 왕을 가리킨다.
4) 산스크리트어 Asnnasatta의 음사이고, 색계 제4선의 무상천(無想天)을 가리킨다. 이곳의 수명은 5백 대겁(大劫)으로 매우 길어서 장수천이라고 불린다.

4무소외·4무애해·대자·대비·대희·대사와 18불불공법 등의 무량하고 무변한 제불의 미묘한 법에서 청정함을 획득하고, 오히려 청정한 까닭으로 성문·독각지에 떨어지지 않느니라.”

그때 구수 선현이 세존께 아뢰어 말하였다.
"세존이시여. 만약 일체법의 본성(本性)이 청정(淸淨)하다면 제보살마하살들은 어찌하여 다시 제불의 미묘한 법에서 청정함을 획득합니까?”
세존께서 선현에게 말씀하셨다.
"그와 같으니라. 그와 같으니라. 그대가 말한 것과 같으니라. 제법은 본래 성(自性)이 청정하고, 이 보살마하살은 일체법의 본성이 청정한 가운데에서 매우 깊은 반야바라밀다를 정근하면서 수학하고 여실하게 통달하며 함몰(陷沒)이 없고 막힘이 없으며 일체의 번뇌에서 염착(染著)을 벗어나는 까닭으로 보살이 다시 청정함을 획득하느니라.
다시 다음으로 선현이여. 비록 일체법의 본성이 청정할지라도 어리석은 범부인 이생(異生)들은 알지 못하고 보지 못하며 깨닫지 못하나니, 이 보살마하살은 그들에게 알고 보며 깨닫게 시키기 위하여 보시바라밀다, 나아가 반야바라밀다를 수행하고, 내공, 나아가 무성자성공에 안주하며, 진여, 나아가 부사의계에 안주하고, 고·집·멸·도성제에 안주하며, 4념주, 나아가 8성도지를 수행하고, 4정려·4무량·4무색정을 수행하며, 8해탈, 나아가 10변처를 수행하고, 공·무상·무원해탈문을 수행하며, 극희지, 나아가 법운지를 수행하고, 5안·6신통을 수행하며, 여래의 10력, 나아가 18불불공법을 수행하고, 무망실법·항주사성을 수행하며, 일체의 다라니문·일체의 삼마지문을 수행하고, 일체지·도상지·일체상지를 수행하느니라.
이 보살마하살이 일체법의 본성이 청정하다고 이와 같이 수학하는 때에 여래의 10력, 나아가 18불불공법과 더불어 무량하고 무변한 불법이 모두 청정함을 획득하여 성문·독각지에 떨어지지 않느니라. 제유정들에게 심행(心行)의 차별을 모두 통달하며, 지극한 피안에 이르러서 선교방편으로써 제유정들에게 일체법의 본성이 청정한 것을 증득하게 하고, 구경에 안락한 열반에 증득하게 하느니라.

선현이여. 마땅히 알아야 하느니라. 비유한다면 대지(大地)의 적은 곳에서는 금·은 등의 보배가 나오고 많은 곳에서는 모래·돌·기왓장들이 나오는 것과 같이 제유정의 부류들도 역시 다시 이와 같아서 적은 부류들이 매우 깊은 반야바라밀다를 수학하는데 이를테면, 대승에 안주하는 보살들이고, 많은 부류들은 성문·독각지에 법을 수학하는데 이를테면, 스스로가 이익을 구하는 중승(中乘)·하승(下乘)이니라.

선현이여. 마땅히 알아야 하느니라. 비유한다면 인간의 세계에서 적은 부류들이 능히 전륜왕의 업을 수학하고, 많은 부류들은 소왕(小王)의 업을 받고서 행하는 것과 같이, 제유정의 부류들도 역시 다시 이와 같아서 적은 부류들이 능히 적은 부류들이 능히 일체지지(一切智智)의 도(道)를 수학하고, 많은 부류들은 성문도(聲聞道)이거나, 독각도(獨覺道)를 받고서 행하느니라. 선현이여. 마땅히 알아야 하느니라. 무상정등보리를 구하면서 나아갈지라도 무상정등보리를 증득하는 제보살들은 적고, 성문·독각지에 떨어지는 자는 많으니라.

선현이여. 마땅히 알아야 하느니라. 보살승(菩薩乘)에 안주하는 보특가라(補特伽羅)들이 매우 깊은 반야바라밀다의 방편선교를 멀리 벗어나지 않는다면 결정적으로 능히 불퇴전지에 나아가서 들어가느니라. 만약 매우 깊은 반야바라밀다의 방편선교를 멀리 벗어난다면 결정적으로 무상정등보리에서 마땅히 퇴전이 있으니라. 이러한 까닭으로 보살마하살들이 보살의 불퇴전지(不退轉地)를 증득하고자 하였거나, 보살의 불퇴전인 숫자에 들어가고자 하였다면 마땅히 매우 깊은 반야바라밀다의 방편선교를 정근하면서 수행하고 잠시도 그만두지 않아야 하느니라.

다시 다음으로 선현이여. 만약 보살마하살이 이와 같은 매우 깊은 반야바라밀다의 방편선교를 수학한다면 결국 간탐(慳貪)·파계(破戒)·분노하고 성냄(忿恚)·해태(懈怠)·요동(散動)·악한 지혜(惡慧)를 함께 행하는 마음을 일으키지 않고, 역시 탐욕(貪欲)·진에(瞋恚)·우치(愚癡)·교만(憍慢)과 함께 행하는 마음도 일으키지 않으며, 방일(放逸)·오류(謬誤)와 나머지의 허물(過失)과 함께 행하는 마음도 일으키지 않고, 색·수·상·행·식에 집착하여 함께 행하는 마음도 일으키지 않으며, 안처, 나아가 의처에 집착하여 함께 행하는 마음도 일으키지 않으며, 색처, 나아가 법처에 집착하여 함께 행하는 마음도 일으키지 않으며,

 안계, 나아가 의계에 집착하여 함께 행하는 마음도 일으키지 않으며, 색계, 나아가 법계에 집착하여 함께 행하는 마음도 일으키지 않으며, 안식계, 나아가 의식계에 집착하여 함께 행하는 마음도 일으키지 않으며, 안촉, 나아가 의촉에 집착하여 함께 행하는 마음도 일으키지 않으며, 안촉을 인연으로 생겨난 여러 수, 나아가 의촉을 인연으로 생겨난 여러 수에 집착하여 함께 행하는 마음도 일으키지 않으며, 지계, 나아가 식계에 집착하여 함께 행하는 마음도 일으키지 않으며, 무명, 나아가 노사에 집착하여 함께 행하는 마음도 일으키지 않으며, 보시바라밀다, 나아가 반야바라밀다에 집착하여 함께 행하는 마음도 일으키지 않으며,

 내공, 나아가 무성자성공에 집착하여 함께 행하는 마음도 일으키지 않으며, 진여, 나아가 부사의계에 집착하여 함께 행하는 마음도 일으키지 않으며, 고·집·멸·도성제에 집착하여 함께 행하는 마음도 일으키지 않으며, 4정려·4무량·4무색정에 집착하여 함께 행하는 마음도 일으키지 않으며, 8해탈, 나아가 10변처에 집착하여 함께 행하는 마음도 일으키지 않으며, 4념주, 나아가 8성도지에 집착하여 함께 행하는 마음도 일으키지 않으며, 공·무상·무원 해탈문에 집착하여 함께 행하는 마음도 일으키지 않으며, 정관지, 나아가 여래지에 집착하여 함께 행하는 마음도 일으키지 않으며,

 극희지, 나아가 법운지에 집착하여 함께 행하는 마음도 일으키지 않으며, 5안·6신통에 집착하여 함께 행하는 마음도 일으키지 않으며, 여래의 10력, 나아가 18불불공법에 집착하여 함께 행하는 마음도 일으키지 않으며, 32상·80수호에 집착하여 함께 행하는 마음도 일으키지 않으며, 무망실

법·항주사성에 집착하여 함께 행하는 마음도 일으키지 않으며, 다라니문·삼마지문에 집착하여 함께 행하는 마음도 일으키지 않으며, 일체지·도상지·일체상지에 집착하여 함께 행하는 마음도 일으키지 않으며, 예류과, 나아가 독각의 보리에 집착하여 함께 행하는 마음도 일으키지 않으며, 일체의 보살마하살의 행에 집착하여 함께 행하는 마음도 일으키지 않으며, 제불의 무상정등보리에 집착하여 함께 행하는 마음도 일으키지 않느니라.

그 까닭은 무엇인가? 이 보살마하살이 깊은 반야바라밀다의 방편선교를 행하여 법이 있어서 이것을 얻을 수 있다고 보지 않느니라. 얻을 것이 없는 까닭으로 색 등의 제법에 집착하여 함께 하는 마음을 일으키지 않느니라."

마하반야바라밀다경 제456권

62. 동성품(同性品)(2)

"다시 다음으로 선현이여. 만약 보살마하살이 이와 같은 매우 깊은 반야바라밀다의 방편선교를 수학한다면 그 위덕(威德)의 힘을 까닭으로 일체의 바라밀다를 섭수(攝受)하여 수지(受持)하게 하고, 일체의 바라밀다를 증장하게 하며, 일체의 바라밀다를 이끌어서 인도하느니라. 왜 그러한가? 선현이여. 매우 깊은 반야바라밀다에는 일체의 바라밀다를 저장(숨藏)한 까닭이니라.

선현이여. 비유한다면 살가야견(薩迦耶見)[1]이 능히 62견(六十二見)[2]을 널리 저장한 것과 같이, 매우 깊은 반야바라밀다도 그와 같아서 일체의 바라밀다를 간직하였느니라. 선현이여. 비유한다면 일체의 죽은 사람들은 명근(命根)이 소멸한 까닭으로 제근(諸根)이 따라서 소멸하는데, 매우 깊은 반야바라밀다도 역시 이와 같아서 보시 등의 5바라밀다가 모두 따르므로, 만약 반야바라밀다가 없으면 역시 일체의 바라밀다도 없느니라. 이러한 까닭으로 선현이여. 만약 보살마하살이 일체의 바라밀다의

---

1) 산스크리트어 satkāya-dṛṣṭi의 번역이고, 설일체유부의 탐(貪)·진(瞋)·치(癡)·만(慢)·견(見)·의(疑)의 6가지 근본번뇌(根本煩惱)인 곧 6수면(六隨眠)의 가운데에서 견에 속하는 유신견(有身見)을 가리킨다. 5온(五蘊)의 화합체인 5취온(五取蘊)을 실유(實有)라고 집착하는 견해로써, 5취온을 실재하는 '나(我)·아소(我所)'이라고 집착하는 견해이다.
2) 초기불교의 경전 등에서 외도(外道)의 여러 사상을 62종류로 분류한 것으로, 62견취(六十二見趣)라고도 불린다.

구경(究竟)인 피안에 이르고자 한다면 상응하여 이와 같은 매우 깊은 반야바라밀다를 수학해야 하느니라.

다시 다음으로 선현이여. 만약 보살마하살이 이와 같은 매우 깊은 반야바라밀다를 능히 수학한다면 제유정들에서 최고로 존귀하고 최고로 수승하느니라. 왜 그러한가? 이 보살마하살은 이미 능히 최고로 높은 처소를 수학하였던 까닭이니라. 다시 다음으로 선현이여. 그대의 뜻은 어떠한가? 이 3천대세계에 제유정의 부류들이 어찌 많지 않겠는가?"

선현이 대답하여 말하였다.

"남섬부주의 가운데에 제유정의 부류들이 오히려 많아서 무수(無數)인데, 하물며 삼천대천세계에 유정의 부류들은 어찌 많지 않겠습니까?"

세존께서 선현에게 알리셨다.

"그와 같으니라. 그와 같으니라. 그대가 말한 것과 같으니라. 가사 삼천대천세계의 제유정의 부류들이 앞도 아니고 뒤도 아니면서 모두가 사람의 몸을 얻었고, 사람의 몸을 이미 얻었다면 앞도 아니고 뒤도 아니면서 모두 무상정등보리의 마음을 일으켜서 제보살마하살의 행을 수행하였으며, 수행이 이미 원만하였다면 앞도 아니고 뒤도 아니면서 모두가 무상정등보리를 증득하였고, 보살마하살이 있어서 그의 수명을 끝마치도록 능히 여러 종류의 상묘(上妙)한 화만(花鬘)·바르는 향(塗香)·뿌리는 향(散香)·의복(衣服)·영락(瓔珞)·보배의 당기(寶幢)와 번기(幡)·일산(蓋)·기악(伎樂)·등불(燈明)·방사(房舍)·와구(臥具)·음식(飮食)·의약품(醫藥) 등으로써 이 제여래·응공·정등각들께 공양하고 공경하며 존중하고 찬탄하면, 그대의 뜻은 어떠한가? 이 보살마하살이 오히려 이 인연으로 얻는 복덕은 많겠는가?"

선현이 대답하여 말하였다.

"매우 많습니다. 세존이시여."

세존께서 선현에게 말씀하셨다.

"만약 보살마하살이 이와 같은 매우 깊은 반야바라밀다를 항상 즐겁게 듣고서 수지(受持)하고 독송(讀誦)하며 구경에 날카롭게 통달(究竟通利)하고 이치와 같이 사유(如理思惟)하며 교계에 의지하여 수행(依敎修行)하고, 서사(書寫)하며 유포(流布)한다면 획득하는 복취(福聚)라는 것은 앞의 것보다 무량(無量)한 배수(倍數)이니라. 그 까닭은 무엇인가? 매우 깊은 반야바라밀다는 큰 의취(義趣)와 작용(作用)을 구족(具足)하였으므로, 능히 보살마하살이 빠르게 무상정등보리를 증득하느니라.

이러한 까닭으로 선현이여. 만약 보살마하살이 일체의 유정들의 상수(上首)에 기거하고자 하였거나, 일체의 유정들을 널리 요익(饒益)하게 하고자 하였거나, 구호(救護)가 없는 자에게 구호를 짓고자 하였거나, 귀의(歸依)가 없는 자에게 귀의를 짓고자 하였거나, 나아가 처소가 없는 자에게 나아갈 처소를 짓고자 하였거나, 안목(眼目)이 없는 자에게 안목을 짓고자 하였거나, 광명(光明)이 없는 자에게 광명을 짓고자 하였거나, 정도(正道)를 잃은 자에게 정도를 보여주고자 하였거나, 열반하지 못한 자에게 열반을 얻게 하고자 하였다면, 마땅히 이와 같은 매우 깊은 반야바라밀다를 수학해야 하느니라.

선현이여. 만약 보살마하살이 무상정등보리를 얻고자 하였거나, 여래께서 행하는 경계를 행하고자 하였거나, 제불께서 유희(遊戲)하는 처소를 유희하고자 하였거나, 여래의 큰 사자후(師子吼)를 짓고자 하였거나, 제불의 무상(無上)한 법고(法鼓)를 울리고자 하였거나, 제불의 무상한 법의 종(法鐘)을 두드리고자 하였거나, 제불의 무상한 법의 나팔(法螺)을 불고자 하였거나, 제불의 무상한 자리에 오르고자 하였거나, 제불의 무상한 법의 의취를 널리 설하고자 하였거나, 일체의 유정들에게 의심의 그물을 끊어주고자 하였거나, 제불의 미묘한 감로계(甘露界)에 들어가고자 하였거나, 제불의 미묘한 법락(法樂)을 받고자 하였거나, 여래의 수승한 공덕을 증득하고자 하였다면, 마땅히 이와 같은 매우 깊은 반야바라밀다를 수학해야 하느니라.

선현이여. 만약 보살마하살이 이와 같은 매우 깊은 반야바라밀다를 수학한다면 일체의 공덕과 선근이 능히 섭수되지 못하는 것이 없고, 일체의 공덕과 선근도 얻지 못하는 것이 없느니라. 그 까닭은 무엇인가?

매우 깊은 반야바라밀다는 일체의 공덕과 선근이 의지하는 처소인 까닭이니라."

구수 선현이 아뢰어 말하였다.
"세존이시여. 제보살마하살들이 이와 같은 매우 깊은 반야바라밀다를 수행하더라도, 어찌 일체의 성문과 독각의 공덕과 선근까지 능히 섭수하거나, 능히 얻을 수 있겠습니까?"
세존께서 선현에게 말씀하셨다.
"이 보살마하살은 일체의 성문과 독각의 공덕과 선근도 능히 섭수하고 능히 얻느니라. 그렇지만 그 가운데에서 안주가 없고 집착이 없나니, 수승한 지견(知見)으로써 바르게 관찰한다면 성문·독각지를 초월하여 보살의 정성이생(正性離生)에 들어가는 까닭으로, 이 보살마하살들은 일체의 공덕과 선근을 섭수하고 얻지 못하는 것이 없느니라. 선현이여. 만약 보살마하살이 이와 같은 매우 깊은 반야바라밀다를 능히 수학한다면, 곧 일체지지에 가까워져서 빠르게 무상정등보리를 증득하느니라.
선현이여. 만약 보살마하살이 이와 같은 매우 깊은 반야바라밀다를 능히 수학한다면, 곧 일체 세간의 천상·인간·아소락 등의 진실한 복전(福田)이 되고, 여러 세간의 사문·바라문·성문·독각의 복전을 최고(上)로 초월하므로 빠르게 능히 일체지지를 증득할 것이고, 태어나는 곳을 따라서 항상 반야바라밀다를 버리지 않고, 항상 반야바라밀다를 벗어나지 않으며, 항상 반야바라밀다를 행하느니라. 선현이여. 만약 보살마하살이 매우 깊은 반야바라밀다를 이와 같이 능히 수학한다면, 이미 일체지지에서 불퇴전을 얻고, 일체법에서 능히 바르게 깨달아 알며, 성문·독각지를 멀리 벗어나서 무상정등보리에 가까워진다고 마땅히 알아야 하느니라.
선현이여. 만약 보살마하살이 '이것은 반야바라밀다이다. 이것은 수행하는 때이다. 이것은 수행하는 처소이다. 나는 능히 이러한 매우 깊은 반야바라밀다를 수행한다. 나는 오히려 이와 같은 매우 깊은 반야바라밀다에서 이와 같은 상응하여 버려야 하는 법이라는 것을 버리고 결정적으로 마땅히 일체지지를 증득하겠다.'라고 이렇게 생각을 지었다면, 이 보살마하살은 반야바라밀다를 수행하는 것이 아니고, 역시 반야바라밀다를 능히 명료하게 이해하지도 못하느니라. 왜 그러한가? 매우 깊은 반야바라밀다를 '나는 이것의 반야바라밀다이다. 이것은 수행하는 때이다. 이것은 수행하는 처소이다. 이것은 수행하는 자이다. 이것은 반야바라밀다를 멀리 벗어나는 법이라는 것이다. 이것은 반야바라밀다가 명료하게 비추는 법이라는 것이다. 이것은 반야바라밀다가 증득하는 것인 무상정등보리이다.'라고 이렇게 생각을 짓지 않느니라. 만약 이와 같고 이와 같다면 이것이 반야바라밀다를 행하는 것이니라.

선현이여. 만약 보살마하살이 '이것은 반야바라밀다가 아니다. 이것은 수행하는 때가 아니다. 이것은 수행하는 처소가 아니다. 이것은 수행하는 자가 아니다. 오히려 반야바라밀다에서 일체에 상응하여 버려야 하는 법을 멀리 벗어나지 않겠다. 오히려 반야바라밀다에서 결정적으로 능히 일체지지를 증득하지 않겠다. 그 까닭은 무엇인가? 일체법으로써 모두가 진여·법계·법성·불허망성·불변이성·평등성·이생성·법정·법주·실제·허공계·부사의계에 안주하는 것이고, 이 가운데에서는 모두가 차별이 없다.'라고 이와 같이 생각을 지었다면, 선현이여. 만약 보살마하살의 능히 이와 같은 행한다면 이것이 반야바라밀다를 행하는 것이니라."

63. 무분별품(無分別品)

그때 천제석이 살며시 이렇게 생각을 지었다.

'만약 보살마하살이 반야바라밀다, 나아가 보시바라밀다를 수행하고, 내공, 나아가 무성자성공에 안주하며, 진여, 나아가 부사의계에 안주하고, 고·집·멸·도성제에 안주하며, 4념주, 나아가 8성도지를 수행하고, 4정려·

4무량·4무색정을 수행하며, 8해탈, 나아가 10변처를 수행하고, 공·무상·무원해탈문을 수행하며, 극희지, 나아가 법운지를 수행하고, 일체의 다라니문·삼마지문을 수행하며, 5안·6신통을 수행하고, 여래의 10력, 나아가 18불불공법을 수행하며, 무망실법·항주사성을 수행하고, 일체지·도상지·일체상지를 수행하며, 보살마하살의 행을 수행하고, 제불의 무상정등보리를 수행할지라도 오히려 일체의 유정들의 최상(上)을 초월하는데, 하물며 무상정등보리를 얻은 사람이겠는가!

만약 제유정들이 일체지지의 명자(名字)를 설하는 것을 듣고서 마음에 신해(信解)가 생겨난다면 오히려 인간의 가운데에서 선한 이익을 획득하고, 세간에서 최고로 수승한 수명(壽命)을 획득하는데, 하물며 무상정등보리의 마음을 일으키거나, 혹은 이와 같은 매우 깊은 반야바라밀다의 경전을 항상 듣는 것이겠는가! 만약 제유정들이 능히 무상정등보리의 마음을 일으키거나, 능히 반야바라밀다의 매우 깊은 경전을 듣는다면, 여러 나머지의 제유정들도 모두 상응하여 소원하고 즐거워할 것이니, 획득하는 공덕이라는 것은 세간의 천상·인간·아소락 등이 능히 미치지 못하는 까닭이니라.'

이때 천제석은 이렇게 생각을 짓고서 곧 천상(天上)의 미묘음화(微妙音花)를 취하여 여래·응공·정등각과 제보살마하살들에게 받들어 흩뿌렸다. 이미 꽃을 흩뿌렸으므로 이렇게 서원을 지으면서 말하였다.

"만약 보살승의 선남자와 선여인 등이 무상정등보리를 구하면서 나아간다면, 내가 집적하였던 공덕의 선근으로써 그 구하였던 것인 무상(無上)의 불법(佛法)과 일체지지가 빠르게 원만함을 얻게 하겠고, 내가 집적하였던 공덕의 선근으로써 그들이 구하였던 것인 자연(自然)스러운 인간의 법과 진실한 무루법(無漏法)이 빠르게 원만함을 얻게 하겠으며, 내가 집적하였던 공덕의 선근으로써 그들의 일체의 듣고자 하였던 법이 빠르게 원만함을 얻게 하겠으며, 내가 집적하였던 공덕의 선근으로써 만약 성문승이거나 독각승을 구할지라도 소원이 빠르게 만족되게 하겠다."

이렇게 서원을 짓고서 곧 세존께 아뢰어 말하였다.

"세존이시여. 만약 보살승의 여러 선남자와 선여인 등이 이미 무상정등보리의 마음을 일으켰다면 저는 결국 한 생각의 다른 뜻이라도 생겨나서 그들이 대보리심(大菩提心)에서 퇴전하지 않게 하겠고, 나는 역시 한 생각의 다른 뜻이라도 생겨나서 제보살마하살들이 무상정등보리를 싫어하고 벗어나서 성문·독각지로 퇴전하여 머무르지 않게 하겠습니다.

세존이시여. 만약 보살마하살이 무상정등보리의 마음에서 이미 욕락(欲樂)이 생겨났다면, 저는 그들의 마음이 두 배로 증진(增進)하여 빠르게 무상정등보리를 증득하는 것을 소원하겠고, 그 보살마하살이 중생들이 생사의 가운데에서 여러 종류의 고통을 받는 것을 보았다면, 세간의 천상·인간·아소락 등을 이익되고 안락하게 하기 위하여 '나는 이미 생사의 큰 바다를 스스로가 헤아렸으니, 역시 헤아리지 못한 자들을 마땅히 정근하면서 헤아리겠습니다. 나는 이미 스스로가 생사의 계박(繫縛)을 해탈하였으니, 역시 해탈하지 못한 자들을 마땅히 정근하면서 해탈시키겠습니다. 나는 이미 스스로가 구경의 열반을 증득하였으니, 역시 증득하지 못한 자들을 마땅히 정근하면서 모두 증득시키겠습니다.'라고 여러 종류의 견고한 대원(大願)을 일으킬 것입니다.

세존이시여. 만약 선남자와 선여인 등이 초발심(初發心)의 보살마하살의 공덕과 선근에서 따라서 환희하는 마음을 일으킨다면 얼마의 복취(福聚)를 획득합니까? 오랫동안 발심한 보살마하살의 공덕과 선근에서 따라서 환희하는 마음을 일으킨다면 얼마의 복취를 획득합니까? 불퇴전지의 보살마하살의 공덕과 선근에서 따라서 환희하는 마음을 일으킨다면 얼마의 복취를 획득합니까? 한 생이 계박(一生所繫)된 보살마하살의 공덕과 선근에서 따라서 환희하는 마음을 일으킨다면 얼마의 복취를 획득합니까?"

그때 세존께서 천제석에게 말씀하셨다.

"교시가(憍尸迦)여. 4대주(四大洲)의 무게와 숫자는 알 수 있을지라도, 이 선남자와 선여인 등이 따라서 함께 환희하는 마음에서 생겨나는 복덕(福德)은 그 분량을 알 수 없느니라. 교시가여. 나아가 삼천대천세계의 무게와 숫자는 알 수 있을지라도, 이 선남자와 선여인 등이 따라서 함께 환희하는 마음에서 생겨나는 복덕은 그 분량을 알 수 없느니라. 교시가여. 가사 삼천대천세계를 하나의 큰 바다로 삼고서 하나의 터럭을 취하여 백 가닥(白分)으로 쪼개고서 한 가닥의 끝을 가지고 큰 바닷물을 적셔내는 물방울 숫자는 알 수 있을지라도, 이 선남자와 선여인 등이 따라서 함께 환희하는 마음에서 생겨나는 복덕은 그 분량을 알 수 없느니라."

천제석이 다시 세존께 아뢰어 말하였다.
"세존이시여. 만약 제유정들이 보살마하살의 공덕과 선근에서 따라서 환희하지 않는 자는 모두가 악마라는 것에게 미혹되어 집착한다고 마땅히 알아야 합니다. 세존이시여. 만약 제유정들이 보살마하살의 공덕과 선근에서 따라서 환희하지 않는 자는 모두 악마의 붕당(朋黨)이라고 마땅히 알아야 합니다. 세존이시여. 만약 제유정들이 보살마하살의 공덕과 선근에서 따라서 환희하지 않는 자는 모두 악마의 궁전에서 죽었고 이 세간에 와서 태어났다고 마땅히 알아야 합니다. 그 까닭은 무엇인가? 만약 보살마하살이 무상정등보리를 구하고자 나아가면서 제보살마하살의 행을 수행하였는데, 만약 제유정들이 그 보살마하살들의 공덕과 선근에서 따라서 환희하고 회향한다면 모두가 마군(魔軍)·궁전(宮殿)·권속(眷屬)을 파괴합니다.

세존이시여. 만약 제유정들이 깊은 마음으로 불(佛)·법(法)·승보(僧寶)를 공경하고 사랑한다면, 태어나는 처소를 따라서 항상 제불을 보고자 하고, 항상 법을 듣고자 하며, 항상 승가를 만나고자 하므로, 제보살마하살들의 공덕과 선근에서 상응하여 따라서 환희함이 생겨납니다. 이미 따라서 환희하였다면 무상정등보리에 회향하면서 상응하여 둘이라는 생각이 생겨나지 않고 무이(無二)라는 생각도 없습니다. 만약 능히 이와 같다면, 빠르게 무상정등보리를 증득하여 유정들을 이익되고 안락하게 하며 마군들을 파괴합니다."

그때 세존께서 천제석에게 말씀하셨다.

"그와 같으니라. 그와 같으니라. 그대가 말한 것과 같으니라. 교시가여. 만약 제유정들이 보살마하살의 공덕과 선근에서 깊은 마음으로 따라서 환희하였다면 무상정등보리에 회향하였다면, 이 제유정들은 제보살의 행을 빠르게 능히 원만하게 하고서 빠르게 무상정등보리를 증득하느니라. 만약 제유정들이 보살마하살의 공덕과 선근에서 깊은 마음으로 따라서 환희하였다면 무상정등보리에 회향하였다면, 이 제유정들은 큰 위력을 구족하고 항상 일체의 여래·응공·정등각들과 선지식을 받들어 섬기고 항상 반야바라밀다의 매우 깊은 경전을 들었으므로 그 의취(義趣)를 잘 아느니라.

교시가여. 이 제유정들은 이와 같이 따라서 환희하고 회향하는 공덕과 선근을 성취하므로 태어나는 처소를 따라서 항상 세간의 천상·인간·아소락 등에게 공양받고 공경받으며 존중받고 찬탄을 받으며, 악(惡)한 색깔을 보지 않고, 악한 소리를 듣지 않으며, 악한 냄새를 맡지 않고, 나쁜 맛을 맛보지 않으며, 나쁜 감촉을 느끼지 않고, 나쁜 법을 생각하지 않으며, 항상 제불·세존을 멀리 벗어나지 않고 한 불국토에서 다른 한 불국토에 나아갈지라도 제불께 친근하면서 여러 선근을 심으며, 유정들을 성숙시키고 불국토를 청정하게 장엄하느니라.

왜 그러한가? 교시가여. 이 제유정들은 능히 무수(無數)인 초발심(初發心)인 보살마하살들의 공덕과 선근에서 깊은 마음으로 따라서 환희하면서 무상정등보리에 회향하였고, 능히 무수인 초지(初地), 나아가 십지(十地)에 안주하는 보살마하살들의 공덕과 선근에서 깊은 마음으로 따라서 환희하면서 무상정등보리에 회향하였으며, 능히 무수인 한 생에 계박된 보살마하살들의 공덕과 선근에서 깊은 마음으로 따라서 환희하면서 무상정등보리에 회향하였느니라. 오히려 이러한 인연으로 이 제유정들의 선근이 증진하므로 빠르게 무상정등보리를 증득할 것이고 이미 무상정등보리를 증득하였다면, 능히 미래를 끝마치도록 무량(無量)하고 무수(無數)이며 무변(無邊)한 유정들을 여실(如實)하게 이익되고 안락하게 하면서 무여열반계(無餘涅槃界)에 안주하게 하느니라.

이러한 까닭으로 교시가여. 보살승에 안주하는 선남자와 선여인 등이 초발심인 보살마하살들의 공덕과 선근이거나, 오랫동안 발심한 보살마하살들의 공덕과 선근이거나, 불퇴전지의 보살마하살들의 공덕과 선근이거나, 한 생에 계박된 보살마하살들의 공덕과 선근일지라도, 모두가 상응하여 따라서 환희하면서 무상정등보리에 회향해야 하느니라. 따라서 환희함이 생겨나거나 회향하는 때에 상응하여 집착하면서 나아가는 마음과, 벗어나는 마음을 따라서 환희하는 회향에 상응하지 않아야 하고, 집착하면서 나아가는 마음의 수행과, 벗어나는 마음을 따라서 환희하는 수행에 상응하지 않아야 하느니라.

만약 이와 같이 집착이 없는 것에서 따라서 환희하면서 회향하고 제보살마하살의 행을 수행한다면, 빠르게 무상정등보리를 증득하고, 능히 미래가 끝마치도록 제유정들을 이익(利益)되고 안락(安樂)하게 하면서 모두를 구경의 열반에 안주하게 하느니라."

그때 구수 선현이 세존께 아뢰어 말하였다.

"세존이시여. 여래(佛)께서 설하신 것과 같다면, 제법(諸法)은 환영(幻影)과 같고, 나아가 제법은 변화하는 일과 같은데, 어찌하여 보살마하살은 환영과 같은 마음으로써 능히 무상정등보리를 증득하겠습니까?"

세존께서 선현에게 말씀하셨다.

"그대의 뜻은 어떠한가? 그대는 보살마하살들의 환영과 같은 마음을 보았는가?"

선현이 대답하여 말하였다.

"아닙니다. 세존이시여. 저는 환영을 보지 못하였고, 역시 환영과 같은 마음이 있는 것도 보지 못하였습니다."

세존께서 선현에게 말씀하셨다.

"그대의 뜻은 어떠한가? 만약 환영이 없고 환영과 같은 마음의 처소도 없다면, 그대는 이러한 마음이 있고 능히 무상정등보리를 증득하는 것을 보았는가?"

선현이 대답하여 말하였다.

"아닙니다. 세존이시여. 저는 모두 환영이 없고, 환영과 같은 마음이 없는 처소도 있으며, 다시 이러한 마음으로 무상정등보리를 능히 증득하는 것을 모두 보지 못하였습니다."

세존께서 선현에게 말씀하셨다.

"그대의 뜻은 어떠한가? 만약 환영을 벗어났고 환영과 같은 마음을 벗어난 처소라면, 그대는 이러한 법이 있고 능히 무상정등보리를 증득하는 것을 보았는가?"

"아닙니다. 세존이시여. 저는 만약 환영을 벗어났고 환영과 같은 마음을 벗어난 처소가 있으며, 다시 이러한 법으로 무상정등보리를 능히 증득하는 것을 모두 보지 못하였습니다. 세존이시여. 저는 나아가는 심법(心法)과 벗어나는 심법을 모두 보지 못하였는데 무엇 등의 법이 이것은 있고 이것은 없다고 말하겠습니까? 일체법으로써 반드시 결국에는 멀리 벗어난 까닭이니, 만약 일체법을 반드시 결국에는 멀리 벗어난 자라면 이 법은 있고 이 법은 없다고 시설(施設)할 수 없습니다. 만약 법이 있거나 없다고 시설하지 못한다면, 곧 무상정등보리를 증득한다고 말할 수 없나니, 무소유(無所有)의 법으로써 능히 보리를 증득할 수 없는 까닭입니다. 그 까닭은 무엇인가? 일체법으로써 모두가 무소유이고 성품을 얻을 수 없나니, 태어남이 없고 소멸함이 없으며 염오가 없고 청정함이 없습니다.

왜 그러한가? 세존이시여. 반야바라밀다, 나아가 보시바라밀다가 반드시 결국에는 멀리 벗어난 까닭이고, 내공, 나아가 무성자성공이 반드시 결국에는 멀리 벗어난 까닭이며, 진여, 나아가 부사의계가 반드시 결국에는 멀리 벗어난 까닭이고, 고·집·멸·도성제가 반드시 결국에는 멀리 벗어난 까닭이며, 4념주, 나아가 8성도지가 반드시 결국에는 멀리 벗어난 까닭이고, 4정려·4무량·4무색정이 반드시 결국에는 멀리 벗어난 까닭이며, 8해탈, 나아가 10변처가 반드시 결국에는 멀리 벗어난 까닭이고, 공·무상·무원해탈문이 반드시 결국에는 멀리 벗어난 까닭이며,

극희지, 나아가 법운지가 반드시 결국에는 멀리 벗어난 까닭이고,

일체의 다라니문·삼마지문이 반드시 결국에는 멀리 벗어난 까닭이며, 5안·6신통이 반드시 결국에는 멀리 벗어난 까닭이고, 여래의 10력, 나아가 18불불공법이 반드시 결국에는 멀리 벗어난 까닭이며, 무망실법·항주사성이 반드시 결국에는 멀리 벗어난 까닭이고, 일체지·도상지·일체상지가 반드시 결국에는 멀리 벗어난 까닭이며, 일체의 보살마하살의 행이 반드시 결국에는 멀리 벗어난 까닭이며, 제불의 무상정등보리가 반드시 결국에는 멀리 벗어난 까닭이고, 일체지지도 반드시 결국에는 멀리 벗어난 까닭입니다.

세존이시여. 만약 법이 반드시 결국에는 멀리 벗어났다면 이 법은 상응하여 수행할 수 없고, 역시 상응하여 버릴 수 없으며, 역시 다시 상응하여 이끌어서 일으킬 수 없고, 매우 깊은 반야바라밀다도 반드시 결국에는 멀리 벗어난 까닭으로 법에서 상응하여 이끌어서 일으킬 것이 있지 않습니다. 세존이시여. 매우 깊은 반야바라밀다가 반드시 결국에는 멀리 벗어났다면, 어찌 제보살마하살들이 매우 깊은 반야바라밀다에 의지하여 무상정등보리를 증득한다고 설할 수 있겠습니까? 제불의 무상정등보리도 역시 반드시 결국에는 멀리 벗어났다면, 어찌 멀리 벗어난 법으로 멀리 벗어난 법을 능히 증득하겠습니까? 이러한 까닭으로 상응하여 반야바라밀다는 무상정등보리를 증득한다고 설할 수 없습니다."

세존께서 선현에게 알리셨다.

"옳도다. 옳도다. 그와 같으니라. 그와 같으니라. 그대가 말한 것과 같으니라. 그 까닭은 무엇인가? 선현이여. 매우 깊은 반야바라밀다, 나아가 보시바라밀다가 반드시 결국에는 멀리 벗어난 것이고, 이와 같이 나아가, 일체의 보살마하살의 행이 반드시 결국에는 멀리 벗어난 것이며, 제불의 무상정등보리도 반드시 결국에는 멀리 벗어난 것이고, 일체지지도 반드시 결국에는 멀리 벗어난 것이니라.

선현이여. 매우 깊은 반야바라밀다, 나아가 보시바라밀다가 반드시 결국에는 멀리 벗어난 까닭으로써 보살마하살이 반드시 결국에는 멀리 벗어난 무상정등보리를 증득한다고 설할 수 있고, 이와 같이 나아가,

일체지지가 반드시 결국에는 멀리 벗어난 까닭으로써 보살마하살이 반드시 결국에는 멀리 벗어난 무상정등보리를 증득한다고 설할 수 있느니라. 선현이여. 만약 매우 깊은 반야바라밀다, 나아가 보시바라밀다가 반드시 결국에는 멀리 벗어나지 않았다면, 상응하여 반야바라밀다, 나아가 보시바라밀다가 아니고 이와 같이 나아가, 일체지지가 반드시 결국에는 멀리 벗어나지 않았다면, 상응하여 일체지지가 아니니라.

선현이여. 매우 깊은 반야바라밀다, 나아가 보시바라밀다가 반드시 결국에는 멀리 벗어난 까닭으로 반야바라밀다, 나아가 보시바라밀다라고 이름하고, 이와 같이 나아가, 반드시 결국에는 멀리 벗어난 까닭으로 일체지지라고 이름하느니라. 이러한 까닭으로 선현이여. 제보살마하살들이 매우 깊은 반야바라밀다를 의지하지 않고서 무상정등보리를 증득하는 것은 아니니라. 선현이여. 비록 멀리 벗어나는 법으로 멀리 벗어나는 법을 증득하는 것이 아니고, 무상정등보리를 증득할지라도 매우 깊은 반야바라밀다에 의지하지 않는 것은 아니니라. 이러한 까닭으로 보살마하살들이 무상정등보리를 증득하고자 한다면 항상 상응하여 이와 같은 매우 깊은 반야바라밀다를 정근하면서 수학해야 하느니라."

구수 선현이 말하였다.
"세존이시여. 제보살마하살들이 행하는 것의 법의 의취는 아울러 매우 깊게 됩니다."
세존께서 선현에게 말씀하셨다.
"그와 같으니라. 그와 같으니라. 그대가 말한 것과 같으니라. 제보살마하살들이 행하는 것의 법의 의취는 아울러 매우 깊게 되므로 보기 어렵고 깨닫기 어려우며, 심사(尋思)할 것이 아니고 심사의 경계를 초월하였으므로, 미묘하고 비밀스러운 지혜가 있는 자는 내신(內身)으로부터 증득할지라도, 널리 설할 수 없느니라. 선현이여. 마땅히 알아야 하느니라. 제보살마하살들은 능히 어려운 일을 하는데, 비록 이와 같은 매우 깊은 법의 의취를 행할지라도 성문·독각지의 법에서 증득을 짓지 않느니라."

구수 선현이 다시 세존께 아뢰어 말하였다.
"제가 세존께서 설하신 의취를 이해하는 것과 같다면, 제보살마하살들이 지었던 것에는 어려움이 없으므로, 그들이 능히 어려운 일을 한다고 상응하여 설하지 않아야 합니다. 그 까닭은 무엇인가? 제보살마하살들이 증득하는 것의 의취는 모두 얻을 수 없고, 능히 증득하는 반야바라밀다도 역시 얻을 수 없으며, 증득하는 법·증득하는 자·증득하는 처소·증득하는 때도 역시 얻을 수 없습니다. 세존이시여. 제보살마하살들이 일체의 법을 관찰한다면, 이미 얻을 수 없는데, 무슨 법의 의취가 있어서 증득하는 것이 되겠고, 무슨 반야바라밀다가 있어서 증득하는 것이 되겠으며, 다시 무엇 등이 있어서 증득하는 법·증득하는 자·증득하는 처소·증득하는 때를 시설할 수 있겠습니까? 이미 그와 같다면 어찌 오히려 이것으로 무상정등보리를 증득하겠다고 집착하겠습니까? 무상정등보리를 오히려 증득하지 않는데, 하물며 성문·독각지를 증득하겠습니까?
세존이시여. 만약 이와 같이 수행한다면 이것을 보살마하살의 얻을 수 없는 행이라 이름하나니, 만약 보살마하살이 능히 이와 같이 얻을 수 없는 행을 수행한다면, 일체의 법에 장애가 없고 어두움이 없을 것입니다. 세존이시여. 만약 보살마하살이 이러한 말로 설하는 것을 듣고서 그 마음이 놀라지 않고 두려워하지 않으며 겁내지 않고 근심하지 않으며 후회하지 않고 숨기지 않으며 침울하지 않는다면, 이것이 반야바라밀다를 수행하는 것입니다.
세존이시여. 이 보살마하살은 이와 같이 수행하는 때에 제상(諸相)을 보지 않으며, 나의 행을 보지 않으며, 행하지 않는 것을 보지 않고, 반야바라밀다의 이것은 내가 수행하는 것이라고 보지 않으며, 무상정등보리의 이것은 내가 증득할 것이라고 보지 않으며, 역시 다시 증득하는 때와 증득하는 처소 등도 보지 않습니다. 세존이시여. 이 보살마하살은 깊은 반야바라밀다를 수행하는 때에 '나는 성문·독각지와 멀어졌고 무상정등보리에 가까워졌다.'라고 이렇게 생각을 짓지 않습니다.
세존이시여. 비유한다면 허공(虛空)과 같아서 '내가 그 법과 멀어졌으니, 먼 것과 같고 가까운 것과 같다.'라고 이렇게 생각을 짓지 않습니다. 왜 그러한가? 허공은 움직임이 없고 차별도 없으며 분별이 없는 까닭입니다. 제보살마하살들도 역시 다시 이와 같아서 깊은 반야바라밀다를 수행하는 때에 '나는 성문·독각지와 멀어졌고 무상정등보리에 가까워졌다.'라고 이렇게 생각을 짓지 않습니다. 왜 그러한가? 매우 깊은 반야바라밀다는 일체법에서 분별이 없는 까닭입니다.

세존이시여. 비유한다면 마술사(幻師)와 같아서 '마술의 본질(質)과 마술의 스승과 관중(觀衆)은 나와 멀어졌으니 먼 것과 같고 가까운 것과 같다.'라고 이렇게 생각을 짓지 않습니다. 왜 그러한가? 마술사는 분별이 없는 까닭입니다. 제보살마하살들도 역시 다시 이와 같아서 깊은 반야바라밀다를 수행하는 때에 '나는 성문·독각지와 멀어졌고 무상정등보리에 가까워졌다.'라고 이렇게 생각을 짓지 않습니다. 왜 그러한가? 매우 깊은 반야바라밀다는 일체법에서 분별이 없는 까닭입니다.

세존이시여. 비유한다면 그림자(影像)와 같아서 '나는 본질(本質)과 멀어졌고 내가 의지하는 것과 멀어졌으니 먼 것과 같고 가까운 것과 같다.'라고 이렇게 생각을 짓지 않습니다. 왜 그러한가? 그림자는 분별이 없는 까닭입니다. 제보살마하살들도 역시 다시 이와 같아서 깊은 반야바라밀다를 수행하는 때에 '나는 성문·독각지와 멀어졌고 무상정등보리에 가까워졌다.'라고 이렇게 생각을 짓지 않습니다. 왜 그러한가? 매우 깊은 반야바라밀다는 일체법에서 분별이 없는 까닭입니다.

세존이시여. 깊은 반야바라밀다를 수행하는 제보살마하살들은 사랑(愛)이 없고 미움(憎)도 없습니다. 왜 그러한가? 매우 깊은 반야바라밀다는 만약 사랑이거나, 만약 미움의 경계에서 자성(自性)을 얻을 수 없는 까닭입니다. 세존이시여. 제여래·응공·정등각께서 일체법에서 사랑이 없고 미움이 없는 것과 같이, 깊은 반야바라밀다를 수행하는 보살마하살도 이와 같아서 일체법에서 사랑이 없고 미움도 없습니다. 왜 그러한가? 제불과 보살의 매우 깊은 반야바라밀다는 사랑과 미움을 단절(斷絕)한 까닭입니다.

세존이시여. 제여래·응공·정등각께서 일체의 분별과 여러 종류의 분별과 주변에 편만(遍滿)한 분별을 모두 단절한 것과 같이, 깊은 반야바라밀다를 수행하는 보살마하살도 이와 같아서, 일체의 분별과 여러 종류의 분별과 주변에 편만(遍滿)한 분별을 모두 단절하였습니다. 왜 그러한가? 제불과 보살의 매우 깊은 반야바라밀다는 분별이 없는 까닭입니다.

세존이시여. 제여래·응공·정등각께서는 '나는 성문·독각지와 멀어졌고 무상정등보리에 가까워졌다.'라고 이렇게 생각을 짓지 않는 것과 같이, 깊은 반야바라밀다를 수행하는 제보살마하살들도 이와 같아서, '나는 성문·독각지와 멀어졌고 무상정등보리에 가까워졌다.'라고 이렇게 생각을 짓지 않습니다. 왜 그러한가? 제불과 보살의 매우 깊은 반야바라밀다는 일체법에서 분별이 없는 까닭입니다. 세존이시여. 제여래·응공·정등각께서 변화시켰던 자가 '나는 성문·독각지와 멀어졌고 무상정등보리에 가까워졌다.'라고 이렇게 생각을 짓지 않나니, 일체의 여래·응공·정등각들과 변화시켰던 자는 분별이 없는 까닭과 같습니다. 깊은 반야바라밀다를 수행하는 제보살마하살들도 이와 같아서, '나는 성문·독각지와 멀어졌고 무상정등보리에 가까워졌다.'라고 이렇게 생각을 짓지 않습니다. 왜 그러한가? 제불과 보살의 매우 깊은 반야바라밀다는 일체법에서 분별이 없는 까닭입니다.

세존이시여. 제불 등께서 지으려던 것이 있었으므로, 변화시킨 자를 변화시켜서 지었다면, 그 변화한 자는 '나는 이와 같은 사업(事業)을 능히 조작(造作)한다.'라고 이렇게 생각을 짓지 않는 것과 같습니다. 왜 그러한가? 여러 변화되었던 자는 조작하는 업에서 분별이 없는 까닭입니다. 매우 깊은 반야바라밀다도 역시 다시 그와 같아서 하려는 것이 있으므로 정근하면서 수습하고, 이미 수습하였다면 능히 지었던 것인 사업을 성취(成辦)할지라도 지었던 것에서 분별이 없습니다. 왜 그러한가? 매우 깊은 반야바라밀다는 법에서 그러하듯이, 법에서 분별이 없는 까닭입니다.

세존이시여. 공교로운 장인(工匠)이거나, 혹은 그의 제자들이 해야할 것이 있었던 까닭으로 여러 기관(機關)으로 혹은 남자이거나, 혹은 여자이거나, 혹은 코끼리이거나, 혹은 말 등을 조작하였을지라도 이러한 여러 기관들은 비록 지었던 것이 있으나 그 일에서 분별이 없는 것과 같습니다. 왜 그러한가? 기관은 기관의 법에서 그러하듯이, 분별이 없는 까닭입니다. 매우 깊은 반야바라밀다도 이와 같아서 하고자 하였던 것이 있어서 그것을 성립(成立)시켰고 이미 성립되고서 비록 능히 지을 것과 말할 것을 성취하였을지라도 그 가운데에서 분별이 없습니다. 왜 그러한가? 매우 깊은 반야바라밀다는 법에서 그러하듯이, 법에서 분별이 없는 까닭입니다."

이때 사리자가 선현에게 물어 말하였다.
"다만 반야바라밀다가 분별이 없습니까? 정려·정진·안인·정계·보시바라밀다도 역시 분별이 없습니까?"

선현이 대답하여 말하였다.
"다만 반야바라밀다가 분별이 없는 것이 아니고, 정려·정진·안인·정계·보시바라밀다도 분별이 없습니다."

사리자가 말하였다.
"다만 6바라밀다가 분별이 없습니까? 색·수·상·행·식도 역시 분별이 없습니까? 안처, 나아가 의처도 역시 분별이 없습니까? 색처, 나아가 법처도 분별이 없습니까? 안계, 나아가 의계도 역시 분별이 없습니까? 색계, 나아가 법계도 역시 분별이 없습니까? 안식계, 나아가 의식계도 역시 분별이 없습니까? 안촉, 나아가 의촉도 역시 분별이 없습니까? 안촉을 인연으로 생겨나는 여러 수, 나아가 의촉을 인연으로 생겨나는 여러 수도 역시 분별이 없습니까? 지계, 나아가 식계도 역시 분별이 없습니까? 무명, 나아가 노사도 역시 분별이 없습니까? 내공, 나아가 무성자성공도 역시 분별이 없습니까? 진여, 나아가 부사의계도 분별이 없습니까?

고·집·멸·도성제도 역시 분별이 없습니까? 4정려·4무량·4무색정도 역시 분별이 없습니까? 8해탈, 나아가 10변처도 역시 분별이 없습니까? 4념주, 나아가 8성도지도 역시 분별이 없습니까? 공·무상·무원해탈문도 역시 분별이 없습니까? 정관지, 나아가 여래지도 역시 분별이 없습니까? 극희지, 나아가 법운지도 역시 분별이 없습니까? 5안·6신통도 역시 분별이 없습니까? 여래의 10력, 나아가 18불불공법도 역시 분별이 없습니까? 무망실법·항주사성도 역시 분별이 없습니까? 일체지·도상지·일체지지도 역시 분별이 없습니까? 예류과, 나아가 독각의 보리도 역시 분별이 없습니까? 일체의 보살마하살의 행도 역시 분별이 없습니까? 제불의 무상정등보리도 역시 분별이 없습니까? 유위계(有爲界)도 역시 분별이 없습니까, 무위계(無爲界)도 역시 분별이 없습니까?"

선현이 대답하여 말하였다.

"다만 6바라밀다가 분별이 없는 것이 아니고, 색도 역시 분별이 없으며, 수·상·행·식도 역시 분별이 없고, 나아가 유위계도 역시 분별이 없고, 무위계도 역시 분별이 없습니다."

사리자가 말하였다.

"만약 일체법이 모두 분별이 없다면, 어찌 5취(五趣)의 차별로 이를테면, 이것은 지옥이고 이것은 방생이며 이것은 귀계이고 이것은 인간이며 이것은 천상이라고 분별합니까? 어찌 성인들의 차별로 이를테면, 이것은 예류이고 이것은 일래이며 이것은 불환이고 이것은 아라한이며 이것은 독각이고 이것은 보살이고 이것은 여래라고 분별합니까?"

선현이 대답하여 말하였다.

"유정이 전도(顚倒)되어 번뇌(煩惱)하는 인연으로 여러 종류의 신(身)·어(語)·의업(意業)을 일으키고, 오히려 이것을 인연으로 애욕이 근본의 업이 되는 이숙과(異熟果)를 감득(感得)하나니, 이것에 의지하여 지옥·방생·귀계·인간·천상 등의 5취의 차별을 시설(施設)합니다. 또한 '어찌하여 성인들의 차별을 분별하는가?'라고 물어 말하였던 것에서, 사리자여. 분별이 없는 까닭으로 예류와 예류과를 시설하고, 분별이 없는 까닭으로 일래·일래과를 시설하며, 분별이 없는 까닭으로 불환·불환과를 시설하고, 분별이 없는 까닭으로 아라한·아라한과를 시설하며, 분별이 없는 까닭으로 독각·독각의 보리를 시설하고, 분별이 없는 까닭으로 보살마하살·보살마하살의 행을 시설하며, 분별이 없는 까닭으로 여래·응공·정등각과 그것의 무상정등보리를 시설합니다.

　사리자여. 과거의 여래·응공·정등각들께서도 오히려 분별이 없었고 분별이 단절된 까닭으로 여러 종류의 차별을 시설(施設)하셨고, 미래의 여래·응공·정등각도 오히려 분별이 없었고 분별이 단절된 까닭으로 여러 종류의 차별을 시설하실 것이며, 현재의 시방세계에 안주하시는 일체의 여래·응공·정등각이시고, 현재에 설법하시는 분들도 오히려 분별이 없었고 분별이 단절된 까닭으로 여러 종류의 차별을 시설하고 있습니다. 사리자여. 오히려 이것을 인연으로 제법은 모두가 분별이 없고, 오히려 진여도 분별이 없으며, 법계, [자세한 내용은 생략한다.] 나아가, 부사의계를 정량(定量)으로 삼는 까닭입니다.

　사리자여. 제보살마하살들은 이와 같이 분별이 없는 매우 깊은 반야바라밀다를 상응하여 수행해야 하나니, 만약 보살마하살이 이와 같이 분별이 없는 매우 깊은 반야바라밀다를 수행한다면 곧 능히 분별이 없는 미묘한 무상정등보리를 증득할 것이고, 일체법의 분별이 없는 성품을 얻고서 미래의 세상이 끝마치도록 유정들을 이익되고 안락하게 할 것입니다."

64. 견비견품(堅非堅品)(1)

　이때 사리자가 선현에게 물어 말하였다.

　"제보살마하살들이 반야바라밀다를 수행하는 때에 견고한 법을 수행합니까? 견고하지 않은 법을 수행합니까?"

　선현이 대답하여 말하였다.

　"제보살마하살들이 반야바라밀다를 수행하는 때에는 견고하지 않은 법을 수행하고, 견고한 법을 수행하지 않습니다. 왜 그러한가? 사리자여. 반야바라밀다, 나아가 보시바라밀다가 견고하지 않은 법인 까닭이고, 내공, 나아가 무성자성공이 견고하지 않은 법인 까닭이며, 진여, 나아가 부사의계가 견고하지 않은 법인 까닭이고, 고·집·멸·도성제가 견고하지 않은 법인 까닭이며, 4념주, 나아가 8성도지가 견고하지 않은 법인 까닭이고, 4정려·4무량·4무색정이 견고하지 않은 법인 까닭이며, 8해탈, 나아가 10변처가 견고하지 않은 법인 까닭이고, 공·무상·무원해탈문이 견고하지 않은 법인 까닭이며,

극희지, 나아가 법운지가 견고하지 않은 법인 까닭이고, 일체의 다라니문·삼마지문이 견고하지 않은 법인 까닭이며, 5안·6신통이 견고하지 않은 법인 까닭이고, 여래의 10력, 나아가 18불불공법이 견고하지 않은 법인 까닭이며, 무망실법·항주사성이 견고하지 않은 법인 까닭이고, 일체지·도상지·일체상지가 견고하지 않은 법인 까닭이며, 일체의 보살마하살의 행이 견고하지 않은 법인 까닭이고, 제불의 무상정등보리가 견고하지 않은 법인 까닭이며, 일체지지가 견고하지 않은 법인 까닭입니다.

그 까닭은 무엇인가? 제보살마하살들이 깊은 반야바라밀다를 수행하는 때에 깊은 반야바라밀다에서 오히려 견고하지 않은 것이 있다고 보지 않는데, 하물며 견고한 것을 얻을 수 있다고 보겠습니까? 이와 같이 나아가, 일체지지를 수행하는 때에 일체지지에 오히려 견고하지 않은 것이 있다고 보지 않는데, 하물며 견고한 것을 얻을 수 있다고 보겠습니까?"

이때 무량한 욕계와 색계의 천인들이 있어서 함께 이렇게 생각을 지었다.

'보살승에 안주하는 선남자와 선여인 등은 무상정등보리의 마음을 일으켜서 깊은 반야바라밀다에서 설하신 의취와 같게 수행하면서, 실제(實際)이고 평등(平等)한 법성을 증득하지 않고, 성문·독각지에 떨어지지 않나니, 오히려 이러한 인연으로 이 선남자와 선여인 등은 매우 희유하게 되고 능히 어려운 일을 하므로 상응하여 마땅히 공경하고 예경해야 한다.'

그때 선현이 그 여러 천인들이 마음으로 생각하는 것을 알고서 곧

그들에게 알려 말하였다.

"이 선남자와 선여인 등은 실제이고 평등한 법성을 증득하지 않고, 성문·독각지에 떨어지지 않는 것은 매우 희유하지 않으며 역시 어려운 일도 아닙니다. 만약 보살마하살이, 일체법과 제유정들을 모두 얻을 수 없다고 알았고, 무상정등보리의 마음을 일으켜 정진의 갑옷을 입고서 '무량하여 무변한 유정들을 도탈(度脫)시켜서 무여의열반계(無餘般涅槃界)에 들어가게 하겠다.'라고 서원하였다면, 이 보살마하살은 나아가 매우 희유하고 능히 어려운 일을 하는 것입니다.

여러 천인들이여. 마땅히 아십시오. 만약 보살마하살이 비록 유정들이 무소유라고 알았고, 무상정등보리의 마음을 일으켜서 정진의 갑옷을 입었으며, 제유정의 부류들을 조복(調伏)시키고자 하였을지라도, 누가 허공을 조복시키려는 것과 같습니다. 그 까닭은 무엇인가? 허공을 벗어난 까닭으로 일체의 유정도 역시 벗어났다고 마땅히 알아야 하고, 허공이 공한 까닭으로 일체의 유정도 역시 공하다고 마땅히 알아야 하며, 허공이 단단하고 진실하지 않은 까닭으로 일체의 유정들도 단단하고 진실하지 않다고 마땅히 알아야 하고, 허공이 무소유인 까닭으로 일체의 유정도 무소유라고 마땅히 알아야 합니다. 오히려 이러한 인연으로 이 보살마하살은 매우 희유하고 능히 어려운 일을 하는 것입니다.

여러 천인들이여. 이 보살마하살이 대비(大悲)의 갑옷을 입고서 일체의 유정을 조복시키고자 하였을지라도, 제유정들은 모두 무소유이므로 갑옷을 입고 허공과 싸우는 것과 같다고 마땅히 아십시오. 여러 천인들이여. 이 보살마하살은 대비의 갑옷을 입고서 일체의 유정들을 이익되고 안락하게 하고자 하였을지라도, 제유정들과 대비의 갑옷을 함께 얻을 수 없다고 마땅히 아십시오. 그 까닭은 무엇인가? 그것은 유정이 벗어난 까닭으로 이 대비의 갑옷도 역시 벗어났다고 마땅히 알아야 하고, 유정이 공한 까닭으로 이 대비도 역시 공하다고 마땅히 알아야 하며, 유정이 단단하고 진실하지 않은 까닭으로 이 대비의 갑옷도 역시 단단하고 진실하지 않다고 마땅히 알아야 하고, 유정이 무소유인 까닭으로 대비의 갑옷도 무소유라고 마땅히 아십시오.

　여러 천인들이여. 이 보살마하살은 제유정을 조복시켜서 이익되고 안락하게 하는 것도 역시 얻을 수 없습니다. 그 까닭은 무엇인가? 유정이 벗어났고, 공하며, 단단하고 진실하지 않고, 무소유인 까닭으로 이러한 조복시켜서 이익되고 안락하게 하는 것도 벗어났고, 공하며, 단단하고 진실하지 않고, 무소유라고 마땅히 아십시오. 여러 천인들이여. 이 보살마하살도 무소유입니다. 그 까닭은 무엇인가? 유정이 벗어났고, 공하며, 단단하고 진실하지 않고, 무소유라고 마땅히 아십시오.

　여러 천인들이여. 만약 보살마하살이 이와 같은 일을 듣고서 그 마음에 놀라지 않거나, 두려워하지 않거나, 겁내지 않거나, 근심하지 않거나, 후회하지 않거나, 속이지 않거나, 침울하지 않는다면, 이 보살마하살은 깊은 반야바라밀다를 수행한다고 마땅히 아십시오. 그 까닭은 무엇인가? 여러 색을 벗어난다면 곧 유정을 벗어나는 것이고 수·상·행·식을 벗어난다면 곧 유정을 벗어나는 것이며, 안처, 나아가 의처를 벗어난다면 곧 유정을 벗어나는 것이고 색처, 나아가 법처를 벗어난다면 곧 유정을 벗어나는 것이며, 안계, 나아가 의계를 벗어난다면 곧 유정을 벗어나는 것이고 색계, 나아가 법계를 벗어난다면 곧 유정을 벗어나는 것이며, 안식계, 나아가 의식계를 벗어난다면 곧 유정을 벗어나는 것이고 안촉, 나아가 의촉을 벗어난다면 곧 유정을 벗어나는 것이며, 안촉을 인연으로 생겨나는 여러 수, 나아가 의촉을 인연으로 생겨나는 여러 수를 벗어난다면 곧 유정을 벗어나는 것이고,

　지계, 나아가 식계를 벗어난다면 곧 유정을 벗어나는 것이고 인연, 나아가 증상연을 벗어난다면 곧 유정을 벗어나는 것이며, 보시바라밀다, 나아가 반야바라밀다를 벗어난다면 곧 유정을 벗어나는 것이고 내공, 나아가 무성자성공을 벗어난다면 곧 유정을 벗어나는 것이며, 진여, 나아가 부사의계를 벗어난다면 곧 유정을 벗어나는 것이고 고·집·멸·도성제를 벗어난다면 곧 유정을 벗어나는 것이며, 4정려·4무량·4무색정을 벗어난다면 곧 유정을 벗어나는 것이고 8해탈, 나아가 10변처를 벗어난다면

곧 유정을 벗어나는 것이며, 공·무상·무원해탈문을 벗어난다면 곧 유정을 벗어나는 것이고 정관지, 나아가 여래지를 벗어난다면 곧 유정을 벗어나는 것이며,

 극희지, 나아가 법운지를 벗어난다면 곧 유정을 벗어나는 것이고 일체의 다라니문·삼마지문을 벗어난다면 곧 유정을 벗어나는 것이며, 5안·6신통을 벗어난다면 곧 유정을 벗어나는 것이고 여래의 10력, 나아가 18불불공법을 벗어난다면 곧 유정을 벗어나는 것이며, 32대사상·80수호를 벗어난다면 곧 유정을 벗어나는 것이고 무망실법·항주사성을 벗어난다면 곧 유정을 벗어나는 것이며, 일체지·도상지·일체상지를 벗어난다면 곧 유정을 벗어나는 것이고 예류과, 나아가 독각의 보리를 벗어난다면 곧 유정을 벗어나는 것이며, 일체의 보살마하살의 행을 벗어난다면 곧 유정을 벗어나는 것이고 제불의 무상정등보리를 벗어난다면 곧 유정을 벗어나는 것이며, 일체지지를 벗어난다면 곧 유정을 벗어나는 것입니다."

마하반야바라밀다경 제457권

64. 견비견품(堅非堅品)(2)

 "여러 천인들이여. 여러 색(色)을 벗어난다면 곧 보시바라밀다, 나아가 반야바라밀다를 벗어나는 것이고, 수(受)·상(想)·행(行)·식(識)을 벗어난다면 곧 보시바라밀다, 나아가 반야바라밀다를 벗어나는 것이며, 이와 같이 나아가 여러 색을 벗어난다면 곧 일체지지(一切智智)를 벗어나는 것이고, 수·상·행·식을 벗어난다면 곧 일체지지를 벗어나는 것이라고 마땅히 아십시오.
 여러 천인들이여. 여러 안처(眼處)를 벗어난다면 곧 보시바라밀다, 나아가 반야바라밀다를 벗어나는 것이고, 이(耳)·비(鼻)·설(舌)·신(身)·의처(意處)를 벗어난다면 곧 보시바라밀다, 나아가 반야바라밀다를 벗어나는 것이며, 이와 같이 나아가 여러 안처를 벗어난다면 곧 일체지지를 벗어나는 것이고, 이·비·설·신·의처를 벗어난다면 곧 일체지지를 벗어나는 것이라고 마땅히 아십시오.
 여러 천인들이여. 여러 색처(色處)를 벗어난다면 곧 보시바라밀다, 나아가 반야바라밀다를 벗어나는 것이고, 성(聲)·향(香)·미(味)·촉(觸)·법처(法處)를 벗어난다면 곧 보시바라밀다, 나아가 반야바라밀다를 벗어나는 것이며, 이와 같이 나아가 여러 색처를 벗어난다면 곧 일체지지를 벗어나는 것이고, 성·향·미·촉·법처를 벗어난다면 곧 일체지지를 벗어나는 것이라고 마땅히 아십시오.
 여러 천인들이여. 여러 안계(眼界)를 벗어난다면 곧 보시바라밀다,

나아가 반야바라밀다를 벗어나는 것이고, 이(耳)·비(鼻)·설(舌)·신(身)·의계(意界)를 벗어난다면 곧 보시바라밀다, 나아가 반야바라밀다를 벗어나는 것이며, 이와 같이 나아가 여러 안계를 벗어난다면 곧 일체지지를 벗어나는 것이고, 이·비·설·신·의계를 벗어난다면 곧 일체지지를 벗어나는 것이라고 마땅히 아십시오.

여러 천인들이여. 여러 색계(色界)를 벗어난다면 곧 보시바라밀다, 나아가 반야바라밀다를 벗어나는 것이고, 성(聲)·향(香)·미(味)·촉(觸)·법계(法界)를 벗어난다면 곧 보시바라밀다, 나아가 반야바라밀다를 벗어나는 것이며, 이와 같이 나아가 여러 색계를 벗어난다면 곧 일체지지를 벗어나는 것이고, 성·향·미·촉·법계를 벗어난다면 곧 일체지지를 벗어나는 것이라고 마땅히 아십시오.

여러 천인들이여. 여러 안식계(眼識界)를 벗어난다면 곧 보시바라밀다, 나아가 반야바라밀다를 벗어나는 것이고, 이(耳)·비(鼻)·설(舌)·신(身)·의식계(意識界)를 벗어난다면 곧 보시바라밀다, 나아가 반야바라밀다를 벗어나는 것이며, 이와 같이 나아가 여러 안식계를 벗어난다면 곧 일체지지를 벗어나는 것이고, 이·비·설·신·의식계를 벗어난다면 곧 일체지지를 벗어나는 것이라고 마땅히 아십시오.

여러 천인들이여. 여러 안촉(眼觸)을 벗어난다면 곧 보시바라밀다, 나아가 반야바라밀다를 벗어나는 것이고, 이(耳)·비(鼻)·설(舌)·신(身)·의촉(意觸)을 벗어난다면 곧 보시바라밀다, 나아가 반야바라밀다를 벗어나는 것이며, 이와 같이 나아가 여러 안촉을 벗어난다면 곧 일체지지를 벗어나는 것이고, 이·비·설·신·의촉을 벗어난다면 곧 일체지지를 벗어나는 것이라고 마땅히 아십시오.

여러 천인들이여. 여러 안촉(眼觸)을 인연으로 생겨난 여러 수(受)를 벗어난다면 곧 보시바라밀다, 나아가 반야바라밀다를 벗어나는 것이고, 이(耳)·비(鼻)·설(舌)·신(身)·의촉(意觸)을 인연으로 생겨난 여러 수를 벗어난다면 곧 보시바라밀다, 나아가 반야바라밀다를 벗어나는 것이며, 이와 같이 나아가 여러 안촉을 인연으로 생겨난 여러 수를 벗어난다면 곧 일체지지를 벗어나는 것이고, 이·비·설·신·의촉을 인연으로 생겨난 여러 수를 벗어난다면 곧 일체지지를 벗어나는 것이라고 마땅히 아십시오.

여러 천인들이여. 여러 지계(地界)를 벗어난다면 곧 보시바라밀다, 나아가 반야바라밀다를 벗어나는 것이고, 수(水)·화(火)·풍(風)·공(空)·식계(識界)를 벗어난다면 곧 보시바라밀다, 나아가 반야바라밀다를 벗어나는 것이며, 이와 같이 나아가 여러 지계를 벗어난다면 곧 일체지지를 벗어나는 것이고, 수·화·풍·공·식계를 벗어난다면 곧 일체지지를 벗어나는 것이라고 마땅히 아십시오.

여러 천인들이여. 여러 인연(因緣)을 벗어난다면 곧 보시바라밀다, 나아가 반야바라밀다를 벗어나는 것이고, 무등간연(無等間緣)·소연연(所緣緣)·증상연(增上緣)을 벗어난다면 곧 보시바라밀다, 나아가 반야바라밀다를 벗어나는 것이며, 이와 같이 나아가 여러 인연을 벗어난다면 곧 일체지지를 벗어나는 것이고, 무등간연·소연연·증상연을 벗어난다면 곧 일체지지를 벗어나는 것이라고 마땅히 아십시오.

여러 천인들이여. 여러 무명(無明)을 벗어난다면 곧 보시바라밀다, 나아가 반야바라밀다를 벗어나는 것이고, 행(行), 나아가 노사(老死)를 벗어난다면 곧 보시바라밀다, 나아가 반야바라밀다를 벗어나는 것이며, 이와 같이 나아가 여러 무명을 벗어난다면 곧 일체지지를 벗어나는 것이고, 행, 나아가 노사를 벗어난다면 곧 일체지지를 벗어나는 것이라고 마땅히 아십시오.

여러 천인들이여. 여러 보시바라밀다(布施波羅蜜多)를 벗어난다면 곧 내공(內空), 나아가 무성자성공(無性自性空)을 벗어나는 것이고, 정계(淨戒)·안인(安忍)·정진(精進)·정려(靜慮)·반야바라밀다(般若波羅蜜多)를 벗어난다면 곧 내공, 나아가 무성자성공을 벗어나는 것이며, 이와 같이 나아가 여러 보시바라밀다를 벗어난다면 곧 일체지지를 벗어나는 것이고, 정계·안인·정진·정려·반야바라밀다를 벗어난다면 곧 일체지지를 벗어나는 것이라고 마땅히 아십시오.

여러 천인들이여. 여러 내공을 벗어난다면 곧 보시바라밀다, 나아가 반야바라밀다를 벗어나는 것이고, 외공, 나아가 무성자성공을 벗어난다면 곧 보시바라밀다, 나아가 반야바라밀다를 벗어나는 것이며, 이와 같이 나아가 여러 내공을 벗어난다면 곧 일체지지를 벗어나는 것이고, 외공, 나아가 무성자성공을 벗어난다면 곧 일체지지를 벗어나는 것이라고 마땅히 아십시오.

여러 천인들이여. 여러 진여(眞如)를 벗어난다면 곧 보시바라밀다, 나아가 반야바라밀다를 벗어나는 것이고, 법계(法界), 나아가 부사의계(不思議界)를 벗어난다면 곧 보시바라밀다, 나아가 반야바라밀다를 벗어나는 것이며, 이와 같이 나아가 여러 진여를 벗어난다면 곧 일체지지를 벗어나는 것이고, 법계, 나아가 부사의계를 벗어난다면 곧 일체지지를 벗어나는 것이라고 마땅히 아십시오.

여러 천인들이여. 여러 고성제(苦聖諦)를 벗어난다면 곧 보시바라밀다, 나아가 반야바라밀다를 벗어나는 것이고, 집(集)·멸(滅)·도성제(道聖諦)를 벗어난다면 곧 보시바라밀다, 나아가 반야바라밀다를 벗어나는 것이며, 이와 같이 나아가 여러 고성제를 벗어난다면 곧 일체지지를 벗어나는 것이고, 집·멸·도성제를 벗어난다면 곧 일체지지를 벗어나는 것이라고 마땅히 아십시오.

여러 천인들이여. 여러 4념주(四念住)를 벗어난다면 곧 보시바라밀다, 나아가 반야바라밀다를 벗어나는 것이고, 4정단(四正斷), 나아가 8성도지(八聖道支)를 벗어난다면 곧 보시바라밀다, 나아가 반야바라밀다를 벗어나는 것이며, 이와 같이 나아가 여러 4념주를 벗어난다면 곧 일체지지를 벗어나는 것이고, 4정단, 나아가 8성도지를 벗어난다면 곧 일체지지를 벗어나는 것이라고 마땅히 아십시오.

여러 천인들이여. 여러 4정려(四靜慮)를 벗어난다면 곧 보시바라밀다, 나아가 반야바라밀다를 벗어나는 것이고, 4무량(四無量)·4무색정(四無色定)을 벗어난다면 곧 보시바라밀다, 나아가 반야바라밀다를 벗어나는 것이며, 이와 같이 나아가 여러 4정려를 벗어난다면 곧 일체지지를 벗어나는 것이고, 4무량·4무색정을 벗어난다면 곧 일체지지를 벗어나는 것이라고 마땅히 아십시오.

여러 천인들이여. 여러 8해탈(八解脫)을 벗어난다면 곧 보시바라밀다, 나아가 반야바라밀다를 벗어나는 것이고, 8승처(八勝處)·9차제정(九次第定)·10변처(十遍處)를 벗어난다면 곧 보시바라밀다, 나아가 반야바라밀다를 벗어나는 것이며, 이와 같이 나아가 여러 8해탈을 벗어난다면 곧 일체지지를 벗어나는 것이고, 8승처·9차제정·10변처를 벗어난다면 곧 일체지지를 벗어나는 것이라고 마땅히 아십시오.

여러 천인들이여. 여러 공해탈문(空解脫門)을 벗어난다면 곧 보시바라밀다, 나아가 반야바라밀다를 벗어나는 것이고, 무상(無相)·무원해탈문(無願解脫門)을 벗어난다면 곧 보시바라밀다, 나아가 반야바라밀다를 벗어나는 것이며, 이와 같이 나아가 여러 공해탈문을 벗어난다면 곧 일체지지를 벗어나는 것이고, 무상·무원해탈문을 벗어난다면 곧 일체지지를 벗어나는 것이라고 마땅히 아십시오.

여러 천인들이여. 여러 정관지(淨觀地)를 벗어난다면 곧 보시바라밀다, 나아가 반야바라밀다를 벗어나는 것이고, 종성지(種姓地), 나아가 여래지(如來地)를 벗어난다면 곧 보시바라밀다, 나아가 반야바라밀다를 벗어나는 것이며, 이와 같이 나아가 여러 정관지를 벗어난다면 곧 일체지지를 벗어나는 것이고, 종성지, 나아가 여래지를 벗어난다면 곧 일체지지를 벗어나는 것이라고 마땅히 아십시오.

여러 천인들이여. 여러 극희지(極喜地)를 벗어난다면 곧 보시바라밀다, 나아가 반야바라밀다를 벗어나는 것이고, 이구지(離垢地), 나아가 법운지(法雲地)를 벗어난다면 곧 보시바라밀다, 나아가 반야바라밀다를 벗어나는 것이며, 이와 같이 나아가 여러 극희지를 벗어난다면 곧 일체지지를 벗어나는 것이고, 이구지, 나아가 법운지를 벗어난다면 곧 일체지지를 벗어나는 것이라고 마땅히 아십시오.

여러 천인들이여. 여러 다라니문(陀羅尼門)을 벗어난다면 곧 보시바라밀다, 나아가 반야바라밀다를 벗어나는 것이고, 삼마지문(三摩地門)을 벗어난다면 곧 보시바라밀다, 나아가 반야바라밀다를 벗어나는 것이며,

이와 같이 나아가 여러 다라니문을 벗어난다면 곧 일체지지를 벗어나는 것이고, 삼마지문을 벗어난다면 곧 일체지지를 벗어나는 것이라고 마땅히 아십시오.

여러 천인들이여. 여러 5안(五眼)을 벗어난다면 곧 보시바라밀다, 나아가 반야바라밀다를 벗어나는 것이고, 6신통(六神通)을 벗어난다면 곧 보시바라밀다, 나아가 반야바라밀다를 벗어나는 것이며, 이와 같이 나아가 여러 5안을 벗어난다면 곧 일체지지를 벗어나는 것이고, 6신통을 벗어난다면 곧 일체지지를 벗어나는 것이라고 마땅히 아십시오.

여러 천인들이여. 여러 여래(佛)의 10력(十力)을 벗어난다면 곧 보시바라밀다, 나아가 반야바라밀다를 벗어나는 것이고, 4무소외(四無所畏), 나아가 18불불공법(十八佛不共法)을 벗어난다면 곧 보시바라밀다, 나아가 반야바라밀다를 벗어나는 것이며, 이와 같이 나아가 여러 여래의 10력을 벗어난다면 곧 일체지지를 벗어나는 것이고, 4무소외, 나아가 18불불공법을 벗어난다면 곧 일체지지를 벗어나는 것이라고 마땅히 아십시오.

여러 천인들이여. 여러 32대사상(三十二大士相)을 벗어난다면 곧 보시바라밀다, 나아가 반야바라밀다를 벗어나는 것이고, 80수호(八十隨好)를 벗어난다면 곧 보시바라밀다, 나아가 반야바라밀다를 벗어나는 것이며, 이와 같이 나아가 여러 32대사상을 벗어난다면 곧 일체지지를 벗어나는 것이고, 80수호를 벗어난다면 곧 일체지지를 벗어나는 것이라고 마땅히 아십시오.

여러 천인들이여. 여러 무망실법(無忘失法)을 벗어난다면 곧 보시바라밀다, 나아가 반야바라밀다를 벗어나는 것이고, 항주사성(恒住捨性)을 벗어난다면 곧 보시바라밀다, 나아가 반야바라밀다를 벗어나는 것이며, 이와 같이 나아가 여러 무망실법을 벗어난다면 곧 일체지지를 벗어나는 것이고, 항주사성을 벗어난다면 곧 일체지지를 벗어나는 것이라고 마땅히 아십시오.

여러 천인들이여. 여러 일체지(一切智)를 벗어난다면 곧 보시바라밀다, 나아가 반야바라밀다를 벗어나는 것이고, 도상지(道相智)·일체상지(一切

相智)를 벗어난다면 곧 보시바라밀다, 나아가 반야바라밀다를 벗어나는 것이며, 이와 같이 나아가 여러 일체지를 벗어난다면 곧 일체지지를 벗어나는 것이고, 도상지·일체상지를 벗어난다면 곧 일체지지를 벗어나는 것이라고 마땅히 아십시오.

여러 천인들이여. 여러 예류과(預流果)를 벗어난다면 곧 보시바라밀다, 나아가 반야바라밀다를 벗어나는 것이고, 독각(獨覺)의 보리(菩提)를 벗어난다면 곧 보시바라밀다, 나아가 반야바라밀다를 벗어나는 것이며, 이와 같이 나아가 여러 예류과를 벗어난다면 곧 일체지지를 벗어나는 것이고, 독각의 보리를 벗어난다면 곧 일체지지를 벗어나는 것이라고 마땅히 아십시오.

여러 천인들이여. 제보살마하살(菩薩摩訶薩)의 행(行)을 벗어난다면 곧 보시바라밀다, 나아가 반야바라밀다를 벗어나는 것이고, 이와 같이 나아가 제보살마하살의 행을 벗어난다면 곧 일체지지를 벗어나는 것이라고 마땅히 아십시오. 여러 천인들이여. 제불(諸佛)의 무상정등보리(無上正等菩提)를 벗어난다면 곧 보시바라밀다, 나아가 반야바라밀다를 벗어나는 것이고, 이와 같이 나아가 제불의 무상정등보리를 벗어난다면 곧 일체지지를 벗어나는 것이라고 마땅히 아십시오.

여러 천인들이여. 여러 일체지지(一切智智)를 벗어난다면 곧 보시바라밀다, 나아가 반야바라밀다를 벗어나는 것이고, 이와 같이 나아가 여러 일체지지를 벗어난다면 곧 일체지지를 벗어나는 것이라고 마땅히 아십시오. 여러 천인들이여. 만약 보살마하살이 제법이 멀리 벗어나지 않은 것이 없다고 듣고서 그 마음이 놀라지 않거나 두려워하지 않거나 겁내지 않거나 근심하지 않거나 후회하지 않거나 숨기지 않거나 침울하지 않는다면, 이 보살마하살은 깊은 반야바라밀다를 행한다고 마땅히 아십시오."

그때 세존께서 선현에게 알려 말씀하셨다.
"무슨 인연을 까닭으로 제보살마하살들은 깊은 반야바라밀다에서 숨기지 않고 침울하지 않는가?"

구수 선현이 아뢰어 말하였다.

"세존이시여. 일체법으로써 모두가 있지 않는 까닭이고, 모두가 멀리 벗어난 까닭이며, 모두가 적정(寂靜)한 까닭이고, 무소유(無所有)인 까닭이며, 생겨남과 소멸함이 없는 까닭으로, 제보살마하살들이 깊은 반야바라밀다에서 숨기지 않고 침울하지 않습니다. 세존이시여. 오히려 이와 같은 등의 여러 종류의 인연으로 제보살마하살들이 깊은 반야바라밀다에서 숨기지 않고 침울하지 않습니다. 그 까닭은 무엇인가? 제보살마하살들이 일체법에서 만약 능히 숨기고 침울하였거나, 만약 숨기고 침울해졌거나, 만약 숨기고 침울한 때이거나, 만약 숨기고 침울한 처소이거나, 만약 숨기고 침울한 자일지라도, 오히려 이러한 숨기고 침울한 것을 모두 얻을 수 없나니, 일체법으로써 얻을 수 없는 까닭입니다.

세존이시여. 만약 보살마하살이 이와 같이 설하는 것을 듣고서 그 마음이 놀라지 않거나 두려워하지 않거나 겁내지 않거나 근심하지 않거나 후회하지 않거나 숨기지 않거나 침울하지 않는다면, 이 보살마하살은 깊은 반야바라밀다를 행한다고 마땅히 알아야 합니다. 왜 그러한가? 이 보살마하살은 일체법이 모두 얻을 수 없으므로, 이것이 능히 숨기고 침울하거나, 이것이 숨기고 침울해졌거나, 이것이 숨기고 침울한 때이거나, 이것이 숨기고 침울하는 처소이거나, 만약 숨기고 침울한 자일지라도 오히려 이것은 숨기고 침울하다고 시설할 수 없다고 관찰합니다. 이것의 인연으로써 제보살마하살들은 이와 같은 설하는 것을 들을지라도 그 마음이 놀라지 않거나 두려워하지 않거나 겁내지 않거나 근심하지 않거나 후회하지 않거나 숨기지 않거나 침울하지 않습니다.

세존이시여. 만약 보살마하살이 매우 깊은 반야바라밀다를 이와 같이 수행한다면 여러 천제석왕·대범천왕·제중생들의 주인들이 항상 함께 예경하고 공경할 것입니다."

세존께서 선현에게 말씀하셨다.

"만약 보살마하살이 매우 깊은 반야바라밀다를 이와 같이 수행한다면 다만 여러 천제석왕·대범천왕·제중생들의 주인들이 항상 함께 예경하고 공경하는 것이 아니고, 이 보살마하살은 역시 이것을 초월하여 극광정천(極光淨天)이거나, 만약 변정천(遍淨天)이거나, 만약 광과천(廣果天)이거나, 만약 정거천(淨居天)이나 나머지 천상의 대중들이 항상 함께 예경하고 공경하는 것이며, 이 보살마하살은 역시 시방의 무량하고 무수이며 무변한 세계의 일체의 여래·응공·정등각들과 현재에 설법하시는 자들이 항상 함께 호념(護念)하느니라.

선현이여. 마땅히 알아야 하느니라. 이 보살마하살은 매우 깊은 반야바라밀다를 능히 이와 같이 수행하는 까닭으로 곧 보시바라밀다, 나아가 반야바라밀다가 빠르게 원만함을 얻게 하고, 내공, 나아가 무성자성공이 빠르게 원만함을 얻게 하며, 진여, 나아가 부사의계가 빠르게 원만함을 얻게 하고, 고·집·멸·도성제가 빠르게 원만함을 얻게 하며, 4념주, 나아가 8성도지가 빠르게 원만함을 얻게 하고, 4정려·4무량·4무색정이 빠르게 원만함을 얻게 하며, 8해탈, 나아가 10변처가 빠르게 원만함을 얻게 하고, 공·무상·무원해탈문이 빠르게 원만함을 얻게 하며, 극희지, 나아가 법운지가 빠르게 원만함을 얻게 하고, 일체의 다라니문과 삼마지문이 빠르게 원만함을 얻게 하며, 5안과 6신통이 빠르게 원만함을 얻게 하고, 여래의 10력, 나아가 18불불공법이 빠르게 원만함을 얻게 하며, 무망실법·항주사성이 빠르게 원만함을 얻게 하고, 일체지·도상지·일체상지가 빠르게 원만함을 얻게 하며, 제보살마하살의 행이 빠르게 원만함을 얻게 하고, 제불의 무상정등보리가 빠르게 원만함을 얻게 하며, 일체지지가 빠르게 원만함을 얻게 하느니라.

선현이여. 마땅히 알아야 하느니라. 만약 보살마하살이 능히 이와 같은 매우 깊은 반야바라밀다를 수행한다면 항상 여래·응공·정등각들과 제보살마하살들의 항상 호념하시는 것이므로 능히 일체의 공덕을 빠르게 원만하게 하나니, 이 보살마하살은 여래께서 상응하여 행하실 처소를 마땅히 알고서 행하고, 역시 제불께서 행하실 것의 행을 바르게 수행하는 까닭으로 이 보살은 불·세존(佛世尊)과 같으니라.

선현이여. 마땅히 알아야 하느니라. 이 보살마하살은 그 마음이 견고하므로 가사 시방의 긍가사(殑伽沙) 등의 제불세계의 일체의 유정들이 모두 악마가 되고, 그 하나하나의 악마가 각자 다시 그러한 악마를 변화시켜서 지으며, 이 여러 악마들이 모두 무량하고 무변한 신통력이 있고, 이 여러 악마들이 그들의 신통력을 끝마칠지라도, 이 보살마하살을 능히 장애할 수 없고, 매우 깊은 반야바라밀다를 수행하지 못하게 할 수 없으며, 무상정등보리를 증득하지 못하게 하지 못하느니라. 그 까닭은 무엇인가? 이 보살마하살은 이미 반야바라밀다의 방편선교를 얻고서 일체법의 얻을 수 없다고 통달하였던 까닭이니라.

선현이여. 만약 보살마하살이 두 가지의 법을 성취한다면, 능히 장애할 수 없고, 매우 깊은 반야바라밀다를 수행하지 못하게 할 수 없으며, 무상정등보리를 증득하지 못하게 하지 못하느니라. 무엇이 두 가지인가? 첫째는 제법이 모두 반드시 결국에는 공하다고 관찰하는 것이고, 둘째는 일체의 유정을 버리지 않는 것이니라. 선현이여. 만약 보살마하살이 두 가지 법을 성취한다면, 능히 장애할 수 없고, 매우 깊은 반야바라밀다를 수행하지 못하게 할 수 없으며, 무상정등보리를 증득하지 못하게 하지 못하느니라. 무엇이 두 가지인가? 첫째는 설하신 것과 같이 모두를 능히 행하는 것이고, 둘째는 제불을 항상 호념(護念)하는 것이니라.

선현이여. 만약 보살마하살이 매우 깊은 반야바라밀다를 이와 같이 수행한다면 여러 천신(天神) 등이 항상 와서 예경하고 공경하며 친근하고 공양하면서 청하여 묻고 권유하면서 '옳습니다. 대사(大士)여. 무상정등보리를 증득하고자 한다면 마땅히 정근하면서 공(空)·무상(無相)·무원(無願)에 안주해야 합니다. 그 까닭은 무엇인가? 대사여. 만약 보살마하살이 마땅히 정근하면서 공·무상·무원에 안주한다면 일체의 유정들이 의지(依怙)가 없는 자에게 능히 의지를 지어서 주고, 귀의(歸依)가 없는 자에게는 능히 귀의를 지어서 주며, 의지할 구호(救護)가 없는 자에게 능히 구호를 지어서 주고, 던져서 나아감(投趣)이 없는 자에게 능히 던져서 나아감을 지어서 주며, 주저(洲渚)가 없는 자에게 능히 주저를 지어서 주고, 주택(舍宅)이 없는 자에게 능히 주택을 지어서 주며, 어두운 자에게 능히 광명(光

明)을 지어서 주고, 귀머거리와 장님인 자에게 능히 귀와 눈을 지어서 줍니다. 왜 그러한가? 대사여. 이와 같이 공·무상·무원에 안주한다면 곧 매우 깊은 반야바라밀다에 안주하는 것이니, 만약 매우 깊은 반야바라밀다에 안주한다면 빠르게 무상정등보리를을 증득합니다.'라고 이와 같이 말을 짓느니라.

선현이여. 만약 보살마하살이 매우 깊은 반야바라밀다에 이와 같이 안주한다면, 곧 시방의 무량하고 무수이며 무변한 세계에 현재 머무르시는 여래·응공·정등각들의 처소에서 대중의 가운데에서 정법을 설하시는 때에, 이 보살마하살의 명자(名字)와 종성(種姓)과 여러 공덕(功德)을 자연스럽게 환희(歡喜)하고 칭찬하며 찬탄하시는데 이를테면, 매우 깊은 반야바라밀다의 미묘한 공덕에 안주하는 것이니라.

선현이여. 마땅히 알아야 하느니라. 내가 지금 대중을 위하여 매우 깊은 반야바라밀다를 널리 설하고 대중들의 앞에서 보당보살마하살(寶幢菩薩摩訶薩)과 정계보살마하살(頂髻菩薩摩訶薩) 등의 제보살마하살들과 나머지의 현재에 부동불(不動佛)의 처소에서 청정하게 범행을 수행하면서 반야바라밀다에 안주하고 있으므로, 그 제여래·응공·정등각들께서는 각자 대중의 앞에서 그 제보살마하살들의 명자와 종성과 여러 공덕을 자연스럽게 환희하고 칭찬하며 찬탄하시는데 이를테면, 매우 깊은 반야바라밀다의 미묘한 공덕에 안주하는 것이니라.

현재에 동방(東方)의 긍가사 등의 제불세계에 머무르시는 일체의 여래·응공·정등각들께서는 대중들을 위하여 매우 깊은 반야바라밀다를 널리 설하시고 있고, 그 처소의 제유정들과 보살마하살들이 청정하게 범행을 수행하면서 반야바라밀다에 안주하고 있으므로, 그 제여래·응공·정등각들께서는 각자 대중의 앞에서 그 제보살마하살들의 명자와 종성과 여러 공덕을 자연스럽게 환희하고 칭찬하며 찬탄하시는데 이를테면, 매우 깊은 반야바라밀다의 미묘한 공덕에 안주하는 것이니라.

남(南)·서(西)·북방(北方)과 사유(四維)·상(上)·하(下)의 긍가사 등의 제불세계에 머무르시는 일체의 여래·응공·정등각들께서는 대중들을 위하여 매우 깊은 반야바라밀다를 널리 설하시고 있고, 그 처소의 제유정들과 보살마하살들이 청정하게 범행을 수행하면서 반야바라밀다에 안주하고 있으므로, 그 제여래·응공·정등각들께서는 각자 대중의 앞에서 그 제보살마하살들의 명자와 종성과 여러 공덕을 자연스럽게 환희하고 칭찬하며 찬탄하시는데 이를테면, 매우 깊은 반야바라밀다의 미묘한 공덕에 안주하는 것이니라.

선현이여. 마땅히 알아야 하느니라. 보살마하살이 있어서 초발심부터 반야바라밀다를 수행하여 점차로 대보리도(大菩提道)를 원만하게 하고, 점차로 매우 깊은 반야바라밀다를 원만하게 한다면, 나아가 마땅히 일체지지를 증득할 것이고, 역시 시방의 긍가사 등의 제불세계의 일체의 여래·응공·정등각등께서는 정법을 설하는 때에, 대중들의 앞에서 이 제보살마하살들의 명자와 종성과 여러 공덕을 자연스럽게 환희하고 칭찬하며 찬탄하시는데 이를테면, 매우 깊은 반야바라밀다의 미묘한 공덕에 안주하는 것이니라. 왜 그러한가? 선현이여. 이 보살마하살은 능히 어려운 일을 하고 여래의 종자(佛種)를 단절하지 않고 유정을 요익하게 하느니라."

그때 구수 선현이 세존께 이뢰어 말하였다.
"세존이시여. 무엇 등의 보살마하살이 제여래·응공·정등각들께서 정법을 설하시는 때에 명자와 종성과 여러 공덕을 자연스럽게 환희하고 칭찬하며 찬탄하시는데, 불퇴전지(不退轉地)입니까? 퇴전지입니까?"

세존께서 선현에게 말씀하셨다.
"보살마하살이 있어서 불퇴전지에 안주하여 반야바라밀다를 수행하면서 제여래·응공·정등각들께서 정법을 설하시는 때에 명자와 종성과 여러 공덕을 자연스럽게 환희하고 칭찬하며 찬탄하시고, 다시 보살마하살이 있어서 비록 수기는 받지 않았으나 반야바라밀다를 수행하면서 역시 여래·응공·정등각들께서 정법을 설하시는 때에 명자와 종성과 여러 공덕을 자연스럽게 환희하고 칭찬하며 찬탄하느니라."

그때에 선현이 다시 세존께 아뢰어 말하였다.

"이렇게 설하시는 자는 어느 보살입니까?"
세존께서 선현에게 말씀하셨다.
"선현이여. 보살마하살이 있어서 부동불(不動佛)께서 보살로 머무시던 때의 수행할 것을 수학하였고 이미 불퇴지에 안주하였으므로 이 보살마하살은 제여래·응공·정등각들께서 정법을 설하시는 때에 명자와 종성과 여러 공덕을 자연스럽게 환희하고 칭찬하며 찬탄하셨느니라. 다시 보살마하살이 있어서 보당보살마하살과 정계보살마하살 등이 수행할 것을 수학하였고 이 보살마하살은 비록 수기를 받지 않았으나 깊은 반야바라밀다를 정근하고 정진하면서 수행하였으므로 역시 여래·응공·정등각들께서 정법을 설하시는 때에 명자와 종성과 여러 공덕을 자연스럽게 환희하고 칭찬하며 찬탄하셨느니라.
선현이여. 보살마하살이 있어서 깊은 반야바라밀다를 수행하는 때에 일체법이 생겨남이 없는 성품의 가운데에서 비록 깊이 신해(信解)하였으나 무생법인(無生法忍)을 증득하지 않았고, 깊은 반야바라밀다에서 비록 깊이 신해하였으나 무생법인을 증득하지 않았으며, 일체법이 반드시 결국에는 공한 성품(空性)이라고 비록 깊이 신해하였으나 무생법인을 증득하지 않았고, 일체법이 모두가 적정(寂靜)한 성품이라고 비록 깊이 신해하였으나 무생법인을 증득하지 않았으며, 일체법이 모두가 멀리 벗어(遠離)난 성품이라고 비록 깊이 신해하였으나 무생법인을 증득하지 않았고, 일체법이 모두가 허망(虛妄)한 성품이라고 비록 깊이 신해하였으나 무생법인을 증득하지 않았으며, 일체법이 모두가 이것이 공한 성품(空性)이라고 비록 깊이 신해하였으나 무생법인을 증득하지 않았고, 일체법이 무소유(無所有)의 성품이라고 비록 깊이 신해하였으나 무생법인을 증득하지 않았으며, 일체법이 자재하지 않은 성품(不自在性)이라고 비록 깊이 신해하였으나 무생법인을 증득하지 않았고, 일체법이 견고하고 진실하지 않은 성품(不堅實性)이라고 비록 깊이 신해하였으나 무생법인을 증득하지 않았을지라도, 선현이여. 이와 같은 보살마하살들도 역시 여래·응공·정등각들께서 정법을 설하시는 때에 명자와 종성과 여러 공덕을 자연스럽게 환희하고 칭찬하며 찬탄하셨느니라.

선현이여. 만약 보살마하살이 이와 같이 제여래·응공·정등각들께서 정법을 설하시는 때에 명자와 종성과 여러 공덕을 자연스럽게 환희하고 칭찬하며 찬탄하신다면, 이 보살마하살은 성문·독각지를 초월하여 결정적으로 무상정등보리를 증득하느니라. 선현이여. 만약 보살마하살이 깊은 반야바라밀다를 수행하면서 제여래·응공·정등각들께서 정법을 설하시는 때에 명자와 종성과 여러 공덕을 자연스럽게 환희하고 칭찬하며 찬탄하신다면, 이 보살마하살은 결정적으로 마땅히 불퇴전지에 안주하는데, 이러한 지위에 안주하였다면, 빠르게 무상정등보리를 증득하느니라.

다시 다음으로 선현이여. 만약 보살승에 안주하는 선남자와 선여인 등이 이와 같은 매우 깊은 반야바라밀다를 듣고서 소유한 의취가 의심이 없고 미혹이 없어서 미혹되지 않고 번민하지 않으며 다만 '제불께서 설하신 매우 깊은 반야바라밀다와 같이, 그 이치가 반드시 그러하므로 결정적으로 전도(顚倒)가 없다.'라고 이렇게 생각을 지었다면, 이 선남자와 선여인 등은 오히려 반야바라밀다를 듣고서 청정한 믿음이 깊이 생겨났다면, 점차로 마땅히 부동불의 처소와 제보살마하살들의 처소에서 반야바라밀다를 널리 듣고서 그 의취에서 신해가 깊이 생겨나는 것이고, 이미 신해가 생겨났다면 마땅히 불퇴전지에서 안주할 것이며, 이러한 지위에 안주한다면 빠르게 무상정등보리를 증득하느니라.

선현이여. 이 보살승의 선남자와 선여인 등이 다만 이와 같은 매우 깊은 반야바라밀다를 듣고서 의심이 없고 미혹이 없어서 미혹하지 않고 어긋나지 않아서 깊은 신해가 생겨나고 비방이 생겨나지 않았다면, 오히려 무량하고 미묘한 선근을 얻는데, 하물며 능히 수지하고 독송하며 예리하게 통하고, 진여의 이치에 의지하여 생각을 계박하여 사유하며, 진여에 안주하여 정근하며 수학하는 것이겠는가? 이 선남자와 선여인 등은 빠르게 마땅히 불퇴전지에서 안주할 것이, 빠르게 무상정등보리를 증득하여 미묘한 법륜을 굴리면서 유정들을 도탈(度脫)시키느니라."

그때 구수 선현이 세존께 아뢰어 말하였다.

"세존이시여. 제법의 진실한 성품을 결국 얻을 수 없는데, 어찌하여 제보살마하살들은 진여에 안주하여 정근하고 수학하면서 빠르게 마땅히 불퇴전지에 안주하며, 빠르게 무상정등보리를 증득하여 미묘한 법륜을 굴리면서 유정들을 도탈시킵니까?"

세존께서 선현에게 알리셨다.

"여래께서 변화시킨 자가 진여에 안주하여 보살행을 수행하여 빠르게 마땅히 불퇴전지에 안주하며, 빠르게 무상정등보리를 증득하여 미묘한 법륜을 굴리면서 유정들을 도탈시키는 것과 같이, 제보살마하살들도 역시 다시 이와 같이 진여에 안주하여 보살행을 수행하여 빠르게 마땅히 불퇴전지에 안주하며, 빠르게 무상정등보리를 증득하여 미묘한 법륜을 굴리면서 유정들을 도탈시키느니라."

구수 선현이 다시 아뢰어 말하였다.

"여래께서 변화시킨 자는 모두 무소유이고, 법이 진여를 벗어난다면 역시 얻을 수 없는데, 누가 진여에 안주하여 보살의 행을 수행합니까? 누가 마땅히 불퇴전지에 안주합니까? 누가 무상정등보리를 증득합니까? 누가 법륜을 굴리고 무엇 등의 법을 설하며 무엇 등으로 대중을 도탈시키겠습니까? 세존이시여. 진여도 오히려 얻을 수 없는데, 어찌 오히려 진여에 안주하여 보살의 행을 수행하여 빠르게 마땅히 불퇴전지에 안주하며, 빠르게 무상정등보리를 증득하여 미묘한 법륜을 굴리면서 유정들을 도탈시키겠습니까? 이것이 만약 진실로 있다면 반드시 이러한 처소는 없습니다."

세존께서 선현에게 말씀하셨다.

"그와 같으니라. 그와 같으니라. 그대가 말한 것과 같으니라. 여래께서 변화시킨 자는 모두 무소유이고, 법이 진여를 벗어난다면 역시 얻을 수 없는데, 누가 진여에 안주하여 보살의 행을 수행하겠는가? 누가 마땅히 불퇴전지에 안주하겠는가? 누가 무상정등보리를 증득하겠는가? 누가 법륜을 굴리고 무엇 등의 법을 설하며 무엇 등의 대중을 도탈시키겠는가?

이것이 만약 진실로 있다는 이러한 처소는 반드시 없느니라. 그 까닭은 무엇인가? 제불이 세상에 출현하시거나, 세상에 출현하시지 않았을지라도, 제법은 본이 그러하듯이 진여를 벗어나지 않고, [자세한 내용은 생략한다.] 나아가 부사의계를 벗어나지 않느니라.

선현이여. 결정적으로 진여에 안주하여 보살행을 수행하지 않고, [자세한 내용은 생략한다.] 나아가, 유정을 도탈시키지 않느니라. 왜 그러한가? 선현이여. 제법의 진여는 생겨남이 없고 소멸함이 없으며, 역시 안주가 없고 변이하여 적은 부분도 얻을 수 없느니라. 선현이여. 만약 법에 생겨남이 없고 소멸함이 없으며, 역시 안주가 없고 변이하여 적은 부분도 얻을 수 없는데, 누가 그 가운데에 안주하여 보살의 행을 수행하겠는가? 누가 마땅히 불퇴전지에 안주하겠는가? 누가 무상정등보리를 증득하겠는가? 누가 법륜을 굴리고 무엇 등의 법을 설하며 무엇 등의 대중을 도탈시키겠는가? 이것이 만약 진실로 있다면 반드시 이러한 처소는 없느니라. 다만 세속에 의지하여 가립(假立)으로 있다고 시설(施設)하느니라."

그때 천제석이 세존께 아뢰어 말하였다.
"세존이시여. 이와 같은 반야바라밀다는 최고로 지극하게 매우 깊어서 신해하기 어려우며, 제보살마하살들이 깊은 반야바라밀다를 수행하여 제법을 모두 얻을 수 없다고 알았을지라도, 무상정등보리를 구하고 유정들을 위하여 정법을 널리 설하는 것도 매우 어려운 일입니다. 왜 그러한가? 세존이시여. 결정적으로 진여에 안주하여 보살행을 수행하면서 무상정등보리를 증득하고 제유정들을 위하여 정법을 설하는 일이 없을지라도, 그렇지만 제보살마하살들은 깊은 반야바라밀다를 수행하면서 일체법이 모두 무소유라고 관찰하고, 깊은 법성(法性)에서 그 마음이 놀라지 않고 두려워하지 않으며 겁내지 않고 의심하지 않으며 장애하지 않고 숨기지 않고 침울하지 않고 역시 미혹되고 번민함이 없으므로, 이와 같은 등의 일은 매우 희유(希有)합니다."

그때 선현이 천제석에게 말하였다.

"교시가여. 그대가 말한 것과 같습니다. 제보살마하살들은 깊은 반야바라밀다를 수행하면서 일체법이 모두 무소유라고 관찰하고, 깊은 법성(法性)에서 그 마음이 놀라지 않고 두려워하지 않으며 겁내지 않고 의심하지 않으며 장애하지 않고 숨기지 않고 침울하지 않고 역시 미혹되고 번민함이 없으므로, 이와 같은 등의 일은 매우 희유합니다. 교시가여. 제보살마하살들은 깊은 반야바라밀다를 수행하는 때에 일체법은 본성이 모두 공하고 이러한 공한 가운데에서는 모두 무소유인데, 누가 놀라거나, 나아가 번민하겠습니까? 이러한 까닭으로 보살은 깊은 반야바라밀다를 수행하는 때에 깊은 법성에서 그 마음이 놀라지 않고 두려워하지 않으며 겁내지 않고 의심하지 않으며 장애하지 않고 숨기지 않고 침울하지 않고 역시 미혹되고 번민함이 없을지라도, 희유함이 되지 않습니다."

천제석이 선현에게 알려 말하였다.

"대덕(大德)께서 말씀하신 것은 일체가 공에 의지하는데, 이러한 까닭으로 설하시는 것이 항상 장애(罣礙)가 없습니다. 비유한다면 화살로써 허공을 향하여 쏘았다면 만약 멀거나, 만약 가까울지라도 함께 장애가 없는 것과 같이 대덕께서 설하는 것도 역시 다시 이와 같은데 누가 능히 가운데에서 감히 대항(抗對)하겠습니까?"

65. 실어품(實語品)(1)

그때 천제석이 세존께 아뢰어 말하였다.

"세존이시여. 저는 이와 같이 말하고, 이와 같이 찬탄하며, 이와 같이 수기하였는데, 세존의 진실한 말씀과 법어(法語)에 수순(隨順)하는 것이고, 법과 수순하는 법에서 바른 수기(受記)가 됩니까?"

이때 세존께서 알려 말씀하셨다.

"교시가여. 그대가 이와 같이 말하고, 이와 같이 찬탄하며, 이와 같이 수기하였는데, 진실로 세존의 진실한 말씀과 법어에 수순하는 것이고, 법과 수순하는 법에서 바른 수기가 되느니라."

천제석이 다시 세존께 아뢰어 말하였다.

"희유하옵니다. 세존이시여. 대덕(大德)인 선현께서 설하신 것이 여럿 있는데, 일체가 공·무상·무원에 의지하였고, 역시 4념주, 나아가 8성도지에 의지하였으며, 역시 4무량·4무색정에 의지하였고, 역시 8해탈, 나아가 10변처에 의지하였으며, 역시 고·집·멸·도성제에 의지하였고 역시 보시바라밀다, 나아가 반야바라밀다에 의지하였으며, 역시 내공, 나아가 무성자성공에 의지하였고, 역시 진여, 나아가 부사의계에 의지하였으며, 역시 보살마하살의 지위에 의지하였고, 역시 일체의 다라니문·삼마지문에 의지하였으며, 역시 5안·6신통에 의지하였고, 역시 여래의 10력, 나아가 18불불공법에 의지하였으며, 역시 무망실법·항주사성에 의지하였고, 역시 일체지·도상지·일체상지에 의지하였으며, 역시 일체의 보살마하살의 행에 의지하였고, 역시 제불의 무상정등보리에 의지하였습니다."

세존께서 천제석에게 알려 말씀하셨다.

"교시가여. 구수(具壽) 선현은 현재에 제법의 공(空)에 안주하여 '보시바라밀다, 나아가 반야바라밀다도 오히려 얻을 수 없는데, 하물며 보시바라밀다, 나아가 반야바라밀다를 수행하는 자를 얻을 수 있겠는가!'라고 관찰하고, '4념주, 나아가 8성도지도 오히려 얻을 수 없는데, 하물며 4념주, 나아가 8성도지를 수행하는 자를 얻을 수 있겠는가!'라고 관찰하며, '4정려·4무량·4무색정도 오히려 얻을 수 없는데, 하물며 4정려·4무량·4무색정을 수행하는 자를 얻을 수 있겠는가!'라고 관찰하고, '8해탈, 나아가 10변처도 오히려 얻을 수 없는데, 하물며 8해탈, 나아가 10변처를 수행하는 자를 얻을 수 있겠는가!'라고 관찰하며,

'고·집·멸·도성제도 오히려 얻을 수 없는데, 하물며 고·집·멸·도성제에 안주하는 자를 얻을 수 있겠는가!'라고 관찰하고, '내공, 나아가 무성자성공도 오히려 얻을 수 없는데, 하물며 내공, 나아가 무성자성공에 안주하는

자를 얻을 수 있겠는가!'라고 관찰하며, '진여, 나아가 부사의계도 오히려 얻을 수 없는데, 하물며 진여, 나아가 부사의계에 안주하는 자를 얻을 수 있겠는가!'라고 관찰하고, '공·무상·무원해탈문도 오히려 얻을 수 없는데, 하물며 공·무상·무원 해탈문을 수행하는 자를 얻을 수 있겠는가!'라고 관찰하며,

'극희지, 나아가 법운지도 오히려 얻을 수 없는데, 하물며 극희지, 나아가 법운지를 수행하는 자를 얻을 수 있겠는가!'라고 관찰하고, '일체의 다라니문·삼마지문도 오히려 얻을 수 없는데, 하물며 일체의 다라니문·삼마지문을 수행하는 자를 얻을 수 있겠는가!'라고 관찰하며, '5안·6신통도 오히려 얻을 수 없는데, 하물며 5안·6신통을 수행하는 자를 얻을 수 있겠는가!'라고 관찰하고, '여래의 10력, 나아가 18불불공법도 오히려 얻을 수 없는데, 하물며 여래의 10력, 나아가 18불불공법을 수행하는 자를 얻을 수 있겠는가!'라고 관찰하며,

'무망실법·항주사성도 오히려 얻을 수 없는데, 하물며 무망실법·항주사성을 수행하는 자를 얻을 수 있겠는가!'라고 관찰하고, '일체지·도상지·일체상지도 오히려 얻을 수 없는데, 하물며 일체지·도상지·일체상지를 수행하는 자를 얻을 수 있겠는가!'라고 관찰하며, '일체의 보살마하살의 행도 오히려 얻을 수 없는데, 하물며 일체의 보살마하살의 행을 수행하는 자를 얻을 수 있겠는가!'라고 관찰하고, '제불의 무상정등보리도 오히려 얻을 수 없는데, 하물며 제불의 무상정등보리를 수행하는 자를 얻을 수 있겠는가!'라고 관찰하며,

'일체지지도 오히려 얻을 수 없는데, 하물며 일체지지를 수행하는 자를 얻을 수 있겠는가!'라고 관찰하고, '정법륜(正法輪)도 오히려 얻을 수 없는데, 하물며 정법륜을 수행하는 자를 얻을 수 있겠는가!'라고 관찰하며, '32대사상·80수호도 오히려 얻을 수 없는데, 하물며 32대사상·80수호를 수행하는 자를 얻을 수 있겠는가!'라고 관찰하고, '생겨남이 없고 소멸함이 없는 법도 오히려 얻을 수 없는데, 하물며 생겨남이 없고 소멸함이 없는 법을 수행하는 자를 얻을 수 있겠는가!'라고 관찰하느니라.

왜 그러한가? 교시가여. 구수 선현은 일체법에서 멀리 벗어나는 머무름(遠離住)에 안주하였고, 적정의 머무름(寂靜住)에 안주하였으며, 무소유의 머무름(無所有住)에 안주하였고, 얻을 수 없는 것의 머무름(無所得住)에 안주하였으며, 공의 머무름(空住)에 안주하였고, 무상의 머무름(無相住)에 안주하였으며, 무원의 머무름(無願住)에 안주하였느니라.

교시가여. 구수 선현은 일체법에서 이와 같은 무량하고 수승한 머무름에 안주하였나니, 제보살마하살들이 머무르는 반야바라밀다의 매우 깊은 수행의 안주와 비교한다면 백 분의 일에도 미치지 못하며, 천 분의 일에도 미치지 못하며, 백천 분의 일에도 미치지 못하며, 나아가 오파니살담분의 일에도 미치지 못하느니라. 왜 그러한가? 교시가여. 여래의 안주를 제외하고서 이 보살마하살들이 안주하는 반야바라밀다의 매우 깊은 수행의 안주는 제성문·독각 등의 안주에서 최고가 되고(爲最) 수승함이 되며(爲勝) 존중받게 되고(爲尊) 높게 되며(爲高) 묘하게 되고(爲妙) 미묘하게 되며(爲微妙) 위가 되고(爲上) 무상이 되며(爲無上) 무등(無等)이고 무등등(無等等)이니라.

이러한 까닭으로써 교시가여. 만약 보살마하살이 일체의 유정의 위에 안주하고자 하는 자는 마땅히 반야바라밀다의 매우 깊은 머무름에 상응하여 안주해야 하느니라. 왜 그러한가? 교시가여. 제보살마하살들이 이 머무름의 가운데에 안주한다면 성문·독각지 등을 초월하여 보살의 정성이생을 증득하고 들어가서 일체의 불법을 빠르게 원만하게 하고, 번뇌와 습기의 상속(相續)을 영원히 단절하며, 능히 빠르게 일체지지를 증득하고서 여래·응공·정등각이라는 이름을 얻으며, 능히 항상 일체의 유정들을 항상 이익되고 안락하게 하느니라."

그때 대중의 가운데에 있었던 무량하고 무수한 삼십삼천(三十三天)들이 세존께서 설하시는 것을 듣고서 환희(歡喜)하고 용약(踊躍)하면서 각자 천상(天上)의 미묘한 향과 꽃을 취하여 세존과 비구들의 위에 받들어 흩뿌렸다. 이때 대중의 가운데에 있던 6백 명의 비구들은 자리에서 일어나서 세존의 발에 머리 숙여 예경하였고 왼쪽의 어깨를 드러내었으며 오른쪽 무릎을 땅에 꿇고 몸을 굽혀서 공경스럽게 합장하고 세존을 향하여 존경스러운 얼굴을 우러러보면서 잠시도 눈을 돌리지 않았다.

세존의 신력(神力)을 까닭으로 각각의 손바닥에서 미묘음화(微妙音花)가 자연스럽게 가득 채워졌으므로 이 비구들은 환희하고 용약하면서 미증유(未曾有)를 얻었다. 각자 이 꽃을 가지고 세존과 보살들의 위에 흩뿌렸고, 이미 꽃을 흩뿌렸으므로 함께 서원을 일으켰으며, '우리들은 이 수승한 선근의 힘을 수용하여 원하건대 항상 매우 깊은 반야바라밀다의 미묘한 행의 머무름에 안주하겠고, 성문과 독각들이 능히 머무르지 못하는 처소에 안주하겠으며, 빠르게 무상정등보리에 나아가고, 여러 성문·독각지를 초월하겠습니다.'라고 말하였다.

세존께서는 비구들이 증상(增上)의 의요(意樂)로 대보리에 나아가서 결정적으로 불퇴전인 것을 아시고, 나아가 곧 미소를 지으셨는데, 제불의 상법(常法)과 같이 그 입에서 여러 종류의 광명인 청(青)·황(黃)·적(赤)·백(白)·홍(紅)·자(紫)·벽(碧)·녹(綠)·금(金)·은(銀)·파지(頗胝) 등을 펼치시어 널리 삼천대천세계를 비추셨다. 그 광명은 점차 섭수되었고 도리어 세존의 몸을 세 번을 돌고서 정수리의 위로 들어갔다. 그때 경희(慶喜)는 이러한 상서(祥瑞)를 보고 환희하고 용약하면서 곧 자리에서 일어나서 세존께 예경하고 합장하고서 아뢰어 말하였다.

"세존이시여. 무슨 인연으로 이러한 미소를 나타내십니까? 제불께서는 인연이 없다면 미소를 나타내지 않습니다. 오직 원하옵건대 여래께서는 애민(哀愍)하게 생각하시어 설하여 주십시오."

세존께서 알리셨다.

"경희여. 이 비구들은 미래의 세상에서 성유겁(星喩劫)의 가운데에 마땅히 작불(作佛)을 증득하는 것과 같이 산화(散花) 여래(如來)·응공(應)·정등각(正等覺)·명행원만(明行圓滿)·선서(善逝)·세간해(世間解)·무상장부(無上丈夫)·조어사(調御士)·천인사(天人師)·불(佛)·박가범(薄伽梵)이라고 명호할 것이고, 그 제불의 수명과 기거하는 국토와 비구 제자들도 일체가 모두 같으니라. 이 제여래·응공·정등각이 처음 탄생하고 출가하시며 더불어 성불(成佛)하신 뒤에 머무시는 처소를 따라서 만약 낮이거나 만약 밤이라도 항상 다섯 색깔의 미묘음화가 내리느니라. 이러한 인연을 까닭으로 내가 미소를 지었느니라. 이러한 까닭으로 경희여. 만약 보살마하살이 가장 수승한 머무름에 안주하고자 하는 자는 마땅히 반야바라밀다를 수행해야 하고, 만약 보살마하살이 여래의 머무름에 안주하고자 하는 자도 마땅히 반야바라밀다를 수행해야 하느니라.

경희여. 마땅히 알아야 하느니라. 만약 선남자와 선여인 등이 매우 깊은 반야바라밀다를 정근하면서 수행한다면 이 선남자와 선여인 등은 이전의 세상에 인간의 가운데에서 죽었고 도리어 이곳에 태어났거나, 혹은 도사다천(睹史多天)의 천상에서 죽었고 인간의 가운데에 와서 태어났느니라. 그들은 이전의 세상에, 혹은 인간세상에 기거하였거나, 혹은 천상에 기거하면서 오히려 일찍이 매우 깊은 반야바라밀다를 널리 들었던 까닭으로 지금 세상에서도 매우 깊은 반야바라밀다를 정근하면서 수행하느니라. 경희여. 마땅히 알아야 하느니라. 여래는 현재에도 만약 선남자와 선여인 등이 매우 깊은 반야바라밀다를 정근하고 수행하면서 몸·목숨·재물을 돌아보는 것이 없는 자라면, 결정적으로 이 자가 보살마하살이라고 보느니라."

마하반야바라밀다경 제458권

65. 실어품(實語品)(2)

"경희여. 만약 선남자와 선여인 등이 이와 같이 설하는 것인 매우 깊은 반야바라밀다를 애락(愛樂)하면서 듣고, 듣고서 수지(受持)하고 독송(讀誦)하며 예리하게 통달(通利)하고 정근(精勤)하면서 수학(修學)하며 이치와 같이 사유(如理思惟)하고 보살승인 여러 선남자와 선여인 등을 위하여 널리 설하고 열어서 보여주고 교계(敎誡)하고 교수(敎授)한다고 마땅히 알아야 하느니라. 그 사람은 일찍이 과거에 제불을 쫓아서 친근하였으므로, 이와 같은 매우 깊은 반야바라밀다를 설하는 것을 들었다면, 듣고서 수지하고 독송하며 예리하게 통달하고 정근하면서 수학하며 이치와 같이 사유하고 보살승인 여러 선남자와 선여인 등을 위하여 널리 설하고 열어서 보여주고 교계하고 교수한다고 마땅히 알아야 하느니라.

경희여. 이 선남자와 선여인 등은 일찍이 과거의 무량한 제불의 처소에서 여러 선근을 심었던 까닭으로 금생(今生)에서 능히 이러한 일을 성취하느니라. 이 선남자와 선여인 등은 상응하여 '나는 이전에 성문·독각을 따라서 이와 같은 매우 깊은 반야바라밀다를 듣지 않았고, 결정적으로 여래·응공·정등각을 따라서 이와 같은 매우 깊은 반야바라밀다를 들었다. 나는 이전에 성문·독각을 따라서 여러 선근을 심은 것이 아니고, 결정적으로 여래·응공·정등각을 따라서 여러 선근을 심었다. 오히려 이것을 인연으로 지금 이러한 매우 깊은 반야바라밀다를 듣고서 애락하게 수지하고 독송하며 예리하게 통달하고 정근하면서 수학하며 이치와 같이 사유하고 다른 사람들을 위하여 널리 설하면서 능히 싫증과 해태가 없다.'라고 이렇게 생각을 짓는다고 마땅히 알아야 하느니라.

경희여. 만약 선남자와 선여인 등이 이와 같이 설하는 것인 매우 깊은 반야바라밀다를 애락하면서 듣고, 듣고서 수지하고 독송하며 예리하게 통달하고 정근하면서 수학하며 이치와 같이 사유하고, 만약 의취(義趣)이거나, 만약 문장이거나, 만약 법이거나, 만약 비나야를 모두 통달한다면, 이 선남자와 선여인 등은 곧 일체의 여래·응공·정등각을 눈앞에서 볼 수 있다고 마땅히 알아야 하느니라.

경희여. 만약 선남자와 선여인 등이 매우 깊은 반야바라밀다의 의취를 듣고서 청정(淸淨)한 신해(信解)가 생겨나서 헐뜯지 않고 비방하지 않으며 가로막지 않고 파괴하지 않는다면, 이 선남자와 선여인 등은 이미 일찍이 무량한 제불께 공양하였고, 제불의 처소에서 큰 서원(誓願)을 일으켰으며, 많은 선근을 심었고, 역시 무량하고 진실한 선지식에게 섭수가 되었다고 마땅히 알아야 하느니라.

경희여. 만약 선남자와 선여인 등이 여래·응공·정등각들의 수승한 복전에 심었던 것의 선근으로써 비록 결정적으로 혹은 성문과(聲聞果)이거나, 혹은 독각과(獨覺果)이거나, 혹은 여래과(如來果)는 마땅히 얻을 수 있을지라도, 무상정등보리를 증득하고자 한다면 반드시 반야바라밀다의 매우 깊은 의취를 잘 통달하여 장애가 없고, 보시바라밀다, 나아가 반야바라밀다를 수행해야 하고, 내공, 나아가 무성자성공에 안주해야 하며, 진여, 나아가 부사의계에 안주해야 하고, 고·집·멸·도성제에 안주해야 하며, 4념주, 나아가 8성도지를 수행해야 하고, 4정려·4무량·4무색정을 수행해야 하며, 8해탈, 나아가 10변처를 수행해야 하고, 공·무상·무원해탈문을 수행해야 하며, 극희지, 나아가 법운지를 수행해야 하고, 일체의 다라니문·삼마지문을 수행해야 하며, 5안·6신통을 수행해야 하고, 여래의 10력, 나아가 18불불공법을 수행해야 하며, 무망실법·항주사성을 수행해야 하고, 일체지·도상지·일체상지를 수행하여 원만함을 얻어야 한다고 마땅히 알아야 하느니라.

경희여. 만약 보살마하살이 반야바라밀다의 매우 깊은 의취를 잘 통달하여 장애가 없게 하고, 보시바라밀다, 나아가 반야바라밀다를 수행하여 원만함을 얻게 하며, 이와 같이 나아가 일체지·도상지·일체상지를 수행하여 모두 원만함을 얻게 하였다면, 이 보살마하살이 성문·독각지에 안주하여 무상정등보리를 증득하지 못한다는 이러한 처소는 없다고 마땅히 알아야 하느니라. 이러한 까닭으로 보살마하살들이 무상정등보리를 증득하고자 하면 상응하여 반야바라밀다의 매우 깊은 의취를 잘 통달하여 장애가 없게 하고, 보시바라밀다, 나아가 반야바라밀다를 수행하여 원만함을 얻게 하며, 이와 같이 나아가 일체지·도상지·일체상지를 수행하여 모두 원만함을 얻게 해야 하느니라. 이러한 까닭으로 경희여. 나는 반야바라밀다로써 그대에게 부촉(付囑)하겠나니, 상응하여 바르게 수지하고 독송하며 예리하게 통달하고 잊어버리지 않아야 하느니라.

경희여. 이 반야바라밀다의 매우 깊은 경전을 수지(受持)하는 것을 제외하고서 내가 설법한 것 나머지를 설사 잊어버린 것이 있을지라도 그 죄는 오히려 가볍지만, 만약 반야바라밀다의 매우 깊은 경전을 잘 수지하지 못하였거나, 아래에 이르기까지 한 구절이라도 잊어버린 것이 있다면 그 죄는 매우 무겁다고 마땅히 알아야 하느니라.

경희여. 만약 반야바라밀다의 매우 깊은 경전에서 아래에 이르기까지 한 구절이라도 잘 수지하고 잊어버리지 않는 자는 무량한 복취를 획득하고, 만약 반야바라밀다의 매우 깊은 경전에서 잘 수지하지 못하였고 아래에 이르기까지 한 구절이라도 잊어버리는 자는 무거운 죄를 얻었던 것의 죄의 분량은 앞의 복취와 같으니라. 이러한 까닭으로 경희여. 나는 그대에게 반야바라밀다의 매우 깊은 경전을 은근하게 부촉하겠나니, 마땅히 바르게 수지하고 독송하며 예리하게 통달하고 이치와 같이 사유하며 다른 사람을 위하여 널리 설하고 분별하며 열어서 보여주고서 듣고서 수지하는 자가 구경에 문장의 의취(義趣)·의취(意趣)를 명료하게 이해시키고, 다시 다시 다른 사람을 위하여 이치와 같이 널리 설해야 한다고 마땅히 알아야 하느니라.

경희여. 만약 선남자와 선여인 등이 이 반야바라밀다의 매우 깊은 경전에서 수지하고 독송하며 구경에 예리하게 통달하고 이치와 같이 사유하며 다른 사람을 위하여 널리 설한다면, 곧 과거·미래·현재의 제여래·응공·정등각께서 증득하시는 것인 무상정등보리를 수지하고서 섭수하며 취하는 것이라고 마땅히 알아야 하느니라.

경희여. 만약 선남자와 선여인 등이 은근하고 청정한 마음을 일으켜서 현재 나의 처소에서 여러 종류의 상묘한 화만·바르는 향·뿌리는 향·의복·영락·보배의 당기와 번기·일산·기악·등불 등으로써 공양하고 공경하며 존중하고 찬탄하면서 싫증과 해태가 없는 자는 마땅히 반야바라밀다의 매우 깊은 경전을 지극한 마음으로 듣고서 수지하고 독송하며 구경에 예리하게 통달하고 이치와 같이 사유하며 다른 사람을 위하여 널리 설하거나, 혹은 다시 서사(書寫)하여 여러 가지 보배로 장엄하고서 항상 여러 종류의 상묘한 화만·바르는 향·뿌리는 향·의복·영락·보배의 당기와 번기·일산·기악·등불 등으로써 공양하고 공경하며 존중하고 찬탄하면서 해태(懈怠)가 없어야 한다고 마땅히 알아야 하느니라.

경희여. 만약 선남자와 선여인 등이 매우 깊은 반야바라밀다를 공양하고 공경하며 존중하고 찬탄한다면, 곧 나에게 공양하고 공경하며 존중하고 찬탄하는 것이며, 역시 현재에 시방세계에 머무르시는 일체의 여래·응공·정등각이면서 현재 설법하시는 여래께 공양하고 공경하며 존중하고 찬탄하는 것이며, 더불어 과거·미래의 제불께 공양하고 공경하며 존중하고 찬탄하는 것이라고 마땅히 알아야 하느니라.

경희여. 만약 선남자와 선여인 등이 이와 같은 매우 깊은 반야바라밀다를 듣고서 청정한 신심(信心)을 일으켜서 공경하고 애락한다면, 곧 과거·미래·현재의 일체의 여래·응공·정등각들께서는 증득하신 것인 무상정등보리에서 청정한 신심으로 공경하고 애락하는 것이라고 마땅히 알아야 하느니라. 경희여. 그대가 만약 나를 공경하고 애락하며 나를 버리지 않고, 역시 매우 깊은 반야바라밀다를 마땅히 용맹하게 격려(勇勵)하면서 두 배로 공경하고 애락하며 버리지 않는다면, 아래에 이르기까지 한 구절이라도 잊어버리지 말라.

　경희여. 나는 이와 같은 매우 깊은 반야바라밀다를 설하며 부촉하는 인연으로 비록 무량하게 필요한 것을 사례로 말할지라도, 내가 이미 그대들의 대사(大師)인 것과 같이, 매우 깊은 반야바라밀다도 그대들의 대사이나니, 그대들 천상과 인간들이 나를 공경하고 존중한다면 역시 마땅히 매우 깊은 반야바라밀다도 공경하고 존중해야 한다고 마땅히 알아야 하느니라. 이러한 까닭으로 경희여. 나는 무량한 방편선교로써 그대들에게 반야바라밀다의 매우 깊은 경전을 부촉하겠나니, 그대들은 마땅히 수지하고 잊어버리지 말라. 나는 지금 이 매우 깊은 반야바라밀다로써 여러 천상과 인간, 아소락 등의 무량한 대중을 마주하고서 그대에게 부촉하겠노라.

　경희여. 나는 지금 진실한 말로써 그대에게 알리나니, 제유정들이 여래를 버리지 않고 법을 버리지 않으며, 승가를 버리지 않고자 하였거나, 다시 과거·미래·현재의 제불들이 증득하시는 것인 무상정등보리를 버리지 않고자 하였다면 반드시 매우 깊은 반야바라밀다를 상응하여 버리지 않아야 하느니라. 이와 같다면 우리 등의 제불이 여러 제자들을 교계하고 교수하시던 법이라고 이름하느니라.

　경희여. 만약 선남자와 선여인 등이 매우 깊은 반야바라밀다를 애락하면서 듣고서 수지하고 독송하며 구경에 예리하게 통달하고 이치와 같이 사유하며 무량문(無量門)으로써 다른 사람을 위하여 널리 설하고 분별하여 열어서 보여주며 시설(施設)하여 안립(安立)시키고 그들에게 명료하게 이해시켜서 정근하면서 수학하게 하였다면, 이 선남자와 선여인 등은 빠르게 무상정등보리를 증득하고 능히 일체지지가 원만한 것에 가까워지느니라. 왜 그러한가? 경희여. 일체의 여래·응공·정등각께서 증득하시는 것인 무상정등보리는 모두가 이와 같은 매우 깊은 반야바라밀다에 의지하여 출생하는 까닭이라고 마땅히 알아야 하느니라.

　경희여. 과거·미래·현재의 제불께서는 모두 이와 같은 매우 깊은 반야바라밀다에 의지하여 무상정등보리를 출생시키느니라. 이러한 까닭으로 경희여. 보살마하살이 무상정등보리를 증득하고자 한다면 마땅히 이와 같은 매우 깊은 반야바라밀다를 정근하면서 수학해야 한다고 마땅히 알아야 하느니라. 왜 그러한가? 경희여. 매우 깊은 반야바라밀다는 이것이 제보살마하살들의 어머니이고 제보살마하살들을 출생시키는 까닭이니라.

경희여. 만약 보살마하살이 보시·정계·안인·정진·정려·반야 바라밀다를 정근하면서 수학한다면, 빠르게 무상정등보리를 증득한다고 마땅히 알아야 하느니라. 이러한 까닭으로 나는 다시 이 6바라밀다로써 그대에게 다시 부촉하겠나니, 마땅히 바르게 수지하고 잊어버리지 말라. 그 까닭은 무엇인가? 이와 같은 6바라밀다는 이것이 제여래·응공·정등각들의 무진(無盡)한 법장(法藏)이고, 일체의 불법이 이것에서 출생하는 까닭이니라.

경희여. 현재·과거·미래의 제불께서 설하시는 법요(法要)는 모두가 이 6바라밀다의 무진한 법장에서 유출(流出)된다고 마땅히 알아야 하느니라. 경희여. 현재·과거·미래의 제불께서 모두 이 6바라밀다의 무진한 법장에 의지하여 정근하면서 수학한다면, 무상정등보리를 증득하신다고 마땅히 알아야 하느니라. 경희여. 현재·과거·미래의 제성문들과 승가의 대중들도 모두 이 6바라밀다의 무진한 법장에 의지하여 정근하면서 수학한다면, 무여의묘열반계(無餘依妙涅槃界)에서 반열반(般涅槃)한다고 마땅히 알아야 하느니라.

다시 다음으로 경희여. 가사 그대 등이 성문승(聲聞乘)의 보특가라(補特伽羅)들을 위하여 성문법을 설하고, 오히려 이 법을 까닭으로 삼천대천세계의 유정들이 일체가 모두 아라한과를 증득하였을지라도, 오히려 나를 위해 제불의 제자로서 상응하여 지어야 할 일이라는 것을 지었던 것이 아니니라. 그대들이 만약 능히 보살승의 보특가라를 위하여 한 구절이라도 매우 깊은 반야바라밀다에 상응하는 법을 널리 설한다면 곧 나를 위하여 제불의 제자로서 상응하여 지어야 할 일이라는 것을 지었다고 이름하느니라. 나는 이러한 일을 깊이 따라 환희하는 마음이 생겨나나니, 그대들이 이 삼천대천세계의 일체의 유정을 교화하여 모두 아라한과를 증득하게 하였던 것보다 수승하느니라."

"다시 다음으로 경희여. 가사 삼천대천세계의 일체의 유정들이 오히려 다른 교계의 힘으로 앞도 아니고 뒤도 아니면서 모두가 사람의 몸을 얻었고, 같은 때에 아라한과를 증득한다면, 이 여러 제아라한들이 소유한 수승한 보시의 성품인 복업사(福業事)와 정계의 성품인 복업사와 수행의 성품인 복업사에 그대의 뜻은 어떠한가? 그 복업사가 오히려 많게 되지 않겠는가?"

경희가 대답하여 말하였다.

"매우 많습니다. 세존이시여. 그 복업사는 무량(無量)하고 무수(無數)입니다."

세존께서 경희에게 알리셨다.

"경희여. 만약 성문인 제자가 있어서 보살들을 위하여 반야바라밀다에 상응하는 법을 널리 설하면서 하루 낮과 밤을 지냈다면 획득하는 복취는 그것보다 매우 많으니라. 경희여. 하루의 낮과 밤은 제쳐두고 다만 하루를 지냈거나, 다시 하루는 제쳐두고 다만 반나절을 지냈거나, 다시 반나절은 제쳐두고 다만 한 시간을 지냈거나, 다시 한 시간을 제쳐두고 다만 한 식경(食頃)1)을 지냈거나, 다시 한 식경은 제쳐두고 다만 수유(須臾)를 지냈거나, 다시 수유는 제쳐두고 아이(俄爾)를 지냈거나, 다시 아이는 제쳐두고 다만 순식간(瞬息間)을 지내면서, 이 성문인 사람들이 능히 보살마하살들을 위하여 반야바라밀다에 상응하는 법을 널리 설하면서 하루의 낮과 밤을 지냈다면 획득하는 복취는 그것보다 매우 많다고 마땅히 알아야 하느니라. 왜 그러한가? 이 성문의 사람들이 획득한 복취는 일체의 성문·독각들의 여러 공덕을 초월하는 까닭이니라."

"다시 다음으로 경희여. 만약 보살마하살이 성문승의 보특가라들을 위하여 여러 종류의 성문승의 법을 널리 설하였고, 가사 삼천대천세계의 일체의

---

1) 대략 20~30분의 시간을 가리킨다.

유정들이 오히려 이 법을 까닭으로 모두 아라한과를 증득하여 모두가 여러 종류의 수승한 공덕을 구족하였다면 그대의 뜻은 어떠한가? 이 보살마하살이 이 인연으로 획득하는 복취는 오히려 많게 되지 않겠는가?"

경희가 대답하여 말하였다.

"매우 많습니다. 세존이시여. 이 보살마하살이 획득하는 복취는 무량(無量)하고 무변(無邊)합니다."

세존께서 경희에게 알리셨다.

"경희여. 만약 보살마하살이 성문승을 위하여, 혹은 독각승을 위하여, 혹은 무상승(無上乘)의 여러 선남자와 선여인 등을 위하여 반야바라밀다에 상응하는 법을 널리 설하면서 하루 낮과 밤을 지냈다면 획득하는 복취는 그것보다 매우 많으니라. 경희여. 하루의 낮과 밤은 제쳐두고 다만 하루를 지냈거나, 다시 하루는 제쳐두고 다만 반나절을 지냈거나, 다시 반나절은 제쳐두고 다만 한 시간을 지냈거나, 다시 한 시간을 제쳐두고 다만 한 식경을 지냈거나, 다시 한 식경은 제쳐두고 다만 수유를 지냈거나, 다시 수유는 제쳐두고 아이를 지냈거나, 다시 아이는 제쳐두고 다만 순식간을 지내면서, 이 성문인 사람들이 능히 3승의 여러 선남자와 선여인 등에게 상응하는 법을 널리 설하면서 하루의 낮과 밤을 지냈다면 획득하는 복취는 그것보다 매우 많다고 마땅히 알아야 하느니라. 왜 그러한가? 매우 깊은 반야바라밀다에 상응하는 법시(法施)는 일체의 성문·독각에 상응하는 법시와 그 2승들의 여러 공덕을 초월하는 까닭이니라. 그 까닭은 무엇인가? 이 보살마하살은 스스로가 무상정등보리를 구하고는 역시 대승에 상응하는 법으로써 다른 유정들에게 보여주고 교계하며 인도하고 찬탄하고 격려하며 축하하고 환희하며 무상정등보리에서 불퇴전을 얻게 하느니라.

경희여. 이 보살마하살은 스스로가 보시바라밀다, 나아가 반야바라밀다를 수행하고, 역시 다른 사람들에게 권유하여 보시바라밀다, 나아가 반야바라밀다를 수행하게 하며, 스스로가 4념주, 나아가 8성도지를 수행하고, 역시 다른 사람들에게 권유하여 4념주, 나아가 8성도지를 수행하게 하며, 스스로가 내공, 나아가 무성자성공에 안주하고, 역시 다른 사람들에게 권유하여 내공, 나아가 무성자성공에 안주하게 하며, 스스로가 진여, 나아가 부사의계에 안주하고, 역시 다른 사람들에게 권유하여 진여, 나아가 부사의계에 안주하게 하며, 스스로가 고·집·멸·도성제에 안주하고, 역시 다른 사람들에게 권유하여 고·집·멸·도성제에 안주하게 하며,

 스스로가 4정려·4무량·4무색정을 수행하고, 역시 다른 사람들에게 권유하여 4정려·4무량·4무색정을 수행하게 하며, 스스로가 8해탈, 나아가 10변처를 수행하고, 역시 다른 사람들에게 권유하여 8해탈, 나아가 10변처를 수행하게 하며, 스스로가 공·무상·무원해탈문을 수행하고, 역시 다른 사람들에게 권유하여 공·무상·무원해탈문을 수행하게 하며, 스스로가 보살지를 수행하고, 역시 다른 사람들에게 권유하여 보살지를 수행하게 하며, 스스로가 일체의 다라니문·삼마지문을 수행하고, 역시 다른 사람들에게 권유하여 일체의 다라니문·삼마지문을 수행하게 하며, 스스로가 여래의 10력, 나아가 18불불공법을 수행하고, 역시 다른 사람들에게 권유하여 여래의 10력, 나아가 18불불공법을 수행하게 하며,

 스스로가 32대사상·80수호를 수행하고, 역시 다른 사람들에게 권유하여 32대사상·80수호를 수행하게 하며, 스스로가 무망실법·항주사성을 수행하고, 역시 다른 사람들에게 권유하여 무망실법·항주사성을 수행하게 하며, 스스로가 일체지·도상지·일체상지를 수행하고, 역시 다른 사람들에게 권유하여 일체지·도상지·일체상지를 수행하게 하며, 스스로가 일체의 보살마하살의 행을 수행하고, 역시 다른 사람들에게 권유하여 일체의 보살마하살의 행을 수행하게 하며, 스스로가 제불의 무상정등보리를 수행하고, 역시 다른 사람들에게 권유하여 제불의 무상정등보리를 수행하게 하며, 스스로가 일체지지를 수행하고, 역시 다른 사람들에게 권유하여 일체지지를 수행하게 한다고 마땅히 알아야 하느니라. 오히려 이러한 인연으로 선근이 증장하므로 만약 무상정등보리에서 퇴전이 있다는 이러한 처소는 없느니라."

그때 여래께서는 사부대중에게 둘러싸여 반야바라밀다를 찬탄하여 설하시고서 경희에게 부촉하셨으며 수지하게 하셨다, 다시 일체의 천인·용·약차(藥叉) [자세한 내용은 생략한다.] 나아가, 인비인(人非人) 등의 여러 회중(會中)의 앞에서 신통력(神通力)을 나타내시어 대중들이 모두 부동여래께서 성문과 보살들에게 앞뒤로 위요(圍繞)되어 바다와 같은 대중에게 미묘한 법을 널리 설하시는 것을 보게 하셨고, 더불어 그 국토의 청정하게 장엄된 상(相)을 보게 하셨다. 그 성문승들은 모두 아라한이었고 모두가 여러 번뇌(諸漏)[2]를 이미 끝마쳐서 다시는 번뇌가 없고, 진실하고 자재(自在)한 마음을 얻어서 잘 해탈하였으며, 지혜가 잘 해탈하였으므로 조련된 지혜로운 말(馬)과 같았고 역시 큰 용과 같았다.

이미 지을 것을 지었고 이미 성취할 것을 성취하였으며, 여러 무거운 짐을 버리고서 자기가 이익을 얻었고, 여러 번뇌(有結)[3]를 끝마치고 정지(正知)로 해탈하였으며, 지극한 마음으로 제일구경(第一究竟)[4]에 자재하였다. 그 보살승(菩薩僧)은 일체가 모두 이들이 대중에게 알려진 지식(知識)이었으며, 다라니를 획득하였고 장애가 없는 변재를 얻었으므로, 공덕과 지혜는 오히려 큰 바다와 같았다.

이때 세존께서 신통력을 거두셨고 이 여러 회중에 천인·용·약차 [자세한 내용은 생략한다.] 나아가, 인비인 등이 다시 부동여래의 성문·보살과 나머지의 대중들과 아울러 그 불국토의 청정하게 장엄된 상을 보지 못하게 하셨는데, 모두가 이것은 안근(眼根)으로 마주할 수 없었다. 그 까닭은 무엇인가? 세존께서 신통력을 거두셨으므로 그 멀었던 경계를 보는 인연이 없어진 까닭이었다.

그때 세존께서 구수 경희에게 알리셨다.

"부동여래·응공·정등각의 국토의 대중을 그대는 다시 보는가?"

---

2) 누(漏)는 번뇌가 유정에게 번뇌에 물든 마음이 이리저리 흐르게 한다는 뜻으로 특히 욕루(欲漏)·유루(有漏)·무명루(無明漏)의 세 종류가 있다.
3) 사람을 미혹(迷惑)에 얽매이게 하는 번뇌(煩惱)로써 유(有)는 생사(生死)의 과보(果報)이고, 결(結)은 결박(結縛)의 뜻이다.
4) '가장 높은 깨달음' 또는 '궁극적인 깨달음(究竟覺)'을 뜻한다.

경희가 대답하여 말하였다.

"저는 다시 보지 못합니다. 그 일은 이 안근으로 행하는 것이 아닌 까닭입니다."

세존께서 경희에게 알리셨다.

"그 여래의 여러 회중과 국토는 이것이 안근으로 행하는 경계가 아닌 것과 같이, 제법도 역시 다시 이와 같아서 안근 등으로 행하는 경계가 아니고, 법은 법으로 행하지 못하며, 법은 법을 보지 못하고, 법은 법을 알지 못하며, 법은 법을 증득하지 못한다고 마땅히 알아야 하느니라.

경희여. 마땅히 알아야 하느니라. 일체의 법성은 능히 행하는 자가 없고 능히 보는 자도 없으며 능히 아는 자도 없고 능히 증득하는 자도 없으며 움직임도 없고 작용(作用)도 없다고 마땅히 알아야 하느니라. 그 까닭은 무엇인가? 일체법으로써 모두가 허공과 같아서 작용이 없고, 능히 취할 수 없고 능히 취해지지 않는데 성품이 모두 멀리 벗어난 까닭이고, 일체법으로써 불가사의(不可思議)하므로 능히 사유하거나 사유되지 않는데 성품이 모두 멀리 벗어난 까닭이며, 일체법으로써 모두가 환영 등과 같아서 여러 인연이 화합하고 비슷한 상(相)이 있는 까닭이고, 일체법으로써 짓거나 받는 자가 없는데 허망하게 있는 것과 비슷하게 나타났을지라도 견고함이 진실로 없는 까닭이니라.

경희여. 만약 보살마하살이 능히 이와 같이 행하고 능히 이와 같이 보며 능히 이와 같이 알고 능히 이와 같이 증득한다면, 이것이 반야바라밀다를 수행하는 것이고, 역시 이러한 제법의 상을 집착하지도 않는다고 마땅히 알아야 하느니라. 경희여. 만약 보살마하살이 이와 같이 수학하는 때에 곧 반야바라밀다를 수학하는 것이라고 마땅히 알아야 하느니라.

경희여. 만약 보살마하살이 일체의 바라밀다를 빠르게 원만하게 하고자 한다면 상응하여 반야바라밀다를 수학해야 한다고 마땅히 알아야 하느니라. 그 까닭은 무엇인가? 이와 같이 수학하는 자는 여러 수학의 가운데에서 최고가 되고(爲最) 수승함이 되며(爲勝) 존중받게 되고(爲尊) 높게 되며(爲高) 묘하게 되고(爲妙) 미묘하게 되며(爲微妙) 위가 되고(爲上)

무상이 되며(爲無上) 무등(無等)이고 무등등(無等等)이며, 일체의 유정들을 이익되고 안락하게 하며, 의지가 없는 자에게는 의지를 지어 주고, 귀의가 없는 자에게는 귀의를 지어 주며, 나아감이 없는 자에게는 나아감을 지어 주고, 주택이 없는 자에게는 주택을 지어 주며, 구호가 없는 자에게 구호를 지어 주고, 제불·세존께서 반야바라밀다를 수학하는 것을 열어서 허락하시고 칭찬하시느니라.

경희여. 만약 제보살마하살들과 제여래·응공·정등각들께서 이러한 수학의 가운데에 안주한다면, 능히 오른쪽 손으로써, 만약 오른쪽 발가락으로써 삼천대천세계를 취(取)하여 들고서 다른 방위에 던져서 놓아두었거나, 혹은 본래의 처소로 돌려보냈을지라도, 그 가운데의 유정들은 알지도 못하고 깨닫지 못하며 손해가 없고 두려움이 없다고 마땅히 알아야 하느니라. 그 까닭은 무엇인가? 매우 깊은 반야바라밀다의 공덕과 위덕(威德)은 불가사의한 까닭이니라.

경희여. 과거·미래·현재의 제불과 제보살마하살들이 이러한 반야바라밀다를 수학하여 여러 무위법(無爲法)과 3세법(三世法)에서 이해하였으므로 모두가 장애가 없는 지견(知見)을 얻는다고 마땅히 알아야 하느니라. 이러한 까닭으로 경희여. 나는 이와 같은 매우 깊은 반야바라밀다를 수학한다면, 여러 수학의 가운데에서 최고가 되고 수승함이 되며 존중받게 되고 높게 되며 묘하게 되고 미묘하게 되며 위가 되고 무상이 되며 무등이고 무등등이라고 설하노라.

경희여. 제유정들이 매우 깊은 반야바라밀다의 한량(限量)과 변제(邊際)를 취하고자 하는 것은 어리석은 자가 허공의 한량과 변재를 취하려는 것과 같다고 마땅히 알아야 하느니라. 왜 그러한가? 매우 깊은 반야바라밀다의 공덕이 무량하고 변재가 없는 까닭이니라.

경희여. 나는 결국 매우 깊은 반야바라밀다의 공덕과 이익은 명신(名身)5) 등이 한량과 변제가 있다고 설하지 않는다고 마땅히 알아야 하느니

---

5) 산스크리트어 nāmakāya의 번역이고, 설일체유부의 5위 75법의 법체계에서 불상응행법(不相應行法) 가운데 하나이다. 명(名)은 정신적 혹은 물질적 현상 또는

라. 그 까닭은 무엇인가? 일체의 명신·구신(句身)⁶⁾·문신(文身)⁷⁾은 이것이 한량이 있는 법이지만, 매우 깊은 반야바라밀다의 공덕과 수승한 이익은 한량이 있는 법이 아니므로, 여러 명신·구신·문신으로는 반야바라밀다의 공덕과 수승한 이익을 능히 헤아릴 수 없고, 역시 반야바라밀다의 공덕과 수승한 이익은 이것이 헤아려지는 것도 아니니라."

그때 경희가 아뢰어 말하였다.
"세존이시여. 무슨 인연을 까닭으로 매우 깊은 반야바라밀다를 한량없다고 설하십니까?"
세존께서 말씀하셨다.
"경희여. 매우 깊은 반야바라밀다는 성품이 무진(無盡)인 까닭으로 한량이 없다고 설하고, 성품이 멀리 벗어난 까닭으로 한량이 없다고 설하며, 성품이 적정한 까닭으로 한량이 없다고 설하고, 실제와 같은 까닭으로 한량이 없다고 설하며, 허공과 같은 까닭으로 한량이 없다고 설하느니라.
경희여. 일체의 과거·미래·현재의 제불·세존들께서 모두가 반야바라밀다를 수학하시고 구경에 무상정등보리를 원만하게 증득하셨으며, 제유

존재인 법(法)의 자성(自性)을 가리키고 설명하는 언어적 개념 또는 명칭을 뜻하는데, 이를테면 문장을 구성하는데 사용되는 낱말들을 뜻하며, 그 가운데에서 개념이 담겨있는 낱말들인 상(想, 산스크리트어 saṃjñā) 또는 증어(增語)라고 말한다.
6) 산스크리트어 padakāya의 번역이고, 설일체유부의 5위 75법의 법체계에서 불상응행법(不相應行法)의 가운데에 하나이다. 구(句, pada)는 제행무상(諸行無常) 또는 제법무아(諸法無我)와 같은 문장 또는 명제를 뜻하는데, 전달하고자 하는 뜻을 완전히 표현한 것을 말한다. 신(身, 산스크리트어 kāya)은 집합 혹은 그룹을 뜻한다. 따라서, 구신(句身)은 문장들의 집합 또는 명제들의 집합을 뜻한다.
7) 산스크리트어 vyañjanakāya의 번역이고, 설일체유부의 5위 75법의 법체계에서 불상응행법(不相應行法)의 가운데에 하나이다. 문(文, 산스크리트어 vyañjana)은 글자 또는 음소(音素)를 뜻하는데, 글자 또는 음소를 전통적인 술어로는 자(字, 산스크리트어 akṣara)라고 한다. 신(身, 산스크리트어 kāya)은 일반적인 뜻인 몸(신체)을 뜻하는 것이 아니라 집합 또는 복수를 뜻하는 복수형 접미사 '~들'을 뜻한다.

정들을 위하여 널리 설하셨고 열어서 보여주셨는데, 이 반야바라밀다는 항상 끝마침이 없느니라. 그 까닭은 무엇인가? 매우 깊은 반야바라밀다는 비유한다면, 허공과 같아서 끝마침이 없는 까닭이고, 제유정들이 매우 깊은 반야바라밀다를 끝마치려고 하는 자는 곧 허공을 끝마치려고 하는 것과 같다고 마땅히 알아야 하느니라.

경희여. 매우 깊은 반야바라밀다, 나아가 보시바라밀다를 이미 끝마치지 않았으며 지금 끝마치지 않았고 마땅히 끝마치지 않을 것이며, 내공, 나아가 무성자성공을 이미 끝마치지 않았으며 지금 끝마치지 않았고 마땅히 끝마치지 않을 것이며, 진여, 나아가 부사의계를 이미 끝마치지 않았으며 지금 끝마치지 않았고 마땅히 끝마치지 않을 것이며, 고·집·멸·도성제를 이미 끝마치지 않았으며 지금 끝마치지 않았고 마땅히 끝마치지 않을 것이며, 4념주, 나아가 8성도지를 이미 끝마치지 않았으며 지금 끝마치지 않았고 마땅히 끝마치지 않을 것이며, 4정려·4무량·4무색정을 이미 끝마치지 않았으며 지금 끝마치지 않았고 마땅히 끝마치지 않을 것이며, 8해탈, 나아가 10변처를 이미 끝마치지 않았으며 지금 끝마치지 않았고 마땅히 끝마치지 않을 것이며, 공·무상·무원해탈문을 이미 끝마치지 않았으며 지금 끝마치지 않았고 마땅히 끝마치지 않을 것이며, 극희지, 나아가 법운지를 이미 끝마치지 않았으며 지금 끝마치지 않았고 마땅히 끝마치지 않을 것이며,

일체의 다라니문·삼마지문을 이미 끝마치지 않았으며 지금 끝마치지 않았고 마땅히 끝마치지 않을 것이며, 5안·6신통을 이미 끝마치지 않았으며 지금 끝마치지 않았고 마땅히 끝마치지 않을 것이며, 여래의 10력, 나아가 18불불공법을 이미 끝마치지 않았으며 지금 끝마치지 않았고 마땅히 끝마치지 않을 것이며, 32대사상·80수호를 이미 끝마치지 않았으며 지금 끝마치지 않았고 마땅히 끝마치지 않을 것이며, 일체지·도상지·일체상지를 이미 끝마치지 않았으며 지금 끝마치지 않았고 마땅히 끝마치지 않을 것이며, 일체의 보살마하살의 행을 이미 끝마치지 않았으며 지금 끝마치지 않았고 마땅히 끝마치지 않을 것이며, 제불의 무상정등보리를

이미 끝마치지 않았으며 지금 끝마치지 않았고 마땅히 끝마치지 않을 것이라고 마땅히 알아야 하느니라.

그 까닭은 무엇인가? 이와 같은 등의 법은 생겨남이 없고 소멸함이 없으며 역시 안주가 없고 변이도 없는데, 어찌하여 끝마침이 있다고 시설할 수 있겠는가?"

그때 세존께서는 입으로부터 광장설상(廣長舌相)⁸⁾을 나타내시어 얼굴을 두루 덮으시는 설상을 보여주셨고 다시 입으로 들이셨으며, 경희에게 말씀하셨다.

"그대의 뜻은 어떠한가? 세간에서 만약 이와 같은 혀를 가졌다면 말하였던 것에 허망한 것이 있겠는가?"

경희가 대답하여 말하였다.

"아닙니다. 세존이시여."

세존께서 경희에게 알리셨다.

"그대는 지금부터 사부대중들에게 이와 같은 매우 깊은 반야바라밀다를 널리 설하고 분별하여 보여주며 시설하고 안립시켜서 그들이 이해하게 하라. 경희여. 이와 같은 반야바라밀다의 매우 깊은 경전의 가운데에는 일체의 보리분법(菩提分法)과 제법의 상(諸法相)을 널리 설하셨나니, 이러한 까닭으로 일체의 성문승(聲聞乘)을 구하는 보특가라이거나, 독각승(獨覺乘)을 구하는 보특가라이거나, 무상승(無上乘)을 구하는 보특가라들은 모두가 이와 같은 매우 깊은 반야바라밀다에서 설하신 법문에 상응하여 의지하여 항상 정근하면서 수학하고 싫증과 해태가 생겨나지 않아야 하느니라. 만약 능히 이와 같이 항상 정근하면서 수학한다면 스스로가 구하는 처소를 빠르고 마땅하게 증득한다고 마땅히 알아야 하느니라.

다시 다음으로 경희여. 매우 깊은 반야바라밀다는 이것이 능히 일체의 법상을 깨달아 들어가게 하고, 이것이 능히 일체의 문자를 깨달아 들어가게 하며, 이것이 능히 다라니문을 깨달아 들어가게 하나니, 제보살마하살

---

8) 혀가 넓고 길면서도 얇고 유연하여, 길게 펴면 얼굴을 덮고 머리털 부근에까지 닿는 것을 가리킨다.

들은 상응하여 이와 같은 다라니문을 항상 정근하면서 수학해야 하느니라. 만약 보살마하살이 이와 같은 다라니문을 수지(受持)한다면, 빠르게 능히 일체의 변재(辯才)에서 여러 장애가 없는 지혜를 얻느니라.

경희여. 이와 같은 반야바라밀다의 매우 깊은 경전은 과거·미래·현재의 제불들의 무진(無盡)한 법장(法藏)이니라. 이러한 까닭으로 나는 지금 그대들에게 분명(分明)히 알리나니, 만약 이와 같은 매우 깊은 반야바라밀다를 수지하고 독송하며 구경에 예리하게 통달하고 이치와 같이 사유한다면, 곧 과거·미래·현재의 제불의 무상정등보리를 수지하는 것이라고 마땅히 알아야 하느니라.

경희여. 나는 이와 같은 매우 깊은 반야바라밀다는 이것이 보리도(菩提道)에 유행하며 나아가는 자(者)의 견고(堅固)한 발(足)이고, 역시 이것은 일체의 무상(無上)한 불법의 큰 다라니(大陀羅尼)이니, 그대들이 만약 능히 이와 같은 매우 깊은 반야바라밀다의 다라니를 수지한다면, 곧 일체의 불법을 모두 수지하고 잊어버리지 않는 것이며, 제유정들과 함께 미래의 세상을 끝마치도록 큰 요익(大饒益)을 짓는 것이라고 설한다고 마땅히 알아야 하느니라.”

66. 무진품(無盡品)

그때 구수 선현이 이와 같이 생각을 지었다.

'이와 같은 반야바라밀다가 최고로 깊고, 제불의 무상정등보리도 가장 깊으니, 나는 마땅히 세존께 두 가지의 매우 깊은 의취(義趣)를 물어야겠다.'

이와 같이 생각을 짓고서 곧 세존께 아뢰어 말하였다.

“세존이시여. 매우 깊은 반야바라밀다가 곧 제불의 무상정등보리이고,

제불의 무상정등보리가 곧 매우 깊은 반야바라밀다이며, 이와 같은 반야바라밀다와 제불의 무상정등보리는 함께 최고로 깊어서 끝마칠 수 없는 까닭인데, 무슨 인연으로 이 두 가지가 무진(無盡)하다고 설하십니까?"

세존께서 말씀하셨다.

"선현이여. 매우 깊은 반야바라밀다와 제불의 무상정등보리는 모두가 허공과 같아서 끝마칠 수 없는 까닭으로 무진하게 된다고 설하느니라."

구수 선현이 다시 세존께 아뢰어 말하였다.

"어찌하여 보살마하살이 반야바라밀다를 상응하게 이끌어서 일으킵니까?"

세존께서 말씀하셨다.

"선현이여. 제보살마하살들은 색이 무진하다고 상응하여 관찰하는 까닭으로 반야바라밀다를 이끌어서 일으키고, 수·상·행·식이 무진하다고 상응하여 관찰하는 까닭으로 반야바라밀다를 이끌어서 일으키며, 안처, 나아가 의처가 무진하다고 상응하여 관찰하는 까닭으로 반야바라밀다를 이끌어서 일으키고, 색처, 나아가 법처가 무진하다고 상응하여 관찰하는 까닭으로 반야바라밀다를 이끌어서 일으키며, 안계, 나아가 의계가 무진하다고 상응하여 관찰하는 까닭으로 반야바라밀다를 이끌어서 일으키고, 색계, 나아가 법계가 무진하다고 상응하여 관찰하는 까닭으로 반야바라밀다를 이끌어서 일으키며, 안식계, 나아가 의식계가 무진하다고 상응하여 관찰하는 까닭으로 반야바라밀다를 이끌어서 일으키고,

안촉, 나아가 의촉이 무진하다고 상응하여 관찰하는 까닭으로 반야바라밀다를 이끌어서 일으키며, 안촉을 인연으로 생겨난 여러 수, 나아가 의촉을 인연으로 생겨난 여러 수가 무진하다고 상응하여 관찰하는 까닭으로 반야바라밀다를 이끌어서 일으키고, 지계, 나아가 식계가 무진하다고 상응하여 관찰하는 까닭으로 반야바라밀다를 이끌어서 일으키며, 인연, 나아가 증상연이 무진하다고 상응하여 관찰하는 까닭으로 반야바라밀다를 이끌어서 일으키고, 무명, 나아가 노사가 무진하다고 상응하여 관찰하는 까닭으로 반야바라밀다를 이끌어서 일으키며, 보시바라밀다, 나아가

반야바라밀다가 무진하다고 상응하여 관찰하는 까닭으로 반야바라밀다를 이끌어서 일으키고,

내공, 나아가 무성자성공이 무진하다고 상응하여 관찰하는 까닭으로 반야바라밀다를 이끌어서 일으키며, 진여, 나아가 부사의계가 무진하다고 상응하여 관찰하는 까닭으로 반야바라밀다를 이끌어서 일으키고, 고·집·멸·도성제가 무진하다고 상응하여 관찰하는 까닭으로 반야바라밀다를 이끌어서 일으키며, 4념주, 나아가 8성도지가 무진하다고 상응하여 관찰하는 까닭으로 반야바라밀다를 이끌어서 일으키고, 4정려·4무량·4무색정이 무진하다고 상응하여 관찰하는 까닭으로 반야바라밀다를 이끌어서 일으키며, 8해탈, 나아가 10변처가 무진하다고 상응하여 관찰하는 까닭으로 반야바라밀다를 이끌어서 일으키고,

공·무상·무원해탈문이 무진하다고 상응하여 관찰하는 까닭으로 반야바라밀다를 이끌어서 일으키며, 정관지, 나아가 여래지가 무진하다고 상응하여 관찰하는 까닭으로 반야바라밀다를 이끌어서 일으키고, 극희지, 나아가 법운지가 무진하다고 상응하여 관찰하는 까닭으로 반야바라밀다를 이끌어서 일으키며, 일체의 다라니문·삼마지문이 무진하다고 상응하여 관찰하는 까닭으로 반야바라밀다를 이끌어서 일으키고, 5안·6신통이 무진하다고 상응하여 관찰하는 까닭으로 반야바라밀다를 이끌어서 일으키며, 여래의 10력, 나아가 18불불공법이 무진하다고 상응하여 관찰하는 까닭으로 반야바라밀다를 이끌어서 일으키고, 32대사상·80수호가 무진하다고 상응하여 관찰하는 까닭으로 반야바라밀다를 이끌어서 일으키며,

무망실법·항주사성이 무진하다고 상응하여 관찰하는 까닭으로 반야바라밀다를 이끌어서 일으키고, 일체지·도상지·일체상지가 무진하다고 상응하여 관찰하는 까닭으로 반야바라밀다를 이끌어서 일으키며, 예류과, 나아가 독각의 보리가 무진하다고 상응하여 관찰하는 까닭으로 반야바라밀다를 이끌어서 일으키고, 일체의 보살마하살의 행이 무진하다고 상응하여 관찰하는 까닭으로 반야바라밀다를 이끌어서 일으키며, 제불의

무상정등보리가 무진하다고 상응하여 관찰하는 까닭으로 반야바라밀다를 이끌어서 일으키느니라.

　다시 다음으로 선현이여. 제보살마하살들은 색이 허공(虛空)과 같아서 무진하다고 상응하여 관찰하는 까닭으로 반야바라밀다를 이끌어서 일으키고, 수·상·행·식이 허공과 같아서 무진하다고 상응하여 관찰하는 까닭으로 반야바라밀다를 이끌어서 일으키며, 이와 같이 나아가 일체지지가 허공과 같아서 무진하다고 상응하여 관찰하는 까닭으로 반야바라밀다를 이끌어서 일으키느니라.
　다시 다음으로 선현이여. 제보살마하살들은 무명을 인연하는 행(行)이 허공(虛空)과 같아서 무진하다고 상응하여 관찰하는 까닭으로 반야바라밀다를 이끌어서 일으키고, 행을 인연하는 식(識)이 허공과 같아서 무진하다고 상응하여 관찰하는 까닭으로 반야바라밀다를 이끌어서 일으키며, 식을 인연하는 명색(名色)이 허공과 같아서 무진하다고 상응하여 관찰하는 까닭으로 반야바라밀다를 이끌어서 일으키고, 명색을 인연하는 육처(六處)가 허공과 같아서 무진하다고 상응하여 관찰하는 까닭으로 반야바라밀다를 이끌어서 일으키며, 육처를 인연하는 촉(觸)이 허공과 같아서 무진하다고 상응하여 관찰하는 까닭으로 반야바라밀다를 이끌어서 일으키고,
　촉을 인연하는 수(受)가 허공과 같아서 무진하다고 상응하여 관찰하는 까닭으로 반야바라밀다를 이끌어서 일으키며, 수를 인연하는 애(愛)가 허공과 같아서 무진하다고 상응하여 관찰하는 까닭으로 반야바라밀다를 이끌어서 일으키고, 애를 인연하는 취(取)가 허공과 같아서 무진하다고 상응하여 관찰하는 까닭으로 반야바라밀다를 이끌어서 일으키며, 취를 인연하는 유(有)가 허공과 같아서 무진하다고 상응하여 관찰하는 까닭으로 반야바라밀다를 이끌어서 일으키고, 유를 인연하는 생(生)이 허공과 같아서 무진하다고 상응하여 관찰하는 까닭으로 반야바라밀다를 이끌어서 일으키며, 생을 인연하는 노사(老死)가 허공과 같아서 무진하다고

상응하여 관찰하는 까닭으로 반야바라밀다를 이끌어서 일으키느니라.

　선현이여. 제보살마하살들이 이와 같이 12지연기(十二支緣起)를 관찰하고 이변(二邊)을 벗어난다면, 이 제보살마하살들은 불공묘관(不共妙觀)이니라. 선현이여. 제보살마하살들은 보리수(菩提樹) 아래의 금강좌(金剛座)에 앉아서 12지연기가 비유한다면, 허공과 같아서 얻을 수 없는 까닭이라고 여실하게 관찰한다면, 능히 일체지지를 증득하느니라. 선현이여. 만약 보살마하살이 허공과 같이 무진의 행(行)과 안주(安住)로써 반야바라밀다를 이끌어 일으키고서 12지연기를 여실하게 관찰한다면, 성문·독각지에 떨어지지 않고 빠르게 무상정등보리를 증득하느니라.

　선현이여. 보살승에 안주하는 보특가라가 무상정등보리에서 퇴전이 있는 자는 모두 반야바라밀다를 이끌어서 일으키는 선교(善巧)의 작의(作意)에 의지하지 않느니라. 오히려 그것에 명료하지 않은데, 어찌하여 보살마하살이 반야바라밀다를 수행하고 능히 허공과 같은 무진의 행과 안주로써 반야바라밀다를 이끌어서 일으키며, 12지연기를 여실하게 관찰하겠는가?

　선현이여. 보살승에 안주하는 선남자와 선여인 등이 만약 무상정등보리에서 퇴전이 있다면, 모두가 오히려 반야바라밀다를 이끌어서 일으키는 선교 방편을 멀리 벗어난 것이고, 만약 보살마하살이 능히 무상정등보리에서 불퇴전을 얻었다면 일체의 모두가 반야바라밀다를 이끌어서 일으키는 방편선교에 의지하는 것이니라. 이 보살마하살은 오히려 이와 같은 방편선교에 의지하여 반야바라밀다를 수행하므로, 허공과 같은 무진의 행과 안주로써 반야바라밀다를 이끌어서 일으키고, 12지연기를 여실하게 관찰하나니, 이 보살마하살은 오히려 이러한 인연으로 매우 깊은 반야바라밀다를 빠르게 원만하게 하느니라.

　선현이여. 제보살마하살들이 이와 같이 연기법(緣起法)을 관찰하는 때에 인연이 없이 생겨나는 법이 있다고 보지 않고, 인연이 없이 소멸하는 법이 있다고 보지 않고, 성상(性相)이 항상 안주하는 법이 있다고 보지 않으며, 생겨난다고 보지 않고 소멸한다고 보지 않으며, 유아(有我)인

법이 있다고 보지 않고 유정인 법이 있다고 보지 않으며, 나아가 지자(知者)인 법이 있다고 보지 않고 견자(見者)인 법이 있다고 보지 않으며, 만약 항상하거나 만약 무상하거나, 만약 즐겁거나 만약 괴롭거나, 만약 아(我)이거나, 만약 무아(無我)이거나, 만약 청정하거나, 만약 부정하거나, 만약 적정하거나, 만약 적정하지 않거나, 만약 멀리 벗어났거나, 만약 멀리 벗어나지 않았다고 보지 않느니라. 선현이여. 제보살마하살들은 상응하여 마땅하게 이와 같이 연기(緣起)를 관찰하고서 반야바라밀다를 수행해야 하느니라.

　선현이여. 만약 보살마하살이 연기의 법문(法門)을 여실히 관찰하고서 반야바라밀다를 수행한다면, 이때 보살마하살은 색이 만약 항상하거나 만약 무상하거나, 만약 즐겁거나 만약 괴롭거나, 만약 아이거나 만약 무아이거나, 만약 청정하거나 만약 부정하거나, 만약 적정하거나 만약 적정하지 않거나, 만약 멀리 벗어났거나 만약 멀리 벗어나지 않았다고 보지 않고, 역시 수·상·행·식이 만약 항상하거나 만약 무상하거나, 만약 즐겁거나 만약 괴롭거나, 만약 아이거나 만약 무아이거나, 만약 청정하거나 만약 부정하거나, 만약 적정하거나 만약 적정하지 않거나, 만약 멀리 벗어났거나, 만약 멀리 벗어나지 않았다고 보지 않으며, 이와 같이 나아가, 일체지지가 만약 항상하거나 만약 무상하거나, 만약 즐겁거나 만약 괴롭거나, 만약 아이거나 만약 무아이거나, 만약 청정하거나 만약 부정하거나, 만약 적정하거나 만약 적정하지 않거나, 만약 멀리 벗어났거나 만약 멀리 벗어나지 않았다고 보지 않느니라.

　선현이여. 만약 보살마하살이 이와 같은 매우 깊은 반야바라밀다를 수행하면 이때 보살마하살은 비록 반야바라밀다를 수행할지라도, 수행하였던 것인 반야바라밀다가 있다고 보지 않고, 역시 다시 능히 행해지는 것인 반야바라밀다를 볼 수 있는 법이 있다고 보지 않으며, 역시 이와 같은 보지 않는 것이 있다고 보지 않고, 비록 정려·정진·안인·정계·보시바라밀다를 수행할지라도, 수행하였던 것인 정려, 나아가 보시바라밀다가 있다고 보지 않고, 역시 다시 능히 행해지는 것인 정려, 나아가 보시바라밀다를 볼 수 있는 법이 있다고 보지 않으며, 역시 이와 같은 볼 수 없는 것이 있다고 보지 않고, 이와 같이 나아가 일체지지를 수행할지라도, 수행하였던 것인 일체지지가 있다고 보지 않고, 역시 다시 능히 행해지는 것인 일체지지를 볼 수 있는 법이 있다고 보지 않으며, 역시 이와 같은 보지 않는 것이 있다고 보지 않고, 역시 일체의 번뇌와 습기의 상속을 단절하는 법이 있다고 보지 않느니라.

선현이여. 제보살마하살들은 일체법에서 얻을 수 없는 것을 방편으로 삼아서 상응하여 반야바라밀다를 수행해야 하느니라. 선현이여. 만약 이때 보살마하살이 일체법에서 얻을 수 없는 것으로써 방편을 삼아서 반야바라밀다를 수행한다면, 이때 악마들은 큰 근심과 고통이 생겨나서 번뇌와 원망의 독(毒)이 화살과 같이 심장에 들어가는데, 비유한다면 사람이 있어서 부모를 갑자기 잃는다면 몸과 마음이 매우 고통스러운 것과 같이 악마들도 역시 그와 같으니라.

그때 선현이 아뢰어 말하였다.

"세존이시여. 한 악마가 제보살마하살들이 일체법에서 얻을 수 없는 것으로써 방편을 삼아서 반야바라밀다를 수행하는 때에 큰 근심과 고통이 생겨나서 번뇌와 원망의 독이 화살과 같이 심장에 들어갑니까? 혹은 삼천대천세계에 일체의 악마들도 모두 이와 같습니까?"

세존께서 선현에게 알리셨다.

"삼천대천세계에 두루 가득한 일체의 악마들이 모두 역시 이와 같아서 각자 본래의 자리에서 능히 스스로가 안은하지 못하느니라. 선현이여. 제보살마하살들은 항상 매우 깊은 반야바라밀다의 미묘한 행과 머무름에 안주하나니, 만약 보살마하살이 능히 이와 같이 안주한다면 세간의 천인·인간·아소락 등이 그의 단점을 엿볼지라도 결국 능히 얻지 못할 것이고, 역시 다시 능히 뇌란(惱亂)시키거나 장애하지 못하느니라. 이러한 까닭으로 선현이여. 보살마하살이 무상정등보리를 증득하고자 한다면, 마땅히 매우 깊은 반야바라밀다의 미묘한 행과 머무름에 정근하면서 안주해야 하느니라.

　선현이여. 만약 보살마하살이 매우 깊은 반야바라밀다의 미묘한 행과 머무름에 바르게 안주한다면, 이것은 곧 보시·정계·안인·정진·정려·반야바라밀다를 능히 수행하여 원만하게 하는 것이며, 만약 보살마하살이 매우 깊은 반야바라밀다를 바르게 수행한다면, 곧 일체의 바라밀다를 능히 구족하고 수행하여 원만하게 해야 하느니라."

　구수 선현이 세존께 아뢰어 말하였다.

　"세존이시여. 어찌하여 보살마하살이 매우 깊은 반야바라밀다를 능히 바르게 수행한다면, 곧 보시·정계·안인·정진·정려·반야바라밀다를 능히 수행하여 원만하게 합니까?"

　세존께서 선현에게 알리셨다.

　"만약 보살마하살이 전도가 없이 매우 깊은 반야바라밀다를 수행하는 때에 일체지지와 상응하는 마음으로써 보시를 행하고, 다시 이와 같은 보시의 공덕을 가지고 제유정들과 함께 공유(共有)하면서 일체지지로 회향한다면, 선현이여. 이것이 보살마하살이 매우 깊은 반야바라밀다를 바르게 수행하는 것이고, 반야바라밀다를 수행하여 원만하게 하는 것이니라.

　만약 보살마하살이 전도가 없이 매우 깊은 반야바라밀다를 수행하는 때에 일체지지와 상응하는 마음으로써 정계·안인·정진·정려·반야바라밀다를 행하고, 다시 이와 같은 정계·안인·정진·정려·반야바라밀다의 공덕을 가지고 제유정들과 함께 공유하면서 일체지지로 회향한다면, 선현이여. 이것이 보살마하살이 매우 깊은 정계·안인·정진·정려·반야바라밀다를 바르게 수행하는 것이고, 반야바라밀다를 수행하여 원만하게 하는 것이니라. 선현이여. 제보살마하살들이 매우 깊은 반야바라밀다를 바르게 수행한다면, 곧 능히 보시·정계·안인·정진·정려·반야바라밀다를 수행하여 원만하게 하는 것이니라."

마하반야바라밀다경 제459권

67. 상섭품(相攝品)

그때 구수 선현이 세존께 아뢰어 말하였다.
"세존이시여. 무엇이 보살마하살이 보시바라밀다에 안주하여 정계·안인·정진·정려·반야바라밀다를 섭수하고 취하는 것(攝取)입니까?"
세존께서 선현에게 말씀하셨다.
"만약 보살마하살이 탐착(貪着)이 없고 간탐(慳貪)이 없는 마음으로써 보시를 수행하고, 이 보시를 가지고 제유정들과 함께 일체지지에 회향하면서, 제유정들에게 자비로운 신업(身業)·어업(語業)·의업(意業)에 안주하여 여러 죄를 범하는 것을 벗어난다면, 선현이여. 이것이 보살마하살이 보시바라밀다에 안주하여 정계바라밀다를 섭수하고 취하는 것이니라.
선현이여. 만약 보살마하살이 탐착이 없고 간탐이 없는 마음으로써 보시를 수행하고, 이 보시를 가지고 제유정들과 함께 일체지지에 회향하면서, 만약 받는 자이거나, 나머지의 악한 유정들이 이치가 아니게 헐뜯고 꾸짖으며 혐오하고 해치며 능욕(凌辱)이 있을지라도 보살은 그에게 변이(變異)하거나 성내고 분노하거나 해치려는 마음·몸과 말로써 가해하려는 생각이 생겨나지 않아야 하고 오직 연민하고 자비스러운 마음을 일으켜야 하며, 선하고 사랑스러운 말로써 참괴(慚愧)하고 겸손하게 사과한다면, 선현이여. 이것이 보살마하살이 보시바라밀다에 안주하여 안인바라밀다를 섭수하고 취하는 것이니라.
선현이여. 만약 보살마하살이 탐착이 없고 간탐이 없는 마음으로써 보시를 수행하고, 이 보시를 가지고 제유정들과 함께 일체지지에 회향하면서, 만약 받는 자이거나, 나머지의 악한 유정들이 이치에 안 맞게 헐뜯고 꾸짖으며 혐오하고 해치며 능욕한다면, 보살은 그때 '여러 이와 같은 부류의 업의 조작(造作)이 있다면, 도리어 스스로가 이와 같은 부류의 과보를 감응하여 얻는 것이니, 나는 지금 그들이 짓는 짓을 헤아려서 상응하지 않고, 스스로가 업을 그만두지 않겠다.'라고 곧 이렇게 생각을 짓느니라. 다시 '나는 그들과 나머지의 유정들에게 기부하는 마음(捨心)과 보시하는 마음(施心)을 두 배로 증장(增長)시켜서 돌아보거나 아까운 것이 없이 하겠는가.'라고 이렇게 생각을 지으며, 이렇게 생각을 지었다면 증상(增上)의 몸과 마음의 정진을 일으켜서 항상 은혜롭게 기부를 행한다면, 선현이여. 이것이 보살마하살이 보시바라밀다에 안주하여 정진바라밀다를 섭수하고 취하는 것이니라.

선현이여. 만약 보살마하살이 탐착이 없고 간탐이 없는 마음으로써 보시를 수행하고, 이 보시를 가지고 제유정들과 함께 일체지지에 회향하면서, 여러 받는 자와 나머지의 경계에 마음이 산란(散亂)함이 없고, 여러 욕망과 3계(三界)의 2승(二乘)을 구하지 않으며, 오직 불과(佛果)를 구한다면, 선현이여. 이것이 보살마하살이 보시바라밀다에 안주하여 정려바라밀다를 섭수하고 취하는 것이니라.

선현이여. 만약 보살마하살이 탐착이 없고 간탐이 없는 마음으로써 보시를 수행하고, 이 보시를 가지고 제유정들과 함께 일체지지에 회향하면서, 여러 받는 자와 보시하는 자와 보시하는 물건이 모두 환영의 일(幻事)과 같다고 관찰하고, 이 보시가 제유정들에게 이익이 있고 손해가 있다고 보지 않으며, 일체법이 승의공(勝義空)이라고 통달한 까닭이라면, 선현이여. 이것이 보살마하살이 보시바라밀다에 안주하여 반야바라밀다를 섭수하고 취하는 것이니라."

구수 선현이 다시 세존께 아뢰어 말하였다.
"세존이시여. 무엇이 보살마하살이 정계바라밀다에 안주하여 보시·안인·정진·정려·반야바라밀다를 섭수하고 취하는 것입니까?"
　세존께서 선현에게 말씀하셨다.
　"만약 보살마하살이 정계바라밀다에 안주하여 신(身)·어(語)·심(心)의 세 가지의 복업(福業)을 조작하고, 오히려 이러한 복업으로 생명을 단절하거나, 나아가 삿된 견해를 벗어나서 성문승·독각승 등을 구하지 않고, 오직 무상정등보리를 구하나니, 보살은 그때 정계에 안주하여 널리 보시를 행하면서 제유정들이 필요한 물건을 모두 베풀어 주고, 다시 이와 같은 보시의 선근을 가지고 제유정들과 함께 일체지지에 회향하면서, 성문과·독각과 등을 구하지 않는다면, 선현이여. 이것이 보살마하살이 정계바라밀다에 안주하여 보시바라밀다를 섭수하고 취하는 것이니라.
　선현이여. 만약 보살마하살이 정계바라밀다에 안주하였는데, 만약 제유정들이 앞다투어 와서 보살의 지절과 몸을 나누고 베어서 각자 취하여 가지고서 떠나갔을지라도, 보살은 그들에게 한 생각도 분노하고 원망하는 마음이 생겨나지 않고 다만 '나는 지금 크고 선한 이익을 획득하였는데 이를테면, 냄새나고 더러우며 위태(危脆)로운 몸을 버리고서 여래의 청정한 금강신(金剛身)을 얻었다.'라고 이렇게 생각을 지었다면, 선현이여. 이것이 보살마하살이 정계바라밀다에 안주하여 안인바라밀다를 섭수하고 취하는 것이니라.
　선현이여. 만약 보살마하살이 정계바라밀다에 안주하여 몸과 마음을 전진하면서 항상 틈새와 단절을 없게 하고, 대비(大悲)의 갑옷을 입고서, '일체의 유정들은 두려움과 포악함에 빠진다면 생사의 고통스러운 바다에서 벗어나기 어렵다. 나는 마땅히 발제(拔濟)하여 죽지 않는 경계에 놓아두겠다.'라고 서원을 일으켜서 말하였다면, 선현이여. 이것이 보살마하살이 정계바라밀다에 안주하여 정진바라밀다를 섭수하고 취하는 것이니라.
　선현이여. 만약 보살마하살이 정계바라밀다에 안주하여 비록 4정려·4무량·4무색정이거나, 혹은 멸진정(滅盡定)에 들어갔으나, 성문·독각지 등에 떨어지지 않았고, 역시 실제(實際)를 증득하지도 않고서 본래의 서원의 힘을 따라서 '일체의 유정들은 두려움과 포악함에 빠진다면 생사의 고통스러운 바다에서 벗어나기 어렵다. 나는 지금 청정한 시라(尸羅)[1]의 방편에 이미 안주하였으니 청정한 정려(靜慮)를 이끌어서 일으키고 결정적으로 마땅히 발제하여 죽지 않는 경계에 놓아두겠다.'라고 서원을 일으켜서 말하였다면, 선현이여. 이것이 보살마하살이 정계바라밀다에 안주하여 정려바라밀다를 섭수하고 취하는 것이니라.

선현이여. 만약 보살마하살이 정계바라밀다에 안주하여 법에 만약 선(善)하거나, 만약 선하지 않거나, 만약 유기(有記)이거나, 만약 무기(無記)이거나, 만약 유루(有漏)이거나, 만약 무루(無漏)이거나, 만약 세간이거나, 만약 출세간이거나, 만약 유위(有爲)이거나, 만약 무위(無爲)이거나, 만약 유수(有數)에 떨어지거나, 만약 무수(無數)에 떨어지거나, 만약 유상(有相)에 떨어지거나, 만약 무상(無相)에 떨어진다고 보지 않으며, 오직 제법이 진여를 벗어나지 않는다고 관찰하고, [자세한 내용은 생략한다.] 나아가, 부사의계를 벗어나지 않는다고 관찰하며, 이러한 진여 등도 역시 얻을 수 없다고 관찰하고서, 오히려 이러한 반야바라밀다의 방편선교로 성문·독각지 등에 떨어지지 않고 오직 무상정등보리를 구한다면, 선현이여. 이것이 보살마하살이 정계바라밀다에 안주하여 반야바라밀다를 섭수하고 취하는 것이니라."

구수 선현이 다시 세존께 아뢰어 말하였다.
"세존이시여. 무엇이 보살마하살이 안인바라밀다에 안주하여 보시·정계·정진·정려·반야바라밀다를 섭수하고 취하는 것입니까?"
세존께서 선현에게 말씀하셨다.
"만약 보살마하살이 안인바라밀다에 안주하여 초발심부터 미묘한 보리좌(菩提座)에 안좌(安坐)하기까지 그 중간에서 설사 여러 종류의 유정들이 이치에 안 맞게 힐뜯고 꾸짖으며 혐오하고 해치며 능욕하고 나아가 지절을 나누고 베어서 각자 취하여 가지고서 떠나갔을지라도, 보살은 그때 모두

---

[1] 산스크리트어 śīla의 음사이고, 계율을 가리킨다.

성냄과 분노가 없고 다만 '이 제유정들은 매우 연민스럽나니, 번뇌의 귀신병이 몸과 마음을 요란(擾亂)시켜서 자재(自在)하지 못하고 의지도 없고 수호(守護)도 없어서 빈천한 고통에 핍박받는구나. 나는 마땅히 그들의 뜻을 따라서 필요한 것인 음식·의복과 나머지 여러 종류 재물·보배·자구(資具)들을 베풀어주면서 부족함이 없게 하겠다.'라고 이렇게 생각을 짓느니라. 다시 이와 같은 보시의 선근을 가지고 얻을 수 없는 것으로써 방편을 삼아서 제유정들과 함께 일체지지에 회향하고, 회향하는 때에 이를테면, '누가 회향하는가? 회향하는 것은 무엇인가?'라는 두 마음이 전전(展轉)함이 없다면, 선현이여. 이것이 보살마하살이 안인바라밀다에 안주하여 보시바라밀다를 섭수하고 취하는 것이니라.

선현이여. 만약 보살마하살이 안인바라밀다에 안주하여 초발심부터 미묘한 보리좌에 안좌하기까지 그 중간에서 설사 지극하게 스스로가 목숨을 구하기 위한 인연을 만났을지라도 제유정들에게 결국 손해(損害)시키지 않고, 나아가 여러 삿된 견해를 일으키지 않으며, 보살이 이와 같이 정계를 수행하는 때에 성문·독각지를 구하지 않고, 다시 이와 같은 보시의 선근을 가지고 얻을 수 없는 것으로써 방편을 삼아서 제유정들과 함께 일체지지에 회향하고, 회향하는 때에 이를테면, '누가 회향하는가? 회향하는 것은 무엇인가?'라는 두 마음이 전전함이 없다면, 선현이여. 이것이 보살마하살이 안인바라밀다에 안주하여 정계바라밀다를 섭수하고 취하는 것이니라.

선현이여. 만약 보살마하살이 안인바라밀다에 안주하여 용맹하고 증상(增上)인 정진을 일으켜서 항상 '만약 하나의 유정이라도 한 유선나(踰繕那)의 밖이거나, 혹은 십이거나, 혹은 백이거나, 나아가 무량한 유선나의 밖이거나, 혹은 한 세계의 밖이거나, 혹은 십이거나, 혹은 백이거나, 나아가 무량한 세계의 밖일지라도, 상응하여 도탈시킬 수 있는 자라면, 내가 마땅히 가서 방편으로 교화하여 그들에게 혹은 8학처(八學處)[2]이거

---

2) 팔관재계(八關齋戒)를 가리키는데, 우바새와 우바이가 매월 음력 8일, 14일, 15일, 23일, 29일, 30일, 이 육재일에 여덟 가지 계를 받아서 하루의 낮과 밤을 지키는

나, 혹은 5학처(五學處)³⁾이거나, 10학처(十學處)⁴⁾이거나, 혹은 구족계의 학처⁵⁾를 수지(受持)하게 하거나, 혹은 정관지·종성지·8지·예류·일래·불환·아라한과와 독각의 보리에 안주하게 하거나, 혹은 보살지, 나아가 무상정등보리에 안주하게 시킬지라도, 오히려 노고(勞苦)를 사양하지 않아야 하는데, 하물며 무량하고 무수이며 무변한 유정을 교화시켜서 모두가 이익과 안락을 획득하게 하는 것에 해태와 싫증(懈倦)이 생겨나겠는가?'라고 이렇게 생각을 지었고, 다시 이와 같은 보시의 선근을 가지고 얻을 수 없는 것으로써 방편을 삼아서 제유정들과 함께 일체지지에 회향하면서 회향하는 때에 이를테면, '누가 회향하는가? 회향하는 것은 무엇인가?'라는 두 마음이 전전함이 없다면, 선현이여. 이것이 보살마하살이 안인바라밀다에 안주하여 정진바라밀다를 섭수하고 취하는 것이니라.

선현이여. 만약 보살마하살이 안인바라밀다에 안주하여 마음을 섭수하여 요란스럽지 않고, 욕망의 악(惡)한 불선법(不善法)을 벗어나서 유심유사(有尋有伺)의 이생희락(離生喜樂)인 초정려(初靜慮)에 들어가고 [자세한 내용은 생략한다.] 나아가, 멸상수정(滅想受定)에 들어가며, 이러한 정려의 가운데에서 생겨나는 것인 심(心)·심소법(心所法)과 나머지의 여러 선근을 일체 합하고 집적하여 얻을 수 없는 것으로써 방편을 삼아서 제유정들과 함께 일체지지에 회향하고, 회향하는 때에 이를테면, '누가 회향하는가? 회향하는 것은 무엇인가?'라는 두 마음이 전전하는 것이 없다면, 선현이여. 이것이 보살마하살이 안인바라밀다에 안주하여 정려바라밀다를 섭수하고 취하는 것이니라.

선현이여. 만약 보살마하살이 안인바라밀다에 안주하여 제법의 가운데에서 순법관(循法觀)에 머물러서 비록 멀리 벗어나는 행상(行相)으로써, 혹은 적정(寂靜)한 행상으로써, 혹은 무진(無盡) 행상으로써, 혹은 영원히

계를 가리킨다.
3) 우바새와 우바이가 수지하는 5계를 가리킨다.
4) 사미와 사미니가 수지하는 10계를 가리킨다.
5) 비구와 비구니가 수지하는 구족계를 가리킨다.

소멸하는 행상으로써, 일체법을 관찰할지라도 적정에서 짓고서 증득하지 않고, 나아가 미묘한 보리좌에 앉아서 무상정등보리를 증득하며, 이 자리에서 일어나서 미묘한 법륜을 굴리면서 제유정들을 이익되고 안락하게 하고, 다시 이와 같은 미묘한 지혜의 선근을 가지고 얻을 수 없는 것으로써 방편을 삼아서 제유정들과 함께 일체지지에 회향하고, 회향하는 때에 이를테면, '누가 회향하는가? 회향하는 것은 무엇인가?'라는 두 마음이 전전함이 없다면, 선현이여. 이것이 보살마하살이 안인바라밀다에 안주하여 반야바라밀다를 섭수하고 취하는 것이니라."

구수 선현이 다시 세존께 아뢰어 말하였다.
"세존이시여. 무엇이 보살마하살이 정진바라밀다에 안주하여 보시·정계·안인·정려·반야바라밀다를 섭수하고 취하는 것입니까?"
세존께서 선현에게 말씀하셨다.
"만약 보살마하살이 정진바라밀다에 안주하여 몸과 마음으로 정진하면서 일찍이 게으름과 휴식이 없었고, 여러 선법(善法)을 구하면서 역시 싫증과 게으름이 없으며 매번 '나는 반드시 상응하게 일체지지를 증득할 것이고, 상응하여 증득하지 못하면 아니된다.'라고 이렇게 생각을 지으며, 이 보살마하살은 일체의 유정들의 이익과 안락을 위하여 항상 '만약 하나의 유정이라도 한 유선나의 밖이거나, 혹은 십이거나, 혹은 백이거나, 나아가 무량한 유선나의 밖이거나, 혹은 한 세계의 밖이거나, 혹은 십이거나, 혹은 백이거나, 나아가 무량한 세계의 밖일지라도, 상응하여 도탈시킬 수 있는 자라면, 내가 마땅히 가서 방편으로 교화하여 혹은 성문승에 머무르게 하거나, 혹은 독각승에 머무르게 하거나, 혹은 무상승(無上乘)에 머무르게 하거나, 혹은 십선업도(十善業道)를 받아들여서 행하게 하겠다. 이와 같이 모두를 법시(法施)와 재시(財施)로써 그것을 충족시키고, 다시 방편으로 이끌어서 섭수하며, 다시 이와 같은 보시의 선근을 가지고 얻을 수 없는 것으로써 방편을 삼아서 제유정들과 함께 일체지지에 회향하고, 회향하는 때에 이를테면, '누가 회향하는가? 회향하는 것은 무엇인가?'

라는 두 마음이 전전함이 없다면, 선현이여. 이것이 보살마하살이 정진바라밀다에 안주하여 보시바라밀다를 섭수하고 취하는 것이니라.

선현이여. 만약 보살마하살이 정진바라밀다에 안주하여 초발심부터 미묘한 보리좌에 안좌하기까지 스스로가 생명을 해치는 것을 벗어나고, 역시 다른 사람에게 권유하여 생명을 해치는 것을 벗어나게 하며, 생명을 해치는 법을 벗어나는 것을 전도가 없이 칭찬(稱揚)하고, 생명을 해치는 법을 벗어나는 자를 환희하고 칭찬하며, 이와 같이 나아가, 스스로가 삿된 견해를 벗어나고, 역시 다른 사람에게 권유하여 삿된 견해를 벗어나게 하며, 삿된 견해를 벗어나는 법을 전도가 없이 칭찬하고, 삿된 견해를 벗어나는 자를 환희하고 칭찬하며, 이 보살마하살은 이러한 정계반야바라밀다를 가지고서 삼계와 2승법을 구하지 않고 얻을 수 없는 것으로써 방편을 삼아서 제유정들과 함께 일체지지에 회향하고, 회향하는 때에 이를테면, '누가 회향하는가? 회향하는 것은 무엇인가?'라는 두 마음이 전전함이 없다면, 선현이여. 이것이 보살마하살이 정진바라밀다에 안주하여 정계바라밀다를 섭수하고 취하는 것이니라.

선현이여. 만약 보살마하살이 정진바라밀다에 안주하여 그 중간에서 인비인(人非人)들이 앞다투어 와서 접촉하여 번뇌시키거나, 혹은 다시 자르고 찌르며 지절(支節)을 절단하고 잘라서 뜻에 따라서 가지고 떠나갔을지라도 보살은 그때 '누가 나를 쪼개고 찌르는가? 누가 나를 절단하고 자르는가? 누가 다시 가지고 떠나가는가?'라고 이렇게 생각하지 않고, 다만 '나는 지금 광대(廣大)하고 선한 이익을 얻었다. 그 여러 유정들은 나를 이익되게 하기 위한 까닭으로 와서 나의 몸을 베고 잘랐으며 지절을 나누는구나. 그렇지만 나는 본래 일체의 유정들을 위하여 이 몸을 받았는데, 그들이 와서 스스로가 자신의 소유물(所有物)을 가져갔으므로, 나의 일을 성취시켜 주는구나.'라고 이렇게 생각을 짓느니라. 보살이 이와 같이 자세하게 제법의 실상(實相)을 사유하여 안인을 수행하고, 이러한 안인바라밀다를 가지고 성문·독각지 등을 구하지 않고, 얻을 수 없는 것으로써 방편을 삼아서 제유정들과 함께 일체지지에 회향하고, 회향하는 때에 이를테면, '누가 회향하는가? 회향하는 것은 무엇인가?'라는 두 마음이 전전함이 없다면, 선현이여. 이것이 보살마하살이 정진바라밀다에 안주하여 안인바라밀다를 섭수하고 취하는 것이니라.

선현이여. 만약 보살마하살이 정진바라밀다에 안주하여 정근하면서 여러 정려를 수행하는데 이를테면, 욕계의 악한 불선법을 벗어나서 유심유사의 이생희락인 초정려에 들어가고, [자세한 내용은 생략한다.] 나아가, 제4정려(第四靜慮)에 들어가며, 제유정들에게 낙상(樂想)의 작의(作意)를 일으켜서 주고, 자무량(慈無量), [자세한 내용은 생략한다.] 나아가 사무량(捨無量)에 들어가며, 여러 색계의 가운데에서 염추상(厭麤想)의 작의를 일으켜서 공무변처정(空無邊處定)에 들어가고, [자세한 내용은 생략한다.] 나아가, 멸상수정(滅想受定)에 들어가느니라. 이 보살마하살은 비록 이와 같이 정려(靜慮)·무량(無量)·무색(無色)·멸정(滅定)을 수행하였을지라도, 그렇지만 그것들의 이숙과(異熟果)를 섭수하여 취하지 않고, 다만 유정들이 상응하여 교화를 받을 수 있는 것을 따르고, 이익과 안락을 짓는 처소의 가운데에서 태어나느니라.

이미 그 처소에 태어났다면 4섭사(四攝事)를 수용하여 그것을 섭수하여 취하고, 방편으로 안립(安立)시키며, 보시, 나아가 반야바라밀다를 정근하면서 수학하느니라. 이 보살마하살이 모든 정려에 의지하여 수승한 신통을 일으키고, 한 불국토에서 다른 불국토로 가서 제불·세존께 친근하고 공양하며, 매우 깊은 제법의 성상(性相)을 청하여 묻고, 정근하면서 수승한 선근을 이끌어서 일으키며, 이 선근을 가지고 얻을 수 없는 것으로써 방편을 삼아서 제유정들과 함께 일체지지에 회향하고, 회향하는 때에 이를테면, '누가 회향하는가? 회향하는 것은 무엇인가?'라는 두 마음이 전전함이 없다면, 선현이여. 이것이 보살마하살이 정진바라밀다에 안주하여 정려바라밀다를 섭수하고 취하는 것이니라.

선현이여. 만약 보살마하살이 정진바라밀다에 안주하여 정근하면서 보시바라밀다, 나아가 반야바라밀다의 만약 명자(名)이거나 만약 일(事)이거나 만약 성품(性)이거나 만약 상(相)을 보지 않고, 4념주, 나아가

8성도지의 만약 명자이거나 만약 일이거나 만약 성품이거나 만약 상을 보지 않으며, 내공, 나아가 무성자성공의 만약 명자이거나 만약 일이거나 만약 성품이거나 만약 상을 보지 않고, 진여, 나아가 부사의계의 만약 명자이거나 만약 일이거나 만약 성품이거나 만약 상을 보지 않으며, 고·집·멸·도성제의 만약 명자이거나 만약 일이거나 만약 성품이거나 만약 상을 보지 않고, 4정려·4무량·4무색정의 만약 명자이거나 만약 일이거나 만약 성품이거나 만약 상을 보지 않으며, 8해탈, 나아가 10변처의 만약 명자이거나 만약 일이거나 만약 성품이거나 만약 상을 보지 않고,

정관지, 나아가 여래지의 만약 명자이거나 만약 일이거나 만약 성품이거나 만약 상을 보지 않으며, 5안·6신통의 만약 명자이거나 만약 일이거나 만약 성품이거나 만약 상을 보지 않고, 여래의 10력, 나아가 18불불공법의 만약 명자이거나 만약 일이거나 만약 성품이거나 만약 상을 보지 않으며, 32대사상·80수호의 만약 명자이거나 만약 일이거나 만약 성품이거나 만약 상을 보지 않고, 무망실법·항주사성의 만약 명자이거나 만약 일이거나 만약 성품이거나 만약 상을 보지 않으며, 일체지·도상지·일체상지의 만약 명자이거나 만약 일이거나 만약 성품이거나 만약 상을 보지 않고, 예류과, 나아가 독각의 보리의 만약 명자이거나 만약 일이거나 만약 성품이거나 만약 상을 보지 않으며, 일체의 보살마하살의 행의 만약 명자이거나 만약 일이거나 만약 성품이거나 만약 상을 보지 않고,

제불의 무상정등보리의 만약 명자이거나 만약 일이거나 만약 성품이거나 만약 상을 보지 않으며, 일체지지의 만약 명자이거나 만약 일이거나 만약 성품이거나 만약 상을 보지 않고, 이와 같이 나아가, 일체법의 만약 명자이거나 만약 일이거나 만약 성품이거나 만약 상을 보지 않고, 제법의 가운데에서 상념(想念)을 일으키지 않으며, 집착하는 것이 없고, 설한 것과 같이 능히 지으며, 다시 이와 같이 집적한 선근으로써, 얻을 수 없는 것으로써 방편을 삼아서 제유정들과 함께 일체지지에 회향하고, 회향하는 때에 이를테면, '누가 회향하는가? 회향하는 것은 무엇인가?'라는 두 마음이 전전함이 없다면, 선현이여. 이것이 보살마하살이 정진바라

밀다에 안주하여 반야바라밀다를 섭수하고 취하는 것이니라."

구수 선현이 다시 세존께 아뢰어 말하였다.
"세존이시여. 무엇이 보살마하살이 정려바라밀다에 안주하여 보시·안인·정진·반야바라밀다를 섭수하고 취하는 것입니까?"
세존께서 선현에게 말씀하셨다.
"만약 보살마하살이 정려바라밀다에 안주하여 제유정들에게 재시와 법시에 머무르는데, 이를테면, 욕계의 악한 불선법을 벗어나서 유심유사의 이생희락인 초정려에 들어가고, [자세한 내용은 생략한다.] 나아가, 제4정려에 들어가며, 제유정들에게 낙상(樂想)의 작의(作意)를 일으켜서 주고, 자무량, [자세한 내용은 생략한다.] 나아가 사무량에 들어가며, 여러 색계의 가운데에서 염추상의 작의를 일으켜서 공무변처정에 들어가고, [자세한 내용은 생략한다.] 나아가, 멸상수정(滅想受定)에 들어가느니라. 이 보살마하살은 비록 이와 같이 정려바라밀다에 안주하여 요란함이 없는 마음으로써 제유정들을 위하여 정법을 널리 설하여 재시와 법시를 행하게 하고, 이 보살마하살은 항상 스스로가 재시와 법시를 행하며, 역시 다른 사람에게 권유하여 재시와 법시를 행하게 하며, 전도가 없이 재시와 법시를 행하는 법을 항상 칭찬하며, 재시와 법시를 행하는 자를 항상 환희하고 찬탄하고서, 이 선근을 가지고 성문·독각지 등을 구하지 않고 다만 얻을 수 없는 것으로써 방편을 삼아서 제유정들과 함께 일체지지에 회향하고, 회향하는 때에 이를테면, '누가 회향하는가? 회향하는 것은 무엇인가?'라는 두 마음이 전전함이 없다면, 선현이여. 이것이 보살마하살이 정려바라밀다에 안주하여 보시바라밀다를 섭수하고 취하는 것이니라.

선현이여. 만약 보살마하살이 정려바라밀다에 안주하여 정계를 수지하고 항상 탐욕(貪欲)과 함께 행하는 마음·진에(瞋恚)와 함께 행하는 마음·우치(愚癡)와 함께 행하는 마음·손해(損害)와 함께 행하는 마음·간탐(慳貪)과 함께 행하는 마음·질투(嫉妬)와 함께 행하는 마음·훼자(毁呰)와 함께 행하는 마음을 일으키지 않고, 다만 항상 일체지지에 함께 행하는 작의를 일으키며, 다시 이와 같이 정계를 가지고 성문·독각지 등을 구하지 않고 다만 얻을 수 없는 것으로써 방편을 삼아서 제유정들과 함께 일체지지에 회향하고, 회향하는 때에 이를테면, '누가 회향하는가? 회향하는 것은 무엇인가?'라는 두 마음이 전전함이 없다면, 선현이여. 이것이 보살마하살이 정려바라밀다에 안주하여 정계바라밀다를 섭수하고 취하는 것이니라.

선현이여. 만약 보살마하살이 정려바라밀다에 안주하여 안인을 수행하면서 색(色)은 모인 거품과 같다고 관찰하고, 수(受)는 뜬 거품과 같다고 관찰하며, 상(想)은 아지랑이와 같다고 관찰하고, 행(行)은 파초(芭蕉)와 같다고 관찰하며, 식(識)은 환영과 같다고 관찰한다면, 이렇게 관찰을 짓는 때에 오취온(五取蘊)에서 견실(堅實)하지 않다는 생각이 항상 앞에 나타나게 되고, 다시 '제법은 모두 공하므로 아(我)·아소(我所)가 아닌데, 누가 능히 베고 자르겠는가? 누가 베이고 자르는 것을 당하겠는가? 누가 능히 헐뜯고 욕하겠는가? 누가 다시 성냄과 원한을 일으키겠는가? 색은 이것이 누구의 색인가? 수는 이것이 누구의 수인가? 상은 이것이 누구의 상인가? 행은 이것이 누구의 행인가? 식은 이것이 누구의 식인가?'라고 이렇게 생각을 지으며, 이와 같이 보살들이 정려바라밀다에 안주하여 법을 자세하게 관찰하는 때에 능히 안인을 구족(九族)하게 되고, 다시 이와 같이 집적된 선근을 가지고 얻을 수 없는 것으로써 방편을 삼아서 제유정들과 함께 일체지지에 회향하고, 회향하는 때에 이를테면, '누가 회향하는가? 회향하는 것은 무엇인가?'라는 두 마음이 전전함이 없다면, 선현이여. 이것이 보살마하살이 정려바라밀다에 안주하여 안인바라밀다를 섭수하고 취하는 것이니라.

선현이여. 만약 보살마하살이 정려바라밀다에 안주하여 정근을 일으켜서 정진하면서 욕계의 악한 불선법을 벗어나서 유심유사(有尋有伺)의 이생희락(離生喜樂)으로 초정려에 들어가서 구족하고 머무르나니, 심사(尋伺)가 적정(寂靜)에 머무르므로 내신(內身) 등이 청정하고 마음이 하나의 성품으로 나아가며, 무심무사(無尋無伺)의 정생이락(定生喜樂)으로 제2

정려에 들어가서 구족하고 머무르나니, 염정지(念正知)를 구족하고 몸에게 즐거움을 받게 시키며, 성자(聖者)는 그 가운데서 능히 설하고 능히 버리면서 염낙주(念樂住)를 구족하고 제3정려에 들어가서 구족하고서 머무르나니, 즐거움이 단절되고 괴로움도 단절되며 먼저 있던 기쁨과 근심이 없어져서 괴롭지 않고 즐겁지 않으며, 생각을 버리고 청정한 제4정려에 들어가서 구족하고서 머무르나니, 보살이 이와 같이 일체의 종류의 정려(靜慮)·해탈(解脫)·등지(等持)·등지(等至)6)를 수행할지라도, 그 가운데에서 능히 그 상(相)을 취하지 않고 여러 종류의 신경지통(神境智通)을 일으켜서 무변(無邊)한 큰 신변(神變)의 일을 짓거나, 혹은 천이지통(天耳智通)을 일으켜서 명료(明了)하고 청정하며 인간과 천인들의 귀(耳)를 초월하여 능히 시방세계(十方世界)에 유정들과 유정이 아닌 부류들의 여러 종류의 음성(音聲)을 여실(如實)하게 듣거나, 혹은 타심지통(他心智通)을 일으켜서 시방세계의 다른 유정들의 심·심소법을 여실하게 알거나, 혹은 숙주지통(宿住智通)을 일으켜서 시방세계에 무량한 유정들의 여러 과거의 일을 여실히 기억하고 알거나, 혹은 천안지통(天眼智通)을 일으켜서 명료하고 청정하며 사람의 천이(天耳)를 초월하여 능히 시방세계(十方世界)에 인간과 천인들의 눈을 초월하여 능히 시방세계에 있는 유정들과 무정들의 여러 색깔과 형상을 여실하게 보고, 나아가 업의 과보를 모두 여실하게 아느니라.

이 보살마하살은 이 다섯 가지의 수승한 신통에 안주하면서 한 국토로부터 한 국토에 이르면서 제불·세존께 친근하고 공양하며, 매우 깊은 법의 의취(義趣)를 청하여 묻고, 무량하고 미묘한 선근을 널리 심으며 유정을 성숙시키고 불국토를 청정하게 장엄하며 여러 종류의 보살의 수승한 행을 정근하면서 수행하고, 이 선근을 가지고 성문·독각지 등을 구하지 않고 다만 얻을 수 없는 것으로써 방편을 삼아서 제유정들과 함께 일체지지에 회향하고, 회향하는 때에 이르면, '누가 회향하는가? 회향하는

---

6) 산스크리트어 samāpatti의 번역이고, 혼침(惛沈)과 도거(掉擧)와 같은 번뇌에서 벗어나서 몸과 마음이 평온한 상태인 삼마발제(三摩鉢底)를 가리킨다.

것은 무엇인가?'라는 두 마음이 전전함이 없다면, 선현이여. 이것이 보살마하살이 정려바라밀다에 안주하여 정진바라밀다를 섭수하고 취하는 것이니라.

선현이여. 만약 보살마하살이 정려바라밀다에 안주하여 색·수·상·행·식을 얻을 수 없다고 관찰하며, 안처, 나아가 의처를 얻을 수 없다고 관찰하고, 색처, 나아가 법처를 얻을 수 없다고 관찰하며, 안계, 나아가 의계를 얻을 수 없다고 관찰하고, 색계, 나아가 법계를 얻을 수 없다고 관찰하며, 안식계, 나아가 의식계를 얻을 수 없다고 관찰하고, 안촉, 나아가 의촉을 얻을 수 없다고 관찰하며, 안촉을 인연으로 생겨난 여러 수, 나아가 의촉을 인연으로 생겨난 여러 수를 얻을 수 없다고 관찰하고, 지계, 나아가 식계를 얻을 수 없다고 관찰하고, 무명, 나아가 노사를 얻을 수 없다고 관찰하며,

보시바라밀다, 나아가 반야바라밀다를 얻을 수 없다고 관찰하고, 내공, 나아가 무성자성공을 얻을 수 없다고 관찰하며, 진여, 나아가 부사의계를 얻을 수 없다고 관찰하고, 고·집·멸·도성제를 얻을 수 없다고 관찰하며, 4념주, 나아가 8성도지를 얻을 수 없다고 관찰하고, 4정려·4무량·4무색정을 얻을 수 없다고 관찰하며, 8해탈, 나아가 10변처를 얻을 수 없다고 관찰하고, 공·무상·무원해탈문을 얻을 수 없다고 관찰하며, 정관지, 나아가 여래지를 얻을 수 없다고 관찰하고, 극희지, 나아가 법운지를 얻을 수 없다고 관찰하며, 일체의 다라니문·삼마지문을 얻을 수 없다고 관찰하고, 5안·6신통을 얻을 수 없다고 관찰하며,

여래의 10력, 나아가 18불불공법을 얻을 수 없다고 관찰하고, 32대사상·80수호를 얻을 수 없다고 관찰하며, 무망실법·항주사성을 얻을 수 없다고 관찰하고, 일체지·도상지·일체상지를 얻을 수 없다고 관찰하며, 예류과, 나아가 독각의 보리를 얻을 수 없다고 관찰하고, 일체의 보살마하살의 행을 얻을 수 없다고 관찰하며, 제불의 무상정등보리를 얻을 수 없다고 관찰하고, 일체지지를 얻을 수 없다고 관찰하며, 유위계(有爲界)를 얻을 수 없다고 관찰하고, 무위계(無爲界)를 얻을 수 없다고 관찰하느니라.

이와 같이 보살은 일체법을 얻을 수 없다고 관찰하는 까닭으로 짓는(作) 것이 없고 짓는 것이 없는 까닭으로, 만드는(造) 것이 없고 만드는 것이 없는 까닭으로, 생겨남이 없고 생겨남이 없는 까닭으로, 소멸함이 없고, 소멸함이 없는 까닭으로 취(取)하는 것이 없고 취하는 것이 없는 까닭으로 반드시 결국에는 청정하며 항상 변이가 없는 것에 안주하느니라.

그 까닭은 무엇인가? 일체법은 만약 제불께서 세상에 출현하시거나, 만약 세상에 출현하시지 않을지라도, 법성(法性)·법계(法界)·법주(法住)에 머무르면서 생겨남이 없고 소멸함이 없으며 항상 변이가 없느니라. 이 보살마하살은 마음이 항상 요란함이 없고 항상의 때에 일체지지에 상응하는 작의에 안주하여 일체의 법성이 모두 무소유(無所有)라고 여실하게 관찰하며, 다시 이와 같이 집적한 선근을 가지고 얻을 수 없는 것으로써 방편을 삼아서 제유정들과 함께 일체지지에 회향하고, 회향하는 때에 이를테면, '누가 회향하는가? 회향하는 것은 무엇인가?'라는 두 마음이 전전함이 없다면, 선현이여. 이것이 보살마하살이 정려바라밀다에 안주하여 반야바라밀다를 섭수하고 취하는 것이니라."

구수 선현이 다시 세존께 아뢰어 말하였다.
"세존이시여. 무엇이 보살마하살이 반야바라밀다에 안주하여 보시·안인·정진·정려바라밀다를 섭수하고 취하는 것입니까?"
세존께서 선현에게 말씀하셨다.
"만약 보살마하살이 반야바라밀다에 안주하여 일체법이 공(空)하므로 무소유라고 관찰하는 것이니라."
"세존이시여. 무엇이 보살마하살이 반야바라밀다에 안주하여 일체법이 공(空)하므로 무소유라고 관찰하는 것입니까?"
"선현이여. 제보살마하살들이 반야바라밀다에 안주하여 내공(內空)은 내공의 성품을 얻을 수 없고, 외공(外空)은 외공의 성품을 얻을 수 없으며, 내외공(內外空)은 내외공의 성품을 얻을 수 없고, 공공(空空)은 공공의 성품을 얻을 수 없으며, 대공(大空)은 대공의 성품을 얻을 수 없고, 승의공

(勝義空)은 승의공의 성품을 얻을 수 없으며, 유위공(有爲空)은 유위공의 성품을 얻을 수 없고, 무위공(無爲空)은 무위공의 성품을 얻을 수 없으며, 필경공(畢竟空)은 필경공의 성품을 얻을 수 없고, 무제공(無際空)은 무제공의 성품을 얻을 수 없으며, 산무산공(散無散空)은 산무산공의 성품을 얻을 수 없고, 본성공(本性空)은 본성공의 성품을 얻을 수 없으며, 자공상공(自空相空)은 자공상공의 성품을 얻을 수 없고, 일체법공(一切法空)은 일체법공의 성품을 얻을 수 없다고 관찰하나니, 이 보살마하살은 이와 같은 열네 가지의 공의 가운데에서 머무른다면,

색이 만약 공하거나 만약 공하지 않을지라도 얻을 수 없고, 수·상·행·식이 만약 공하거나 만약 공하지 않을지라도 얻을 수 없으며, 안처, 나아가 의처가 만약 공하거나 만약 공하지 않을지라도 얻을 수 없고, 색처, 나아가 법처가 만약 공하거나 만약 공하지 않을지라도 얻을 수 없으며, 안계, 나아가 의계가 만약 공하거나 만약 공하지 않을지라도 얻을 수 없고, 색계, 나아가 법계가 만약 공하거나 만약 공하지 않을지라도 얻을 수 없으며, 안식계, 나아가 의식계가 만약 공하거나 만약 공하지 않을지라도 얻을 수 없고, 안촉, 나아가 의촉이 만약 공하거나 만약 공하지 않을지라도 얻을 수 없으며, 안촉을 인연으로 생겨난 여러 수, 나아가 의촉을 인연으로 생겨난 여러 수가 만약 공하거나 만약 공하지 않을지라도 얻을 수 없으며,

지계, 나아가 식계가 만약 공하거나 만약 공하지 않을지라도 얻을 수 없고, 인연, 나아가 증상연이 만약 공하거나 만약 공하지 않을지라도 얻을 수 없으며, 무명, 나아가 노사가 만약 공하거나 만약 공하지 않을지라도 얻을 수 없고, 보시바라밀다, 나아가 반야바라밀다가 만약 공하거나 만약 공하지 않을지라도 얻을 수 없으며, 내공, 나아가 무성자성공이 만약 공하거나 만약 공하지 않을지라도 얻을 수 없고, 진여, 나아가 부사의계가 만약 공하거나 만약 공하지 않을지라도 얻을 수 없으며, 고·집·멸·도성제가 만약 공하거나 만약 공하지 않을지라도 얻을 수 없고, 4념주, 나아가 8성도지가 만약 공하거나 만약 공하지 않을지라도 얻을

수 없으며, 8해탈, 나아가 10변처가 만약 공하거나 만약 공하지 않을지라도 얻을 수 없으며,

공·무상·무원해탈문이 만약 공하거나 만약 공하지 않을지라도 얻을 수 없고, 정관지, 나아가 여래지가 만약 공하거나 만약 공하지 않을지라도 얻을 수 없으며, 극희지, 나아가 법운지가 만약 공하거나 만약 공하지 않을지라도 얻을 수 없고, 일체의 다라니문·삼마지문이 만약 공하거나 만약 공하지 않을지라도 얻을 수 없으며, 5안·6신통이 만약 공하거나 만약 공하지 않을지라도 얻을 수 없고, 32대사상·80수호가 만약 공하거나 만약 공하지 않을지라도 얻을 수 없으며, 일체지·도상지·일체상지가 만약 공하거나 만약 공하지 않을지라도 얻을 수 없고, 예류과, 나아가 독각의 보리가 만약 공하거나 만약 공하지 않을지라도 얻을 수 없으며, 일체의 보살마하살이 만약 공하거나 만약 공하지 않을지라도 얻을 수 없으며,

제불의 무상정등보리가 만약 공하거나 만약 공하지 않을지라도 얻을 수 없으며, 일체지지가 만약 공하거나 만약 공하지 않을지라도 얻을 수 없으며, 유위계가 만약 공하거나 만약 공하지 않을지라도 얻을 수 없으며, 무위계가 만약 공하거나 만약 공하지 않을지라도 얻을 수 없느니라.

이 보살마하살은 반야바라밀다에 안주하여 제유정들이 소유하고 보시하는 만약 음식이거나, 만약 마실 것이거나, 더불어 나머지의 자구(資具)가 모두 공이 된다고 관찰하며, 만약 보시하는 자이거나, 만약 보시하는 복(福)이거나, 만약 보시하는 과보도 이와 같이 일체가 역시 공하게 된다고 관찰하느니라. 보살이 그때 오히려 공관(空觀)에 머무르므로 탐착(貪著)과 간탐(慳貪)이 일어나지 못하느니라.

그 까닭은 무엇인가? 이 보살마하살이 반야바라밀다를 수행하여 초발심부터 미묘한 보리좌에 앉을 때까지 이와 같은 분별이 모두 일어나지 못하게 하나니, 제여래·응공·정등각께서는 잠시도 탐착하는 마음과 간탐하는 마음이 일어나지 않는 것과 같이 이 보살마하살도 역시 다시 이와 같아서 깊은 반야바라밀다를 수행하는 때에 탐착하는 마음과 간탐하는

마음이 모두 영원히 일어나지 않느니라. 반야바라밀다는 제보살마하살들의 스승이고, 능히 보살마하살들에게 일체의 망상과 분별을 일어나지 못하게 하며, 행하였던 것인 보시에 모두 염오된 집착이 없게 하느니라. 이 보살마하살은 이러한 선근을 가지고 얻을 수 없는 것으로써 방편을 삼아서 제유정들과 함께 일체지지에 회향하고, 회향하는 때에 이를테면, '누가 회향하는가? 회향하는 것은 무엇인가?'라는 두 마음이 전전함이 없다면, 선현이여. 이것이 보살마하살이 반야바라밀다에 안주하여 보시바라밀다를 섭수하고 취하는 것이니라.

선현이여. 만약 보살마하살이 반야바라밀다에 안주하여 정계를 수지(受持)한다면, 일체의 성문이나 독각의 마음이 잠시도 일어나지 못하느니라. 그 까닭은 무엇인가? 이 보살마하살은 여러 성문·독각지 등을 모두 얻을 수 없고, 회향하는 그 마음도 얻을 수 없으며, 회향하는 그 지위와 몸과 말의 율의(律儀)도 얻을 수 없다고 관찰하느니라.

이 보살마하살이 반야바라밀다에 안주하면서 초발심부터 미묘한 보리좌에 안좌하기까지 그 중간에서 스스로 생명을 단절하는 것을 벗어나고, 역시 다른 사람에게 권유하여 생명을 단절하는 것을 벗어나게 하며, 생명을 단절하는 것을 벗어나는 법을 전도가 없이 칭찬하고, 생명을 단절하는 것을 벗어나는 사람을 환희하고 찬탄하며, 이와 같이 나아가, 스스로가 삿된 견해를 벗어나고, 다른 사람에게도 권유하여 삿된 견해를 벗어나게 하며, 삿된 견해를 벗어나는 법을 전도가 없이 칭찬하고, 삿된 견해를 벗어난 사람을 환희하고 찬탄하느니라.

이 보살마하살이 이러한 정계에서 생겨나는 선근이라는 것을 가지고 3계와 2승법을 구하지 않고, 다만 얻을 수 없는 방편을 삼아서 제유정들과 함께 일체지지에 회향하고, 회향하는 때에 이를테면, '누가 회향하는가? 회향하는 것은 무엇인가?'라는 두 마음이 전전함이 없다면, 선현이여. 이것이 보살마하살이 반야바라밀다에 안주하여 정계바라밀다를 섭수하고 취하는 것이니라.

선현이여. 만약 보살마하살이 반야바라밀다에 안주하여 수순(隨順)하는 안인을 일으키고, 이러한 안인을 얻었다면 항상 '일체법의 가운데에서는 하나의 법이라도 만약 일어나거나, 만약 소멸하거나, 만약 태어나거나, 만약 늙거나, 만약 병들거나, 만약 죽거나, 만약 능히 꾸짖는 자이거나, 만약 꾸짖음을 받거나, 만약 능히 비방하는 자이거나, 만약 비방을 받거나, 만약 베고 자르며 쪼개고 찌르며 때리고 결박하며 괴롭히고 더럽히며 해치거나, 만약 베이고 잘려지며 쪼개지고 찔리며 얻어맞고 결박되며 괴롭혀지고 더럽혀지며 해침을 받을지라도, 이와 같은 일체 성상(性相)이 모두 공하므로, 상응하여 그 가운데에서 망상으로 분별하지 않아야 한다.'라고 이렇게 생각을 짓느니라.

이 보살마하살은 이러한 안인을 얻은 까닭으로 초발심부터 미묘한 보리좌에 안좌하기까지 그 중간에서 가사, 일체의 유정들의 부류들이 모두 와서 꾸짖고 헐뜯으며 비방하고 능욕하며, 여러 칼과 몽둥이나 기왓장과 돌덩이 등으로 손해시키고 때리며 던지고 베며 자르고 쪼개며 찌르고, 나아가 몸의 여러 지절을 분해(分解)할지라도, 그때 보살은 마음에 변이가 없이 다만 '매우 괴이(怪異)하구나. 제법의 성품의 가운데에는 모두 꾸짖고 헐뜯으며 비방하고 능욕하는 등의 일이 없으나, 제유정들은 망상으로 분별하여 실제는 있다고 집착하면서 여러 종류의 번뇌(煩惱)와 악업(惡業)을 일으켜서 현재와 미래에서 여러 극심한 고통을 받는구나.'라고 이렇게 생각을 짓느니라.

이 보살마하살은 이러한 선근을 가지고 얻을 수 없는 것으로써 방편을 삼아서 제유정들과 함께 일체지지에 회향하고, 회향하는 때에 이를테면, '누가 회향하는가? 회향하는 것은 무엇인가?'라는 두 마음이 전전함이 없다면, 선현이여. 이것이 보살마하살이 반야바라밀다에 안주하여 안인바라밀다를 섭수하고 취하는 것이니라.

선현이여. 만약 보살마하살이 반야바라밀다에 안주하여 제유정을 위하여 정법을 널리 설하면서 보시바라밀다, 나아가 반야바라밀다에 안주하게 하거나, 혹은 4념주, 나아가 8성도지에 안주하게 하거나, 혹은 예류과, 나아가 아라한과를 증득하게 하거나, 혹은 독각의 보리를 증득하게 하거나 혹은 일체지지를 증득하게 하느니라. 이 보살마하살이 비록 이와 같은 일을 할지라도 유위계에 머무르지 않고, 무위계에도 머무르지 않느니라.

다시 이와 같이 집적한 선근이라는 것을 가지고 얻을 수 없는 것으로써 방편을 삼아서 제유정들과 함께 일체지지에 회향하고, 회향하는 때에 이를테면, '누가 회향하는가? 회향하는 것은 무엇인가?'라는 두 마음이 전전함이 없다면, 선현이여. 이것이 보살마하살이 반야바라밀다에 안주하여 정진바라밀다를 섭수하고 취하는 것이니라.

선현이여. 만약 보살마하살이 반야바라밀다에 안주하여 여래(佛)의 등지(等持)7)를 제외하고서 나머지의 일체 성문·독각·보살의 등지에서 모두 뜻을 따라서 자재하게 입출(入出)하느니라. 이 보살마하살이 보살의 자재한 등지에 안주한다면, 8해탈에서 모두 능히 자재하게 수순(隨順)하고 역순(逆順)으로 입출하느니라. 무엇이 여덟 가지인가? 첫째는 색(色)이 다면 여러 색을 관찰하는 해탈이고, 둘째는 내신(內身)은 색이라는 생각(色想)이 없으나 외신(外身)의 여러 색(色)을 관찰하는 해탈이고, 셋째는 청정하고 수승한 몸으로 증득을 짓는 해탈이고, 넷째는 일체의 색이라는 생각을 초월하여 상대가 있다는 생각을 소멸시키고 여러 종류 생각을 다시는 사유하지 않고 무변(無邊)한 공에 들어가는 공무변처해탈(空無邊處解脫)이며,

다섯째는 일체의 공무변처를 초월하여 무변한 식(識)에 들어가는 식무변처해탈(識無邊處解脫)이고, 여섯째는 일체의 식무변처를 초월하여 작은 소유도 없는 것에 들어가는 무소유처해탈(無所有處解脫)이며, 일곱째는 일체의 무소유처를 초월하여 비유상(非有想)이고 비무상(非無想)인 것에 들어가는 비상비비상처해탈(非想非非想處解脫)이고, 여덟째는 일체의 비상비비상처를 초월하여 비상처(非想處)가 아닌 것에 들어가는 멸상수해탈(滅想受解脫)이니라.

---

7) 산스크리트어 samādhi의 번역이고, 삼마지(三摩地)라고 음사하는데, 일반적으로 삼매(三昧)라고 말한다.

이 보살마하살은 다시 능히 9차제정(九次第定)에서 만약 역순이거나, 만약 수순하면서 자재하게 출입하느니라. 무엇이 아홉 가지인가? 이를테면, 4정려와 4무색정과 멸상수정(滅想受定)이나니, 이것을 아홉 가지라고 이름하느니라. 이 보살마하살이 8해탈과 9차제정에서 수순하거나 역순하면서 입출하는 것을 잘 성숙(成熟)시켰다면, 능히 사자분신등지(師子奮迅等持)에 들어가느니라.

무엇이 사자분신등지인가? 선현이여. 이를테면, 보살마하살이 욕계의 악한 불선법을 벗어나서 유심유사(有尋有伺)의 이생희락(離生喜樂)으로 초정려(初靜慮)에 들어가고, 차례로 나아가, 일체의 비상비비상처정(非想非非想處定)을 초월하여 멸상수정(滅想受定)에 들어가며, 다시 멸상수정에서 일어나서 도리어 비상비비상처정에 들어가며 차례로 나아가, 초정려에 들어간다면 이것이 사자분신등지가 되느니라.

선현이여. 이 보살마하살이 이 사자분신등지에서 잘 성숙시켰다면, 다시 보살의 초월등지(超越等持)에 들어가느니라. 무엇이 보살의 초월등지인가? 선현이여. 보살마하살이 욕계의 악한 불선법을 벗어나서 유심유사의 이생희락으로 초정려에 들어가고, 초정려에서 일어나서 차례로 나아가, 멸상수정(滅想受定)에 들어가며, 멸상수정에서 일어나서 초정려에 들어가고 초정려에서 일어나서 멸상수정에 들어가며, 멸상수정에서 일어나서 제2정려에 들어가고 제2정려에서 일어나서 멸상수정에 들어가며, 멸상수정에서 일어나서 제3정려에 들어가고 제3정려에서 일어나서 멸상수정에 들어가며, 멸상수정에서 일어나서 제4정려에 들어가고 제4정려에서 일어나서 멸상수정에 들어가며,

멸상수정에서 일어나서 공무변처정(空無邊處定)에 들어가고 공무변처정에서 일어나서 멸상수정에 들어가며, 멸상수정에서 일어나서 식무변처정(識無邊處定)에 들어가고 식무변처정에서 일어나서 멸상수정에 들어가며, 멸상수정에서 일어나서 무소유처정(無所有處定)에 들어가고 무소유처정에서 일어나서 멸상수정에 들어가며, 멸상수정에서 일어나서 비상비비상처정에 들어가고 비상비비상처정에서 일어나서 멸상수정에 들어가며,

멸상수정에서 일어나서 다시 비상비비상처정에 들어가고 비상비비상처정에서 일어나서 부정심(不定心)에 떨어지며, 부정심에서 도리어 멸상수정에 들어가고, 멸상수정에서 일어나서 부정심에 머무르며, 부정심에서 비상비비상처정에 들어가며, 비상비비상처정에서 일어나서 부정심에 머무르고, 부정심에서 무소유처정에 들어가며, 무소유처정에서 일어나서 부정심에 머무르고, 부정심에서 식무변처정에 들어가며, 식무변처정에서 일어나서 부정심에 머무르고, 부정심에서 공무변처정에 들어가며,

공무변처정에서 일어나서 부정심에 머무르고, 부정심에서 제4정려에 들어가며, 제4정려에서 일어나서 부정심에 머무르고, 부정심에서 제3정려에 들어가며, 제3정려에서 일어나서 부정심에 머무르고, 부정심에서 제2정려에 들어가며, 제2정려에서 일어나서 부정심에 머무르고, 부정심에서 초정려에 들어가며, 초정려에서 일어나서 부정심에 머무른다면 이것이 보살초월등지이니라.

만약 보살마하살이 이와 같은 초월등지에 머물러서 일체법의 평등하고 진실한 성품을 얻고, 다시 이와 같이 집적한 선근이라는 것을 가지고 얻을 수 없는 것으로써 방편을 삼아서 제유정들과 함께 일체지지에 회향하고, 회향하는 때에 이를테면, '누가 회향하는가? 회향하는 것은 무엇인가?'라는 두 마음이 전전함이 없다면, 선현이여. 이것이 보살마하살이 반야바라밀다에 안주하여 정려바라밀다를 섭수하고 취하는 것이니라.

마하반야바라밀다경 제460권

68. 교편품(巧便品)(1)

그때 구수(具壽) 선현이 세존께 아뢰어 말하였다.

"세존이시여. 만약 보살마하살로서 이와 같은 선교방편의 힘을 성취하는 자는 보리심(菩提心)을 일으키고서 얼마의 시간을 지냈습니까?"

세존께서 선현에게 말씀하셨다.

"이 보살마하살은 보리심을 일으키고서 무수(無數)인 백천 구지·나유타의 겁을 지냈느니라."

구수 선현이 다시 세존께 아뢰어 말하였다.

"세존이시여. 만약 보살마하살이 이와 같은 선교방편의 힘을 성취하는 자는 이미 일찍이 몇 여래께 친근하고 공양하였습니까?"

세존께서 선현에게 말씀하셨다.

"이 보살마하살은 이미 일찍이 긍가사(殑伽沙) 등의 제불들께 친근하고 공양하였느니라."

선현이 다시 세존께 아뢰어 말하였다.

"세존이시여. 만약 보살마하살이 이와 같은 선교방편의 힘을 성취하는 자는 이미 무엇 등의 수승한 선근을 심었습니까?"

세존께서 선현에게 말씀하셨다.

"이 보살마하살은 보리심을 일으키고서 지금까지 보시·정계·안인·정진·정려·반야바라밀다로 이끌었던 것인 선근이 있어서 원만하게 정근하면서 수학하지 않는 것이 없나니, 오히려 이것을 인연으로 이와 같은 선교방편의 힘을 성취하였느니라."

선현이 다시 세존께 말씀드렸다.

"세존이시여. 만약 보살마하살이 이와 같은 공교로운 방편의 힘을 성취하는 자는 매우 희유합니다."

세존께서 선현에게 말씀하셨다.

"그와 같으니라. 그와 같으니라. 그대가 말한 것과 같으니라. 이 보살마하살은 매우 희유하니라. 선현이여. 해와 달이 두루 다니면서 4대주(四大洲)의 경계를 비추고 접촉하면서 여러 사업(事業)을 짓는다면, 그 가운데에서 소유한, 만약 유정이거나 유정이 아닌 자들이 그 광명의 세력을 따라서 움직이면서 각자 자기의 일을 성취하는 것과 같이, 역시 다시 이와 같아서 반야바라밀다도 나머지의 5바라밀다를 비추어 여러 사업을 짓는다면, 보시 등의 5바라밀다는 반야바라밀다의 세력에 수순하여 움직여서 각자 자기의 일을 성취한다고 마땅히 알아야 하느니라.

선현이여. 마치 전륜성왕이 7보(七寶)가 없으면 전륜왕이라 이름하지 못하고, 7보가 있으면 전륜왕이라고 이름할 수 있는 것과 같이, 보시 등의 5바라밀다도 이와 같아서 만약 반야바라밀다를 벗어나면 바라밀다라 이름하지 못하고 반야바라밀다를 벗어나지 않으면 바라밀다라고 이름할 수 있다고 마땅히 알아야 하느니라.

선현이여. 여인이 있어서 단엄(端嚴)하고 재물이 많을지라도 강한 남편의 수호(守護)가 없다면, 악한 사람에게 능욕을 당하기 쉬운 것과 같이, 보시 등의 바라밀다도 역시 다시 이와 같아서 만약 반야바라밀다의 힘의 섭수와 수호가 없다면 천마(天魔)와 그들의 권속(眷屬)들에게 막히고 파괴를 당하기 쉬우나, 만약 반야바라밀다의 힘의 섭수와 수호가 없다면 천마와 그들의 권속들이 막거나 파괴하지 못한다고 마땅히 알아야 하느니라.

선현이여. 용맹한 장군(軍將)이 병법을 미묘하게 알고 여러 종류의 견고한 갑옷과 무기를 갖추면 이웃 나라와 원수(怨敵)들이 능히 해치지 못하는 것과 같이, 보시 등의 5바라밀다도 역시 다시 이와 같아서 반야바라밀다를 벗어나지 않으면 천마와 그들의 권속들·증상만인(增上慢人), 나아가 보살·전다라(旃荼羅) 등이 모두 능히 파괴하지 못한다고 마땅히 알아야 하느니라.

선현이여. 남섬부주의 여러 소왕(小王) 등이 때를 따라서 전륜성왕을 조회(朝會)하고 모신다면, 그 전륜성왕에 의지하여 수승한 처소에 이르는 것과 같이, 보시 등의 5바라밀다도 역시 다시 이와 같아서 반야바라밀다를 따라서 돕는다면, 오히려 그 세력에 인도(引導)되는 까닭으로 능히 빠르게 일체지지를 증득한다고 마땅히 알아야 하느니라.

선현이여. 남섬부주의 동쪽의 여러 강물들은 모두 긍가(殑伽)의 큰 강으로 나아가지 않는 것이 없고, 긍가하(殑伽河)를 따라서 큰 바다에 유입(流入)되는 것과 같이, 보시 등 다섯 가지 바라밀다도 역시 이와 같아서 모두가 매우 깊은 반야바라밀다에 섭수되지 않는 것이 없다면, 나아가 능히 일체지지를 증득한다고 마땅히 알아야 하느니라.

선현이여. 사람의 오른손이 여러 일을 짓는 것과 같이, 이와 같아서 반야바라밀다도 능히 일체의 수승한 선법을 이끌어 일으킨다고 마땅히 알아야 하느니라. 선현이여. 왼손으로 짓는 일이 불편한 것과 같이, 이와 같아서 앞의 5바라밀다는 여러 수승한 선법을 능히 이끌어서 출생시키지 못한다고 마땅히 알아야 하느니라. 선현이여. 마땅히 알아야 하느니라. 비유한다면 여러 흐르는 강물이 크거나 작을지라도 만약 큰 바다에 들어간다면 모두가 짠맛이라는 이름을 얻는 것과 같이, 이와 같아서 앞의 5바라밀다도 반야바라밀다에 반드시 들어가야 나아가 바라밀다라는 이름을 얻는다고 마땅히 알아야 하느니라.

선현이여. 전륜성왕이 어느 처소에 나아가고자 한다면 4군(四軍)이 인도하고 따르면서 윤보(輪寶)가 앞에 서는데, 왕과 4군들이 음식을 먹고자 생각한다면 바퀴는 곧 머무르게 되고, 이미 음식을 먹었으며 왕이 떠나가려고 생각한다면 바퀴는 곧 앞으로 가는데, 그 바퀴의 나아가고 머무름은 왕이 뜻으로 하려는 것을 따라서 나아가려는 처소에 이른다면, 비로소 더 앞으로 나아가지 않는 것과 같이, 이와 같아서 앞의 5바라밀다와 여러 선법으로 무상정등보리에 나아가고자 한다면, 반드시 반야바라밀다를 인연으로 앞의 인도자를 삼는 것으로써, 나아가고 멈추면서 함께 따르면서 서로가 버리고 벗어나지 않아야 하며, 만약 무상정등보리에 이른다면, 다시 앞으로 나아가지 않아야 한다고 마땅히 알아야 하느니라.

선현이여. 전륜성왕이 어느 처소에 나아가고자 한다면 사군(四軍)이 인도하고 따르며, 그때 윤보가 비록 최고로 앞에 있을지라도 앞뒤의 모습을 분별하지 않는 것과 같이, 이와 같아서 앞의 5바라밀다와 여러 선법이 무상정등보리에 나아가고자 한다면 반드시 반야바라밀다로써 앞의 인도자로 삼아야 하느니라. 그렇지만 이 반야바라밀다는 '내가 앞의 5바라밀다에서 가장 앞에 인도하게 되고, 그들은 나를 따라서 쫓는다.'라고 생각을 짓지 않으며, 보시 등의 5바라밀다는 '매우 깊은 반야바라밀다가 우리들의 앞에 있고 우리들은 그를 따라서 쫓는다.'라고 생각을 짓지 않느니라.

왜 그러한가? 이와 같은 6바라밀다와 일체법은 자성(自性)이 모두가 둔(鈍)하여 능히 하는 것이 없고, 주재(主宰)가 없어서 허망하고 진실하지 않으며, 공하고 무소유(無所有)이며, 자재(自在)하지 않은 상(相)이니라. 비유한다면 아지랑이·그림자·물속의 달·환영의 일·꿈 등은 그 가운데에 모두 분별(分別)하고 작용(作用)하는 진실(眞實)한 자체(自體)가 없느니라."

그때 구수 선현이 다시 세존께 아뢰어 말하였다.

"세존이시여. 만약 일체법의 자성이 모두 공하므로 진실한 상(相)과 작용이 없다면 제보살마하살들은 어찌하여 보시·정계·안인·정진·정려·반야바라밀다를 수행하면서 무상정등보리를 증득하고자 합니까?"

세존께서 선현에게 알리셨다.

"제보살마하살들은 이 6바라밀다를 바르게 수행하는 때에 항상 '세간의 유정들은 마음이 항상 전도되어 생사에 가라앉아서 능히 스스로가 해탈(解脫)하지 못한다. 내가 만약 선교방편과 수승한 행을 수행하지 않는다면 그들의 생사의 고통을 능히 발제(拔濟)하지 못한다. 나는 마땅히 그 제유정의 부류들을 위하여 보시, 나아가 반야바라밀다의 선교방편과 수승한 행을 정근하면서 수행하고 빠르게 무상정등보리를 증득하여 제유정들의 생사의 큰 고통을 해탈시키겠다.'라고 이렇게 생각을 짓느니라.

　이 보살마하살이 이렇게 생각을 짓고서 제유정들을 위해 내신과 외신의 일체가 소유한 물건으로 기부(捨)하고 보시하며, 이미 기부하고 보시하였다면 다시 '나는 내·외신에서 모두 기부한 것이 없다. 그 까닭은 무엇인가? 이 내·외신의 물건은 모두가 공하고 자성이 없으므로 기부하고 보시한 것이 없나니, 오직 나에게 속(屬)한 것은 아니다.'라고 이렇게 생각을 짓느니라. 이 보살마하살이 오히려 이렇게 관찰하고 수행한다면 빠르게 보시바라밀다를 원만하게 하고 빠르게 무상정등보리를 증득하느니라.

　이 보살마하살은 유정들에게 생사의 고통을 해탈시키기 위한 까닭으로 결국 정계를 범하지 않느니라. 그 까닭은 무엇인가? 이 보살마하살은 항상 '나는 일체의 유정들에게 생사의 고통을 해탈시키기 위한 까닭으로 무상정등보리를 구하면서 나아가고, 결정적으로 상응하여 중생의 목숨을 단절하지 않고, 나아가 삿된 견해를 일으키지 않으며, 역시 상응하여 미묘한 욕망의 경계를 구하지 않고, 천상의 부귀와 쾌락을 구하지 않으며, 제석·마왕·범왕 등을 짓지 않고, 역시 결정적으로 성문지이거나, 혹은 독각지를 구하지 않으며, 스스로의 해탈을 구하지 않겠다.'라고 이렇게 생각을 짓느니라. 이 보살마하살이 오히려 이렇게 관찰하고 수행한다면 빠르게 정계바라밀다를 원만하게 하고 빠르게 무상정등보리를 증득하느니라.

　이 보살마하살은 유정들에게 생사의 고통을 해탈시키기 위한 까닭으로 결국 분노하고 성내는 마음 등을 일으키지 않느니라. 가사 항상 만나서 헐뜯고 비방하며 능욕하고 극심하게 괴롭히며 꾸짖었으므로 고통이 마음과 골수에 사무칠지라도 결국 한 생각의 성냄과 원한을 일으키지 않고, 설사 다시 항상 만나서 칼·몽둥이·기왓장·돌·흙덩이 등의 물건으로 그의 몸을 때리고 베며 자르고 쪼개며 찌르고 지절을 분해할지라도 역시 한 생각의 악한 마음도 일으키지 않느니라.

　그 까닭은 무엇인가? 이 보살마하살은 '소리는 골짜기 메아리 같고 색은 거품의 덩어리와 같은데, 상응하여 그 가운데서 허망하게 성냄과 원한을 일으켜서 여러 선품(善品)을 파괴하지 않겠다.'라고 일체를 관찰하느니라. 이 보살마하살이 오히려 이렇게 관찰하고 수행한다면 빠르게 안인바라밀다를 원만하게 하고 빠르게 무상정등보리를 증득하느니라.

  이 보살마하살은 유정들에게 생사의 고통을 해탈시키기 위한 까닭으로 일체의 수승한 선법, 나아가 무상정등보리를 정근하면서 구하고, 그 중간에서 항상 해태(懈怠)가 없느니라. 그 까닭은 무엇인가? 이 보살마하살은 항상 '내가 만약 해태하여 능히 일체의 유정을 발제하지 못한다면, 그들에게 생사의 큰 고통을 멀리 벗어나게 하지 못할 것이며, 역시 능히 일체지지도 증득할 수 없다.'라고 이렇게 생각을 짓느니라. 이 보살마하살이 오히려 이렇게 관찰하고 수행한다면 빠르게 정진바라밀다를 원만하게 하고 빠르게 무상정등보리를 증득하느니라.

  이 보살마하살은 유정들에게 생사의 고통을 해탈시키기 위한 까닭으로 여러 수승한 정려, 나아가 무상정등보리를 수행하면서 결국 탐욕·진에·우치 등과 함께 행하는 요란스러운 마음을 일으키지 않느니라. 그 까닭은 무엇인가? 이 보살마하살은 항상 '내가 만약 탐욕·진에·우치 등과 함께 행하는 요란스러운 마음을 일으킨다면, 곧 능히 다른 사람들의 일에 이익과 안락을 성취하지 못하고, 역시 구하는 것인 불과(佛果)도 능히 증득할 수 없다.'라고 이렇게 생각을 짓느니라. 이 보살마하살이 오히려 이렇게 관찰하고 수행한다면 빠르게 정려바라밀다를 원만하게 하고 빠르게 무상정등보리를 증득하느니라.

  이 보살마하살은 유정들에게 생사의 고통을 해탈시키기 위한 까닭으로 반야바라밀다, 나아가 무상정등보리를 벗어나지 않고 항상 정근하면서 세간과 출세간의 미묘하고 수승한 지혜를 수학(修學)하느니라. 그 까닭은 무엇인가? 이 보살마하살은 항상 '만약 반야바라밀다를 벗어난다면 제유정들을 능히 성숙시키지 못하고, 역시 능히 일체지지도 증득하지 못한다.'라고 이렇게 생각을 짓느니라. 이 보살마하살이 오히려 이렇게 관찰하고 수행한다면 빠르게 반야바라밀다를 원만하게 하고 빠르게 무상정등보리를 증득하느니라.

선현이여. 오히려 이러한 인연으로 비록 일체법이 진실한 상과 작용이 없어서 자성이 모두 공하느니라. 그렇지만 제보살마하살들은 정근하면서 6바라밀다를 수행하고 항상 해태가 없으며 무상정등보리를 증득하고자 구하느니라."

그때 구수 선현이 다시 세존께 아뢰어 말하였다.

"세존이시여. 만약 일체의 바라밀다의 성품이 차별이 없다면, 모두 이것이 반야바라밀다에 섭수되는 까닭이고, 모두 오히려 반야바라밀다를 수행하여 원만함을 성취하는 까닭으로, 마땅히 합하여 하나의 바라밀다인 이를테면, 반야바라밀다로 삼는데, 어찌하여 반야바라밀다는 5바라밀다보다 최고(最)가 되고 수승(勝)하게 되며 존중(尊)받게 되고 높(高)게 되며 묘(妙)하게 되고 미묘(微妙)하게 되며 위(上)·무상(無上)·무등(無等)·무등등(無等等)이 된다고 설하십니까?"

세존께서 선현에게 말씀하셨다.

"그와 같으니라. 그와 같으니라. 그대가 말한 것과 같으니라. 이 6바라밀다의 성품이 차별이 없어서 모두가 이것이 반야바라밀다에 섭수되어 수지되는 까닭이나니, 만약 반야바라밀다가 없으면 보시 등의 다섯 가지는 바라밀다라고 이름할 수 없을 것이고, 반드시 반야바라밀다에 의지해야 보시 등의 다섯 가지를 반야바라밀다라고 이름할 수 있느니라. 이러한 까닭으로 앞의 5바라밀다가 반야바라밀다에 섭수되어 있는데, 오히려 이러한 오직 하나의 바라밀다인 이를테면, 반야바라밀다이니라. 이러한 까닭으로 일체의 바라밀다의 성품이 차별이 없느니라.

선현이여. 유정의 부류들이 비록 여러 종류의 색신(色身)에 차별이 있으나, 만약 묘고산왕(妙高山王)에 친근하다면 모두가 같은 하나의 색신인 것과 같이, 이와 같은 앞의 5바라밀다도 비록 여러 종류의 품류(品類)에 차별이 있으나 반야바라밀다에 섭수되는 까닭으로 모두가 오히려 반야바라밀다를 수행하여 원만함을 성취하는 까닭으로, 모두가 반야바라밀다에 들어간다면, 명자와 성품의 차별을 시설할 수 없다고 마땅히 알아야 하느니라.

또한 보시 등의 반야바라밀다는 반야바라밀다에 의지해야 비로소 나아가 들어가서 일체지지를 증득하며, 나아가 피안에 이른 자라는 이름을 얻느니라. 이러한 까닭으로 여섯 종류의 바라밀다는 모두가 같은 하나 맛이고 성품이 차별이 없나니, 이것은 보시바라밀다, 나아가 반야바라밀다라고 시설할 수가 없느니라. 그 까닭은 무엇인가? 이와 같은 여섯 종류의 바라밀다는 모두가 함께 나아가 일체지지에 들어가고 능히 피안에 이르며 성품에 차별이 없나니, 오히려 이러한 인연으로 보시 등의 여섯 가지는 이름과 성품에 차이가 있다고 시설할 수 없느니라."

구수 선현이 다시 세존께 아뢰어 말하였다.
"바라밀다와 일체법이 만약 진실한 의취를 따른다면 이것과 저것이 수승하고 하열한 차별이 없는데, 무슨 인연을 까닭으로 반야바라밀다가 5바라밀다보다 최고가 되고 수승하게 되며 존중받게 되고 높게 되며 묘하게 되고 미묘하게 되며 위·무상·무등·무등등이 된다고 설하십니까?"

세존께서 선현에게 말씀하셨다.
"그와 같으니라. 그와 같으니라. 그대가 말한 것과 같으니라. 만약 진실한 의취를 따른다면 이것과 저것이 수승하고 하열한 차별이 없으나, 다만 세속의 언설(言說)과 작용(作用)에 의지하여 이것과 저것이 수승하고 하열한 차별이 있다고 설하나니, 보시바라밀다, 나아가 반야바라밀다를 시설하는 것은 제유정들의 세속의 작용인 생·노·병·사를 도탈(度脫)시키려는 것이니라. 그렇지만 제유정들의 생·노·병·사는 모두가 진실로 있는 것이 아니고 다만 가립(假立)으로 시설한 것이니라.

그 까닭은 무엇인가? 유정이 없는 까닭으로 제법도 역시 무소유이고 매우 깊은 반야바라밀다는 일체법이 모두 무소유라고 통달하였으므로, 능히 유정들의 세속의 작용인 생·노·병·사를 발제(拔濟)시키나니, 오히려 이러한 까닭으로 반야바라밀다는 5바라밀다보다 최고가 되고 수승하게 되며 존중받게 되고 높게 되며 묘하게 되고 미묘하게 되며 위·무상·무등·무등등이 된다고 설한다고 마땅히 알아야 하느니라.

선현이여. 마땅히 알아야 하느니라. 전륜성왕이 소유한 여보(女寶)는 인간 가운데의 여인에서 최고가 되고 수승하게 되며 존중받게 되고 높게 되며 묘하게 되고 미묘하게 되며 위·무상·무등·무등등이 되는 것과 같이, 이 반야바라밀다는 보시바라밀다보다 최고가 되고 수승하게 되며 존중받게 되고 높게 되며 묘하게 되고 미묘하게 되며 위·무상·무등·무등등이 되느니라."

구수 선현이 다시 세존께 아뢰어 말하였다.
"세존이시여. 무슨 인연으로 자주자주 매우 깊은 반야바라밀다가 보시바라밀다보다 최고가 되고 수승하게 되며 존중받게 되고 높게 되며 묘하게 되고 미묘하게 되며 위·무상·무등·무등등이 된다고 찬탄하여 설하십니까?"
세존께서 선현에게 알리셨다.
"이 반야바라밀다는 얻을 수 없는 것으로써 방편으로 삼아서 일체의 선법을 두루 능히 섭수하여 화합하고 나아가서 일체지지에 들어가며 안주하여 움직이지 않는 까닭으로 내가 반야바라밀다를 자주자주 찬탄하여 설하느니라."
선현이 다시 세존께 아뢰어 말하였다.
"매우 깊은 반야바라밀다는 여러 선법에서 취하거나 버리는 것이 있습니까?"
세존께서 말씀하셨다.
"아니니라. 매우 깊은 반야바라밀다는 제법에서 취하거나 버리는 것이 없느니라. 왜 그러한가? 일체법으로써 모두를 취할 수 없고 버릴 수 없는 까닭이니라."
선현이 다시 세존께 아뢰어 말하였다.
"매우 깊은 반야바라밀다는 무엇 등의 법에서 취하는 것이 없고 버리는 것이 없습니까?"

　세존께서 선현에게 알리셨다.

　"매우 깊은 반야바라밀다는 색에서 취하는 것이 없고 버리는 것이 없으며, 수·상·행·식에서 취하는 것이 없고 버리는 것이 없으며, 안처, 나아가 의처에서 취하는 것이 없고 버리는 것이 없으며, 색처, 나아가 법처에서 취하는 것이 없고 버리는 것이 없으며, 안계, 나아가 의계에서 취하는 것이 없고 버리는 것이 없으며, 색계, 나아가 법계에서 취하는 것이 없고 버리는 것이 없으며, 안식계, 나아가 의식계에서 취하는 것이 없고 버리는 것이 없으며, 안촉, 나아가 의촉에서 취하는 것이 없고 버리는 것이 없으며, 안촉을 인연으로 생겨난 여러 수, 나아가 의촉을 인연으로 생겨난 여러 수에서 취하는 것이 없고 버리는 것이 없으며,

　지계, 나아가 식계에서 취하는 것이 없고 버리는 것이 없으며, 인연, 나아가 증상연에서 취하는 것이 없고 버리는 것이 없으며, 무명, 나아가 노사에서 취하는 것이 없고 버리는 것이 없으며, 보시바라밀다, 나아가 반야바라밀다에서 취하는 것이 없고 버리는 것이 없으며, 내공, 나아가 무성자성공에서 취하는 것이 없고 버리는 것이 없으며, 진여, 나아가 부사의계에서 취하는 것이 없고 버리는 것이 없으며, 고·집·멸·도성제에서 취하는 것이 없고 버리는 것이 없으며, 4념주, 나아가 8성도지에서 취하는 것이 없고 버리는 것이 없으며, 4정려·4무량·4무색정에서 취하는 것이 없고 버리는 것이 없으며,

　8해탈, 나아가 10변처에서 취하는 것이 없고 버리는 것이 없으며, 공·무상·무원해탈문에서 취하는 것이 없고 버리는 것이 없으며, 정관지, 나아가 여래지에서 취하는 것이 없고 버리는 것이 없으며, 일체의 다라니문·삼마지문에서 취하는 것이 없고 버리는 것이 없으며, 5안·6신통에서 취하는 것이 없고 버리는 것이 없으며, 여래의 10력, 나아가 18불불공법에서 취하는 것이 없고 버리는 것이 없으며, 32대사상·80수호에서 취하는 것이 없고 버리는 것이 없으며, 무망실법·항주사성에서 취하는 것이 없고 버리는 것이 없으며, 일체지·도상지·일체상지에서 취하는 것이

없고 버리는 것이 없으며,
　예류과, 나아가 독각의 보리에서 취하는 것이 없고 버리는 것이 없으며, 일체의 보살마하살의 행에서 취하는 것이 없고 버리는 것이 없으며, 제불의 무상정등보리에서 취하는 것이 없고 버리는 것이 없으며, 일체지지에서 취하는 것이 없고 버리는 것이 없느니라."

　선현이 다시 세존께 아뢰어 말하였다.
　"매우 깊은 반야바라밀다는 어찌하여 색에서 취하는 것이 없고 버리는 것이 없습니까?"
　세존께서 선현에게 알리셨다.
　"매우 깊은 반야바라밀다는 색을 사유(思惟)하지 않는데, 이러한 까닭으로 색에서 취하는 것이 없고 버리는 것이 없으며, 나아가 일체지지를 사유하지 않는데, 이러한 까닭으로 일체지지에서 취하는 것이 없고 버리는 것이 없느니라."
　선현이 다시 세존께 아뢰어 말하였다.
　"어찌하여 반야바라밀다는 색을 사유하지 않고, 나아가 일체지지를 사유하지 않습니까?"
　세존께서 선현에게 말씀하셨다.
　"오히려 이러한 반야바라밀다는 색에서 일체의 상(相)을 사유하지 않고, 역시 일체의 소연(所緣)[1]을 사유하지 않느니라. 이러한 까닭으로 색을 사유하지 않고, 나아가 일체지지에서 일체의 상을 사유하지 않으며, 역시 일체의 소연을 사유하지 않느니라. 이러한 까닭으로 일체지지를 사유하지 않느니라."
　선현이 다시 세존께 아뢰어 말하였다.
　"만약 보살마하살이 색을 사유하지 않고, 나아가 일체지지를 사유하지 않는다면 어떻게 심었던 것인 선근을 증장하게 하며, 만약 심었던 것인

---

1) 산스크리트어 alambana의 번역이고, 마음으로 인식하는 대상, 또는 육식(六識)의 대상으로 인식되는 육경(六境)과 같은 것이다.

선근을 증장하지 않는다면 어떻게 바라밀다를 원만하게 하고, 바라밀다가 원만하지 않으면 어떻게 구하였던 것인 무상정등보리를 증득합니까?"

세존께서 선현에게 말씀하셨다.

"만약 때에 보살마하살이 색을 사유하지 않고, 나아가 일체지지를 사유하지 않는다면, 이때 보살마하살은 곧 심었던 것인 선근을 능히 증장시킬 것이고, 심었던 것인 선근이 증장하는 까닭으로 바라밀다가 원만할 것이며, 바라밀다가 원만한 까닭으로 구하였던 것인 무상정등보리를 증득하느니라. 왜 그러한가? 선현이여. 제보살마하살들은 색을 사유하지 않고, 나아가 일체지지를 사유하지 않아야 비로소 능히 제보살마하살의 행을 구족하고서 수행하여 무상정등보리를 증득하느니라."

선현이 다시 세존께 아뢰어 말하였다.

"무슨 인연으로 보살마하살이 색을 사유하지 않고, 나아가 일체지지를 사유하지 않아야 비로소 능히 제보살마하살의 행을 구족하고서 수행하여 무상정등보리를 증득합니까?"

세존께서 선현에게 알리셨다.

"제보살마하살들이 색을 사유하고, 나아가 일체지지를 사유한다면 곧 얻을 것이 있고, 얻을 것이 있는 까닭으로 욕계·색계·무색계에 집착하는데, 만약 욕계·색계·무색계에 집착한다면 능히 제보살마하살의 행을 구족하고 수행하여 무상정등보리를 증득하지 못하고, 만약 보살마하살이 색을 사유하지 않고, 나아가 일체지지를 사유하지 않는다면 곧 얻을 것이 없고, 얻을 것이 없는 까닭으로 욕계·색계·무색계에 집착하지 않는데, 만약 욕계·색계·무색계에 집착하지 않는다면 능히 제보살마하살의 행을 구족하고서 수행하여 무상정등보리를 증득할 것이니라.

이러한 까닭으로 선현이여. 보살마하살이 제보살마하살의 행을 구족하고서 수행하여 빠르게 무상정등보리를 증득하고자 한다면 마땅히 매우 깊은 반야바라밀다를 정근하면서 수학할 것이고, 상응하여 제법을 사유하고 집착하지 않아야 하느니라."

선현이 다시 세존께 아뢰어 말하였다.
"보살마하살이 매우 깊은 반야바라밀다를 정근하면서 수학하고자 한다면 마땅히 어디에 안주해야 합니까?"
세존께서 선현에게 말씀하셨다.
"보살마하살이 매우 깊은 반야바라밀다를 정근하면서 수학하고자 한다면, 색에 상응하여 안주하지 않아야 하고, 나아가 일체지지에 상응하여 안주하지 않아야 하느니라."
선현이 다시 세존께 아뢰어 말하였다.
"무슨 인연으로 보살마하살이 매우 깊은 반야바라밀다를 정근하면서 수학하고자 한다면, 색에 상응하여 안주하지 않아야 하고, 나아가 일체지지에 상응하여 안주하지 않아야 합니까?"
세존께서 선현에게 알리셨다.
"만약 보살마하살이 매우 깊은 반야바라밀다를 정근하면서 수학한다면, 일체법에서 집착이 없는 까닭으로 색에 상응하여 안주하지 않아야 하고, 나아가 일체지지에 상응하여 안주하지 않아야 하느니라. 왜 그러한가? 선현이여. 이 보살마하살은 그 가운데에서 집착을 일으키거나, 안주할 법이 있다고 보지 않느니라. 선현이여. 이와 같이 보살마하살은 집착할 수 없는 것과 안주할 수 없는 것으로써 방편으로 삼아서 매우 깊은 반야바라밀다를 정근하면서 수학해야 하느니라.
선현이여. 만약 보살마하살이 '만약 능히 이와 같이 집착하는 것이 없고 안주하는 것이 없이 매우 깊은 반야바라밀다를 정진(精進)하면서 수행한다면, 이것이 반야바라밀다를 수행하는 것이고, 이것이 반야바라밀다를 행하는 것이니라. 나는 능히 이와 같이 집착하는 것이 없게 깊은 반야바라밀다를 수행할 수 있고, 나는 능히 이와 같이 집착하는 것이 없게 깊은 반야바라밀다를 행할 수 있으니, 이것은 반야바라밀다를 행하는 것이다.'라고 이와 같이 생각을 지었다면, 선현이여. 이 보살마하살은 오히려 이와 같이 생각하면서 상을 취하고 집착하므로, 반야바라밀다를 멀리 벗어나느니라.

반야바라밀다를 멀리 벗어난다면 곧 정려·정진·안인·정계·보시바라밀다를 멀리 벗어나는 것이고, 역시 내공, 나아가 무성자성공도 멀리 벗어나는 것이며, 또는 진여, 나아가 부사의계도 멀리 벗어나는 것이고, 역시 고·집·멸·도성제도 멀리 벗어나는 것이며, 역시 4념주, 나아가 8성도지도 멀리 벗어나는 것이고, 역시 4정려·4무량·4무색정도 멀리 벗어나는 것이며, 역시 8해탈, 나아가 10변처도 멀리 벗어나는 것이고, 역시 공·무상·무원 해탈문도 멀리 벗어나는 것이며, 역시 극희지, 나아가 법운지도 멀리 벗어나는 것이고, 역시 일체의 다라니문·삼마지문도 멀리 벗어나는 것이며, 역시 5안·6신통도 멀리 벗어나는 것이고, 역시 여래의 10력, 나아가 18불불공법도 멀리 벗어나는 것이며, 역시 무망실법·항주사성도 멀리 벗어나는 것이고, 역시 일체지·도상지·일체상지도 멀리 벗어나는 것이며, 역시 제불의 무상정등보리도 멀리 벗어나는 것이고, 역시 일체지지도 멀리 벗어나는 것이니라.

그 까닭은 무엇인가? 매우 깊은 반야바라밀다는 일체법에서 집착하는 것이 없나니, 깊은 반야바라밀다에 집착하는 자와 집착하는 성품이 있지 않느니라. 왜 그러한가? 매우 깊은 반야바라밀다는 모두가 제법에서 집착할 것이 있는 자성이 없느니라. 이러한 까닭으로 선현이여. 제보살마하살들이 반야바라밀다를 수행하는 때에 '이것이 반야바라밀다이고, 내가 반야바라밀다를 행한다면 곧 보살마하살도 반야바라밀다를 수행하는 것이고, 일체법과 깊은 반야바라밀다에서 모두 집착이 없다.'라고 이와 같은 생각을 일으키느니라.

다시 다음으로 선현이여. 만약 보살마하살이 반야바라밀다를 수행하는 때에 '이것은 반야바라밀다이고, 내가 반야바라밀다를 행한다면 곧 이것이 제법의 실상(實相)을 두루 행하는 것이다.'라고 이와 같이 생각을 일으킨다면, 이 보살마하살은 오히려 이러한 생각을 일으켰으므로 곧 반야바라밀다에서 퇴전하고, 만약 반야바라밀다에서 퇴전한다면 곧 일체의 수승한 백법(白法)에서 퇴전하느니라. 왜 그러한가? 매우 깊은 반야바라밀다는 이것이 일체 종류의 백법의 근본이므로, 만약 반야바라밀다에서 퇴전한다면 곧 일체의 백법을 퇴실(退失)하느니라.
 다시 다음으로 선현이여. 만약 보살마하살이 '매우 깊은 반야바라밀다는 보시·정계·안인·정진·정려바라밀다, 나아가 일체지지를 섭수한다.'라고 이와 같이 생각을 지었다면, 이 보살마하살은 반야바라밀다에서 퇴실하고, 만약 반야바라밀다에서 퇴실한다면 곧 보시·정계·안인·정진·정려바라밀다, 나아가 일체지지를 섭수하지 못하느니라. 왜 그러한가? 반야바라밀다를 벗어나서 보리분법(菩提分法)을 두루 섭수하거나, 더불어 일체지지를 능히 증득할 수 없느니라.
 다시 다음으로 선현이여. 만약 보살마하살이 '반야바라밀다에 안주한다면 곧 무상정등보리에서 결정적으로 불퇴전의 수기를 받는다.'라고 이와 같이 생각을 지었다면, 이 보살마하살은 반야바라밀다에서 퇴실하고, 만약 반야바라밀다에서 퇴실한다면 무상정등보리에서 수기를 얻지 못하느니라. 왜 그러한가? 반야바라밀다를 벗어나서 무상정등보리의 수기를 얻지 못하는 까닭이니라.
 다시 다음으로 선현이여. 만약 보살마하살이 '반야바라밀다에 안주한다면 곧 보시바라밀다, 나아가 정려바라밀다를 이끌어서 일으키는 것이고, 이와 같이 나아가, 대자·대비·대희·대사를 이끌어서 일으키는 것이다.'라고 이와 같이 생각을 지었다면, 이 보살마하살은 반야바라밀다에서 퇴실하고, 만약 반야바라밀다에서 퇴실한다면 곧 보시바라밀다, 나아가 반야바라밀다를 이끌어서 일으키는 것이고, 이와 같이 나아가, 대자·대비·대희·대사를 이끌어서 일으키지 못하느니라. 왜 그러한가? 선현이여. 반야바라밀다를 벗어나서 수승한 법을 이끌어서 일으키거나, 안주하지 못하느니라.
 다시 다음으로 선현이여. 만약 보살마하살이 '여래는 제법이 섭수하는 상이 없다고 아시고서 스스로가 무상정등보리를 증득하셨고, 보리를 증득하셨으므로 제유정들을 위하여 제법의 실상을 널리 설하고 열어서 보여주셨다.'라고 이와 같이 생각을 지었다면, 이 보살마하살은 곧 매우 깊은 반야바라밀다에서 퇴실하느니라. 왜 그러한가? 선현이여. 여래는 법에서 알지 못하고 깨닫지 못하며 설하지 못하고 보여주지 못하느니라. 그 까닭은 무엇인가? 제법의 진실한 성품은 알 수 있거나 깨달을 수 없으며, 시설할 수 없는데, 어찌하여 일체법을 알고 깨달으며 설하고 보여주는 것이 있겠는가? 만약 진실로 일체법을 알고 깨달으며 설하고 보여주는 것이 있다고 말한다면 이러한 처소는 없느니라."

그때에 구수 선현이 다시 세존께 아뢰어 말하였다.
"세존이시여. 제보살마하살들이 반야바라밀다를 수행하면서 어떻게 마땅히 이와 같은 여러 종류의 허물(過失)을 멀리 벗어나겠습니까?"
세존께서 말씀하셨다.
"선현이여. 만약 보살마하살이 반야바라밀다를 수행하는 때에 '일체법은 무소유이고 취할 수 없는데, 만약 법이 무소유이고 취할 수 없다면 곧 능히 등각(等覺)을 나타내는 자도 없을 것이고, 역시 능히 널리 설하거나 열어서 보여주는 자도 없다.'라고 이와 같이 생각을 짓느니라. 만약 이와 같이 행한다면 이것이 반야바라밀다의 여러 허물을 멀리 벗어나는 것이고, 만약 보살마하살이 무소유이고 얻을 수 없는 법에 집착하면 곧 반야바라밀다를 벗어나는 것이니라. 왜 그러한가? 선현이여. 매우 깊은 반야바라밀다는 일체의 법에서 집착하는 것이 없고 섭수하는 것이 없나니, 만약 제법에서 집착하는 것이 있고 섭수하는 것이 있다면 곧 반야바라밀다를 벗어나는 것이니라."

선현이 다시 세존께 아뢰어 말하였다.
"세존이시여. 반야바라밀다는 반야바라밀다에서 멀리 벗어납니까? 멀리 벗어나지 않습니까? 나아가 보시바라밀다는 보시바라밀다에서 멀리 벗어납니까? 멀리 벗어나지 않습니까? 이와 같이 나아가 일체지는 일체지지에서 멀리 벗어납니까? 멀리 벗어나지 않습니까? 세존이시여. 만약 반야바라밀다가 반야바라밀다에서 멀리 벗어났다고 시설하고 멀리 벗어나지 않았다고 시설한다면, 어찌하여 보살마하살은 능히 집착이 없는데 반야바라밀다를 이끌어서 일으키며, 나아가 보시바라밀다가 보시바라밀다에서 멀리 벗어났다고 시설하고 멀리 벗어나지 않았다고 시설한다면, 어찌하여 보살마하살은 능히 집착이 없는데 반야바라밀다를 이끌어서 일으키며, 이와 같이 나아가, 일체지지에서 멀리 벗어났다고 시설하고 멀리 벗어나지 않았다고 시설한다면, 어찌하여 보살마하살들이 능히 집착이 없이 일체지지를 이끌어서 일으킵니까?"

세존께서 선현에게 말씀하셨다.

"반야바라밀다는 반야바라밀다에서 멀리 벗어나지 않았고 멀리 벗어나지 않은 것도 아니며, 나아가, 일체지지는 일체지지에서 멀리 벗어나지 않았고 멀리 벗어나지 않은 것도 아니니라. 이러한 까닭으로 보살마하살은 능히 집착이 없이 반야바라밀다를 이끌어 일으키며, 나아가 일체지지를 이끌어 일으키느니라. 왜 그러한가? 선현이여. 나아가 자성이 아니고 자성을 벗어나지도 않았으나, 능히 자성을 이끌어서 일으키면서 안주하느니라.

선현이여. 제보살마하살들이 반야바라밀다를 수행하는 때에 색은 이를테면, '이것은 색이고, 이 색은 그것에 속(屬)한다.'라고 집착하지 않고, 역시 수·상·행·식도 이를테면, '이것은 수·상·행·식이고, 이 수·상·행·식은 그것에 속한다.'라고 집착하지 않으며, 이와 같이 나아가, 일체지지도 '이것은 일체지지이고, 이 일체지지는 그것에 속한다.'라고 집착하지 않느니라. 선현이여. 이 보살마하살은 이와 같은 일체법에서 집착이 없는 까닭으로 곧 능히 반야바라밀다, 나아가 보시바라밀다를 이끌어 일으키며, 나아가 능히 일체지지를 이끌어 일으키느니라. 왜 그러한가? 선현이여. 만약 보살마하살이 반야바라밀다를 수행하는 때라면, 제법의 가운데에서 '이것은 제법이고, 이 제법은 그것에 속한다.'라고 집착하는 것이 있다면, 곧 능히 뜻을 따라서 수승하고 미묘한 공덕을 이끌어 일으키면서 안주하지 못하느니라.

선현이여. 제보살마하살들이 반야바라밀다를 수행하는 때에 색이 만약 항상(常)하거나 만약 무상(無常)하거나, 만약 즐겁거나 만약 괴롭거나, 만약 나(我)이거나 만약 무아(無我)이거나, 만약 청정(淨)하거나 만약 부정(不淨)하거나, 만약 적정(寂靜)하거나 만약 적정하지 않거나, 만약 멀리 벗어(遠離)났거나 만약 멀리 벗어나지 않았다고 관찰하지 않고, 역시 수·상·행·식이 만약 항상하거나 만약 무상하거나, 만약 즐겁거나 만약 괴롭거나, 만약 나이거나 만약 무아이거나, 만약 청정하거나 만약 부정하거나, 만약 적정하거나 만약 적정하지 않거나, 만약 멀리 벗어났거나 만약 멀리 벗어나지 않았다고 관찰하지 않나니, 이 보살마하살은 이와 같이 일체법을 관찰하지 않는 까닭으로 반야바라밀다, 나아가 보시바라밀다를 이끌어 일으키며, 이와 같이 나아가, 일체지지를 이끌어 일으키느니라.

왜 그러한가? 선현이여. 만약 보살마하살이 반야바라밀다를 수행하는 때에 제법의 가운데에서 만약 항상하거나 만약 무상하거나, 만약 즐겁거나 만약 괴롭거나, 만약 나이거나 만약 무아이거나, 만약 청정하거나 만약 부정하거나, 만약 적정하거나 만약 적정하지 않거나, 만약 멀리 벗어났거나 만약 멀리 벗어나지 않았다고 관찰하는 것이 있다면, 곧 능히 뜻을 따라서 수승하고 미묘한 공덕을 이끌어 일으키면서 안주하지 못하느니라.

다시 다음으로 선현이여. 만약 보살마하살이 반야바라밀다를 수행한다면, 곧 정려·정진·안인·정계·보시바라밀다를 수행하는 것이고, 역시 진여, 나아가 부사의계에 안주하는 것이며, 역시 고·집·멸·도성제에 안주하는 것이고, 역시 4념주, 나아가 8성도지를 수행하는 것이며, 역시 4정려·4무량·4무색정을 수행하는 것이고, 역시 8해탈, 나아가 10변처를 수행하는 것이며, 역시 공·무상·무원해탈문을 수행하는 것이고, 역시 보살의 10지를 수행하는 것이며, 역시 일체의 다라니문·삼마지문을 수행하는 것이고, 역시 5안·6신통을 수행하는 것이며, 역시 여래의 10력, 나아가 18불불공법을 수행하는 것이고, 역시 무망실법·항주사성을 수행하는 것이며, 역시 일체지·도상지·일체상지를 수행하는 것이고, 역시 일체의 보살마하살의 행을 수행하는 것이고, 역시 제불의 무상정등보리를 수행하는 것이며, 역시 일체지지를 수행하는 것이니라.

다시 다음으로 선현이여. 매우 깊은 반야바라밀다는 행하는 처소라는 것을 따라서 소유한 일체의 바라밀다와 나머지의 여러 보리분법들을 모두를 따라서 행하게 하고, 매우 깊은 반야바라밀다에 이르는 처소라는 것을 따라서 소유한 일체의 바라밀다와 나머지 일체의 보리분법이 모두를 따라서 이르게 하느니라.

선현이여. 전륜성왕이 다니는 처소라는 것을 따라서 네 종류의 용맹한 군사들이 모두 따라서 다니는 것과 같이, 전륜성왕이 이르는 처소라는 것을 따라서 네 종류의 용맹한 군사들이 모두 따라서 이르는 것과 같이, 매우 깊은 반야바라밀다도 역시 다시 이와 같아서 다녔던 처소이거나 이르렀던 처소라는 것을 따라서 소유한 일체의 바라밀다와 나머지 일체의 보리분법을 모두 따라서 행하게 하며, 구경에는 일체지지에 이르게 하느니라.

선현이여. 뛰어난 마부(御者)가 네 마리의 말이 끄는 수레를 이끌면서 험한 도로를 피하고 정도(正道)를 다니면서 본래의 뜻을 따라서 능히 처소에 가서 이르는 것과 같이, 매우 깊은 반야바라밀다도 역시 다시 이와 같아서 일체의 바라밀다와 나머지 일체의 보리분법을 잘 이끌어서 생사와 열반의 험한 길을 피하고 나에게 이익되고 다른 사람을 이익되게 하는 정도를 다니면서 본래부터 구하였던 것인 일체지지에 이르게 하느니라."

구수 선현이 아뢰어 말하였다.
"세존이시여. 제보살마하살들은 무엇이 도(道)입니까? 무엇이 도가 아닙니까?"

세존께서 선현에게 알리셨다.
"여러 이생(異生)의 도이거나, 만약 성문의 도이거나, 만약 독각의 도라면, 제보살마하살들의 도가 아니나니, 이것에 의지한다면 능히 일체지지에 갈 수 없는 까닭이고, 매우 깊은 반야바라밀다가 이끄는 6바라밀다는 제보살마하살들의 도이니, 이것에 의지한다면 결정적으로 능히 일체지지에 가는 까닭이니라."

구수 선현이 다시 세존께 아뢰어 말하였다.

"매우 깊은 반야바라밀다가 세간에 출현한다면 능히 큰일을 성취하는데 이를테면, 제보살마하살들의 도와 도가 아닌 상(相)을 보여주어서 제보살마하살에게 이것이 도이고 이것은 도가 아니라고 알게 하며, 빠르게 능히 일체지지를 증득하게 합니다."

세존께서 선현에게 말씀하셨다.

"그와 같으니라. 그와 같으니라. 그대가 말한 것과 같으니라. 매우 깊은 반야바라밀다가 세간에 출현한다면 능히 큰일을 성취하는데 이를테면, 제보살마하살들의 도와 도가 아닌 상을 보여주어서 제보살마하살들에게 이것이 도이고 이것은 도가 아니라고 알게 하며, 빠르게 능히 일체지지를 증득하게 하느니라.

다시 다음으로 선현이여. 매우 깊은 반야바라밀다는 세간에 출현한다면 능히 큰일을 성취하는데 이를테면, 무량하고 무수이며 무변한 유정들을 도탈(度脫)시켜서 수승한 이익과 안락을 얻게 하느니라. 선현이여. 매우 깊은 반야바라밀다는 비록 무변하게 다른 사람을 이익되고 안락하게 하는 일을 지을지라도 이러한 일에 집착하는 것이 없다고 마땅히 알아야 하느니라.

다시 다음으로 선현이여. 매우 깊은 반야바라밀다는 비록 색이 지었던 일을 보여줄지라도 이러한 일에 집착이 없고, 비록 수·상·행·식이 지었던 일을 보여줄지라도 이러한 일에 집착이 없으며, 이와 같이 나아가, 일체지지가 지었던 일을 보여줄지라도 이러한 일에 집착이 없고, 비록 성문이나 독각이 지었던 일을 보여줄지라도 이러한 일에 집착이 없느니라.

선현이여. 매우 깊은 반야바라밀다는 비록 능히 일체의 보살마하살들을 인도하여 무상정등보리에 나아가게 하고, 성문·독각지 등을 벗어나게 할지라도, 제법에서 생겨남과 소멸함이 없나니, 법주(法住)의 성품으로써 적정한 분량을 삼는 까닭이니라."

구수 선현이 다시 세존께 아뢰어 말하였다.

"만약 매우 깊은 반야바라밀다가 일체법에서 생겨남과 소멸함이 없다면, 어찌하여 보살마하살이 깊은 반야바라밀다를 수행하는 때에 제유정들을 위하여 상응하여 보시를 행해야 하고, 상응하여 정계를 수지하며, 상응하여 안인을 일으켜야 하고, 상응하여 정진해야 하며, 상응하여 정려에 안주해야 하고, 상응하여 반야를 수행해야 합니까?"

세존께서 선현에게 알리셨다.

"제보살마하살들이 반야바라밀다를 수행하는 때에 일체의 지혜에 인연하여 제유정을 위하여 상응하여 보시를 행해야 하고, 상응하여 정계를 수지하며, 상응하여 안인을 일으켜야 하고, 상응하여 정진해야 하며, 상응하여 정려에 안주해야 하고, 상응하여 반야를 수행해야 하느니라. 선현이여. 이 보살마하살이 이러한 선근(善根)을 가지고 제유정들과 함께 공유하면서 일체지지에 회향하나니, 이와 같이 일체지지에 회향한다면, 곧 6바라밀다를 수행하여 빠르게 원만하게 하는 것이고, 역시 보살의 자(慈)·비(悲)·희(喜)·사(捨)를 수행하여 빠르게 원만함을 얻는 것이며, 나아가 미묘한 보리좌에 안좌하여 항상 이와 같은 6바라밀다를 항상 멀리 벗어나지 않는 것이니라.

만약 이와 같은 6바라밀다를 멀리 벗어나지 않는다면, 곧 일체지지를 멀리 벗어나지 않느니라. 이러한 까닭으로 선현이여. 보살마하살이 일체지지를 빠르게 증득하고자 한다면 마땅히 정근하면서 6바라밀다를 정진하여 수학(修學)해야 하고, 마땅히 정근하면서 6바라밀다를 정진하여 수행(修行)해야 하느니라. 만약 보살마하살이 이와 같은 6바라밀다를 정근하면서 정진하여 수학하고 수행한다면 일체의 선근이 빠르게 원만함을 얻고서 빠르게 능히 일체지지를 증득하느니라. 이러한 까닭으로 선현이여. 제보살마하살들은 6바라밀다와 함께 상응하고 항상 함께 상응하면서 서로를 버리고 벗어나지 않아야 하느니라."

구수 선현이 세존께 아뢰어 말하였다.

"세존이시여. 무엇이 보살마하살이 능히 6바라밀다와 항상 함께 상응하면서 서로를 버리고 벗어나지 않는 것입니까?"

세존께서 선현에게 알리셨다.

"만약 보살마하살이 색은 상응하지 않는 것이고 상응하지 않는 것도 아니라고 여실(如實)하게 관찰하고, 수·상·행·식도 상응하지 않는 것이고 상응하지 않는 것도 아니라고 여실하게 관찰하며, 나아가 일체지지도 상응하지 않는 것이고 상응하지 않는 것도 아니라고 여실하게 관찰한다면, 이 보살마하살은 능히 6바라밀다와 항상 함께 상응하고 서로가 버리고 벗어나지 않는 것이니라.

다시 다음으로 선현이여. 만약 보살마하살이 항상 '나는 색에 상응하여 머무르지 않고, 역시 색이 아닌 것에도 상응하여 머무르지 않는다. 나는 수·상·행·식에 상응하여 머무르지 않고, 역시 수·상·행·식이 아닌 것에도 상응하여 머무르지 않는다. 나아가 나는 일체지지에 상응하여 머무르지 않고, 역시 일체지지가 아닌 것에도 상응하여 머무르지 않는다. 왜 그러한가? 색은 능히 머무르거나 머무르지 않는 것이 아니고, 수·상·행·식도 능히 머무르거나 머무르지 않는 것이 아니며, 이와 같이 나아가, 일체지지도 능히 머무르거나 머무르지 않는 것이 아니다.'라고 이렇게 생각을 짓는다면 선현이여. 이 보살마하살은 능히 6바라밀다와 항상 함께 상응하여 서로가 버리고 벗어나지 않는 것이니라.

선현이여. 만약 보살마하살이 능히 이와 같이 머무름이 없는 방편으로써 6바라밀다를 수행한다면 이 보살마하살은 빠르게 능히 일체지지를 증득하느니라.

선현이여. 비유한다면 사람이 있어서 암몰라(菴沒羅)[2]의 열매나 반나바(半娜婆)[3]의 열매를 먹고자 한다면, 먼저 그의 씨를 취하여서 좋은 밭에 심고 때를 따라서 물을 주고 수호(守護)하고 관리(營理)한다면 점차 싹과 줄기와 가지와 잎이 자라나고, 시절(時節)이 화합(和合)하면 곧 꽃과 열매가 있으며, 열매가 성숙되었다면 취하여 그것을 먹는 것과 같나니, 이와 같이 선현이여. 보살마하살이 무상정등보리를 얻고자 한다면 먼저

---

2) 산스크리트어 āmra의 음사이고, 망고(Mango)를 가리킨다.
3) 산스크리트어 Panasa의 음사이고, 잭프루트(Jackfruit)의 과일을 가리킨다.

6바라밀다를 수학하고, 다시 유정들에게 혹은 보시(布施)로써, 혹은 애어(愛語)로써, 혹은 이행(利行)으로써, 혹은 동사(同事)로써 그들을 섭수하고, 이미 섭수하였다면, 보시·정계·안인·정진·정려·반야바라밀다에 안주하게 하며, 이미 안주하였다면 일체의 생(生)·노(老)·병(病)·사(死)를 해탈시켜서 항상 안주하면서 반드시 결국에는 안락을 증득하게 하나니, 보살이 이와 같다면 마땅히 무상정등보리를 얻고서 미묘한 법륜을 굴리면서 무량한 대중을 도탈시키느니라.

　이러한 까닭으로 선현이여. 만약 보살마하살이 제법에서 다른 인연을 의지하지 않고 스스로 깨달아서 이해하며, 능히 일체의 유정을 성숙시키고자 하였거나, 불국토에서 능히 잘 청정하게 장엄하고자 하였거나, 빠르게 미묘한 보리좌에 안좌하고자 하였거나, 능히 일체의 마군을 항복시키고자 하였거나, 능히 일체지지를 빠르게 증득하고자 하였거나, 법륜을 굴려서 유정들이 생로병사를 해탈시켜서 항상 반드시 결국에는 안락을 증득하게 하고자 한다면, 마땅히 6바라밀다를 수학하고, 다시 유정들에게 4섭사(四攝事)의 방편으로써 제유정들을 섭수하고, 이미 섭수하였다면, 상응하여 보시·정계·안인·정진·정려·반야바라밀다에 안주하게 하며, 보살마하살이 이와 같이 정근하면서 수학하는 때에, 상응하여 반야바라밀다에서 항상 정근하면서 수학해야 하느니라."

마하반야바라밀다경 제461권

68. 교편품(巧便品)(2)

그때에 구수 선현이 다시 세존께 아뢰어 말하였다.
"세존이시여. 여래께서는 보살마하살들에게 상응하여 반야바라밀다를 항상 정근하면서 수학(修學)하라고 설하십니까?"
세존께서 선현에게 알리셨다.
"그와 같으니라. 그와 같으니라. 나는 보살마하살들에게 상응하여 반야바라밀다를 항상 정근하면서 수학하라고 설하느니라. 선현이여. 만약 보살마하살이 제법에서 큰 자재(自在)함을 얻고자 한다면 마땅히 반야바라밀다를 수학해야 하느니라. 그 까닭은 무엇인가? 매우 깊은 반야바라밀다는 큰 세력을 갖추고서 제보살마하살들에게 일체법에서 자재함을 얻게 하는 까닭이니라.
선현이여. 매우 깊은 반야바라밀다는 이것이 여러 선법이 향(向)하여 나아가는 문(門)이라는 것이니, 비유한다면 큰 바다는 이것이 일체의 물을 향하여 나아가는 문과 같으니라. 이러한 까닭으로 선현이여. 만약 성문승의 보특가라(補特伽羅)이거나, 만약 독각승의 보특가라이거나, 만약 보살승의 보특가라라면 모두가 상응하여 이 매우 깊은 반야바라밀다에서 항상 정근하면서 수학해야 한다고 마땅히 알아야 하느니라.
선현이여. 제보살마하살들이 이 반야바라밀다에서 항상 정근하면서 수학하는 때라면, 상응하여 보시바라밀다, 나아가 정려바라밀다에 역시 항상 정근하면서 수학할 것이고, 상응하여 내공, 나아가 무성자성공에 역시 항상 안주할 것이며, 상응하여 진여, 나아가 부사의계에 역시 항상 안주할 것이고, 상응하여 고·집·멸·도성제에 역시 항상 안주할 것이며, 상응하여 4념주, 나아가 8성도지도 역시 항상 정근하면서 수학할 것이고, 상응하여 4정려·4무량·4무색정에 역시 항상 정근하면서 수학할 것이며, 상응하여 8해탈, 나아가 10변처도 역시 항상 정근하면서 수학할 것이고, 상응하여 공·무상·무원해탈문도 역시 항상 정근하면서 수학할 것이며,
　상응하여 보살마하살의 지위도 역시 항상 정근하면서 수학할 것이고, 상응하여 일체의 다라니문·삼마지문도 역시 항상 정근하면서 수학할 것이며, 상응하여 5안·6신통도 역시 항상 정근하면서 수학할 것이고, 상응하여 여래의 10력, 나아가 18불불공법도 역시 항상 정근하면서 수학할 것이며, 상응하여 무망실법·항주사성도 역시 항상 정근하면서 수학할 것이고, 상응하여 일체지·도상지·일체상지도 역시 항상 정근하면서 수학할 것이며, 상응하여 일체의 보살마하살의 행도 역시 항상 정근하면서 수학할 것이고, 상응하여 제불의 무상정등보리도 역시 항상 정근하면서 수학할 것이며, 일체지지도 역시 항상 정근하면서 수학할 것이니라.
　선현이여. 활쏘기에 익숙한 사람이 견고한 갑옷을 입고서 활과 화살이 뜻과 같다면 원적(怨敵)을 두려워하지 않는 것과 같이, 제보살마하살들도 역시 다시 이와 같아서 반야바라밀다의 방편선교를 섭수하여 여러 공덕을 갖춘다면 일체의 마군과 외도와 이론(異論)이 능히 굴복시키지 못하느니라. 이러한 까닭으로 선현이여. 만약 보살마하살이 일체지지를 빠르게 증득하고자 한다면 마땅히 매우 깊은 반야바라밀다를 상응하여 정근하면서 수학해야 하느니라. 선현이여. 만약 보살마하살이 능히 반야바라밀다에서 항상 정근하면서 수학한다면 곧 시방의 무량하고 무수이며 무변한 세계의 제불께서 항상 함께 호념(護念)하시느니라.”

　구수 선현이 세존께 아뢰어 말하였다.
　"세존이시여. 어찌하여 보살마하살이 매우 깊은 반야바라밀다를 항상 정근하면서 수학한다면 곧 시방의 무량하고 무수이며 무변한 세계의

제불께서 항상 함께 호념하십니까?"
　세존께서 선현에게 알리셨다.
　"만약 보살마하살이 능히 반야바라밀다에서 항상 정근하면서 수학한다면 곧 능히 보시바라밀다를 수행하는 것이고, 나아가 일체지지를 수행하는 것이니, 오히려 이것은 시방의 무량하고 무수이며 무변한 세계의 제불께서 항상 함께 호념하시는 것이니라."
　구수 선현이 다시 세존께 아뢰어 말하였다.
　"이 보살마하살이 어떻게 보시바라밀다, 나아가 일체지지를 수행한다면, 곧 시방의 무량하고 무수이며 무변한 세계의 제불께서 항상 함께 호념하십니까?"
　세존께서 선현에게 알리셨다.
　"선현이여. 이 보살마하살이 보시바라밀다를 수행하는 때에 보시바라밀다를 얻을 수 없다고 관찰하고, 나아가 일체지지를 수행하는 때에 일체지지를 얻을 수 없다고 관찰하는 까닭으로, 시방의 무량하고 무수이며 무변한 세계의 제불께서 항상 함께 호념하시느니라. 다시 다음으로 선현이여. 이와 같이 시방의 무량하고 무수이며 무변한 세계의 제불께서는 색이 얻을 수 없는 것과 같은 까닭으로 항상 함께 이 보살마하살을 호념하시고, 수·상·행·식이 얻을 수 없는 것과 같은 까닭으로 항상 함께 이 보살마하살을 호념하시며, 나아가 일체지지를 얻을 수 없는 것과 같은 까닭으로 항상 함께 이 보살마하살을 호념하시느니라.
　다시 다음으로 선현이여. 이와 같이 시방의 무량하고 무수이며 무변한 세계의 제불께서는 색으로써 항상 함께 이 보살마하살을 호념하시지 않고, 수·상·행·식으로써 항상 함께 이 보살마하살을 호념하시지 않으며, 나아가 일체지지로써 항상 함께 이 보살마하살을 호념하시지 않느니라."

　구수 선현이 다시 세존께 아뢰어 말하였다.
　"제보살마하살들은 비록 여러 처소에서 수학하였으나, 수학하는 것이 없습니다."

세존께서 선현에게 알리셨다.

"그와 같으니라. 그와 같으니라. 그대가 말한 것과 같으니라. 제보살마하살들은 비록 여러 처소에서 수학하였으나, 수학하는 것이 없느니라. 그 까닭은 무엇인가? 법이 있을지라도 보살마하살들에게 그 가운데에서 수학하게 하는 것은 진실로 없느니라."

구수 선현이 다시 세존께 아뢰어 말하였다.

"세존이시여. 제보살마하살들을 위하여 6바라밀다와 상응하는 법을 혹은 간략하거나, 혹은 자세하고 널리 설하셨는데, 만약 보살마하살이 일체지지를 빠르게 증득하고자 한다면, 이 6바라밀다에 상응하는 법의 가르침에서 만약 간략하거나, 만약 자세하고 널리 설하신 것을 모두 상응하게 수지하고 독송하며 구경에 예리하게 통달하고 이미 통달하였다면 이치와 같이 사유해야 하며, 이미 이치와 같이 사유하였다면 자세하고 바르게 관찰할 것이고, 바르게 관찰하였다면 심(心)·심소(心所)가 소연(所緣)의 상에서 모두 다시 전전하지 않아야 합니다."

세존께서 선현에게 알리셨다.

"그와 같으니라. 그와 같으니라. 그대가 말한 것과 같으니라. 제보살마하살들이 제불께서 말씀하신 6바라밀다에 상응하는 법의 가르침에서 만약 간략하거나, 만약 자세하고 널리 설하신 것을 정근하면서 수학하는 때에는 상응하여 제법에서 간략하고 자세한 상을 여실하게 알아야 하느니라."

구수 선현이 다시 세존께 아뢰어 말하였다.

"세존이시여. 무엇이 제보살마하살들이 일체법에서 간략하고 자세한 상을 아는 것입니까?"

세존께서 선현에게 알리셨다.

"만약 보살마하살이 색(色)의 진여상(眞如相)과 수(受)·상(想)·행(行)·식(識)의 진여상을 여실하고 명료하게 알았으며, 안처(眼處)의 진여상, 나아가 의처(意處)의 진여상을 여실하고 명료하게 알았고, 색처(色處)의 진여상, 나아가 법처(法處)의 진여상을 여실하고 명료하게 알았으며,

안계(眼界)의 진여상, 나아가 의계(意界)의 진여상을 여실하고 명료하게 알았고, 색계(色界)의 진여상, 나아가 법계(法界)의 진여상을 여실하고 명료하게 알았으며, 안식계(眼識界)의 진여상, 나아가 의식계(意識界)의 진여상을 여실하고 명료하게 알았고, 안촉(眼觸)의 진여상, 나아가 의촉(意觸)의 진여상을 여실하고 명료하게 알았으며, 안촉(眼觸)을 인연으로 생겨난 여러 수(受)의 진여상, 나아가 의촉(意觸)을 인연으로 생겨난 여러 수의 진여상을 여실하고 명료하게 알았고,

지계(地界)·의 진여상, 나아가 식계(識界)의 진여상을 여실하고 명료하게 알았으며, 인연(因緣)의 진여상, 나아가 증상연(增上緣)의 진여상을 여실하고 명료하게 알았고, 무명(無明)의 진여상, 나아가 노사(老死)의 진여상을 여실하고 명료하게 알았으며, 보시바라밀다(布施波羅蜜多)의 진여상, 나아가 반야바라밀다(般若波羅蜜多)의 진여상을 여실하고 명료하게 알았고, 내공(內空)의 진여상, 나아가 무성자성공(無性自性空)의 진여상을 여실하고 명료하게 알았으며, 고성제(苦聖諦)의 진여상과 집(集)·멸(滅)·도성제(道聖諦)의 진여상을 여실하고 명료하게 알았고, 4념주(四念住)의 진여상, 나아가 8성도지(八聖道支)의 진여상을 여실하고 명료하게 알았으며, 4정려(四靜慮)의 진여상과 4무량(四無量)·4무색정(四無色定)의 진여상을 여실하고 명료하게 알았고,

8해탈(八解脫)의 진여상, 나아가 10변처(十遍處)의 진여상을 여실하고 명료하게 알았으며, 공해탈문(空解脫門)의 진여상, 나아가 무상(無相)·무원해탈문(無願解脫門)의 진여상을 여실하고 명료하게 알았고, 정관지(淨觀地)의 진여상, 나아가 여래지(如來地)의 진여상을 여실하고 명료하게 알았으며, 극희지(極喜地)의 진여상, 나아가 법운지(法雲地)의 진여상을 여실하고 명료하게 알았고, 일체(一切)의 다라니문(陀羅尼門)의 진여상과 일체의 삼마지문(三摩地門)의 진여상을 여실하고 명료하게 알았으며, 5안(五眼)의 진여상과 6신통(六神通)의 진여상을 여실하고 명료하게 알았고, 여래(佛)의 10력(十力)의 진여상, 나아가 18불불공법(十八佛不共法)의 진여상을 여실하고 명료하게 알았으며, 32대사상(三十二大士相)의 진여

상, 나아가 80수호(八十隨好)의 진여상을 여실하고 명료하게 알았고,
　무망실법(無忘失法)의 진여상, 나아가 항주사성(恒住捨性)의 진여상을 여실하고 명료하게 알았으며, 일체지(一切智)의 진여상과 도상지(道相智)·일체상지(一切相智)의 진여상을 여실하고 명료하게 알았고, 예류과(預流果)의 진여상, 나아가 독각(獨覺)의 보리(菩提)의 진여상을 여실하고 명료하게 알았으며, 일체의 보살마하살(菩薩摩訶薩)의 행(行)의 진여상과 제불(諸佛)의 무상정등보리(無上正等菩提)의 진여상을 여실하고 명료하게 알았고, 일체지지(一切智智)의 진여상을 여실하고 명료하게 알았다면, 이 보살마하살은 일체법에서 간략하고 자세한 상을 여실하게 아는 것이니라."
　구수 선현이 아뢰어 말하였다.
　"세존이시여. 무엇이 색의 진여상이고, 수·상·행·식의 진여상이며, 나아가 무엇이 일체지지의 진여상이고, 제보살마하살들이 그 가운데에서 수학한다면 일체법에서 간략하고 자세한 상을 여실하고 명료하게 아는 것입니까?"
　세존께서 선현에게 알리셨다.
　"색의 진여는 생겨남이 없고 소멸함이 없으며 역시 머무름과 변이가 없을지라도 시설(施設)하여 이것을 색의 진여상이라고 이름하며, 수·상·행·식의 진여도 생겨남이 없고 소멸함이 없으며 역시 머무름과 변이가 없을지라도 시설하여 이것을 수·상·행·식의 진여상이라고 이름하며, 나아가 일체지지의 진여도 생겨남이 없고 소멸함이 없으며 역시 머무름과 변이가 없을지라도 시설하여 이것을 일체지지의 진여상이라고 이름하느니라. 제보살마하살들이 여실하고 명료하게 알고서 그 가운데에서 수학한다면, 일체법에서 간략하고 자세한 상을 여실하고 명료하게 아느니라.
　다시 다음으로 선현이여. 만약 보살마하살이 색의 실제상(實際相)과 수·상·행·식의 실제상을 여실히 여실하고 명료하게 알고, 나아가 일체지지의 실제상을 여실하고 명료하게 안다면 이 보살마하살은 일체법에서 간략하고 자세한 상을 여실하고 명료하게 아느니라."
　선현이 아뢰어 말하였다.

"세존이시여. 무엇이 색의 실제상이고, 수·상·행·식의 실제상이며, 나아가 무엇이 일체지지의 실제상이고, 제보살마하살들이 그 가운데에서 수학한다면 일체법에서 간략하고 자세한 상을 여실하고 명료하게 아는 것입니까?"

세존께서 선현에게 알리셨다.

"색의 경계(際)가 없다면 이것을 색의 실제상이라고 이름하고, 수·상·행·식의 경계가 없다면 이것을 수·상·행·식의 실제상이라고 이름하며, 나아가 일체지지의 경계가 없다면 이것을 일체지지의 실제상이라고 이름하느니라. 제보살마하살들이 여실하고 명료하게 알고서 그 가운데에서 수학한다면, 일체법에서 간략하고 자세한 상을 여실하고 명료하게 아느니라.

다시 다음으로 선현이여. 만약 보살마하살이 색의 법계상(法界相)과 수·상·행·식의 법계상을 여실하고 명료하게 알고, 나아가 일체지지의 법계상을 여실하고 명료하게 안다면, 이 보살마하살은 일체법에서 간략하고 자세한 상을 여실하고 명료하게 아느니라."

구수 선현이 아뢰어 말하였다.

"세존이시여. 무엇이 색의 법계상이고, 수·상·행·식의 법계상이며, 나아가 무엇이 일체지지의 법계상이고, 제보살마하살들이 그 가운데에서 수학한다면 일체법에서 간략하고 자세한 상을 여실하고 명료하게 아는 것입니까?"

세존께서 선현에게 알리셨다.

"색이 허공과 같아서 마장(魔障)이 없고 장애(障礙)가 없으며 생겨남이 없고 소멸함이 없으며 단절이 없고 상속이 없을지라도 시설하는데, 이것이 색의 법계상이고, 수·상·행·식이 허공과 같아서 마장이 없고 장애가 없으며 생겨남이 없고 소멸함이 없으며 단절이 없고 상속이 없을지라도 시설하는데, 이것이 수·상·행·식의 법계상이며, 나아가 일체지지가 허공과 같아서 마장이 없고 장애가 없으며 생겨남이 없고 소멸함이 없으며 단절이 없고 상속이 없을지라도 시설하는데, 이것이 일체지지의 법계상이니라. 제보살마하살들이 여실하고 명료하게 알고서 그 가운데에서 수학한다면, 일체법에서 간략하고 자세한 상을 여실하고 명료하게 아느니라."

구수 선현이 아뢰어 말하였다.
"세존이시여. 제보살마하살들은 다시 어찌하여 일체법이 간략하거나 자세한 상이라고 상응하여 알아야 합니까?"
세존께서 선현에게 알리셨다.
"만약 보살마하살이 일체법이 합쳐지지 않고 흩어지지 않는다고 여실하고 명료하게 안다면, 이 보살마하살은 상응하여 이와 같이 일체법의 간략하거나 자세한 상을 아느니라."
구수 선현이 아뢰어 말하였다.
"세존이시여. 무엇 등의 일체법이 합쳐지지 않고 흩어지지 않습니까?"
세존께서 선현에게 알리셨다.
"색이 합쳐지지 않고 흩어지지 않으며, 수·상·행·식이 합쳐지지 않고 흩어지지 않으며, 안처, 나아가 의처가 합쳐지지 않고 흩어지지 않으며, 색처, 나아가 법처가 합쳐지지 않고 흩어지지 않으며, 안계, 나아가 의계가 합쳐지지 않고 흩어지지 않으며, 색계, 나아가 법계가 합쳐지지 않고 흩어지지 않으며, 안식계, 나아가 의식계가 합쳐지지 않고 흩어지지 않으며, 안촉, 나아가 의촉이 합쳐지지 않고 흩어지지 않으며, 안촉을 인연으로 생겨난 여러 수, 나아가 의촉을 인연으로 생겨난 여러 수가 합쳐지지 않고 흩어지지 않으며,

지계, 나아가 식계가 합쳐지지 않고 흩어지지 않으며, 인연, 나아가 증상연이 합쳐지지 않고 흩어지지 않으며, 무명, 나아가 노사가 합쳐지지 않고 흩어지지 않으며, 탐욕·진에·우치가 합쳐지지 않고 흩어지지 않으며, 욕계·색계·무색계가 합쳐지지 않고 흩어지지 않으며, 보시바라밀다, 나아가 반야바라밀다가 합쳐지지 않고 흩어지지 않으며, 내공, 나아가 무성자성공이 합쳐지지 않고 흩어지지 않으며, 진여, 나아가 부사의계가 합쳐지지 않고 흩어지지 않으며, 고·집·멸·도성제가 합쳐지지 않고 흩어지지 않으며,

4념주, 나아가 8성도지가 합쳐지지 않고 흩어지지 않으며, 4정려·4무량·4무색정이 합쳐지지 않고 흩어지지 않으며, 8해탈, 나아가 10변처가 합쳐지지 않고 흩어지지 않으며, 공·무상·무원해탈문이 합쳐지지 않고 흩어지지 않으며, 정관지, 나아가 여래지가 합쳐지지 않고 흩어지지 않으며, 극희지, 나아가 법운지가 합쳐지지 않고 흩어지지 않으며, 일체의 다라니문·삼마지문이 합쳐지지 않고 흩어지지 않으며, 5안·6신통이 합쳐지지 않고 흩어지지 않으며, 여래의 10력, 나아가 18불불공법이 합쳐지지 않고 흩어지지 않으며,

32대사상·80수호가 합쳐지지 않고 흩어지지 않으며, 무망실법·항주사성이 합쳐지지 않고 흩어지지 않으며, 일체지·도상지·일체상지가 합쳐지지 않고 흩어지지 않으며, 예류과, 나아가 독각의 보리가 합쳐지지 않고 흩어지지 않으며, 일체의 보살마하살의 행이 합쳐지지 않고 흩어지지 않으며, 제불의 무상정등보리가 합쳐지지 않고 흩어지지 않으며, 유위계가 합쳐지지 않고 흩어지지 않으며, 무위계가 합쳐지지 않고 흩어지지 않느니라.

그 까닭은 무엇인가? 이와 같은 제법은 모두가 무자성(無自性)이고, 만약 무자성이라면 곧 무소유이며, 만약 무소유라면 곧 합쳐짐과 흩어짐이 있다고 말할 수 없느니라. 제보살마하살들이 일체법에서 이와 같이 명료하게 안다면, 곧 능히 간략하거나 자세한 상을 아느니라."

구수 선현이 다시 아뢰어 말하였다.

"세존이시여. 이와 같다면 일체의 바라밀다를 간략하게 섭수하게 된다고 이름하나니, 제보살마하살들이 이 가운데에서 수학한다면 능히 많은 일을 지을 것입니다. 세존이시여. 이와 같이 간략하게 섭수하는 바라밀다는 처음으로 업을 수행하는 보살마하살도 이 가운데에서 상응하여 항상 수학해야 하고, 나아가 10지(十地)에 안주하는 보살마하살들도 역시 이 가운데에서 상응하여 항상 수학해야 합니다. 세존이시여. 만약 보살마하살이 이와 같이 간략하게 섭수하는 반야바라밀다를 수학한다면 일체법에서 이와 같이 명료하게 안다면, 곧 능히 간략하거나 자세한 상을 알

것입니다."

세존께서 선현에게 알리셨다.

"그와 같으니라. 그와 같으니라. 그대가 말한 것과 같으니라. 선현이여. 이와 같이 간략하게 섭수하는 바라밀다의 법문은 제보살마하살들이 근기가 예리한 자라면 능히 들어갈 것이고 근기가 둔한 자는 능히 들어가지 못할 것이며, 근기를 평등하게 이끄는 자라면 능히 들어갈 것이고 근기를 평등하지 않게 이끄는 자는 능히 들어가지 못할 것이며, 정근하면서 정진하는 자라면 능히 들어갈 것이고 정근하면서 정진하지 않는 자는 능히 들어가지 못할 것이며, 정념(正念)을 갖춘 자라면 능히 들어갈 것이고 정념을 갖추지 못한 자는 능히 들어가지 못할 것이며, 미묘한 지혜를 갖춘 자라면 능히 들어갈 것이고 미묘한 지혜를 갖추지 못한 자는 능히 들어가지 못할 것이라고 마땅히 알아야 하느니라.

선현이여. 만약 보살마하살이 불퇴전지에 안주하고자 하였다면 마땅히 정근하면서 방편으로 이 법문(法門)에 들어갈 것이고, 만약 보살마하살들이 나아가 10지에 안주하고자 하였다면 마땅히 정근하면서 방편으로 이 법문에 들어갈 것이며, 보살마하살이 나아가 일체지지를 얻고자 하였다면 마땅히 정근하면서 방편으로 이 법문에 들어갈 것이니라.

선현이여. 만약 보살마하살이 이 반야바라밀다의 설하는 것과 같이 수학한다면, 이것이 보살마하살이 곧 보시바라밀다, 나아가 반야바라밀다를 능히 따라서 수학하는 것이고, 역시 내공, 나아가 무성자성공을 능히 따라서 수학하는 것이며, 역시 진여, 나아가 부사의계를 능히 따라서 수학하는 것이고, 역시 고·집·멸·도성제를 능히 따라서 수학하는 것이며, 역시 4념주, 나아가 8성도지를 능히 따라서 수학하는 것이고, 역시 4정려·4무량·4무색정을 능히 따라서 수학하는 것이며, 역시 8해탈, 나아가 10변처를 능히 따라서 수학하는 것이고, 역시 공·무상·무원 해탈문을 능히 따라서 수학하는 것이며,

역시 일체의 다라니문·삼마지문을 능히 따라서 수학하는 것이고, 역시 5안·6신통을 능히 따라서 수학하는 것이며, 역시 여래의 10력, 나아가

18불불공법을 능히 따라서 수학하는 것이고, 역시 무망실법·항주사성을 능히 따라서 수학하는 것이며, 역시 일체지·도상지·일체상지를 능히 따라서 수학하는 것이고, 역시 일체의 보살마하살의 행을 능히 따라서 수학하는 것이며, 역시 제불의 무상정등보리를 능히 따라서 수학하는 것이고, 역시 일체지지를 능히 따라서 수학하는 것이니라.

선현이여. 만약 보살마하살이 매우 깊은 반야바라밀다가 설하는 것과 같이 의지하여 수학하는 것과 같다면, 이 보살마하살은 이와 같고 이와 같이 구하였던 것이 일체지지에 전전하여 가까워지느니라. 선현이여. 만약 보살마하살이 반야바라밀다가 설하는 것과 같이 수학하는 것과 같다면, 이 보살마하살이 소유한 업장(業障)과 여러 마사(諸魔)가 일어나는 것을 따라서 곧 소멸되느니라. 이러한 까닭으로 선현이여. 만약 보살마하살이 일체의 업장과 여러 마사를 빠르게 소멸시키고자 하였거나, 선교방편의 힘을 바르게 섭수하고자 하였다면, 마땅히 반야바라밀다를 수학해야 하느니라.

다시 다음으로 선현이여. 만약 때에 보살마하살이 이러한 반야바라밀다를 행하고, 이러한 반야바라밀다를 수행하며, 이러한 반야바라밀다를 수습한다면, 이때 보살마하살은 곧 시방의 무량하고 무수이며 무변한 세계에서 설법하시는 제불·세존들께서 항상 함께 호념하시느니라. 그 까닭은 무엇인가? 선현이여. 과거·미래·현재의 제불은 모두 매우 깊은 반야바라밀다에서 출현하지 않는 것이 없는 까닭이니라. 이러한 까닭으로 선현이여. 만약 보살마하살이 반야바라밀다를 능히 수행하는 자라면 마땅히 '과거·미래·현재의 제불께서 증득하신 법이라는 것을 나도 역시 마땅히 그와 같이 증득하겠다.'라고 이렇게 생각을 지어야 하느니라.

선현이여. 제보살마하살들은 마땅히 매우 깊은 반야바라밀다를 상응하여 정근하면서 수학해야 하나니, 만약 매우 깊은 반야바라밀다를 정근하면서 수학한다면 빠르게 능히 일체지지를 증득하느니라. 이러한 까닭으로 선현이여. 제보살마하살들은 항상 매우 깊은 반야바라밀다에 상응하는 작의(作意)를 버리지 않고, 반야바라밀다를 수행해야 하느니라.

다시 다음으로 만약 보살마하살이 이 반야바라밀다를 여실하게 수행하면서 손가락을 튕기는 순간을 지낼지라도 획득하는 것의 복취(福聚)는 그 분량이 매우 많으니라. 가사(假使), 사람이 있어서 삼천대천세계의 일체의 유정들을 교화(敎化)하여 모두를 보시·정계·안인·정진·정려·반야바라밀다에 안주하게 하였거나, 혹은 해탈과 해탈지견에 안주하게 하였거나, 혹은 예류과, 나아가 독각의 보리에 안주하게 하였다면, 이 사람이 비록 무량한 복취를 획득하였을지라도, 오히려 매우 깊은 반야바라밀다를 여실하게 수행하면서 손가락을 튕기는 순간을 지낼지라도 획득하는 복취에는 미치지 못하느니라.

그 까닭은 무엇인가? 이와 같은 반야바라밀다는 일체의 보시·정계·안인·정진·정려·반야바라밀다를 능히 출생시키고, 일체의 해탈(解脫)과 해탈지견(解脫智見)을 능히 출생시키며, 일체의 예류과, 나아가 독각의 보리를 능히 출생시키느니라. 현재 시방의 무량하고 무수이며 무변한 세계의 제불·세존께서도 모두가 매우 깊은 반야바라밀다에서 출현(出現)하시지 않으신 분이 없고 과거와 미래의 제불도 역시 그와 같으니라.

다시 다음으로 선현이여. 만약 보살마하살이 능히 매우 깊은 반야바라밀다에 상응하는 작의를 멀리 벗어나지 않고서 반야바라밀다를 수행하면서 수유(須臾)의 순간을 지냈거나, 혹은 반나절(半日)을 지냈거나, 혹은 하루(一日)를 지냈거나, 혹은 반달(半月)을 지냈거나, 혹은 한 달(一月)을 지냈거나, 혹은 한 계절(一時)을 지냈거나, 혹은 1년(一歲)을 지냈거나, 혹은 백 년을 지냈거나, 혹은 다시 이것을 넘겼다면, 이 보살마하살이 획득하는 것의 복취는 매우 많은데, 시방으로 각각 긍가사(殑伽沙) 등과 같은 세계의 일체의 유정들을 교계(敎誡)하여 모두 보시·정계·안인·정진·정려·반야에 안주하게 하였거나, 혹은 해탈과 해탈지견에 안주하게 하였거나, 혹은 예류과, 나아가 독각의 보리에 안주하게 시켜서 획득하는 공덕보다 수승하느니라.

그 까닭은 무엇인가? 오히려 이러한 반야바라밀다는 과거·미래·현재의 제불세존을 출생(出生)시켰고, 제유정들을 위하여 보시·정계·안인·성진·정려·반야바라밀다를 여실하게 시설(施設)하셨으며, 해탈과 해탈지견을 여실하게 시설하셨고, 예류과, 나아가 독각의 보리를 여실하게 시설하셨으며, 제불의 무상정등보리를 여실하게 시설하셨던 까닭으로 이 복취가 그것보다 수승하고 초월하느니라.

다시 다음으로 선현이여. 만약 보살마하살들이 매우 깊은 반야바라밀다가 설하는 것과 같이 안주한다면, 이 보살마하살은 다시는 퇴전하지 않고 항상 제불께서 호념하시는 것이니 수승한 방편선교를 성취하나니, 이미 일찍이 무량한 백천 구지(俱胝)·나유타(那庾多)의 제불께 친근하면서 공양하였고, 제불의 처소에서 무량하고 미묘한 선근을 심었으며, 이미 무량하고 진실한 선지식들에게 섭수되었고, 이미 보시바라밀다, 나아가 반야바라밀다를 오랫동안 수습(修習)하였으며, 이미 내공, 나아가 무성자성공에 오랫동안 안주하였고, 이미 진여, 나아가 부사의계에 오랫동안 안주하였으며, 이미 고·집·멸·도성제를 오랫동안 수습하였고,

이미 4념주, 나아가 8성도지를 오랫동안 수습하였으며, 이미 4정려·4무량·4무색정을 오랫동안 수습하였고, 이미 8해탈, 나아가 10변처를 오랫동안 수습하였으며, 이미 공·무상·무원해탈문을 오랫동안 수습하였고, 여러 보살지(菩薩地)를 오랫동안 수습하였으며, 이미 일체의 다라니문·삼마지문을 오랫동안 수습하였고, 이미 5안·6신통을 오랫동안 수습하였으며, 이미 여래의 10력, 나아가 18불불공법을 오랫동안 수습하였고, 이미 일체지·도상지·일체상지를 오랫동안 수습하였으며, 이미 일체의 보살마하살의 행을 오랫동안 수습하였고, 이미 제불의 무상정등보리를 오랫동안 수습하였으며, 이미 일체지지를 오랫동안 수습하였느니라.

이 보살마하살은 동진지(童眞地)[1])에 머물러서 일체의 소원(所願)을 만족하지 못하는 것이 없고, 항상 제불을 보면서 잠시라도 버리지 않으며, 여러 선근을 항상 멀리 벗어나지 않고, 항상 능히 교화시킬 유정을 성숙시키며, 항상 능히 기거하는 불국토를 청정하게 장엄하고, 한 불국토에서 다른

---

1) 불퇴전지(不退轉地)를 다르게 부르는 말이다.

한 불국토에 나아가면서 제불·세존께 공양하고 공경하며 존중하고 찬탄하며 무상승법(無上乘法)을 듣고 수행하였다고 마땅히 알아야 하느니라.
　이 보살마하살은 이미 단절이 없고 끝마침이 없는 변재(辯才)를 얻었고, 이미 미묘한 다라니의 법을 얻었으며, 최상의 미묘한 색신(色身)을 성취하였고, 이미 제불들께 원만함의 수기를 받았으며, 유정들이 좋아하는 것을 따라서 도탈시키기 위하여 여러 세계의 몸을 받을지라도 이미 자재함을 얻었다고 마땅히 알아야 하느니라.
　이 보살마하살은 소연(所緣)에 잘 들어가고, 행상(行相)에 잘 들어가며, 문자의 법(字法)에 잘 들어가고, 문자가 아닌 것에 잘 들어가며, 언설(言說)에 잘 들어가고, 언설이 아닌 것에 잘 들어가며, 한 마디의 말(一語)에 잘 들어가고, 두 마디의 말(二語)에 잘 들어가며, 많은 말에 잘 들어가고, 여인의 말에 잘 들어가며, 남자의 말에 잘 들어가고, 여자도 아니고 남자도 아닌 말에 잘 들어가며, 과거 시간의 말에 잘 들어가고, 미래 시간의 말에 잘 들어가며, 현재의 말에 잘 들어가고, 여러 의취에 잘 들어가며,
　색(色)에 잘 들어가고, 수(受)에 잘 들어가며, 상(想)에 잘 들어가고, 행(行)에 잘 들어가며, 식(識)에 잘 들어가고, 온(蘊)에 잘 들어가며, 처(處)에 잘 들어가고, 계(界)에 잘 들어가며, 연기(緣起)에 잘 들어가고, 연기지(緣起支)에 잘 들어가며, 세간(世間)에 잘 들어가고, 열반(涅槃)에 잘 들어가며, 법상(法相)에 잘 들어가고, 유위상(有爲相)에 잘 들어가며, 무위상(無爲相)에 잘 들어가고, 유위무위상(有爲無爲相)에 잘 들어가며, 행상(行相)에 잘 들어가고, 행상이 아닌 것에 잘 들어가며, 상상(相相)에 잘 들어가고, 상상이 아닌 것에 잘 들어가며, 유성(有性)에 잘 들어가고, 유성이 아닌 것에 잘 들어가며, 자성(自性)에 잘 들어가고, 타성(他性)에 잘 들어가며,
　합쳐진 것에 잘 들어가고, 벗어난 것에 잘 들어가며, 합쳐지고 벗어난 것에 잘 들어가고, 상응(相應)함에 잘 들어가며, 상응하지 않는 것에 잘 들어가고, 상응하고 상응하지 않는 것에 잘 들어가며, 진여(眞如)에 잘 들어가고, 불허망성(不虛妄性)에 잘 들어가며, 불변이성(不變異性)에

잘 들어가고, 법성(法性)에 잘 들어가며, 법계(法界)에 잘 들어가고, 법정(法定)에 잘 들어가며, 법주(法住)에 잘 들어가고, 연성(緣性)에 잘 들어가며, 인연의 성품이 아닌 것에 잘 들어가고, 여러 성제(聖諦)에 잘 들어가며, 정려(靜慮)에 잘 들어가고, 4무량에 잘 들어가며, 4무색정에 잘 들어가고, 6바라밀다에 잘 들어가며,

4념주, 나아가 8성도지에 잘 들어가고, 8해탈, 나아가 10변처에 잘 들어가며, 다라니문에 잘 들어가고, 삼마지문에 잘 들어가며, 3해탈문에 잘 들어가고, 일체의 공성(空性)에 잘 들어가며, 5안에 잘 들어가고, 6신통에 잘 들어가며, 여래의 10력, 나아가 18불불공법에 잘 들어가고, 무망실법에 잘 들어가며, 항주사성에 잘 들어가고, 일체지에 잘 들어가며, 도상지에 잘 들어가며, 일체상지에 잘 들어가고, 유위계에 잘 들어가며, 무위계에 잘 들어가고, 경계에 잘 들어가며, 경계가 아닌 것에 잘 들어가며,

색의 작의(作意), 나아가 식의 작의에 잘 들어가고, 안처의 작의, 나아가 의처의 작의에 잘 들어가며, 색처의 작의, 나아가 법처의 작의에 잘 들어가고, 안계의 작의, 나아가 의계의 작의에 잘 들어가며, 색계의 작의, 나아가 법계의 작의에 잘 들어가고, 안식계의 작의, 나아가 의식계의 작의에 잘 들어가며, 안촉의 작의, 나아가 의촉의 작의에 잘 들어가고, 안촉을 인연으로 생겨난 여러 수의 작의, 나아가 의촉을 인연으로 생겨난 여러 수의 작의에 잘 들어가며, 지계의 작의, 나아가 인연의 작의에 잘 들어가고, 증상연의 작의, 나아가 의식계의 작의에 잘 들어가며, 지계의 작의, 나아가 인연의 작의에 잘 들어가고, 무명의 작의, 나아가 노사의 작의에 잘 들어가며,

보시바라밀다의 작의, 나아가 반야바라밀다의 작의에 잘 들어가고, 내공의 작의, 나아가 무성자성공의 작의에 잘 들어가며, 진여의 작의, 나아가 부사의계의 작의에 잘 들어가고, 고·집·멸·도성제의 작의에 잘 들어가며, 4념주의 작의, 나아가 8성도지의 작의에 잘 들어가고, 4정려·4무량·4무색정의 작의에 잘 들어가며, 8해탈의 작의, 나아가 10변처의 작의에 잘 들어가고, 공·무상·무원해탈문의 작의에 잘 들어가며, 정관지

의 작의, 나아가 여래지의 작의에 잘 들어가고, 극희지의 작의, 나아가 법운지의 작의에 잘 들어가며, 일체의 다라니문·삼마지문의 작의에 잘 들어가고, 5안·6신통의 작의에 잘 들어가며,

여래의 10력의 작의, 나아가 18불불공법의 작의에 잘 들어가고, 32대사상·80수호의 작의에 잘 들어가며, 무망실법·항주사성의 작의에 잘 들어가고, 일체지·도상지·일체상지의 작의에 잘 들어가며, 예류과의 작의, 나아가 독각의 보리의 작의에 잘 들어가고, 일체의 보살마하살의 행의 작의에 잘 들어가며, 제불의 무상정등보리의 작의에 잘 들어가고, 일체지지의 작의에 잘 들어가며,

색은 색의 상(相)이 공(空)한 것에 잘 들어가고, 수·상·행·식은 수·상·행·식의 상이 공한 것에 잘 들어가며, 이와 같이 나아가, 일체지지는 일체지지가 공한 것에 잘 들어가고, 경안도(輕安道)에 잘 들어가며, 경안도가 아닌 것에 잘 들어가고, 생겨남에 잘 들어가며, 소멸함에 잘 들어가고, 변이에 머무르는 것에 잘 들어가며, 바른 견해에 잘 들어가고, 삿된 견해에 잘 들어가며, 견해에 잘 들어가고, 견해가 아닌 것에 잘 들어가며, 탐·진·치에 잘 들어가고, 탐욕이 없고 진에가 없으며 우치가 없는 것에 잘 들어가며, 일체의 견해의 전(纏)·수면(隨眠)·결박(結縛)에 잘 들어가고, 일체의 견해의 전·수면·결박의 단절에 잘 들어가며,

명(名)에 잘 들어가고, 색(色)에 잘 들어가며, 명색(名色)에 잘 들어가고, 소연연(所緣緣)에 잘 들어가며, 증상연(增上緣)에 잘 들어가고, 인연(因緣)에 잘 들어가며, 등무간연(等無間緣)에 잘 들어가고, 행(行)에 잘 들어가며, 상(相)에 잘 들어가고, 인(因)에 잘 들어가며, 과(果)에 잘 들어가고, 고·집·멸·도성제에 잘 들어가며, 지옥·지옥도(地獄道)에 잘 들어가고, 방생·방생도(傍生道)에 잘 들어가며, 귀계·귀계도(鬼界道)에 잘 들어가고, 인간·인간도(人道)에 잘 들어가며, 천상·천상도(天)에 잘 들어가고, 예류·예류과·예류과도(預流果道)에 잘 들어가며, 일래·일래과·일래과도(一來果道)에 잘 들어가고, 불환·불환과·불환과도(不還果道)에 잘 들어가며, 아라한·아라한과·아라한과도(阿羅漢果道)에 잘 들어가고,

독각·독각의 보리·독각의 보리도(獨覺菩提道)에 잘 들어가며, 일체의 보살마하살·일체의 보살마하살의 행(一切菩薩摩訶薩行)에 잘 들어가고, 일체의 여래·응공·정등각과 제불의 무상정등보리에 잘 들어가며, 일체지·일체지도(一切智道)에 잘 들어가고, 도상지·도상지도(道相智道)에 잘 들어가며, 일체상지·일체상지도(一切相智道)에 잘 들어가고, 근기에 잘 들어가며, 근기의 원만함에 잘 들어가고, 근기의 수승하고 하열한 것에 잘 들어가며, 지혜에 잘 들어가고, 민첩(疾)한 지혜에 잘 들어가며, 예리한 지혜에 잘 들어가고, 빠른(速) 지혜에 잘 들어가며, 힘이 있는 지혜에 잘 들어가고, 통달한 지혜에 잘 들어가며, 넓은 지혜에 잘 들어가고, 깊은 지혜에 잘 들어가며, 큰 지혜에 잘 들어가고, 무등(無等)한 지혜에 잘 들어가며, 진실(眞實)한 지혜에 잘 들어가고, 진기한 보배의 지혜에 잘 들어가며,

과거의 세상에 잘 들어가고, 미래의 세상에 잘 들어가며, 현재의 세상에 잘 들어가고, 방편에 잘 들어가며, 유정들을 돌아보는 것에 잘 들어가고, 의락(意樂)에 잘 들어가며, 증상(增上)의 의락에 잘 들어가고, 문장의 의취(義趣)의 상(相)에 잘 들어가며, 여러 성스러운 법에 잘 들어가고, 3승의 방편을 안립(安立)시키는 것에 잘 들어간다고 마땅히 알아야 하느니라.

선현이여. 만약 보살마하살이 깊은 반야바라밀다를 행하거나, 깊은 반야바라밀다를 이끌어서 일으키거나, 깊은 반야바라밀다를 수행한다면 이와 같은 등의 여러 종류의 수승한 이익을 획득하느니라."

그때 구수 선현이 세존께 아뢰어 말하였다.

"세존이시여. 제보살마하살들은 어찌하여 깊은 반야바라밀다를 행합니까? 어찌하여 깊은 반야바라밀다를 이끌어 일으킵니까? 어찌하여 깊은 반야바라밀다를 수행합니까?"

세존께서 선현에게 알리셨다.

"제보살마하살들은 색, 나아가 식이 쇠퇴하고 파괴되는 까닭으로, 벗어나고 흩어지는 까닭으로, 자재하지 못하는 까닭으로, 견실(堅實)하지 않는 까닭으로, 성품이 허망하고 거짓인 까닭으로, 깊은 반야바라밀다를

행하느니라. 선현이여. 그대는 '제보살마하살들이 어찌하여 깊은 반야바라밀다를 이끌어 일으킵니까?'라고 물었던 것은, 제보살마하살들은 상응하게 허공을 이끌어 일으키는 것과 같이, 깊은 반야바라밀다를 공(空)하게 이끌어서 일으키느니라.

선현이여. 그대는 '제보살마하살들은 어찌하여 깊은 반야바라밀다를 수행합니까?'라고 물었던 것은, 제보살마하살들은 상응하게 제법을 파괴하고서 깊은 반야바라밀다를 수행하느니라."

구수 선현이 다시 세존께 아뢰어 말하였다.

"세존이시여. 제보살마하살들은 얼마의 시간을 지내면서 깊은 반야바라밀다를 행하고, 깊은 반야바라밀다를 이끌어 일으키며, 깊은 반야바라밀다를 수행합니까?"

세존께서 선현에게 알리셨다.

"제보살마하살들이 초발심부터 미묘한 보리좌에 안좌하기까지 깊은 반야바라밀다를 행하며, 깊은 반야바라밀다를 이끌어 일으키며, 깊은 반야바라밀다를 수행하느니라."

구수 선현이 다시 세존께 아뢰어 말하였다.

"세존이시여. 제보살마하살들은 무엇 등의 마음에 상응하게 머무르고, 끊임없이 깊은 반야바라밀다를 수행하고, 깊은 반야바라밀다를 이끌어 일으키며, 깊은 반야바라밀다를 수행해야 합니까?"

세존께서 선현에게 알리셨다.

"제보살마하살들은 초발심부터 미묘한 보리좌에 안좌하기까지 제멋대로 일어나는 여러 작의를 허용하지 않고, 오로지 항상 일체지지에 상응하는 작의에 안주하여 깊은 반야바라밀다를 행하고 깊은 반야바라밀다를 이끌어 일으키며 깊은 반야바라밀다를 수행해야 하느니라. 선현이여. 이 보살마하살은 나아가 능히 심(心)·심소법(心所法)을 경계에서 전전하지 않게 한다면, 비로소 깊은 반야바라밀다를 행하고 깊은 반야바라밀다를 이끌어 일으키며 깊은 반야바라밀다를 수행한다고 이름하느니라."

"세존이시여. 제보살마하살들이 깊은 반야바라밀다를 행하고 깊은

반야바라밀다를 이끌어 일으키며 깊은 반야바라밀다를 수행한다면, 마땅히 일체지지를 증득합니까?'

"그렇지 않으니라. 선현이여."

"세존이시여. 제보살마하살들이 깊은 반야바라밀다를 행하지 않거나, 깊은 반야바라밀다를 이끌어 일으키지 않거나, 깊은 반야바라밀다를 수행하지 않을지라도 마땅히 일체지지를 증득합니까?"

"그렇지 않으니라. 선현이여."

"세존이시여. 제보살마하살들이 깊은 반야바라밀다를 행하고 행하지 않거나, 역시 이끌어 일으키고 이끌어 일으키지도 않거나, 역시 수행하고 수행하지 않을지라도 마땅히 일체지지를 증득합니까?"

"그렇지 않으니라. 선현이여."

"세존이시여. 제보살마하살들이 깊은 반야바라밀다를 행하지 않고 행하지 않지도 않으며, 이끌어 일으키지 않고 이끌어 일으키지 않지도 않으며, 수행하지 않고 수행하지 않지도 않을지라도 마땅히 일체지지를 증득합니까?"

"그렇지 않으니라. 선현이여."

"세존이시여. 그와 같다면 제보살마하살들은 어찌하여 마땅히 일체지지를 증득합니까?"

"선현이여. 제보살마하살들은 일체지지를 마땅히 진여와 같이 증득하느니라."

"세존이시여. 무엇이 진여입니까?"

"선현이여. 실제(實際)와 같으니라."

"세존이시여. 무엇이 실제입니까?"

"선현이여. 법계(法界)와 같으니라."

"세존이시여. 무엇이 법계입니까?"

"선현이여. 아(我)의 경계와 같고 유정(有情)의 경계와 같으며 명자(命者)의 경계와 같고 생자(生者)의 경계와 같으며 양자(養者)의 경계와 같고 사부(士夫)의 경계와 같으며 보특가라(補特伽羅)의 경계와 같으니라."

"세존이시여. 무엇이 아의 경계, 나아가 보특가라의 경계입니까?"
"선현이여. 그대의 뜻은 어떠한가? 만약 아이거나, 만약 유정이거나, 만약 명자이거나, 만약 생자이거나, 만약 양자이거나, 만약 사부이거나, 만약 보특가라를 얻을 수 있겠는가?"
"아닙니다. 세존이시여."
"선현이여. 만약 아(我)이거나, 나아가 보특가라를 이미 얻을 수 없는데, 나를 마땅히 어떻게 아의 경계를 시설할 수 있겠으며, 나아가 보특가라의 경계도 시설할 수 있겠는가? 이와 같아서 선현이여. 만약 보살마하살이 반야바라밀다를 시설하지 않고, 역시 일체지지도 시설하지 않으며, 역시 일체법도 시설하지 않는다면, 이 보살마하살은 결정적으로 마땅히 일체지지를 증득하느니라."
선현이 다시 세존께 아뢰어 말하였다.
"다만 반야바라밀다를 시설할 수 없습니까? 정려바라밀다, 나아가 보시바라밀다도 역시 시설할 수 없습니까?"
세존께서 선현에게 알리셨다.
"다만 반야바라밀다를 시설할 수 없는 것이 아니고, 정려바라밀다, 나아가 보시바라밀다도 시설할 수 없으며, 만약 성문의 법이거나, 만약 독각의 법이거나, 만약 보살의 법이거나, 만약 여래의 법이라도, 역시 시설할 수 없느니라, 선현이여. 요약하여 그것을 말한다면 일체법은 만약 유위이거나, 만약 무위일지라도 모두 시설할 수 없느니라."

선현이 다시 세존께 아뢰어 말하였다.
"만약 일체법을 모두 시설할 수 없다면, 어찌하여 이것이 지옥이고 이것이 방생이며 이것이 귀계이고 이것이 인간이며 이것이 천상이고 이것이 예류이며 이것이 일래이고 이것이 불환이며 이것이 아라한이고 이것이 독각이며 이것이 보살이고 이것이 여래이며 이것이 일체법이라고 시설합니까?"
세존께서 선현에게 알리셨다.

"그대의 뜻은 어떠한가? 유정의 시설과 법의 시설을 진실로 얻을 수 있겠는가?"

선현이 대답하여 말하였다.

"아닙니다. 세존이시여."

세존께서 선현에게 알리셨다.

"만약 유정의 시설과 법의 시설을 진실로 얻을 수 없다면, 내가 어찌하여 이것이 지옥이고 이것이 방생이며 이것이 귀계이고 이것이 인간이며 이것이 천상이고 이것이 예류이며 이것이 일래이고 이것이 불환이며 이것이 아라한이고 이것이 독각이며 이것이 보살이고 이것이 여래이며 이것이 일체법이라고 시설하겠는가? 이와 같아서 선현이여. 제보살마하살들이 깊은 반야바라밀다를 수행하는 때에는 마땅히 일체법은 모두가 시설할 수 없다고 상응하여 수학한다면, 무상정등보리에 나아가느니라."

구수 선현이 아뢰어 말하였다.

"세존이시여. 제보살마하살들이 깊은 반야바라밀다를 수행하는 때에, 어찌 색에서 상응하여 수학하지 않겠습니까? 어찌 수·상·행·식에서 상응하여 수학하지 않겠습니까? 이와 같이 나아가, 일체지지에서 상응하여 수학하지 않겠습니까?"

세존께서 선현에게 알리셨다.

"제보살마하살들이 깊은 반야바라밀다를 수행하는 때에, 상응하여 색에서 증장하지 않고 감소하지 않는다고 수학해야 하고, 상응하여 수·상·행·식에서 증장하지 않고 감소하지 않는다고 수학해야 하며, 이와 같이 나아가, 상응하여 일체지지에서 증장하지 않고 감소하지 않는다고 수학해야 하느니라."

선현이 아뢰어 말하였다.

"세존이시여. 제보살마하살들이 깊은 반야바라밀다를 수행하는 때에, 상응하게 어찌하여 색에서 증장하지 않고 감소하지 않는다고 수학해야 합니까? 상응하게 어찌하여 수·상·행·식에서 증장하지 않고 감소하지 않는다고 수학해야 합니까? 이와 같이 나아가, 상응하게 어찌하여 일체지지에서 증장하지 않고 감소하지 않는다고 수학해야 합니까?"
　세존께서 선현에게 알리셨다.
　"제보살마하살들이 깊은 반야바라밀다를 수행하는 때에, 생겨나지 않고 소멸하지 않는 까닭으로써 색에서 상응하여 수학해야 하고, 생겨나지 않고 소멸하지 않는 까닭으로써 수·상·행·식에서 상응하여 수학해야 하며, 이와 같이 나아가, 생겨나지 않고 소멸하지 않는 까닭으로써 일체지지에서 상응하여 수학해야 하느니라."
　구수 선현이 아뢰어 말하였다.
　"세존이시여. 제보살마하살들이 깊은 반야바라밀다를 수행하는 때에, 상응하게 어찌하여 생겨나지 않고 소멸하지 않는 까닭으로써 색에서 상응하여 수학해야 합니까? 상응하게 어찌하여 생겨나지 않고 소멸하지 않는 까닭으로써 수·상·행·식에서 상응하여 수학해야 합니까? 이와 같이 나아가, 상응하게 어찌하여 생겨나지 않고 소멸하지 않는 까닭으로써 일체지지에서 상응하여 수학해야 합니까?"
　세존께서 선현에게 알리셨다.
　"제보살마하살들이 깊은 반야바라밀다를 수행하는 때에, 상응하여 색에서 제행(諸行)을 만약 수행하거나 만약 버리는 것을 일으키지 않고 짓지 않는 까닭이라면 수학해야 하고, 상응하여 수·상·행·식에서 제행을 만약 수행하거나 만약 버리는 것을 일으키지 않고 짓지 않는 까닭이라면 수학해야 하고, 이와 같이 나아가, 일체지지에서 제행을 만약 수행하거나 만약 버리는 것을 일으키지 않고 짓지 않는 까닭이라면 수학해야 하느니라."
　선현이 아뢰어 말하였다.
　"세존이시여. 제보살마하살들이 깊은 반야바라밀다를 수행하는 때에, 상응하게 어찌하여 색에서 제행을 만약 수행하거나 만약 버리는 것을 일으키지 않고 짓지 않는 까닭이라면 수학해야 합니까? 상응하게 어찌하여 수·상·행·식에서 제행을 만약 수행하거나 만약 버리는 것을 일으키지 않고 짓지 않는 까닭이라면 수학해야 합니까? 이와 같이 나아가, 상응하게 어찌하여 일체지지에서 제행을 만약 수행하거나 만약 버리는 것을 일으키지 않고 짓지 않는 까닭이라면 수학해야 합니까?"

　세존께서 선현에게 알리셨다.

　"제보살마하살들이 깊은 반야바라밀다를 수행하는 때에, 상응하여 일체법의 자상(自相)이 모두 공하다고 관찰하는 것으로써 색에서 제행을 만약 수행하거나 만약 버리는 것을 일으키지 않고 짓지 않는 까닭이라면 수학해야 하고, 일체법의 자상이 모두 공하다고 관찰하는 것으로써 수·상·행·식에서 제행을 만약 수행하거나 만약 버리는 것을 일으키지 않고 짓지 않는 까닭이라면 수학해야 하며, 이와 같이 나아가, 일체법의 자상이 모두 공하다고 관찰하는 것으로써 제행을 만약 수행하거나 만약 버리는 것을 일으키지 않고 짓지 않는 까닭이라면 수학해야 하느니라."

마하반야바라밀다경 제462권

68. 교편품(巧便品)(3)

그때 구수 선현이 세존께 아뢰어 말하였다.

"세존이시여. 어찌하여 보살마하살이 깊은 반야바라밀다를 수행하는 때에 상응하여 일체법의 자상(自相)이 모두 공(空)하다고 관찰해야 합니까?"

세존께서 선현에게 말씀하셨다.

"선현이여. 제보살마하살들이 깊은 반야바라밀다를 수행하는 때에 색(色)은 오히려 색이 공하다고 상응하여 관찰해야 하고, 수(受)·상(想)·행(行)·식(識)은 오히려 수·상·행·식이 공하다고 상응하여 관찰해야 하며, 안처(眼處)는 오히려 안처가 공하다고 상응하여 관찰해야 하고, 이(耳)·비(鼻)·설(舌)·신(身)·의처(意處)는 오히려 이·비·설·신·의처가 공하다고 상응하여 관찰해야 하며, 색처(色處)는 오히려 색처가 공하다고 상응하여 관찰해야 하고, 성(聲)·향(香)·미(味)·촉(觸)·법처(法處)는 오히려 성·향·미·촉·법처가 공하다고 상응하여 관찰해야 하며, 안계(眼界)는 오히려 안계가 공하다고 상응하여 관찰해야 하고, 이(耳)·비(鼻)·설(舌)·신(身)·의계(意界)는 오히려 이·비·설·신·의계가 공하다고 상응하여 관찰해야 하며, 색계(色界)는 오히려 색계가 공하다고 상응하여 관찰해야 하고, 성(聲)·향(香)·미(味)·촉(觸)·법계(法界)는 오히려 성·향·미·촉·법계가 공하다고 상응하여 관찰해야 하며,

안식계(眼識界)는 오히려 안식계가 공하다고 상응하여 관찰해야 하고,

이(耳)·비(鼻)·설(舌)·신(身)·의식계(意識界)는 오히려 이·비·설·신·의식계가 공하다고 상응하여 관찰해야 하며, 안촉(眼觸)은 오히려 안촉이 공하다고 상응하여 관찰해야 하고, 이(耳)·비(鼻)·설(舌)·신(身)·의촉(意觸)은 오히려 이·비·설·신·의촉이 공하다고 상응하여 관찰해야 하며, 안촉(眼觸)을 인연으로 생겨난 여러 수(受)는 오히려 안촉을 인연으로 생겨난 여러 수가 공하다고 상응하여 관찰해야 하고, 이(耳)·비(鼻)·설(舌)·신(身)·의촉(意觸)을 인연으로 생겨난 여러 수는 오히려 이·비·설·신·의촉을 인연으로 생겨난 여러 수가 공하다고 상응하여 관찰해야 하며, 지계(地界)는 오히려 지계가 공하다고 상응하여 관찰해야 하고, 수(水)·화(火)·풍(風)·공(空)·식계(識界)는 오히려 수·화·풍·공·식계가 공하다고 상응하여 관찰해야 하며, 인연(因緣)은 오히려 인연이 공하다고 상응하여 관찰해야 하고, 등무간연(等無間緣)·소연연(所緣緣)·증상연(增上緣)은 오히려 등무간연·소연연·증상연이 공하다고 상응하여 관찰해야 하며, 무명(無明)은 오히려 무명이 공하다고 상응하여 관찰해야 하고, 행(行)·식(識)·명색(名色)·육처(六處)·촉(觸)·수(受)·애(愛)·취(取)·유(有)·생(生)·노사(老死)는 오히려 행, 나아가 노사가 공하다고 상응하여 관찰해야 하며, 보시바라밀다(布施波羅蜜多)는 오히려 보시바라밀다가 공하다고 상응하여 관찰해야 하고, 정계(淨戒)·안인(安忍)·정진(精進)·정려(靜慮)·반야바라밀다(般若波羅蜜多)는 오히려 정계·안인·정진·정려·반야바라밀다가 공하다고 상응하여 관찰해야 하며,

내공(內空)은 오히려 내공이 공하다고 상응하여 관찰해야 하고, 외공(外空)·내외공(內外空)·공공(空空)·대공(大空)·승의공(勝義空)·유위공(有爲空)·무위공(無爲空)·필경공(畢竟空)·무제공(無際空)·산무산공(散無散空)·본성공(本性空)·자공상공(自共相空)·일체법공(一切法空)·불가득공(不可得空)·무성공(無性空)·자성공(自性空)·무성자성공(無性自性空)은 오히려 외공, 나아가 무성자성공이 공하다고 상응하여 관찰해야 하며, 진여(眞如)는 오히려 진여가 공하다고 상응하여 관찰해야 하고, 법계(法界)·법성(法性)·불허망성(不虛妄性)·불변이성(不變異性)·평등성(平等性)·이생성(離

生性)·법정(法定)·법주(法住)·실제(實際)·허공계(虛空界)·부사의계(不思議界)는 오히려 법계, 나아가 부사의계가 공하다고 상응하여 관찰해야 하며,

고성제(苦聖諦)는 오히려 고성제가 공하다고 상응하여 관찰해야 하고, 집(集)·멸(滅)·도성제(道聖諦)는 오히려 집·멸·도성제가 공하다고 상응하여 관찰해야 하며, 4념주(四念住)는 오히려 4념주가 공하다고 상응하여 관찰해야 하고, 4정단(四正斷)·4신족(四神足)·5근(五根)·5력(五力)·7등각지(七等覺支)·8성도지(八聖道支)는 오히려 4정단, 나아가 8성도지가 공하다고 상응하여 관찰해야 하며, 4정려(四靜慮)는 오히려 4정려가 공하다고 상응하여 관찰해야 하고, 4무량(四無量)·4무색정(四無色定)은 오히려 4무량·4무색정이 공하다고 상응하여 관찰해야 하며, 8해탈(八解脫)은 오히려 8해탈이 공하다고 상응하여 관찰해야 하고, 8승처(八勝處)·9차제정(九次第定)·10변처(十遍處)는 오히려 8승처·9차제정·10변처가 공하다고 상응하여 관찰해야 하며,

공해탈문(空解脫門)은 오히려 공해탈문이 공하다고 상응하여 관찰해야 하고, 무상(無相)·무원해탈문(無願解脫門)은 오히려 무상·무원해탈문이 공하다고 상응하여 관찰해야 하며, 정관지(淨觀地)는 오히려 정관지가 공하다고 상응하여 관찰해야 하고, 종성지(種性地)·제팔지(第八地)·구견지(具見地)·박지(薄地)·이욕지(離欲地)·이판지(已辦地)·독각지(獨覺地)·보살지(菩薩地)·여래지(如來地)는 오히려 종성지, 나아가 여래지가 공하다고 상응하여 관찰해야 하며, 극희지(極喜地)는 오히려 극희지가 공하다고 상응하여 관찰해야 하고, 이구지(離垢地)·발광지(發光地)·염혜지(焰慧地)·극난승지(極難勝地)·현전지(現前地)·원행지(遠行地)·부동지(不動地)·선혜지(善慧地)·법운지(法雲地)는 오히려 이구지, 나아가 법운지가 공하다고 상응하여 관찰해야 하며,

일체(一切)의 다라니문(陀羅尼門)은 오히려 일체의 다라니문이 공하다고 상응하여 관찰해야 하고, 일체의 삼마지문(三摩地門)은 오히려 일체의 삼마지문이 공하다고 상응하여 관찰해야 하며, 5안(五眼)은 오히려 5안이

공하다고 상응하여 관찰해야 하고, 6신통(六神通)은 오히려 6신통이 공하다고 상응하여 관찰해야 하며, 여래(佛)의 10력(十力)은 오히려 여래의 10력이 공하다고 상응하여 관찰해야 하고, 4무소외(四無所畏)·4무애해(四無礙解)·대자(大慈)·대비(大悲)·대희(大喜)·대사(大捨)·18불불공법(十八佛不共法)은 오히려 4무소외, 나아가 18불불공법이 공하다고 상응하여 관찰해야 하며, 32대사상(三十二大士相)은 오히려 32대사상이 공하다고 상응하여 관찰해야 하고, 80수호(八十隨好)는 오히려 80수호가 공하다고 상응하여 관찰해야 하며,

무망실법(無忘失法)은 오히려 무망실법이 공하다고 상응하여 관찰해야 하고, 항주사성(恒住捨性)은 오히려 항주사성이 공하다고 상응하여 관찰해야 하며, 일체지(一切智)는 오히려 일체지가 공하다고 상응하여 관찰해야 하고, 도상지(道相智)·일체상지(一切相智)는 오히려 도상지·일체상지가 공하다고 상응하여 관찰해야 하며, 예류과(預流果)는 오히려 예류과가 공하다고 상응하여 관찰해야 하고, 일래(一來)·불환(不還)·아라한과(阿羅漢果)와 독각(獨覺)의 보리(菩提)는 오히려 일래·불환·아라한과와 독각의 보리가 공하다고 상응하여 관찰해야 하며, 일체의 보살마하살(菩薩摩訶薩)의 행(行)은 오히려 일체의 보살마하살의 행이 공하다고 상응하여 관찰해야 하고, 제불(諸佛)의 무상정등보리(無上正等菩提)는 오히려 제불의 무상정등보리가 공하다고 상응하여 관찰해야 하느니라.

선현이여. 이와 같이 나아가, 제보살마하살들이 깊은 반야바라밀다를 수행하는 때에 일체법의 자상이 모두 공하다고 상응하여 관찰해야 하느니라."

구수 선현이 다시 세존께 아뢰어 말하였다.

"세존이시여. 만약 색은 오히려 색이 공하고, 수·상·행·식은 오히려 수·상·행·식이 공하며, 이와 같이 나아가, 일체지지는 오히려 일체지지가 공하다면, 어찌하여 보살마하살이 깊은 반야바라밀다를 수행해야 합니까?"

세존께서 선현에게 알리셨다.

"만약 보살마하살이 모두 수행하는 것이 없다면, 이것이 반야바라밀다를 수행하는 것이니라."

구수 선현이 세존께 아뢰어 말하였다.

"세존이시여. 무슨 인연으로 보살마하살이 모두 행하는 것이 없다면, 이것이 반야바라밀다를 수행하는 것입니까?"

세존께서 선현에게 알리셨다.

"오히려 깊은 반야바라밀다는 얻을 수 없고, 보살마하살도 역시 얻을 수 없으며, 수행하는 것도 역시 얻을 수 없나니, 만약 수행하는 자이거나, 만약 오히려 이것을 수행하거나, 만약 수행하는 때이거나, 만약 수행하는 처소일지라도 모두 얻을 수 없느니라. 이러한 까닭으로 선현이여. 제보살마하살들이 모두 수행하는 것이 없다면, 이것이 깊은 반야바라밀다를 수행하는 것이니, 그 가운데서는 일체의 희론(戱論)으로써 얻을 수 없는 까닭이니라."

구수 선현이 다시 아뢰어 말하였다.

"세존이시여. 만약 보살마하살이 모두 수행하는 것이 없으며 깊은 반야바라밀다를 수행하는 것이라면, 처음으로 법을 수행하는 보살마하살은 어찌하여 깊은 반야바라밀다를 수행해야 합니까?"

세존께서 선현에게 알리셨다.

"제보살마하살들이 초발심부터 상응하여 일체법에서 항상 얻을 수 없다고 수학해야 하느니라. 이와 같이 수학하였다면, 얻을 수 없는 것을 이용하여 방편으로 삼아서 상응하여 보시바라밀다, 나아가 반야바라밀다를 수행해야 하고, 상응하여 내공, 나아가 무성자성공에 안주해야 하며, 상응하여 진여, 나아가 부사의계에 안주해야 하고, 상응하여 고·집·멸·도성제에 안주해야 하며, 상응하여 4념주, 나아가 8성도지를 수행해야 하고, 상응하여 4정려·4무량·4무색정을 수행해야 하며, 상응하여 8해탈, 나아가 10변처를 수행해야 하고, 상응하여 공·무상·무원해탈문을 수행해야 하며, 상응하여 보살마하살의 지위를 수행해야 하고, 일체의 다라니문·

삼마지문을 수행해야 하며, 5안·6신통을 수행해야 하고, 상응하여 여래의 10력, 나아가 18불불공법을 수행해야 하며, 상응하여 무망실법·항주사성을 수행해야 하고, 상응하여 일체지·도상지·일체상지를 수행해야 하며, 상응하여 일체의 보살마하살의 행을 수행해야 하고, 상응하여 제불의 무상정등보리를 수행해야 하며, 일체지지를 수행해야 하느니라."

구수 선현이 아뢰어 말하였다.

"세존이시여. 무엇을 얻을 수 있다고 이름하고, 무엇을 얻을 수 없다고 이름합니까?"

세존께서 말씀하셨다.

"선현이여. 여러 두 가지가 있는 것은 얻을 수 있다고 이름하고, 여러 두 가지가 없는 것은 얻을 수 없다고 이름하느니라."

구수 선현이 다시 세존께 아뢰어 말하였다.

"어찌하여 두 가지가 있다면 얻을 수 있다고 이름하고, 어찌하여 두 가지가 없다면 얻을 수 없다고 이름합니까?"

세존께서 선현에게 알리셨다.

"눈(眼)과 색깔(色)은 둘이 되고, 나아가 뜻(意)과 법(法)은 둘이 되며, 유색(有色)과 무색(無色)은 둘이 되고, 유견(有見)과 무견(無見)은 둘이 되며, 유대(有對)와 무대(無對)는 둘이 되고, 유루(有漏)와 무루(無漏)는 둘이 되며, 유위(有爲)와 무위(無爲)는 둘이 되고, 세간(世間)과 출세간(出世間)은 둘이 되며, 생사(生死)와 열반(涅槃)은 둘이 되고, 이생법(異生法)과 이생은 둘이 되며, 예류법(預流法)과 예류(預流)는 둘이 되고, 독각(獨覺)의 보리(菩提)와 독각(獨覺)은 둘이 되며, 보살마하살(菩薩摩訶薩)의 행(行)과 보살마하살은 둘이 되고, 제불(諸佛)의 무상정등보리(無上正等菩提)와 제불은 둘이 되나니, 이와 같아서 일체의 희론(戲論)이 있는 것은 모두가 둘이 된다고 이름하고, 여러 둘이 있는 것은 모두 얻을 수 있느니라.

선현이여. 눈이 아니고 빛깔이 아니라면 무이(無二)가 되고, 나아가 뜻도 아니고 법도 아니라면 무이가 되며, 이와 같이 나아가, 제불의 무상정등보리도 아니고, 제불도 아니라면 무이이니, 이와 같이 일체의 희론을 벗어난 것을 무이라고 이름하고, 여러 무이인 것은 모두 얻을 수 없느니라.”

구수 선현이 아뢰어 말하였다.

"세존이시여. 얻을 수 있는 것이 되는 까닭으로 얻을 수 없습니까? 얻을 수 없는 것이 되는 까닭으로 얻을 수 없습니까?”

세존께서 말씀하셨다.

"선현이여. 얻을 수 있는 것이 아닌 까닭으로 얻을 수 없거나, 얻을 수 없는 까닭으로 얻을 수 없지 않으니라. 그렇지만 얻을 수 있거나, 얻을 수 없는 평등한 성품을 얻을 수 없다고 이름하느니라. 이와 같아서 선현이여. 제보살마하살들은 얻을 수 있거나, 얻을 수 없는 평등한 성품을 상응하여 정근하면서 수학해야 하느니라. 선현이여. 제보살마하살들이 이와 같이 수학하는 때에 반야바라밀다를 수학하면서 얻을 수 없는 것이라고 이름하느니라.”

이때 선현이 세존께 아뢰어 말하였다.

"세존이시여. 보살마하살이 깊은 반야바라밀다를 수행하는 때에 얻을 수 있는 것에 집착하지 않고 얻을 수 없는 것에 집착하지 않는다면, 이 보살마하살은 어찌하여 매우 깊은 반야바라밀다를 수행하고, 능히 한 불국토에서 다른 한 불국토에 이르면서 점차로 원만하게 합니까? 만약 한 불국토에서 다른 한 불국토에 이르면서 점차로 원만하게 하는 것이 없다면 어찌하여 능히 일체지지를 증득합니까?”

세존께서 말씀하셨다.

"선현이여. 제보살마하살들이 깊은 반야바라밀다를 수행하는 때에 얻을 수 있는 것에 머무르면서 깊은 반야바라밀다를 행하고, 능히 한 불국토에서 다른 한 불국토에 이르면서 점차로 원만하게 하면서 일체지지를 증득하는 것이 아니며, 얻을 수 없는 것에 머무르면서 반야바라밀다를 행하고, 한 불국토에서 다른 한 불국토에 이르면서 점차로 원만하면서 일체지지를 증득하는 것이 아니니라.

그 까닭은 무엇인가? 선현이여. 매우 깊은 반야바라밀다는 얻을 수 없고, 일체지지도 역시 얻을 수 없으며, 깊은 반야바라밀다를 행하는 자도 역시 얻을 수 없고, 이러한 얻을 수 없는 것도 역시 얻을 수 없느니라. 선현이여. 제보살마하살들은 상응하여 이와 같은 매우 깊은 반야바라밀다를 수행해야 하느니라."

구수 선현이 다시 세존께 아뢰어 말하였다.
"만약 매우 깊은 반야바라밀다를 얻을 수 없고, 일체지지도 역시 얻을 수 없으며, 능히 깊은 반야바라밀다를 행하는 자도 얻을 수 없다면, 어찌하여 제보살마하살들은 반야바라밀다를 수행하는 때에 일체법에서 항상 즐겁게 결택(決擇)하는데 이를테면, 이것은 색·수·상·행·식이고, 이것은 안처, 나아가 의처이며, 이것은 색처, 나아가 법처이고, 이것은 안계, 나아가 의계이며, 이것은 색계, 나아가 법계이고, 이것은 안식계, 나아가 의식계이며, 이것은 안촉, 나아가 의촉이고, 이것은 안촉을 인연으로 생겨난 여러 수, 나아가 의촉을 인연으로 생겨난 여러 수이며,
이것은 지계, 나아가 식계이고, 이것은 인연, 나아가 증상연이며, 이것은 무명, 나아가 노사이고, 이것은 보시바라밀다, 나아가 반야바라밀다이며, 이것은 내공, 나아가 무성자성공이고, 이것은 진여, 나아가 부사의계이며, 이것은 고·집·멸·도성제이고, 이것은 4념주, 나아가 8성도지이며, 이것은 4정려·4무량·4무색정이고, 이것은 8해탈, 나아가 10변처이며, 이것은 공·무상·무원해탈문이고, 이는 정관지, 나아가 여래지이며, 이것은 극희지, 나아가 법운지이고, 이것은 일체의 다라니문·삼마지문이며,
이것은 5안·6신통이고, 이것은 여래의 10력, 나아가 18불불공법이며, 이것은 32대사상·80수호이고, 이것은 무망실법·항주사성이며, 이것은 일체지·도상지·일체상지이고, 이것은 예류과, 나아가 독각의 깨달음이며, 이것은 보살마하살의 행이고, 이것은 제불의 무상정등보리이며, 이것은 일체지지 등입니다."
세존께서 선현에게 알리셨다.
"선현이여. 제보살마하살들이 깊은 반야바라밀다를 수행하는 때에 비록

제법을 항상 즐겁게 결택(決擇)할지라도, 실제에는 색을 얻을 수 없고, 수·상·행·식도 얻을 수 없으며, 나아가 일체지지도 얻을 수 없느니라."
　선현이 세존께 아뢰어 말하였다.
　"제보살마하살들이 깊은 반야바라밀다를 수행하는 때에, 만약 색을 얻을 수 없고, 수·상·행·식도 얻을 수 없으며, 나아가 일체지지도 없다면, 어떻게 보시바라밀다, 나아가 반야바라밀다를 능히 원만하게 합니까? 만약 보시바라밀다, 나아가 반야바라밀다를 능히 원만하게 하지 못한다면 어떻게 능히 보살의 정성이생(正性離生)에 들어가겠습니까? 만약 보살의 정성이생에 들어가지 못한다면 어떻게 유정들을 성숙시키겠습니까? 만약 유정들을 성숙시키지 못한다면 어떻게 불국토를 청정하게 장엄하겠습니까? 만약 불국토를 청정하게 장엄하지 못한다면 어떻게 일체지지를 증득하겠습니까? 만약 일체지지를 증득하지 못한다면 어떻게 정법륜(正法輪)을 굴리면서 여러 불사(佛事)를 짓겠습니까? 만약 정법륜을 굴리면서 여러 불사를 짓지 못한다면 어떻게 무량하고 무수인 백천 구지·나유타의 유정들을 생·노·병·사에서 해탈시켜서 구경에 안락과 열반을 얻게 하겠습니까?"
　세존께서 선현에게 알리셨다.
　"제보살마하살들이 깊은 반야바라밀다를 수행하는 때에 색을 위한 까닭으로 깊은 반야바라밀다를 행하지 않고, 수·상·행·식을 위한 까닭으로 깊은 반야바라밀다를 행하지 않으며, 나아가 일체지지를 위한 까닭으로 깊은 반야바라밀다를 행하지 않느니라."
　구수 선현이 세존께 아뢰어 말하였다.
　"제보살마하살들이 깊은 반야바라밀다를 수행하는 때에는 무슨 일을 위한 까닭으로 깊은 반야바라밀다를 수행합니까?"
　세존께서 선현에게 알리셨다.
　"제보살마하살들이 깊은 반야바라밀다를 수행하는 때에, 하는 것이 없는(無所爲) 까닭으로 깊은 반야바라밀다를 수행하느니라. 왜 그러한가? 선현이여. 일체법은 무위(無爲)이고 짓는 것이 없으며(無作), 매우 깊은 반야바라밀다도 무위이고 짓는 것이 없으며, 일체지지도 무위이고 짓는 것이 없으며, 제보살마하살들도 무위이고 짓는 것이 없느니라. 이와 같아서 선현이여. 제보살마하살들은 무위이고 짓는 것이 없는 것으로써 방편을 삼아서 깊은 반야바라밀다를 수행해야 하느니라."

구수 선현이 세존께 다시 아뢰어 말하였다.

"만약 일체법이 무위이고 짓는 것이 없다면, 상응하여 3승의 변이가 있다고 시설하지 않아야 하는데 이를테면, 성문승(聲聞乘)이거나, 만약 독각승(獨覺乘)이거나, 만약 무상승(無上乘)입니다."

세존께서 선현에게 알리셨다.

"무위이고 짓는 것이 없는 법은 시설할 수 없고, 유위(有爲)이고 짓는 것이 있는 법은 시설할 수 있느니라. 그 까닭은 무엇인가? 선현이여. 여러 어리석은 범부들과 들은 것이 없는 이생(異生)들은 색을 집착하고, 수·상·행·식을 집착하며, 나아가 일체지지를 집착하느니라. 오히려 집착하는 까닭으로 색에서 색을 얻을 수 있다고 생각하고, 수·상·행·식에서 수·상·행·식을 얻을 수 있다고 생각하며, 나아가 일체지지에서 일체지지를 얻을 수 있다고 생각하느니라. 오히려 얻을 수 있다고 생각하는 까닭으로 '나는 결정적으로 마땅히 일체지지를 얻어서 여러 유정들을 생·노·병·사에서 해탈시켜서 구경에 안락과 열반을 얻게 하겠다.'라고 이렇게 사유(思惟)를 짓느니라.

선현이여. 이러한 여러 어리석은 범부와 들은 것이 없는 이생들은 오히려 전도된 까닭으로 이렇게 사유를 짓고 곧 여래를 비방하느니라. 그 까닭은 무엇인가? 선현이여. 여래가 5안으로써 색을 구할지라도 얻을 수 없고, 수·상·행·식을 구할지라도 얻을 수 없으며, 나아가 일체지지를 구할지라도 얻을 수 없고, 제유정들을 구할지라도 얻을 수 없느니라. 그 여러 어리석은 범부와 들은 것이 없는 이생들은 눈이 멀고 지혜의 눈이 없어서 제법에 집착하므로, 만약 일체지지를 마땅히 증득하고서 유정들을 생·노·병·사에서 해탈시켜서 구경에 안락과 열반을 얻게 할지라도, 반드시 이러한 처소는 없느니라."

구수 선현이 세존께 다시 아뢰어 말하였다.

"만약 제여래·응공·정등각께서도 청정한 색을 구할지라도 얻을 수 없고, 수·상·행·식을 구할지라도 얻을 수 없으며, 나아가 일체지지를 구할지라도 얻을 수 없고, 제유정들을 구할지라도 얻을 수 없다면, 상응하여 일체지지를 증득하여서 유정들을 생·노·병·사에서 해탈시켜서 구경에 안락과 열반을 얻게 할 수 없는데, 어찌하여 세존께서는 스스로가 일체지지를 증득하시고서, 유정들을 3취(三聚)로 차별(差別)하여 안립(安立)시키는데 이를테면, 정성정취(正性定聚)1)·사성정취(邪性定聚)2)·부정취(不定聚)3)입니다."

세존께서 선현에게 알리셨다.

"내가 무상정등보리를 증득하고서 청정한 5안으로써 여실하게 관찰하건대, 유정들이 진실로 일체지지를 증득하고서 유정들을 3취로 차별하여 안립시켰던 것은 결정적으로 없었느니라. 그렇지만 제유정들은 우치(愚癡)하고 전도(顚倒)되어서 진실하지 않은 법에서 진실한 법이라는 생각을 일으키고, 진실하지 않은 유정들에게 진실한 유정이라는 생각을 일으키므로, 내가 그들의 허망한 집착을 없애주고 떠나보내기 위하여 세속제에 의지하여 설하였으나, 승의제(勝義諦)에 의지하여 설하지 않았느니라."

구수 선현이 세존께 아뢰어 말하였다.

"여래께서는 승의제에 안주하여 일체지지를 증득하셨습니까?"

세존께서 말씀하셨다.

"그렇지 않으니라."

선현이 다시 물었다.

"여래께서는 전도(顚倒)에 안주하여 일체지지를 증득하셨습니까?"

세존께서 말씀하셨다.

---

1) 반드시 성불할 것이라고 결정된 자를 가리킨다.
2) 반드시 악도에 떨어질 것으로 결정된 자를 가리킨다.
3) 인연이 있으면 성불할 수 있고 인연이 없으면 미혹될 수 있는 자를 가리킨다.

"그렇지 않으니라."

선현이 다시 물었다.

"여래께서 만약 승의제에 안주하여 일체지지를 증득하시지 않았고, 전도에 머물러서 일체지지를 증득하시지 않았다면, 장차 여래께서 일체지지를 능히 증득할 수 없습니까?"

세존께서 말씀하셨다.

"그렇지 않으니라. 선현이여. 나는 비록 일체지지를 증득할지라도 그렇지만 안주하는 것이 없는데 이를테면, 유위계에 안주하지 않고 무위계에도 안주하지 않는다고 마땅히 알아야 하느니라. 선현이여. 비유한다면 여래께서 변화시킨 자(變化者)라는 것이 비록 유위계에도 안주하지 않을지라도 떠나가고(去) 돌아오며(來) 다니고(行) 멈추며(住) 앉고(坐) 눕는 것(臥)이 있느니라.

선현이여. 이렇게 변화시킨 자라는 것이 만약 보시바라밀다, 나아가 반야바라밀다를 수행하거나, 만약 내공 나아가 무성자성공에 안주하거나, 만약 진여 나아가 부사의계에 안주하거나, 만약 고·집·멸·도성제에 안주하거나, 만약 4념주 나아가 8성도지를 수행하거나, 만약 4정려·4무량·4무색정을 수행하거나, 만약 8해탈 나아가 10변처를 수행하거나, 만약 공·무상·무원해탈문을 수행하거나, 만약 극희지 나아가 법운지를 수행하거나, 만약 일체의 다라니문·삼마지문을 수행하거나, 만약 5안·6신통을 수행하거나, 만약 여래의 10력 나아가 18불불공법을 수행하거나, 만약 무망실법·항주사성을 수행하거나, 만약 일체지·도상지·일체상지를 수행하거나, 만약 일체의 보살마하살의 행을 수행하거나, 만약 제불의 무상정등보리를 수행하거나, 만약 일체지지를 증득하거나, 만약 법륜을 굴리면서 여러 불사를 짓거나, 변화시킨 자라는 것이 다시 전전하여 무량한 유정들을 변화시켜서 짓고서 그 가운데서 3취(三聚)로 차별하여 안립시킨다면, 선현이여. 그대의 뜻은 어떠한가? 이 제여래께서 변화시킨 자라는 것이 진실로 떠나가고 돌아오며 다니고 멈추며 앉고 눕는 것이 있으며, 나아가 진실로 제유정들을 3취로 차별하여 안립시키는 것이 있겠는가?"

선현이 대답하여 말하였다.

"아닙니다. 세존이시여."

세존께서 말씀하셨다.

"선현이여. 여래도 그와 같아서 일체법이 모두가 변화한 것과 같다고 알았고, 일체법도 역시 모두가 변화된 것과 같다고 설하였으며, 비록 지었던 일이 있으나 진실로 없고, 비록 유정을 도탈시킬지라도 도탈시키는 자가 없는 것이, 변화시킨 자라는 것이 변화시킨 유정을 도탈시키는 것과 같으니라. 이와 같아서 선현이여. 제보살마하살들이 깊은 반야바라다를 수행하면서 상응하여 여래께서 변화시켰던 자라는 것이 비록 짓는 일이 있을지라도 집착이 없는 것과 같아야 하느니라."

구수 선현이 다시 세존께 아뢰어 말하였다.

"만약 일체법이 모두 변화시켰던 자와 같고 여래도 역시 그와 같다면, 이것은 곧 여래와 변화시켰던 자가 무슨 차별이 있습니까?"

세존께서 선현에게 알리셨다.

"여래와 그 변화시켰던 자와 더불어 일체법은 진실로 차별이 없느니라. 그 까닭은 무엇인가? 선현이여. 여래께서 지었던 일체의 사업이라는 것은 변화시켰던 자들도 역시 모두가 사업(事業)에 능작(能作)이거나, 그것이 소작(所作)이며, 여래도 역시 능히 지을 수 있느니라. 이러한 까닭으로 여래와 변화시켰던 자와 일체법은 모두 차별이 없느니라."

선현이 세존께 아뢰어 말하였다.

"만약 오히려 여래께서 변화시킨 자가 없을지라도 여래께서는 혼자서 사업에 능작이거나, 소작입니까? 만약 여래께서 없으실지라도 그 변화시켰던 자들도 혼자서 사업에 능작입니까? 소작입니까?"

세존께서 말씀하셨다.

"능작이니라."

선현이 아뢰어 말하였다.

"그 일은 무엇입니까?"

세존께서 선현에게 알리셨다.

"여래·응공·정등각께서 계셨고 선적혜(善寂慧)라고 명호하셨으며, 스스로가 상응하여 도탈시킬 자를 모두 도탈시키셨는데, 그때 여래의 수기를 받고 감당할 보살이 없었으므로 곧 변화로 한 여래를 변화시켜서 세간에 안주하게 하시고 스스로는 무여의열반계(無餘依涅槃界)에 들어가셨느니라. 이때 그 변화시킨 여래께서는 반 겁(半劫)의 가운데에서 여러 불사를 지으셨고 반 겁이 지났으므로 한 보살에게 대보리의 수기를 주시고 곧 열반에 들어가는 것을 나타내셨느니라.

이때 여러 천인·인간·아소락 등이 모두 '그 여래께서는 지금 열반에 들어가신다.'라고 말하였느니라. 그렇지만 변화시켰던 불신(佛身)에서는 진실로 일어나거나 소멸함이 없었느니라. 이와 같아서 선현이여. 제보살마하살들이 깊은 반야바라밀다를 수행하는 때에는 상응하여 일체법이 모두 변화와 같다고 믿고 알아야 하느니라."

선현이 다시 아뢰어 말하였다.

"만약 여래의 색신(色身)과 변화시켰던 것 등이 차별이 없다면 어찌하여 능히 세간의 시주(施主)들에게 진실하고 청정한 복전(福田)이 되겠습니까? 만약 제유정들이 열반을 얻기 위한 까닭으로 여래의 처소에서 공양하고 공경한다면 그 복덕은 끝이 없으므로 나아가 최후에는 무여의열반계에 들어갑니다. 이와 같다면, 만약 열반을 위한 까닭으로 변화시켰던 자인 여래께 공양하고 공경하였어도 획득하는 복취(福聚)는 역시 상응하여 끝이 없으며 나아가 최후에는 무여의열반계에 들어갑니까?"

세존께서 선현에게 알리셨다.

"여래의 색신은 오히려 법성(法性)과 같은 까닭으로 천인·인간·아소락 등에게 청정하게 복전을 짓나니, 세존께서 변화시켰던 자도 역시 다시 그와 같아서 오히려 법성인 까닭으로 능히 천인·인간·아소락 등에게 청정한 복전을 지어서 주느니라. 여래의 색신(色身)이 여러 시주들에게 공양과 공경을 받는다면 그 시주들에게 생사의 변제를 끝마치기까지 그 복취가 끝이 없게 하는 것과 같이, 세존께서 변화시켰던 자도 역시 다시 그와 같아서 시주들에게 공양과 공경을 받는다면 그 시주들에게 생사의 변제를 끝마치기까지 그 복취가 끝이 없게 하느니라.

선현이여. 여래와 변화시켰던 자에게 공양하고 공경하면서 획득하였던 공덕은 잠시 제쳐두고, 만약 선남자와 선여인 등이 있어서 여래의 처소에서 자비스럽고 공경하는 마음을 일으켜서 사유(思惟)하고 억념(憶念)한다면, 이 선남자와 선여인 등의 선근은 끝이 없으며, 나아가 최후에는 고통의 변제(邊際)를 짓는다고 마땅히 알아야 하느니라. 선현이여. 다시 여래의 처소에서 자비스럽고 공경하는 마음을 일으켜서 사유하고 억념하여 획득하는 공덕은 제쳐두고, 만약 선남자와 선여인 등이 있어서 제불께 공양하기 위하여 아래에 이르기까지 한 송이의 꽃이라도 허공에 뿌린다면, 이 선남자와 선여인 등의 선근은 끝이 없으며, 나아가 최후에는 고통의 변제를 짓는다고 마땅히 알아야 하느니라.

선현이여. 다시 제불께 공양하기 위하여 아래에 이르기까지 한 송이의 꽃이라도 허공에 획득하는 공덕은 제쳐두고, 만약 선남자와 선여인 등이 있어서 아래에 이르기까지 한 번만이라도 '나모 불타[4]·대조어사[5](南無佛陀大調御士)'를 외운다면, 이 선남자와 선여인 등의 선근은 끝이 없으며, 나아가 최후에는 고통의 변제를 짓는다고 마땅히 알아야 하느니라. 이와 같아서 선현이여. 제여래·응공·정등각들의 큰 복전에 공양하고 공경한다면 이와 같이 큰 공덕의 이익을 획득하는데, 그 분량은 측량(測量)하기 어렵다고 마땅히 알아야 하느니라. 이러한 까닭으로 선현이여. 여래와 변화시켰던 여래는 함께 시주들에게 청정하고 진실한 복전이 되고 차별이 없나니, 여러 법성과 함께 결정적인 분량을 삼는 까닭이니라.

다시 다음으로 선현이여. 제보살마하살들은 상응하여 이와 같은 제법(諸法)의 법성(法性)으로써 결정적인 분량을 삼아서 깊은 반야바라밀다를 수행해야 하고, 방편선교로 제법의 법성에 들어갔다면 제법에서 법성을

---

[4] 산스크리트어 Namo buddha의 음사이다.
[5] 산스크리트어 purisa-damma-sārathi의 번역이고, 여래 십호의 하나인 조어장부(調御丈夫)를 가리킨다.

파괴하지 않아야 하는데 이를테면, '이것은 반야바라밀다, 나아가 보시바라밀다이고, 이것은 반야바라밀다, 나아가 보시바라밀다의 법성이며, 이것은 내공, 나아가 무성자성공이고, 이것은 내공, 나아가 무성자성공의 법성이며, 이것은 진여, 나아가 부사의계이고, 이것은 진여, 나아가 부사의계의 법성이며, 이것은 고·집·멸·도성제이고, 이것은 고·집·멸·도성제의 법성이며, 이것은 4념주, 나아가 8성도지이고, 이것은 4념주, 나아가 8성도지의 법성이며, 이것은 4정려·4무량·4무색정이고, 이것은 4정려·4무량·4무색정의 법성이며, 이것은 공·무상·무원해탈문이고, 이것은 공·무상·무원해탈문의 법성이며, 이것은 극희지, 나아가 법운지이고, 이것은 극희지, 나아가 법운지의 법성이며,

이것은 일체의 다라니문·삼마지문이고, 이것은 다라니문과 삼마지문의 법성이며, 이것은 5안·6신통이고, 이것은 5안·6신통의 법성이며, 이것은 여래의 10력, 나아가 18불불공법이고, 이것은 여래의 10력, 나아가 18불불공법의 법성이며, 이것은 32대사상·80수호이고, 이것은 32대사상·80수호의 법성이며, 이것은 무망실법·항주사성이고, 이것은 무망실법·항주사성의 법성이며, 이것은 일체지·도상지·일체상지이고, 이것은 일체지·도상지·일체상지의 법성이며, 이것은 예류과, 나아가 독각의 보리이고, 이것은 예류과, 나아가 독각의 보리의 법성이며, 이것은 일체의 보살마하살의 행이고, 이것은 일체의 보살마하살의 행의 법성이며, 이것은 제불의 무상정등보리이고, 이것은 제불의 무상정등보리의 법성이며, 이것은 일체지지이고, 이것은 일체지지의 법성이다.'라고 분별하지 않아야 하느니라.

선현이여. 제보살마하살들이 깊은 받야바라밀다를 수행하는 때에, 상응하여 이와 같은 제법과 법성의 차별을 분별하여서 법성을 파괴하지 않아야 하느니라."

구수 선현이 아뢰어 말하였다.
"세존이시여. 만약 보살마하살이 깊은 반야바라밀다를 수행하는 때에 상응하여 제법과 법성의 차별을 분별하여서 법성을 파괴하지 않아야

하는 것이라면, 어찌하여 세존께서는 스스로가 제법과 법성의 차별을 설하시어서 법성을 파괴하십니까? 이를테면, 세존께서는 '이것은 색이고, 이것은 수·상·행·식이며, 이것은 안처이고, 나아가 의처이며, 이것은 색처이고, 나아가 법처이며, 이것은 안계이고, 나아가 의계이며, 이것은 색계이고, 나아가 법계이며, 이것은 안식계이고, 나아가 의식계이며, 이것은 안촉이고, 나아가 의촉이며, 안촉을 인연으로 생겨난 여러 수이고, 나아가 의촉을 인연으로 생겨난 여러 수이며,

이것은 지계이고, 나아가 식계이며, 이것은 인연이고, 나아가 증상연이며, 이것은 무명이고, 나아가 노사이며, 이것은 유기법(有記法)이고, 이것은 무기법(無記法)이며, 이것은 유루법(有漏法)이고, 이것은 무루법(無漏法)이며, 이것은 세간법(世間法)이고, 이것은 출세간법(出世間法)이며, 이것은 공법(共法)이고, 이것은 불공법(不共法)이며, 이것은 유쟁법(有諍法)이고, 이것은 무쟁법(無諍法)이며, 이것은 유위법(有爲法)이고, 이것은 무위법(無爲法)이다.'라고 설하셨습니다.

세존께서 이미 이와 같은 등의 법의 여러 종류의 차별을 설하셨으니, 장차 세존께서 스스로가 법성을 파괴하신 것은 없습니까?"

세존께서 말씀하셨다.

"선현이여. 나는 스스로가 제법과 법성을 파괴한 것이 아니고, 다만 명자(名字)와 상(相)의 방편으로써 가립으로 설(假說)하여서 제유정들에게 제법의 법성이 평등하다고 깨닫게 하고 생사(生死)를 출리(出離)시켜서 열반을 증득하게 하느니라. 이러한 까닭으로 선현이여. 일체의 여래·응공·정등각께서는 비록 제법의 여러 종류의 명자와 상을 설할지라도, 능히 제법의 진실한 성품을 파괴하지 않느니라."

구수 선현이 세존께 아뢰어 말하였다.

"만약 세존께서 '다만 명자와 상의 방편으로써 가립(假立)하여 설하여서 제유정들에게 제법의 법성이 평등하다고 깨닫게 하고 생사를 출리하여 열반을 증득하게 한다.'라고 설하신다면, 어찌하여 세존께서는 명자와

상이 없는 법에서 명자와 상으로써 설하시면서 파괴하지 않는다고 말하십니까?"

세존께서 선현에게 설하셨다.

"나는 세속을 따라서 일체법에서 다만 명자와 상을 가립(假立)하여 제유정들을 위하여 방편으로 설하여 집착을 없애주는 까닭으로 파괴하는 것이 없다고 설하느니라. 선현이여. 여러 어리석은 범부들은 고통 등이라는 말을 듣는다면 명자와 상에 집착하여 가립하여 설한다고 명료하게 알지 못하지만, 제여래들과 불제자(佛弟子)들은 고통 등의 말을 들을지라도 명자와 상에 집착하지 않느니라. 그렇지만 세속을 따르는 말에는 진실로 제법의 명자와 상이 없다고 여실하게 아느니라.

선현이여. 만약 여러 성자(聖者)들이 명자에서 명자에 집착하고 상에서 상에 집착한다면, 그들은 곧 역시 공(空)에서 공에 집착하고 무상(無相)에서 무상에 집착하며, 무원(無願)에서 무원에 집착하고 진여(眞如)에서 진여에 집착하며 법계(法界)에서 법계에 집착하고 실제(實際)에서 실제에 집착하며 무위(無爲)에서 무위에 집착하느니라. 선현이여. 이 일체법은 오직 가명(假名)이 있고 오직 가상(假相)이 있으며 진실함이 없으므로 성자는 그 가운데에서 가명과 가상에 집착하지도 않느니라. 이와 같아서 선현이여. 제보살마하살들은 일체법이 다만 가명과 가상에 머물러서 깊은 반야바라밀다를 행하므로, 그 가운데에서 집착하는 것이 없느니라."

구수 선현이 세존께 아뢰어 말하였다.

"만약 일체법이 다만 명자와 상이 있다면, 제보살마하살들은 무슨 일을 위하는 까닭으로 보리심(菩提心)을 일으키고 여러 고통을 정근하면서 받으면서 보살행을 행하는데 이를테면, 스스로가 정근하면서 고통스럽게 보시바라밀다, 나아가 반야바라밀다를 수행(修行)하거나, 내공, 나아가 무성자성공에 안주(安住)하거나, 진여, 나아가 부사의계에 안주하거나, 고·집·멸·도성제에 안주하거나, 4념주, 나아가 8성도지를 수행하거나, 4정려·4무량·4무색정을 수행하거나, 8해탈, 나아가 10변처를 수행하거나, 공·무상·무원 해탈문을 수행하거나, 극희지, 나아가 법운지를 수행하거나, 일체의 다라니문·삼마지문을 수행하거나, 5안·6신통을 수행하거나, 여래의 10력, 나아가 18불불공법을 수행하거나, 무망실법·항주사성을 수행하거나, 일체지·도상지·일체상지를 수행하거나, 일체의 보살마하살의 행을 수행하거나, 제불의 무상정등보리를 수행하거나, 일체지지를 수행하면서 모두를 원만하게 합니까?"

세존께서 선현에게 말씀하셨다.

"일체법은 다만 명자와 상이 있고, 이와 같은 명자와 상은 오직 가립하여 시설하였으므로 명자와 상의 성품이 공(空)하지만, 제유정의 부류들은 전도되고 집착하면서 생사에 빠졌으므로 열반을 증득하지 못하느니라. 이러한 까닭으로 보살마하살들은 그들을 자비로 연민하는 까닭으로 보리심을 일으키고 여러 고통을 정근하면서 받으면서 보살행을 행하고, 점차로 일체지지를 증득하며, 스스로가 일체지지를 증득하였다면 바른 법륜(法輪)을 굴리면서 3승법(三乘法)의 방편으로써 발제(拔濟)하여 생사에서 출리시키고 무여의열반계(無餘依涅槃界)에 들어가게 하느니라. 그렇지만 여러 명자와 상은 생겨남이 없고 소멸함이 없으며, 역시 머무름과 변이도 시설하여 얻을 수 없느니라."

그때 구수 선현이 세존께 아뢰어 말하였다.

"세존이시여. 여래께서는 일체지지는 일체지지가 된다고 설하십니까?"

세존께서 말씀하셨다.

"선현이여. 나는 일체지지는 일체지지가 된다고 설하느니라."

구수 선현이 다시 세존께 아뢰어 말하였다.

"여래께서는 일찍이 일체지지는 대략 세 가지가 있다고 설하셨는데 이를테면, 일체지·도상지·일체상지라고 설하셨습니다. 이와 같은 세 가지의 지혜는 그 상(相)은 어떻습니까? 무슨 차별이 있습니까?"

세존께서 선현에게 알리셨다.

"선현이여. 일체지라는 것은 이를테면, 성문이나 독각들이 공유하는 지혜이고, 도상지라는 것은 이를테면, 보살마하살들이 공유하는 지혜이며, 일체상지라는 것은 이를테면, 제여래·응공·정등각들께서 공유하는 미묘한 지혜이니라."
　구수 선현이 다시 세존께 아뢰어 말하였다.
　"무슨 까닭으로 일체지는 성문이나 독각들이 공유하는 지혜입니까?"
　세존께서 선현에게 알리셨다.
　"일체지라는 것은 이를테면, 5온(蘊)·12처(處)·18계(界) 등의 차별된 법문이니, 성문이나 독각들도 역시 이러한 법문의 차별을 능히 명료하게 알았을지라도 일체의 도상(道相)·일체법·일체 종류의 상(相)은 능히 알지 못하는 까닭으로 일체지는 성문이나 독각과 함께 공유하는 지혜이니라."
　구수 선현이 다시 세존께 아뢰어 말하였다.
　"무슨 까닭으로 도상지는 보살마하살들이 공유하는 지혜입니까?"
　세존께서 선현에게 알리셨다.
　"제보살마하살들은 상응하여 일체의 도상을 두루 수학하는데 이를테면, 성문의 도상·독각의 도상·보살의 도상·여래의 도상이니라. 제보살마하살들은 이러한 여러 도(道)를 상응하여 항상 수학하여 빠르게 원만하게 하나니, 비록 이러한 도에서 지을 것을 상응하여 지었을지라도, 그들은 실제를 증득하거나, 머무르게 하지 않는 까닭으로 도상지는 이것이 보살마하살이 공유하는 지혜이니라."
　구수 선현이 다시 세존께 아뢰어 말하였다.
　"제보살마하살들이 여래도를 수행하여 원만함을 얻었다면, 어찌 실제(實際)에서 역시 증득하여 머무르는 것이 아니겠습니까?"
　세존께서 선현에게 알리셨다.
　"제보살마하살들이 유정들을 성숙시키고 불국토를 청정하게 장엄하며, 더불어 대원(大願)을 수행하였을지라도, 만약 원만하지 못하다면 실제에서 상응하게 증득하고서 머무르지 못하는 것이고, 만약 이미 원만해졌다면 비로소 실제에서 상응하게 증득하고서 머무르느니라."
　구수 선현이 세존께 다시 물었다.
　"제보살마하살들은 도에 머물러서 실제를 증득하고서 머무릅니까?

세존께서 말씀하셨다.
"그렇지 않으니라."
구수 선현이 다시 물었다.
"제보살마하살들은 도가 아닌 것에 머물러서 실제를 증득하고서 머무릅니까?"
세존께서 말씀하셨다.
"그렇지 않으니라."
구수 선현이 다시 물었다.
"제보살마하살들은 도와 도가 아닌 것에 머물러서 실제를 증득하고서 머무릅니까?"
세존께서 말씀하셨다.
"그렇지 않으니라."
구수 선현이 다시 물었다.
"제보살마하살들은 도가 아닌 곳과 도가 아닌 것도 아닌 것에 머물러서 실제를 증득하고 머무릅니까?"
세존께서 말씀하셨다.
"그렇지 않으니라."
구수 선현이 다시 물었다.
"세존이시여. 만약 그렇다면 제보살마하살들은 어느 것에 머물러서 실제를 증득하고 머무릅니까?"
"선현이여. 그대의 뜻은 어떠한가? 그대는 도에 머물러서 여러 번뇌를 끝마치고 마음의 해탈을 얻는가?"
"아닙니다. 세존이시여."
"선현이여. 그대는 도가 아닌 것에 머물러서 여러 번뇌를 끝마치고 마음의 해탈을 얻는가?"
"아닙니다. 세존이시여."
"선현이여. 그대는 도와 도가 아닌 것에 머물러서 여러 번뇌를 끝마치고 마음의 해탈을 얻는가?"

"아닙니다. 세존이시여."

"선현이여. 그대는 도가 아니고 도가 아닌 것도 아닌 것에 머물러서 여러 번뇌를 끝마치고 마음의 해탈을 얻는가?"

"아닙니다. 세존이시여."

"선현이여. 그대는 어느 처소에 머물러서 여러 번뇌를 끝마치고 마음의 해탈을 얻는가?"

구수 선현이 대답하여 말하였다.

"저는 머무는 것이 있어서 여러 번뇌를 끝마치고 마음의 해탈을 얻지 않습니다. 그렇지만 저는 여러 번뇌를 끝마치고 마음의 해탈을 얻은 것은 모두 머무르는 처소가 없습니다."

세존께서 선현에게 알리셨다.

"선현이여. 제보살마하살들도 역시 다시 그와 같아서 깊은 반야바라밀다를 수행하는 때에 모두 머무르는 처소가 없을지라도 실제를 증득하고서 머무느니라."

구수 선현이 다시 세존께 아뢰어 말하였다.

"무슨 까닭으로 일체상지를 일체상지라고 이름합니까?"

세존께서 선현에게 알리셨다.

"일체법이 모두 동일(同一)한 상(相)인 이를테면, 적멸(寂滅)한 상이라고 하나니, 이러한 까닭으로 일체상지라고 이름하느니라. 다시 다음으로 선현이여. 제행(諸行)·형상(狀)·상(相)은 능히 제법을 표현하는 것인데, 여래께서는 여실하게 두루 깨달아서 아느니라. 오히려 이러한 까닭으로 일체상지라고 이름하느니라."

구수 선현이 다시 아뢰어 말하였다.

"만약 일체지이거나, 만약 도상지이거나, 만약 일체상지의 세 가지의 지혜로써 여러 번뇌를 단절하면서 어느 차별이 있습니까? 나머지가 있는 단절입니까? 나머지가 없는 단절입니까?"

세존께서 선현에게 알리셨다.

"여러 번뇌를 단절하면서 차별이 있지 않느니라. 그렇지만 제여래께서는 일체의 번뇌(煩惱)와 습기(習氣)의 상속(相續)이 모두 이미 영원히 단절되었고, 성문이나 독각들은 번뇌와 습기의 상속이 아직 영원히 단절되지 않았느니라."

구수 선현이 다시 물었다.

"여러 번뇌가 단절되면 무위를 얻습니까?"

세존께서 말씀하셨다.

"그러하니라."

구수 선현이 다시 물었다.

"성문이나 독각이 무위를 얻지 못하여도 번뇌를 단절합니까?"

세존께서 말씀하셨다.

"그렇지 않으니라."

구수 선현이 다시 물었다.

"무위법의 가운데에도 차별이 있습니까?"

세존께서 말씀하셨다.

"그렇지 않으니라."

구수 선현이 다시 세존께 아뢰어 말하였다.

"만약 무위법에 차별이 없는 것이라면, 세존께서는 무슨 까닭으로 '일체의 여래·응공·정등각들은 습기의 상속을 모두 이미 영원히 단절하였고, 성문이나 독각은 습기의 상속을 아직 영원히 단절하지 못하였다고 설하십니까?"

세존께서 말씀하셨다.

"선현이여. 습기의 상속은 진실로 번뇌가 아니니라. 그렇지만 제성문들과 독각들은 번뇌를 이미 단절하였으나, 오히려 탐·진·치와 비슷한 작은 부분이 있어서 몸과 말을 일으켜서 요동시키므로, 나아가 이것을 습기의 상속이라고 설하느니라. 이것이 어리석은 범부와 이생에게 있으면서 상속한다면 의취(義趣)가 없는 것을 능히 이끌어 일으킬 수 있으나, 성문 독각들에게 있으면서 상속할지라도 의취가 없는 것을 능히 이끌어 일으키지 않으며, 이와 같은 일체의 습기의 상속은 제불·세존께서는 구경에 없느니라."
　구수 선현이 다시 아뢰어 말하였다.
　"세존이시여. 도와 열반은 함께 자성(自性)이 없는데, 세존께서는 무슨 까닭으로 이것은 예류이고 이것은 일래이며 이것은 불환이고 이것은 아라한이며 이것은 독각이고 이것은 보살이며 이것은 여래라고 설하십니까?"
　세존께서 선현에게 알리셨다.
　"만약 예류이거나, 만약 일래이거나, 만약 불환이거나, 만약 아라한이거나, 만약 독각이거나, 만약 보살이거나, 만약 여래일지라도 일체는 모두가 무위가 나타냈던 것이니라."
　구수 선현이 다시 아뢰어 말하였다.
　"무위법의 가운데에서 진실로 예류, 나아가 여래의 의취에 차별이 있습니까?"
　세존께서 말씀하셨다.
　"그렇지 않으니라."
　선현이 다시 물었다.
　"만약 그와 같다면 무슨 까닭으로 세존께서는 예류, 나아가 여래를 모두 무위가 나타낸 것이라고 설하셨습니까?"
　세존께서 선현에게 알리셨다.
　"선현이여. 나는 세속의 말에 의지하여 예류 등의 차별을 나타내는 것을 드러내어 보여준다고 설하였으나, 승의제(勝義諦)에 의지하여 설하지 않았으며, 승의제의 가운데에서는 드러내어 보여주지 않느니라. 왜 그러한가? 무위의 가운데에서는 알려서 말할 수 있는 도(道)가 있지 않고, 혹은 지혜의 분별이 있지 않으며, 만약 다시 두 종류라도 있지 않느니라. 그렇지만 오히려 그렇고 그러한 세속의 말로 제법을 단절하는 것을 설하려는 까닭으로, 그렇고 그러한 세속의 말로 제법의 후제(後際)를 시설(施設)하느니라."

구수 선현이 다시 아뢰어 말하였다.

"만약 일체법의 자상(自相)이 모두 공하다면 전제(前際)도 오히려 없는데, 하물며 후제가 있겠습니까? 어찌하여 후제가 있다고 시설하십니까?"

세존께서 선현에게 알리셨다.

"그와 같으니라. 그와 같으니라. 그대가 말한 것과 같으니라. 여러 소유한 법은 자상이 모두 공하므로 전제도 오히려 없는데 하물며 후제가 있겠는가! 후제가 진실로 있다면 반드시 이러한 처소는 없느니라. 그렇지만 제유정들은 여러 소유한 법의 자상이 모두 공하다고 능히 명료하게 통달하지 못하는 까닭으로, 그들을 요익하게 하기 위한 까닭으로 방편으로 '이것은 전제이다. 이것은 후제이다.'라고 가립하여 설하느니라. 그렇지만 일체법의 자상이 공한 가운데에서는 전제와 후제를 함께 얻을 수 없느니라. 이와 같아서 선현이여. 제보살마하살들은 일체법에서 자상이 공하다고 통달하고서 상응하여 반야바라밀다를 수행해야 하느니라.

선현이여. 제보살마하살들은 일체법에서 자상이 공하다고 통달하고서 상응하여 반야바라밀다를 수행할지라도, 제법의 가운데에서 집착하는 것이 없는데 이를테면, 만약 내신법(內身法)이거나, 만약 외신법(外身法)이거나, 만약 선법(善法)이거나, 만약 불선법(不善法)이거나, 만약 유기법(有記法)이거나, 만약 무기법(無記法)이거나, 만약 세간법(世間法)이거나, 만약 출세간법(出世間法)이거나, 만약 유루법(有漏法)이거나, 만약 무루법(無漏法)이거나, 만약 유위법(有爲法)이거나, 만약 무위법(無爲法)일지라도 집착하면서 차별하지 않고, 역시 성문법(聲聞法)이거나, 만약 독각법(獨覺法)이거나, 만약 보살법(菩薩法)이거나, 만약 여래법(如來法)이라도 집착하지 않으며, 오직 세속의 언설에 의지하여 가립하는 것이고, 승의제에 의지하지 않는다고 반드시 알아야 하느니라."

마하반야바라밀다경 제463권

68. 교편품(巧便品)(4)

그때 구수 선현이 세존께 아뢰어 말하였다.

"세존이시여. 여래께서는 항상 매우 깊은 반야바라밀다를 설하시는데, 매우 깊은 반야바라밀다는 무슨 인연을 까닭으로 반야바라밀다라고 이름하십니까?"

세존께서 선현에게 알리셨다.

"매우 깊은 반야바라밀다는 일체법이 구경인 피안(彼岸)에 이르는 까닭으로 반야바라밀다라고 이름하느니라. 다시 다음으로 선현이여. 오히려 깊은 반야바라밀다는 성문·독각·보살·여래가 능히 피안에 이르는 까닭으로 반야바라밀다라고 이름하느니라. 다시 다음으로 선현이여. 매우 깊은 반야바라밀다는 제법의 극미량(極微量)을 초과하여 분석(分析)할지라도 결국 작은 실제도 있다고 볼 수 없는 까닭으로 반야바라밀다라고 이름하느니라. 다시 다음으로 선현이여. 이 깊은 반야바라밀다는 진여·법계·법상과 [자세한 내용은 생략한다.] 나아가, 부사의계를 포함(苞含)하는 까닭으로 반야바라밀다라고 이름하느니라.

다시 다음으로 선현이여. 깊은 반야바라밀다에는 작은 법이라도 만약 합쳐지거나, 만약 흩어지거나, 만약 유색(有色)이거나, 만약 무색(無色)이거나, 만약 유견(有見)이거나, 만약 무견(無見)이거나, 만약 유대(有對)이거나, 만약 무대(無對) 등이 없는 까닭으로 반야바라밀다라고 이름하느니라. 그 까닭은 무엇인가? 매우 깊은 반야바라밀다는 합쳐지지 않고 흩어지지 않으며 무색이고 무견이며 무대인 하나의 상(一相)인데 이를테면, 무상(無相)이니라. 다시 다음으로 선현이여. 매우 깊은 반야바라밀다는 능히 일체의 미묘한 선법을 출생시키고, 능히 일체의 지혜와 변재를 일으키며, 능히 일체의 세간과 출세간의 즐거움을 이끌어서 일으키고, 능히 일체의 매우 깊은 법의 의취를 통달하는 까닭으로 반야바라밀다라고 이름하느니라.

다시 다음으로 선현이여. 매우 깊은 반야바라밀다의 이취(理趣)는 견고하고 진실하여 요동시키거나 파괴할 수 없으므로, 보살마하살이 깊은 반야바라밀다를 수행한다면 일체의 악마(惡魔)와 악마의 권속(眷屬)이거나, 성문(聲聞)·독각(獨覺)·외도(外道)·범지(梵志)·악한 벗(惡友)·원수(怨讐)들이 모두 능히 파괴하지 못하느니라. 그 까닭은 무엇인가? 매우 깊은 반야바라밀다는 일체법의 자상(自相)이 공하다고 설하므로 여러 악마 등은 모두가 얻을 수 없는 까닭으로 반야바라밀다라고 이름하느니라. 선현이여. 제보살마하살들이 상응하여 이와 같은 매우 깊은 반야바라밀다의 의취(義趣)인 이를테면, 일체법의 자상이 모두 공하다고 여실(如實)하게 수행한다면, 일체의 악연(惡緣)이 요동시키거나 파괴하지 못하느니라.

다시 다음으로 선현이여. 제보살마하살들이 반야바라밀다의 매우 깊은 의취를 수행하고자 한다면, 상응하여 무상의(無常義)·고의(苦義)·공의(空義)·무아의(無我義)·적정의(寂靜義)·원리의(遠離義)를 수행해야 하고, 상응하여 고(苦)·집(集)·멸(滅)·도혜의(道慧義)를 수행해야 하며, 고(苦)·집(集)·멸(滅)·도지의(道智義)를 수행해야 하고, 상응하여 법지(法智)·유지(類智)·타심지의(他心智義)를 수행해야 하며, 상응하여 세속(世俗)·승의지의(勝義智義)를 수행해야 하고, 상응하여 진(盡)·무생지의(無生智義)를 수행해야 하며, 상응하여 진소유(盡所有)·여소유지의(如所有智義)를 수행해야 하느니라.

선현이여. 제보살마하살들이 반야바라밀다의 매우 깊은 의취를 수행하고자 한다면 상응하여 반야바라밀다를 수행해야 하느니라."

구수 선현이 세존께 아뢰어 말하였다.

"세존이시여. 이 반야바라밀다의 깊고 미묘한 이취(理趣)에서 의취(義趣)와 의취가 아닌 것을 함께 얻을 수 없는데, 어찌하여 보살마하살이 반야바라밀다의 매우 깊은 의취를 수행하고자 한다면, 상응하여 반야바라밀다를 행하여야 합니까?"

세존께서 선현에게 알리셨다.

"제보살마하살들이 반야바라밀다의 매우 깊은 의취를 행하기 위하여 상응하여 '나는 상응하여 탐욕의 의취와 의취가 아닌 것을 행하지 않겠고, 나는 상응하여 진에의 의취와 의취가 아닌 것을 행하지 않겠으며, 나는 상응하여 우치의 의취와 의취가 아닌 것을 행하지 않겠고, 나는 상응하여 삿된 견해의 의취와 의취가 아닌 것을 행하지 않겠으며, 나는 상응하여 정려의 의취와 의취가 아닌 것을 행하지 않겠고, 나는 상응하여 나아가 일체 견취(見趣)의 의취와 의취가 아닌 것을 행하지 않겠다.'라고 이렇게 생각을 짓느니라. 그 까닭은 무엇인가? 탐욕·진에·우치·삿된 견해·삿된 정려 나아가 일체 견취의 진여와 실제 등은 제법과 함께 의취와 의취가 아닌 것이 되지 않느니라.

다시 다음으로 선현이여. 제보살마하살들이 반야바라밀다의 매우 깊은 의취를 수행하기 위하여 상응하여 '나는 상응하여 색의 의취와 의취가 아닌 것을 행하지 않겠고, 나는 상응하여 수·상·행·식의 의취와 의취가 아닌 것을 행하지 않겠으며, 나는 상응하여 안처, 나아가 의처의 의취와 의취가 아닌 것을 행하지 않겠고, 나는 상응하여 색처, 나아가 법처의 의취와 의취가 아닌 것을 행하지 않겠으며, 나는 상응하여 안계, 나아가 의계의 의취와 의취가 아닌 것을 행하지 않겠고, 나는 상응하여 색계, 나아가 법계의 의취와 의취가 아닌 것을 행하지 않겠으며, 나는 상응하여 안식계, 나아가 의식계의 의취와 의취가 아닌 것을 행하지 않겠고,

나는 상응하여 안촉, 나아가 의촉의 의취와 의취가 아닌 것을 행하지 않겠으며, 나는 상응하여 안촉을 인연으로 생겨난 여러 수, 나아가 의촉을 인연으로 생겨난 여러 수의 의취와 의취가 아닌 것을 행하지 않겠고,

나는 상응하여 지계, 나아가 식계의 의취와 의취가 아닌 것을 행하지 않겠으며, 나는 상응하여 인연, 나아가 증상연의 의취와 의취가 아닌 것을 행하지 않겠고, 나는 상응하여 무명, 나아가 노사의 의취와 의취가 아닌 것을 행하지 않겠으며, 나는 상응하여 보시바라밀다, 나아가 반야바라밀다의 의취와 의취가 아닌 것을 행하지 않겠고,

나는 상응하여 내공, 나아가 무성자성공의 의취와 의취가 아닌 것을 행하지 않겠으며, 나는 상응하여 진여, 나아가 부사의계의 의취와 의취가 아닌 것을 행하지 않겠고, 나는 상응하여 고·집·멸·도성제의 의취와 의취가 아닌 것을 행하지 않겠으며, 나는 상응하여 4념주, 나아가 8성도지의 의취와 의취가 아닌 것을 행하지 않겠고, 나는 상응하여 4정려·4무량·4무색정의 의취와 의취가 아닌 것을 행하지 않겠으며, 나는 상응하여 8해탈, 나아가 10변처의 의취와 의취가 아닌 것을 행하지 않겠고, 나는 상응하여 공·무상·무원해탈문의 의취와 의취가 아닌 것을 행하지 않겠으며,

나는 상응하여 정관지, 나아가 여래지의 의취와 의취가 아닌 것을 행하지 않겠고, 나는 상응하여 극희지, 나아가 법운지의 의취와 의취가 아닌 것을 행하지 않겠으며, 나는 상응하여 일체의 다라니문·삼마지문의 의취와 의취가 아닌 것을 행하지 않겠고, 나는 상응하여 5안·6신통의 의취와 의취가 아닌 것을 행하지 않겠으며, 나는 상응하여 여래의 10력, 나아가 18불불공법의 의취와 의취가 아닌 것을 행하지 않겠고, 나는 상응하여 32대사상·80수호의 의취와 의취가 아닌 것을 행하지 않겠으며, 나는 상응하여 무망실법·항주사성의 의취와 의취가 아닌 것을 행하지 않겠고,

나는 상응하여 무망실법·항주사성의 의취와 의취가 아닌 것을 행하지 않겠으며, 나는 상응하여 일체지·도상지·일체상지의 의취와 의취가 아닌 것을 행하지 않겠고, 나는 상응하여 예류과, 나아가 독각의 보리의 의취와 의취가 아닌 것을 행하지 않겠으며, 나는 상응하여 일체의 보살마하살의 행의 의취와 의취가 아닌 것을 행하지 않겠고, 나는 상응하여 제불의 무상정등보리의 의취와 의취가 아닌 것을 행하지 않겠다.'라고 이렇게 생각을 짓느니라. 왜 그러한가? 선현이여. 여래께서 무상정등보리를 증득하시는 때에

일체법의 의취와 의취가 아닌 것을 구할지라도 모두 얻을 수 없느니라.
　다시 다음으로 선현이여. 여래께서 세상에 출현하시거나 만약 세상에 출현하시지 않을지라도, 제법은 법성(法性)이고, 법주(法住)이며, 법정(法定)이면서 법이 그러하듯이 항상 머무르나니, 법에서 이치와 이치 아닌 것이 될 수 없느니라. 선현이여. 제보살마하살들은 상응하여 의취와 의취가 아닌 것을 벗어나서 항상 매우 깊은 반야바라밀다의 의취를 수행해야 한다고 마땅히 알아야 하느니라."

　구수 선현이 세존께 아뢰어 말하였다.
　"무슨 까닭으로 반야바라밀다가 제법과 함께 의취와 의취가 아닌 것이 되지 않습니까?"
　세존께서 선현에게 알리셨다.
　"선현이여. 매우 깊은 반야바라밀다는 무위법을 증득하기 위한 까닭으로 제법과 함께 의취와 의취가 아닌 것이 되지 않느니라."
　구수 선현이 다시 세존께 아뢰어 말하였다.
　"어찌 일체의 현성(賢聖)들은 모두가 무위(無爲)로써 승의(勝義)를 삼지 않습니까?"
　세존께서 선현에게 알리셨다.
　"그와 같으니라. 그와 같으니라. 그대가 말한 것과 같으니라. 일체의 현성들은 모두가 무위로써 승의를 삼느니라. 그렇지만 무위법은 제법과 함께 이익이 되지 않고 손해도 되지 않느니라. 선현이여. 비유한다면 허공·진여·법계가 제법과 함께 이익이 되지 않고 손해도 되지 않는 것과 같이, 제보살마하살들의 매우 깊은 반야바라밀다도 역시 다시 이와 같아서 이익이 되지 않고 손해도 되지 않느니라. 이러한 까닭으로 반야바라밀다는 제법과 함께 의취와 의취가 아닌 것이 되지 않느니라."
　구수 선현이 다시 세존께 아뢰어 말하였다.
　"제보살마하살들은 어찌 반드시 무위의 반야바라밀다를 수학하지 않을지라도, 도리어 능히 일체지지를 증득할 수 있습니까?"

세존께서 선현에게 알리셨다.

"그와 같으니라. 그와 같으니라. 그대가 말한 것과 같으니라. 제보살마하살들은 반드시 매우 깊은 무위의 반야바라밀다를 수학하지 않을지라도, 도리어 능히 일체지지를 증득할 수 있는데, 불이법(不二法)으로써 방편을 삼느니라."

구수 선현이 다시 물었다.

"불이법으로써 삼아서 불이법을 얻습니까?"

세존께서 말씀하셨다.

"그렇지 않으니라."

구수 선현이 다시 물었다.

"이법(二法)으로써 삼아서 불이법을 얻습니까?"

세존께서 말씀하셨다.

"그렇지 않으니라."

선현이 아뢰어 말하였다.

"만약 이법을 이법·불이법으로써 얻지 못한다면, 제보살마하살들은 어찌하여 마땅히 일체지지를 얻습니까?"

세존께서 선현에게 알리셨다.

"이법·불이법을 함께 얻을 수 없느니라. 이러한 까닭으로 얻을 것인 일체지지는 이법·불이법으로써 얻는 것이 아니니라. 그렇지만 얻을 수 없는 법으로써 얻을 수 없는 법을 능히 얻느니라. 왜 그러한가? 매우 깊은 반야바라밀다와 일체지지는 모두가 얻을 수 없는 까닭이니라."

69. 수유품(樹喩品)

그때 구수 선현이 세존께 아뢰어 말하였다.

"세존이시여. 이와 같은 반야바라밀다는 최고로 깊고, 제보살마하살들은 능히 어려운 일을 하시는데 이를테면, 제유정들을 얻을 수 없고, 그들의 시설(施設)도 얻을 수 없으나, 유정들을 위하여 일체지지를 빠르게 구하면서 증득합니다. 세존이시여. 비유한다면 사람이 있어서 색깔도 없고 볼 수 없으며 마주할 수도 없고, 의지할 수 없는 허공의 가운데에 나무를 심는 것과 같아서 그것은 매우 어려운 것입니다. 제보살마하살들도 이와 같아서 유정과 그들의 시설을 얻을 수 없으나, 유정들을 위하여 일체지지를 빠르게 구하면서 증득하려는 것은 지극히 어려운 일이 됩니다."

세존께서 선현에게 알리셨다.

"그와 같으니라. 그와 같으니라. 그대가 말한 것과 같으니라. 이와 같은 반야바라밀다는 최고로 깊고, 제보살마하살들은 능히 어려운 일을 하는데, 유정들과 그들의 시설도 얻을 수 없으나, 유정들을 위하여 일체지지를 빠르게 구하여서 증득하느니라. 선현이여. 제보살마하살들은 비록 진실로 유정을 보지 않고 역시 그들의 시설을 보지 않으나, 제유정들은 우치하고 전도되어 실제로 있다고 집착하게 되므로 생사에 빠지고 가라앉아서 받는 고통이 끝이 없으므로 그들을 발제하기 위한 까닭으로 빠르게 일체지지를 구하고 증득하면서 선교방편으로 그들을 구제하여 도탈시킨다고 마땅히 알아야 하느니라.

비유한다면 사람이 있어서 좋은 밭에 종자를 심었고, 이 사람이 비록 다시 그 나무의 뿌리·줄기·가지·잎·꽃·열매·받는 사람 등을 알지는 못하였을지라도, 종자를 심었으므로 때를 따라서 물을 주고 부지런히 더욱 수호(守護)한다면 이 나무는 뒤의 때에 점차 자라나서 뿌리·줄기·가지·잎·꽃·열매가 무성하여 여러 사람이 수용(受容)하여 병이 낫고 안락을 얻느니라. 제보살마하살들도 이와 같아서 비록 과보와 유정들이 있다고 보지 않으나, 유정들을 위하여 구하였던 것인 일체지지를 빠르게 증득하기 위하여 보시·정계·안인·정진·정려·반야 바라밀다와 나머지의 무량한 보리분법을 점차로 수행하고, 이미 원만하게 하였다면, 곧 능히 일체지지를 증득하여 제유정들에게 과보(果報)의 가지·잎·꽃·열매를 수용하여 각자 요익(饒益)을 얻게 하느니라.

선현이여. 가지와 잎의 요익은 이를테면, 제유정들이 이러한 보살에 의지하여 악취(惡趣)를 해탈하는 것이고, 그 꽃의 요익은 이를테면, 제유정들이 이러한 보살에 의지하여 혹은 찰제리(利帝利)의 대족(大族)에 태어나거나, 혹은 바라문(婆羅門)의 대족에 태어나거나, 혹은 장자(長者)의 대족에 태어나거나, 혹은 거사(居士)의 대족에 태어나거나, 혹은 4대왕중천(四大王衆天)에 태어나거나, 나아가 혹은 비상비비상처천(非想非非想處天)에 나는 것이며, 열매의 요익은 이를테면, 제유정들이 이러한 보살에 의지하여 스스로 무상정등보리를 증득하고서 제유정들에게 혹은 예류과에 머무르게 하거나, 일래과·불환과·아라한과에 머무르게 하거나, 독각의 보리에 머무르게 하거나, 무상정등보리에 머무르게 하는 것이니라. 이 제유정들이 선법을 정근하면서 수행하여 3승도(三乘道)에 의지하여 점차로 3승의 열반을 증득하였고, 이와 같다면 과보의 요익이라고 이름한다고 마땅히 알아야 하느니라.

선현이여. 제보살마하살들이 이와 같이 크게 요익한 불사(佛事)를 지었을지라도 결국 유정들이 실제로 열반을 증득한다고 보지 않고, 다만 망상(妄想)과 여러 고통이 적멸(寂滅)하다고 보느니라. 이러한 까닭으로 선현이여. 제보살마하살들이 깊은 반야바라밀다를 수행하는 때에는 유정과 그들의 시설을 보지 않으나, 그들의 아집(我執)과 전도를 없애주기 위하여 구하였던 것인 일체지지를 빠르게 증득하나니, 오히려 이것을 인연으로 지극히 어려운 불사가 되느니라."

구수 선현이 세존께 아뢰어 말하였다.
"세존이시여. 제보살마하살들은 마땅히 여래와 같다고 알겠습니다. 그 까닭은 무엇인가? 제보살마하살들에게 의지하는 까닭으로 곧 능히 지옥·방생·귀계를 영원히 단절하고, 역시 능히 일체의 한가로움이 없이 빈궁(貧窮)하고 하천(下賤)한 3계(三界)의 여러 고통들도 영원히 단절됩니다."
세존께서 선현에게 알리셨다.

"그와 같으니라. 그와 같으니라. 그대가 말한 것과 같으니라. 제보살마하살들은 마땅히 여래와 같다고 알아야 하나니, 세간에 만약 제보살들이 없다면, 곧 3세에 일체의 여래도 없고, 역시 독각들과 성문들도 없으며, 역시 일체의 지옥·방생·귀계와 일체의 한가로움이 없이 빈궁하고 하천한 3계의 고통의 때도 영원히 단절할 수 없느니라. 이러한 까닭으로 선현이여. 그대의 말과 같이 보살마하살들은 여래과 같다는 것은 진실로 그대가 말한 것과 같으니라.

다시 다음으로 선현이여. 보살마하살이 곧 이것이 여래라고 마땅히 알아야 하느니라. 그 까닭은 무엇인가? 선현이여. 오히려 이러한 진여로 여래를 시설할 수 있다면, 나아가서 이러한 진여로 독각을 시설할 수 있고, 역시 오히려 이러한 진여로 성문도 시설할 수 있으며, 역시 이러한 진여로 일체의 성현도 시설할 수 있고, 역시 이러한 진여로 색·수·상·행·식도 시설할 수 있으며, 역시 이러한 진여로 안처, 나아가 의처도 시설할 수 있고, 역시 이러한 진여로 색처, 나아가 법처도 시설할 수 있으며, 역시 이러한 진여로 안계, 나아가 의계도 시설할 수 있고, 역시 이러한 진여로 색계, 나아가 법계도 시설할 수 있으며,

역시 이러한 진여로 지계, 나아가 식계도 시설할 수 있고, 역시 이러한 진여로 인연, 나아가 증상연도 시설할 수 있으며, 역시 이러한 진여로 무명, 나아가 노사도 시설할 수 있으며, 역시 이러한 진여로 보시바라밀다, 나아가 반야바라밀다도 시설할 수 있고, 역시 이러한 진여로 내공, 나아가 무성자성공도 시설할 수 있으며, 역시 이러한 진여로 고·집·멸·도성제도 시설할 수 있고, 역시 이러한 진여로 4념주, 나아가 8성도지도 시설할 수 있으며, 역시 이러한 진여로 4정려·4무량·4무색정도 시설할 수 있으며, 역시 이러한 진여로 8해탈, 나아가 10변처도 시설할 수 있고, 역시 이러한 진여로 공·무상·무원해탈문도 시설할 수 있으며,

역시 이러한 진여로 정관지, 나아가 여래지도 시설할 수 있고, 역시 이러한 진여로 극희지, 나아가 법운지도 시설할 수 있으며, 역시 이러한 진여로 일체의 다라니문·삼마지문도 시설할 수 있으며, 역시 이러한

진여로 5안·6신통도 시설할 수 있고, 역시 이러한 진여로 여래의 10력, 나아가 18불불공법도 시설할 수 있으며, 역시 이러한 진여로 32대사상·80수호도 시설할 수 있고, 역시 이러한 진여로 무망실법·항주사성도 시설할 수 있으며, 역시 이러한 진여로 일체지·도상지·일체상지도 시설할 수 있으며, 역시 이러한 진여로 일체의 보살마하살의 행도 시설할 수 있고, 역시 이러한 진여로 제불의 무상정등보리도 시설할 수 있으며,

 역시 이러한 진여로 일체지지도 시설할 수 있고, 역시 이러한 진여로 유위계도 시설할 수 있으며, 역시 이러한 진여로 무위계도 시설할 수 있으며, 역시 이러한 진여로 일체법도 시설할 수 있고, 역시 이러한 진여로 일체의 유정도 시설할 수 있으며, 역시 이러한 진여로 일체의 보살마하살도 시설할 수 있느니라.

 이와 같아서 선현이여. 만약 여래의 진여이거나, 만약 독각의 진여이거나, 만약 성문의 진여이거나, 만약 일체의 현성의 진여이거나, 만약 색 등의 일체법의 진여이거나, 만약 일체의 유정의 진여이거나, 만약 일체의 보살마하살의 진여이거나, 이와 같은 진여는 진실로 모두가 차이가 없나니, 오히려 차이가 없는 까닭으로 진여라고 이름하느니라. 제보살마하살들이 이러한 진여에서 수학하여 원만하다면 곧 능히 일체지지를 증득하나니, 이미 일체지지를 증득하였던 까닭으로 여래라고 이름하느니라. 이러한 인연으로써 보살마하살들이 곧 여래라고 마땅히 알아야 하나니, 일체법과 일체의 유정으로써, 모두가 진여로써 정량(定量)을 삼는 까닭이니라.

 이와 같아서 선현이여. 제보살마하살들은 상응하여 매우 깊은 반야바라밀다를 수학해야 하나니, 만약 매우 깊은 반야바라밀다를 수학한다면 곧 능히 일체법의 진여를 수학하는 것이고, 만약 일체법의 진여를 수학한다면 곧 일체법의 진여에서 자재(自在)하게 얻는 것과 같으며, 만약 일체법의 진여에서 자재하게 얻는 것과 같다면 곧 일체의 유정들의 근기가 수승하거나 하열하다는 지혜를 얻는 것이고, 만약 일체의 유정들의 근기가 수승하거나 하열하다는 지혜를 얻는다면 곧 능히 일체의 유정들의 수승한 견해의 차별(差別)을 구족하여 아는 것이며, 만약 일체의 유정들의

수승한 견해의 차별을 구족하여 안다면 곧 일체의 유정들이 스스로가 과보로 받는 업을 아는 것이고,

　만약 일체의 유정들이 스스로가 과보로 받는 업을 안다면 곧 소원과 지혜가 원만하게 되는 것이며, 만약 원과 지혜가 원만하게 된다면 곧 삼세(三世)의 미묘한 지혜를 능히 청정하게 수행하는 것이고, 만약 삼세의 미묘한 지혜를 능히 청정하게 수행한다면 곧 능히 일체지지를 원만하게 하는 것이며, 만약 능히 일체지지를 원만하게 한다면 곧 능히 보살행을 전도가 없게 행하는 것이고, 만약 보살행을 전도가 없게 행한다면 곧 능히 재시(財施)와 법시(法施)로써 유정들을 항상 요익되게 하는 것이고, 만약 재시와 법시로써 유정들을 항상 요익되게 한다면 곧 능히 유정들을 여실하게 성숙시키는 것이며, 만약 능히 유정들을 여실하게 성숙시킨다면 곧 능히 불국토를 여실하게 장엄하는 것이고,

　만약 능히 불국토를 여실하게 장엄한다면 곧 능히 일체지지를 증득하는 것이며, 만약 일체지지를 증득한다면 곧 능히 미묘한 법륜을 여실하게 굴리는 것이고, 미묘한 법륜을 여실하게 굴린다면 곧 능히 유정들을 3승도(三乘道)에 안립시키는 것이며, 만약 능히 유정들을 3승도에 안립시킨다면 곧 능히 유정들을 무연의열반계에 들어가게 하는 것이니라.

　이와 같아서 선현이여. 제보살마하살들이 이와 같은 등의 자리이타(自利利他)인 무량한 공덕을 보고서, 이미 일으켰던 것인 대보리의 마음이 견고하여 퇴전하지 않게 하고자 한다면 반야바라밀다의 방편선교를 상응하여 정근하고 정진하면서 수행해야 하느니라."

　이때 구수 선현이 세존께 아뢰어 말하였다.
　"세존이시여. 만약 보살마하살이 능히 무상정등보리의 마음을 일으켜서 설하신 것과 같이, 매우 깊은 반야바라밀다를 수행한다면, 세간의 천인·인간·아소락 등이 모두 상응하여 공경하고 예배합니다."
　세존께서 선현에게 알리셨다.
　"그와 같으니라. 그와 같으니라. 그대가 말한 것과 같으니라. 만약

보살마하살이 능히 무상정등보리의 마음을 일으켜서 설하신 것과 같이, 매우 깊은 반야바라밀다를 수행한다면, 세간의 천인·인간·아소락 등이 모두 상응하여 공경하고 예배하느니라."

구수 선현이 다시 세존께 아뢰어 말하였다.

"만약 보살마하살이 일체의 유정들을 널리 이익되게 하기 위하여 처음으로 무상정등보리의 마음을 일으킨다면 얼마만큼의 복취를 획득합니까?"

세존께서 선현에게 알리셨다.

"가사 소천세계(小千世界)에 충만(充滿)한 일체의 유정들이 모두가 성문·독각지에 나아간다면 그대의 뜻은 어떠한가? 이 제유정들의 그 복취는 많지 않겠는가?"

선현이 대답하여 말하였다.

"매우 많습니다. 세존이시여. 그들이 획득하는 복취는 무량하고 무변합니다."

세존께서 선현에게 알리셨다.

"그 제유정들이 획득한 복취는 그대가 물었던 일체의 유정들을 널리 이익되게 하기 위하여 처음으로 무상정등보리의 마음을 일으켰던 한 명의 보살마하살이 획득하는 복취보다 백 분(分)의 일에도 미치지 못하고, 천 분의 일에도 미치지 못하며, 나아가 백천 구지·나유타 분의 일에도 미치지 못하느니라. 그 까닭은 무엇인가? 성문이나 독각은 모두가 보살마하살에게 의지하여 있는 것이고, 보살마하살이 제성문들과 독각들에게 의지하여 있는 것이 아닌 까닭이니라."

"다시 다음으로 선현이여. 소천세계와 중천세계(中千世界)에 충만한 일체의 유정들이 모두가 성문·독각지에 나아가서 획득하였던 것인 복취는 제쳐두고, 가사 삼천대천세계(三千大千世界)에 충만한 일체의 유정들이 모두가 성문·독각지에 나아간다면 그대의 뜻은 어떠한가? 이 제유정들의 그 복취는 많지 않겠는가?"

선현이 대답하여 말하였다.

"매우 많습니다. 세존이시여. 그들이 획득하는 복취는 무량하고 무변합니다."

세존께서 선현에게 알리셨다.

"그 제유정들이 획득한 복취는 그대가 물었던 일체의 유정들을 널리 이익되게 하기 위하여 처음으로 무상정등보리의 마음을 일으켰던 한 명의 보살마하살이 획득하는 복취보다 백 분의 일에도 미치지 못하고, 천 분의 일에도 미치지 못하며, 나아가 백천 구지·나유타 분의 일에도 미치지 못하느니라. 그 까닭은 무엇인가? 성문이나 독각은 모두가 보살마하살에게 의지하여 있는 것이고, 보살마하살이 제성문들과 독각들에게 의지하여 있는 것이 아닌 까닭이니라."

"다시 다음으로 선현이여. 삼천대천세계에 충만한 일체의 유정들이 모두가 성문·독각지에 나아가서 획득하였던 것인 복취는 제쳐두고, 가사 삼천대천세계에 충만한 일체의 유정들이 모두가 정관지(淨觀地)에 안주(安住)한다면 그대의 뜻은 어떠한가? 이 제유정들의 그 복취는 많지 않겠는가?"

선현이 대답하여 말하였다.

"매우 많습니다. 세존이시여. 그들이 획득하는 복취는 무량하고 무변합니다."

세존께서 선현에게 알리셨다.

"그 제유정들이 획득한 복취는 그대가 물었던 일체의 유정들을 널리 이익되게 하기 위하여 처음으로 무상정등보리의 마음을 일으켰던 한 명의 보살마하살이 획득하는 복취보다 백 분의 일에도 미치지 못하고, 천 분의 일에도 미치지 못하며, 나아가 백천 구지·나유타 분의 일에도 미치지 못하느니라. 그 까닭은 무엇인가? 성문이나 독각은 모두가 보살마하살에게 의지하여 있는 것이고, 보살마하살이 제성문들과 독각들에게 의지하여 있는 것이 아닌 까닭이니라."

"다시 다음으로 선현이여. 삼천대천세계에 충만한 일체의 유정들이 모두가 정관지에 안주하여 획득하였던 것인 복취와 가사 삼천대천세계에 충만한 일체의 유정들이 모두가 종성지(種姓地)·제팔지(第八地)·구견지

(具見地)·박지(薄地)·이욕지(離欲地)·이변지(已辨地)에 안주하여 획득하였던 것인 복취는 제쳐두고, 가사 삼천대천세계에 충만한 일체의 유정들이 모두가 독각지(獨覺地)에 안주한다면 그대의 뜻은 어떠한가? 이 제유정들의 그 복취는 많지 않겠는가?"

선현이 대답하여 말하였다.

"매우 많습니다. 세존이시여. 그들이 획득하는 복취는 무량하고 무변합니다."

세존께서 선현에게 알리셨다.

"그 제유정들이 획득한 복취는 그대가 물었던 일체의 유정들을 널리 이익되게 하기 위하여 처음으로 무상정등보리의 마음을 일으켰던 한 명의 보살마하살이 획득하는 복취보다 백 분의 일에도 미치지 못하고, 천 분의 일에도 미치지 못하며, 나아가 백천 구지·나유타 분의 일에도 미치지 못하느니라. 그 까닭은 무엇인가? 성문이나 독각은 모두가 보살마하살에게 의지하여 있는 것이고, 보살마하살이 제성문들과 독각들에게 의지하여 있는 것이 아닌 까닭이니라."

"다시 다음으로 선현이여. 가사 삼천대천세계에 충만한 일체의 유정들이 모두가 일체의 유정들을 널리 요익되게 하기 위하여 처음으로 무상정등보리의 마음을 일으킨다면 이 제보살마하살들이 획득하는 것인 복취는 보살의 정성이생(正性離生)에 들어간 한 명의 보살마하살이 획득하는 것인 복취보다 백 분의 일에도 미치지 못하고, 천 분의 일에도 미치지 못하며, 나아가 백천 구지·나유타 분의 일에도 미치지 못하느니라.

다시 다음으로 선현이여. 가사 삼천대천세계에 충만한 일체의 유정들이 모두가 보살의 정성이생에 들어간다면 이 보살마하살들이 획득하는 것인 복취는 보리를 향하여 수행하는 한 명의 보살마하살이 획득하는 것인 복취보다 백 분의 일에도 미치지 못하고, 천 분의 일에도 미치지 못하며, 나아가 백천 구지·나유타 분의 일에도 미치지 못하느니라.

다시 다음으로 선현이여. 가사 삼천대천세계에 충만한 일체의 유정들이 모두가 보리를 향하여 수행한다면 이 제보살마하살들이 획득하는 것인 복취는 한 분의 여래·응공·정등각께서 성취하신 복덕보다 백 분의 일에도 미치지 못하고, 천 분의 일에도 미치지 못하며, 나아가 백천 구지·나유타 분의 일에도 미치지 못하느니라."

이때 구수 선현이 세존께 아뢰어 말하였다.
"세존이시여. 처음으로 무상정등보리의 마음을 일으킨 보살마하살은 무엇을 사유(思惟)합니까?"
세존께서 말씀하셨다.
"선현이여. 이 보살마하살들은 항상 바르게 일체지지를 사유하느니라."
구수 선현이 다시 세존께 아뢰어 말하였다.
"일체지지는 무엇으로써 성품을 삼고, 무엇을 인연(因緣)하며, 무엇을 증상(增上)하고, 무엇이 행상(行相)이며, 무엇으로 상(相)을 삼습니까?"
세존께서 선현에게 알리셨다.
"일체지지는 무성(無性)으로써 성품을 삼나니, 상이 없고, 인이 없으며, 깨닫는 것도 없고, 생겨서 나타나는 것도 없는 까닭이니라. 또한 그대는 '무엇을 인연하며, 무엇을 증상하고, 무엇이 행상이며, 무엇으로 상을 삼습니까?'라고 물었는데, 일체지지는 무성으로써 인연하는 것을 삼고, 정념(正念)으로 증상을 삼으며, 적정(寂靜)으로 행상을 삼고, 법계로써 상을 삼느니라."
구수 선현이 세존께 아뢰어 말하였다.
"다만 일체지지가 무성으로써 성품을 삼습니까? 색·수·상·행·식도 무성으로써 성품을 삼습니까? 안처, 나아가 의처도 무성으로써 성품을 삼습니까? 색처, 나아가 법처도 무성으로써 성품을 삼습니까? 안계, 나아가 의계도 무성으로써 성품을 삼습니까? 색계, 나아가 법계도 무성으로써 성품을 삼습니까? 안식계, 나아가 의식계도 무성으로써 성품을 삼습니까? 안촉, 나아가 의촉도 무성으로써 성품을 삼습니까? 안촉을 인연으로 생겨난 여러 수, 나아가 의촉을 인연으로 생겨난 여러 수도 무성으로써 성품을 삼습니까?

지계, 나아가 식계도 무성으로써 성품을 삼습니까? 인연, 나아가 증상연도 무성으로써 성품을 삼습니까? 무명, 나아가 노사도 무성으로써 성품을 삼습니까? 보시바라밀다, 나아가 반야바라밀다도 무성으로써 성품을 삼습니까? 내공, 나아가 무성자성공도 무성으로써 성품을 삼습니까? 진여, 나아가 부사의계도 무성으로써 성품을 삼습니까? 고·집·멸·도성제도 무성으로써 성품을 삼습니까? 4념주, 나아가 8성도지도 무성으로써 성품을 삼습니까? 4정려·4무량·4무색정도 무성으로써 성품을 삼습니까? 8해탈, 나아가 10변처도 무성으로써 성품을 삼습니까? 공·무상·무원해탈문도 무성으로써 성품을 삼습니까? 정관지, 나아가 여래지도 무성으로써 성품을 삼습니까?

극희지, 나아가 법운지도 무성으로써 성품을 삼습니까? 일체의 다라니문·삼마지문도 무성으로써 성품을 삼습니까? 5안·6신통도 무성으로써 성품을 삼습니까? 여래의 10력, 나아가 18불불공법도 무성으로써 성품을 삼습니까? 32대사상·80수호도 무성으로써 성품을 삼습니까? 무망실법·항주사성도 무성으로써 성품을 삼습니까? 일체지·도상지·일체상지도 무성으로써 성품을 삼습니까? 예류과, 나아가 독각의 보리도 무성으로써 성품을 삼습니까? 일체의 보살마하살의 행도 무성으로써 성품을 삼습니까? 제불의 무상정등보리도 무성으로써 성품을 삼습니까? 유위계도 무성으로써 성품을 삼습니까? 무위계도 무성으로써 성품을 삼습니까?"

세존께서 선현에게 알리셨다.

"다만 일체지지가 무성으로써 성품을 삼는 것이 아니고, 색·수·상·행·식도 무성으로써 성품을 삼으며, 나아가 유위계와 무위계도 무성으로써 성품을 삼느니라."

구수 선현이 다시 세존께 아뢰어 말하였다.

"무슨 인연으로 일체지지는 무성으로써 성품을 삼습니까? 색·수·상·행·식도 역시 무성으로써 성품을 삼습니까? 이와 같이 나아가, 유위계와 무위계도 역시 성으로써 성품을 삼습니까?"

세존께서 선현에게 알리셨다.

"일체지지는 자성(自性)이 없는 까닭이고, 만약 법에 자성이 없으면 이 법은 무성으로써 성품을 삼는 것이며, 색·수·상·행·식도 역시 자성이 없는 까닭이니, 만약 법에 자성이 없으면 이 법은 무성으로써 성품을 삼는 것이고, 이와 같이 나아가, 유위계와 무위계도 역시 자성이 없는 까닭이니, 만약 법에 자성이 없으면 이 법은 무성으로써 성품을 삼는 것이니라."

구수 선현이 다시 세존께 아뢰어 말하였다.

"무슨 인연으로 일체지지는 자성이 없습니까? 색·수·상·행·식도 역시 자성이 없습니까? 이와 같이 나아가, 유위계와 무위계도 역시 자성이 없습니까?"

세존께서 선현에게 알리셨다.

"일체지지는 화합(和合)하는 자성이 없는 까닭이니, 만약 법에 화합하는 자성이 없으면 이 법은 무성으로써 성품을 삼느니라. 색·수·상·행·식도 역시 화합하는 자성이 없는 까닭이니, 만약 법에 화합하는 자성이 없으면 이 법은 무성으로써 성품을 삼느니라. 이와 같이 나아가, 유위계와 무위계도 역시 화합하는 자성이 없는 까닭이니, 만약 법에 화합하는 자성이 없으면 이 법은 무성으로써 성품을 삼느니라. 선현이여. 오히려 이러한 인연으로 제보살마하살들은 일체법이 모두 무성으로써 성품을 삼는다고 상응하여 알아야 하느니라.

다시 다음으로 선현이여. 일체의 법은 모두가 공(空)으로써 자성을 삼고, 무상(無相)으로써 자성을 삼으며, 무원(無願)으로써 자성을 삼느니라. 선현이여. 오히려 이러한 인연으로 제보살마하살들은 일체법이 모두 무성으로써 성품을 삼는다고 상응하여 알아야 하느니라. 다시 다음으로 선현이여. 일체법은 모두가 진여(眞如)로써 자성을 삼고, 실제(實際)로써 자성을 삼으며, 법계(法界)로써 자성을 삼느니라. 선현이여. 오히려 이러한 인연으로 제보살마하살들은 일체법이 모두 무성으로써 성품을 삼는다고 상응하여 알아야 하느니라.

구수 선현이 세존께 아뢰어 말하였다.

"만약 일체법이 모두가 무성이라면, 처음으로 무상정등보리의 마음을 일으키는 보살마하살들은 무엇 등의 방편선교를 성취해야 능히 보시바라밀다, 나아가 반야바라밀다를 수행하여 유정들을 성숙시키고 불국토를 청정하게 장엄하며, 무엇 등의 방편선교를 성취해야 능히 내공, 나아가 무성자성공에 안주하여 유정들을 성숙시키고 불국토를 청정하게 장엄하며, 무엇 등의 방편선교를 성취해야 능히 진여, 나아가 부사의계에 안주하여 유정들을 성숙시키고 불국토를 청정하게 장엄하며, 무엇 등의 방편선교를 성취해야 능히 고·집·멸·도성제에 안주하여 유정들을 성숙시키고 불국토를 청정하게 장엄하며,

무엇 등의 방편선교를 성취해야 능히 4념주, 나아가 8성도지를 수행하여 유정들을 성숙시키고 불국토를 청정하게 장엄하며, 무엇 등의 방편선교를 성취해야 능히 4정려·4무량·4무색정을 수행하여 유정들을 성숙시키고 불국토를 청정하게 장엄하며, 무엇 등의 방편선교를 성취해야 능히 8해탈, 나아가 10변처를 수행하여 유정들을 성숙시키고 불국토를 청정하게 장엄하며, 무엇 등의 방편선교를 성취해야 능히 공·무상·무원해탈문을 수행하여 유정들을 성숙시키고 불국토를 청정하게 장엄하며, 무엇 등의 방편선교를 성취해야 능히 보살마하살의 지위를 수행하여 유정들을 성숙시키고 불국토를 청정하게 장엄하며,

무엇 등의 방편선교를 성취해야 능히 일체의 다라니문·삼마지문을 수행하여 유정들을 성숙시키고 불국토를 청정하게 장엄하며, 무엇 등의 방편선교를 성취해야 능히 5안·6신통을 수행하여 유정들을 성숙시키고 불국토를 청정하게 장엄하며, 무엇 등의 방편선교를 성취해야 능히 여래의 10력, 나아가 18불불공법을 수행하여 유정들을 성숙시키고 불국토를 청정하게 장엄하며, 무엇 등의 방편선교를 성취해야 능히 무망실법·항주사성을 수행하여 유정들을 성숙시키고 불국토를 청정하게 장엄하며, 무엇 등의 방편선교를 성취해야 능히 일체지·도상지·일체상지를 수행하여 유정들을 성숙시키고 불국토를 청정하게 장엄하며,

무엇 등의 방편선교를 성취해야 능히 일체의 보살마하살의 행을 수행하여 유정들을 성숙시키고 불국토를 청정하게 장엄하며, 무엇 등의 방편선교를 성취해야 능히 제불의 무상정등보리를 수행하여 유정들을 성숙시키고 불국토를 청정하게 장엄하며, 무엇 등의 방편선교를 성취해야 능히 일체지지를 수행하여 유정들을 성숙시키고 불국토를 청정하게 장엄합니까?"

세존께서 선현에게 알리셨다.

"이 보살마하살은 최고로 수승한 방편선교를 성취하였으므로 비록 일체법이 모두 무성으로써 성품을 삼는다고 알았으나, 항상 정근하면서 유정들을 성숙시키고 불국토를 청정하게 장엄하며, 비록 항상 정근하면서 유정들을 성숙시키고 불국토를 청정하게 장엄할지라도, 일체의 유정과 제불의 국토가 모두 무성으로써 성품을 삼지 않는 것이 없다고 통달하였느니라.

선현이여. 이 보살마하살은 비록 보시바라밀다, 나아가 반야바라밀다를 수행하고 보리도를 수학하였으나, 보시바라밀다, 나아가 반야바라밀다와 보리도가 모두 무성으로써 성품을 삼았다고 알며, 이와 같이 나아가, 일체지지를 수행하고 보리도를 수학하였으나, 일체지지와 보리도가 모두 무성으로써 성품을 삼았다고 아느니라.

선현이여. 이 보살마하살이 이와 같이 보시바라밀다, 나아가 반야바라밀다를 수행하고 보리도를 수학하며, [자세한 내용은 생략한다.] 나아가, 이와 같이 일체지지를 수행하고 보리도를 수학하며, 만약 여래의 10력·4무소외·4무애해·대자·대비·대희·대사·18불불공법과, 무망실법·항주사성과, 일체지·도상지·일체상지와, 나머지의 무량한 불법(佛法)을 성취하지 못하였다면, 모두가 보리도를 수학하여 원만하게 하지 못하였다고 이름하느니라. 만약 이러한 도를 수학하여 이미 원만함을 얻었다면, 오히려 한 찰나에 반야와 상응(相應)하고 곧 능히 일체지지를 증득하느니라.

그때 일체의 미세(微細)한 번뇌(煩惱)와 습기(習氣)의 상속(相續)이 영원히 생겨나지 않나니, 남김없이 단절하였다고 이름하고, 여래라고 하는 이름을 얻느니라. 다시 장애가 없는 청정한 불안(佛眼)으로서 시방삼세(十

方三世) 등의 법을 두루 관찰할지라도 오히려 없는 것을 얻을 수 없는데, 하물며 마땅히 있는 것을 얻을 수 있겠는가? 이와 같아서 선현이여. 제보살마하살은 상응하여 반야바라밀다를 수행하면서 일체법이 모두가 무성으로써 성품을 삼는다고 신해(信解)해야 하느니라. 선현이여. 이것이 보살마하살이 최고로 수승한 방편선교를 성취하는 것이라고 이름하는데 이를테면, 반야바라밀다를 수행하면서 일체법을 관찰한다면 오히려 없는 것을 얻을 수 없는데, 하물며 마땅히 있는 것을 얻을 수 있겠는가?

선현이여. 이 보살마하살이 보시바라밀다를 수행하는 때에, 이 보시에서 보시하는 자·보시받는 자·보시하는 물건·보시의 과보와 보리심이 오히려 없다고 보지 않는데, 하물며 마땅히 있다고 보겠는가? 이와 같이 나아가, 일체지지를 증득하는 때에, 일체지지에서 만약 증득하는 자이거나, 만약 증득되는 것이거나, 만약 오히려 이것을 증득하거나, 만약 이것을 증득하는 때와 처소를 오히려 없다고 보지 않는데, 하물며 마땅히 있다고 보겠는가?

그 까닭은 무엇인가? 선현이여. 이 보살마하살은 항상 '제법은 모두 무성으로써 성품을 삼는데, 이와 같은 무성은 여래께서 지었던 것이 아니고, 보살이 지었던 것이 아니며, 독각이 지었던 것이 아니고, 성문이 지었던 것도 아니며, 역시 나머지가 지었던 것도 아니다.'라고 이렇게 생각을 짓느니라. 일체법은 모두 짓는 자가 없고 짓는 자를 벗어난 까닭이니라."

구수 선현이 다시 세존께 아뢰어 말하였다.

"어찌 제법은 법성(法性)을 벗어나지 않았겠습니까?"

세존께서 선현에게 알리셨다.

"진실로 그러하니라. 제법은 법성을 벗어났느니라."

선현이 다시 물었다.

"만약 일체법이 법성을 벗어난 것이라면, 어찌하여 벗어난 법으로 능히 벗어난 법이 만약 있거나, 만약 없다고 알 수 있습니까? 세존이시여. 있는 법은 상응하여 능히 없는 법을 알지 못하고, 없는 법은 상응하여 능히 있는 법을 알지 못하며, 있는 법은 상응하여 능히 있는 법을 알지 못하고, 없는 법은 상응하여 능히 없는 법을 알지 못합니다. 세존이시여. 이와 같이 일체법은 모두 무지(無知)로써 성품을 삼는데, 어찌하여 보살마하살이 깊은 반야바라밀다를 수행하면서 제법의 가운데에서 여러 종류인

 이를테면, 색·수·상·행·식이 만약 있거나, 만약 없거나, 안처, 나아가 의처도 만약 있거나, 만약 없거나, 색처, 나아가 법처도 만약 있거나, 만약 없거나, 안계, 나아가 의계도 만약 있거나, 만약 없거나, 색계, 나아가 법계도 만약 있거나, 만약 없거나, 안식계, 나아가 의식계도 만약 있거나, 만약 없거나, 안촉, 나아가 의촉도 만약 있거나, 만약 없거나, 안촉을 인연으로 생겨난 여러 수, 나아가 의촉을 인연으로 생겨난 여러 수도 만약 있거나, 만약 없거나, 지계, 나아가 식계도 만약 있거나, 만약 없거나, 인연, 나아가 증상연도 만약 있거나, 만약 없거나, 무명, 나아가 노사도 만약 있거나, 만약 없거나, 보시바라밀, 나아가 반야바라밀다도 만약 있거나, 만약 없거나, 내공, 나아가 무성자성공도 만약 있거나, 만약 없거나,

 진여, 나아가 부사의계도 만약 있거나, 만약 없거나, 고·집·멸·도성제도 만약 있거나, 만약 없거나, 4념주, 나아가 8성도지도 만약 있거나, 만약 없거나, 4정려·4무량·4무색정도 만약 있거나, 만약 없거나, 8해탈, 나아가 10변처도 만약 있거나, 만약 없거나, 공·무상·무원해탈문도 만약 있거나, 만약 없거나, 정관지, 나아가 여래지도 만약 있거나, 만약 없거나, 극희지, 나아가 법운지도 만약 있거나, 만약 없거나, 일체의 다라니문·삼마지문도 만약 있거나, 만약 없거나, 5안·6신통도 만약 있거나, 만약 없거나, 여래의 10력, 나아가 18불불공법도 만약 있거나, 만약 없거나,

 32대사상·80수호도 만약 있거나, 만약 없거나, 무망실법·항주사성도 만약 있거나, 만약 없거나, 일체지·도상지·일체상지도 만약 있거나, 만약 없거나, 예류과, 나아가 독각의 보리도 만약 있거나, 만약 없거나, 일체의 보살마하살의 행도 만약 있거나, 만약 없거나, 제불의 무상정등보리도 만약 있거나, 만약 없거나, 유위계와 무위계도 만약 있거나, 만약 없다고

나타내어 보여줍니까?"

세존께서 선현에게 알리셨다.

"제보살마하살들이 깊은 반야바라밀다를 수행하면서 세속을 따르는 까닭으로 제법이 만약 있거나, 만약 없다고 나타내어 보여줄지라도 승의(勝義)를 따르지 않느니라."

선현이 다시 물었다.

"세속과 승의제에 차별되는 것이 있습니까?"

세존께서 선현에게 말씀하셨다.

"세속과 다른 별도의 승의가 있지 않느니라. 그 까닭은 무엇인가? 세속의 진여가 곧 이것이 승의이니라. 제유정의 부류들은 전도되고 허망하게 집착하면서 이러한 진여에서 알지 못하고 보지 못하므로, 제보살마하살들이 그들을 요익하게 하기 위한 까닭으로 세속의 상(相)을 따라서 제법이 만약 있거나, 만약 없다고 나타내어 보여줄지라도 승의(勝義)를 따르지 않느니라.

다시 다음으로 선현이여. 무량한 유정들은 온(蘊) 등의 법에 진실로 유상(有想)을 일으키거나, 혹은 진실로 무상(無想)을 일으키며, 제법이 있지 않고 없지 않다고 통달하지 못하였으므로, 제보살마하살들이 그들을 요익하게 하기 위한 까닭으로 온 등이 제법이 만약 있거나, 만약 없다고 나타내어 보여주면서 제유정들에게 이것을 인연하여 온 등의 제법이 있지도 않고 없지도 않다고 명료하게 통달시키려는 것이고, 진실로 유상(有相)과 무상(無相)을 집착하게 시키려는 것은 아니니라. 이와 같아서 선현이여. 제보살마하살들은 정근하여 정진하여 유상과 무상을 집착을 벗어나서 깊은 반야바라밀다를 수행해야 하느니라."

마하반야바라밀다경 제464권

70. 보살행품(菩薩行品)

그때 구수 선현이 세존께 아뢰어 말하였다.
"세존께서는 '보살은 보살행을 행하는 자이다.'라고 설하셨는데, 무슨 법을 보살행이라고 이름합니까?"
세존께서 선현에게 알리셨다.
"보살이 보살의 행을 행하는 자는 이를테면, 무상정등보리를 위하여 생사를 행하는 까닭으로 보살행이라고 이름하느니라."
구수 선현이 세존께 아뢰어 말하였다.
"세존이시여. 제보살마하살들은 마땅히 어느 처소에서 보살행을 행합니까?"
세존께서 말씀하셨다.
"제보살마하살들은 마땅히 색·수·상·행·식의 공(空)에서 보살행을 행하고, 마땅히 안처, 나아가 의처의 공에서 보살행을 행하며, 마땅히 색처, 나아가 법처의 공에서 보살행을 행하고, 마땅히 안계, 나아가 의계의 공에서 보살행을 행하며, 마땅히 색계, 나아가 법계의 공에서 보살행을 행하고, 마땅히 안식계, 나아가 의식계의 공에서 보살행을 행하며, 마땅히 안촉, 나아가 의촉의 공에서 보살행을 행하고, 마땅히 안촉을 인연으로 생겨난 여러 수, 나아가 의촉을 인연으로 생겨난 여러 수의 공에서 보살행을 행하며,
마땅히 지계, 나아가 식계의 공에서 보살행을 행하고, 마땅히 인연,

나아가 증상연의 공에서 보살행을 행하며, 마땅히 무명, 나아가 노사의
공에서 보살행을 행하고, 마땅히 보시바라밀다, 나아가 반야바라밀다에
의지하여 보살행을 행하며, 마땅히 내공, 나아가 무성자성공에 의지하여
보살행을 행하고, 마땅히 진여, 나아가 부사의계에 의지하여 보살행을
행하며, 마땅히 고·집·멸·도성제에 의지하여 보살행을 행하고, 마땅히
4념주, 나아가 8성도지에 의지하여 보살행을 행하며, 마땅히 4정려에
의지하여 보살행을 행하고, 마땅히 4무량에 의지하여 보살행을 행하며,
　마땅히 4무색정에 의지하여 보살행을 행하고, 마땅히 8해탈에 의지하
여 보살행을 행하며, 마땅히 9차제정에 의지하여 보살행을 행하고, 마땅히
10변처에 의지하여 보살행을 행하며, 마땅히 3해탈문에 의지하여 보살행
을 행하고, 마땅히 10지에 의지하여 보살행을 행하며, 마땅히 일체의
다라니문에 의지하여 보살행을 행하고, 마땅히 일체의 삼마지문에 의지하
여 보살행을 행하며, 마땅히 5안에 의지하여 보살행을 행하고, 마땅히
6신통에 의지하여 보살행을 행하며, 마땅히 여래의 10력에 의지하여
보살행을 행하고, 마땅히 4무소외에 의지하여 보살행을 행하며, 마땅히
대자·대비·대희·대사에 의지하여 보살행을 행하고, 마땅히 18불불공법
에 의지하여 보살행을 행하며,
　마땅히 무망실법·항주사성에 의지하여 보살행을 행하고, 마땅히 일체
지·도상지·일체상지에 의지하여 보살행을 행하며, 마땅히 불국토를 청정
하게 장엄하는 것에 의지하여 보살행을 행하고, 마땅히 일체의 유정들을
성숙시키는 것에 의지하여 보살행을 행하며, 마땅히 문자(文字)의 다라니
를 이끌어서 일으키는 것에 의지하여 보살행을 행하고, 마땅히 문자의
다라니를 깨달아 들어가는 것에 의지하여 보살행을 행하며, 마땅히 문자
가 없는 다라니를 깨달아 들어가는 것에 의지하여 보살행을 행하고,
마땅히 장애가 없는 변재를 이끌어서 일으키는 것에 의지하여 보살행을
행하며, 마땅히 유위계에 의지하여 보살행을 행하고, 마땅히 무위계에
의지하여 보살행을 행하느니라.
　선현이여. 제보살마하살들이 이와 같이 보살행을 수행하는 때에도,

제불의 무상정등보리와 같이 제법의 가운데에서 두 상(相)을 짓지 않느니라. 선현이여. 만약 보살마하살이 이와 같이 반야바라밀다를 수행하는 때에는 무상정등보리에서 보살행을 수행한다고 이름하느니라. 선현이여. 제보살마하살들이 이와 같이 보살행을 수행한다면 빠르게 무상정등보리를 증득하느니라."

그때 구수 선현이 세존께 아뢰어 말하였다.
"세존께서는 '불타(佛陀)'[1]라고 설하셨는데, 불타라는 것은 어느 의취(義趣)에 의하는 까닭으로 불타라고 이름하게 됩니까?"

세존께서 선현에게 알리셨다.
"'깨닫는다는 의취이고 진실한 의취이며 박가범(薄伽梵)[2]의 의취인 까닭으로 불타라고 이름하느니라. 다시 다음으로 선현이여. 여러 진실한 법에서 등정각(等正覺)을 나타내는 까닭으로 불타라고 이름하느니라. 다시 다음으로 선현이여. 진실한 법을 통달하는 까닭에 불타라 하느니라. 다시 다음으로 선현이여. 일체법에서 소유한 성품과 같고 소유한 성품이 전도(顚倒)가 없는 깨달음을 끝마쳤던 까닭으로 불타라고 이름하느니라. 다시 다음으로 선현이여. 널리 삼세(三世)와 무위법(無爲法)에 장애가 없는 지혜를 굴리는 까닭으로 불타라고 이름하느니라. 다시 다음으로 선현이여. 일체의 유정을 여실하게 열어서 깨우쳐 주고 전도를 벗어나게 하는 까닭으로 불타라고 이름하느니라."

그때 구수 선현이 세존께 아뢰어 말하였다.
"세존께서는 '보리(菩提)'[3]라고 설하셨는데, 보리라는 것은 어느 의취에 의하는 까닭으로 보리라고 이름하게 됩니까?"

세존께서 선현에게 알리셨다.

---

1) 산스크리트어 Buddha의 음사이고, '불(佛)', '각자(覺者)', '지자(智者)' 등으로 번역한다.
2) 산스크리트어 Bhagavān의 음사이고, '세존(世尊)', '유덕(有德)', '능파(能破)' 등으로 번역한다.
3) 산스크리트어 bodhi의 음사이다.

"보리라는 이것은 공(空)의 의취이고, 이것은 진여(眞如)의 의취이며, 이것은 실제(實際)의 의취이고, 이것은 법성(法性)의 의취이며, 이것은 법계(法界)의 의취이니라. 다시 다음으로 선현이여. 명자(名字)와 상(相)을 가립(假立)하고 언설(言說)을 시설(施設)하며, 능히 진실하게 최상이고 수승하며 미묘한 까닭으로 보리라고 이름하느니라. 다시 다음으로 선현이여. 파괴할 수 없는 의취가 보리의 의취이고, 분별이 없는 의취인 이것이 보리의 의취이니라.

다시 다음으로 선현이여. 이것은 진실이고 이것은 실제이며 허망하지 않고 변이(變異)하지 않는 까닭으로 보리라고 이름하느니라. 다시 다음으로 선현이여. 오직 가립한 명자와 상을 진실로 얻을 수 없는 까닭으로 보리라고 이름하느니라. 다시 다음으로 선현이여. 제불께서 소유한 진실하고 청정함을 변각(遍覺)[4]을 까닭으로 보리라고 이름하느니라. 다시 다음으로 선현이여. 제불께서 오히려 이것으로 일체법과 일체 종류의 상에서 등정각을 나타내시는 까닭으로 보리라고 이름하느니라."

그때 구수 선현이 세존께 아뢰어 말하였다.

"세존이시여. 제보살마하살들이 보리를 위한 까닭으로 6바라밀다, 나아가 일체지지를 수행하는 때에 무엇 등의 법이 이익이 되고 손해가 되며 증장이 되고 감소가 되며 태어남이 되고 소멸함이 되며 염오가 되고 청정함이 됩니까?"

세존께서 선현에게 알리셨다.

"제보살마하살들이 보리를 위한 까닭으로 6바라밀다, 나아가 일체지지를 수행하는 때에 일체법은 이익이 없고 손해가 없으며 증장이 없고 감소가 없으며 태어남이 없고 소멸함이 없으며 염오가 없고 청정함이 없느니라. 왜 그러한가? 이 보살마하살들은 보리를 위한 까닭으로 깊은 반야바라밀다를 수행하는 때에 일체법에서 모두 소연(所然)이 없는 것으로써 방편을 삼으므로, 이익과 손해를 위하여 앞에 있으면서 나타내지

---

4) 정변지(正遍知)를 다르게 부르는 말이다.

않고, 증장과 감소를 위하여 앞에 있으면서 나타내지 않으며, 태어남과 소멸함을 위하여 앞에 있으면서 나타내지 않고, 염오와 청정함을 위하여 앞에 있으면서 나타내지 않는 까닭이니라."

구수 선현이 세존께 아뢰어 말하였다.

"제보살마하살들이 보리를 위한 까닭으로 6바라밀다, 나아가 일체지지를 수행하는 때에 일체법에서 모두 소연이 없는 것으로써 방편으로 삼아서 이익과 손해를 위하여 앞에 있으면서 나타내지 않고, 증장과 감소를 위하여 앞에 있으면서 나타내지 않으며, 태어남과 소멸함을 위하여 앞에 있으면서 나타내지 않고, 염오와 청정함을 위하여 앞에 있으면서 나타내지 않는다면, 이 보살마하살이 깊은 반야바라밀다를 수행하는 때에 어찌하여 보시바라밀, 나아가 반야바라밀다를 섭수(攝受)합니까? 어찌하여 내공, 나아가 무성자성공을 섭수합니까? 어찌하여 진여, 나아가 부사의계를 섭수합니까?

어찌하여 고·집·멸·도성제를 섭수합니까? 어찌하여 4념주, 나아가 8성도지를 섭수합니까? 어찌하여 4정려·4무량·4무색정을 섭수합니까? 어찌하여 8해탈, 나아가 10변처를 섭수합니까? 어찌하여 공·무상·무원해탈문을 섭수합니까? 어찌하여 제보살들의 지위를 섭수합니까? 어찌하여 5안·6신통을 섭수합니까? 어찌하여 여래의 10력, 나아가 18불불공법을 섭수합니까? 어찌하여 무망실법·항주사성을 섭수합니까?, 어찌하여 일체지·도상지·일체상지를 섭수합니까? 어찌하여 성문·독각지를 초월하여 보살의 정성이생에 나아가서 들어가고 점차로 일체지지를 증득합니까?"

세존께서 선현에게 알리셨다.

"선현이여. 제보살마하살들이 깊은 반야바라밀다를 수행하는 때에 두 가지의 까닭으로써 6바라밀다를 섭수하면서 수행하지 않고, 나아가 두 가지의 까닭으로써 점차로 일체지지를 증득하지 않느니라."

구수 선현이 다시 세존께 아뢰어 말하였다.

"만약 보살마하살이 깊은 반야바라밀다를 수행하는 때에 두 가지의 까닭으로써 6바라밀다를 섭수하면서 수행하지 않고, 나아가 두 가지의 까닭으로써 점차로 일체지지를 증득하지 않는다면, 어찌하여 보살마하살들은 초발심부터 나아가 뒤의 마음에 이르기까지 항상하는 때에 일체의 선법을 증장시킵니까?"

세존께서 선현에게 알리셨다.

"만약 보살마하살이 두 가지의 까닭으로써 수행한다면 곧 여러 선법이 증장을 얻지 못하느니라. 왜 그러한가? 어리석은 범부인 이생들은 모두가 두 가지를 의지하는 까닭으로 선법을 일으켰던 것이 증장을 얻지 못하느니라. 만약 보살마하살은 두 가지의 까닭으로 수행하지 않는다면 초발심부터 뒤의 마음에 이르기까지 항상하는 때에 일체의 선법이 증장하느니라. 이러한 까닭으로 선현이여. 제보살마하살들의 선근이 견고하다면 세간의 천인·인간·아소락 등이 능히 훼자(毁呰)하고 파괴하여 성문·독각지에 떨어뜨리지 못하고, 세간의 여러 악한 불선법(不善法)이라도 6바라밀다, 나아가 일체지지에서 수행하는 때에 소유한 선법이 증장하지 못하게 능히 제어하여 굴복시키지 못하느니 이와 같이 선현이여. 제보살마하살들은 무이(無二)인 매우 깊은 반야바라밀다를 상응하여 수행해야 하느니라."

구수 선현이 세존께 아뢰어 말하였다.

"세존이시여. 제보살마하살들은 선근(善根)을 위한 까닭으로 깊은 반야바라밀다를 수행합니까?"

세존께서 선현에게 알리셨다.

"그렇지 않으니라. 제보살마하살들은 선근을 위한 까닭으로 깊은 반야바라밀다를 수행하지 않고, 불선근(不善根)을 위한 까닭으로 깊은 반야바라밀다를 수행하지 않느니라. 왜 그러한가? 제보살마하살들의 법은 이와 같이 상응하느니라. 만약 제불·세존께 친근하지 않았거나, 만약 여러 선근이 지극히 원만하지 않았거나, 만약 진실하고 선한 벗에게 많이 섭수되지 않았다면, 결국 일체지지를 능히 증득하지 못하느니라.

구수 선현이 다시 세존께 아뢰어 말하였다.

"어찌하여 보살마하살들이 제불께 친근하고 선근이 원만하며 진실하고 선한 벗에게 섭수되는 것이라면, 빠르게 능히 일체지지를 증득합니까?"

세존께서 말씀하셨다.

"선현이여. 제보살마하살들이 초발심부터 여래·응공·정등각들께 친근하고 정법인 이를테면, 계경(契經), 나아가 논의(論議)를 듣고, 이미 들었다면 수지하며 자주자주 익히고 수습하여 잘 예리하게 통달하고, 이미 잘 예리하게 통달하였다면 사유하고 관찰하며, 이미 관찰하였다면 깊은 의취(意趣)를 보아야 하고, 이미 의취를 보았다면 다시 잘 통달하고, 이미 잘 통달하였다면 다라니를 얻고 장애가 없는 변재를 일으켜서 일체지지를 증득해야 하며, 태어나는 처소를 따라서 들었던 것에서 수지하고 정법의 교계와 의취를 항상 잊어버리지 않고, 제불의 처소에서 많은 종류의 선근을 심는데, 오히려 선근의 힘에 섭수되었던 까닭으로 악취(惡趣)에 떨어져서 한가로움이 없는 가운데에 태어나지 않느니라.

다시 오히려 선근의 힘에 섭수되었던 까닭으로 의요(意樂)가 청정하고, 청정한 의요의 힘에 섭수되었던 까닭으로 항상 능히 전도가 없고 유정들을 성숙시키며 불국토를 청정하게 장엄하느니라. 다시 오히려 선근의 힘에 섭수되었던 까닭으로 항상 진실하고 선한 벗인 이를테면, 제여래·응공·정등각과 제보살마하살들과 독각·성문들과 아울러 불·법·승을 능히 찬탄하는 자들을 멀리 벗어나지 않느니라. 이와 같아서 선현이여. 제보살마하살들이 제불께 친근하고 선근을 원만하며 진실하고 선한 벗들에게 많은 섭수된다면 일체지지를 빠르게 증득하느니라.

이러한 까닭으로 선현이여. 제보살마하살들이 깊은 반야바라밀다를 수행하는 때에 일체지지를 빠르게 증득하고자 한다면 마땅히 정근하면서 정진하고 제불께 친근하고, 선근을 심었던 것에서 원만하게 섭수하며, 선한 벗을 받들어 섬기면서 싫증과 해태가 생겨나지 않아야 하느니라."

71. 친근품(親近品)

　그때 구수 선현이 세존께 아뢰어 말하였다.
　"세존이시여. 만약 보살마하살이 제불께 친근하지 않고 선근을 원만하게 하지 않으며, 선한 벗을 받들어 섬기지 않는다면, 이 보살마하살은 어찌 능히 일체지지를 얻지 못합니까?"
　세존께서 선현에게 알리셨다.
　"만약 보살마하살이 제불께 친근하지 않고 선근을 원만하게 하지 않으며, 선한 벗을 받들어 섬기지 않는다면, 오히려 보살마하살이라고 이름할 수 없는데, 어찌 능히 일체지지를 증득하겠는가? 그 까닭은 무엇인가? 혹은 보살마하살이 있어서 친근하고 선근을 원만하게 하며, 선한 벗을 받들어 섬길지라도, 오히려 능히 일체지지를 증득할 수 없는데, 하물며 제불께 친근하지 않고 선근을 원만하게 하지 않으며, 선한 벗을 받들어 섬기지 않는데, 능히 일체지지를 증득할 수 있겠는가? 그들이 만약 일체지지를 증득하는 이러한 처소는 없느니라.
　이러한 까닭으로 선현이여. 만약 보살마하살이 보살마하살이라고 부르는 이름을 얻고자 하거나, 일체지지를 빠르게 증득하고자 한다면 항상 상응하여 제불·세존께 친근하고 선근을 원만하게 하며, 선한 벗을 받들어 섬기면서 싫증과 해태가 생겨나지 않아야 하느니라."
　구수 선현이 다시 세존께 아뢰어 말하였다.
　"무슨 인연으로써 보살마하살이 있어서 제불께 친근하고 선근을 원만하게 하며, 선한 벗을 받들어 섬길지라도 능히 일체지지를 얻을 수 없습니까?"
　세존께서 선현에게 알리셨다.
　"그 보살마하살은 방편선교의 힘을 멀리 벗어난 까닭으로 제불께 친근하고 선근을 원만하게 하며, 선한 벗을 받들어 섬길지라도 능히 일체지지를 얻을 수 없는데 이를테면, 그 보살마하살은 제불과 여러 선한 벗들을 따라서 수승한 방편선교를 설하는 것을 듣지 못한 까닭으로 제불께 친근하고 선근을 원만하게 하며, 선한 벗을 받들어 섬길지라도 능히 일체지지를 얻지 못하느니라."

구수 선현이 세존께 아뢰어 말하였다.

"무엇 등을 방편선교라고 이름하고, 제보살마하살들이 이와 같은 방편선교의 여러 소유를 성취한다면 결정적으로 일체지지를 증득합니까?"

세존께서 선현에게 알리셨다.

"만약 보살마하살이 초발심부터 보시바라밀다를 수행하는 때에 일체지지에 상응하는 작의(作意)로써, 혹은 제불께 보시하거나, 혹은 보살들에게 보시하거나, 혹은 독각들에게 보시하거나, 혹은 성문들에게 보시하거나, 혹은 여러 나머지의 사문들과 바라문들에게 보시하거나, 혹은 외도로서 범행을 닦는 자에게 보시하거나, 혹은 빈궁한 자·길을 걷는 자·고행하는 자·구걸하는 자에게 보시하거나, 혹은 일체의 인간이나 인비인(人非人) 등에게 보시한다면, 이 보살마하살이 이와 같은 일체지지에 상응하는 작의를 성취한 까닭으로 비록 보시할지라도 보시한다는 생각이 없고 보시받는 자라는 생각이 없으며, 역시 일체서 아(我)·아소(我所)라는 생각도 없느니라.

그 까닭은 무엇인가? 이 보살마하살은 일체법의 자상(自相)이 모두 공하고 실제가 없으며 성취가 없고 전전함이 없으며 소멸함이 없으므로 제법에 들어가는 상이라고 관찰하고, 일체법은 지을 수 없고 능히 제행에 들어갈 수 없는 상이라고 아느니라. 이 보살마하살이 이와 같은 방편선교를 성취하여 항상하는 때에 각분(覺分)[5]인 선근을 증장(增長)시키나니, 오히려 이러한 선근이 항상 증장하는 까닭으로 보시바라밀다를 행하여 유정들을 성숙시키고, 불국토를 청정하게 장엄하느니라. 비록 보시를 행할지라도 보시로 얻는 과보를 간절하게 구하지 않는데 이를테면, 애락(愛樂)하는 경계와 수승하게 태어나는 처소로 회향하지 않고, 오직 구호(救

---

5) 칠각지(七覺支)를 다르게 부르는 말이다.

護)할 자가 없는 자를 구호하며, 더불어 해탈하지 못한 자를 해탈시키기 위하여 보시바라밀다를 수행하느니라.

다시 다음으로 선현이여. 보살마하살이 초발심부터 정계바라밀다를 수행하는 때에 일체지지에 상응하는 작의로써 정계를 수학(修學)한다면, 마음이 항상 탐욕·진에·우치 등의 수면(隨眠)[6]과 전박(纏縛)[7]을 일으키지 않고, 역시 다시 보리(菩提)를 능히 장애하는 나머지의 불선법인 이를테면, 간탐(慳貪)·악한 계율(惡戒)·분노와 성냄(忿恚)·해태(懈怠)·열등한 마음(劣心)·어지러운 마음(亂心)·악한 지혜(惡慧)·여러 오만(慢)·지나친 오만(過慢)·극심한 오만(慢過慢)·아만(我慢)·증상만(增上慢)·열등한 오만(卑慢)·삿된 오만(邪慢)과 성문이나 독각에 상응하는 작의도 일으키지 않느니라.

그 까닭은 무엇인가? 이 보살마하살은 일체법의 자상이 모두 공하고 실제가 없으며 성취가 없고 전전함이 없으며 소멸함이 없으므로 제법에 들어가는 상이라고 관찰하고, 일체법은 지을 수 없고 능히 제행에 들어갈 수 없는 상이라고 아느니라. 이 보살마하살이 이와 같은 방편선교를 성취하여 항상하는 때에 각분인 선근을 증장시키나니, 오히려 이러한 선근이 항상 증장하는 까닭으로 정계바라밀다를 행하여 유정들을 성숙시키고, 불국토를 청정하게 장엄하느니라. 비록 정계를 행할지라도 정계로 얻는 과보를 간절하게 구하지 않는데 이를테면, 애락하는 경계와 수승하게 태어나는 처소로 회향하지 않고, 오직 구호할 자가 없는 자를 구호하며, 더불어 해탈하지 못한 자를 해탈시키기 위하여 정계바라밀다를 수행하느니라.

다시 다음으로 선현이여. 보살마하살이 초발심부터 안인바라밀다를 수행하는 때에 일체지지에 상응하는 작의로써 안인을 수학한다면, 이 보살마하살은 스스로의 목숨을 보호하는 인연에 이를지라도, 항상 한

---

6) 산스크리트어 anuśaya의 번역이고, 마음을 따라서 일어나는 근본번뇌와 수번뇌로 분류하는 때에 근본번뇌의 다른 이름이다.
7) 번뇌를 가리키는데, 중생의 몸과 마음을 얽고 묶어서 자유롭지 못하게 한다는 뜻이다.

생각이라도 분노하고 성내거나, 악한 말로 원한(怨恨)을 갚으려는 마음을 일으키지 않느니라. 가사(假使) 누가 와서 그 목숨을 해치려고 하거나, 재물과 보배를 겁탈(劫奪)하려고 하거나, 아내의 방을 침입하여 능욕하려고 하거나, 속이고 모함하며 꾸짖고 모욕하거나, 소통하지 않으면서 업신여기거나, 혹은 때리거나, 혹은 찌르거나, 혹은 베거나, 혹은 자르는 등의 여러 종류의 요익하지 않은 일을 가해(加害)할지라도, 그 유정들에게 결국 분노하고 원망하는 마음이 없고, 오직 그에게 이익과 안락을 구하면서 짓느니라.

그 까닭은 무엇인가? 이 보살마하살은 일체법의 자상이 모두 공하고 실제가 없으며 성취가 없고 전전함이 없으며 소멸함이 없으므로 제법에 들어가는 상이라고 관찰하고, 일체법은 지을 수 없고 능히 제행에 들어갈 수 없는 상이라고 아느니라. 이 보살마하살이 이와 같은 방편선교를 성취하여 항상의 때에 각분인 선근을 증장시키나니, 오히려 이러한 선근이 항상 증장하는 까닭으로 안인바라밀다를 행하여 유정들을 성숙시키고, 불국토를 청정하게 장엄하느니라. 비록 안인을 행할지라도 안인으로 얻는 과보를 간절하게 구하지 않는데 이를테면, 애락하는 경계와 수승하게 태어나는 처소로 회향하지 않고, 오직 구호할 자가 없는 자를 구호하며, 더불어 해탈하지 못한 자를 해탈시키기 위하여 안인바라밀다를 수행하느니라.

다시 다음으로 선현이여. 보살마하살이 초발심부터 정진바라밀다를 수행하는 때에 일체지지에 상응하는 작의로써 정근(正勤)을 일으켜서 용맹(勇猛)하고 두려움(怯)이 없으며, 해태(懈怠)하고 하열(下劣)한 마음을 멀리 벗어나며 보리를 구하기 위하여 여러 고통을 꺼리지 않고 여러 선법을 수행할지라도 해태와 멈춤이 없느니라.

그 까닭은 무엇인가? 이 보살마하살은 일체법의 자상이 모두 공하고 실제가 없으며 성취가 없고 전전함이 없으며 소멸함이 없으므로 제법에 들어가는 상이라고 관찰하고, 일체법은 지을 수 없고 능히 제행에 들어갈 수 없는 상이라고 아느니라. 이 보살마하살이 이와 같은 방편선교를 성취하여 항상의 때에 각분인 선근을 증장시키나니, 오히려 이러한 선근이 항상 증장하는 까닭으로 정진바라밀다를 행하여 유정들을 성숙시키고, 불국토를 청정하게 장엄하느니라. 비록 정진을 행할지라도 정진으로 얻는 과보를 간절하게 구하지 않는데 이를테면, 애락하는 경계와 수승하게 태어나는 처소로 회향하지 않고, 오직 구호할 자가 없는 자를 구호하며, 더불어 해탈하지 못한 자를 해탈시키기 위하여 정진바라밀다를 수행하느니라.

다시 다음으로 선현이여. 보살마하살이 초발심부터 정려바라밀다를 수행하는 때에 일체지지에 상응하는 작의로써 일체의 정려를 수학하나니, 이 보살마하살은 눈으로 여러 색깔을 보고, 귀로 여러 소리를 들으며, 코로 여러 냄새를 맡고, 혀로 여러 맛을 맛보며, 몸으로 여러 촉감을 느끼고, 뜻으로 제법을 명료하게 알았을지라도, 제상(諸相)을 취하지 않고, 따라서 좋아하는 것을 취하지 않으며, 나아가서 이 처소에서 여러 근(諸根)을 방호(防護)하여 방일하지 않게 머무르고 세간의 탐욕과 근심 등의 불선법과 여러 번뇌(煩惱)와 번민(漏)을 일으키지 않으며, 오로지 정려를 생각하고 수행하면서 여러 근을 방호하느니라.

이 보살마하살은 만약 다니거나, 만약 머무르거나, 만약 앉거나, 만약 눕거나, 만약 말하거나, 만약 침묵할지라도, 항상 수승한 사마타(奢摩他)[8]를 멀리 벗어나지 않고, 여러 종류의 잡스럽고 번뇌(雜穢)의 제법을 멀리 벗어나며, 몸과 마음이 적정(寂靜)하여 다른 위의(威儀)와 궤칙(軌則)이 없고, 행하였던 것은 잘 조복되지 않은 것이 없으며, 마음이 항상 안정(安定)되어 분별하는 것이 없느니라.

그 까닭은 무엇인가? 이 보살마하살은 일체법의 자상이 모두 공하고 실제가 없으며 성취가 없고 전전함이 없으며 소멸함이 없으므로 제법에 들어가는 상이라고 관찰하고, 일체법은 지을 수 없고 능히 제행에 들어갈

---

8) 산스크리트어 Samatha의 음사이고, '지(止)', '적정(寂靜)'으로 번역한다. 신라의 원측(圓測)은 해심밀경소에서 '사마타는 마음이 어떤 한 대상에 머물도록 하는 것'이라고 주석하고 있다.

수 없는 상이라고 아느니라. 이 보살마하살이 이와 같은 방편선교를 성취하여 항상의 때에 각분인 선근을 증장시키나니, 오히려 이러한 선근이 항상 증장하는 까닭으로 정려바라밀다를 행하여 유정들을 성숙시키고, 불국토를 청정하게 장엄하느니라. 비록 정려를 행할지라도 정려로 얻는 과보를 간절하게 구하지 않는데 이를테면, 애락하는 경계와 수승하게 태어나는 처소로 회향하지 않고, 오직 구호할 자가 없는 자를 구호하며, 더불어 해탈하지 못한 자를 해탈시키기 위하여 정려바라밀다를 수행하느니라.

다시 다음으로 선현이여. 보살마하살이 초발심부터 반야바라밀다를 수행하는 때에 일체지지에 상응하는 작의로써 미묘한 지혜를 수학한다면, 이 보살마하살은 여러 악한 지혜를 벗어나고, 다른 지혜들이 마음을 능히 이끌지 못하게 하며, 아·아소의 집착이라는 것도 일으키지 않고, 나라는 아견(我見)·유정견(有情見), 나아가 지자견(知者見)·견자견(見者見)·여러 악한 견취(惡見趣)9)를 멀리 벗어나며, 교만을 멀리 벗어나서 분별이 없어지면 여러 종류의 수승한 선근을 일으키느니라.

그 까닭은 무엇인가? 이 보살마하살은 일체법의 자상이 모두 공하고 실제가 없으며 성취가 없고 전전함이 없으며 소멸함이 없으므로 제법에 들어가는 상이라고 관찰하고, 일체법은 지을 수 없고 능히 제행에 들어갈 수 없는 상이라고 아느니라. 이 보살마하살이 이와 같은 방편선교를 성취하여 항상의 때에 각분인 선근을 증장시키나니, 오히려 이러한 선근이 항상 증장하는 까닭으로 반야바라밀다를 행하여 유정들을 성숙시키고, 불국토를 청정하게 장엄하느니라. 비록 반야를 행할지라도 반야로 얻는 과보를 간절하게 구하지 않는데 이를테면, 애락하는 경계와 수승하게 태어나는 처소로 회향하지 않고, 오직 구호할 자가 없는 자를 구호하며, 더불어 해탈하지 못한 자를 해탈시키기 위하여 반야바라밀다를 수행하느니라.

---

9) 분별하는 견해를 가리킨다.

다시 다음으로 선현이여. 만약 보살마하살이 초발심부터 반야바라밀다를 수행하는 때에 일체지지에 상응하는 작의로써 4정려·4무량·4무색정에 들어가나니, 이 보살마하살이 비록 정려·무량·무색정에 들어가거나 나오면서 자재할지라도 그 과보의 이숙(異熟)을 섭수하지 않느니라. 그 까닭은 무엇인가? 이 보살마하살이 최고로 수승한 방편선교를 성취하고 여러 정려·무량·무색정의 자상이 모두 공하고 실제가 없으며 성취가 없고 전전함이 없으며 소멸함이 없다고 관찰하고, 일체법은 지을 수 없고 능히 제행에 들어갈 수 없는 상이라고 아느니라. 이 보살마하살이 이와 같은 방편선교를 성취하여 항상의 때에 각분(覺分)인 선근을 증장시키나니, 오히려 이러한 선근이 항상 증장하는 까닭으로 정려·무량·무색정을 행하고, 정려·무량·무색정을 행하는 까닭에 자유로이 유정을 이루어주고, 불국토를 장엄하느니라.

이 보살마하살이 이와 같은 방편선교를 성취하여 항상의 때에 각분인 선근을 증장시키나니, 오히려 이러한 선근이 항상 증장하는 까닭으로 정려·무량·무색정을 행하여 유정들을 성숙시키고, 불국토를 청정하게 장엄하느니라.

다시 다음으로 선현이여. 만약 보살마하살이 초발심부터 반야바라밀다를 수행하는 때에 일체지지에 상응하는 작의로써 일체의 보리분법(菩提分法)을 수학하는데, 이와 같은 방편선교를 성취한다면, 비록 수소단법(修所斷法)의 도(道)를 보고 행할지라도, 예류·일래·불환·아라한과와 독각의 보리를 취하지 않느니라. 그 까닭은 무엇인가? 이 보살마하살은 일체법의 자상이 모두 공하고 실제가 없으며 성취가 없고 전전함이 없으며 소멸함이 없으므로 제법에 들어가는 상이라고 관찰하고, 일체법은 지을 수 없고 능히 제행에 들어갈 수 없는 상이라고 아느니라.

이 보살마하살이 이와 같은 방편선교를 성취하여 항상의 때에 각분인 선근을 증장하는 까닭으로, 오히려 능히 일체의 보리분법을 행하여 성문·독각지를 초월하여 보살의 정성이생에 들어가느니라. 이것을 보살의 무생법인이라고 이름하며, 오히려 이러한 법인을 까닭으로 항상 능히 자재하게 유정들을 성숙시키고, 불국토를 청정하게 장엄하느니라.
　다시 다음으로 선현이여. 보살마하살이 반야바라밀다를 수행하는 때에 일체지지에 상응하는 작의로써 8해탈·8승처·9차제정·10변처에 자재하게 수순하고 역순하면서 들어가고 나오면서 방편선교를 성취할지라도, 예류·일래·불환·아라한과와 독각의 보리를 취하지 않느니라. 이 보살마하살은 일체법의 자상이 모두 공하고 실제가 없으며 성취가 없고 전전함이 없으며 소멸함이 없으므로 제법에 들어가는 상이라고 관찰하고, 일체법은 지을 수 없고 능히 제행에 들어갈 수 없는 상이라고 아느니라.
　이 보살마하살이 이와 같은 방편선교를 성취하여 항상의 때에 각분인 선근을 증장시키나니, 오히려 이러한 선근이 항상 증장하는 까닭으로 정려·무량·무색정을 행하여 유정들을 성숙시키고, 불국토를 청정하게 장엄하며, 보살의 정생이생에 들어가서 수기(受記)의 법인을 얻느니라.
　다시 다음으로 선현이여. 보살마하살이 반야바라밀다를 수행하는 때에 일체지지에 상응하는 작의로써 여래의 10력·4무소외·4무애해·대자·대비·대희·대사·18불불공법 등의 무량하고 무변한 제불의 공덕을 정진하여 수행하면서 나아가 유정을 성숙시키고 불국토를 청정하게 장엄하는 일이 구족되지 않으면 오히려 일체지지를 증득하지 않느니라. 그 까닭은 무엇인가? 이 보살마하살은 일체법의 자상이 모두 공하고 실제가 없으며 성취가 없고 전전함이 없으며 소멸함이 없으므로 제법에 들어가는 상이라고 관찰하고, 일체법은 지을 수 없고 능히 제행에 들어갈 수 없는 상이라고 아느니라.
　이 보살마하살이 이와 같은 방편선교를 성취하여 항상의 때에 각분인 선근을 증장시키나니, 오히려 이러한 선근이 항상 증장하는 까닭으로 곧 능히 원만해져서 유정들을 성숙시키고, 불국토를 청정하게 장엄하며, 점차로 일체지지를 증득하느니라. 선현이여. 이와 같다면 방편선교라고 이름하느니라. 만약 보살마하살이 이와 같은 방편선교를 성취한다면 제유정들이 하였던 것에서 결정적으로 능히 일체지지를 증득하느니라. 이와 같이 최고로 수승한 방편선교는 모두가 오히려 반야바라밀다로 성취를 얻느니라.

　이러한 까닭으로 선현이여. 제보살마하살들은 마땅히 매우 깊은 반야바라밀다를 상응하여 정근하고 수행하면서 제유정들이 하였던 것에서 과보(果報)를 간절히 구하지 않아야 하느니라. 만약 능히 이와 같은 매우 깊은 반야바라밀다를 정근하면서 수행한다면 빠르게 일체지지를 증득하느니라.”

72. 변학품(遍學品)(1)

　그때 구수 선현이 세존께 아뢰어 말하였다.
　"세존이시여. 보살마하살이 이와 같이 최고로 수승한 깨달음과 지혜(覺慧)를 성취한다면, 비록 능히 청정하고 깊은 법을 섭수하여 행할지라도 수승한 과보를 섭수하지 않습니다.”
　세존께서 선현에게 알리셨다.
　"그와 같으니라. 그와 같으니라. 그대가 말한 것과 같으니라. 제보살마하살들이 이와 같이 최고로 수승한 깨달음과 지혜를 성취한다면, 비록 능히 청정하고 깊은 법을 섭수하여 행할지라도 수승한 과보를 섭수하지 않느니라. 왜 그러한가? 이 보살마하살은 법의 자성에서 능히 요동(搖動)하지 않는 까닭이니라.”
　구수 선현이 세존께 아뢰어 말하였다.
　"세존이시여. 이 보살마하살은 어찌 법의 자성에서 요동하지 않습니까?”
　세존께서 선현에게 말씀하셨다.
　"이 보살마하살은 무성(無性)의 자성에서 요동하지 않느니라.”
　구수 선현이 세존께 아뢰어 말하였다.

"이 보살마하살은 어찌 무성의 자성에서 요동하지 않습니까?"

세존께서 선현에게 알리셨다.

"이 보살마하살은 능히 색의 자성에서 요동하지 않고, 능히 수·상·행·식의 자성에서 요동하지 않으며, 능히 안처, 나아가 의처의 자성에서 요동하지 않고, 능히 색처, 나아가 법처의 자성에서 요동하지 않으며, 능히 안계, 나아가 의계의 자성에서 요동하지 않고, 능히 색계, 나아가 법계의 자성에서 요동하지 않으며, 능히 안식계, 나아가 의식계의 자성에서 요동하지 않고, 능히 안촉, 나아가 의촉의 자성에서 요동하지 않으며, 능히 안촉을 인연으로 생겨난 여러 수, 나아가 의촉을 인연으로 생겨난 여러 수의 자성에서 요동하지 않고, 능히 지계, 나아가 식계의 자성에서 요동하지 않으며, 능히 보시바라밀다, 나아가 반야바라밀다의 자성에서 요동하지 않고, 능히 4정려·4무량·4무색정의 자성에서 요동하지 않으며, 능히 4념주, 나아가 8성도지의 자성에서 요동하지 않고, 능히 3해탈문의 자성에서 요동하지 않으며, 능히 8해탈·9차제정의 자성에서 요동하지 않고, 능히 여래의 10력, 나아가 18불불공법의 자성에서 요동하지 않으며, 이와 같이 나아가, 능히 일체지지의 자성에서 요동하지 않으며, 능히 유위계의 자성에서 요동하지 않고, 능히 무위계의 자성에서 요동하지 않느니라.

그 까닭은 무엇인가? 이와 같은 제법은 곧 이것이 무성이고, 제보살마하살들은 이러한 무성의 자성에서 요동하지 않나니, 무성은 능히 무성을 나타내면서 증득하지 못하느니라."

구수 선현이 세존께 아뢰어 말하였다.

"세존이시여. 유성(有性)의 법은 능히 유성을 나타내면서 증득할 수 있습니까?"

세존께서 말씀하셨다.

"그렇지 않으니라."

"세존이시여. 무성의 법은 능히 유성을 나타내면서 증득할 수 있습니까?"

세존께서 말씀하셨다.

"그렇지 않으니라."

"세존이시여. 유성의 법은 능히 무성을 나타내면서 증득할 수 있습니까?"

세존께서 말씀하셨다.

"그렇지 않으니라."

"세존이시여. 무성의 법은 능히 무성을 나타내면서 증득할 수 있습니까?"

세존께서 말씀하셨다.

"그렇지 않으니라."

"세존이시여. 만약 그와 같다면 역시 상응하여 유성으로 능히 유성을 나타내면서 관찰하지 못하고, 무성으로 능히 유성을 나타내면서 관찰하지 못하며, 유성으로 능히 무성을 나타내면서 관찰하지 못하고, 무성으로 능히 무성을 나타내면서 관찰하지 못합니까?"

세존께서 말씀하셨다.

"선현이여. 비록 증득이 있고 나타내면서 관찰함이 있으나, 그렇지만 4구(四句)를 벗어났느니라."

"세존이시여. 무엇이 4구를 벗어나서 증득이 있고 나타내면서 관찰함이 있습니까?"

"선현이여. 만약 증득하거나, 만약 나타내면서 관찰할지라도, 있지도 않고 없지도 않으며, 여러 희론(戲論)을 단절하였느니라. 이러한 까닭으로 나는 '증득이 있고 나타내면서 관찰함이 있을지라도 그렇지만 4구를 벗어났다.'라고 설하느니라."

구수 선현이 세존께 아뢰어 말하였다.

"제보살마하살들은 무엇으로써 희론을 삼습니까?"

세존께서 선현에게 알리셨다.

"선현이여. 제보살마하살들은 색, 나아가 식을 만약 항상하거나 만약 무상하거나, 만약 괴롭거나 만약 즐겁거나, 만약 나이거나 만약 무아이거나, 만약 청정하거나 만약 부정하거나, 만약 적정하거나 만약 적정하지 않거나, 만약 멀리 벗어났거나 만약 멀리 벗어나지 않았다고 본다면, 이것을 희론으로 삼느니라. 안처, 나아가 의처를 만약 항상하거나 만약 무상하거나, 만약 괴롭거나 만약 즐겁거나, 만약 나이거나 만약 무아이거나, 만약 청정하거나 만약 부정하거나, 만약 적정하거나 만약 적정하지 않거나, 만약 멀리 벗어났거나 만약 멀리 벗어나지 않았다고 본다면, 이것을 희론으로 삼느니라.

색처, 나아가 법처를 만약 항상하거나, 만약 무상하거나 만약 괴롭거나, 만약 즐겁거나, 만약 나이거나 만약 무아이거나, 만약 청정하거나 만약 부정하거나, 만약 적정하거나 만약 적정하지 않거나, 만약 멀리 벗어났거나 만약 멀리 벗어나지 않았다고 본다면, 이것을 희론으로 삼느니라. 안계, 나아가 의계를 만약 항상하거나 만약 무상하거나, 만약 괴롭거나 만약 즐겁거나, 만약 나이거나 만약 무아이거나, 만약 청정하거나 만약 부정하거나, 만약 적정하거나 만약 적정하지 않거나, 만약 멀리 벗어났거나 만약 멀리 벗어나지 않았다고 본다면, 이것을 희론으로 삼느니라.

색계, 나아가 법계를 만약 항상하거나 만약 무상하거나, 만약 괴롭거나 만약 즐겁거나, 만약 나이거나 만약 무아이거나, 만약 청정하거나 만약 부정하거나, 만약 적정하거나 만약 적정하지 않거나, 만약 멀리 벗어났거나 만약 멀리 벗어나지 않았다고 본다면, 이것을 희론으로 삼느니라. 안식계, 나아가 의식계를 만약 항상하거나 만약 무상하거나, 만약 괴롭거나, 만약 즐겁거나, 만약 나이거나 만약 무아이거나, 만약 청정하거나 만약 부정하거나, 만약 적정하거나 만약 적정하지 않거나, 만약 멀리 벗어났거나 만약 멀리 벗어나지 않았다고 본다면, 이것을 희론으로 삼느니라.

안촉, 나아가 의촉을 만약 항상하거나 만약 무상하거나, 만약 괴롭거나 만약 즐겁거나, 만약 나이거나 만약 무아이거나, 만약 청정하거나 만약 부정하거나, 만약 적정하거나 만약 적정하지 않거나, 만약 멀리 벗어났거나 만약 멀리 벗어나지 않았다고 본다면, 이것을 희론으로 삼느니라.

안촉을 인연으로 생겨난 여러 수, 나아가 의촉을 인연으로 생겨난 여러 수를 만약 항상하거나 만약 무상하거나, 만약 괴롭거나 만약 즐겁거나, 만약 나이거나, 만약 무아이거나, 만약 청정하거나, 만약 부정하거나, 만약 적정하거나, 만약 적정하지 않거나, 만약 멀리 벗어났거나, 만약 멀리 벗어나지 않았다고 본다면, 이것을 희론으로 삼느니라.

지계, 나아가 식계를 만약 항상하거나 만약 무상하거나, 만약 괴롭거나 만약 즐겁거나, 만약 나이거나 만약 무아이거나, 만약 청정하거나 만약 부정하거나, 만약 적정하거나 만약 적정하지 않거나, 만약 멀리 벗어났거나 만약 멀리 벗어나지 않았다고 본다면, 이것을 희론으로 삼느니라. 인연, 나아가 증상연을 만약 항상하거나 만약 무상하거나, 만약 괴롭거나 만약 즐겁거나, 만약 나이거나 만약 무아이거나, 만약 청정하거나 만약 부정하거나, 만약 적정하거나 만약 적정하지 않거나, 만약 멀리 벗어났거나 만약 멀리 벗어나지 않았다고 본다면, 이것을 희론으로 삼느니라.

무명, 나아가 노사를 만약 항상하거나 만약 무상하거나, 만약 괴롭거나 만약 즐겁거나, 만약 나이거나 만약 무아이거나, 만약 청정하거나 만약 부정하거나, 만약 적정하거나 만약 적정하지 않거나, 만약 멀리 벗어났거나 만약 멀리 벗어나지 않았다고 본다면, 이것을 희론으로 삼느니라. 보시바라밀다, 나아가 반야바라밀다를 만약 항상하거나 만약 무상하거나, 만약 괴롭거나 만약 즐겁거나, 만약 나이거나 만약 무아이거나, 만약 청정하거나 만약 부정하거나, 만약 적정하거나 만약 적정하지 않거나, 만약 멀리 벗어났거나 만약 멀리 벗어나지 않았다고 본다면, 이것을 희론으로 삼느니라.

내공, 나아가 무성자성공을 만약 항상하거나 만약 무상하거나, 만약 괴롭거나 만약 즐겁거나, 만약 나이거나 만약 무아이거나, 만약 청정하거나 만약 부정하거나, 만약 적정하거나 만약 적정하지 않거나, 만약 멀리 벗어났거나 만약 멀리 벗어나지 않았다고 본다면, 이것을 희론으로 삼느니라. 진여, 나아가 부사의계를 만약 항상하거나 만약 무상하거나, 만약 괴롭거나 만약 즐겁거나, 만약 나이거나 만약 무아이거나, 만약 청정하거나 만약 부정하거나, 만약 적정하거나 만약 적정하지 않거나, 만약 멀리 벗어났거나 만약 멀리 벗어나지 않았다고 본다면, 이것을 희론으로 삼느니라.

고·집·멸·도성제를 만약 항상하거나 만약 무상하거나, 만약 괴롭거나 만약 즐겁거나, 만약 나이거나 만약 무아이거나, 만약 청정하거나 만약 부정하거나, 만약 적정하거나 만약 적정하지 않거나, 만약 멀리 벗어났거나 만약 멀리 벗어나지 않았다고 본다면, 이것을 희론으로 삼느니라. 4념주, 나아가 8성도지를 만약 항상하거나 만약 무상하거나, 만약 괴롭거나 만약 즐겁거나, 만약 나이거나 만약 무아이거나, 만약 청정하거나 만약 부정하거나, 만약 적정하거나 만약 적정하지 않거나, 만약 멀리 벗어났거나 만약 멀리 벗어나지 않았다고 본다면, 이것을 희론으로 삼느니라.

4정려·4무량·4무색정을 만약 항상하거나 만약 무상하거나, 만약 괴롭거나 만약 즐겁거나, 만약 나이거나 만약 무아이거나, 만약 청정하거나 만약 부정하거나, 만약 적정하거나 만약 적정하지 않거나, 만약 멀리 벗어났거나 만약 멀리 벗어나지 않았다고 본다면, 이것을 희론으로 삼느니라. 8해탈, 나아가 10변처를 만약 항상하거나 만약 무상하거나, 만약 괴롭거나 만약 즐겁거나, 만약 나이거나 만약 무아이거나, 만약 청정하거나 만약 부정하거나, 만약 적정하거나 만약 적정하지 않거나, 만약 멀리 벗어났거나 만약 멀리 벗어나지 않았다고 본다면, 이것을 희론으로 삼느니라.

공·무상·무원해탈문을 만약 항상하거나 만약 무상하거나, 만약 괴롭거나 만약 즐겁거나, 만약 나이거나 만약 무아이거나, 만약 청정하거나 만약 부정하거나, 만약 적정하거나 만약 적정하지 않거나, 만약 멀리 벗어났거나 만약 멀리 벗어나지 않았다고 본다면, 이것을 희론으로 삼느니라. 정관지, 나아가 여래지를 만약 항상하거나 만약 무상하거나, 만약 괴롭거나 만약 즐겁거나, 만약 나이거나 만약 무아이거나, 만약 청정하거나 만약 부정하거나, 만약 적정하거나 만약 적정하지 않거나, 만약 멀리 벗어났거나 만약 멀리 벗어나지 않았다고 본다면, 이것을 희론으로 삼느니라.

극희지, 나아가 법운지를 만약 항상하거나 만약 무상하거나, 만약 괴롭거나 만약 즐겁거나, 만약 나이거나 만약 무아이거나, 만약 청정하거나 만약 부정하거나, 만약 적정하거나 만약 적정하지 않거나, 만약 멀리 벗어났거나 만약 멀리 벗어나지 않았다고 본다면, 이것을 희론으로 삼느니라. 일체의 다라니문·삼마지문을 만약 항상하거나 만약 무상하거나, 만약 괴롭거나 만약 즐겁거나, 만약 나이거나 만약 무아이거나, 만약 청정하거나 만약 부정하거나, 만약 적정하거나 만약 적정하지 않거나, 만약 멀리 벗어났거나 만약 멀리 벗어나지 않았다고 본다면, 이것을 희론으로 삼느니라.

5안·6신통을 만약 항상하거나 만약 무상하거나, 만약 괴롭거나 만약 즐겁거나, 만약 나이거나 만약 무아이거나, 만약 청정하거나 만약 부정하거나, 만약 적정하거나 만약 적정하지 않거나, 만약 멀리 벗어났거나 만약 멀리 벗어나지 않았다고 본다면, 이것을 희론으로 삼느니라. 여래의 10력, 나아가 18불불공법을 만약 항상하거나 만약 무상하거나, 만약 괴롭거나 만약 즐겁거나, 만약 나이거나 만약 무아이거나, 만약 청정하거나 만약 부정하거나, 만약 적정하거나 만약 적정하지 않거나, 만약 멀리 벗어났거나 만약 멀리 벗어나지 않았다고 본다면, 이것을 희론으로 삼느니라.

32대사상·80수호를 만약 항상하거나 만약 무상하거나, 만약 괴롭거나 만약 즐겁거나, 만약 나이거나 만약 무아이거나, 만약 청정하거나 만약 부정하거나, 만약 적정하거나 만약 적정하지 않거나, 만약 멀리 벗어났거나 만약 멀리 벗어나지 않았다고 본다면, 이것을 희론으로 삼느니라. 무망실법·항주사성을 만약 항상하거나 만약 무상하거나, 만약 괴롭거나 만약 즐겁거나, 만약 나이거나 만약 무아이거나, 만약 청정하거나 만약 부정하거나, 만약 적정하거나 만약 적정하지 않거나, 만약 멀리 벗어났거나 만약 멀리 벗어나지 않았다고 본다면, 이것을 희론으로 삼느니라.

일체지·도상지·일체상지를 만약 항상하거나 만약 무상하거나, 만약 괴롭거나 만약 즐겁거나, 만약 나이거나 만약 무아이거나, 만약 청정하거나 만약 부정하거나, 만약 적정하거나 만약 적정하지 않거나, 만약 멀리 벗어났거나 만약 멀리 벗어나지 않았다고 본다면, 이것을 희론으로 삼느니라. 예류과, 나아가 독각의 보리를 만약 항상하거나 만약 무상하거나, 만약 괴롭거나 만약 즐겁거나, 만약 나이거나 만약 무아이거나, 만약 청정하거나 만약 부정하거나, 만약 적정하거나 만약 적정하지 않거나, 만약 멀리 벗어났거나 만약 멀리 벗어나지 않았다고 본다면, 이것을 희론으로 삼느니라.

일체의 보살마하살의 행을 만약 항상하거나 만약 무상하거나, 만약 괴롭거나 만약 즐겁거나, 만약 나이거나 만약 무아이거나, 만약 청정하거나 만약 부정하거나, 만약 적정하거나 만약 적정하지 않거나, 만약 멀리 벗어났거나 만약 멀리 벗어나지 않았다고 본다면, 이것을 희론으로 삼느니라. 일체지지를 만약 항상하거나 만약 무상하거나, 만약 괴롭거나 만약 즐겁거나, 만약 나이거나 만약 무아이거나, 만약 청정하거나 만약 부정하거나, 만약 적정하거나 만약 적정하지 않거나, 만약 멀리 벗어났거나 만약 멀리 벗어나지 않았다고 본다면, 이것을 희론으로 삼느니라.

다시 다음으로 선현이여. 제보살마하살들이 만약 '고성제(苦聖諦)를 상응하여 두루 알아야 하고, 집성제(集聖諦)를 상응하여 영원히 단절해야 하며, 멸성제(滅聖諦)를 상응하여 증득을 지어야 하고, 도성제(道聖諦)를 상응하여 수습(修習)해야 한다.'라고 이렇게 생각을 지었다면, 이것을 희론으로 삼느니라. 만약 '4정려·4무량·4무색정을 상응하여 수행해야 한다.'라고 이렇게 생각을 지었다면, 이것을 희론으로 삼느니라. 만약 '4념주, 나아가 8성도지를 상응하여 수행해야 한다.'라고 이렇게 생각을 지었다면, 이것을 희론으로 삼느니라.

만약 '공·무상·무원해탈문을 상응하여 수행해야 한다.'라고 이렇게 생각을 지었다면, 이것을 희론으로 삼느니라. 만약 '8해탈·8승처·9차제정

·10변처를 상응하여 수행해야 한다.'라고 이렇게 생각을 지었다면, 이것을 희론으로 삼느니라. 만약 '예류과, 나아가 독각의 보리를 상응하여 초월해야 한다.'라고 이렇게 생각을 지었다면, 이것을 희론으로 삼느니라. 만약 '보시바라밀다, 나아가 반야바라밀다를 상응하여 수행해야 한다.'라고 이렇게 생각을 지었다면, 이것을 희론으로 삼느니라. 만약 '내공, 나아가 무성자성공에 상응하여 안주해야 한다.'라고 이렇게 생각을 지었다면, 이것을 희론으로 삼느니라.

만약 '진여, 나아가 부사의계에 상응하여 안주해야 한다.'라고 이렇게 생각을 지었다면, 이것을 희론으로 삼느니라. 만약 '보살의 정생이생에 상응하여 들어가야 한다.'라고 이렇게 생각을 지었다면, 이것을 희론으로 삼느니라. 만약 '보살의 10지를 상응하여 원만하게 해야 한다.'라고 이렇게 생각을 지었다면, 이것을 희론으로 삼느니라. 만약 '일체의 다라니문·삼마지문을 상응하여 일으켜야 한다.'라고 이렇게 생각을 지었다면, 이것을 희론으로 삼느니라. 만약 '5안·6신통을 상응하여 이끌어서 일으켜야 한다.'라고 이렇게 생각을 지었다면, 이것을 희론으로 삼느니라.

만약 '여래의 10력, 나아가 18불불공법을 상응하여 이끌어서 일으켜야 한다.'라고 이렇게 생각을 지었다면, 이것을 희론으로 삼느니라. 만약 '32대사상·80수호를 상응하여 원만하게 해야 한다.'라고 이렇게 생각을 지었다면, 이것을 희론으로 삼느니라. 만약 '무망실법·항주사성을 상응하여 이끌어서 일으켜야 한다.'라고 이렇게 생각을 지었다면, 이것을 희론으로 삼느니라. 만약 '일체지·도상지·일체상지를 상응하여 이끌어서 일으켜야 한다.'라고 이렇게 생각을 지었다면, 이것을 희론으로 삼느니라. 만약 '일체의 보살마하살의 행을 상응하여 행하여야 한다.'라고 이렇게 생각을 지었다면, 이것을 희론으로 삼느니라.

만약 '제불의 무상정등보리를 상응하여 증득해야 한다.'라고 이렇게 생각을 지었다면, 이것을 희론으로 삼느니라. 만약 '나는 마땅히 불국토를 청정하게 장엄하고, 유정들을 성숙시켜 행하여야 한다.'라고 이렇게 생각을 지었다면, 이것을 희론으로 삼느니라. 만약 '나는 마땅히 일체지지를 증득해야 한다.'라고 이렇게 생각을 지었다면, 이것을 희론으로 삼느니라. 만약 '나는 마땅히 일체의 번뇌와 습기의 상속을 영원히 단절해야 한다.'라고 이렇게 생각을 지었다면, 이것을 희론으로 삼느니라. 선현이여. 제보살마하살들이 이와 같은 등의 여러 종류를 분별하고서 희론으로 삼느니라.

다시 다음으로 선현이여. 제보살마하살들이 깊은 반야바라밀다를 수행하는 때에 색, 나아가 식의 만약 항상하거나 만약 무상하거나, 만약 괴롭거나 만약 즐겁거나, 만약 나이거나 만약 무아이거나, 만약 청정하거나 만약 부정하거나, 만약 적정하거나 만약 적정하지 않거나, 만약 멀리 벗어났거나 만약 멀리 벗어나지 않았다고 모두 희론할 수 없다고 상응하여 관찰하는 까닭으로 희론하지 않고, 이와 같이 나아가, 일체지지를 만약 상응하여 증득하는가? 만약 상응하여 증득하지 못하는가를 함께 희론할 수 없다고 상응하여 관찰하는 까닭으로 희론하지 않으며, 일체의 번뇌와 습기의 상속을 만약 상응하여 영원히 단절하는가? 만약 상응하여 영원히 단절하지 못하는가를 함께 희론할 수 없다고 상응하여 관찰하는 까닭으로 희론하지 않느니라.

선현이여. 제보살마하살들이 깊은 반야바라밀다를 수행하는 때에 이와 같은 등의 제법과 유정들에게 모두 희론할 수 없다고 관찰하는 까닭으로 상응하여 희론하지 않느니라. 그 까닭은 무엇인가? 일체법과 일체의 유정들은 유성으로써 유성을 능히 희론하지 못하고, 유성으로써 무성을 능히 희론하지 못하며, 무성으로써 유성을 능히 희론하지 못하고, 무성으로써 무성을 능히 희론하지 못하나니, 유성과 무성을 벗어나서 만약 능히 희론하는 것이거나, 만약 희론되는 것이거나, 만약 희론하는 처소이거나, 만약 희론하는 때라도 모두 얻을 수 없느니라.

이러한 까닭으로 선현이여. 색은 희론이 없고, 수·상·행·식도 희론이 없으며, 이와 같이 나아가, 일체지지도 희론이 없고, 번뇌와 습기의 상속을 영원히 단절하는 것에도 희론이 없느니라. 이와 같이 선현이여. 제보살마하살들은 희론이 없이 매우 깊은 반야바라밀다를 상응하여 수행해야 하느니라."

구수 선현이 세존께 아뢰어 말하였다.
"세존이시여. 제보살마하살들이 깊은 반야바라밀다를 수행하는 때에, 어찌하여 색·수·상·행·식, 나아가 일체지지와 번뇌·습기의 상속을 영원히 단절하면서 모두 희론할 수 없다고 관찰하는 까닭으로 상응하여 희론하지 않습니까?"
세존께서 선현에게 알리셨다.
"제보살마하살들이 깊은 반야바라밀다를 수행하는 때에, 색은 자성이 없다고 상응하여 관찰해야 하고, 수·상·행·식은 자성이 없다고 상응하여 관찰해야 하며, 이와 같이 나아가, 일체지지는 자성이 없다고 상응하여 관찰해야 하고, 번뇌와 습기의 상속을 영원히 단절하는 것도 역시 자성이 없다고 상응하여 관찰해야 하나니, 만약 법에 자성이 없다면, 곧 희론할 수 없느니라. 이러한 까닭으로 선현이여. 색·수·상·행·식에서 희론할 수 없는 까닭으로 제보살마하살들은 상응하여 희론하지 않고, 이와 같이 나아가, 일체지지와 번뇌·습기의 상속을 영원히 단절하는 것에서 희론할 수 없는 까닭으로 제보살마하살들은 상응하여 희론하지 않느니라.

선현이여. 제보살마하살들이 만약 능히 이와 같이 일체법에서 여러 희론을 벗어나서 깊은 반야바라밀다의 방편선교를 행한다면, 곧 보살의 정성이생에 들어가고, 만약 이미 들어갔다면 빠르게 능히 일체지지를 증득하느니라."

마하반야바라밀다경 제465권

72. 변학품(遍學品)(2)

그때 구수 선현이 세존께 아뢰어 말하였다.

"세존이시여. 만약 일체법이 모두 자성이 없고, 여러 희론을 벗어나서 얻을 수 없는 자라면, 제보살마하살들은 오히려 무엇 등의 도(道)로 보살의 정성이생(正性離生)에 얻고서 들어갑니까? 성문의 도(聲聞道)로 삼습니까? 독각의 도(獨覺道)가 됩니까? 여래의 도(如來道)가 됩니까?"

세존께서 선현에게 알리셨다.

"제보살마하살들은 오히려 성문의 도가 아니고, 오히려 독각의 도가 아니며, 오히려 여래의 도가 아닐지라도 보살의 정성이생을 얻고서 들어가느니라. 그렇지만 여러 도에서 두루 수학하여 원만해진다면 오히려 보살의 도(菩薩道)가 보살의 정생이생을 얻고서 들어가느니라. 비유한다면 먼저 제8지의 여러 도를 수학하고서 뒤에 스스로가 도(自道)로 스스로의 법(自乘)의 정생이생을 얻어서 들어갔을지라도, 나아가 원만한 과보의 도를 일으키지 않은 자는 능히 스스로가 법의 지극한 과보를 얻지 못하는 것과 같이, 제보살마하살들도 그와 같아서 먼저 여러 도를 수학하고서 뒤에 오히려 스스로의 도로 보살의 정생이생을 얻어서 들어가는데, 나아가 금강선정(金剛禪定)[1]을 일으키지 않는다면 오히려 일체지지를 능히

---

1) 금강유정(金剛喩定)을 다르게 부르는 말이다. 산스크리트로 vajropamā-samādhi 의 번역이고, 금강삼매(金剛三昧), 금강멸정(金剛滅定), 정삼매(頂三昧)라고 번역한다.

증득하지 못하느니라. 만약 이러한 선정을 일으키면서 한 찰나로써 반야에 상응한다면 곧 일체지지를 능히 증득하느니라."

구수 선현이 다시 세존께 아뢰어 말하였다.

"세존이시여. 만약 보살마하살이 먼저 여러 도를 수학하고서 뒤에 오히려 스스로의 도로 보살의 정생이생을 얻어서 들어간다면, 세존이시여. 어찌 팔지·예류·일래·불환·아라한·독각·여래향(如來向) 및 여래과(如來果)가 각각 다르지 않겠습니까? 세존이시여. 이와 같이 여러 도가 설사 다른 것이라면 어찌하여 보살마하살이 먼저 여러 도를 수학하고서 뒤에 스스로가 도(自道)로 스스로가 법(自乘)의 정생이생을 얻어서 들어갑니까? 이를테면, 제보살마하살들이 만약 제8지의 도를 일으키면 상응하여 제8지를 성취해야 하고, 만약 견도(見道)를 구족하고서 일으킨다면 상응하여 예류를 성취해야 하며, 만약 나아가는 수도(修道)를 일으킨다면 상응하여 일래와 불환을 성취해야 하고, 만약 무학의 도를 일으킨다면 상응하여 아라한을 성취해야 하며, 독각의 도를 일으킨다면 상응하여 독각을 성취해야 합니다.

세존이시여. 보살마하살이 제8지를 성취하고서 능히 보살의 정성이생에 들어간다는 것은 반드시 이러한 처소는 없고, 보살의 정성이생에 들어가지 않고 능히 일체지지를 증득한다는 것도 역시 이러한 처소는 없습니다. 세존이시여. 만약 보살마하살이 예류·일래·불환·아라한·독각 등을 이미 성취하고서 능히 보살의 정성이생에 들어간다는 것은 반드시 이러한 처소는 없고, 보살의 정성이생에 들어가지 않고 능히 일체지지를 증득한다는 것도 역시 이러한 처소는 없습니다. 세존이시여. 어떻게 저희들은 제보살마하살들이 반드시 여러 도에서 두루 수학하고 원만하게 하였다면, 보살의 정성이생에 들어갔을지라도 이치에 어긋나지 않는다고 여실하게 명료하게 알겠습니까?"

세존께서 선현에게 알리셨다.

"그와 같으니라. 그와 같으니라. 그대가 말한 것과 같으니라. 만약 보살마하살이 제8지를 성취하고서 [자세한 내용은 생략한다.] 나아가,

이미 독각을 성취하고서 능히 보살의 정성이생에 들어간다는 것은 반드시 이러한 처소는 없고, 보살의 정성이생에 들어가지 않고 능히 일체지지를 증득한다는 것도 역시 이러한 처소는 없느니라."

구수 선현이 세존께 아뢰어 말하였다.

"세존이시여. 그와 같다면 어찌하여 제보살마하살들이 먼저 여러 도를 수학하고서 뒤에 오히려 스스로가 도로 보살의 정생이생을 얻어서 들어가며, 이미 보살의 정생이생에 들어갔다면, 점차로 일체지지를 증득하고서 일체의 습기의 상속을 영원히 단절합니까?"

세존께서 선현에게 알리셨다.

"제보살마하살들은 초발심부터 용맹스럽게 정진하고 6바라밀다를 수행하여 수승한 지견(智見)으로써 제8지를 초월하는데 이를테면, 정관지(淨觀地), 나아가 독각지(獨覺地)이니라. 비록 이와 같이 설하였던 것인 제8지를 모두 두루 수학하여 능히 수승한 지견으로써 초월할지라도, 오히려 도상지(道相智)로 보살의 정생이생을 얻어서 들어가며, 이미 보살의 정생이생에 들어갔다면, 점차로 다시 일체상지로 일체지지를 증득하고서 원만하게 해야 일체의 습기의 상속을 영원히 단절하느니라.

선현이여. 제8지의 지혜가 곧 이것이 보살마하살의 법인(忍)이고, 예류·일래·불환·아라한·독각의 만약 법인이거나, 단절도 역시 보살마하살의 법인이라고 마땅히 알아야 하느니라. 이와 같아서 선현이여. 제보살마하살들은 먼저 여러 도를 수학하고서 뒤에 오히려 스스로가 도로 보살의 정생이생을 얻어서 들어가며, 이미 보살의 정생이생에 들어갔다면, 점차로 다시 일체지지를 증득하고 이미 일체지지를 증득하였다면 과보로서 일체의 유정을 요익하게 하느니라."

그때 구수 선현이 세존께 아뢰어 말하였다.

"세존께서 설하셨던 것과 같이, 보살마하살들은 일체의 도의 상(相)인 이를테면, 만약 성문의 도거나, 만약 독각의 도거나, 만약 보살의 도거나, 만약 여래의 도를 상응하여 수학하고서 두루 알아야 하며, 이러한 도 등의 일체의 종류의 상을 아는 것을 도상지(道相智)라고 이름하는데, 제보살마하살들이 어찌해야 마땅히 이와 같은 도상지를 일으키겠습니까"
　세존께서 선현에게 알리셨다.
　"제행(諸行)·형상(狀)·상(相)은 도상지라는 것을 바르게 드러내고 일으키나니, 제보살마하살들이 이와 같은 제행·형상·상에서 모두 등각(等覺)을 드러내고, 이미 등각을 드러냈다면 여실하게 다른 사람을 위하여 널리 설하고 열어서 보여주며 시설(施設)하고 건립(建立)하면서 제유정들에게 전도(轉倒)가 없는 신해(信解)를 얻게 하고, 따라서 상응하게 구하였던 것인 이익(利益)과 안락(安樂)을 향하여 나아가게 하는 것이니라. 이 보살마하살은 일체의 음성(音聲)과 언어(語言)에서 모두 선교(善巧)의 다라니문을 얻는데, 오히려 이러한 선교의 다라니문으로 여러 종류의 음성과 언어를 일으켜서 삼천대천세계의 제유정들의 부류에게 정법을 널리 설하면서, 듣는 것이 모두 메아리와 같다고 알게 하며, 비록 신해(信解)하게 할지라도 집착이 없느니라.
　선현이여. 제보살마하살들은 오히려 이러한 인연으로 여러 도상지를 상응하여 수학하고 원만하게 해야 하나니, 이미 도상지를 수학하고 원만하게 하였다면, 일체의 유정들에게 의요(意樂)와 수면(隨眠) 등의 여러 종류의 차별을 상응하여 여실하게 알고서 상응하는 것과 같이 짓게 하여서 이익되고 안락하게 해야 하는데, 이를테면, 지옥인 유정들의 의요와 수면과 더불어 그들의 인과를 여실하게 알게 하고 이미 알았다면 방편으로 그 도(道)를 차단하고 막아야 하며, 역시 방생인 유정들의 의요와 수면과 더불어 그들의 인과를 여실하게 알게 하고 이미 알았다면 방편으로 그 도를 차단하고 막아야 하며, 역시 귀계의 유정들의 의요와 수면과 더불어 그들의 인과를 여실하게 알게 하고 이미 알았다면 방편으로 그 도를 차단하고 막아야 하며,
　역시 여러 용(龍)·약차(藥叉)·아소락(阿素洛) 등의 유정들의 의요와 수면과 더불어 그들의 인과를 여실하게 알게 하고 이미 알았다면 방편으로 그 도를 차단하고 막아야 하며, 역시 인간과 욕계(欲天)의 유정들의 의요와

수면과 더불어 그들의 인과를 여실하게 알게 하고 이미 알았다면 방편으로 그 도를 차단하고 막아야 하며, 역시 여러 범중천(梵衆天), 나아가 색구경천(色究竟天) 등의 유정들의 의요와 수면과 더불어 그들의 인과를 여실하게 알게 하고 이미 알았다면 방편으로 그 도를 차단하고 막아야 하며, 역시 공무변처천(空無邊處天), 나아가 비상비비상처천(非想非非想處天) 등의 유정들의 의요와 수면과 더불어 그들의 인과를 여실하게 알게 하고 이미 알았다면 방편으로 그 도를 차단하고 막아야 하며,

　역시 4념주, 나아가 8성도지와 더불어 그것의 인과도 여실하게 알아야 하고, 역시 3해탈문과 더불어 그것의 인과도 여실하게 알아야 하며, 역시 4정려·4무량·4무색정과 더불어 그것의 인과도 여실하게 알아야 하고, 역시 8해탈·8승처·9차제정·10변처와 더불어 그것의 인과도 여실하게 알아야 하며, 역시 고·집·멸·도성제와 더불어 그것의 인과도 여실하게 알아야 하고, 역시 보시바라밀다, 나아가 반야바라밀다와 더불어 그것의 인과도 여실하게 알아야 하며, 역시 내공, 나아가 무성자성공과 더불어 그것의 인과도 여실하게 알아야 하고, 역시 진여, 나아가 부사의계와 더불어 그것의 인과도 여실하게 알아야 하며,

　역시 정관지, 나아가 여래지와 더불어 그것의 인과도 여실하게 알아야 하고, 역시 극희지, 나아가 법운지와 더불어 그것의 인과도 여실하게 알아야 하며, 역시 일체의 다라니문·일체의 삼마지문과 더불어 그것의 인과도 여실하게 알아야 하고, 역시 5안·6신통과 더불어 그것의 인과도 여실하게 알아야 하며, 역시 여래의 10력, 나아가 18불불공법과 더불어 그것의 인과도 여실하게 알아야 하고, 역시 무망실법·항주사성과 더불어 그것의 인과도 여실하게 알아야 하며, 역시 일체지·도상지·일체상지와 더불어 그것의 인과도 여실하게 알아야 하고, 역시 진여, 나아가 부사의계와 더불어 그것의 인과도 여실하게 알아야 하느니라.

　선현이여. 제보살마하살들이 이미 성문 등의 도와 인과를 여실하게 알고서 그것에 상응하는 것을 따라서 유정들을 3승도(三乘道)에 안립시키고 정근하면서 수학하게 시켜서 각자 구경을 얻게 하느니라. 선현이여.

제보살마하살들은 상응하여 이와 같은 여러 도상지를 일으켜야 하나니, 만약 보살마하살이 이와 같은 여러 도상지를 수학한다면 제유정들의 여러 종류의 경계·성품·의요·수면 등을 모두 능히 깨달아 들어가며, 이미 깨달아 들어갔다면 그것에 마땅한 것을 따라서 정법을 설하면서 모두 구하였던 것인 수승한 과보를 획득하게 하면서 결국 헛되지 않으니라.

그 까닭은 무엇인가? 이 보살마하살은 유정들의 일체의 근기를 수승하거나, 하열하다고 잘 통달하여, 일체의 유정들이 생사에 왕래하는 마음과 심소(心所)의 차별을 여실하고 명료하게 이해하는 까닭으로 설법도 결국 헛되지 않으니라. 선현이여. 제보살마하살들은 상응하여 이와 같은 여러 도의 반야바라밀다를 행해야 하느니라. 그 까닭은 무엇인가? 일체의 성문·독각·보살의 처소에서 상응하여 수학할 도인 보리분법이 깊은 바라밀다에 섭수되지 않는 것이 없나니, 일체의 성문·독각·보살도 이 가운데에서 모두 구경을 얻게 하느니라."

구수 선현이 세존께 아뢰어 말하였다.
"세존이시여. 일체의 보리분법, 나아가 보리와 이와 같은 일체가 화합하지 않고 흩어지지 않으며 무색(無色)이고 무견(無見)이며 무대(無對)인 한 상(一相)으로 이를테면, 무상(無相)이라면, 어찌하여 이와 같은 보리분법으로써 보리를 취하겠습니까? 세존이시여. 일체가 화합하지 않고 흩어지지 않으며 무색이고 무견이며 무대인 한 상으로 이를테면, 무상법(無相法)일지라도, 나머지의 법에서 취하는 것이 있지 않고 버리는 것이 있지 않습니다. 비유한다면 허공은 일체법에서 취하는 것이 없고 버리는 것도 없는데, 자성이 공한 까닭입니다. 제법도 역시 그와 같아서 자성이 공한 까닭으로 나머지의 법을 취하는 것이 있지 않고 버리는 것이 있지 않는데, 어찌하여 4념주 등의 보리분법으로써 능히 깨달음을 취한다고 말씀하십니까?"

세존께서 선현에게 알리셨다.
"그와 같으니라. 그와 같으니라. 그대가 말한 것과 같으니라. 일체법은 자성이 모두 공하므로 취하거나 버릴 수 없느니라. 그렇지만 제유정들은 일체 법의 자성이 공한 의취를 능히 명료하게 이해하지 못하므로 그들의 요익을 위한 까닭으로 방편인 보리분법으로써 능히 보리를 취한다고 널리 설하느니라.

다시 다음으로 선현이여. 만약 소유한 색·수·상·행·식이거나, 만약 안처, 나아가 의처이거나, 만약 색처, 나아가 법처이거나, 만약 안계, 나아가 의계이거나, 만약 색계, 나아가 법계이거나, 만약 안식계, 나아가 의식계이거나, 만약 안촉, 나아가 의촉이거나, 만약 안촉을 인연으로 생겨난 여러 수, 나아가 의촉을 인연으로 생겨난 여러 수이거나, 만약 지계, 나아가 식계이거나, 만약 인연, 나아가 증상연이거나, 만약 무명, 나아가 노사이거나, 만약 보시바라밀다, 나아가 반야바라밀다이거나, 만약 내공, 나아가 무성자성공이거나, 만약 진여, 나아가 부사의계이거나, 만약 고·집·멸·도성제이거나,

만약 4념주, 나아가 8성도지이거나, 만약 4정려·4무량·4무색정이거나, 만약 3해탈문이거나, 만약 8해탈, 나아가 10변처이거나, 만약 정관지, 나아가 여래지이거나, 만약 극희지, 나아가 법운지이거나, 만약 일체의 다라니문·삼마지문이거나, 만약 5안·6신통이거나, 만약 여래의 10력, 나아가 18불불공법이거나, 만약 32대사상·80수호이거나, 만약 무망실법·항주사성이거나, 만약 일체지·도상지·일체상지이거나, 만약 예류과, 나아가 독각의 보리이거나, 만약 일체의 보살마하살의 행이거나, 만약 제불의 무상정등보리이거나,

만약 번뇌와 습기의 상속을 단절하는 것이거나, 만약 일체지지와 이와 같은 일체 법은 모두가 성스러운 법(聖法)인 비나야(毘奈耶)에서 화합하지 않고 흩어지지 않으며 무색이고 무견이며 무대인 한 상으로 이를테면, 무상일지라도, 여래는 제유정의 부류들을 요익하게 하기 위하여, 바른 견해가 생겨나서 법의 진실한 상(實相)을 이해하고 들어가게 하기 위하여, 세속의 법에 의지하여 설할지라도 승의제(勝義諦)에 의지하여 설하지 않느니라.

선현이여. 마땅히 알아야 하느니라. 제보살마하살들은 이와 같은 일체 법에서 지견(知見)을 상응하여 수학해야 하나니, 지견을 이미 수학하였다면 이와 같은 제법을 상응하여 수용할 수 있고, 이와 같은 제법을 상응하여 수용할 수 없다고 여실하게 통달해야 하느니라."

구수 선현이 세존께 아뢰어 말하였다.

"제보살마하살들은 무엇 등의 법에서 지견을 수학해야 상응하여 수용하지 않을 것을 여실하게 통달하고, 무엇 등의 법에서 지견을 수학해야 상응하여 수용할 것을 여실하게 통달합니까?"

세존께서 선현에게 알리셨다.

"제보살마하살들이 성문·독각지의 법에서 지견을 수학한다면 수용하지 않을 것을 여실하게 통달하고, 일체지지에 상응하는 제법에서 지견을 수학한다면 일체 종류의 상에서 상응하여 수용할 것을 여실하게 통달하느니라. 선현이여. 제보살마하살들은 이와 같은 성스러운 법인 비나야에서 매우 깊은 반야바라밀다를 상응하여 이와 같이 수학해야 하느니라."

구수 선현이 다시 세존께 아뢰어 말하였다.

"세존께서 설하셨던 것인 성스러운 법의 비나야(毘奈耶)에서 성스러운 법의 비나야라는 것은 무엇을 성스러운 법의 비나야라고 말합니까?"

세존께서 선현에게 알리셨다.

"만약 제성문들이거나, 만약 독각들이거나, 만약 보살들이거나, 만약 제여래들이 탐욕·진에·우치와 화합하지 않고 흩어지지 않으며, 5순하분결(五順下分結)[2]과 화합하지 않고 흩어지지 않으며, 5순상분결(五順上分結)[3]과 화합하지 않고 흩어지지 않으며, 4정려·4무량·4무색정과 화합하

---

2) 산스크리트어 pañca avarabhāgiyāni saṃyojanāni의 번역이고, 5결인 유신견결(有身見結)·의결(疑結)·계금취견결(戒禁取見結)·욕탐결(欲貪結)·진에결(瞋恚結)의 5가지 번뇌를 끊을 때, 성문의 제3과 불환과인 아나함을 성취한다. 이 지위는 욕계의 모든 번뇌를 극복하여 욕계의 속박으로부터 해탈한 계위이다.

3) 산스크리트어 panca-urdhva-bhagiya-samyojanani의 번역이고, 5결인 색탐결(色貪結)·무색탐결(無色貪結)·만결(慢結)·도거결(掉擧結)·무명결(無明結)의 5가지 번뇌를 끊을 때, 성문의 제4과 아라한과인 아라한을 성취한다. 이 지위는 3계의

지 않고 흩어지지 않으며, 4념주, 나아가 8성도지와 화합하지 않고 흩어지지 않으며, 고·집·멸·도성제와 화합하지 않고 흩어지지 않으며, 3해탈문과 화합하지 않고 흩어지지 않으며, 8해탈, 나아가 10변처와 화합하지 않고 흩어지지 않으며, 정관지, 나아가 여래지와 화합하지 않고 흩어지지 않으며, 5안·6신통과 화합하지 않고 흩어지지 않으며,

　보시바라밀다, 나아가 반야바라밀다와 화합하지 않고 흩어지지 않으며, 내공, 나아가 무성자성공과 화합하지 않고 흩어지지 않으며, 진여, 나아가 부사의계와 화합하지 않고 흩어지지 않으며, 극희지, 나아가 법운지와 화합하지 않고 흩어지지 않으며, 일체의 다라니문·삼마지문과 화합하지 않고 흩어지지 않으며, 여래의 10력, 나아가 18불불공법과 화합하지 않고 흩어지지 않으며, 32대사상·80수호와 화합하지 않고 흩어지지 않으며, 무망실법·항주사성과 화합하지 않고 흩어지지 않으며, 일체지·도상지·일체상지와 화합하지 않고 흩어지지 않으며, 예류과, 나아가 독각의 깨달음과 화합하지 않고 흩어지지 않으며,

　일체의 보살마하살들의 행과 화합하지 않고 흩어지지 않으며, 제불의 무상정등보리와 화합하지 않고 흩어지지 않으며, 일체의 번뇌와 습기의 상속을 영원히 단절함과 화합하지 않고 흩어지지 않으며, 일체지지와 화합하지 않고 흩어지지 않으며, 유위계와 화합하지 않고 흩어지지 않으며, 무위계와 화합하지 않고 흩어지지 않느니라. 선현이여. 그들은 성스러운 자라고 이름하고, 이것들은 그 성스러운 자들의 법인 비나야이나니, 이러한 까닭으로 성스러운 법인 비나야라고 이름하느니라.

　그 까닭은 무엇인가? 이러한 일체법들은 무색이고 무견이며 무대인 한 상으로 이를테면, 무상이라고 그 여러 성스러운 자들이 여실하게 보느니라. 선현이여. 무색인 법은 무색인 법과 화합하지 않고 흩어지지 않으며, 무견인 법은 무견인 법과 화합하지 않고 흩어지지 않으며, 무대인 법은 무대인 법과 합하지 않고 흩어지지 않으며, 한 상인 법은 한 상인

　모든 번뇌를 극복하여 3계의 속박으로부터 해탈한 계위이다.

법과 화합하지 않고 흩어지지 않으며, 무상인 법은 무상인 법과 화합하지 않고 흩어지지 않는다고 마땅히 알아야 하느니라.
　선현이여. 제보살마하살들은 이와 같이 무색이고 무견이며 무대인 한 상이고 무상인 매우 깊은 반야바라밀다에서 항상 상응하여 수학해야 하고, 이미 수학하였다면 일체의 법상(法相)을 취하지 않아야 하느니라."
　그때 구수 선현이 세존께 아뢰어 말하였다.
　"세존이시여. 제보살마하살들이 어찌 색의 상(相), 나아가 식의 상에 상응하여 수학하지 않아야 합니까? 어찌 안처, 나아가 의처의 상에 상응하여 수학하지 않아야 합니까? 어찌 색처, 나아가 법처의 상에 상응하여 수학하지 않아야 합니까? 어찌 안계, 나아가 의계의 상에 상응하여 수학하지 않아야 합니까? 어찌 색계, 나아가 법계의 상에 상응하여 수학하지 않아야 합니까? 어찌 안식계, 나아가 의식계의 상에 상응하여 수학하지 않아야 합니까? 어찌 안촉, 나아가 의촉의 상에 상응하여 수학하지 않아야 합니까? 어찌 안촉을 인연으로 생겨난 여러 수, 나아가 의촉을 인연으로 생겨난 여러 수의 상에 상응하여 수학하지 않아야 합니까?
　어찌 지계, 나아가 식계의 상에 상응하여 수학하지 않아야 합니까? 어찌 인연, 나아가 증상연의 상에 상응하여 수학하지 않아야 합니까? 어찌 무명, 나아가 노사의 상에 상응하여 수학하지 않아야 합니까? 어찌 보시바라밀다, 나아가 반야바라밀다의 상에 상응하여 수학하지 않아야 합니까? 어찌 내공, 나아가 무성자성공의 상에 상응하여 수학하지 않아야 합니까? 어찌 진여, 나아가 부사의계의 상에 상응하여 수학하지 않아야 합니까? 어찌 고·집·멸·도성제의 상에 상응하여 수학하지 않아야 합니까? 어찌 4념주, 나아가 8성도지의 상에 상응하여 수학하지 않아야 합니까? 어찌 4정려·4무량·4무색정의 상에 상응하여 수학하지 않아야 합니까?
　어찌 공·무상·무원해탈문의 상에 상응하여 수학하지 않아야 합니까? 만약 8해탈, 나아가 10변처의 상에 상응하여 수학하지 않아야 합니까? 어찌 정관지, 나아가 여래지의 상에 상응하여 수학하지 않아야 합니까?

어찌 극희지, 나아가 법운지의 상에 상응하여 수학하지 않아야 합니까? 어찌 일체의 다라니문·삼마지문의 상에 상응하여 수학하지 않아야 합니까? 어찌 5안·6신통의 상에 상응하여 수학하지 않아야 합니까? 어찌 여래의 10력, 나아가 18불불공법의 상에 상응하여 수학하지 않아야 합니까?

어찌 무망실법·항주사성의 상에 상응하여 수학하지 않아야 합니까? 어찌 일체지·도상지·일체상지의 상에 상응하여 수학하지 않아야 합니까? 어찌 예류과, 나아가 독각의 보리의 상에 상응하여 수학하지 않아야 합니까? 어찌 일체의 보살마하살의 행의 상에 상응하여 수학하지 않아야 합니까? 어찌 제불의 무상정등보리의 상에 상응하여 수학하지 않아야 합니까?

만약 번뇌와 습기의 상속을 단절하는 것과 일체지지의 상에 상응하여 수학하지 않아야 합니까? 어찌 고(苦)·단집(斷集)·증멸(證滅)·수도(修道)의 상을 수학하지 않아야 합니까? 어찌 수순(手順)하고 역순(逆順)하는 연기관(緣起觀)의 상에 상응하여 수학하지 않아야 합니까? 어찌 일체의 성자(聖者)와 성스러운 법(聖法)의 상에 상응하여 수학하지 않아야 합니까? 어찌 유위계와 무위계의 상에 상응하여 수학하지 않아야 합니까?

세존이시여. 만약 보살마하살이 이와 같은 제법(諸法)의 상에서 수학하지 않아야 한다면, 제행(諸行)의 상에서도 역시 상응하여 수학하지 않아야 합니다. 세존이시여. 보살마하살이 제법의 상과 제행의 상에서 이미 수학하지 않아야 한다면, 어떻게 능히 일체의 성문·독각지를 초월하겠습니까? 만약 능히 일체의 성문·독각지를 초월하지 못한다면, 어떻게 능히 보살의 정성이생에 들어가겠습니까? 만약 능히 보살의 정성이생에 들어가지 못한다면, 어떻게 일체지지를 능히 증득하겠습니까? 만약 일체지지를 증득하지 못한다면, 어떻게 미묘한 법륜을 굴리겠습니까? 만약 미묘한 법륜을 굴리지 못한다면 어떻게 3승의 정법으로써 유정들을 안립시켜서 무변한 생사의 고통에서 출리시키겠습니까?"

세존께서 선현에게 알리셨다.

"만약 일체법에 진실한 상이 있는 것이라면, 제보살마하살들은 상응하여 그 가운데에서 수학할 수 있겠으나, 일체법으로써 진실한 상이 있지 않느니라. 이러한 까닭으로 제보살마하살들은 상에서 수학하지 않고, 역시 다시 무상(無相)에서도 수학하지 않느니라. 그 까닭은 무엇인가? 제불께서 만약 세상에 출현하시거나, 만약 세상에 출현하시지 않을지라도, 법계는 상주(常住)하나니, 제법은 하나의 상인 이를테면, 무상이니라. 이와 같은 무상은 이미 유상(有相)이 아니고, 역시 무상도 아니므로 수학할 수 없느니라."

그때 구수 선현이 다시 세존께 아뢰어 말하였다.
"세존이시여. 만약 일체법이 모두가 유상이 아니고 무상도 아니라면, 어찌하여 보살마하살들이 능히반야바라밀다를 수행합니까? 세존이시여. 만약 보살마하살이 반야바라밀다를 능히 수행하지 못한다면 능히 상응하여 성문·독각지를 초월하지 못할 것이고, 만약 성문·독각지를 초월하지 못한다면 능히 상응하여 보살의 정성이생에 들어가지 못할 것이며, 만약 보살의 정성이생에 들어가지 못한다면 능히 상응하여 보살의 무생법인을 일으키지 못할 것이고, 만약 보살의 무생법인을 일으키지 못한다면 능히 상응하여 보살의 수승하고 미묘한 신통을 일으키지 못한 것이며, 만약 보살의 수승하고 미묘한 신통을 일으키지 못한다면 능히 상응하여 능히 불국토를 청정하게 장엄하고 유정을 성숙시키지 못할 것이고, 만약 불국토를 청정하게 장엄하고 유정을 성숙시키지 못한다면 상응하여 능히 일체지지를 증득하지 못할 것이며, 만약 일체지지를 증득하지 못한다면 상응하여 능히 미묘한 법륜을 굴리지 못할 것이고, 만약 미묘한 법륜을 굴리지 못한다면 상응하여 능히 유정들을 안립(安立)시켜서 예류과이거나, 혹은 일래과이거나, 혹은 불환과이거나, 혹은 아라한과이거나, 혹은 독각의 보리이거나, 혹은 무상정등보리에 안주하게 하지 못할 것이며, 역시 상응하여 능히 유정들을 안립시켜서 보시 성품의 복업사(福業事)에 안주시키거나, 혹은 정계 성품의 복업사에 안주시키거나, 혹은 수행 성품의 복업사에 안주시켜서 마땅히 인간과 천상의 부귀와 쾌락을 자재하게 얻게 하지 못할 것입니다."

세존께서 선현에게 알리셨다.

"그와 같으니라. 그와 같으니라. 그대가 말한 것과 같으니라. 일체법은 모두가 유상이 아니고 무상도 아니니라. 만약 보살마하살이 일체법은 만약 유상이거나 만약 무상이라도 함께 동일(同一)한 상인 이를테면, 무상이라고 알고서 이와 같은 무상을 수행한다면, 이것이 반야바라밀다를 수행하는 것이니라."

구수 선현이 다시 세존께 아뢰어 말하였다.

"어찌하여 보살마하살이 무상을 수행한다면, 이것이 반야바라밀다를 수행하는 것입니까?"

세존께서 선현에게 알리셨다.

"보살마하살이 일체법을 없애고 떨쳐버리는 법을 수행한다면, 이것이 반야바라밀다를 수행하는 것이니라."

구수 선현이 다시 세존께 아뢰어 말하였다.

"어찌하여 보살마하살이 일체법을 없애고 떨쳐버리면서 수행한다면, 이것이 반야바라밀다를 수행하는 것입니까?"

세존께서 선현에게 알리셨다.

"만약 보살마하살이 색·수·상·행·식을 없애고 떨쳐버리면서 수행한다면 이것이 반야바라밀다를 수행하는 것이고, 안처, 나아가 의처를 없애고 떨쳐버리면서 수행한다면 이것이 반야바라밀다를 수행하는 것이며, 색처, 나아가 법처를 없애고 떨쳐버리면서 수행한다면 이것이 반야바라밀다를 수행하는 것이고, 안계, 나아가 의계를 없애고 떨쳐버리면서 수행한다면 이것이 반야바라밀다를 수행하는 것이며, 색계, 나아가 법계를 없애고 떨쳐버리면서 수행한다면 이것이 반야바라밀다를 수행하는 것이고, 안식계, 나아가 의식계를 없애고 떨쳐버리면서 수행한다면 이것이 반야바라밀다를 수행하는 것이며, 안촉, 나아가 의촉이거나, 안촉을 인연으로 생겨난 여러 수, 나아가 의촉을 인연으로 생겨난 여러 수를 없애고 떨쳐버리면서 수행한다면 이것이 반야바라밀다를 수행하는 것이고,

지계, 나아가 식계를 없애고 떨쳐버리면서 수행한다면 이것이 반야바라밀다를 수행하는 것이며, 인연, 나아가 증상연을 없애고 떨쳐버리면서 수행한다면 이것이 반야바라밀다를 수행하는 것이고, 무명, 나아가 노사를 없애고 떨쳐버리면서 수행한다면 이것이 반야바라밀다를 수행하는 것이며, 부정관(不淨觀)을 없애고 떨쳐버리면서 수행한다면 이것이 반야바라밀다를 수행하는 것이고, 4정려·4무량·4무색정을 없애고 떨쳐버리면서 수행한다면 이것이 반야바라밀다를 수행하는 것이며, 불수념(佛隨念)·법수념(法隨念)·승수념(僧隨念)·계수념(戒隨念)·사수념(捨隨念)·천수념(天隨念)·적정수념(寂靜隨念)·지입출식수념(持入出息隨念)을 없애고 떨쳐버리면서 수행한다면 이것이 반야바라밀다를 수행하는 것이고,

　무상상(無常想)·고상(苦想)·무아상(無我想)·공상(空想)·집상(集想)·인상(因想)·생상(生想)·연상(緣想)·멸상(滅想)·정상(靜想)·묘상(妙想)·이상(離想)·도상(道想)·여상(如想)·행상(行想)·출상(出想)을 없애고 떨쳐버리면서 수행한다면 이것이 반야바라밀다를 수행하는 것이며, 아상(我想)·유정상(有情想), 나아가 지자상(知者想)·견자상(見者想)을 없애고 떨쳐버리면서 수행한다면 이것이 반야바라밀다를 수행하는 것이고, 상상(常想)·낙상(樂想)·아상(我想)·정상(淨想)을 없애고 떨쳐버리면서 수행한다면 이것이 반야바라밀다를 수행하는 것이며, 연기상(緣起想)을 없애고 떨쳐버리면서 수행한다면 이것이 반야바라밀다를 수행하는 것이며, 성제상(聖諦想)을 없애고 떨쳐버리면서 수행한다면 이것이 반야바라밀다를 수행하는 것이고,

　4념주, 나아가 8성도지를 없애고 떨쳐버리면서 수행한다면 이것이 반야바라밀다를 수행하는 것이며, 3해탈문을 없애고 떨쳐버리면서 수행한다면 이것이 반야바라밀다를 수행하는 것이고, 8해탈, 나아가 10변처를 없애고 떨쳐버리면서 수행한다면 이것이 반야바라밀다를 수행하는 것이며, 유심유사삼마지(有尋有伺三摩地)·무심유사삼마지(無尋有伺三摩地)·무심무사삼마지(無尋無伺三摩地)를 없애고 떨쳐버리면서 수행한다면 이것이 반야바라밀다를 수행하는 것이고, 고·집·멸·도성제를 없애고 떨쳐버

리면서 수행한다면 이것이 반야바라밀다를 수행하는 것이며, 고지(苦智)·집지(集智)·멸지(滅智)·도지(道智)·법지(法智)·유지(類智)·세속지(世俗智)·타심지(他心智)·진지(盡智)·무생지(無生智)·여실지(如說智)를 없애고 떨쳐버리면서 수행한다면 이것이 반야바라밀다를 수행하는 것이고,

　보시바라밀다, 나아가 반야바라밀다를 없애고 떨쳐버리면서 수행한다면 이것이 반야바라밀다를 수행하는 것이고, 내공, 나아가 무성자성공을 없애고 떨쳐버리면서 수행한다면 이것이 반야바라밀다를 수행하는 것이며, 진여, 나아가 부사의계를 없애고 떨쳐버리면서 수행한다면 이것이 반야바라밀다를 수행하는 것이고, 정관지, 나아가 여래지를 없애고 떨쳐버리면서 수행한다면 이것이 반야바라밀다를 수행하는 것이며, 극희지, 나아가 법운지를 없애고 떨쳐버리면서 수행한다면 이것이 반야바라밀다를 수행하는 것이고, 일체의 다라니문·삼마지문을 없애고 떨쳐버리면서 수행한다면 이것이 반야바라밀다를 수행하는 것이며,

　5안·6신통을 없애고 떨쳐버리면서 수행한다면 이것이 반야바라밀다를 수행하는 것이고, 여래의 10력, 나아가 18불불공법을 없애고 떨쳐버리면서 수행한다면 이것이 반야바라밀다를 수행하는 것이며, 32대사상·80수호를 없애고 떨쳐버리면서 수행한다면 이것이 반야바라밀다를 수행하는 것이고, 무망실법·항주사성을 없애고 떨쳐버리면서 수행한다면 이것이 반야바라밀다를 수행하는 것이며, 일체지·도상지·일체상지를 없애고 떨쳐버리면서 수행한다면 이것이 반야바라밀다를 수행하는 것이고, 예류과, 나아가 독각의 보리를 없애고 떨쳐버리면서 수행한다면 이것이 반야바라밀다를 수행하는 것이며,

　일체의 보살마하살의 행을 없애고 떨쳐버리면서 수행한다면 이것이 반야바라밀다를 수행하는 것이고, 제불의 무상정등보리를 없애고 떨쳐버리면서 수행한다면 이것이 반야바라밀다를 수행하는 것이며, 일체지지를 없애고 떨쳐버리면서 수행한다면 이것이 반야바라밀다를 수행하는 것이고, 일체 번뇌와 습기의 상속을 영원히 단절하는 것을 없애고 떨쳐버리면서 수행한다면 이것이 반야바라밀다를 수행하는 것이니라."

구수 선현이 다시 세존께 아뢰어 말하였다.

"어찌하여 보살마하살이 색·수·상·행·식을 없애고 떨쳐버리면서 수행한다면 이것이 반야바라밀다를 수행하는 것입니까? 이와 같이 나아가, 일체의 번뇌와 습기의 상속을 영원히 단절하는 것을 없애고 떨쳐버리면서 수행한다면 이것이 반야바라밀다를 수행하는 것입니까?"

세존께서 선현에게 알리셨다.

"제보살마하살들이 깊은 반야바라밀다를 수행하는 때에 만약 색·수·상·행·식이 있다고 생각한다면, 이것은 색·수·상·행·식을 없애고 떨쳐버리는 것이 아니고 반야바라밀다를 수행하는 것도 아니니라. 이와 같이 나아가, 일체의 번뇌와 습기의 상속을 영원히 단절하는 것이 있다고 생각한다면, 이것은 일체의 번뇌와 습기의 상속을 영원히 단절하는 것이 아니고 반야바라밀다를 수행하는 것도 아니니라. 그렇지만 제보살마하살들이 깊은 반야바라밀다를 수행하는 때에 색·수·상·행·식이 있다고 생각하지 않는다면, 이것은 색·수·상·행·식을 없애고 떨쳐버리는 것이고, 이것은 반야바라밀다를 수행하는 것이니라. 이와 같이 나아가, 일체의 번뇌와 습기의 상속을 영원히 단절하는 것이 있다고 생각하지 않는다면, 이것은 일체의 번뇌와 습기의 상속을 영원히 단절하는 것을 없애고 떨쳐버리는 것이고, 이것은 반야바라밀다를 수행하는 것이니라.

그 까닭은 무엇인가? 유상(有想)에 머무르는 자는 반야바라밀다를 수행할 수 없느니라. 이러한 까닭으로 선현이여. 보살마하살이 색·수·상·행·식을 없애고 떨쳐버리는 법을 수행한다면 이것이 반야바라밀다를 수행하는 것이며, 이와 같이 나아가, 일체의 번뇌와 습기의 상속을 영원히 단절하는 것을 없애고 떨쳐버리는 법을 수행한다면 이것이 반야바라밀다를 수행하는 것이니라.

다시 다음으로 선현이여. 유상에 머무르는 자는 보시바라밀다, 나아가 반야바라밀다를 능히 수행할 수 없고, 역시 4념주, 나아가 8성도지도 수행할 수 없으며, 역시 내공, 나아가 무성자성공에 안주할 수 없고, 역시 진여, 나아가 부사의계에 안주할 수 없으며, 역시 고·집·멸·도성제에 안주할 수 없고, 역시 공·무상·무원해탈문을 수행할 수 없으며, 역시 수승한 4정려·4무량·4무색정을 수행할 수 없고, 역시 8해탈, 나아가 10변처를 수행할 수 없으며, 역시 극희지, 나아가 법운지를 수행할 수 없고, 역시 일체의 다라니문·삼마지문을 수행할 수 없으며, 역시 5안·6신통을 수행할 수 없고, 역시 여래의 10력, 나아가 18불불공법을 수행할 수 없으며, 역시 무망실법·항주사성을 수행할 수 없고, 역시 일체지·도상지·일체상지를 수행할 수 없으며, 역시 일체의 보살마하살의 행을 수행할 수 없으며, 역시 제불의 무상정등보리를 수행할 수 없고, 역시 일체지지를 수행할 수 없으며, 역시 일체의 번뇌와 습기의 상속을 영원히 단절하는 것을 수행할 수 없느니라.

그 까닭은 무엇인가? 유상에 머무르는 자는 반드시 마땅히 아(我)·아소(我所)가 있다고 집착하느니라. 오히려 이렇게 집착하는 까닭으로 곧 이변(二邊)에 집착하고 이변에 집착하는 까닭으로 결정적으로 생사에서 해탈(解脫)하지 못하며, 도(道)가 없고 열반(涅槃)도 없는데, 어떻게 6바라밀다를 여실하게 수행하고, 나아가 일체의 번뇌와 습기의 상속을 영원히 단절하겠는가!"

구수 선현이 다시 세존께 아뢰어 말하였다.
"무엇 등의 이것이 유(有)이고, 무엇 등의 이것이 비유(非有)입니까?"
세존께서 선현에게 알리셨다.
"둘(二)이라면 이것이 유이고, 불이(不二)라면 이것이 비유이니라."
선현이 다시 물었다.
"무엇이 둘이 되고, 무엇이 불이가 됩니까?"
세존께서 알려 말씀하셨다.
"색이라는 생각(想), 식이라는 생각은 둘이고 색이라는 생각의 공(空), 나아가 식이라는 생각의 공은 불이이며, 안처라는 생각, 나아가 의처라는 생각은 둘이고 안처라는 생각의 공, 나아가 의처라는 생각의 공은 불이이며, 색처라는 생각, 나아가 법처라는 생각은 둘이고 색처라는 생각의 공, 나아가 법처라는 생각의 공은 불이이며, 안계라는 생각, 나아가 의계라는 생각은 둘이고 안계라는 생각의 공, 나아가 의계라는 생각의 공은 불이이며, 색계라는 생각, 나아가 법계라는 생각은 둘이고 색계라는 생각의 공, 나아가 법계라는 생각의 공은 불이이며, 안식계라는 생각, 나아가 의식계라는 생각은 둘이고 안식계라는 생각의 공, 나아가 의식계라는 생각의 공은 불이이며,

안촉이라는 생각, 나아가 의촉이라는 생각은 둘이고, 안촉이라는 생각의 공, 나아가 의촉이라는 생각의 공은 불이이며, 안촉을 인연으로 생겨난 여러 수라는 생각, 나아가 의촉을 인연으로 생겨난 여러 수라는 생각은 둘이고 안촉을 인연으로 생겨난 여러 수라는 생각의 공, 나아가 의촉을 인연으로 생겨난 여러 수라는 생각의 공은 불이이며, 지계라는 생각, 나아가 식계라는 생각은 둘이고 지계라는 생각의 공, 나아가 식계라는 생각의 공은 불이이며, 인연이라는 생각, 나아가 증상연이라는 생각은 둘이고 인연이라는 생각의 공, 나아가 증상연이라는 생각의 공은 불이이며, 무명이라는 생각, 나아가 노사라는 생각은 둘이고, 무명이라는 생각의 공, 나아가 노사라는 생각의 공은 불이이며,

보시바라밀다라는 생각, 나아가 반야바라밀다라는 생각은 둘이고 보시바라밀다라는 생각의 공, 나아가 반야바라밀다라는 생각의 공은 불이이며, 내공이라는 생각, 나아가 무성자성공이라는 생각은 둘이고 내공이라는 생각의 공, 나아가 무성자성공이라는 생각의 공은 불이이며, 진여라는 생각, 나아가 부사의계라는 생각은 둘이고 진여라는 생각의 공, 나아가 부사의계라는 생각의 공은 불이이며, 고·집·멸·도성제라는 생각은 둘이고 고·집·멸·도성제라는 생각의 공은 불이이며, 4념주라는 생각, 나아가 8성도지라는 생각은 둘이고 4념주라는 생각의 공, 나아가 8성도지라는 생각의 공은 불이이며,

4정려·4무량·4무색정이라는 생각은 둘이고 4정려·4무량·4무색정이라는 생각의 공은 불이이며, 8해탈이라는 생각, 나아가 10변처라는 생각은 둘이고 8해탈이라는 생각의 공, 나아가 10변처라는 생각의 공은 불이이며,

공·무상·무원해탈문이라는 생각은 둘이고 공·무상·무원해탈문이라는 생각의 공은 불이이며, 정관지라는 생각, 나아가 여래지라는 생각은 둘이고 정관지라는 생각의 공, 나아가 여래지라는 생각의 공은 불이이며, 극희지라는 생각, 나아가 법운지라는 생각은 둘이고 극희지라는 생각의 공, 나아가 법운지라는 생각의 공은 불이이며, 다라니문·삼마지문이라는 생각은 둘이고, 다라니문·삼마지문이라는 생각의 공은 불이이며,

5안·6신통이라는 생각은 둘이고 5안·6신통이라는 생각의 공은 불이이며, 여래의 10력이라는 생각, 나아가 18불불공법이라는 생각은 둘이고 여래의 10력이라는 생각의 공, 나아가 18불불공법이라는 생각의 공은 불이이며, 32대사상·80수호라는 생각은 둘이고 32대사상·80수호라는 생각의 공은 불이이며, 무망실법·항주사성이라는 생각은 둘이고 무망실법·항주사성이라는 생각의 공은 불이이며, 일체지·도상지·일체상지라는 생각은 둘이고 일체지·도상지·일체상지라는 생각의 공은 불이이며, 예류과라는 생각, 나아가 독각의 보리라는 생각은 둘이고 예류과라는 생각의 공, 나아가 독각의 보리라는 생각의 공은 불이이며,

일체의 보살마하살의 행이라는 생각은 둘이고 일체의 보살마하살의 행이라는 생각의 공은 불이이며, 제불의 무상정등보리라는 생각은 둘이고 제불의 무상정등보리라는 생각의 공은 불이이며, 유위계·무위계라는 생각은 둘이고, 유위계·무위계라는 생각의 공은 불이이니라.

선현이여. 나아가 일체의 생각은 모두 둘이 되고, 일체의 둘은 모두 이것이 유이고, 나아가 일체의 유는 모두가 생사가 있나니, 생사가 있는 자는 모두 생·노·병·사의 수탄고우뇌(死愁歎苦憂惱)를 해탈하지 못하느니라. 선현이여. 여러 생각이 공(空)한 자는 모두가 불이가 되고, 여러 불이인 자는 모두가 이것이 비유이며, 여러 비유인 자는 모두가 생사가 없나니, 생사가 없다면, 곧 능히 생·노·병·사의 수탄고우뇌를 해탈하느니라.

선현이여. 오히려 이것을 인연으로 마땅히 알아야 하느니라. 일체에 둘이라는 생각이 있는 자는 결정적으로 보시·정계·안인·정진·정려·반야바라밀다가 없고, 증득(得)도 없으며, 현관(現觀)⁴⁾, 아래에 이르러 수순(隨

順)하는 지혜(順忍)⁵⁾의 그것도 오히려 있지 않는데, 하물며 색·수·상·행·식을 능히 두루 알고, 이와 같이 나아가, 일체지지를 능히 두루 알겠는가! 그들은 오히려 4념주, 나아가 8성도지도 능히 수행하지 못하는데, 하물며 예류과, 나아가 독각의 보리를 수행하겠는가! 하물며 다시 일체지지를 능히 증득하거나, 일체의 번뇌와 습기의 상속을 영원히 단절하겠는가!"

73. 점차품(漸次品)(1)

그때 구수 선현이 세존께 아뢰어 말하였다.
"세존이시여. 유상(有想)에 머무르는 자가 만약 수순하는 지혜가 없고 역시 도를 수행하여 증득하는 과보를 현관할 수 없다면, 무상(無想)에 머무르는 자라도, 어찌 수순하는 지혜와 만약 정관지이거나, 이와 같이 나아가 만약 여래지이거나, 만약 성스러운 도를 수행할지라도 성스러운 도를 인연으로 여러 번뇌를 단절하겠습니까? 오히려 이러한 번뇌에 가려지고 장애되는 까닭이라면, 오히려 성문·독각에 상응하는 지위도 증득하기 어려운데, 하물며 보살의 정성이생에 들어가겠습니까? 만약 보살의 정성이생에 들어가지 못한다면 어떻게 능히 일체지지를 증득하겠습니까? 만약 일체지지를 증득하지 못한다면 어떻게 일체의 번뇌와 습기의 상속을 영원히 단절하겠습니까? 세존이시여. 일체법이 모두 무소유(無所有)이고 생겨남이 없고 소멸함이 없으며 염오가 없고 청정함이 없다면, 이와 같은 제법은 모두 생겨나지 않는데, 어찌 능히 일체지지를 증득하겠습니까?"

---

4) 산스크리트어 abhisamaya의 번역이고, 무루의 지혜로써 대상을 있는 그대로 명료하게 이해하는 것인 각(覺)을 뜻한다.
5) 지혜로 일체법을 사유하고 관찰하면서 이치에 수순(隨順)하는 것이다.

세존께서 선현에게 알리셨다.

"그와 같으니라. 그와 같으니라. 그대가 말한 것과 같으니라. 무상에 머무르는 자라도, 역시 수순하는 지혜도 없고, 나아가 번뇌와 습기의 상속을 영원히 단절하는 것도 없느니라. 일체법이 모두 무소유이고 생겨남이 없고 소멸함이 없으며 염오가 없고 청정함이 없고 이와 같은 제법은 모두 생겨나지 않는데, 어찌 능히 일체지지를 증득하겠는가?"

구수 선현이 다시 세존께 아뢰어 말하였다.

"제보살마하살들이 깊은 반야바라밀다를 수행하는 때에 유상(有想)이 있다고 생각(爲)합니까? 무상(無想)이 있다고 생각하십니까? 색이라는 생각(色想)과 수(受)·상(想)·행(行)·식이라는 생각(識想)이 있다고 생각하십니까? 이와 같이 나아가, 일체지지라는 생각이 있다고 생각하십니까? 일체의 번뇌와 습기의 상속을 영원히 단절한다는 있다고 생각하십니까? 색이 있다고 생각합니까? 색을 단절한다는 있다고 생각하십니까? 수·상·행·식이라는 생각이 있다고 생각하십니까? 수·상·행·식을 단절한다는 생각이 있다고 생각하십니까?

안처, 나아가 의처가 있다고 생각하십니까? 안처, 나아가 의처를 단절한다는 생각이 있다고 생각하십니까? 색처, 나아가 법처가 있다고 생각하십니까? 색처, 나아가 법처를 단절한다는 생각이 있다고 생각하십니까? 안계, 나아가 의계가 있다고 생각하십니까? 안계, 나아가 의계를 단절한다는 생각이 있다고 생각하십니까? 색계, 나아가 법계가 있다고 생각하십니까? 색계, 나아가 법계를 단절한다는 생각이 있다고 생각하십니까? 안식계, 나아가 의식계가 있다고 생각하십니까? 안계, 나아가 의계를 단절한다는 생각이 있다고 생각하십니까?

안촉, 나아가 의촉이 있다고 생각하십니까? 안촉, 나아가 의촉을 단절한다는 생각이 있다고 생각하십니까? 안촉을 인연으로 생겨난 여러 수, 나아가 의촉을 인연으로 생겨난 여러 수가 있다고 생각하십니까? 안촉을 인연으로 생겨난 여러 수, 나아가 의촉을 인연으로 생겨난 여러 수를 단절한다는 생각이 있다고 생각하십니까? 지계, 나아가 식계가 있다고 생각합니까? 지계, 나아가 식계를 단절한다는 생각이 있다고 생각하십니까? 인연, 나아가 증상연이 있다고 생각합니까? 인연, 나아가 증상연을 단절한다는 생각이 있다고 생각하십니까? 무명, 나아가 노사가 있다고 생각합니까? 무명, 나아가 노사를 단절한다는 생각이 있다고 생각하십니까?

고성제(苦聖諦)가 있다고 생각하십니까? 고성제를 단절한다는 생각이 있다고 생각하십니까? 고집성제(苦集聖諦)가 있다고 생각하십니까? 고집성제를 단절한다는 생각이 있다고 생각하십니까? 고멸성제(苦滅聖諦)가 있다고 생각합니까? 고멸성제를 단절한다는 생각이 있다고 생각하십니까? 증고멸도성제(證苦滅道聖諦)가 있다고 생각합니까? 증고멸도성제를 단절한다는 생각이 있다고 생각하십니까? 이와 같이 나아가, 일체지지가 있다고 생각합니까? 일체지지를 단절한다는 생각이 있다고 생각하십니까? 일체의 번뇌와 습기의 상속을 영원히 단절하는 것이 있다고 생각합니까? 일체의 번뇌와 습기의 상속을 영원히 단절하는 것을 단절한다는 생각이 있다고 생각하십니까?"

세존께서 선현에게 알리셨다.

"선현이여. 제보살마하살들이 깊은 반야바라밀다를 수행하는 때에 일체법에서 유상이 없고 무상도 없느니라. 만약 유상이 없고 무상이 없다면, 나아가서 이것이 보살의 수순하는 지혜이고, 역시 이것이 도를 수행하는 것이며, 역시 이것이 얻는 과보이고, 역시 현관이라고, 마땅히 알아야 하느니라. 다시 다음으로 선현이여. 제보살마하살들은 무성(無性)으로써 성스러운 도를 삼고, 무성으로써 현관을 삼으며, 일체법이 모두 무성으로써 자성(自性)을 삼는다고 통달하느니라. 오히려 이것을 인연으로 일체법은 모두가 무성으로써 자성을 삼는다고 마땅히 알아야 하느니라."

구수 선현이 나아가 세존께 아뢰어 말하였다.

"만약 일체법이 모두 무성으로써 자성을 삼는다면, 어찌하여 여래·응공·정등각께서는 일체법의 무성으로써 성품을 삼고서 등각(等覺)을 나타내면서 설하시고, 여래라고 명호하시며, 일체법과 여러 경계에서 자재하게 전전하시는 것을 얻습니까?"
　세존께서 선현에게 알리셨다.
　"그와 같으니라. 그와 같으니라. 그대가 말한 것과 같으니라. 일체법은 모두가 무성으로써 자성을 삼느니라. 나도 본래 보살도를 수학하던 때에 전도가 없는 보시·정계·안인·정진·정려·반야 바라밀다를 수행하였고, 오히려 이것으로 욕망의 악한 불선법(不善法)을 벗어났으며, 유심유사(有尋有伺)의 이생희락(離生喜樂)으로 초정려(初靜慮)에 들어가서 구족하고 안주하였으며, 이와 같이 나아가, 즐거움을 단절하였고 괴로움을 단절하였으며, 이전의 환희와 근심을 없앴고 불고불락(不苦不樂)의 사념청정(捨念淸淨)인 4정려(四靜慮)에 들어가서 구족하고 안주하였느니라.
　나는 그때에서 여러 정려와 정려지(靜慮支)에서 비록 그 상(相)을 잘 취(取)하였으나 집착하는 것이 없었고, 여러 정려와 정려지에서 법미(法味)에 집착이 생겨나지 않아서 여러 정려와 정려지에서 모두 얻은 것이 없었느니라. 나는 그때에서 4정려의 행상(行相)이 청정하여 분별하는 것이 없었고, 나는 그때에서 여러 정려와 정려지가 비록 잘 순수하게 이숙될지라도 그것에서 얻는 과보를 받지 않았고, 다만 정려에 의지하여 신경지통(神境智通)·천이지통(天耳智通)·타심지통(他心智通)·숙주지통(宿住智通)·천안지통(天眼智通)을 마음으로 이끌어서 일으켰으며, 이러한 5신통에서 그 상을 잘 취하였으나 집착이 없었고 역시 법미에 집착하지 않았으며, 여러 신통의 경계에서 모두 얻는 것이 없었고, 역시 분별도 없어서 허공과 같이 안주하였느니라.
　나는 그때에서 일체법이 평등하고 평등한 무성으로써 성품을 삼았다고 관찰하면서 한 찰나에 상응하는 반야로써 무상정등보리를 증득하였는데 이를테면, 이것은 고성제이고, 이것은 집성제이며, 이것은 멸성제이고, 이것은 도성제일지라도, 모두가 동일한 상인데 이를테면, 무상이며, 이와 같이 무상도 무소유라고 여실하게 알았느니라. 오히려 이것으로 여래의 10력·4무소외·4무애해·대자·대비·대희·대사·18불불공법 등의 무량(無量)하고 무수(無數)인 불가사의한 미묘한 공덕을 성취하였고, 여래의 미묘한 지혜로써 유정들을 삼취(三聚)의 차별에 안립(安立)시켰는데 이를테면, 정성정취(正性定聚)·사성취(邪性定聚)·부정취(不定聚)이니라. 이와 같은 삼취의 차별에 안립시키고 그것에 상응하는 것에 따라서 방편으로 교화하고 인도하여 수승한 이익과 안락을 획득하게 하였느니라."

 구수 선현이 다시 세존께 아뢰어 말하였다.
 "어찌하여 여래·응공·정등각께서는 일체법의 무성의 성품의 가운데에서 4정려를 일으키셨고 5신통을 일으키셨으며 대보리를 증득하셨고 여러 공덕을 구족하셨으며, 삼취의 유정들을 안립시켜서 이익되고 안락하게 하십니까?"
 세존께서 선현에게 알리셨다.
 "만약 여러 욕락의 악한 불선법 등이 작은 자성이거나, 혹은 타성(他性)으로써 자성을 삼은 자가 있었다면, 내가 본래 보살도를 수행하던 때에 일체의 욕락의 악한 불선법 등이 모두 무성으로써 자성을 삼는다고 상응하여 통달하고서, 욕락의 악한 불선법 등을 벗어나서 초정려에 들어갔거나, 나아가 4정려에 들어가서 구족하고 안주하지 못하였을 것이니라. 여러 욕락의 악한 불선법 등이 모두 자성이 없고 역시 타성도 없는 것으로써, 다만 무성으로써 자성을 삼았던 까닭으로, 내가 본래 수행하던 때에 욕락의 악한 불선법 등이 모두 무성으로써 자성을 삼는다고 통달하고서 욕락의 악한 불선법 등을 벗어나서 초정려에 들어갔거나, 나아가 4정려에 들어갔느니라.
 다시 다음으로 선현이여. 만약 5신통이 작은 자성이거나, 혹은 타성으로써 자성을 삼은 자가 있었다면, 내가 본래 보살도를 수행하던 때에 일체의 신통이 모두 무성으로써 자성을 삼는다고 상응하여 통달하고서, 여러 종류의 자재한 신통을 일으켜서 여러 경계에서 미묘한 작용에 장애가 없지 않았을 것이니라. 여러 신통은 모두 자성이 없고 역시 타성도 없는 것으로써, 다만 무성으로써 자성을 삼았던 까닭으로, 내가 본래 보살도를 수행하던 때에 신통은 모두 무성으로써 자성을 삼는다고 통달하고서 여러 종류의 자재한 신통을 일으켜서 여러 경계에서 미묘한 작용에 장애가 없었느니라.

　다시 다음으로 선현이여. 제불의 무상정등보리에 작은 자성이거나, 혹은 타성으로써 자성을 삼은 자가 있었다면, 내가 본래 보살도를 수행하던 때에 제불의 무상정등보리와 여러 공덕이 모두 무성으로써 자성을 삼는다고 상응하여 통달하고서, 여러 공덕을 구족하였으며 무상정등보리를 증득하였느니라. 제불의 무상정등보리와 여러 공덕이 모두 자성이 없고 역시 타성도 없는 것으로써, 다만 무성으로써 자성을 삼았던 까닭으로, 내가 본래 보살도를 수행하던 때에 무상정등보리는 모두 무성으로써 자성을 삼는다고 통달하고서, 여러 공덕을 구족하였으며 무상정등보리를 증득하였느니라.

　다시 다음으로 선현이여. 제유정들에게 작은 자성이거나, 혹은 타성으로써 자성을 삼은 자가 있었다면, 내가 본래 보살도를 수행하던 때에 내가 이미 성불(成佛)하였으므로 모두 무성으로써 자성을 삼는다고 상응하여 통달하고서, 유정들을 삼취로 차별하여 안립시키고 그들이 상응하는 것을 따라서 방편으로 교화하고 인도하여 수승한 이익과 안락을 획득하게 하지 못하였으리라. 제유정들은 모두 자성이 없고 역시 타성도 없는 것으로써, 다만 무성으로써 자성을 삼았던 까닭으로, 내가 이미 성불하였으므로 모두 무성으로써 자성을 삼는다고 통달하고서 유정들을 삼취로 차별하여 안립시키고 그들이 상응하는 것을 따라서 방편으로 교화하고 인도하여 수승한 이익과 안락을 획득하게 하였느니라."

마하반야바라밀다경 제466권

73. 점차품(漸次品)(2)

그때 구수 선현이 세존께 아뢰어 말하였다.
"세존이시여. 만약 보살마하살이 일체법의 무성(無性)인 성품의 가운데에서 4정려를 일으키고, 5신통을 일으키면서 무상정등보리를 증득하여 여러 공덕을 구족하며, 유정들을 삼취의 차별로 안립시켜서 그들에게 이익과 안락의 일을 획득하게 하는 것이라면, 어찌하여 초발심(初發心)의 보살마하살들이 일체법의 무성인 성품의 가운데에서 점차로 업을 짓고 점차로 수학하며 점차로 행을 행하면서 무상정등보리를 증득하여 제유정들에게 이익과 안락의 일을 짓습니까?"
세존께서 선현에게 알리셨다.
"제보살마하살들이 초발심의 지위에서 혹은 제불을 쫓아서 들었거나, 혹은 다시 제불에게 많이 공양한 보살·독각과 아라한·불환·일래·예류과 등의 현성의 처소에서 들었는데 이를테면, 제법이 무성으로써 성품을 삼고서 구경에 원만함을 증득한다면 비로소 여래(佛)가 되었다고 이름하고, 제법이 무성으로써 성품을 삼고서 점차로 증득한다면 보살, 나아가 예류라고 이름하며, 제법이 무성으로써 성품을 삼았다고 깊이 믿는다면 현선사(賢善士)라고 이름하느니라. 이러한 까닭으로 일체법과 제유정들은 모두가 무성으로써 성품을 삼아서 법과 유정에게 터럭의 끝과 같은 분량의 자성도 얻을 수 없느니라.
이 보살마하살이 이러한 말을 듣고서 '만약 일체법과 제유정들이 모두가 무성으로써 성품을 삼았는데, 이것을 증득하는 까닭이라면 여래, 나아가 예류라고 이름하여 설하고, 이것을 깊이 믿는 까닭으로 현선사라고 이름한다. 내가 무상정등보리에서 만약 마땅히 증득하였거나, 만약 증득하지 못하였을지라도 제법과 유정은 항상 무성으로써 자성을 삼았으니 나는 결정적으로 상응하여 무상정등보리에 나아가겠고, 보리를 이미 증득한다면 만약 제유정들이 유상(有想)이라는 것을 행할지라도 방편으로 안립시켜서 무상(無想)에 머무르게 하겠다.'라고 이렇게 생각을 짓느니라.

이 보살마하살은 이렇게 생각을 짓고서 무상정등보리를 구하면서 나아가면서 유정들에게 두루 열반을 얻게 하기 위한 까닭으로 점차로 업을 짓고 점차로 수학하며 점차로 행을 행하느니라. 과거의 세상에서 제보살마하살들이 무상정등보리를 구하면서 나아가기 위하여 먼저 점차로 업(業)·수학(學)·수행(行)을 수학하는 까닭으로 무상정등보리를 증득하는 것과 같이, 이 보살마하살도 역시 다시 그와 같아서 먼저 상응하여 보시바라밀다를 수학하고, 다음으로 상응하여 정계바라밀다를 수학하며, 다음으로 상응하여 안인바라밀다를 수학하고, 다음으로 상응하여 정진바라밀다를 수학하며, 다음으로 상응하여 정려바라밀다를 수학하고, 뒤에 상응하여 반야바라밀다를 수학하느니라.

선현이여. 이 보살마하살은 초발심부터 보시바라밀다를 수학하던 때에 상응하여 스스로가 보시를 행하였고, 역시 다른 사람에게 보시를 행하게 권유하였으며, 전도가 없는 보시의 공덕을 칭찬(稱揚)하였고, 보시하는 자를 환희(歡喜)하였고 찬탄(讚歎)하였느니라. 오히려 이러한 인연으로 큰 재물과 지위를 얻었고 항상 보시를 행하였으며 간탐(慳吝)하는 마음을 벗어났고, 제유정들이 구하였던 것인 음식(飮食)·의복(衣服)·와구(臥具)·영락(瓔珞)·향(香)·꽃(華)·재물(財寶)·등불(燈明)·수레(車乘)·주택(舍宅)과 나머지의 자구(資具)를 따라서 모두 보시하여 주었다고 마땅히 알아야 하느니라.

이 보살마하살은 오히려 보시를 까닭으로 계온(戒蘊)을 수지하고 천상이거나 인간의 가운데에 태어나서 크게 존귀함을 얻고, 오히려 보시·계를 까닭으로 다시 정온(定蘊)을 얻으며, 보시·계·정을 까닭으로 다시 혜온(慧蘊)을 얻고, 보시·계·정·혜를 까닭으로 다시 해탈온(解脫蘊)을 얻으며, 보시·계·정·혜·해탈을 까닭으로 다시 해탈지견온(解脫智見蘊)을 얻고, 보시, 나아가 해탈지견온이 원만해지는 까닭으로 성문·독각지를 초월하여 보살의 정성이생(正性離生)을 증득하여 들어가며, 이미 보살의 정성이생에 들어갔다면 유정들을 성숙시켰고 불국토를 청정하게 장엄하였느니라.
 이러한 일을 지었다면 무상정등보리를 증득하고서 미묘한 법륜을 굴리면서 3승법으로써 제유정의 부류들을 안립시키고 도탈(度脫)시키면서 생사에서 출리(出離)시키고 열반을 증득하게 하느니라. 선현이여. 이 보살마하살은 오히려 보시를 까닭으로 비록 능히 이와 같이 점차로 업을 짓고 점차로 수학하며 점차로 행을 행할지라도 일체에서 모두 얻는 것이 없느니라. 그 까닭은 무엇인가? 일체법으로써 자성이 없는 까닭이니라.
 다시 다음으로 선현이여. 이 보살마하살은 초발심부터 정계바라밀다를 수학하던 때에 상응하여 스스로가 정계를 행하였고, 역시 다른 사람에게 정계를 행하게 권유하였으며, 전도가 없는 정계의 공덕을 칭찬하였고, 정계하는 자를 환희하였고 찬탄하였느니라. 오히려 이러한 인연으로 계온이 청정해져서 천상이거나 인간의 가운데에 태어나서 크게 존귀함을 얻고, 빈궁한 자들이 구하였던 것인 재물을 보시하는데, 이미 보시하였다면 계온·정온·혜온·해탈온·해탈지견온에 안주하였고, 오히려 계·정·혜·해탈·해탈지견온이 청정해졌던 까닭으로 성문·독각지를 초월하여 보살의 정성이생을 증득하여 들어가며, 이미 보살의 정성이생에 들어갔다면 유정들을 성숙시켰고 불국토를 청정하게 장엄하였느니라.
 이러한 일을 지었다면 무상정등보리를 증득하고 미묘한 법륜을 굴리면서 3승법으로써 제유정의 부류들을 안립시키고 도탈시키면서 생사에서 출리시키고 열반을 증득하게 하느니라. 선현이여. 이 보살마하살은 오히려 정계를 까닭으로 비록 능히 이와 같이 점차로 업을 짓고 점차로 수학하며 점차로 행을 행할지라도 일체에서 모두 얻는 것이 없느니라. 그 까닭은 무엇인가? 일체법으로써 자성이 없는 까닭이니라.

다시 다음으로 선현이여. 이 보살마하살은 초발심부터 안인바라밀다를 수학하던 때에 상응하여 스스로가 안인을 행하였고, 역시 다른 사람에게 안인을 행하게 권유하였으며, 전도가 없는 안인의 공덕을 칭찬하였고, 안인하는 자를 환희하였고 찬탄하였느니라. 이 보살마하살은 안인을 행하는 때에 능히 자구로써 제유정들에게 보시하여 모두가 충족시켰고, 이미 보시를 행하였다면 계온·정온·혜온·해탈온·해탈지견온에 안주하였으며, 오히려 계·정·혜·해탈·해탈지견온이 청정해졌던 까닭으로 성문·독각지를 초월하여 보살의 정성이생을 증득하여 들어가며, 이미 보살의 정성이생에 들어갔다면 유정들을 성숙시켰고 불국토를 청정하게 장엄하였느니라.

이러한 일을 지었다면 무상정등보리를 증득하고 미묘한 법륜을 굴리면서 3승법으로써 제유정의 부류들을 안립시키고 도탈시키면서 생사에서 출리시키고 열반을 증득하게 하느니라. 선현이여. 이 보살마하살은 오히려 안인을 까닭으로 비록 능히 이와 같이 점차로 업을 짓고 점차로 수학하며 점차로 행을 행할지라도 일체에서 모두 얻는 것이 없느니라. 그 까닭은 무엇인가? 일체법으로써 자성이 없는 까닭이니라.

다시 다음으로 선현이여. 이 보살마하살은 초발심부터 정진바라밀다를 수학하던 때에 상응하여 스스로가 정진을 행하였고, 역시 다른 사람에게 정진을 행하게 권유하였으며, 전도가 없는 정진의 공덕을 칭찬하였고, 정진하는 자를 환희하였고 찬탄하였느니라. 이 보살마하살은 정진을 행하는 때에 능히 자구로써 제유정들에게 보시하여 모두가 충족시켰고, 이미 보시를 행하였다면 계온·정온·혜온·해탈온·해탈지견온에 안주하였으며, 오히려 계·정·혜·해탈·해탈지견온이 청정해졌던 까닭으로 성문·독각지를 초월하여 보살의 정성이생을 증득하여 들어가며, 이미 보살의 정성이생에 들어갔다면 유정들을 성숙시켰고 불국토를 청정하게 장엄하였느니라.

이러한 일을 지었다면 무상정등보리를 증득하고 미묘한 법륜을 굴리면서 3승법으로써 제유정의 부류들을 안립시키고 도탈시키면서 생사에서 출리시키고 열반을 증득하게 하느니라. 선현이여. 이 보살마하살은 오히려 정려를 까닭으로 비록 능히 이와 같이 점차로 업을 짓고 점차로 수학하며 점차로 행을 행할지라도 일체에서 모두 얻는 것이 없느니라. 그 까닭은 무엇인가? 일체법으로써 자성이 없는 까닭이니라.

다시 다음으로 선현이여. 이 보살마하살은 초발심부터 정려바라밀다를 수학하던 때에 상응하여 스스로가 4정려·4무량·4무색정에 들어갔고, 역시 다른 사람에게 4정려·4무량·4무색정에 들어가게 권유하였으며, 전도가 없는 4정려·4무량·4무색정의 공덕을 칭찬하였고, 4정려·4무량·4무색정에 들어가는 자를 환희하였고 찬탄하였느니라. 이 보살마하살은 정려를 행하는 때에 능히 자구로써 제유정들에게 보시하여 모두가 충족시켰고, 이미 보시를 행하였다면 계온·정온·혜온·해탈온·해탈지견온에 안주하였으며, 오히려 계·정·혜·해탈·해탈지견온이 청정해졌던 까닭으로 성문·독각지를 초월하여 보살의 정성이생을 증득하여 들어가며, 이미 보살의 정성이생에 들어갔다면 유정들을 성문·독각지를 초월하여 보살의 정성이생을 증득하여 들어가며, 이미 보살의 정성이생에 들어갔다면 유정들을 성숙시켰고 불국토를 청정하게 장엄하였느니라.

이러한 일을 지었다면 무상정등보리를 증득하고 미묘한 법륜을 굴리면서 3승법으로써 제유정의 부류들을 안립시키고 도탈시키면서 생사에서 출리시키고 열반을 증득하게 하느니라. 선현이여. 이 보살마하살은 오히려 정려를 까닭으로 비록 능히 이와 같이 점차로 업을 짓고 점차로 수학하며 점차로 행을 행할지라도 일체에서 모두 얻는 것이 없느니라. 그 까닭은 무엇인가? 일체법으로써 자성이 없는 까닭이니라.

다시 다음으로 선현이여. 이 보살마하살은 초발심부터 반야바라밀다를 수학하던 때에 상응하여 스스로가 6바라밀다를 행하였고, 역시 다른 사람에게 6바라밀다를 행하게 권유하였으며, 전도가 없는 6바라밀다의 공덕을 칭찬하였고, 6바라밀다를 수행하는 자를 환희하였고 찬탄하였느니라. 이 보살마하살은 오히려 6바라밀다에서 방편선교로 성문·독각지를 초월하여 보살의 정성이생을 증득하여 들어가며, 이미 보살의 정성이생에 들어갔다면 유정들을 성숙시켰고 불국토를 청정하게 장엄하였느니라.
　이러한 일을 지었다면 무상정등보리를 증득하고 미묘한 법륜을 굴리면서 3승법으로써 제유정의 부류들을 안립시키고 도탈시키면서 생사에서 출리시키고 열반을 증득하게 하느니라. 선현이여. 이 보살마하살은 오히려 반야를 까닭으로 비록 능히 이와 같이 점차로 업을 짓고 점차로 수학하며 점차로 행을 행할지라도 일체에서 모두 얻는 것이 없느니라. 그 까닭은 무엇인가? 일체법으로써 자성이 없는 까닭이니라. 선현이여. 이것이 초발심의 보살마하살을 위하여 6바라밀다에 의지하여 수학하면서 점차로 업을 짓고 점차로 수학하며 점차로 행을 행하면서 제유정들에게 이익되고 안락한 일을 지어서 주는 것이니라.
　다시 다음으로 선현이여. 제보살마하살들이 점차로 업을 짓고 점차로 수학하며 점차로 행을 행하는 때에 초발심부터 일체지지에 상응하는 작의로써 일체법이 모두 무성으로써 성품을 삼는다고 신해(信解)하면서 먼저 상응하여 불수념(佛隨念)을 수학해야 하고, 다음으로 상응하여 법수념(法隨念)을 수학해야 하며, 다음으로 상응하여 승수념(僧隨念)을 수학해야 하고, 다음으로 상응하여 계수념(戒隨念)을 수학해야 하고, 다음으로 상응하여 사수념(捨隨念)을 수학해야 하며, 뒤에 상응하여 천수념(天隨念)을 수학해야 하느니라."

　"선현이여. 무엇을 보살마하살이 불수념을 수학하는 것인가. 이를테면, 제보살마하살들이 불수념을 수학하는 때에 상응하여 색으로써 여래·응공·정등각을 사유하지 않아야 하고, 상응하여 수·상·행·식으로써 여래·응공·정등각을 사유하지 않아야 하느니라. 왜 그러한가? 색, 나아가 식이 모두 자성이 없나니, 만약 법이 무자성(無自性)이라면, 곧 억념할 수 없고 사유할 수 없느니라. 그 까닭은 무엇인가? 만약 무념(無念)이고 사유가 없다면, 이것이 불수념이 되느니라.
　다시 다음으로 선현이여. 제보살마하살들이 불수념을 수학하는 때에 상응하여 32대사상·80수호로써 여래·응공·정등각을 사유하지 않아야 하고, 상응하여 진금색(眞金色)의 색신이고 항상 광명이 1심(一尋)인 80수호로써 여래·응공·정등각을 사유하지 않아야 하느니라. 왜 그러한가? 이와 같은 상호(相好)와 진금색과 광명의 색신은 모두 자성이 없나니, 만약 법이 무자성이라면, 곧 억념할 수 없고 사유할 수 없느니라. 그 까닭은 무엇인가? 만약 무념이고 사유가 없다면, 이것이 불수념이 되느니라.

다시 다음으로 선현이여. 제보살마하살들이 불수념을 수학하는 때에 상응하여 계온으로써 여래·응공·정등각을 사유하지 않아야 하고, 상응하여 계온·정온·혜온·해탈온·해탈지견온으로써 여래·응공·정등각을 사유하지 않아야 하느니라. 왜 그러한가? 이와 같은 여러 온(蘊)은 모두 자성이 없나니, 만약 법이 무자성이라면, 곧 억념할 수 없고 사유할 수 없느니라. 그 까닭은 무엇인가? 만약 무념이고 사유가 없다면, 이것이 불수념이 되느니라.

다시 다음으로 선현이여. 제보살마하살들이 불수념을 수학하는 때에 상응하여 5안·6신통으로써 여래·응공·정등각을 사유하지 않아야 하고, 상응하여 여래의 10력, 나아가 18불불공법으로써 여래·응공·정등각을 사유하지 않아야 하느니라. 왜 그러한가? 이와 같은 제법은 모두 자성이 없나니, 만약 법이 무자성이라면, 곧 억념(憶念)할 수 없고 사유할 수 없느니라. 그 까닭은 무엇인가? 만약 무념이고 사유가 없다면, 이것이 불수념이 되느니라.

다시 다음으로 선현이여. 제보살마하살들이 불수념을 수학하는 때에 상응하여 무망실법·항주사성으로써 여래·응공·정등각을 사유하지 않아야 하고, 상응하여 일체지·도상지·일체상지와 나머지의 무량하고 무변한 불법으로써 여래·응공·정등각을 사유하지 않아야 하느니라. 왜 그러한가? 이와 같은 제법은 모두 자성이 없나니, 만약 법이 무자성이라면, 곧 억념할 수 없고 사유할 수 없느니라. 그 까닭은 무엇인가? 만약 무념이고 사유가 없다면, 이것이 불수념이 되느니라.

다시 다음으로 선현이여. 제보살마하살들이 불수념을 수학하는 때에 상응하여 연성의 법(緣性法)으로써 여래·응공·정등각을 사유하지 않아야 하고, 상응하여 연기의 법(緣起法)으로써 여래·응공·정등각을 사유하지 않아야 하느니라. 왜 그러한가? 이와 같은 연성과 연기는 함께 자성이 없나니, 만약 법이 무자성이라면, 곧 억념할 수 없고 사유할 수 없느니라. 그 까닭은 무엇인가? 만약 무념이고 사유가 없다면, 이것이 불수념이 되느니라.

　선현이여. 제보살마하살들이 깊은 반야바라밀다를 수행하는 때에 상응하여 이와 같이 불수념을 수학해야 하나니, 만약 이와 같이 불수념을 수학한다면, 이것이 점차로 업을 짓고, 점차로 수학하며, 점차로 행을 수행하는 것이 되느니라.

　만약 보살마하살이 능히 이와 같이 점차로 업을 짓고, 점차로 수학하며, 점차로 행을 수행하는 때라면, 곧 능히 4념주, 나아가 8성도지를 원만하게 하고, 역시 4정려·4무량·4무색정도 원만하게 하며, 역시 8해탈, 나아가 10변처도 원만하게 하고, 역시 보시바라밀다, 나아가 반야바라밀다도 원만하게 하며, 역시 내공, 나아가 무성자성공도 원만하게 하고, 역시 진여, 나아가 부사의계도 원만하게 하며, 역시 고·집·멸·도성제도 원만하게 하고, 역시 공·무상·무원해탈문도 원만하게 하며, 역시 보살의 여러 지위도 원만하게 하고, 역시 일체의 다라니문·삼마지문도 원만하게 하며, 역시 5안·6신통도 원만하게 하고, 역시 여래의 10력, 나아가 18불불공법도 원만하게 하며, 역시 무망실법·항주사성도 원만하게 하고, 역시 일체지·도상지·일체상지도 원만하게 하나니, 오히려 이것으로 일체지지를 증득하느니라.

　선현이여. 이 보살마하살은 일체법에 무성으로써 성품을 삼는 방편의 힘을 까닭으로, 일체법은 모두가 자성이 없고 그 가운데서는 유상(有想)도 없으며, 역시 다시 무상(無想)도 없다고 깨닫느니라.

　선현이여. 제보살마하살들은 마땅히 이와 같이 불수념을 수학해야 하는데 이를테면, 일체법은 무성인 성품의 가운데서는 여래도 오히려 얻을 수 없는데, 하물며 불수념을 얻을 수 있겠는가!"

"선현이여. 무엇이 보살마하살이 법수념을 수학하는 것인가? 이를테면, 보살마하살이 법수념을 수학하는 때에 상응하여 선법(善法)과 선하지 않은 법(非善法)을 사유하지 않아야 하고, 상응하여 유기법(有記法)과 무기법(無記法)을 사유하지 않아야 하며, 상응하여 세간법(世間法)과 출세간법(出世間法)을 사유하지 않아야 하고, 상응하여 애미가 있는 법(有愛味法)과 애미가 없는 법(無愛味法)을 사유하지 않아야 하며, 상응하여 유쟁법(有諍法)과 무쟁법(無諍法)을 사유하지 않아야 하고, 상응하여 성스러운 법(聖法)과 성스럽지 않은 법(非聖法)을 사유하지 않아야 하며, 상응하여 유루법(有漏法)과 무루법(無漏法)을 사유하지 않아야 하고, 상응하여 3계에 떨어지는 법(墮三界法)과 3계에 떨어지지 않는 법(不墮三界法)을 사유하지 않아야 하며, 상응하여 유위계의 법(有爲界法)과 무위계의 법(無爲界法)을 사유하지 않아야 하느니라.

왜 그러한가? 이와 같은 제법은 모두가 자성이 없나니, 만약 법이 무자성이라면, 곧 억념할 수 없고 사유할 수 없느니라. 그 까닭은 무엇인가? 만약 무념이고 사유가 없다면, 이것이 법수념이 되느니라. 선현이여. 제보살마하살들이 깊은 반야바라밀다를 수행하는 때에 상응하여 이와 같이 불수념을 수학해야 하나니, 만약 이와 같이 법수념을 수학한다면, 이것이 점차로 업을 짓고, 점차로 수학하며, 점차로 행을 수행하는 것이 되느니라.

만약 보살마하살이 능히 이와 같이 점차로 업을 짓고, 점차로 수학하며, 점차로 행을 수행하는 때라면, 곧 능히 4념주, [자세한 내용은 생략한다.] 나아가, 일체상지까지도 원만하게 하나니, 오히려 이것으로 일체지지를 증득하느니라. 선현이여. 이 보살마하살은 일체법에 무성으로써 성품을 삼는 방편의 힘을 까닭으로, 일체법은 모두가 자성이 없고 그 가운데서는 유상도 없으며, 역시 다시 무상도 없다고 깨닫느니라.

선현이여. 제보살마하살들은 마땅히 이와 같이 법수념을 수학해야 하는데 이를테면, 일체법은 무성인 성품의 가운데서는 법도 오히려 얻을 수 없는데, 하물며 법수념을 얻을 수 있겠는가!"

"선현이여. 무엇이 보살마하살이 승수념을 수학하는 것인가? 이를테면, 보살마하살이 승수념을 수학하는 때에 상응하여 '불제자들이 함께 청정한 계온·정온·혜온·해탈온·해탈지견온의 사쌍팔척(四雙八隻)[1]의 보특가라는 일체가 모두 이것이 무위에서 나타난 것이고, 모두가 무성으로써 자성을 삼았다. 오히려 이러한 인연으로 상응하여 사유하지 않아야 한다.'라고 이렇게 생각을 지어야 하느니라. 왜 그러한가? 이와 같은 선사(善士)는 모두가 자성이 없나니, 만약 법이 무자성이라면, 곧 억념할 수 없고 사유할 수 없느니라.

그 까닭은 무엇인가? 만약 무념이고 사유가 없다면, 이것이 승수념이 되느니라. 선현이여. 제보살마하살들이 깊은 반야바라밀다를 수행하는 때에 상응하여 이와 같이 승수념을 수학해야 하나니, 만약 이와 같이 승수념을 수학한다면, 이것이 점차로 업을 짓고, 점차로 수학하며, 점차로 행을 수행하는 것이 되느니라. 만약 보살마하살이 능히 이와 같이 점차로 업을 짓고, 점차로 수학하며, 점차로 행을 수행하는 때라면, 곧 능히 4념주, [자세한 내용은 생략한다.] 나아가 일체상지까지도 원만하게 하나니, 오히려 이것으로 일체지지를 증득하느니라.

선현이여. 이 보살마하살은 일체법에 무성으로써 성품을 삼는 방편의 힘을 까닭으로, 일체법은 모두가 자성이 없고 그 가운데서는 유상도 없으며, 역시 다시 무상도 없다고 깨닫느니라. 선현이여. 제보살마하살들은 마땅히 이와 같이 승수념을 수학해야 하는데 이를테면, 일체법은 무성인 성품의 가운데서는 승가도 오히려 얻을 수 없는데, 하물며 승수념을 얻을 수 있겠는가!"

"선현이여. 무엇이 보살마하살이 계수념을 수학하는 것인가? 이를테면, 보살마하살이 계수념을 수학하는 때에 초발심부터 상응하여 '성스러

---

1) 성문의 사향사과(四向四果)를 말하는데, 예류향(預流向)·예류과(預流果)·일래향(一來向)·일래과(一來果)·불환향(不還向)·불환과(不還果)·아라한향(阿羅漢向)·아라한과(阿羅漢果) 등을 가리킨다.

운 정계는 결함이 없고 틈새가 없으며 티끌이 없고 더러움이 없으며 집착하는 것이 없고 상응하게 공양을 받으며 지혜로운 자가 찬탄하는 것이고 미묘하게 잘 수지하고 미묘하게 잘 구경(究竟)이며 수승한 정려에 수순하는 것이므로, 이 정계는 무성으로써 성품을 삼았다고 사유해야 하나니, 오히려 이러한 인연으로 상응하여 사유하지 않아야 한다.'라고 이렇게 생각해야 하느니라. 왜 그러한가? 이와 같은 성스러운 정계는 모두가 자성이 없나니, 만약 법이 무자성이라면, 곧 억념할 수 없고 사유할 수 없느니라.

그 까닭은 무엇인가? 만약 무념이고 사유가 없다면, 이것이 계수념이 되느니라. 선현이여. 제보살마하살들이 깊은 반야바라밀다를 수행하는 때에 상응하여 이와 같이 계수념을 수학해야 하나니, 만약 이와 같이 계수념을 수학한다면, 이것이 점차로 업을 짓고, 점차로 수학하며, 점차로 행을 수행하는 것이 되느니라. 만약 보살마하살이 능히 이와 같이 점차로 업을 짓고, 점차로 수학하며, 점차로 행을 수행하는 때라면, 곧 능히 4념주, [자세한 내용은 생략한다.] 나아가, 일체상지까지도 원만하게 하나니, 오히려 이것으로 일체지지를 증득하느니라.

선현이여. 이 보살마하살은 일체법에 무성으로써 성품을 삼는 방편의 힘을 까닭으로, 일체법은 모두가 자성이 없고 그 가운데서는 유상도 없으며, 역시 다시 무상도 없다고 깨닫느니라. 선현이여. 제보살마하살들은 마땅히 이와 같이 계수념을 수학해야 하는데 이를테면, 일체법은 무성인 성품의 가운데서는 정계도 오히려 얻을 수 없는데, 하물며 계수념을 얻을 수 있겠는가!"

"선현이여. 무엇이 보살마하살이 사수념을 수학하는 것인가? 이를테면, 보살마하살이 사수념을 수학하는 때에 초발심부터 상응하여 버리는 것을 생각해야 하나니, 만약 스스로를 버린다고 생각하거나, 만약 다른 사람을 버린다고 생각하거나, 만약 재물을 버린다고 생각하거나, 만약 법을 버린다고 생각하면서, 보시하는 지위에서 결국 '나는 능히 보시한다.

혹은 나는 버리면서 보시하지 않는다.'라는 마음을 일으키지 않느니라. 만약 소유한 몸의 부분인 지절을 버릴지라도 '나는 능히 보시한다. 혹은 나는 버리면서 보시하지 않는다.'라는 마음을 일으키지 않으며, 역시 버렸던 것과 주었던 것과 함께 보시한 복과 보시한 과보도 사유하지 않느니라. 왜 그러한가? 이와 같은 제법은 모두가 자성이 없나니, 만약 법이 무자성이라면, 곧 억념할 수 없고 사유할 수 없느니라.

그 까닭은 무엇인가? 만약 무념이고 사유가 없다면, 이것이 사수념이 되느니라. 선현이여. 제보살마하살들이 깊은 반야바라밀다를 수행하는 때에 상응하여 이와 같이 사수념을 수학해야 하나니, 만약 이와 같이 사수념을 수학한다면, 이것이 점차로 업을 짓고, 점차로 수학하며, 점차로 행을 수행하는 것이 되느니라. 만약 보살마하살이 능히 이와 같이 점차로 업을 짓고, 점차로 수학하며, 점차로 행을 수행하는 때라면, 곧 능히 4념주, [자세한 내용은 생략한다.] 나아가, 일체상지까지도 원만하게 하나니, 오히려 이것으로 일체지지를 증득하느니라.

선현이여. 이 보살마하살은 일체법에 무성으로써 성품을 삼는 방편의 힘을 까닭으로, 일체법은 모두가 자성이 없고 그 가운데서는 유상도 없으며, 역시 다시 무상도 없다고 깨닫느니라. 선현이여. 제보살마하살들은 마땅히 이와 같이 사수념을 수학해야 하는데 이를테면, 일체법은 무성인 성품의 가운데서는 버림도 오히려 얻을 수 없는데, 하물며 사수념을 얻을 수 있겠는가!"

"선현이여. 무엇이 보살마하살이 천수념을 수학하는 것인가? 이를테면, 보살마하살이 천수념을 수학하는 때에 초발심부터 상응하여 '4대왕중천, 나아가 타화자재천 등은 오히려 청정한 믿음(信)·계율(戒)·듣는 것(聞)·버리는 것(捨)·지혜(慧)가 있었으므로 이곳에서 목숨을 끝마쳤고, 그 천상의 처소에서 태어났다. 나도 지금 역시 이와 같은 청정한 믿음·계율·듣는 것·버리는 것·지혜가 있으므로 그 여러 천상들의 공덕(功德)의 상(相)과 비슷하다.'라고 이렇게 생각을 지었고, 또한 '여러 예류 등은 욕계의

6욕천(六欲天)2)에 태어나고, 여러 불환 등은 위의 두 천상계에 태어나는데, 이와 같은 일체는 모두가 얻을 수 없으므로, 상응하여 사유하지 않겠다.'라고 이렇게 생각을 짓느니라. 왜 그러한가? 이와 같이 여러 천상(諸天)은 모두가 자성이 없나니, 만약 법이 무자성이라면, 곧 억념할 수 없고 사유할 수 없느니라.

그 까닭은 무엇인가? 만약 무념이고 사유가 없다면, 이것이 천수념이 되느니라. 선현이여. 제보살마하살들이 깊은 반야바라밀다를 수행하는 때에 상응하여 이와 같이 천수념을 수학해야 하나니, 만약 이와 같이 천수념을 수학한다면, 이것이 점차로 업을 짓고, 점차로 수학하며, 점차로 행을 수행하는 것이 되느니라. 만약 보살마하살이 능히 이와 같이 점차로 업을 짓고, 점차로 수학하며, 점차로 행을 수행하는 때라면, 곧 능히 4념주, [자세한 내용은 생략한다.] 나아가, 일체상지까지도 원만하게 하나니, 오히려 이것으로 일체지지를 증득하느니라.

선현이여. 이 보살마하살은 일체법에 무성으로써 성품을 삼는 방편의 힘을 까닭으로, 일체법은 모두가 자성이 없고 그 가운데서는 유상도 없으며, 역시 다시 무상도 없다고 깨닫느니라. 선현이여. 제보살마하살들은 마땅히 이와 같이 사수념을 수학해야 하는데 이를테면, 일체법은 무성인 성품의 가운데서는 천상도 오히려 얻을 수 없는데, 하물며 천수념을 얻을 수 있겠는가!"

"다시 다음으로 선현이여. 제보살마하살들이 깊은 반야바라밀다를 수행하는 때에 만약 점차로 업을 짓고, 점차로 수학하며, 점차로 행을 수행하여 원만하게 하고자 한다면, 일체법에 무성으로써 성품을 삼는 방편의 힘을 까닭으로 내공, 나아가 무성자성공을 상응하여 수학해야 하고, 진여, 나아가 부사의계를 상응하여 수학해야 하며, 고·집·멸·도성제를 상응하여 수학해야 하고, 4념주, 나아가 8성도지를 상응하여 수학해야

---

2) 욕계의 6천(六天)인 타화자재천(他化自在天)을 가리킨다.

하며, 4정려·4무량·4무색정을 상응하여 수학해야 하고, 8해탈, 나아가 10변처를 상응하여 수학해야 하며, 공·무상·무원해탈문을 상응하여 수학해야 하고, 보시바라밀다, 나아가 반야바라밀다를 상응하여 수학해야 하며, 보살마하살의 지위를 상응하여 수학해야 하고, 일체의 다라니문·삼마지문을 상응하여 수학해야 하며, 5안·6신통을 상응하여 수학해야 하고, 여래의 10력, 나아가 18불불공법을 상응하여 수학해야 하며, 무망실법·항주사성을 상응하여 수학해야 하고, 일체지·도상지·일체상지를 상응하여 수학해야 하느니라.

선현이여. 이 보살마하살이 이와 같이 보리도를 수학하는 때에 일체법은 모두가 무성으로써 자성을 삼았고, 그 가운데서는 오히려 적은 생각도 얻을 수 없는데, 하물며 색·수·상·행·식이라는 생각이 있겠는가? 하물며 안처, 나아가 의처라는 생각이 있겠는가? 하물며 색처, 나아가 법처라는 생각이 있겠는가? 하물며 안계, 나아가 의계라는 생각이 있겠는가? 하물며 색계, 나아가 법계라는 생각이 있겠는가? 하물며 안식계, 나아가 의식계라는 생각이 있겠는가? 하물며 안촉, 나아가 의촉이라는 생각이 있겠는가? 하물며 안촉을 인연으로 생겨난 여러 수, 나아가 의촉을 인연으로 생겨난 여러 수라는 생각이 있겠는가?

하물며 지계, 나아가 식계라는 생각이 있겠는가? 하물며 인연, 나아가 증상연이라는 생각이 있겠는가? 하물며 무명, 나아가 노사라는 생각이 있겠는가? 하물며 보시바라밀다, 나아가 반야바라밀다라는 생각이 있겠는가? 하물며 내공, 나아가 무성자성공이라는 생각이 있겠는가? 하물며 진여, 나아가 부사의계라는 생각이 있겠는가? 하물며 고·집·멸·도성제라는 생각이 있겠는가? 하물며 4념주, 나아가 8성도지라는 생각이 있겠는가? 하물며 4정려·4무량·4무색정이라는 생각이 있겠는가? 하물며 8해탈, 나아가 10변처라는 생각이 있겠는가? 하물며 공·무상·무원해탈문이라는 생각이 있겠는가?

하물며 정관지, 나아가 여래지라는 생각이 있겠는가? 하물며 극희지,

나아가 법운지라는 생각이 있겠는가? 하물며 일체의 다라니문·삼마지문이라는 생각이 있겠는가? 하물며 5안·6신통이라는 생각이 있겠는가? 하물며 여래의 10력, 나아가 18불불공법이라는 생각이 있겠는가? 하물며 32대사상·80수호라는 생각이 있겠는가? 하물며 무망실법·항주사성이라는 생각이 있겠는가? 하물며 일체지·도상지·일체상지라는 생각이 있겠는가?, 하물며 예류과, 나아가 독각이라는 생각이 있겠는가? 하물며 일체의 보살마하살의 행이라는 생각이 있겠는가? 하물며 제불의 무상정등보리라는 생각이 있겠는가? 하물며 일체지지라는 생각이 있겠는가?

선현이여. 이와 같은 여러 생각과 생각하였던 법이라는 것이, 만약 적은 진실이라도 있는 이러한 처소는 없느니라. 이와 같아서 선현이여. 제보살마하살들이 깊은 반야바라밀다를 수행하는 때에 비록 점차로 업을 짓고, 점차로 수학하며, 점차로 행을 수행할지라도 그 가운데서는 마음이 모두 전전하지 않는데, 일체법으로써 자성이 없는 까닭이니라."

구수 선현이 아뢰어 말하였다.

"세존이시여. 만약 일체법이 모두 자성이 없다면 곧 상응하여 색·수·상·행·식도 없을 것이고, 나아가 일체지지도 없을 것이니, 이것은 곧 불·법·승보도 없는 것이며, 도과(道果)와 염오와 청정함도 없고 역시 얻는 것도 없으며 현관도 없어서 곧 일체법은 모두가 상응하여 이것도 없습니다."

세존께서 선현에게 알리셨다.

"그대의 뜻은 어떠한가? 일체의 무성의 성품 가운데에서 유성(有性)과 무성(無性)을 얻을 수 있겠는가?"

선현이 대답하여 말하였다.

"아닙니다. 세존이시여."

세존께서 선현에게 알리셨다.

"만약 일체법의 무성의 성품 가운데에서 유성과 무성을 모두 얻을 수 없다면, 그대는 지금 어찌하여 '일체법이 모두 자성이 없다면 곧 상응하여 색·수·상·행·식도 없는 것이고, 나아가 상응하여 얻음과 현관도 없으며,

곧 일체법은 모두가 상응하여 이것이 없다.'라고 이렇게 말을 지었는가?"
 선현이 아뢰어 말하였다.
 "저는 이러한 의취에서 스스로가 의혹(疑惑)이 없으나, 다만 미래에 비구들이 있어서 혹은 성문을 구하거나, 혹은 독각을 구하거나, 혹은 불과(佛果)를 구하면서 그들이 '만약 일체법이 모두 자성이 없다면 누가 염오되겠는가? 누가 청정하겠는가? 누가 계박되겠는가? 누가 해탈하겠는가?'라고 이렇게 생각을 지을 것입니다. 그들이 염오되고 청정하며 계박되고 해탈하는 의취의 가운데에서 명료하게 알지 못하는 까닭으로 정계를 훼손하고 견해를 훼손하며 위의를 훼손하고, 정명(淨命)3)을 훼손하는 것입니다.
 오히려 이것으로 마땅히 3악취(三惡趣)4)의 가운데에 떨어져서 여러 극심한 고통을 받고 해탈을 얻기 어렵습니다. 저는 미래에 마땅히 이와 같이 두려운 일이 있다고 관찰하였던 까닭으로 이렇게 말을 지었습니다. 그렇지만 저는 이것에서 진실로 의혹은 없습니다."
 세존께서 선현에게 알리셨다.
 "옳도다. 옳도다. 그대는 지금 나아가 능히 미래 세상의 여러 비구 등을 위하여 이와 같이 물었느니라. 그렇지만 일체법의 무성인 성품의 가운데서는 만약 있거나, 만약 없을지라도 함께 모두 얻을 수 없느니라."

74. 무상품(無相品)(1)

그때 구수 선현이 세존께 아뢰어 말하였다.

---

3) 청정하게 생활하는 것을 가리킨다.
4) 산스크리트어 tri-akuśala-gatīḥ의 번역이고, 3악도(三惡道)라고 말한다. 욕계(欲界)의 지옥(地獄)·아귀(餓鬼道)·축생도(畜生道)를 가리킨다.

"세존이시여. 만약 일체법이 모두가 무성으로써 자성을 삼는다면 제보살마하살들은 무엇 등의 의취(義趣)를 보고서, 유정들의 이익과 안락을 위하여 무상정등보리(無上正等菩提)를 구하면서 나아갑니까?"

세존께서 선현에게 알리셨다.

"일체법이 모두 무성으로써 자성을 삼는데, 제보살마하살들이 유정들을 이익되고 안락하게 하려는 것이니라. 그 까닭은 무엇인가? 제유정의 부류들은 단견(斷見)과 상견(常見)을 갖추고 얻을 수 있는 것에 머무르나니, 조복시키기 어렵고, 우치하고 전도되어서 해탈시키기 어려우니라. 선현이여. 얻을 수 있는 것에 머무르는 자는 오히려 얻을 수 있다는 생각이 있으므로 얻는 것도 없고 현관도 없으며 무상정등보리도 없다고 마땅히 알아야 하느니라."

구수 선현이 다시 세존께 아뢰어 말하였다.

"만약 얻을 수 있는 자는 얻는 것도 없고 현관도 없으며 무상정등보리도 없다면, 얻을 수 없는 자는 얻는 것도 있고 현관도 있으며 무상정등보리도 있습니까?"

세존께서 선현에게 알리셨다.

"만약 얻을 수 있는 것이 없다면 곧 이것이 얻는 것이고, 곧 이것이 현관이며, 곧 이것이 무상정등보리이니라. 그 까닭은 무엇인가? 그것으로써 법계의 상을 파괴하지 않는 까닭이니라. 선현이여. 만약 이러한 얻을 수 없는 것의 가운데에서 얻을 수 있는 것을 얻고자 하거나 현관을 얻고자 하거나, 무상정등보리를 얻고자 한다면 마땅히 그것은 법계를 파괴하려는 것이라고 마땅히 알아야 하느니라."

구수 선현이 다시 세존께 아뢰어 말하였다.

"만약 얻을 수 있는 것이라면 얻음도 없고 현관도 없으며 무상정등보리도 없고, 만약 얻을 수 없는 것이라면 곧 이것이 얻는 것이고 곧 이것이 현관이며 곧 이것이 무상정등보리이며, 얻을 수 없는 가운데에서는 얻음도 없고 현관도 없으며 무상정등보리도 없는 것인데, 제보살마하살들은 어찌하여 초지(初地), 나아가 10지(十地)가 있어서 얻습니까? 어찌하여 무생법인(無生法忍)이 있어서 얻습니까? 어찌하여 신통의 이숙(異熟)이 있어서 얻습니까? 어찌하여 보시바라밀다, 나아가 반야바라밀다의 이숙이 있어서 얻습니까? 어찌하여 이와 같이 이숙이 생기는 법에 안주하고 유정을 성숙시키며 불국토를 청정하게 장엄하며, 제불의 처소에서 상묘한 공양구로 공경하고 공양하면서 획득한 것인 선근이 있어서 얻습니까? 나아가 무상정등보리와 과보가 무진(無盡)하고 전전(展轉)하는 것이며, 나아가 반열반(般涅槃)한 뒤에 스스로의 설리라(設利羅)5)와 여러 제자들도 여러 종류의 공경과 공양을 받는 선근의 세력도 그와 같이 도리어 끝마침이 없는 것이 있어서 얻습니까?

세존께서 선현에게 알리셨다.

"선현이여. 일체법으로써 얻을 수 없는 까닭으로 제보살마하살들이 초지, 나아가 10지가 있어서 얻고, 나아가서 이것을 까닭으로 무생법인이 있어서 얻으며, 나아가서 이것을 까닭으로 신통의 이숙이 있어서 얻고, 나아가서 이것을 까닭으로 보시바라밀다, 나아가 반야바라밀다의 이숙이 있어서 얻으며, 나아가서 이것을 까닭으로 이숙이 생겨나는 법에 안주하고 유정을 성숙시키며 불국토를 청정하게 장엄하고, 제불의 처소에서 상묘한 공양구로 공경하고 공양하면서 획득한 것인 선근이 있어서 얻으며, 나아가 무상정등보리와 과보가 무진하고 전전하는 것이며, 나아가 반열반한 뒤에 스스로의 설리라와 여러 제자들도 여러 종류의 공경과 공양을 받는 선근의 세력도 그와 같이 도리어 끝마침이 없는 것이 있어서 얻느니라."

구수 선현이 다시 세존께 아뢰어 말하였다.

"만약 일체법을 모두 얻을 수 없다면, 보시·정계·안인·정진·정려·반야바라밀다와 여러 신통은 무슨 차별이 있습니까?"

세존께서 선현에게 알리셨다.

"얻을 수 없는 것은 보시 등의 6바라밀다와 여러 신통이 모두 차별이 없으나, 그 얻을 수 있는 것에 여러 염오와 집착(染着)을 벗어나게 하기

---

5) 산스크리트어 śarīra의 음사이고, 세존의 색신의 사리(舍利)를 가리킨다.

위하여 방편으로 보시 등의 6바라밀다와 여러 신통에 차별된 상(相)이 있다고 설하느니라."

구수 선현이 다시 세존께 아뢰어 말하였다.

"무슨 인연으로써 얻을 수 없는 것에 보시 등의 6바라밀다와 여러 신통에 차별된 상이 없다고 설하십니까?"

세존께서 선현에게 알리셨다.

"제보살마하살들이 깊은 반야바라밀다를 수행하는 때에 보시를 얻을 수 없고 보시하는 자를 얻을 수 없으며 보시받는 자를 얻을 수 없고 보시받았던 것을 얻을 수 없으며 보시하는 과보를 얻을 수 없으나 보시를 행하느니라. 정계를 얻을 수 없으나 정계를 호지(護持)하며, 안인을 얻을 수 없으나 안인을 수행하고, 정진을 얻을 수 없으나 정근하면서 정진하며, 정려를 얻을 수 없으나 정려에 들어가고, 반야를 얻을 수 없으나 반야를 일으키며, 신통을 얻을 수 없으나 신통을 일으키고, 4념주, 나아가 8성도지를 얻을 수 없으나 4념주, 나아가 8성도지를 수행하며,

3해탈문을 얻을 수 없으나 3해탈문을 수행하고, 4정려·4무량·4무색정을 얻을 수 없으나 4정려·4무량·4무색정을 수행하며, 8해탈, 나아가 10변처를 얻을 수 없으나 8해탈, 나아가 10변처를 수행하고, 보살의 지위를 얻을 수 없으나 보살의 지위를 수행하며, 다라니문·삼마지문을 얻을 수 없으나 다라니문과 삼마지문을 수행하며, 5안·6신통을 얻을 수 없으나 5안·6신통을 수행하며, 여래의 10력, 나아가 18불불공법을 얻을 수 없으나 여래의 10력, 나아가 18불불공법을 수행하고, 무망실법·항주사성을 얻을 수 없으나 무망실법·항주사성을 수행하며,

일체지·도상지·일체상지를 얻을 수 없으나 일체지·도상지·일체상지를 수행하고, 유정들을 얻을 수 없으나 유정들을 성숙시키며, 불국토를 청정하게 장엄할 수 없으나 불국토를 청정하게 장엄하고, 일체의 불법을 얻을 수 없으나 무상정등보리를 증득하느니라. 이와 같아서 선현이여. 제보살마하살들은 얻을 수 없는 매우 깊은 반야바라밀다를 상응하게 수행해야 하나니, 만약 보살마하살이 얻을 수 없는 매우 깊은 반야바라밀

다를 능히 수행한다면 일체의 악마와 권속들이 모두 능히 파괴하지 못하느니라."

그때 구수 선현이 세존께 아뢰어 말하였다.
"세존이시여. 어찌하여 보살마하살이 깊은 반야바라밀다를 수행하는 때에 한 마음이 일어난다면 곧 능히 6바라밀다를 섭수합니까? 역시 4정려·4무량·4무색정도 섭수합니까? 역시 37보리분법(三十七菩提分法)도 섭수합니까? 역시 3해탈문도 섭수합니까? 역시 8해탈, 나아가 10변처도 섭수합니까? 역시 일체의 다라니문·삼마지문도 섭수합니까? 역시 5안·6신통도 섭수합니까? 역시 여래의 10력, 나아가 18불불공법도 섭수합니까? 역시 무망실법·항주사성도 섭수합니까? 역시 일체지·도상지·일체상지도 섭수합니까? 역시 32대사상·80수호도 섭수합니까?"

세존께서 선현에게 알리셨다.
"보살마하살이 깊은 반야바라밀다를 수행하는 때에 수행하였던 보시바라밀다, 나아가 반야바라밀다가 모두 반야바라밀다에게 섭수되어야 비로소 원만함을 얻게 되고, 이와 같이 나아가, 이끌어서 일으켰던 것인 32대사상·80수호도 모두가 반야바라밀다에게 섭수되어야 비로소 원만함을 얻게 되느니라. 이와 같아서 선현이여. 제보살마하살들이 깊은 반야바라밀다를 수행하는 때에 한 마음이 일어난다면 곧 능히 6바라밀다를 섭수하는 것이며, 이와 같이 나아가 역시 능히 32대사상·80수호도 섭수하는 것이니라."

구수 선현이 세존께 아뢰어 말하였다.
"세존이시여. 어찌하여 보살마하살이 깊은 반야바라밀다를 수행하는 때에 여러 지었던 것이 있었을지라도 모두 반야바라밀다에서 섭수되었던 까닭으로 한 마음이 일어난다면, 곧 6바라밀다, 나아가 32대사상·80수호도 능히 섭수합니까?"

세존께서 선현에게 알리셨다.
"제보살마하살들이 깊은 반야바라밀다를 수행하는 때에 수행하였던 보시, 나아가 반야바라밀다가 모두 반야바라밀다에 섭수되었던 까닭으로 두 가지의 생각을 멀리 벗어나고, 이와 같이 나아가, 이끌어서 일으켰던 32대사상·80수호도 역시 반야바라밀다에 섭수되었던 까닭으로 두 가지의 생각을 멀리 벗어나느니라."

　구수 선현이 다시 세존께 아뢰어 말하였다.

　"어찌하여 보살마하살이 깊은 반야바라밀다를 수행하는 때에 비록 보시, 나아가 반야바라밀다를 행할지라도 두 가지의 생각이 없고, 이와 같이 나아가, 32대사상·80수호를 이끌어서 일으킬지라도 두 가지의 생각이 없습니까?"

　세존께서 선현에게 알리셨다.

　"제보살마하살들이 깊은 반야바라밀다를 수행하는 때에 보시바라밀다를 원만하게 하려는 까닭으로 나아가서 보시바라밀다의 가운데에서 일체의 바라밀다, 나아가 32대사상·80수호를 섭수하고서 보시를 행하나니, 오히려 이러한 인연으로 두 가지의 생각이 없느니라. 이와 같이 나아가, 80수호를 원만하게 하려는 까닭으로 나아가서 80수호의 가운데에서 일체의 바라밀다, 나아가 32대사상·80수호를 섭수하고서 80수호를 이끌어서 일으키나니, 오히려 이러한 인연으로 두 가지의 생각이 없느니라.

　다시 다음으로 선현이여. 제보살마하살들이 깊은 반야바라밀다를 수행하는 까닭으로 만약 보시바라밀다를 수행하는 때라면 무루심(無漏心)에 안주하여 보시바라밀다를 수행하고, 정계, 나아가 반야바라밀다를 수행하는 때라면 무루심에 안주하여 정계, 나아가 반야바라밀다를 행하느니라. 이러한 까닭으로 비록 보시, 나아가 반야바라밀다를 행할지라도 두 가지의 생각이 없느니라. 이와 같이 나아가, 만약 32대사상을 이끌어서 일으키는 때라도 무루심에 안주하여 32대사상을 이끌어서 일으키며, 만약 80수호를 이끌어서 일으키는 때라도 무루심에 안주하여 80수호를 이끌어서 일으키느니라. 이러한 까닭으로 비록 32대사상·80수호를 이끌어서 일으킬지라도 두 가지의 생각이 없느니라."

　구수 선현이 다시 세존께 아뢰어 말하였다.

"어찌하여 보살마하살이 깊은 반야바라밀다를 수행하는 까닭으로 만약 보시바라밀다를 수행하는 때라면 무루심에 안주하여 보시바라밀다를 수행하고, 이와 같이 나아가, 만약 80수호를 이끌어서 일으키는 때라도 무루심에 안주하여 80수호를 이끌어서 일으킵니까?"

세존께서 선현에게 알리셨다.

"만약 제보살마하살들은 깊은 반야바라밀다를 수행하는 때에 상(相)을 벗어나는 마음으로써 제상(諸相)을 보지 않고서 보시바라밀다를 행하는 데 이를테면, '누가 능히 보시를 행하는가? 보시한 것은 무슨 물건인가? 누가 이 보시를 받았는가? 어떻게 보시를 행하는가?'를 보지 않느니라. 이러한 상을 벗어난 무루심의 가운데에 안주하여 애착과 간탐을 벗어나서 보시를 행한다면 그때 이미 행한 보시를 보지 않고, 역시 다시 이 무루심도 보지 않으며, 나아가 일체의 불법을 보지 않나니, 이와 같이 보살마하살은 무루심에 안주하면서 보시바라밀다를 행해야 하느니라.

이와 같이 나아가, 보살마하살은 깊은 반야바라밀다를 수행하는 때에 상을 벗어나는 마음으로써 제상을 보지 않고서 80수호를 이끌어서 일으키 는데 이를테면, '누가 능히 이것의 80수호를 이끌어서 일으키는가? 누구에 게서 80수호를 이끌어서 일으키는가? 무엇을 위하여 80수호를 이끌어서 일으키는가? 어떻게 80수호를 이끌어서 일으키는가?'를 보지 않느니라. 이러한 상을 벗어난 무루심의 가운데 안주하여 애착과 간탐을 벗어나서 80수호를 이끌어서 일으킨다면 그때 이끌어서 일으켰던 80수호를 보지 않고, 역시 다시 이 무루심도 보지 않으며, 나아가 일체의 불법을 보지 않나니, 이와 같이 보살마하살은 무루심에 안주하면서 80수호를 이끌어서 일으켜야 하느니라."

구수 선현이 다시 세존께 아뢰어 말하였다.

"만약 보살마하살이 깊은 반야바라밀다를 수행하는 때에 일체법에서 무상(無相)이고 짓는 것이 없다면(無作), 어찌하여 보시바라밀다, 나아가 반야바라밀다를 능히 원만하게 합니까? 이와 같이 나아가 32대사상·80수호를 능히 원만하게 합니까?"
 세존께서 선현에게 알리셨다.
 "제보살마하살들이 깊은 반야바라밀다를 수행하는 때에 능히 상을 벗어난 무루심으로써 보시를 행하면서 제유정들이 구하였던 것인 자구(資具)를 따라서 모두 베풀어 주고, 만약 누가 안으로 머리(頭)·눈(目)·골수(髓)·뇌(腦)·피부(皮)·살(肉)·지절(肢節)·힘줄(筋)·뼈(骨)·몸(身)·목숨(命)을 구한다면 역시 모두 베풀어 주며, 만약 누가 외부로 나라(國)·성(城)·처자(妻子)·사랑하는 권속(親屬)·여러 종류의 장엄구(嚴具) 등을 구할지라도 모두 베풀어 주느니라.
 이와 같이 보시하는 때에 설사 사람이 있어서 와서 앞에 나타났으며 '쯧쯧(咄哉)! 대사(大士)여. 이러한 이익이 없는 보시를 할지라도 무슨 소용이 있겠는가? 이와 같이 보시하는 자는 지금의 세상과 뒤의 세상에 여러 고뇌가 있소.'라고 꾸짖어서 말하였을지라도, 이 보살마하살은 깊은 반야바라밀다를 수행하는 까닭으로 비록 그러한 말을 들었을지라도 물러나서 굴복하지 않고 다만 '그 사람이 비록 와서 나에게 꾸짖을지라도 나는 상응하여 근심과 후회가 생겨나지 않으리라. 나는 마땅히 유정들이 구하는 물건을 용맹하게 보시하면서 몸과 마음에 해태가 없게 하겠다.'라고 이렇게 생각을 짓느니라.
 이 보살마하살은 이러한 보시를 가지고 제유정과 함께 평등하게 공유(共有)하면서 무상정등보리에 회향하나니, 이와 같이 보시하고 회향하는 때에도 그 상을 보지 않는데 이를테면, '누가 능히 보시하는가? 보시하는 것은 무슨 물건인가? 누가 이러한 보시를 받는가? 어떻게 보시를 행하는가?'라고 보지 않고, 역시 '누가 회향하는가? 어느 처소로 회향하는가? 무엇을 회향하는가? 어느 처소로 회향하는가?'를 보지 않나니, 이와 같은 등의 일체의 일과 물건을 모두 보지 않느니라. 그 까닭은 무엇인가? 이와 같은 제법은 모두가 오히려 내공(內空)인 까닭으로 공하지 않은 것이 없고, 이와 같이 나아가 오히려 자상공(自相空)인 까닭으로 공하지 않은 것은 없느니라.

이 보살마하살은 일체법이 공하지 않은 것이 없다고 관찰하고서 다시 '누가 회향하는가? 어느 처소로 회향하는가? 무엇을 회향하는가? 어느 처소로 회향하는가? 이와 같은 등의 법은 모두 얻을 수 없구나!'라고 이렇게 생각을 짓느니라. 이 보살마하살은 오히려 이와 같이 관찰하고 더불어 이와 같이 생각한다면, 지었던 것의 회향은 좋은 회향이라고 이름하느니라. 오히려 이것으로 다시 능히 유정들을 성숙시키고 불국토를 청정하게 장엄하며, 역시 보시바라밀다, 나아가 반야바라밀다를 원만하게 하고, 이와 같이 나아가, 32대사상·80수호도 원만하게 하느니라.

이 보살마하살이 비록 능히 이와 같이 보시바라밀다를 원만할지라도 보시의 이숙과(異熟果)를 섭수하지 않고, 비록 보시의 이숙과를 섭수하지 않을지라도, 오히려 보시바라밀다가 매우 청정한 까닭으로 일체의 자구(資具)를 뜻에 따라서 능히 준비하느니라. 비유한다면 타화자재천에서는 일체의 필요한 것이 모두 뜻을 따라서 나타나는 것과 같이, 이 보살마하살도 역시 다시 그와 같아서 여러 필요한 것이 있다면 뜻을 따라서 능히 준비하여 주며, 능히 여러 종류의 상묘한 공양구로써 제불·세존께 공양하고 공경하며 존중하고 찬탄하며, 역시 세간의 천상·인간·아소락 등의 필요한 것인 자구들도 능히 충족시키느니라.

오히려 이러한 보시바라밀다로 제유정들을 섭수하고 방편선교로써 3승법에 그들을 안립시키고 각자에게 마땅한 것을 따라서 이익과 안락을 얻게 하느니라. 이와 같아서 선현이여. 제보살마하살들이 깊은 반야바라밀다를 수행하는 때에 오히려 제상을 벗어난 무루심과 힘으로 능히 무상이고 짓는 것이 없는 법의 가운데에서 보시바라밀다를 원만하게 하고, 역시 여러 나머지의 공덕들도 능히 원만하게 하느니라."

마하반야바라밀다경 제467권

74. 무상품(無相品)(2)

 "선현이여. 제보살마하살들이 깊은 반야바라밀다를 수행하는 때에 능히 상을 벗어난 무루심으로써 정계를 수지하는데 이를테면, 성스러운 무루도지(無漏道支)에 섭수되었다면 법은 그와 같아서 얻었던 것은 선하고 청정한 정계이니라. 이와 같은 정계는 결손(缺)이 없고 틈새(隙)가 없으며 흠집(瑕)이 없고 허물(穢)이 없으며 취(取)하거나 집착하는 것이 없다면, 상응하여 공양을 받고 지혜로운 자에게 찬탄을 받느니라. 오히려 이러한 정계는 일체법에서 취하거나 집착하는 것이 없는데 이를테면, 색·수·상·행·식을 취하거나 집착하지 않고, 안처, 나아가 의처를 취하거나 집착하지 않으며, 색처, 나아가 법처를 취하거나 집착하지 않고, 안계, 나아가 의계를 취하거나 집착하지 않으며, 색계, 나아가 법계를 취하거나 집착하지 않고, 안식계, 나아가 의식계를 취하거나 집착하지 않으며, 32대사상·80수호를 취하거나 집착하지 않고, 찰제리의 큰 종족과 바라문·장자·거사의 큰 종족을 취하거나 집착하지 않으며, 4대왕중천, 나아가 타화자재천을 취하거나 집착하지 않고, 범중천, 나아가 색구경천을 취하거나 집착하지 않으며, 공무변처천, 나아가 비상비비상처천을 취하거나 집착하지 않고, 예류과, 나아가 독각의 보리를 취하거나 집착하지 않으며, 전륜왕의 지위와 나머지의 소왕(小王)과 재상과 관리(宰官) 등의 지위를 취하거나 집착하지 않느니라.
 다만 이와 같이 수지하였던 것인 정계로써 제유정들과 함께 평등하게 공유하면서 무상정등보리에 회향하며, 회향하는 때에 상이 없고 얻을 수 없으며 무이(無二)로써 방편을 삼았을지라도, 유상(有相)이고 얻을 수 있으며 무이로써 방편을 삼지 않고, 다만 오히려 세속에 의지하고 오히려 승의(勝義)에 의지하지 않느니라. 오히려 이러한 인연으로 일체의 불법이 모두 원만하지 않은 것이 없느니라.

이 보살마하살은 오히려 이러한 정계바라밀다의 방편선교로 4정려의 수승한 정진의 부분을 일으키면서 염오와 집착이 없음을 방편으로 삼는 까닭으로 여러 신통을 이끌어서 일으키느니라. 이 보살마하살은 이숙(異熟)으로서 얻은 청정한 천안(天眼)을 수용하여 시방의 무변한 세계에서 현재 제불께서 안은(安隱)하게 주지(住持)하면서 제유정들을 위하여 정법을 널리 설하시고, 나아가 일체지지를 증득하는 것을 항상 바라보며, 이미 보았던 일은 능히 잊어버리지 않느니라.

이 보살마하살은 인간을 초월하는 청정한 천이(天耳)를 수용하여 시방의 무변한 세계의 제불들이 설법하시고, 나아가 일체지지를 증득하는 것을 항상 들으며, 이미 들었던 일은 능히 잊어버리지 않고 들었던 법이라는 것을 따라서 능히 스스로와 다른 사람에게 여러 이익되고 안락한 일을 지으면서 헛되게 지나가는 것이 없느니라. 이 보살마하살은 타심지(他心智)를 수용하여 시방의 제불과 유정들의 심(心)·심소법(心所法)을 능히 알고, 이미 알았다면 일체의 유정들에게 이익되고 안락하게 하는 여러 일을 능히 일으키느니라.

이 보살마하살은 숙주지(宿住智)를 수용하여 제유정들이 먼저 조작하였던 업이라는 것을 알고 오히려 지었던 업이라는 것이 손실되고 파괴되지 않는 까닭으로 그곳·그곳에 태어나서 여러 괴로움과 즐거움을 받는다고 알며, 이미 알았다면 본래의 업과 인연을 말하여 주고 그들에게 기억하게 하며 요익(饒益)한 일을 짓게 하느니라.

이 보살마하살은 누진지(漏盡智)를 수용하여 유정들을 안립시키거나, 혹은 예류과에 안주하게 하거나, 혹은 일래과·불환과·아라한과와 독각의 보리·보살의 지위·일체지지에 안주하게 하느니라. 요약하여 말한다면 이 보살마하살은 태어난 처소라는 것에 머무르면서 유정들이 감당하는 능력의 차별에 따라서 방편으로써 선품(善品)의 가운데에 머무르게 하느니라.

이와 같이 선현이여. 제보살마하살들이 깊은 반야바라밀다를 수행하는 때에 오히려 제상(諸相)을 벗어난 무루심의 힘으로 능히 무상(無相)이고 무작(無作)인 법의 가운데에서 정계바라밀다를 원만하게 하고서, 역시 여러 나머지의 공덕도 능히 원만하게 하느니라.

다시 다음으로 선현이여. 제보살마하살들이 깊은 반야바라밀다를 수행하는 때에 상을 벗어난 무루의 마음으로써 능히 안인을 수행하나니, 이 보살마하살은 초발심부터 미묘한 보리좌(妙菩提)에 앉을 때까지 그 중간에서 가사 일체의 유정들이 각자 여러 종류의 칼·몽둥이·기와·돌 등을 가지고 앞을 다투어 와서 가해(加害)할지라도 이 보살마하살은 한 생각에도 분노하고 원망하는 마음도 일으키지 않느니라.

그때 이 보살은 두 가지의 안인을 상응하여 수행하는데, 무엇이 두 가지인가? 첫째는 일체의 유정들의 꾸짖고 모욕하며 가해할지라도 분노하고 원망하는 마음이 생겨나지 않게 하고 진에(瞋恚)를 항복시키는 안인이고, 둘째는 무생법인(無生法忍)을 상응하여 일으키는 것이니라.

이 보살마하살은 만약 여러 종류의 악한 말의 꾸짖음과 모욕을 만나거나, 혹은 여러 종류의 칼과 몽둥이로 가해할지라도 '누가 능히 꾸짖고 모욕하는가? 누가 능히 가해하는가? 누가 꾸짖음과 모욕을 받는가? 누가 가해를 받는가? 누가 분노와 원망을 일으키는가? 누가 상응하여 인욕을 수용하는가?'라고 상응하여 자세하게 사유하고 관찰하느니라. 다시 '일체법의 성품은 모두가 필경공(畢竟空)이고, 법도 오히려 얻을 수 없는데 하물며 마땅히 법성이 있겠으며, 법성도 오히려 없는데 하물며 유정들이 있겠는가?'라고 상응하여 자세하게 사유하고 관찰하느니라.

이와 같이 관찰하는 때에 만약 능히 꾸짖고 모욕하였거나, 만약 꾸짖음과 모욕을 받았거나, 만약 능히 가해하였거나, 만약 가해를 받았을지라도 모두가 무소유(無所有)이고, 나아가 몸의 지절을 부분·부분으로 베고 잘랐을지라도 그 마음을 안인하면서 다른 생각이 없느니라. 여러 법성에서 여실하게 관찰하고 다시 능히 무생법인을 증득하느니라. 무엇을 무생법인이라고 이름하게 되는가? 이를테면, 일체의 번뇌가 생겨나지 않게 하고, 미묘한 지혜가 항상 틈새와 단절이 없으며, 제법이 반드시 결국에는 생겨나지 않는다고 관찰하는 이러한 까닭으로 무생법인이라고 이름하느니라.

이 보살마하살이 이와 같은 두 가지의 안인에 안주한다면 보시바라밀다, 나아가 반야바라밀다를 빠르게 능히 수행하여 원만하게 하고, 4념주, 나아가 8성도지를 빠르게 능히 수행하여 원만하게 하며, 4정려·4무량·4무색정을 빠르게 능히 수행하여 원만하게 하고, 8해탈, 나아가 10변처를 빠르게 능히 수행하여 원만하게 하며, 공·무상·무원해탈문을 빠르게 능히 수행하여 원만하게 하고, 제보살마하살들의 지위를 빠르게 능히 수행하여 원만하게 하며, 일체의 다라니문·삼마지문을 빠르게 능히 수행하여 원만하게 하고, 5안·6신통을 빠르게 능히 수행하여 원만하게 하며, 여래의 10력, 나아가 18불불공법을 빠르게 능히 수행하여 원만하게 하고, 무망실법·항주사성을 빠르게 능히 수행하여 원만하게 하며, 일체지·도상지·일체상지를 빠르게 능히 수행하여 원만하게 하고, 32대사상·80수호를 빠르게 능히 수행하여 원만하게 하느니라.

이 보살마하살은 이와 같이 제불법에 안주하면서 성스럽고 무루(無漏)이며 출세간인 일체의 성문이나 독각과는 함께 공유하지 않는 신통을 모두 원만하게 하느니라. 이와 같이 수승한 신통에 안주하였다면 청정한 천안으로써 시방의 무변한 세계에서 현재 제불께서 안은하게 주지하시면서 제유정을 위하여 설법하시거나, 나아가 일체지지를 증득하는 것을 항상 보면서 불수념을 일으키고 항상 틈새와 단절을 없게 하느니라.

청정한 천이로써 시방의 제불의 설법을 항상 듣고, 이미 들었다면 수지하고 잊어버리지 않으며 제유정들을 위하여 여실하게 널리 설하느니라. 타심지로써 제불·세존들의 마음과 심소법을 능히 바르게 측량(測量)

하고, 역시 보살과 독각과 여러 성문의 심·심소법도 능히 바르게 알며, 역시 나머지 유정의 부류들의 심·심소법도 능히 바르게 알고서, 그 상응하는 것을 따라서 정법을 설하여 수승한 이해가 생겨나게 하느니라.

숙주지로써 제유정들이 전생에 심었던 선근의 여러 종류의 차별을 알고, 이미 알았다면 방편으로써 보여주고 권유하여 인도하며 찬탄하고 격려하며 축하하고 환희하면서 수승한 이익과 안락을 획득하게 하느니라. 누진지로써 그들이 상응하는 것을 따라서 유정들을 3승법에 안립시켜서 생·노·병·사에서 해탈을 얻게 하느니라. 이 보살마하살은 깊은 반야바라밀다를 수행하여 수승한 방편선교를 성취하고 불국토를 청정하게 장엄하며 유정들을 성숙시키고 빠르게 일체상지를 능히 구족하며 무상정등보리를 증득하여 미묘한 법륜을 굴리면서 유정들을 도탈시키느니라.

이와 같이 선현이여. 제보살마하살들이 깊은 반야바라밀다를 수행하는 때에 오히려 제상을 벗어난 무루심의 힘으로 능히 무상이고 무작인 법의 가운데에서 안인바라밀다를 원만하게 하고서, 역시 여러 나머지의 공덕도 능히 원만하게 하느니라.

다시 다음으로 선현이여. 제보살마하살들이 깊은 반야바라밀다를 수행하는 때에 상을 벗어난 무루의 마음으로써 능히 정진을 수행하나니, 이 보살마하살은 용맹스러운 몸과 마음의 정진을 성취하느니라. 오히려 이것으로 능히 초정려에 들어가서 구족하고 안주하고, 나아가 능히 4정려에 들어가서 구족하고 안주하며, 4정려에 의지하여 무량한 종류의 신통한 변화를 일으켜서 나타내고, 나아가 손으로써 해와 달을 어루만지고 자재(自在)하게 회전(迴轉)시킬지라도 어려움이 없는데, 용맹스러운 몸의 정진을 성취한 까닭이니라.

신통의 힘으로써 잠깐 사이에 능히 시방의 긍가사(殑伽沙) 등의 제불의 세계에 이르고, 다시 여러 종류의 음식·의복·침구·의약품과 나머지의 자구로써 현재에 정법을 설하는 제불께 공경하고 공양하며 존중하고 찬탄하느니라. 오히려 이러한 선근의 과보는 무진(無盡)하고, 나아가 일체지지를 증득할 것이니라. 오히려 이러한 선근이 증상(增上)하는 세력으로 성불(成佛)하고, 다시 무량한 세간의 천인·인간·아소락 등에게 무량한 종류의 음식·의복·와구·의약품과 나머지의 자구로써 공경받고 공양받으며 존중받고 찬탄을 받게 되느니라.

오히려 이러한 선근이 증상하는 세력으로 반열반한 뒤에는 스스로의 설리라와 제자들도 오히려 무량한 세간의 천인·인간·아소락 등에게 공경받고 공양받으며 존중받고 찬탄을 받게 되느니라. 이 보살마하살은 다시 신통의 힘으로써 능히 시방(十方)의 긍가사(殑伽沙) 등의 제불세계에 이르러 제불의 처소에서 정법을 듣고, 들었다면 수지하고 무상정등보리에 이르기까지 결국 잊어버리지 않느니라.

이 보살마하살은 다시 신통의 힘으로써 능히 시방의 긍가사 등의 제불세계에 이르러 유정을 성숙시키고 불국토를 청정하게 장엄하며 일체지지를 정근하면서 수학하고 원만함을 얻었다면 무상정등보리를 증득하고 미묘한 법륜을 굴리면서 유정들을 도탈시키느니라. 이와 같이 선현이여. 제보살마하살들이 깊은 반야바라밀다를 수행하여 용맹스러운 몸의 정진을 성취하는 까닭으로 능히 정진바라밀다를 빠르게 원만하게 하느니라.

다시 다음으로 선현이여. 제보살마하살들이 깊은 반야바라밀다를 수행하면서 용맹한 마음과 정진을 성취한 까닭으로 여러 성스러운 무루(無漏)의 도(道)와 도지(道支)에 섭수되는 정진바라밀다를 빠르게 원만하게 하는데, 오히려 이것은 능히 일체의 선하지 않은 신·어·의업이 일어나지 못하게 하느니라.

보살마하살은 제법의 가운데에서 만약 항상하거나, 만약 무상하거나, 만약 즐겁거나, 만약 괴롭거나, 만약 나이거나, 만약 무아이거나, 만약 청정하거나, 만약 부정하거나, 만약 적정하거나, 만약 정정하지 않거나, 만약 멀리 벗어났거나, 만약 멀리 벗어나지 않았거나, 만약 유위계이거나, 만약 무위계이거나, 만약 욕계이거나, 만약 색계이거나, 만약 무색계이거나, 만약 유루계이거나, 만약 무루계이거나, 만약 4정려·4무량·4무색정이거나, 만약 4념주와 4정단·4신족·5근·5력·7등각지·8성도지이거나, 만약 공·무상·무원해탈문이거나, 만약 보시바라밀다, 나아가 반야바라밀다이거나, 만약 내공, 나아가 무성자성공이거나, 만약 진여, 나아가 부사의계이거나, 만약 고·집·멸·도성제이거나, 만약 8해탈·8승처·9차제정·10변처이거나, 만약 정관지, 나아가 여래지이거나, 만약 극희지, 나아가 법운지이거나, 만약 일체의 다라니문·삼마지문이거나, 만약 5안·6신통이거나, 만약 여래의 10력, 나아가 18불불공법이거나, 만약 32대사상·80수호이거나, 만약 무망실법·항주사성이거나, 만약 일체지·도상지·일체상지이거나, 만약 무상(無常)·고(苦)·공(空)·무아(無我)이거나, 만약 예류과·일래과·불환과·아라한과 독각의 깨달음이거나, 만약 일체의 보살마하살의 행이거나, 만약 제불의 무상정등보리일지라도 취하거나 집착하지 않느니라.

　이 보살마하살은 역시 이것은 예류이고 이것은 일래이고 이것은 불환이고 이것은 아라한이고 이것은 독각이고 이것은 보살이고 이것은 여래라고 취하거나 집착하지 않고, 역시 이와 같은 유정들은 하법(下法)에서 나타난 것이라고 취하거나 집착하지 않으며, 이와 같은 유정들은 중법(中法)에서 나타난 것이라고 취하거나 집착하지 않고, 이와 같은 유정들은 상법(上法)에서 나타난 것이라고 취하거나 집착하지 않으며, 이와 같은 유정들은 상분(上分)에서 나타난 것이라고 취하거나 집착하지 않고, 이와 같은 유정들은 하분(下分)에서 나타난 것이라고 취하거나 집착하지 않으며, 이와 같은 유정들은 성문승(聲聞乘)에서 나타난 것이라고 취하거나 집착하지 않고, 이와 같은 유정들은 독각승(獨覺乘)에서 나타난 것이라고 취하거나 집착하지 않으며, 이와 같은 유정들은 무상승(無上乘)에서 나타난 것이라고 취하거나 집착하지 않느니라.

　이 보살마하살은 이와 같은 등의 법과 유정에서 모두 집착하지 않느니라. 그 까닭은 무엇인가? 집착하였던 법과 유정들은 모두가 자성이 없고 취하거나 집착할 수 없는 까닭이니라. 이 보살마하살은 용맹스러운 마음으로 정진을 성취한 까닭으로 비록 일체의 유정들에게 이익되고 안락한 일을 항상 조작할지라도 유정들에게 얻는 것이 없느니라. 비록 수행하였던 것인 정진바라밀다를 항상 원만하게 할지라도 정진바라밀다에서는 모두 얻는 것이 없으며, 비록 일체의 불법(佛法)을 항상 원만하게 할지라도 불법에서 모두 얻는 것이 없고, 비록 일체의 불국토를 항상 청정하게 장엄할지라도 불국토에서 모두 얻는 것이 없느니라.
　이 보살마하살은 이와 같이 용맹한 몸과 마음의 정진을 성취한 까닭으로 비록 일체의 악법을 능히 멀리 벗어나고, 역시 일체의 선법을 능히 섭수하거나 집착이 없고, 취하거나 집착이 없는 까닭으로 한 불국토에서 다른 불국토에 이르거나, 한 세계에서 다른 세계에 이르면서 제유정들을 요익하게 하려는 까닭으로, 하고자 하였던 것을 여러 신통의 일로 나타내어 보여주고, 모두 능히 자재하게 나타내어 보여줄지라도 장애가 없느니라.
　이를테면, 혹은 여러 미묘한 꽃을 흩뿌리면서 나타내어 보여주고, 이름있는 향을 흩뿌리면서 나타내어 보여주며, 여러 기악(伎樂)을 연주하면서 나타내어 보여주고, 혹은 구름과 천둥소리에 땅이 흔들리는 것을 나타내어 보여주며, 혹은 여러 미묘한 칠보로 장엄한 세계를 나타내어 보여주고, 몸에 광명을 펼쳐서 여러 어둠을 비추며, 몸에서 미묘한 향기를 내뿜어서 냄새나고 더러운 것이 모두 향기롭고 깨끗함을 얻게 하는 것을 나타내어 보여주며, 혹은 다시 큰 제사(大祠祀)를 베풀면서 그 가운데에서 제유정들을 고뇌시키지 않는 것을 나타내어 보여주느니라.
　이것을 인연으로 무량한 유정들을 교화하고 인도하여 정도(正道)에 들어가서 생명을 끊고, 나아가 삿된 견해를 멀리 벗어나게 하며, 혹은 보시, 나아가 반야로써 제유정들을 섭수하고, 제유정들을 요익하게 하기 위한 까닭으로, 혹은 재물과 보배(財寶)를 버리거나, 혹은 처자(妻子)를 버리거나, 혹은 왕위(王位)를 버리거나, 혹은 지절(肢節)을 버리거나, 혹은 몸과 목숨(身命)을 버리면서 제유정들을 따라서 상응하여 이와 같고 이와 같은 방편으로 요익을 얻게 하고, 나아가서 곧 이와 같고 이와 같은 방편으로 그들을 요익하게 하느니라.
　이와 같아서 선현이여. 제보살마하살들이 깊은 반야바라밀다를 수행하는 때에 오히려 제상을 벗어난 무루심의 힘으로 능히 무상이고 무작인 법의 가운데에서 정진바라밀다를 원만하게 하고서, 역시 여러 나머지의 공덕도 능히 원만하게 하느니라.

　다시 다음으로 선현이여. 제보살마하살들이 깊은 반야바라밀다를 수행하는 때에 상을 벗어난 무루의 마음으로써 능히 정려를 수행하나니, 이 보살마하살은 제불의 정려를 제외하고서 여러 나머지 정려에서 모두를 원만하게 하느니라. 이 보살마하살은 욕계의 악한 불선법을 벗어나서 유심유사(有尋有伺)의 이생희락(離生喜樂)으로 초정려에 들어가서 구족하고 안주하며, 이와 같이 나아가, 즐거움을 단절하고 괴로움을 단절하면 이전의 기쁨과 근심이 사라져서 불고불락(不苦不樂)의 사념청정(捨念淸淨)으로 4정려에 들어가서 구족하고 안주하느니라.
　이 보살마하살은 자비를 구족한 마음(慈俱心)으로써 한 방위, 나아가 시방의 일체의 세간을 두루 인연하여 구족하고서 안주하며, 이와 같이 나아가, 기부를 구족한 마음심(捨俱心)으로써 한 방위, 나아가 시방의 일체의 세간을 두루 인연하여 구족하고서 안주하느니라. 이 보살마하살은 여러 색이라는 생각을 초월하여 대상이 있다는 생각을 소멸시키고, 여러 종류의 생각을 사유하지 않으며, 무변(無邊)한 공(空)으로서 공무변처(空無邊處)에 들어가서 구족하고서 안주하고, 이와 같이 나아가, 일체 종류의 무소유처(無所有處)를 초월하여 비상비비상처(非想非非想處)에 들어가서 구족하고서 안주하느니라.
　이 보살마하살은 정려바라밀다에 안주하여 8해탈·8승처·9차제정·10변처에 들어가서 능히 수순하고 역순하며 구족하고서 안주하느니라. 이 보살마하살은 공·무상·무원해탈문에서 구족하고서 안주하고, 무간삼마지(無間三摩地)·여전삼마지(如電三摩地)·성정삼마지(聖正三摩地)·금강유삼마지(金剛喩三摩地)에도 구족하고서 안주하느니라. 이 보살마하살이 정려바라밀다에 안주하여 37보리분법과 도상지를 수행하여 모두 원만하게 하고, 도상지를 수용하여 일체의 삼마지를 섭수하고, 점차로 수행하여 정관지, 나아가 독각지를 초월하여 보살의 정성이생(正性離生)을 증득하고서 들어가며, 이미 보살의 정성이생에 들어갔다면 여러 지위의 행을 수행하여 불지(佛地)를 원만하게 하느니라.
 이 보살마하살은 비록 여러 지위에서 점차로 수행하면서 초월할지라도, 나아가 일체지지를 증득하지 않았다면 그 중간에서 과보의 증득을 취하지 않느니라. 이 보살마하살은 정려바라밀다에 안주하여 한 불국토에서 다른 불국토에 나아가면서 제불·세존께 공경하고 공양하며 존중하고 찬탄하며, 제불의 처소에서 여러 선한 근본(善本)을 심고 유정들을 성숙시키며 불국토를 청정하게 장엄하고, 한 세계에서 다른 한 세계에 이르면서 유정들을 요익하게 하면서 몸과 마음에 게으름이 없느니라.
 혹은 보시로써, 혹은 정계로써, 혹은 안인으로써, 혹은 정진으로써, 혹은 정려로써, 혹은 반야바라밀다로써 제유정들을 섭수하고, 혹은 계온으로써, 혹은 정온으로써, 혹은 혜온으로써, 혹은 해탈온으로써, 혹은 해탈지견온으로써 유정을 섭수하며, 혹은 유정들을 교계(教誡)하여 예류과에 안주시키거나, 혹은 일래과에 안주시키거나, 혹은 불환과에 안주시키거나, 혹은 아라한과에 안주시키거나, 혹은 독각의 보리에 안주시키거나, 혹은 보살마하살의 지위에 안주시키거나, 혹은 무상정등보리에 안주시키면서, 제유정들이 선근의 세력에 따라서 선법을 증장하게 하고, 여러 종류의 방편으로써 그들을 안주하게 하느니라.
 이 보살마하살은 정려바라밀다에 안주하여 일체의 다라니문과 삼마지문을 능히 이끌어서 일으키며, 능히 수승한 4무애해의 이숙(異熟)인 신통을 증득하느니라. 이 보살마하살이 수승한 이숙인 신통을 성취한다면 결정적으로 다시 어머니의 태(胎)에 들어가지 않고, 여러 욕망과 쾌락을 받지 않으며, 태어나는 법(生乘)을 섭수하지 않고, 태어나는 허물에 염오되지 않느니라. 그 까닭은 무엇인가? 이 보살마하살은 일체법의 성품이 모두가 환영의 변화와 같다고 잘 보았고 잘 알았느니라.
 비록 제행(諸行) 모두 허깨비 환영의 변화와 같다고 할지라도 자비와 서원을 타고서 유정들을 요익하게 하며, 비록 자비와 서원을 타고서 유정들을 요익하게 할지라도, 유정과 그러한 시설을 모두 얻을 수 없다고 통달하며, 비록 유정과 그러한 시설을 모두 얻을 수 없다고 통달할지라도,

일체의 유정들을 능히 안립시켜서 얻을 수 없는 법에 안주하게 하는데, 이는 세속제에 의지하는 것이고, 승의제에 의지하는 것은 아니니라.
　이 보살마하살은 정려바라밀다에 안주하여 일체의 정려(靜慮)·해탈(解脫)·등지(等持)·등지(等至), 나아가 구하였던 것인 무상정등보리를 원만하게 하고, 수행하였던 것인 정려바라밀다를 항상 버리고 벗어나지 않느니라. 이 보살마하살은 도상지를 수행하여 방편으로 일체상지를 이끌어 일으키고 그 가운데에 안주하여 일체의 습기의 상속을 영원히 단절하고서, 능히 바르게 스스로를 이익되게 하고 역시 바르게 다른 사람을 이익되게 하며, 능히 일체 세간의 천인·인간·아소락 등의 청정한 복전을 지어서 세간의 공양과 공경을 감당하면서 받느니라.
　이와 같아서 선현이여. 제보살마하살들이 깊은 반야바라밀다를 수행하는 때에 오히려 제상을 벗어난 무루심의 힘으로 능히 무상이고 무작인 법의 가운데에서 정려바라밀다를 원만하게 하고서, 역시 여러 나머지의 공덕도 능히 원만하게 하느니라.

　다시 다음으로 선현이여. 제보살마하살들이 깊은 반야바라밀다를 수행하는 때에 상을 벗어난 무루의 마음으로써 능히 반야를 수행하나니, 이 보살마하살은 적은 법도 진실로 성취할 것이 있다고 보지 않느니라. 이를테면, 색은 진실로 성취할 수 있다고 보지 않고 수·상·행·식은 진실로 성취할 수 있다고 보지 않으며, 색의 생겨남을 보지 않고 수·상·행·식의 생겨남을 보지 않으며, 색의 소멸함을 보지 않고 수·상·행·식의 소멸함을 보지 않으며, 색은 이것이 증익(增益)하는 문(門)이라고 보지 않고 수·상·행·식은 이것이 증익하는 문이라 보지 않으며, 색은 이것이 손감(損減)시키는 문이라고 보지 않고 수·상·행·식은 이것이 손감시키는 문이라고 보지 않으며, 색은 집적(集積)이 있다고 보지 않고 수·상·행·식은 집적이 있다고 보지 않으며, 색은 멀리 흩어짐(離散)이 있다고 보지 않고 수·상·행·식은 멀리 흩어짐이 있다고 보지 않느니라.
　이와 같이 나아가, 일체의 유루법은 진실로 성취할 수 있다고 보지 않고 일체의 무루법은 진실로 성취할 수 있다고 보지 않으며, 일체의 유루법의 생겨남을 보지 않고 일체의 무루법의 생겨남을 보지 않으며, 일체의 유루법의 소멸함을 보지 않고 일체의 무루법의 소멸함을 보지 않으며, 일체의 유루법은 이것이 증익하는 문이라고 보지 않고 일체의 무루법은 이것이 증익하는 문이라고 보지 않으며, 일체의 유루법은 이것이 손감시키는 문이라고 보지 않고 일체의 무루법은 이것이 손감시키는 문이라고 보지 않으며, 일체의 유루법은 집적이 있다고 보지 않고 일체의 무루법은 집적이 있다고 보지 않으며, 일체의 유루법은 멀리 흩어짐이 있다고 보지 않고 일체의 무루법은 멀리 흩어짐이 있다고 보지 않느니라.

색은 이것이 허망하고 견실(堅實)하지 않고 자재(自在)함이 없다고 여실하게 관찰하고, 수·상·행·식은 이것이 허망하고 견실하지 않고 자재함이 없다고 여실하게 관찰하며, 이와 같이 나아가, 일체의 유루법은 이것이 허망하고 견실(堅實)하지 않고 자재(自在)함이 없다고 여실하게 관찰하고, 일체의 무루법은 이것이 허망하고 견실하지 않고 자재함이 없다고 여실하게 관찰하느니라. 이 보살마하살은 이와 같이 관찰하는 때에 색의 자성을 얻을 수 없고 수·상·행·식의 자성을 얻을 수 없으며, 이와 같이 나아가, 일체의 유루법의 자성을 얻을 수 없고 일체의 무루법의 자성을 얻을 수 없느니라.

이 보살마하살이 깊은 반야바라밀다를 수행하면서 이와 같이 관찰하는 때에 일체법에서 모두가 무성(無性)으로써 자성(自性)을 삼는다고 깊은 신해(信解)가 생겨나고, 이와 같은 일에서 깊은 신해가 생겨났다면 능히 내공을 수행하고, 나아가 무성자성공을 수행하느니라. 이와 같이 수행하는 때에 일체법에서 집착함이 없는데 이를테면, 색에 집착하지 않고 수·상·행·식에 집착하지 않으며, 안처, 나아가 의처에 집착하지 않고, 색처, 나아가 법처에 집착하지 않으며, 안계, 나아가 의계에 집착하지 않고, 색계, 나아가 법계에 집착하지 않으며, 안식계, 나아가 의식계에 집착하지 않고, 안촉, 나아가 의촉에 집착하지 않으며, 안촉을 인연으로 생겨난 여러 수, 나아가 의촉을 인연으로 생겨난 여러 수에 집착하지 않고, 지계, 나아가 식계에 집착하지 않으며, 인연, 나아가 증상연에 집착하지 않고, 무명, 나아가 노사에 집착하지 않으며,

보시바라밀다, 나아가 반야바라밀다에 집착하지 않고, 내공, 나아가 무성자성공에 집착하지 않으며, 진여, 나아가 부사의계에 집착하지 않고, 고·집·멸·도성제에 집착하지 않으며, 4념주, 나아가 8성도지에 집착하지 않고, 4정려·4무량·4무색정에 집착하지 않으며, 8해탈, 나아가 10변처에 집착하지 않고, 공·무상·무원해탈문에 집착하지 않으며, 정관지, 나아가 여래지에 집착하지 않고, 극희지, 나아가 법운지에 집착하지 않으며, 일체의 다라니문·삼마지문에 집착하지 않고, 5안·6신통에 집착하지 않으며, 여래의 10력, 나아가 18불불공법에 집착하지 않고, 32대사상·80수호에 집착하지 않으며, 무망실법·항주사성에 집착하지 않고, 일체지·도상지·일체상지에 집착하지 않으며, 예류과, 나아가 독각에 집착하지 않고, 일체의 보살마하살의 행에 집착하지 않으며, 제불의 무상정등보리에 집착하지 않느니라.

이 보살마하살은 무소유인 매우 깊은 반야바라밀다를 수행하는 때에 능히 보살도(菩薩道)를 원만하게 하는데 이를테면, 능히 6바라밀다를 원만하게 하고, 역시 능히 내공, 나아가 무성자성공도 원만하게 하며, 역시 능히 진여, 나아가 부사의계도 원만하게 하고, 역시 능히 고·집·멸·도성제도 원만하게 하며, 역시 능히 4념주, 나아가 8성도지도 원만하게 하고, 역시 능히 4정려·4무량·4무색정도 원만하게 하며, 역시 능히 8해탈, 나아가 10변처도 원만하게 하고, 역시 능히 공·무상·무원해탈문도 원만하게 하며, 역시 능히 제보살마하살들의 지위도 원만하게 하고, 역시 능히 일체의 다라니문·삼마지문도 원만하게 하며, 역시 능히 5안·6신통도 원만하게 하고, 역시 능히 여래의 10력, 나아가 18불불공법도 원만하게 하며, 역시 능히 무망실법·항주사성도 원만하게 하고, 역시 능히 일체지·도상지·일체상지도 원만하게 하며, 역시 능히 32대사상·80수호도 원만하게 하느니라.

이 보살마하살이 이와 같이 보살도를 원만하였다면 다시 능히 어둠을 벗어나는 불도(佛道)를 원만하게 하는데 이를테면, 6바라밀다와 나머지의 무량(無量)하고 무변(無邊)한 불법(佛法)이니라. 이 보살마하살은 이와 같이 어둠을 벗어나는 불법에 안주하여 수승한 이숙의 신통을 이끌어서 일으키면서 제유정들을 따라서 상응하여 보시, 나아가 반야로써 섭수할 자는 나아가 보시, 나아가 반야로써 그들을 섭수하고, 상응하여 계온·정온·혜온·해탈온·해탈지견온으로써 섭수할 자는 나아가 계온, 나아가 해탈지견온으로써 그들을 섭수하며, 혹은 예류과에 안주하게 하거나, 혹은 일래과이거나, 혹은 불환과이거나, 혹은 아라한과이거나, 혹은 독각의 보리이거나, 혹은 다시 무상정등보리에 안주하게 시킬 자는 나아가 방편으로 예류과, 나아가 무상정등보리에 안주하게 하느니라.
　이 보살마하살은 능히 여러 종류의 신통 변화를 지어서 나타내는데, 긍가사 등의 세계에 가고자 한다면 뜻을 따라서 능히 가고, 가는 처소인 세계의 가운데에서 여러 종류의 진기한 보배를 나타내고자 한다면 마음대로 뜻을 따라서 능히 나타내며, 가는 처소의 여러 세계의 가운데에서 유정들에게 여러 종류의 진기한 보배를 수용하게 하고자 한다면 그들의 즐거워하는 것을 따라 모두가 충족하게 하느니라. 이 보살마하살은 한 세계에서 다른 한 세계에 이르면서 무량한 유정들을 이익되고 안락하게 하며, 여러 세계에서 여러 미묘하고 좋은 장엄의 상(相)을 보았다면 능히 스스로가 섭수하고 좋아하는 것의 뜻을 따라서 불국토를 장엄하느니라.
　비유한다면 타화자재천의 여러 천인들이 구하는 미묘한 악기(樂具)가 있다면 마음을 따라서 나타나는 것과 같이, 이와 같이 보살마하살은 여러 종류로 장엄하는 무량한 불국토를 뜻에 따라서 섭수하고, 이렇게 섭수한 것인 여러 불국토의 가운데에서 미묘하고 청정하며 잡염(雜染)인 법의 뜻을 따라서 모두 능히 나타내느니라. 이 보살마하살은 오히려 이숙으로 생겨나는 보시바라밀다, 나아가 반야바라밀다가 생겨나고, 오히려 이숙으로 생겨나는 여러 미묘한 신통이 생겨나며, 오히려 이숙으로 생겨나는 보살의 도가 생겨나는 까닭으로 도상지를 수행하며, 오히려 도상지가 성숙된 까닭으로 일체상지를 증득하느니라.
 오히려 이러한 지혜를 증득하는 까닭으로 일체법에서 섭수하는 것이 없는데 이를테면, 색을 섭수하지 않고 수·상·행·식을 섭수하지 않으며, 이와 같이 나아가, 역시 만약 선법이거나 만약 비선법(非善法)이거나, 만약 유기법(有記法)이거나, 만약 무기법(無記法)이거나, 만약 세간법이거나, 만약 출세간법이거나, 만약 유루법이거나, 만약 무루법이거나, 만약 유위법이거나, 만약 무위법이라도 섭수하지 않고, 역시 증득해야 하는 무상정등보리를 섭수하지 않으며, 역시 일체의 불국토에서 수용하는 물건을 섭수하지 않으며, 그 가운데 있는 유정들도 일체법에서 역시 섭수하지 않느니라.
 그 까닭은 무엇인가? 이 보살마하살은 먼저 일체법을 섭수하지 않은 까닭으로, 일체법에서 얻을 수 없는 까닭으로, 제유정들을 위하여 일체의 법성은 섭수할 수 없는 것이라고 전도(顚倒)가 없이 널리 설하는 까닭이니라. 이와 같아서 선현이여. 제보살마하살들이 깊은 반야바라밀다를 수행하는 때에 오히려 제상을 벗어난 무루심의 힘으로 능히 무상이고 무작인 법의 가운데에서 반야바라밀다를 원만하게 하고서, 역시 여러 나머지의 공덕도 능히 원만하게 하느니라.

75. 무잡품(無雜品)(1)

 그때에 구수 선현이 세존께 아뢰어 말하였다.
 "세존이시여. 무엇이 일체에서 잡염이 없고 무상(無相)이며 자상공(自相空)인 법의 가운데에서 6바라밀다를 능히 원만하게 합니까? 무엇이 일체에서 차별이 없는 법의 가운데에서 차별을 시설합니까? 무엇이 이와 같은 제법의 차별된 상을 명료하게 아는 것입니까? 무엇이 반야바라밀다의 가운데에서 일체의 6바라밀다를 섭수하고, 일체의 세간법과 출세간법을 섭수합니까? 무엇이 일체에서 다른 상(異相)의 가운데에서 하나의 상(一相)을 시설하는데 이를테면, 무상(無相)과 하나의 상이고, 무상인 법의 가운데에서 일체와 차별되는 법상(法相)을 시설하십니까?"

세존께서 선현에게 알리셨다.

"제보살마하살들이 깊은 반야바라밀다를 수행하는 때에 꿈과 같고 메아리와 같으며 형상과 같고 그림자와 같으며 아지랑이와 같고 환영과 같고 변화한 것과 같은 5취온(五取蘊)의 가운데에 안주하여 제유정들을 위하여 보시하고 지계하며 안인하고 정진하며 정려를 수행하고 지혜를 수학하여 꿈, 나아가 변화한 일과 같은 5온(五蘊)이 모두 하나의 상과 같은 이를테면, 무상이라고 여실하게 아느니라. 그 까닭은 무엇인가? 꿈, 나아가 변화한 일은 모두 자성이 없느니라. 만약 법이 자성(自性)이 없으면 이 법은 곧 무상이고, 만약 법이 무상이라면 이 법은 하나의 상인 이를테면, 무상이니라. 오히려 이러한 인연으로 일체의 보시하는 자·보시받는 이·보시하는 물건·보시하는 성품·보시하는 과보·보시하는 인연이 모두 무상과 같으니라.

만약 이와 같이 알고서 보시를 행하면 곧 행하였던 것인 보시바라밀다를 능히 원만하게 하는 것이고, 만약 능히 행하였던 것인 보시바라밀다를 원만하게 한다면 곧 정계·안인·정진·정려·반야바라밀다를 멀리 벗어나지 않느니라. 이러한 6바라밀다에 안주한다면 곧 4정려·4무량·4무색정을 능히 원만하게 하고, 역시 4념주, 나아가 8성도지를 능히 원만하게 하며, 역시 3해탈문을 능히 원만하게 하고, 역시 내공, 나아가 무성자성공을 능히 원만하게 하며, 역시 진여, 나아가 부사의계를 능히 원만하게 하고, 고·집·멸·도성제를 능히 원만하게 하며, 역시 8해탈, 나아가 10변처를 능히 원만하게 하고, 역시 보살지를 능히 원만하게 하며, 역시 5백의 다라니문과 5백의 삼마지문을 능히 원만하게 하고, 역시 5안·6신통을 능히 원만하게 하며, 역시 여래의 10력, 나아가 18불불공법을 능히 원만하게 하고, 역시 무망실법·항주사성을 능히 원만하게 하며, 역시 일체지·도상지·일체상지도 능히 원만하게 하느니라.
 이 보살마하살은 이와 같은 일체의 이숙(異熟)인 성스러운 무루법의 가운데에 안주하여 능히 시방으로 긍가사 등의 제불세계에 가고, 무량한 종류의 상묘(上妙)한 공양구(供具)로써 제불·세존께 공양하고 공경하며 존중하고 찬탄하며, 제유정들에게 이익과 안락을 짓고, 상응하여 보시, 나아가 반야바라밀다로써 섭수할 자는 곧 보시, 나아가 반야바라밀다로써 섭수하며, 상응하여 나머지의 여러 종류의 선법으로써 섭수할 자는 나아가 나머지의 여러 종류의 선법으로써 섭수하느니라.
 이 보살마하살은 일체의 수승한 선근을 성취하여 일체법에서 모두 자재(自在)함을 얻었으므로, 비록 생사(生死)를 받을지라도 생사의 허물에 염오되지 않고 제유정들을 이익되고 안락하게 하기 위한 까닭으로 인간과 천상의 부귀와 자재함을 섭수하는데, 이 부귀와 자재함의 힘으로 유정들에게 여러 요익되는 일을 능히 지으면서 4섭사(四攝事)로써 그들을 섭수하느니라.
 이 보살마하살은 일체법이 모두 무상이라고 아는 까닭으로, 비록 예류과를 알았을지라도 예류과에 안주하지 않고, 나아가 비록 독각의 보리를 알았을지라도 독각의 보리에 안주하지 않느니라. 그 까닭은 무엇인가? 이 보살마하살은 일체법을 여실하고 명료하게 알았다면, 일체지지를 증득하고자 하고, 일체의 성문이거나 독각들과 공유하지 않느니라. 이와 같아서 선현이여. 제보살마하살들은 일체법은 모두가 무상이라고 아는 까닭으로, 보시 등 6바라밀다와 나머지의 무량하고 무변한 불법도 모두가 무상이라고 여실하고 명료하게 아느니라. 오히려 이것을 까닭으로 일체의 불법을 널리 능히 원만하게 하고서 곧 능히 일체지지를 증득하느니라.
 선현이여. 제보살마하살들이 깊은 반야바라밀다를 수행하는 때에 꿈과 같고 메아리와 같으며 형상과 같고 그림자와 같으며 아지랑이와 같고 환영과 같고 변화한 것과 같은 5취온의 가운데에 안주하여 정계바라밀다를 원만하게 하나니, 이 보살마하살이 꿈, 나아가 변화한 것과 같은 5온을 여실하고 명료하게 깨닫고서 곧 무상의 정계바라밀다를 능히 원만하게 하느니라. 이와 같은 정계에 결함이 없고 틈새가 없으며 번민이 없고 번뇌가 없으며 취하고 집착하는 것이 없다면 상응하여 공양을 받을 것이며, 지혜로운 자에게 찬탄을 받고, 미묘하게 잘 수지하고 미묘하게 잘 구경(究竟)이라면, 이것은 성스러운 무루이고 이것은 출세간의 도지(道支)에 섭수되는 것이니라.

이러한 정계에 안주하여 능히 잘 받아 수지한다면 시설한 정계와 법에서 그러하듯이 정계(戒)·율의계(律儀戒)·유표계(有表戒)·무표계(無表戒)·현행계(現行戒)·불현행계(不現行戒)·위의계(威儀戒)·불위의계(非威儀戒)를 얻느니라. 이 보살마하살은 비록 이와 같은 여러 정계를 구족하고 성취하였을지라도 제법에서 취하고 집착함이 없으며, '나는 오히려 이러한 정계로 마땅히 찰제리 대족에 태어나거나, 혹은 바라문 대족에 태어나거나, 혹은 거사 대족에 태어나거나, 혹은 장자의 대족에 태어나서 부귀하고 자재하겠다.'라고 이렇게 생각을 짓지 않고, '나는 오히려 이러한 정계로 마땅히 소왕(小王)이 되거나, 혹은 대왕(大王)이 되거나, 혹은 전륜왕(轉輪王)이 되거나, 혹은 대신(輔佐)이 되어서 부귀하고 자재하겠다.'라고 이렇게 생각을 짓지 않으며, '나는 오히려 이러한 정계로 마땅히 4대왕중천, 나아가 타화자재천에 태어나서 부귀하고 자재하겠다.'라고 이렇게 생각을 짓지 않고, '나는 오히려 이러한 정계로 마땅히 예류과를 증득하거나, 혹은 일래과를 증득하거나, 혹은 불환과를 증득하거나, 혹은 아라한과를 증득하거나, 혹은 독각의 보리를 증득하거나 혹은 보살의 정성이생에 들어가거나, 혹은 보살의 무생법인을 증득하거나, 혹은 무상정등보리를 증득하겠다.'라고 이렇게 생각을 짓지 않느니라.

그 까닭은 무엇인가? 이와 같은 제법은 모두가 같은 하나의 사인데 이를테면, 무상(無相)이고 안주하지 않으며 얻을 수 없느니라. 무상의 법에서 무상을 얻을 수 없고, 유상(有相)의 법에서 유상을 얻을 수 없으며, 무상의 법에서 유상을 얻을 수 없고, 유상의 법에서 무상을 얻을 수 없느니라. 오히려 이러한 인연으로 모두 얻을 것이 없느니라.

이와 같아서 선현이여. 제보살마하살들은 깊은 반야바라밀다를 수행하는 때에 무상의 정계바라밀다를 빠르게 능히 원만하게 하고, 무상의 정계바라밀다를 이미 능히 원만하게 하였다면 보살의 정성이생에 빠르게 들어가며, 이미 보살의 정성이생에 들어갔다면 다시 보살의 무생법인(無生法忍)을 증득하고, 이미 무생법인을 증득하였다면 도상지를 수행하고 일체상지에 나아가서 이숙인 5신통을 얻으며, 다시 5백의 다라니문을 얻고 다시 5백의 삼마지문을 얻느니라. 이 가운데에 안주하여 다시 4무애해를 능히 증득하고서 한 국토에서 다른 한 국토에 이르면서 제불·세존께 친근하면서 공양하고, 유정을 성숙시키며 불국토를 청정하게 장엄하느니라.

이 보살마하살은 유정을 교화하기 위하여 비록 여러 세계(趣)를 유전(流傳)하면서 생사를 나타내었어도 그것의 과실에 염오되지 않는데, 환영으로 변화한 사람이 비록 다니고 멈추며 앉고 눕는 등의 일을 나타내었어도 진실로 왕래하는 등의 업이 없는 것과 같이, 비록 여러 종류로 유정을 요익하게 하는 일을 나타내었어도 유정과 그 시설에서 모두 얻을 것은 없느니라. 여래·응공·정등각께서 계셨고 선적정(善寂靜)이라고 이름하였는데, 무상정등보리를 증득하시고 미묘한 법륜을 굴려서 무량한 대중을 도탈시켜서 생사를 출리하고 열반을 증득하게 하셨으나 유정들이 결정적으로 무상정등보리의 수기를 받고 감당할 자가 없었느니라. 이때 그 여래께서는 변화시켜 화불(化佛)을 지으셨고, 오랫동안 세상에 머무르게 하시고, 스스로는 수명(壽行)을 버리고 무여의열반계(無餘依涅槃界)에 들어가셨느니라.

그 여래의 화신(化身)은 한 겁을 머무르셨고, 한 보살에게 무상정등보리의 수기를 주시고서 비로소 열반에 들어가셨느니라. 그 여래의 화신은 비록 여러 종류로 유정들에게 요익한 일을 지으셨으나 얻는 것이 없었는데 이를테면, 색·수·상·행·식을 얻지 못하였고, 나아가 일체의 유루(有漏)와 무루(無漏) 등의 법과 제유정들도 얻지 못하였느니라. 이 보살마하살도 이와 같아서 비록 짓는 것이 있을지라도 얻는 것은 없느니라.

이와 같아서 선현이여. 제보살마하살들이 깊은 반야바라밀다를 수행하는 때에 정계바라밀다를 원만하게 하고, 오히려 이러한 정계바라밀다가 원만해지는 까닭으로 곧 능히 일체의 불법을 섭수하며, 이것을 인연으로 일체지지를 증득하느니라.

선현이여. 제보살마하살들이 깊은 반야바라밀다를 수행하는 때에 꿈과 같고 메아리와 같으며 형상과 같고 그림자와 같으며 아지랑이와 같고 환영과 같고 변화한 것과 같은 5취온의 가운데에 안주하여 안인바라밀다를 원만하게 하나니, 이 보살마하살은 꿈, 나아가 변화한 것과 같은 5온을 여실하고 명료하게 알고서, 곧 무상의 안인바라밀다를 능히 원만하게 하느니라. 선현이여. 어찌하여 보살마하살이 깊은 반야바라밀다를 수행하는 때에 꿈, 나아가 변화한 것과 같은 5온을 여실하고 명료하게 알고서, 곧 무상의 안인바라밀다를 능히 원만하게 하는가?

선현이여. 이 보살마하살은 5취온에 진실한 상이 없다고 여실하고 명료하게 아는 까닭으로 두 가지의 안인을 수행하여 무상의 안인바라밀다를 원만하게 하느니라. 무엇이 두 가지의 안인인가? 이를테면, 안수인(安受忍)과 관찰인(觀察忍)이니라. 안수인이라는 것은 보살마하살이 초발심부터 미묘한 보리좌에 앉을 때까지 그 중간에서 가사, 일체 유정의 부류들이 앞을 다투어 와서 꾸짖고 훼자하거나, 추악한 말로써 욕하고 능욕하거나, 다시 기왓장·돌·칼·몽둥이 등으로써 가해할지라도 이때 보살마하살은 안인바라밀다의 원만함을 위하여, 나아가 한 생각의 분노와 원한이 생겨나지 않으며, 역시 가해를 갚으려는 생각도 일으키지 않느니라.

다만 '그 제유정들은 매우 애민(哀愍)스럽구나. 증상(增上)하는 번뇌가 그들의 마음을 요동시켜서 자재함을 얻지 못하게 하므로 나에게 이와 같은 악업을 일으키는구나. 나는 지금 그들에게 상응하여 성내고 원망하지 않겠다.'라고 이렇게 생각을 짓고, 다시 '내가 오히려 원수(怨家)들의 여러 온(諸蘊)을 섭수하였으므로 그 유정들이 나에게 이와 같은 악업을 일으키게 하였으니, 다만 상응하여 스스로가 꾸짖을지라도 상응하여 그들을 꾸짖지 않겠다.'라고 이렇게 생각을 짓느니라. 보살이 이와 같이 자세히 관찰하는 때에 그 제유정들에게 자비와 연민이 깊이 생겨나는데, 이와 같은 등의 부류를 안수인이라고 이름하느니라.

관찰인이라는 것은 제보살마하살들이 '제행은 환영과 같아서 허망하고 진실하지 않으며 자재를 얻지 못하는구나. 역시 허공과 같아서 무아(無我)이고, 유정(有情)·명자(命者)·생자(生者)·양자(養者)·사부(士夫)·보특가라(補特伽羅)·의생(意生)·유동(孺童)·작자(作者)·수자(受者)·지자(知者)·견자(見者) 등이 없어서 모두 얻을 수 없으며, 오직 이것은 허망한 분별에서 일어나는 것이다. 일체의 모두는 이것이 스스로의 마음이 변한 것인데, 누가 나를 꾸짖고 헐뜯겠는가? 누가 나를 꾸짖겠는가? 누가 나를 능욕하겠는가? 누가 여러 종류의 기왓장·돌·칼·몽둥이 등으로써 가해하겠는가? 누가 다시 그들의 능욕과 가해를 받겠는가? 모두가 이것은 스스로의 마음에 허망한 분별이므로 나는 지금 상응하여 제멋대로 집착을 일으키지 않겠다. 이와 같은 제법은 오히려 자성공(自性空)이고 승의공(勝義空)인 까닭으로 모두가 무소유이다.'라고 이렇게 사유를 짓느니라.

보살이 이와 같이 자세하게 관찰하는 때에 제행이 공적(空寂)하다고 여실하고 명료하게 알고 일체법에서 다른 생각을 생겨나지 않는데, 이와 같은 등의 부류를 관찰인이라고 이름하느니라. 이 보살마하살은 이와 같은 두 가지 안인을 수습하는 까닭으로 곧 무상의 안인바라밀다를 능히 원만하게 하고, 오히려 무상의 안인바라밀다를 능히 원만하게 하는 까닭으로 나아가서 곧 무생법인을 획득(獲得)하느니라."

구수 선현이 세존께 아뢰어 말하였다.

"세존이시여. 무엇을 무생법인이라고 이름합니까? 이것은 무엇을 단절합니까? 다시 이것은 무슨 지혜입니까?"

세존께서 선현에게 알리셨다.

"오히려 이러한 세력으로 나아가 적은 부분의 악법도 역시 생겨나지 못하는데, 이러한 까닭으로 무생법인이라고 이름하느니라. 이것이 일체의 아(我)·아소(我所)·만(慢) 등의 번뇌를 반드시 결국에는 생겨나지 못하게 하고, 제행이 꿈, 나아가 변화한 것과 같다고 여실하게 법인으로 받아들이므로, 이러한 법인(忍)을 지혜라고 이름하느니라. 이 지혜를 얻는 까닭으로 무생법인을 획득한다고 이름하느니라."

구수 선현이 다시 세존께 아뢰어 말하였다.
"성문과 독각과 제보살들의 무생법인에 어떠한 차별이 있습니까?"
세존께서 선현에게 알리셨다.
"여러 예류인 자들의 만약 지혜이거나 만약 단절이거나, 나아가 독각의 만약 지혜이거나, 만약 단절일지라도, 역시 보살마하살의 법인이라고 이름하고, 다시 보살마하살에게 법인이 있는데 이를테면, 법인의 제법은 반드시 결국에는 생겨나지 않나니, 이것은 차별이니라. 선현이여. 제보살마하살들은 이와 같이 수승한 법인을 성취하는 까닭으로 일체의 성문이거나 독각을 초월하느니라.

제보살마하살들이 이와 같은 이숙인 법인의 가운데에 안주하여 보살도를 행한다면 능히 도상지를 원만하게 하고, 이와 같은 도상지를 성취한 까닭으로 항상 4념주, 나아가 8성도지를 멀리 벗어나지 않고, 역시 3해탈문도 멀리 벗어나지 않으며, 역시 이숙인 신통도 멀리 벗어나지 않느니라. 오히려 이숙인 신통을 멀리 벗어나지 않는 까닭으로 한 국토에서 다른 한 국토에 이르면서 제불·세존께 친근하고 공양하며, 유정들을 성숙시키고 불국토를 청정하게 장엄하느니라. 이러한 일을 지었다면 한 찰나를 수용하여 상응하는 반야로써 무상정등보리를 증득한다고 마땅히 알아야 하느니라.

이와 같아서 선현이여. 제보살마하살들이 깊은 반야바라밀다를 수행하는 때에 무상의 안인바라밀다를 빠르게 능히 원만하게 하며, 오히려 이러한 안인바라밀다가 원만함을 얻는 까닭으로 나아가서 곧 일체의 불법이 원만해지며, 이것을 인연으로 일체지지를 증득하느니라."

마하반야바라밀다경 제468권

75. 무잡품(無雜品)(2)

 "선현이여. 제보살마하살들이 깊은 반야바라밀다를 수행하는 때에 꿈과 같고 메아리와 같으며 형상과 같고 그림자와 같으며 아지랑이와 같고 환영과 같고 변화한 것과 같은 5취온의 가운데에 안주하여 꿈, 나아가 변화한 것과 같은 5온에 진실한 상(實相)이 없다고 여실하고 명료하게 알고서 용맹한 몸과 마음의 정진을 일으키느니라.
 이 보살마하살이 용맹한 몸과 마음의 정진을 일으켰던 까닭으로 수승하고 빠른 신통을 일으켜서 능히 시방의 긍가사 등의 제불세계에 가서 여래·응공·정등각들께 친근하고 무량한 종류의 상묘한 공양구로써 공양하고 공경하며 존중하고 찬탄하며, 제불의 처소에서 여러 선근을 심고 제유정의 부류들을 이익되고 안락하게 하며, 역시 불국토를 청정하게 장엄하느니라.
 이 보살마하살은 오히려 몸의 정진으로 유정들을 성숙시키고 그들을 따라서 마땅한 것인 3승법(三乘法)으로써 방편으로 안립시켜서 각자 구경(究竟)에 이르게 하느니라. 이와 같이 선현이여. 제보살마하살들이 깊은 반야바라밀다를 수행하는 때에 오히려 몸의 정진으로 무상한 정진바라밀다를 능히 빠르게 원만하게 하느니라.
 이 보살마하살은 용맹한 마음의 정진을 일으켰던 까닭으로 여러 성스러운 무루의 도지에 섭수되는 성스러운 도를 이끌어서 일으키고 정진바라밀다를 원만하면서 그 가운데에서 능히 여러 선법을 섭수하여 구족하는데 이를테면, 만약 4념주, 나아가 8성도지이거나, 만약 공·무상·무원해탈문이거나, 만약 4정려·4무량·4무색정이거나, 만약 8해탈, 나아가 10변처이거나, 만약 고·집·멸·도성제이거나, 만약 보시바라밀다, 나아가 반야바라밀다이거나, 만약 극희지, 나아가 법운지이거나, 만약 일체의 다라니문·삼마지문이거나, 만약 내공, 나아가 무성자성공이거나, 만약 진여, 나아가 부사의계이거나, 만약 5안·6신통이거나, 만약 여래의 10력, 나아가 18불불공법이거나, 만약 무망실법·항주사성이거나, 만약 일체지·도상지·일체상지이니라.

이 보살마하살은 오히려 마음의 정진으로 제상(諸相)과 수호(隨好)가 모두 원만함을 얻고 큰 광명을 펼쳐서 무변한 세계를 비추느니라. 오히려 마음의 정진이 지극히 원만해진 까닭으로 능히 일체의 번뇌와 습기의 상속을 영원히 단절하고 무상정등보리를 증득하며, 미묘한 법륜을 굴리면서 32대사상을 구족하여 삼천대천세계를 여섯 종류로 변동(變動)시키고, 그 가운데의 유정들이 광명을 받거나 접촉하며, 이러한 변동을 보게 하며, 정법의 소리를 듣고서 그것을 따라서 상응하면서 3승도(三乘道)에서 불퇴전(不退轉)하며 각자 구경을 얻게 하느니라.

이와 같아서 선현이여. 제보살마하살들이 깊은 반야바라밀다를 수행하는 때에 정진바라밀다가 원만하다면, 오히려 이러한 정진바라밀다로 짓는 것이 많으니라. 이 보살마하살은 정진바라밀다에 안주하여 빠르게 능히 일체의 불법을 원만하게 하고, 무상정등보리를 빠르게 증득하느니라.

다시 다음으로 선현이여. 제보살마하살들이 깊은 반야바라밀다를 수행하는 때에 꿈과 같고 메아리와 같으며 형상과 같고 그림자와 같으며 아지랑이와 같고 환영과 같고 변화한 것과 같은 5취온의 가운데에 안주하여 정려바라밀다를 원만하게 하느니라. 선현이여. 무엇이 보살마하살이 깊은 반야바라밀다를 수행하는 때에 꿈, 나아가 변화한 것과 같은 5온의 가운데에 안주하여 정려바라밀다를 원만하게 하는 것인가?

이를테면, 보살마하살이 깊은 반야바라밀다를 수행하는 때에 꿈, 나아가 변화한 것과 같은 5온에 진실한 상이 없다고 여실하고 명료하게 알고서 초정려, 나아가 4정려에 들어가고, 자무량(慈無量), 나아가 사무량(捨無量)에 들어가며, 공무변처정, 나아가 비상비비상처정에 들어가서 공·무상·무원삼마지를 수행하고, 여전삼마지(如電三摩地)를 수행하며, 금강유삼마지(金剛喩三摩地)를 수행하고, 성정삼마지(聖正三摩地)를 수행하며, 금강유삼마지의 가운데에 안주하느니라.

여래의 정려를 제외하고서 나머지의 소유한 정려는 만약 2승과 공유하는 정려이거나, 만약 나머지의 수승한 정려일지라도 일체가 능히 들어가서 구족하고 안주하느니라. 그렇지만 이와 같은 정려(靜慮)·무량(無量)·무색정(無色定) 등에서 법미(法味)에 탐착하지 않고, 역시 그 얻는 과보에도 탐착(貪著)하지 않느니라. 그 까닭은 무엇인가? 이 보살마하살은 정려·무량·무색정 등과 나머지의 일체법은 모두가 같이 무상(無相)과 무성(無性)으로 성품을 삼았으므로, 무상의 법미에 상응하지 않고 무상에 탐착하지 않으며, 무성의 법미에 상응하지 않고 무성에 탐착하지 않는다고 여실하고 명료하게 아느니라.

법미에 탐착이 없는 까닭으로 결국 정려·무량·무색정 등의 세력을 따라서 생겨나는 색계(色界)와 무색계(無色界)를 수순하지 않으니라. 그 까닭은 무엇인가? 이 보살마하살은 일체의 경계에서 모두 얻을 것이 없고, 능히 정려에 들어가는 것과 정려에 들어가게 되는 것과 오히려 이러한 정려에 들어가는 것과 이것을 위하여 정려에 들어가는 것도 얻을 것이 없느니라. 이 보살마하살은 일체법에서 얻을 것이 없는 까닭으로 무상의 정려바라밀다를 빠르게 원만하게 하는데, 오히려 이러한 정려바라밀다는 여러 성문·독각지를 초월하느니라."

구수 선현이 아뢰어 말하였다.

"세존이시여. 이 보살마하살은 어찌하여 모양 없는 정려바라밀다를 원만하게 한다면 여러 성문·독각지를 초월합니까?"

세존께서 선현에게 말씀하셨다.

"이 보살마하살은 내공, 나아가 무성자성공을 잘 수학하는 까닭으로 곧 능히 무상(無相)의 정려바라밀다를 원만하게 하고, 여러 성문·독각지를 초월하느니라. 이 보살마하살은 여러 공(空)의 가운데에 안주하므로 일체법에서 모두 얻는 것이 없고, 법이 있을지라도 여러 공을 벗어났다고 보지 않느니라.

이 보살마하살이 이 가운데에 안주하므로 예류과, 나아가 독각의 보리를 얻는 것이 없고, 제보살마하살의 행과 제불의 무상정등보리도 얻는 것이 없는데, 이와 같은 여러 공도 역시 모두가 공한 까닭이니라. 이 보살마하살은 오히려 이러한 공에 안주하므로 여러 성문·독각지를 초월하여 보살의 정성이생에 들어가느니라."

구수 선현이 다시 세존께 아뢰어 말하였다.

"제보살마하살들은 무엇으로써 생겨남을 삼고, 무엇으로써 생겨남을 벗어남을 삼습니까?"

세존께서 선현에게 알리셨다.

"제보살마하살들은 일체의 얻을 수 있는 것으로써 생겨남을 삼고, 일체의 얻을 수 없는 것으로써 생겨남을 벗어남을 삼느니라."

구수 선현이 세존께 아뢰어 말하였다.

"세존이시여. 제보살마하살들은 무엇으로써 얻을 수 있는 것을 삼고, 무엇으로써 얻을 수 없는 것을 삼습니까?"

세존께서 선현에게 알리셨다.

"제보살마하살들은 일체법으로써 얻을 수 있는 것을 삼는데 이를테면, 보살마하살은 색·수·상·행·식으로써 얻을 수 있는 것을 삼고, 안처, 나아가 의처로써 얻을 수 있는 것을 삼으며, 색처, 나아가 법처로써 얻을 수 있는 것을 삼고, 안계, 나아가 의계로써 얻을 수 있는 것을 삼으며, 색계, 나아가 법계로써 얻을 수 있는 것을 삼고, 안식계, 나아가 의식계로써 얻을 수 있는 것을 삼으며, 안촉, 나아가 의촉으로써 얻을 수 있는 것을 삼고, 안촉을 인연으로 생겨난 여러 수, 나아가 의촉을 인연으로 생겨난 여러 수로써 얻을 수 있는 것을 삼으며, 지계, 나아가 식계로써 얻을 수 있는 것을 삼고, 인연, 나아가 증상연으로써 얻을 수 있는 것을 삼으며,

무명, 나아가 노사로써 얻을 수 있는 것을 삼고, 보시바라밀다, 나아가 반야바라밀다로써 얻을 수 있는 것을 삼으며, 내공, 나아가 무성자성공으로써 얻을 수 있는 것을 삼고, 진여, 나아가 부사의계로써 얻을 수 있는 것을 삼으며, 고·집·멸·도성제로써 얻을 수 있는 것을 삼고, 4념주, 나아가 8성도지로써 얻을 수 있는 것을 삼으며, 4정려·4무량·4무색정으로써 얻을 수 있는 것을 삼고, 8해탈, 나아가 10변처로써 얻을 수 있는 것을 삼으며, 공·무상·무원해탈문으로써 얻을 수 있는 것을 삼고, 정관지, 나아가 여래지로써 얻을 수 있는 것을 삼으며,

극희지, 나아가 법운지로써 얻을 수 있는 것을 삼고, 일체의 다라니문·삼마지문으로써 얻을 수 있는 것을 삼으며, 5안·6신통으로써 얻을 수 있는 것을 삼고, 여래의 10력, 나아가 18불불공법으로써 얻을 수 있는 것을 삼으며, 32대사상·80수호로써 얻을 수 있는 것을 삼고, 무망실법·항주사성으로써 얻을 수 있는 것을 삼으며, 일체지·도상지·일체상지로써 얻을 수 있는 것을 삼고, 예류과, 나아가 독각으로써 얻을 수 있는 것을 삼으며, 일체의 보살마하살의 행으로써 얻을 수 있는 것을 삼고, 제불의 무상정등보리로써 얻을 수 있는 것을 삼으며, 일체지지로써 얻을 수 있는 것을 삼느니라. 선현이여. 제보살마하살들은 이와 같은 등의 여러 종류의 법문으로써 얻을 수 있는 것을 삼나니, 곧 얻을 수 있는 것이 있다면 생겨나게 된다고 이름하느니라.

다시 다음으로 선현이여. 제보살마하살들은 일체법의 행할 수 없고 얻을 수 없으며 말할 수 없고 보여줄 수 없는 것으로써 얻을 수 없는 것을 삼는데 이를테면, 제보살마하살들은 색·수·상·행·식의 행할 수 없고 얻을 수 없으며 말할 수 없고 보여줄 수 없는 것으로써 얻을 수 없는 것을 삼느니라. 그 까닭은 무엇인가? 색의 자성, 나아가 식의 자성은 모두가 행할 수 없고 얻을 수 없으며 말할 수 없고 보여줄 수 없는 까닭이니라. 제보살마하살들은 안처, 나아가 의처의 행할 수 없고 얻을 수 없으며 말할 수 없고 보여줄 수 없는 것으로써 얻을 수 없는 것을

삼느니라. 그 까닭은 무엇인가? 안처의 자성, 나아가 의처의 자성은 모두가 행할 수 없고 얻을 수 없으며 말할 수 없고 보여줄 수 없는 까닭이니라.

　제보살마하살들은 색처, 나아가 법처의 행할 수 없고 얻을 수 없으며 말할 수 없고 보여줄 수 없는 것으로써 얻을 수 없는 것을 삼느니라. 그 까닭은 무엇인가? 색처의 자성, 나아가 법처의 자성은 모두가 행할 수 없고 얻을 수 없으며 말할 수 없고 보여줄 수 없는 까닭이니라. 제보살마하살들은 안계, 나아가 의계의 행할 수 없고 얻을 수 없으며 말할 수 없고 보여줄 수 없는 것으로써 얻을 수 없는 것을 삼느니라. 그 까닭은 무엇인가? 안계의 자성, 나아가 의계의 자성은 모두가 행할 수 없고 얻을 수 없으며 말할 수 없고 보여줄 수 없는 까닭이니라.

　제보살마하살들은 색계, 나아가 법계의 행할 수 없고 얻을 수 없으며 말할 수 없고 보여줄 수 없는 것으로써 얻을 수 없는 것을 삼느니라. 그 까닭은 무엇인가? 색계의 자성, 나아가 법계의 자성은 모두가 행할 수 없고 얻을 수 없으며 말할 수 없고 보여줄 수 없는 까닭이니라. 제보살마하살들은 안식계, 나아가 의식계의 행할 수 없고 얻을 수 없으며 말할 수 없고 보여줄 수 없는 것으로써 얻을 수 없는 것을 삼느니라. 그 까닭은 무엇인가? 안식계의 자성, 나아가 의식계의 자성은 모두가 행할 수 없고 얻을 수 없으며 말할 수 없고 보여줄 수 없는 까닭이니라.

　제보살마하살들은 안촉, 나아가 의촉의 행할 수 없고 얻을 수 없으며 말할 수 없고 보여줄 수 없는 것으로써 얻을 수 없는 것을 삼느니라. 그 까닭은 무엇인가? 안촉의 자성, 나아가 의촉의 자성은 모두가 행할 수 없고 얻을 수 없으며 말할 수 없고 보여줄 수 없는 까닭이니라. 제보살마하살들은 안촉을 인연으로 생겨난 여러 수, 나아가 의촉을 인연으로 생겨난 여러 수는 행할 수 없고 얻을 수 없으며 말할 수 없고 보여줄 수 없는 것으로써 얻을 수 없는 것을 삼느니라. 그 까닭은 무엇인가? 안촉을 인연으로 생겨난 여러 수의 자성, 나아가 의촉을 인연으로 생겨난 여러 수의 자성은 모두가 행할 수 없고 얻을 수 없으며 말할 수 없고 보여줄 수 없는 까닭이니라.

　제보살마하살들은 지계, 나아가 식계의 행할 수 없고 얻을 수 없으며 말할 수 없고 보여줄 수 없는 것으로써 얻을 수 없는 것을 삼느니라. 그 까닭은 무엇인가? 지계의 자성, 나아가 식계의 자성은 모두가 행할 수 없고 얻을 수 없으며 말할 수 없고 보여줄 수 없는 까닭이니라. 제보살마하살들은 인연, 나아가 증상연의 행할 수 없고 얻을 수 없으며 말할 수 없고 보여줄 수 없는 것으로써 얻을 수 없는 것을 삼느니라. 그 까닭은 무엇인가? 인연의 자성, 나아가 증상연의 자성은 모두가 행할 수 없고 얻을 수 없으며 말할 수 없고 보여줄 수 없는 까닭이니라.

　제보살마하살들은 무명, 나아가 노사의 행할 수 없고 얻을 수 없으며 말할 수 없고 보여줄 수 없는 것으로써 얻을 수 없는 것을 삼느니라. 그 까닭은 무엇인가? 무명의 자성, 나아가 노사의 자성은 모두가 행할 수 없고 얻을 수 없으며 말할 수 없고 보여줄 수 없는 까닭이니라. 제보살마하살들은 보시바라밀다, 나아가 반야바라밀다의 행할 수 없고 얻을 수 없으며 말할 수 없고 보여줄 수 없는 것으로써 얻을 수 없는 것을 삼느니라. 그 까닭은 무엇인가? 보시바라밀다의 자성, 나아가 반야바라밀다의 자성은 모두가 행할 수 없고 얻을 수 없으며 말할 수 없고 보여줄 수 없는 까닭이니라.

　제보살마하살들은 내공, 나아가 무성자성공의 행할 수 없고 얻을 수 없으며 말할 수 없고 보여줄 수 없는 것으로써 얻을 수 없는 것을 삼느니라. 그 까닭은 무엇인가? 내공의 자성, 나아가 무성자성공의 자성은 모두가 행할 수 없고 얻을 수 없으며 말할 수 없고 보여줄 수 없는 까닭이니라. 제보살마하살들은 진여, 나아가 부사의계의 행할 수 없고 얻을 수 없으며 말할 수 없고 보여줄 수 없는 것으로써 얻을 수 없는 것을 삼느니라. 그 까닭은 무엇인가? 진여의 자성, 나아가 부사의계의 자성은 모두가 행할 수 없고 얻을 수 없으며 말할 수 없고 보여줄 수 없는 까닭이니라.

　제보살마하살들은 고·집·멸·도성제의 행할 수 없고 얻을 수 없으며 말할 수 없고 보여줄 수 없는 것으로써 얻을 수 없는 것을 삼느니라.

그 까닭은 무엇인가? 고·집·멸·도성제의 자성은 모두가 행할 수 없고 얻을 수 없으며 말할 수 없고 보여줄 수 없는 까닭이니라. 제보살마하살들은 4념주, 나아가 8성도지의 행할 수 없고 얻을 수 없으며 말할 수 없고 보여줄 수 없는 것으로써 얻을 수 없는 것을 삼느니라. 그 까닭은 무엇인가? 4념주의 자성, 나아가 8성도지의 자성은 모두가 행할 수 없고 얻을 수 없으며 말할 수 없고 보여줄 수 없는 까닭이니라.

 제보살마하살들은 공·무상·무원해탈문의 행할 수 없고 얻을 수 없으며 말할 수 없고 보여줄 수 없는 것으로써 얻을 수 없는 것을 삼느니라. 그 까닭은 무엇인가? 공·무상·무원해탈문의 자성은 모두가 행할 수 없고 얻을 수 없으며 말할 수 없고 보여줄 수 없는 까닭이니라. 제보살마하살들은 4정려·4무량·4무색정의 행할 수 없고 얻을 수 없으며 말할 수 없고 보여줄 수 없는 것으로써 얻을 수 없는 것을 삼느니라. 그 까닭은 무엇인가? 4정려·4무량·4무색정의 자성은 모두가 행할 수 없고 얻을 수 없으며 말할 수 없고 보여줄 수 없는 까닭이니라.

 제보살마하살들은 8해탈, 나아가 10변처의 행할 수 없고 얻을 수 없으며 말할 수 없고 보여줄 수 없는 것으로써 얻을 수 없는 것을 삼느니라. 그 까닭은 무엇인가? 8해탈, 나아가 10변처의 자성은 모두가 행할 수 없고 얻을 수 없으며 말할 수 없고 보여줄 수 없는 까닭이니라. 제보살마하살들은 정관지, 나아가 여래지의 행할 수 없고 얻을 수 없으며 말할 수 없고 보여줄 수 없는 것으로써 얻을 수 없는 것을 삼느니라. 그 까닭은 무엇인가? 정관지, 나아가 여래지의 자성은 모두가 행할 수 없고 얻을 수 없으며 말할 수 없고 보여줄 수 없는 까닭이니라.

 제보살마하살들은 극희지, 나아가 법운지의 행할 수 없고 얻을 수 없으며 말할 수 없고 보여줄 수 없는 것으로써 얻을 수 없는 것을 삼느니라. 그 까닭은 무엇인가? 극희지, 나아가 법운지의 자성은 모두가 행할 수 없고 얻을 수 없으며 말할 수 없고 보여줄 수 없는 까닭이니라. 제보살마하살들은 일체의 다라니문·삼마지문의 행할 수 없고 얻을 수 없으며 말할 수 없고 보여줄 수 없는 것으로써 얻을 수 없는 것을 삼느니라. 그 까닭은 무엇인가? 일체의 다라니문·삼마지문의 자성은 모두가 행할 수 없고 얻을 수 없으며 말할 수 없고 보여줄 수 없는 까닭이니라.

　제보살마하살들은 5안·6신통의 행할 수 없고 얻을 수 없으며 말할 수 없고 보여줄 수 없는 것으로써 얻을 수 없는 것을 삼느니라. 그 까닭은 무엇인가? 5안·6신통의 자성은 모두가 행할 수 없고 얻을 수 없으며 말할 수 없고 보여줄 수 없는 까닭이니라. 제보살마하살들은 여래의 10력, 나아가 18불불공법의 행할 수 없고 얻을 수 없으며 말할 수 없고 보여줄 수 없는 것으로써 얻을 수 없는 것을 삼느니라. 그 까닭은 무엇인가? 여래의 10력, 나아가 18불불공법의 자성은 모두가 행할 수 없고 얻을 수 없으며 말할 수 없고 보여줄 수 없는 까닭이니라.

　제보살마하살들은 32대사상·80수호의 행할 수 없고 얻을 수 없으며 말할 수 없고 보여줄 수 없는 것으로써 얻을 수 없는 것을 삼느니라. 그 까닭은 무엇인가? 32대사상·80수호의 자성은 모두가 행할 수 없고 얻을 수 없으며 말할 수 없고 보여줄 수 없는 까닭이니라. 제보살마하살들은 무망실법·항주사성의 행할 수 없고 얻을 수 없으며 말할 수 없고 보여줄 수 없는 것으로써 얻을 수 없는 것을 삼느니라. 그 까닭은 무엇인가? 무망실법·항주사성의 자성은 모두가 행할 수 없고 얻을 수 없으며 말할 수 없고 보여줄 수 없는 까닭이니라.

　제보살마하살들은 일체지·도상지·일체상지의 행할 수 없고 얻을 수 없으며 말할 수 없고 보여줄 수 없는 것으로써 얻을 수 없는 것을 삼느니라. 그 까닭은 무엇인가? 일체지·도상지·일체상지의 자성은 모두가 행할 수 없고 얻을 수 없으며 말할 수 없고 보여줄 수 없는 까닭이니라. 제보살마하살들은 예류과, 나아가 독각의 보리의 행할 수 없고 얻을 수 없으며 말할 수 없고 보여줄 수 없는 것으로써 얻을 수 없는 것을 삼느니라. 그 까닭은 무엇인가? 예류과, 나아가 독각의 보리의 자성은 모두가 행할 수 없고 얻을 수 없으며 말할 수 없고 보여줄 수 없는 까닭이니라.

　제보살마하살들은 일체의 보살마하살의 행의 행할 수 없고 얻을 수 없으며 말할 수 없고 보여줄 수 없는 것으로써 얻을 수 없는 것을 삼느니라.

그 까닭은 무엇인가? 일체의 보살마하살의 행의 자성은 모두가 행할 수 없고 얻을 수 없으며 말할 수 없고 보여줄 수 없는 까닭이니라. 제보살마하살들은 제불의 무상정등보리의 행할 수 없고 얻을 수 없으며 말할 수 없고 보여줄 수 없는 것으로써 얻을 수 없는 것을 삼느니라. 그 까닭은 무엇인가? 제불의 무상정등보리의 자성은 모두가 행할 수 없고 얻을 수 없으며 말할 수 없고 보여줄 수 없는 까닭이니라.

제보살마하살들은 일체지지의 행할 수 없고 얻을 수 없으며 말할 수 없고 보여줄 수 없는 것으로써 얻을 수 없는 것을 삼느니라. 그 까닭은 무엇인가? 일체지지의 자성은 모두가 행할 수 없고 얻을 수 없으며 말할 수 없고 보여줄 수 없는 까닭이니라. 선현이여. 제보살마하살들은 이와 같은 등의 여러 종류의 법문의 행할 수 없고 얻을 수 없으며 말할 수 없고 보여줄 수 없는 것으로써 얻을 수 없는 것을 삼나니, 나아가서 이 얻을 수 없는 것을 생겨남을 벗어났다고 이름하느니라.

제보살마하살들이 이미 정성이생(正性離生)의 지위를 증득하여 들어갔다면 일체의 정려(靜慮)·해탈(解脫)·등지(等持)·등지(等至)를 원만하게 하고, 오히려 정려의 세력에 따라서 태어나지도 않는데, 하물며 탐(貪)·진(瞋)·치(癡) 등의 번뇌를 따르겠는가? 만약 번뇌의 세력에 따라서 태어난다는 이러한 처소는 없느니라. 이 보살마하살이 이것의 가운데에 머물러서 여러 업을 조작(造作)하고, 오히려 업의 세력으로 여러 세계(諸趣)를 유전하는 것도, 역시 이러한 처소는 없느니라.

이 보살마하살은 비록 환영과 같은 제행취(諸行聚)의 가운데 머물러서 여러 유정들에 여실하게 요익을 지었을지라도, 환영과 제유정들을 얻을 수 없느니라. 이 보살마하살이 이와 같은 일에서 얻을 것이 없는 때일지라도, 유정을 성숙시키고 불국토를 청정하게 장엄하면서 항상 해태와 멈춤이 없느니라. 이와 같아서 선현이여. 제보살마하살들이 깊은 반야바라밀다를 수행하는 때에 빠르게 무상의 정려바라밀다를 능히 원만하게 하는데, 오히려 이러한 정려바라밀다가 빠르게 원만해진 까닭으로 무상정등보리를 빠르게 증득하고서, 미묘한 법륜을 굴리면서 유정들을 도탈시키나니, 이와 같은 법륜을 얻을 수 없는 것이라고 이름하느니라.
　선현이여. 제보살마하살들이 깊은 반야바라밀다를 수행하는 때에 꿈과 같고 메아리와 같으며 형상과 같고 그림자와 같으며 아지랑이와 같고 환영과 같고 변화한 것과 같은 5취온의 가운데에 안주하여 반야바라밀다를 원만하게 하는데, 이 보살마하살은 제법의 성상(性相)이 일체가 꿈, 나아가 변화한 것과 같다고 여실하고 명료하게 알고서 곧 능히 무상의 반야바라밀다를 원만하게 하느니라."
　구수 선현이 세존께 아뢰어 말하였다.
　"세존이시여. 어찌하여 보살마하살이 깊은 반야바라밀다를 수행하는 때에 제법의 성상이 일체가 꿈, 나아가 변화한 것과 같다고 여실하고 명료하게 아는 것입니까?"
　세존께서 선현에게 알리셨다.
　"선현이여. 제보살마하살들이 깊은 반야바라밀다를 수행하는 때에 꿈을 보지 않고 꿈을 보는 자를 보지 않으며, 메아리를 듣지 않고 메아리 듣는 자를 보지 않으며, 형상(像)을 보지 않고 형상을 보는 자를 보지 않으며, 그림자를 보지 않고 그림자 보는 자를 보지 않으며, 아지랑이를 보지 않고 아지랑이를 보는 자를 보지 않으며, 환영을 보지 않고 환영을 보는 자를 보지 않으며, 변화한 것을 보지 않고 변화한 것을 보는 자를 보지 않느니라.
　그 까닭은 무엇인가? 꿈, 나아가 변화한 것은 모두가 이것이 어리석은 범부인 이생(異生)들이 전도(轉倒)되어 그것을 집착하느니라. 제아라한·독각·보살마하살들과 제여래·응공·정등각께서도 모두가 꿈을 보지 않고 꿈을 보는 자를 보지 않으며, 나아가 변화한 것을 보지 않고 변화한 것을 보는 자를 보지 않느니라. 그 까닭은 무엇인가? 일체법이 무성(無性)으로써 성품을 삼았고, 성취되지 않고 진실하지 않으며, 무상(無相)이고 무위(無爲)이며, 유실성(有實性)과 열반(涅槃) 등이 아니니라.
　만약 일체법이 무성(無性)으로써 성품을 삼았고, [자세한 내용은 생략한다.] 나아가, 열반 등이라면, 어찌하여 보살마하살은 깊은 반야바라밀다를 수행하는 때에 일체법에서 유성상(有性想)·성상(成想)·실상(實想)·유상(有相)·유위(有爲)·유실성상(有實性想)을 일으키겠는가? 만약 이러한 생각을 일으켰을지라도 이러한 처소는 없느니라. 그 까닭은 무엇인가? 만약 일체법에 적은 자성이 있거나 성취가 있거나 진실함이 있거나 유상이거나 유위이거나 유실성을 얻을 수 있는 것이라면, 곧 수행하였던 매우 깊은 반야바라밀다는 상응하여 반야바라밀다가 아니니라.

이와 같아서 선현이여, 제보살마하살들이 깊은 반야바라밀다를 수행하는 때라면 색, 나아가 식에 집착하지 않고, 안처, 나아가 의처에 집착하지 않으며, 색처, 나아가 법처에 집착하지 않고, 안계, 나아가 의계에 집착하지 않으며, 색계, 나아가 법계에 집착하지 않고, 안식계, 나아가 의식계에 집착하지 않으며, 안촉, 나아가 의촉에 집착하지 않고, 안촉을 인연으로 생겨난 여러 수, 나아가 의촉을 인연으로 생겨난 여러 수에 집착하지 않으며, 지계, 나아가 식계에 집착하지 않고, 인연, 나아가 증상연에 집착하지 않으며, 무명, 나아가 노사에 집착하지 않고, 욕계·색계·무색계에 집착하지 않으며, 일체의 정려·해탈·등지(等持)·등지(等至)에 집착하지 않고, 4념주, 나아가 8성도지에 집착하지 않으며,

공·무상·무원해탈문에 집착하지 않고, 보시바라밀다, 나아가 반야바라밀다에 집착하지 않으며, 고·집·멸·도성제에 집착하지 않고, 내공, 나아가 무성자성공에 집착하지 않으며, 진여, 나아가 부사의계에 집착하지 않고, 정관지, 나아가 여래지에 집착하지 않으며, 극희지, 나아가 법운지에 집착하지 않고, 일체의 다라니문·삼마지문에 집착하지 않으며, 5안·6신통에 집착하지 않고, 여래의 10력, 나아가 18불불공법에 집착하지 않으며, 32대사상·80수호에 집착하지 않고, 무망실법·항주사성에 집착하지 않으며, 일체지·도상지·일체상지에 집착하지 않고, 예류과, 나아가 독각의 보리에 집착하지 않으며, 일체의 보살마하살의 행에 집착하지 않고, 제불의 무상정등보리에 집착하지 않으며, 일체지지에 집착하지 않느니라.

이 보살마하살이 깊은 반야바라밀다를 수행하는 때에 이와 같은 일체의 법문에서 오히려 집착하지 않는 까닭으로, 곧 보살의 초지, 나아가 십지를

원만하였을지라도 그 가운데에서 탐착을 생겨나지 않느니라. 그 까닭은 무엇인가? 이 보살마하살은 초지, 나아가 10지를 능히 원만하게 하는 것을 얻을 수 없는데, 어찌하여 그 가운데에서 탐착을 일으키겠는가? 이 보살마하살은 비록 깊은 반야바라밀다를 수행할지라도 깊은 반야바라밀다를 얻지 못하고, 깊은 반야바라밀다를 얻지 못하는 까닭으로, 역시 일체법도 얻을 수 없느니라.

이 보살마하살은 비록 반야바라밀다가 일체법을 섭수하였어도 제법에서 모두 얻을 수 없다고 관찰하느니라. 그 까닭은 무엇인가? 일체법과 이러한 반야바라밀다로써 모두가 무이(無二)이고 두 처소가 없느니라. 왜 그러한가? 일체의 법성은 분별할 수 없나니, 진여를 삼는다고 설하거나, 법계를 삼는다고 설하거나, 실제를 삼는다고 설하였을지라도 제법에서 잡염이 없고 차별이 없는 까닭이니라.”

구수 선현이 세존께 아뢰어 말하였다.

“세존이시여. 만약 일체법이 그 성품에 잡염이 없고 차별이 없다면 어찌하여 이것은 선(善)이고 이것은 불선(不善)이며, 이것은 유기(有記)이고 이것은 무기(無記)이며, 이것은 유루(有漏)이고 이것은 무루(無漏)이며, 이것은 세간이고 이것은 출세간이며, 이것은 유위(有爲)이고 이것은 무위(無爲)라고 이와 같은 등의 차별이 있다고 설하십니까?”

세존께서 선현에게 알리셨다.

“그대의 뜻은 어떠한가? 일체법의 진실한 성품의 가운데에서 법을 '이것은 선이고 이것은 불선이며, 이것은 유기이고 이것은 무기이며, 이것은 유루이고 이것은 무루이며, 이것은 세간이고 이것은 출세간이며, 이것은 유위이고 이것은 무위이며 이것은 예류과이고 이것은 일래과이며 이것은 불환과이고 이것은 아라한과이며, 이것은 독각의 보리이고 이것은 일체의 보살마하살의 행이며 이것은 제불의 무상정등보리이다.'라고 설할 수 있는가?”

선현이 대답하여 말하였다.

“아닙니다. 세존이시여.”

세존께서 선현에게 알리셨다.

"오히려 이러한 인연으로 일체법은 잡염이 없고 차별이 없으며 무상(無相)이고 생겨남이 없으며 소멸함도 없고 장애가 없으며 설할 수 없고 보여줄 수 없다고 마땅히 알아야 하느니라. 선현이여. 마땅히 알아야 하느니라. 내가 본래 보살도를 수학(修學)하였던 때에 법의 자성에서 모두 얻은 것이 없었는데 이를테면, 색·수·상·행·식을 얻지 못하였고, 안처, 나아가 의처를 얻지 못하였으며, 색처, 나아가 법처를 얻지 못하였고, 안계, 나아가 의계를 얻지 못하였으며, 색계, 나아가 법계를 얻지 못하였고, 안식계, 나아가 의식계를 얻지 못하였으며, 안촉, 나아가 의촉을 얻지 못하였고, 안촉을 인연으로 생겨난 여러 수, 나아가 의촉을 인연으로 생겨난 여러 수를 얻지 못하였으며,

지계, 나아가 식계를 얻지 못하였고, 인연, 나아가 증상연을 얻지 못하였으며, 무명, 나아가 노사를 얻지 못하였고, 욕계·색계·무색계를 얻지 못하였으며, 선과 불선을 얻지 못하였고, 유기와 무기를 얻지 못하였으며, 유루와 무루를 얻지 못하였고, 세간과 출세간을 얻지 못하였으며, 유위와 무위를 얻지 못하였고, 4념주, 나아가 8성도지를 얻지 못하였으며, 4정려·4무량·4무색정을 얻지 못하였고, 8해탈, 나아가 10변처를 얻지 못하였으며, 공·무상·무원해탈문을 얻지 못하였고, 고·집·멸·도성제를 얻지 못하였으며, 보시바라밀다, 나아가 반야바라밀다도 얻지 못하였으며,

내공, 나아가 무성자성공을 얻지 못하였고, 진여, 나아가 부사의계를 얻지 못하였으며, 정관지, 나아가 여래지를 얻지 못하였고, 극희지, 나아가 법운지를 얻지 못하였으며, 일체의 다라니문·삼마지문을 얻지 못하였고, 5안·6신통을 얻지 못하였으며, 여래의 10력, 나아가 18불불공법을 얻지 못하였고, 32대사상·80수호를 얻지 못하였으며, 무망실법·항주사성을 얻지 못하였고, 일체지·도상지·일체상지를 얻지 못하였으며, 예류과, 나아가 독각의 보리를 얻지 못하였고, 일체의 보살마하살의 행을 얻지 못하였으며, 제불의 무상정등보리를 얻지 못하였느니라.

이와 같아서 선현이여. 제보살마하살들이 깊은 반야바라밀다를 수행하

는 때에 초발심부터 미묘한 보리좌에 앉을 때까지 항상 상응하여 제법의 자성을 잘 수학해야 하느니라. 만약 제법의 자성을 잘 수학한다면 곧 능히 대보리도(大菩提道)를 잘 청정하게 하고, 역시 능히 제보살의 행을 원만하게 하면서 유정들을 성숙시키고 불국토를 청정하게 장엄하며, 무상정등보리를 증득하고서 미묘한 법륜을 굴리면서 3승법의 방편으로써 제유정들을 조복(調伏)시키고, 삼유(三有)¹⁾에서 다시 윤회(輪廻)하지 않으며, 열반을 증득하여 구경에 안락하느니라. 이와 같아서 선현이여. 제보살마하살들은 상응하여 무상으로써 방편을 삼아 반야바라밀다를 수학해야 하느니라."

76. 중덕상품(衆德相品)(1)

그때 구수 선현이 세존께 아뢰어 말하였다.

"세존이시여. 만약 일체법이 모두 꿈과 같고 메아리와 같으며 형상과 같고 그림자와 같으며 아지랑이와 같고 환영과 같고 변화한 것과 같지 않은 것이 없어서 모두 진실한 일이 없고, 무성(無性)으로써 성품을 삼아서 자상(自相)이 모두 공(空)하다면, 어찌하여 이것은 선이고 이것은 불선이며, 이것은 유기이고 이것은 무기이며, 이것은 유루이고 이것은 무루이며, 이것은 세간이고 이것은 출세간이며, 이것은 유위이고 이것은 무위라고 가립(假立)합니까?

이와 같이 나아가, 이것은 예류과이고 이것은 능히 예류과를 증득하는 법이며, 이것은 일래과이고 이것은 능히 일래과를 증득하는 법이며, 이것은 불환과이고 이것은 능히 불환과를 증득하는 법이고 이것은 아라한과이

---

1) 산스크리트어 trayo dhātavaḥ의 번역이고, 삼계(三界)를 가리킨다. 중생들의 세계인 욕계(欲界)·색계(色界)·무색계(無色界)를 말한다.

고 이것은 능히 아라한과를 증득하는 법이며, 이것은 독각의 보리이고 이것은 능히 독각의 보리를 증득하는 법이며, 이것은 보살마하살의 지위이고 이것은 보살마하살의 지위를 증득하는 법이며, 이것은 제불의 무상정등보리이고 이것은 무상정등보리를 증득하는 법을 가립합니까?"

세존께서 선현에게 알리셨다.

"세간의 어리석고 들은 것이 없으며 범부인 이생들은 꿈에서 꿈과 꿈을 보는 자를 얻고, 이와 같이 나아가, 변화한 것과 변화한 것을 보는 자를 얻느니라. 이와 같이 어리석고 들은 것이 없으며 범부인 이생들은 꿈, 나아가 변화한 것 등을 이미 얻었다면 전도되고 집착하여 혹은 신(身)·어(語)·의행(意行)의 선하지 않은 업을 짓고, 혹은 신·어·의행의 선한 업을 짓고, 혹은 신·어·의행의 무기(無記)를 지으며, 혹은 신·어·의행의 복(福)이 아닌 업을 짓고, 혹은 신·어·의행의 복을 짓고, 혹은 신·어·의행의 요동(搖動)하지 않는 업을 짓나니, 오히려 제행을 까닭으로 생사를 왕래하면서 끝없이 윤회하느니라.

제보살마하살들은 깊은 반야바라밀다를 수행하는 때에 두 종류의 공으로써 제법을 관찰하느니라. 무엇을 두 종류의 공이라 말하는가? 첫째는 필경공(畢竟空)이고, 둘째는 무제공(無際空)이니라. 이 보살마하살은 이와 같은 두 종류의 공에 안주하여 제유정들에게 정법을 널리 설하는데 이를테면, '그대들은 상응하여 마땅히 아십시오. 색(色)은 이것이 공(空)이므로 아(我)·아소(我所)를 벗어났고, 수(受)·상(想)·행(行)·식(識)도 이것이 공이므로 아·아소를 벗어났으며, 안처(眼處)는 이것이 공이므로 아·아소를 벗어났고, 이(耳)·비(鼻)·설(舌)·신(身)·의처(意處)도 이것이 공이므로 아·아소를 벗어났으며,

색처(色處)는 이것이 공이므로 아·아소를 벗어났고, 성(聲)·향(香)·미(味)·촉(觸)·법처(法處)도 이것이 공이므로 아·아소를 벗어났으며, 안계(眼界)는 이것이 공이므로 아·아소를 벗어났고, 이(耳)·비(鼻)·설(舌)·신(身)·의계(意界)도 이것이 공이므로 아·아소를 벗어났으며, 색계(色界)는 이것이 공이므로 아·아소를 벗어났고, 성(聲)·향(香)·미(味)·촉(觸)·법계

(法界)도 이것이 공이므로 아·아소를 벗어났으며, 안식계(眼識界)는 이것이 공이므로 아·아소를 벗어났고, 이(耳)·비(鼻)·설(舌)·신(身)·의식계(意識界)도 이것이 공이므로 아·아소를 벗어났으며,

안촉(眼觸)은 이것이 공이므로 아·아소를 벗어났고, 이(耳)·비(鼻)·설(舌)·신(身)·의촉(意觸)도 이것이 공이므로 아·아소를 벗어났으며, 안촉(眼觸)을 인연으로 생겨난 여러 수(受)는 이것이 공이므로 아·아소를 벗어났고, 이(耳)·비(鼻)·설(舌)·신(身)·의촉(意觸)을 인연으로 생겨난 여러 수도 이것이 공이므로 아·아소를 벗어났으며, 지계(地界)는 이것이 공이므로 아·아소를 벗어났고, 수(水)·화(火)·풍(風)·공(空)·식계(識界)도 이것이 공이므로 아·아소를 벗어났으며, 인연(因緣)은 이것이 공이므로 아·아소를 벗어났고, 등무간연(等無間緣)도 이것이 공이므로 아·아소를 벗어났으며, 소연연(所緣緣)은 이것이 공이므로 아·아소를 벗어났고, 증상연(增上緣)도 이것이 공이므로 아·아소를 벗어났으며,

무명(無明)은 이것이 공이므로 아·아소를 벗어났고 행(行)·식(識)·명색(名色)·육처(六處)·촉(觸)·수(受)·애(愛)·취(取)·유(有)·생(生)·노사(老死)도 이것이 공이므로 아·아소를 벗어났으며, 선법(善法)은 이것이 공이므로 아·아소를 벗어났고, 선하지 않은 법(非善法)도 이것이 공이므로 아·아소를 벗어났으며, 유기법(有記法)은 이것이 공이므로 아·아소를 벗어났고, 무기법(無記法)도 이것이 공이므로 아·아소를 벗어났으며, 유루법(有漏法)은 이것이 공이므로 아·아소를 벗어났고, 무루법(無漏法)도 이것이 공이므로 아·아소를 벗어났으며, 세간법(世間法)은 이것이 공이므로 아·아소를 벗어났고, 출세간법(出世間法)도 이것이 공이므로 아·아소를 벗어났으며,

유위법(有爲法)은 이것이 공이므로 아·아소를 벗어났고 무위법(無爲法)도 이것이 공이므로 아·아소를 벗어났으며, 보시바라밀다(布施波羅蜜多), 나아가 반야바라밀다(般若波羅蜜多)는 이것이 공이므로 아·아소를 벗어났고, 내공(內空), 나아가 무성자성공(無性自性空)도 이것이 공이므로 아·아소를 벗어났으며, 고(苦)·집(集)·멸(滅)·도성제(道聖諦)는 이것이 공이

므로 아·아소를 벗어났고, 4념주(四念住), 나아가 8성도지(八聖道支)도 이것이 공이므로 아·아소를 벗어났으며, 공(空)·무상(無相)·무원해탈문(無願解脫門)은 이것이 공이므로 아·아소를 벗어났고, 4정려(四靜慮)·4무량(四無量)·4무색정(四無色定)도 이것이 공이므로 아·아소를 벗어났으며,

8해탈(八解脫), 나아가 10변처(十遍處)는 이것이 공이므로 아·아소를 벗어났고, 정관지(淨觀地), 나아가 여래지(如來地)도 이것이 공이므로 아·아소를 벗어났으며, 극희지(極喜地), 나아가 법운지(法雲地)는 이것이 공이므로 아·아소를 벗어났고, 일체(一切)의 다라니문(陀羅尼門)·삼마지문(三摩地門)도 이것이 공이므로 아·아소를 벗어났으며, 5안(五眼)·6신통(六神通)은 이것이 공이므로 아·아소를 벗어났고, 여래(佛)의 10력(十力), 나아가 18불불공법(十八佛不共法)도 이것이 공이므로 아·아소를 벗어났으며, 32대사상(三十二大士相)·80수호(八十隨好)는 이것이 공이므로 아·아소를 벗어났고, 무망실법(無忘失法)·항주사성(恒住捨性)도 이것이 공이므로 아·아소를 벗어났으며,

일체지(一切智)·도상지(道相智)·일체상지(一切相智)는 이것이 공이므로 아·아소를 벗어났고, 예류과(預流果), 나아가 독각(獨覺)의 보리(菩提)도 이것이 공이므로 아·아소를 벗어났으며, 일체의 보살마하살(菩薩摩訶薩)의 행(行)은 이것이 공이므로 아·아소를 벗어났고, 제불(諸佛)의 무상정등보리(無上正等菩提)도 이것이 공이므로 아·아소를 벗어났다.'라고 이렇게 말을 짓느니라.

다시 '그대들은 상응하여 마땅히 아십시오. 색은 꿈, 나아가 변화한 것과 같아서 모두 자성이 없고, 수·상·행·식도 꿈, 나아가 변화한 것과 같아서 모두 자성이 없으며, 안처는 꿈, 나아가 변화한 것과 같아서 모두 자성이 없고, 이·비·설·신·의처도 꿈, 나아가 변화한 것과 같아서 모두 자성이 없으며, 색처는 꿈, 나아가 변화한 것과 같아서 모두 자성이 없고, 성·향·미·촉·법처도 꿈, 나아가 변화한 것과 같아서 모두 자성이 없으며, 안계는 꿈, 나아가 변화한 것과 같아서 모두 자성이 없고, 이·비·설

·신·의계도 꿈, 나아가 변화한 것과 같아서 모두 자성이 없으며, 색계는 꿈, 나아가 변화한 것과 같아서 모두 자성이 없고, 성·향·미·촉·법계도 꿈, 나아가 변화한 것과 같아서 모두 자성이 없으며,

안식계는 꿈, 나아가 변화한 것과 같아서 모두 자성이 없고, 이·비·설·신·의식계도 꿈, 나아가 변화한 것과 같아서 모두 자성이 없으며, 안촉은 꿈, 나아가 변화한 것과 같아서 모두 자성이 없고, 이·비·설·신·의촉도 꿈, 나아가 변화한 것과 같아서 모두 자성이 없으며, 안촉을 인연으로 생겨난 여러 수는 꿈, 나아가 변화한 것과 같아서 모두 자성이 없고, 이·비·설·신·의촉을 인연으로 생겨난 여러 수도 꿈, 나아가 변화한 것과 같아서 모두 자성이 없으며, 지계는 꿈, 나아가 변화한 것과 같아서 모두 자성이 없고, 수·화·풍·공·식계도 꿈, 나아가 변화한 것과 같아서 모두 자성이 없으며,

인연은 꿈, 나아가 변화한 것과 같아서 모두 자성이 없고, 등무간연·소연연·증상연도 꿈, 나아가 변화한 것과 같아서 모두 자성이 없으며, 무명은 꿈, 나아가 변화한 것과 같아서 모두 자성이 없고 행·식·명색·육처·촉·수·애·취·유·생·노사도 꿈, 나아가 변화한 것과 같아서 모두 자성이 없으며, 선법은 꿈, 나아가 변화한 것과 같아서 모두 자성이 없고, 선하지 않은 법도 꿈, 나아가 변화한 것과 같아서 모두 자성이 없으며, 유기법은 꿈, 나아가 변화한 것과 같아서 모두 자성이 없고, 무기법도 꿈, 나아가 변화한 것과 같아서 모두 자성이 없으며,

유루법은 꿈, 나아가 변화한 것과 같아서 모두 자성이 없고, 무루법도 꿈, 나아가 변화한 것과 같아서 모두 자성이 없으며, 세간법은 꿈, 나아가 변화한 것과 같아서 모두 자성이 없고, 출세간법도 꿈, 나아가 변화한 것과 같아서 모두 자성이 없으며, 유위법은 꿈, 나아가 변화한 것과 같아서 모두 자성이 없고 무위법도 꿈, 나아가 변화한 것과 같아서 모두 자성이 없으며, 보시바라밀다, 나아가 반야바라밀다도 꿈, 나아가 변화한 것과 같아서 모두 자성이 없고, 내공, 나아가 무성자성공도 꿈, 나아가 변화한 것과 같아서 모두 자성이 없으며,

고·집·멸·도성제는 꿈, 나아가 변화한 것과 같아서 모두 자성이 없고, 4념주, 나아가 8성도지도 꿈, 나아가 변화한 것과 같아서 모두 자성이 없으며, 공·무상·무원해탈문은 꿈, 나아가 변화한 것과 같아서 모두 자성이 없고, 4정려·4무량·4무색정도 꿈, 나아가 변화한 것과 같아서 모두 자성이 없으며, 8해탈, 나아가 10변처는 꿈, 나아가 변화한 것과 같아서 모두 자성이 없고, 정관지, 나아가 여래지도 꿈, 나아가 변화한 것과 같아서 모두 자성이 없으며, 극희지, 나아가 법운지는 꿈, 나아가 변화한 것과 같아서 모두 자성이 없고, 일체의 다라니문·삼마지문도 꿈, 나아가 변화한 것과 같아서 모두 자성이 없으며,

5안·6신통은 꿈, 나아가 변화한 것과 같아서 모두 자성이 없고, 여래의 10력, 나아가 18불불공법도 꿈, 나아가 변화한 것과 같아서 모두 자성이 없으며, 32대사상·80수호는 꿈, 나아가 변화한 것과 같아서 모두 자성이 없고, 무망실법·항주사성도 꿈, 나아가 변화한 것과 같아서 모두 자성이 없으며, 일체지·도상지·일체상지는 꿈, 나아가 변화한 것과 같아서 모두 자성이 없고, 예류과, 나아가 독각의 보리도 꿈, 나아가 변화한 것과 같아서 모두 자성이 없으며, 일체의 보살마하살의 행은 꿈, 나아가 변화한 것과 같아서 모두 자성이 없고, 제불의 무상정등보리도 꿈, 나아가 변화한 것과 같아서 모두 자성이 없습니다.'라고 이렇게 말을 짓느니라.

다시 '그대들은 상응하여 마땅히 아십시오. 색은 꿈, 나아가 변화한 것과 같아서 모두 자성이 없고, 수·상·행·식도 꿈, 나아가 변화한 것과 같아서 모두 자성이 없으며, 안처는 꿈, 나아가 변화한 것과 같아서 모두 자성이 없고, 이·비·설·신·의처도 꿈, 나아가 변화한 것과 같아서 모두 자성이 없으며, 색처는 꿈, 나아가 변화한 것과 같아서 모두 자성이 없고, 성·향·미·촉·법처도 꿈, 나아가 변화한 것과 같아서 모두 자성이 없으며, 안계는 꿈, 나아가 변화한 것과 같아서 모두 자성이 없고, 이·비·설·신·의계도 꿈, 나아가 변화한 것과 같아서 모두 자성이 없으며, 색계는 꿈, 나아가 변화한 것과 같아서 모두 자성이 없고, 성·향·미·촉·법계도

꿈, 나아가 변화한 것과 같아서 모두 자성이 없으며,
 안식계는 꿈, 나아가 변화한 것과 같아서 모두 자성이 없고, 이·비·설·신·의식계도 꿈, 나아가 변화한 것과 같아서 모두 자성이 없으며, 안촉은 꿈, 나아가 변화한 것과 같아서 모두 자성이 없고, 이·비·설·신·의촉도 꿈, 나아가 변화한 것과 같아서 모두 자성이 없으며, 안촉을 인연으로 생겨난 여러 수는 꿈, 나아가 변화한 것과 같아서 모두 자성이 없고, 이·비·설·신·의촉을 인연으로 생겨난 여러 수도 꿈, 나아가 변화한 것과 같아서 모두 자성이 없으며, 지계는 꿈, 나아가 변화한 것과 같아서 모두 자성이 없고, 수·화·풍·공·식계도 꿈, 나아가 변화한 것과 같아서 모두 자성이 없으며,
 인연은 꿈, 나아가 변화한 것과 같아서 모두 자성이 없고, 등무간연·소연연·증상연도 꿈, 나아가 변화한 것과 같아서 모두 자성이 없으며, 무명은 꿈, 나아가 변화한 것과 같아서 모두 자성이 없고 행·식·명색·육처·촉·수·애·취·유·생·노사도 꿈, 나아가 변화한 것과 같아서 모두 자성이 없으며, 선법은 꿈, 나아가 변화한 것과 같아서 모두 자성이 없고, 선하지 않은 법도 꿈, 나아가 변화한 것과 같아서 모두 자성이 없으며, 유기법은 꿈, 나아가 변화한 것과 같아서 모두 자성이 없고, 무기법도 꿈, 나아가 변화한 것과 같아서 모두 자성이 없으며,
 유루법은 꿈, 나아가 변화한 것과 같아서 모두 자성이 없고, 무루법도 꿈, 나아가 변화한 것과 같아서 모두 자성이 없으며, 세간법은 꿈, 나아가 변화한 것과 같아서 모두 자성이 없고, 출세간법도 꿈, 나아가 변화한 것과 같아서 모두 자성이 없으며, 유위법은 꿈, 나아가 변화한 것과 같아서 모두 자성이 없고 무위법도 꿈, 나아가 변화한 것과 같아서 모두 자성이 없으며, 보시바라밀다, 나아가 반야바라밀다도 꿈, 나아가 변화한 것과 같아서 모두 자성이 없고, 내공, 나아가 무성자성공도 꿈, 나아가 변화한 것과 같아서 모두 자성이 없으며,
 고·집·멸·도성제는 꿈, 나아가 변화한 것과 같아서 모두 자성이 없고, 4념주, 나아가 8성도지도 꿈, 나아가 변화한 것과 같아서 모두 자성이

없으며, 공·무상·무원해탈문은 꿈, 나아가 변화한 것과 같아서 모두 자성이 없고, 4정려·4무량·4무색정도 꿈, 나아가 변화한 것과 같아서 모두 자성이 없으며, 8해탈, 나아가 10변처는 꿈, 나아가 변화한 것과 같아서 모두 자성이 없고, 정관지, 나아가 여래지도 꿈, 나아가 변화한 것과 같아서 모두 자성이 없으며, 극희지, 나아가 법운지는 꿈, 나아가 변화한 것과 같아서 모두 자성이 없고, 일체의 다라니문·삼마지문도 꿈, 나아가 변화한 것과 같아서 모두 자성이 없으며,

5안·6신통은 꿈, 나아가 변화한 것과 같아서 모두 자성이 없고, 여래의 10력, 나아가 18불불공법도 꿈, 나아가 변화한 것과 같아서 모두 자성이 없으며, 32대사상·80수호는 꿈, 나아가 변화한 것과 같아서 모두 자성이 없고, 무망실법·항주사성도 꿈, 나아가 변화한 것과 같아서 모두 자성이 없으며, 일체지·도상지·일체상지는 꿈, 나아가 변화한 것과 같아서 모두 자성이 없고, 예류과, 나아가 독각의 보리도 꿈, 나아가 변화한 것과 같아서 모두 자성이 없으며, 일체의 보살마하살의 행은 꿈, 나아가 변화한 것과 같아서 모두 자성이 없고, 제불의 무상정등보리도 꿈, 나아가 변화한 것과 같아서 모두 자성이 없습니다.'라고 이렇게 말을 짓느니라.

다시 '그대들은 상응하여 마땅히 아십시오. 이러한 일체법은 모두가 진실한 일이 없고 무성으로써 성품을 삼았는데, 그대들은 허망하게 분별하는 힘을 까닭으로 온(蘊)이 없는 가운데에서 온이 있다는 생각을 일으키고, 처(處)가 없는 가운데에서 처가 있다는 생각을 일으키며, 계(界)가 없는 가운데에서 계(界)가 있다는 생각을 일으키고, 촉(觸)이 없는 가운데에서 촉이 있다는 생각을 일으키며, 수(受)가 없는 가운데에서 수가 있다는 생각을 일으킵니다.'라고 이렇게 말을 짓느니라.

다시 '그대들은 상응하여 마땅히 아십시오. 온·처·계 등의 일체의 법성(法性)은 모두 인연을 따라서 생겨났고 여러 업을 일으킨 것이 전도되었고 이숙되어 섭수되었던 것인데, 그대들은 무슨 인연으로 이와 같이 허망하고 진실로 없는 일과 법에서 진실한 일이라는 생각을 일으킵니까?'라고

이렇게 말을 짓느니라. 보살은 그때 방편선교로써 큰 신통의 힘을 구족하는데, 만약 제유정들이 간탐(慳貪)이 있는 자라면 방편으로 발제(拔濟)하여 간탐을 벗어나게 하느니라.

　이 유정들이 간탐을 벗어났다면 보시바라밀다를 교계(教誡)하는데, 이 유정들이 오히려 보시하는 까닭으로, 많은 재물과 지위를 얻고서 부귀하고 자재하느니라. 다시 이 처소에서 방편으로 발제하여 정계바라밀다를 수행하게 교계하는데, 이 유정들이 오히려 정계인 까닭으로 선한 세계(善趣)에 태어나서 존귀하고 자재하느니라. 다시 이 처소에서 방편으로 발제하여 안인바라밀다를 수행하게 교계하는데, 이 유정들이 오히려 안인하는 까닭으로 무생법인을 빠르게 능히 획득하느니라.

　다시 이 처소에서 방편으로 발제하여 정진바라밀다를 수행하게 교계하는데, 이 유정들이 오히려 정진하는 까닭으로 무상정등보리를 증득하기까지 일체의 선법에서 다시 퇴전하지 않느니라. 다시 이 처소에서 방편으로 발제하여 정려바라밀다를 수행하게 교계하는데, 이 유정들이 오히려 정려인 까닭으로 범천의 세상(梵世)에 태어나서 초정려에서 자재하게 안주하게 하고, 초정려에서 방편으로 발제하여 다시 2정려에 안주하게 하며, 이와 같이 전전(展轉)하면서 방편으로 발제하여 비상비비상처정(非想非非想處定)에 이르러 안주하게 하느니라.

　다시 이 처소에서 방편으로 발제하여 그들의 마땅한 것을 따라서 3승에 안주하게 하고, 혹은 4념주, 나아가 8성도지에 안주하게 하며, 혹은 3해탈문에 안주하게 하고, 혹은 8해탈, 나아가 10변처에 안주하게 하며, 혹은 4성제에 안주하게 하고, 혹은 6바라밀다에 안주하게 하며, 혹은 내공, 나아가 무성자성공에 안주하게 하고, 혹은 진여, 나아가 부사의계에 안주하게 하며, 혹은 극희지, 나아가 법운지에 안주하게 하고, 혹은 다라니문·삼마지문에 안주하게 하며, 혹은 5안·6신통에 안주하게 하고, 혹은 여래의 10력, 나아가 18불불공법에 안주하게 하며, 혹은 무망실법·항주사성에 안주하게 하고, 혹은 일체지·도상지·일체상지에 안주하게 하느니라.

이 보살마하살은 방편선교로 만약 제유정들이 유위(有爲)의 보시·정계·안인·정진·정려·반야바라밀다와 나머지의 선법으로 과보를 얻는 것에 탐착(貪著)하였다면, 일체의 방편으로 위로(安慰)하고 발제하여 무여의열반계(無餘般涅槃界)에 안주하게 하느니라. 이 보살마하살은 깊은 반야바라밀다의 선교방편을 수행하면서 색이 없고 볼 수 없으며 마주할 수 없는 진실 무루법을 성취하고서 그 가운데에서 안주하면서, 만약 제유정들이 상응하게 예류·일래·불환·아라한과이거나, 독각의 보리이거나, 혹은 다시 무상정등보리를 증득한다면, 보여주고 권유하면서 인도하며 찬탄하고 격려하며 축하하고 환희하면서 방편으로 발제하여, 혹은 예류과을 증득하게 하거나, 혹은 무상정등보리를 증득하게 하느니라.

이와 같아서 선현이여. 제보살마하살들이 깊은 반야바라밀다를 수행하는 때에 두 종류의 공을 관찰하고서, 비록 제법이 모두 꿈, 나아가 변화한 것과 같아서 진실로 있지 않고, 무성으로써 성품을 삼으며, 자상이 모두가 공하다고 알고서 능히 선법과 선하지 못한 법을 안립(安立)시키고, [자세한 내용은 생략한다] 나아가, 제불의 무상정등보리를 증득할지라도 모두 잡염과 요란이 없느니라."

마하반야바라밀다경 제469권

76. 중덕상품(衆德相品)(2)

그때 구수 선현이 세존께 아뢰어 말하였다.
"세존이시여. 제보살마하살들은 매우 희유(希有)합니다. 깊은 반야바라밀다를 수행하는 때에 두 종류의 공을 관찰하여 비록 제법의 일체가 모두 꿈과 같고 메아리와 같으며 형상과 같고 그림자와 같으며 아지랑이와 같고 환영과 같고 변화한 것과 같아서 모두가 진실로 있지 않고, 무성으로써 성품을 삼아서 자상이 모두 공하다고 알았을지라도 선하거나 선하지 않은 등의 제법의 차별을 능히 안립시킬지라도 모두 잡염과 요란함이 없습니다."

세존께서 선현에게 알리셨다.
"그와 같으니라. 그와 같으니라. 그대가 말한 것과 같으니라. 제보살마하살들은 매우 희유하나니, 깊은 반야바라밀다를 수행하는 때에 두 종류의 공을 관찰하여 비록 제법의 일체가 모두 꿈 등과 같아서 모두가 진실로 있지 않고, 무성으로써 성품을 삼아서 자상이 모두 공하다고 알았을지라도 선하거나 선하지 않은 등의 제법의 차별을 능히 안립시킬지라도 모두 잡염과 요란함이 없느니라. 그대 등이 만약 제보살마하살들이 깊은 반야바라밀다를 수행하는 때에 소유한 일체의 희유한 법을 알겠는가? 성문·독각들은 모두 능히 성취하지 못하고, 능히 측량(測量)하지 못하느니라. 그대 등의 일체의 성문·독각들은 제보살마하살들의 말에서 오히려 능히 대답하지 못하는데, 하물며 나머지의 유정들이 대답할 수 있겠는가?"

구수 선현이 다시 세존께 아뢰어 말하였다.

"무엇 등이 보살마하살들이 깊은 반야바라밀다를 수행하는 때에, 소유한 매우 기이하고 희유한 법이므로 성문·독각들은 모두 능히 성취하지 못하고, 능히 측량(測量)하지 못합니까?"

세존께서 선현에게 알리셨다.

"자세하게 들을지니라. 자세하게 듣고서 그것을 잘 사념(思念)하라. 내가 마땅히 그대들을 위하여 보살마하살들이 깊은 반야바라밀다를 수행하는 때에 소유한 매우 기이하고 희유한 법을 분별하여 해설하겠노라. 선현이여. 제보살마하살들이 깊은 반야바라밀다를 수행하는 때에 이숙(異熟)인 보시바라밀다, 나아가 반야바라밀다에 안주하거나, 만약 5신통에 안주하거나, 만약 37보리분법(菩提分法)에 안주하거나, 만약 다라니에 안주하거나, 만약 삼마지에 안주하거나, 만약 공·무상·무원해탈문에 안주하거나, 만약 4정려·4무량·4무색정에 안주하거나, 만약 8해탈과 8승처와 9차제정과 10변처에 안주하거나, 만약 나머지의 무량하고 무변한 불법에 안주하고서, 시방세계를 다니면서 만약 제유정들이 상응하여 보시, 나아가 반야로써 섭수할 자(者)라면, 곧 보시, 나아가 반야로써 그들을 섭수하고,

상응하여 초정려, 나아가 비상비비상처정(非想非非想處定)으로써 섭수할 자라면, 곧 초정려, 나아가 비상비비상처정으로써 그들을 섭수하며, 상응하여 자(慈)·비(悲)·희(喜)·사(捨)로써 섭수할 자라면, 곧 자·비·희·사로써 그들을 섭수하고, 상응하여 4념주, 나아가 8성도지로써 섭수할 자라면, 곧 4념주, 나아가 8성도지로써 그들을 섭수하며, 상응하여 공·무상·무원삼마지로써 섭수할 자라면, 곧 공·무상·무원삼마지로써 그들을 섭수하고, 상응하여 여러 선법으로써 섭수할 자라면, 곧 일체의 선법으로써 그들을 섭수하느니라."

구수 선현이 세존께 아뢰어 말하였다.

"무엇이 보살마하살이 깊은 반야바라밀다를 수행하는 때에 이숙인 바라밀다와 5신통 등의 무량한 공덕에 안주하여 보시 등으로써 제유정들

을 섭수하는 것입니까?"

세존께서 선현에게 알리셨다.

"제보살마하살들이 깊은 반야바라밀다를 수행하는 때에 제유정들이 구하였던 것인 물건을 보시하는데 이를테면, 음식을 구하면 음식을 주고, 의복을 구하면 의복을 주며, 수레를 구하면 수레를 주고, 꽃과 향을 구하면 꽃과 향을 주며, 와구를 구하면 와구를 주고, 주택(舍宅)을 구하면 주택을 주며, 등불을 구하면 등불을 주고, 의약품을 구하면 의약품을 주며, 여러 나머지의 자구(資具)를 구하면 모두를 주면서 부족함이 없게 하느니라.

혹은 성문·독각·보살·제불들께 의복·음식·와구·의약품·주택·자구·여러 미묘한 꽃과 향·보배의 당기와 번기·일산·기악(伎樂)·등불과 소유(蘇油) 등의 여러 나머지의 공양구로써 보시하는데, 이와 같이 보시하는 때에 그 마음이 평등하고 차별하는 생각이 없으며 보시를 행하느니라.

지계(持戒)하는 자에게 보시하는 것과 같이 범계(犯戒)하는 자도 역시 그와 같고, 인간(人趣)에게 보시하는 것과 같이 비인(非人)도 역시 그와 같으며, 내도(內道)¹⁾에게 보시하는 것과 같이 외도(外道)도 역시 그와 같고, 여러 성자들에게 보시하는 것과 같이 이생(異生)도 역시 그와 같으며, 존귀(尊貴)한 자에게 보시하는 것과 같이 하천(下賤)한 자도 역시 그와 같고, 위로는 제불께 이르고 아래로는 방생(傍生)에 이르기까지 평등하면서 분별하는 것이 없으며, 보시하는 복전(福田)에 수승하거나 하열한 다른 것이 있다고 관찰하지 않느니라.

그 까닭은 무엇인가? 이 보살마하살은 일체의 자상이 모두 공하고, 공한 가운데에서는 모두 상(上)·하(下)의 차별이 없다고 명료하게 통달한 까닭으로 다른 생각도 없고 분별하는 것도 없으면서 보시를 행하느니라. 이 보살마하살은 오히려 다른 생각이 없고 분별하는 것도 없으면서 보시를 행하므로, 마땅히 다른 것이 없고 분별이 없는 법을 얻는데 이를테면,

---

1) 세존의 가르침을 따르는 불자의 사부대중을 가리킨다.

일체상지와 나머지의 무량한 제불의 공덕에서 원만함을 얻느니라.

선현이여. 만약 보살마하살이 방생이 구걸(求乞)하고 있는 것을 보고서 곧 '이렇게 와서 구걸하는 자가 만약 여래·응공·정등각의 진실한 복전(福田)인 까닭이라면 나는 상응하여 보시하겠고, 만약 여래·응공·정등각이 아니고 방생이라면 복전이 아닌 까닭으로 상응하여 구하였던 것인 자구들을 보시하지 않겠다.'라고 이렇게 마음을 일으켰다면, 이 보살마하살은 이와 같은 마음을 일으켰으므로 보살법을 초월한다고 마땅히 알아야 하느니라.

그 까닭은 무엇인가? 제보살마하살들은 반드시 스스로의 마음이 청정해야 복전도 비로소 청정해지느니라. 구걸하는 자를 보았다면 '이와 같은 유정들이 구하는 것은 내가 상응하여 보시해야 하고, 이와 같은 유정들이 구하는 것은 내가 상응하여 보시하지 않아야 한다.'라고 상응하여 생각하고 말하지 않아야 하나니, 만약 이와 같은 생각을 짓는다면 본래 일으켰던 대보리심에 어긋나느니라.

이를테면, 제보살들은 보리심을 일으켜서 '나는 유정들을 위하여 의지(依怙)·주저(洲渚)·주택(舍宅)·구호(救護)하는 곳을 짓겠고, 구걸하러 오는 자를 본다면, 지금 이 유정은 빈궁과 고독에 드러났으니, 나는 보시로써 그를 섭수하겠다.'라고 이렇게 생각을 일으키느니라. 그는 오히려 이것을 인연으로 다른 사람의 물건을 훔치지 않고, 욕심이 적어지고 기쁘게 만족하면서 능히 전전하여 다른 사람에게 보시하느니라.

오히려 이것을 인연으로 생명을 단절하는 것을 벗어나고, [자세한 내용은 생략한다.] 나아가, 잡스럽고 지저분한 말을 벗어나며, 역시 탐욕·진에·삿된 견해들도 조복시켜 몸이 무너지고 목숨을 끝마친다면 앞의 복업을 타고서 찰제리의 대종족에 태어나거나, 혹은 바라문의 대종족에 태어나거나, 혹은 장자의 대종족에 태어나거나, 혹은 거사의 대종족에 태어나거나, 혹은 나머지의 한 부귀한 집안을 따라서 태어나서 재물과 보배가 풍요롭고 여러 선업을 수행하거나, 혹은 보시를 인연으로 섭수되었던 인연으로 점차 3승에 의지하여 원적(圓寂)²)에 나아가는데 이를테면,

성문·독각과 무상승의 반열반계(般涅槃界)를 증득하면서 나아가느니라.
　다시 다음으로 선현이여. 만약 보살마하살에게 여러 원수(怨敵)이거나, 혹은 나머지의 유정들이 있어서 와서 그의 처소에 이르렀고, 손해(損害)시키려는 까닭으로, 혹은 부족한 것이 있어서 몸의 부분이거나 여러 재물을 구걸한다면, 이 보살마하살은 결국 '이 자는 상응하여 보시하여 주겠고 이 자는 상응하여 보시하여 주지 않겠다.'라고 상응하여 다른 마음으로 분별을 일으키지 않고, 다만 상응하여 평등한 마음을 일으켜서 몸의 부분이거나 여러 재물을 구걸하는 것을 모두 보시하여 주느니라. 그 까닭은 무엇인가? 이 보살마하살은 제유정들을 널리 요익되게 하기 위한 까닭으로 무상정등보리를 구하면서 나아가는 것이고, 스스로의 몸과 목숨의 이익과 안락을 위한 까닭은 아니니라.
　만약 마땅히 다른 마음으로 분별을 일으켜서 '이 자는 상응하여 보시하여 주겠고 이 자는 상응하여 보시하여 주지 않겠다.'라고 상응하여 다른 마음으로 분별을 일으킨다면, 곧 여래·응공·정등각들과 제보살·독각·성문·세간의 천인·인간·아소락 등과 여러 성현(聖賢)들이 〈누가 반드시 그대에게 보리심을 일으켜서 제유정의 부류들에게 널리 이익되고 안락하게 하며, 의지가 없는 자에게 의지가 되어 주고, 주택이 없는 자에게 주택이 되어 주며, 주저가 없는 자에게 주저가 되어 주고, 구호가 없는 자에게 구호가 되어 주며, 안락하지 않은 자를 안락하게 하겠다.〉라고 서원하라고 청(請)하였고, 지금 〈보시하겠다. 보시하지 않겠다.〉라고 간별(簡別)하라고 청하였는가?'라고 함께 꾸짖느니라.
　다시 다음으로 선현이여. 보살마하살이 깊은 반야바라밀다를 수행하는 때에 인비인(人非人)이 있어서 와서 그의 처소에 이르렀고, 여러 종류의 골수(髓腦)·지절(支節)을 구걸하였는데, 이 보살마하살이 '보시할 것인가? 보시하지 않을 것인가?'라고 상응하여 두 가지의 마음으로 분별을 일으키지 않고, 오직 '그들이 구걸하는 것을 따라서 결정적으로 마땅히 보시하여

---

2) 산스크리트어 parinirvāṇa의 번역이고, 멸도(滅度)·입멸(入滅) 등으로 번역하며, 반열반(般涅槃)이라 음사한다.

주겠다.'라고 이렇게 생각을 짓느니라. 그 까닭은 무엇인가? 이 보살마하살은 항상 '나는 제유정들의 이익과 안락을 위한 까닭으로 이러한 몸을 받았다. 제유정들이 와서 구걸한다면 결정적으로 마땅히 보시하여 주어야 하고, 보시하지 않는 것은 상응하지 않는 것이다.'라고 이렇게 생각을 짓느니라.

이러한 까닭으로 구걸하는 자를 본다면 곧 '나는 지금의 이 몸은 본래 다른 사람을 위하여 받은 것이니, 그들이 와서 구하지 않았을지라도 취하여 오히려 스스로가 보내야 하는데, 하물며 와서 구걸하는데 마땅히 주지 않겠는가?'라고 이러한 마음을 일으키느니라. 이렇게 생각을 짓고서는 환희(歡喜)하고 용약(踊躍)하면서 스스로가 지절을 잘라서 그것을 건네주고, 다시 스스로가 '지금 큰 이익을 획득하였는데 이를테면, 잡스럽고 지저분한 몸을 버리고서 순수하고 청정한 몸을 획득하였다.'라고 기뻐하면서 말하느니라. 선현이여. 제보살마하살이 깊은 반야바라밀다를 수행하는 때라면 상응하여 이와 같이 수학해야 하느니라.

다시 다음으로 선현이여. 만약 보살마하살이 구걸하는 자를 본다면 곧 '지금 이 가운데서 누가 보시하는가? 누가 보시받는가? 보시한 것은 무슨 물건인가? 오히려 무엇으로 보시하는가? 어찌하여 보시하는가? 제법의 자성은 모두 얻을 수 없다.'라고 이렇게 생각을 짓느니라, 그 까닭은 무엇인가? 이와 같은 제법은 모두가 필경공(畢竟空)이고, 공한 법의 가운데에서는 주는 것이 있지 않고 빼앗는 것도 있지 않으며 보시하는 것도 있지 않고 보시받는 것도 있지 않느니라.

선현이여. 제보살마하살들이 깊은 반야바라밀다를 수행하는 때라면 제법이 모두 공하다고 상응하여 이와 같이 수학해야 하는데 이를테면, 혹은 오히려 내공인 까닭으로 공하고, 나아가 혹은 오히려 무성자성공인 까닭에 공하느니라. 이 보살마하살은 이러한 공에 안주하여 보시를 행하면서 항상 끊임없이 보시바라밀다를 원만하게 하나니, 오히려 이렇게 보시바라밀다가 원만함을 얻은 까닭으로 다른 사람에게 일체 내외(內外)의 물건을 베이고 잘리며 겁탈(劫奪)하는 때일지라도, 그 마음에 모두 분별과 성냄과 원한이 없고, 다만 '유정과 법은 일체가 모두 공하나니, 누가 나를 베고 자르겠는가? 누가 나를 겁탈하겠는가? 누가 다시 그것을 받겠는가? 누가 이렇게 관찰을 짓겠는가?'라고 이렇게 생각을 짓느니라.

다시 다음으로 선현이여. 내가 불안(佛眼)으로써 시방의 긍가사(殑伽沙) 등의 제불·세계의 가운데를 널리 관찰하건대, 보살마하살이 있어서 제유정의 부류들을 이익되고 안락하게 하기 위하여 고의(故意)로써 서원을 생각하며 대지옥(大地獄)에 들어가서 제유정들이 여러 극심한 고통을 받는 것을 보나니, 이미 보았다면 3종시도(三種示導)[3]를 일으키느니라. 무엇이 세 가지인가? 첫째는 신변시도(神變示導)이고, 둘째는 기설시도(記說示導)이며, 셋째는 교계시도(敎誡示導)이니라.

이 보살마하살은 신변시도로써 지옥의 끓는 물·불·칼 등의 여러 고통스러운 도구를 소멸시켜 없애주고, 기설시도로써 그 유정들이 마음에서 생각하는 것을 억념하면서 설법하며, 교계시도로써 그들에게 자(慈)·비(悲)·희(喜)·사(捨)를 일으키고 설법하여 그 지옥의 제유정들이 보살의 처소에서 청정한 신심(信心)이 생겨나게 하느니라. 오히려 이러한 인연으로 지옥에서 출리(出離)하여 천상에 태어나거나, 혹은 인간의 가운데에 태어나서 점차로 3승에 의지하여 고통의 변제(邊際)를 끝마치고, 열반계(涅槃界)를 증득하여 구경에 안락하니라.

다시 다음으로 선현이여. 내가 불안으로써 시방의 긍가사 등의 제불·세계의 가운데를 널리 관찰하건대, 보살마하살이 있어서 제불·세존을 받들어 섬기고 공양하느니라. 이 보살마하살이 제불·세존을 받들어 섬기고 공양하는 때에 깊은 마음으로 환희(歡喜)하고 애락(愛樂)하며 공경(恭敬)하고, 환희하지 않으며 애락하지 않고 공경하지 않는 것이 없으며, 제여래·응공·정등각들께서 설하셨던 것인 정법을 공경스럽게 듣고서 수지(受持)하고 독송(讀誦)하며, 나아가 무상정등보리를 증득하기까지 결국 잊어버

---

3) 산스크리트어 trīni prātihāryāni의 번역이고, 보살이 중생을 고통에서 구제하는 때에 드러내어 보여주는 세 가지의 행을 가리킨다.

리지 않고, 들었던 것인 법을 따라서 능히 유정들을 위하여 전도가 없이 널리 설하면서 수승한 이익과 안락을 획득하게 하느니라.

　다시 다음으로 선현이여. 내가 불안으로써 시방의 긍가사 등의 제불·세계의 가운데를 널리 관찰하건대, 보살마하살이 있어서 방생 세계(傍生趣)의 가운데에 유정들을 요익하게 하기 위한 까닭으로 스스로가 몸과 목숨을 버리느니라. 이 보살마하살은 여러 방생들이 굶주린 불꽃에 핍박받아서 서로를 해치려고 하는 것을 보았다면, 자비롭고 애민한 마음을 일으켜서 스스로가 몸의 부분을 베고 여러 지절(支節)을 잘라서 시방으로 던져서 마음대로 먹게 하느니라.

　여러 방생들은 이 보살마하살의 몸과 살을 먹은 자는 모두가 보살에게 깊이 사랑하고 공경하며 참괴(慚愧)하는 마음을 깊이 일으키나니, 오히려 이러한 인연으로 방생의 세계를 벗어나서 천상에 태어나거나, 혹은 인간의 가운데에 태어나서 여래·응공·정등각을 만나고 정법을 듣고서 여실하게 수행하면서 점차로 3승에 의지하여 원적으로 나아가는데 이를테면, 무상(無上)한 대승(大乘)이거나, 독각·성문의 반열반계에 따라서 증득하고서 들어가느니라.

　이와 같아서 선현이여. 제보살마하살들은 능히 세간을 위하여 짓기 어려운 일을 지으므로 요익한 것이 많은데 이를테면, 제유정들의 이익과 안락을 위한 까닭으로 스스로가 무상정등보리의 마음을 일으키고서 역시 다른 사람에게 일으키게 하며, 스스로가 여러 여실한 정행(正行)을 행하고서 다른 사람에게 행하게 하느니라.

　다시 다음으로 선현이여. 내가 불안으로써 시방의 긍가사 등의 제불·세계의 가운데를 널리 관찰하건대, 보살마하살이 아귀 세계(餓鬼趣)의 가운데에 유정들을 요익하게 하기 위한 까닭으로 고의(故意)로써 서원을 생각하며 그 세계의 가운데에 가서 방편으로 굶주림과 목마름 등의 고통을 멈추고 없애주어서 여러 아귀들에게 고통을 멈추게 한다면, 이 보살에게 깊은 사랑·공경·참괴의 마음이 일어나므로, 다시 간탐을 벗어난 법요(法要)를 널리 설하며, 그들이 들었다면 은혜롭게 보시하려는 마음을 일으키게 하느니라.

이러한 선근을 타고서 아귀의 세계를 벗어나서 천상에 태어나거나 혹은 인간의 가운데에 태어나서 여래·응공·정등각을 만나고 공양하고 공경하며, 정법의 소리를 듣고서 점차로 수행하면서 3승의 정행으로 나아가고, 나아가 무상한 대승이거나, 독각·성문의 반열반계를 증득하고서 들어가느니라. 이와 같아서 선현이여. 제보살마하살들은 유정들의 부류에게 대비(大悲)에 안주하고, 무변한 방편선교를 일으켜서 3승의 열반을 따라서 증득하고 들어가게 하느니라.

다시 다음으로 선현이여. 내가 불안으로써 시방의 긍가사 등의 제불·세계의 가운데를 널리 관찰하건대, 보살마하살이 있어서 방편선교로써 4대왕중천들을 위하여 정법을 널리 설하고, 나아가 혹은 타화자재천들을 위하여 정법을 널리 설하느니라. 이 여러 천인들은 보살의 처소에서 정법을 듣고서 점차로 3승에 의지하여 정행을 정근하면서 수행하고 반열반계에 따라서 상응하게 증득하고서 들어가느니라.

선현이여. 그 천상들의 가운데에는 여러 천자(天子)들이 있는데, 천상의 다섯 가지의 미묘한 욕락(五妙欲樂)과 거주하는 여러 보배의 궁전에 탐착한다면, 이 보살마하살은 불이 일어나서 그 궁전을 태우는 것을 보여주어서 싫증과 두려움이 생겨나게 하고, 인연으로 설법하면서 '여러 천자들이여. 제행(諸行)은 무상(無常)하고 괴로우며 공하고 내가 아니며 보호하고 믿을 수 없다고 상응하여 자세하게 관찰하십시오. 어느 지혜로운 자가 있다면 이것에 즐겁게 집착하겠습니까?'라고 이렇게 말을 짓는다고 마땅히 알아야 하느니라.

이때 여러 천자들은 이 법음(法音)을 듣고서 다섯 가지의 미묘한 욕락에서 싫증과 두려움이 생겨나서, 스스로가 몸과 목숨은 허망하고 거짓이며 무상하므로 비유한다면, 파초와 같고 번개와 같으며 아지랑이와 같다고 관찰하여, 여러 궁전은 오히려 감옥과 같다고 관찰하느니라. 이렇게 관찰을 지었다면, 점차로 3승에 의지하여 정행(正行)을 정근하면서 원적(圓寂)으로 나아가는데 이를테면, 점차 3승의 열반을 증득하여 들어가느니라.

　다시 다음으로 선현이여. 내가 불안으로써 시방의 긍가사 등의 제불·세계의 가운데를 널리 관찰하건대, 보살마하살은 있어서 여러 범천(梵天)들이 여러 견취(見趣)에 집착된 것을 보았다면 방편으로 교화하고 인도하여 그들이 싫어하고 버리게 하고서 '천상의 선인들이여. 그대들은 무슨 까닭으로 공(空)하고 무상(無相)하며 허망(虛妄)하고 부실(不實)한 제행취(諸行聚)의 가운데에서 이와 같은 여러 악한 견취를 일으키는가? 마땅히 빠르게 그것을 버리고 정법을 믿고 받아들인다면 그대들은 장야(長夜)에 이익되고 안락할 것입니다.'라고 알려 말하느니라.

　이와 같아서 선현이여. 제보살마하살들은 대비에 안주하여 제유정들을 위하여 정법을 널리 설하느니라. 선현이여. 이것이 보살마하살들이 소유한 매우 기이(奇異)하고 희유(希有)한 법이니라.

　다시 다음으로 선현이여. 내가 불안으로써 시방의 긍가사 등의 제불·세계의 가운데를 널리 관찰하건대, 보살마하살이 있어서 4섭사(四攝事)로써 유정들을 섭수(攝受)하느니라. 무엇이 네 가지인가? 첫째는 보시(布施)이고, 둘째는 애어(愛語)이며, 셋째는 이행(利行)이고, 넷째는 동사(同事)이니라. 선현이여. 무엇이 보살마하살이 보시로써 제유정들을 섭수하는 것인가? 선현이여. 제보살마하살들은 두 가지의 보시로써 제유정들을 섭수하느니라. 무엇이 두 가지인가? 첫째는 재시(財施)이고, 둘째는 법시(法施)이니라.

　선현이여. 무엇이 보살마하살이 재시로써 제유정들을 섭수하는 것인가? 선현이여. 제보살마하살들이 깊은 반야바라밀다를 수행하는 때에 능히 여러 종류의 음식(飮食)·의복(衣服)·방사(房舍)·와구(臥具)·수레(車乘)·등불(燈明)·기악(伎樂)·향(香)·꽃(華)·보배의 당기(寶幢)와 번기(幡)·일산(蓋)·영락(瓔珞) 등을 제유정들에게 보시하거나, 혹은 금(金)·은(銀)·폐유리(吠琉璃)·파지가보(頗胝迦寶)·가패(珂貝)·벽옥(璧玉)·제청(帝靑)·대청(大靑)·마니(末尼)·진주(眞珠)·석장(石藏)·저장(杵藏)·홍련(紅蓮) 등의 보배로써 제유정들에게 보시하거나, 혹은 처첩(妻妾)·남녀(男女)·늙고 젊은 노비(大小僮僕)·시위(侍衛)·코끼리(象)·말(馬)·소(牛)·양(羊)·의약품(醫藥) 등으로써 제유정들에게 보시하거나, 혹은 여러 종류의 재보(財寶)·창고(庫藏)·성읍(城邑)·취락(聚落)과 왕위(王位) 등으로써 제유정들에게 보시하거나, 혹은 몸의 부분인 손(手)·발(足)·지절(支節)·머리(頭)·눈(目)·골수(髓)·뇌(腦) 등으로써 제유정들에게 보시하느니라.

이 보살마하살은 여러 종류의 물건으로써 네거리의 도로에 놓아두고서 높은 무대 위에 올라가서 '일체의 유정들이여, 필요한 것이 있다면 마음대로 와서 취하면서 의심과 어려움이 생겨나지 마시오. 자기의 물건을 취하는 것과 같이 다른 사람의 것이라는 생각을 짓지 마시오. 나아가 나의 몸·손·발·지절·머리·눈·골수·뇌 등도 뜻을 따라서 그것을 취하시오. 나는 그대 등에게 아까워하는 것이 없소.'라고 이와 같이 외치면서 말하느니라.

이 보살마하살은 제유정들에게 필요한 것인 물건을 보시하였다면, 다시 불(佛)·법(法)·승보(僧寶)에 귀의하게 권유하거나, 혹은 5근사계(五近事戒)를 수지하도록 권유하거나, 혹은 8근주계(八近住戒)를 수지하도록 권유하거나, 혹은 10선업도(十善業道)를 수지하도록 권유하거나, 혹은 초정려(初靜慮), 나아가 4정려(四靜慮)를 수학하게 권유하거나, 혹은 자무량(慈無量), 나아가 사무량(捨無量)을 수학하게 권유하거나, 혹은 공무변처정(空無邊處定), 나아가 비상비비상처정(非想非非想處定)을 수학하게 권유하거나, 혹은 불수념(佛隨念), 나아가 천수념(天隨念)을 수학하게 권유하거나,

혹은 부정관(不淨觀)·지식념(持息念)을 수학하게 권유하거나, 혹은 무상상(無常想), 나아가 멸상(滅想)을 수학하게 권유하거나, 혹은 4념주, 나아가 8성도지를 수학하게 권유하거나, 혹은 공·무상·무원해탈문을 수학하게 권유하거나, 혹은 8해탈, 나아가 10변처를 수학하게 권유하거나, 혹은 보시바라밀다, 나아가 반야바라밀다를 수학하게 권유하거나, 혹은 내공, 나아가 무성자성공을 수학하게 권유하거나, 혹은 진여, 나아가

부사의계를 수학하게 권유하거나, 혹은 고·집·멸·도성제를 수학하게 권유하거나, 혹은 일체의 다라니문·삼마지문을 수학하게 권유하거나,
　혹은 정관지, 나아가 여래지를 수학하게 권유하거나, 혹은 극희지, 나아가 법운지를 수학하게 권유하거나, 혹은 5안·6신통을 수학하게 권유하거나, 혹은 여래의 10력, 나아가 18불불공법을 수학하게 권유하거나, 혹은 32대사상·80수호를 수학하게 권유하거나, 혹은 무망실법·항주사성을 수학하게 권유하거나, 혹은 일체지·도상지·일체상지를 수학하게 권유하거나, 혹은 예류과, 나아가 독각의 보리를 수학하게 권유하거나, 혹은 일체의 보살마하살의 행을 수학하게 권유하거나, 혹은 제불의 무상정등보리를 수학하게 권유하느니라.
　이와 같아서 선현이여. 제보살마하살들이 깊은 반야바라밀다를 수행하는 때에 방편선교로써 제유정들에게 재시를 행하고, 다시 제유정의 부류들을 잘 안립시켜서 무상(無上)이고 안은(安隱)한 법의 가운데에 안주하게 하며, 나아가 일체지지를 증득하게 하느니라. 선현이여. 이것이 보살마하살이 깊은 반야바라밀다를 수행하는 때에 소유한 매우 기이하고 희유한 법이니라.

　선현이여. 무엇이 보살마하살이 깊은 반야바라밀다를 수행하는 때에 법시로써 제유정들을 섭수하는 것인가? 선현이여. 법시에는 두 종류가 있나니, 세간의 법시와 출세간의 법시이니라. 무엇이 세간의 법시인가? 이를테면, 제보살마하살들이 깊은 반야바라밀다를 수행하는 때에 제유정들을 위하여 세간의 미묘한 법을 널리 설하고 열어서 보여주며 명료하게 나타내나니 이를테면, 부정관이거나, 만약 지식념이거나, 만약 4정려이거나, 만약 4무량이거나, 만약 4무색정이거나, 만약 5신통이거나, 만약 나머지의 세간의 이생들과 공유하는 법인데, 이와 같다면 세간의 법시라 이름하느니라. 선현이여. 무슨 까닭으로 이러한 법을 세간이라고 이름하게 되는가? 이를테면, 이러한 법을 수학한다면 능히 반드시 결국에는 세간을 벗어날 수 없는 까닭으로 세간이라고 이름하느니라.

선현이여. 이 보살마하살이 이러한 세간의 미묘한 법시를 행하였다면 여러 종류의 방편으로 유정들을 교화하고 인도하여 그들이 세간의 제법을 멀리 벗어나게 하며, 여러 종류의 방편으로 유정들을 교화하고 인도하여 성스러운 법과 성스러운 법의 과보에 머무르게 하느니라. 선현이여. 어찌하여 성스러운 법과 성스러운 법의 과보인가? 선현이여. 성스러운 법이라고 말하는 것은 37보리분법과 3해탈문 등이고, 성스러운 법의 과보라는 것은 예류과, 나아가 독각의 보리 등이니라. 선현이여. 무슨 까닭으로 이러한 법을 출세간이라고 이름하게 되는가? 이를테면, 이 법을 수학한다면 능히 세간을 반드시 결국에는 출리(出離)하는 까닭으로 출세간이라고 이름하느니라.

　다시 다음으로 선현이여. 제보살마하살들의 성스러운 법이라는 것은 이를테면, 6바라밀다, 8해탈·8승처·9차제정·10변처, 다라니문·삼마지문, 여러 보살의 지위, 5안·6신통, 여래의 10력·4무소외·4무애해·대자·대비·대희·대사·18불불공법, 무망실법·항주사성, 일체지·도상지·일체상지 등의 여러 무루법이고, 성스러운 법의 과보라는 것은 이를테면, 제불의 무상정등보리와 대열반계(大涅槃界)이니라.

　다시 다음으로 선현이여. 제보살마하살들의 성스러운 법이라는 것은 이를테면, 예류과의 지혜·일래과의 지혜·불환과의 지혜·아라한과의 지혜·독각의 보살의 지혜·제불의 무상정등보리의 지혜와, 4념주, 나아가 8성도지의 지혜·공·무상·무원해탈문의 지혜와, 4정려·4무량·4무색정의 지혜, 8해탈·8승처·9차제정·10변처의 지혜, 보시바라밀다, 나아가 반야바라밀다의 지혜, 일체의 다라니문·삼마지문의 지혜, 고·집·멸·도성제의 지혜, 내공, 나아가 무성자성공의 지혜, 진여, 나아가 부사의계의 지혜, 극희지, 나아가 법운지의 지혜, 5안·6신통의 지혜, 정관지, 나아가 여래지의 지혜, 여래의 10력, 나아가 18불불공법의 지혜, 32대사상·80수호의 지혜, 무망실법·항주사성의 지혜, 일체지·도상지·일체상지의 지혜, 선법과 선하지 않은 법의 지혜, 유기법·무기법의 지혜, 유루법·무루법의 지혜, 세간법·출세간법의 지혜, 유위법·무위법의 지혜이나니, 이것들을 성스러운 법이라고 이름하느니라.

　성스러운 법의 과보라는 것은 이를테면, 일체의 번뇌와 습기의 상속을 영원히 단절하는 것이니, 이것을 성스러운 법의 과보라고 이름하느니라."

　구수 선현이 세존께 아뢰어 말하였다.

　"세존이시여. 제보살마하살들도 역시 능히 일체상지(一切相智)를 증득하게 됩니까?"

　세존께서 선현에게 알리셨다.

　"그와 같으니라. 그와 같으니라. 제보살마하살들도 역시 능히 일체상지를 증득할 수 있다고 이름하느니라."

　구수 선현이 다시 세존께 아뢰어 말하였다.

　"만약 보살마하살도 역시 능히 일체상지를 증득할 수 있다고 이름한다면 제불·세존들과 무슨 차별이 있습니까?"

　세존께서 선현에게 알리셨다.

　"제보살마하살들은 일체상지를 따라서 증득한다고 이름하게 되고, 제불·세존들께서는 이미 일체상지를 증득하였다고 이름하느니라. 그 까닭은 무엇인가? 제보살마하살들과 제불·세존께서는 확연(確然)하게 차이가 있지 않는데 이를테면, 제보살마하살과 제불·세존께서는 함께 제법의 차별이 없는 성품에 안주하나니, 제법의 상에서 정변지(正遍知)를 구하면서 설한다면 보살이라고 이름하고, 만약 구경(究竟)에 이르렀다면 불·세존이라 이름하느니라.

　그렇지만 불·세존께서는 일체법의 자상(自相)과 공상(共相)을 명료하게 비추어서 어둠이 없고 청정함을 구족하나니, 인위(因位)에 있는 때라면 보살이라고 이름하고 만약 과위(果位)에 이른다면 불·세존이라고 이름하느니라. 이것을 보살과 불·세존이라고 말하고, 비록 함께 일체상지라는 이름을 얻을지라도 차별이 있느니라.

　선현이여. 이것이 보살마하살의 세간의 법시이니, 제보살마하살들이 이와 같은 세간의 법시의 인연을 의지하여 다시 능히 출세간의 법시를 행하느니라. 이를테면, 제보살마하살들이 깊은 반야바라밀다를 수행하는 때에 방편선교로써 유정들에게 세간의 선법을 먼저 보시하고 뒤에는 세간의 선법을 싫어하고 벗어나서 출세간의 무루인 성스러운 법에 안주하게 하며, 나아가 일체지지를 증득하게 하느니라.

선현이여. 무엇이 출세간의 무루인 성스러운 법인가? 제보살마하살들이 제유정들을 위하여 널리 설하고 열어서 보여주며 분별하고 명료하게 나타내면서 설한다면 법시라고 이름하느니라. 선현이여. 일체의 이생과 선법을 공유하지 않을지라도, 만약 바르게 수학하고서 제유정들이 세간을 초월하여 안은하게 안주하게 하는 것인데 이를테면, 37보리분법, 3해탈문, 8해탈·9차제정, 4성제지(四聖諦智), 바라밀다와, 여러 공의 지혜와, 보살의 10지, 5안·6신통, 여래의 10력·4무소외·4무애해·18불불공법·대자·대비·대희·대사, 32대사상·80수호, 일체의 다라니문·일체의 삼마지문 등의 여러 무루의 선법 일체를 모두 출세간의 성스러운 법이라 이름하느니라. 보살마하살이 제유정들을 위하여 이와 같은 제법을 널리 설하고 열어서 보여주며 분별하고 명료하게 나타낸다면 보살의 출세간의 법이라고 이름하느니라.

선현이여. 이 가운데에서 무엇을 37종류의 보리분법(菩提分法)이라고 이름하는가? 이를테면, 4념주(四念住)·4정단(四正斷)·4신족(四神足)·5근(五根)·5력(五力)·7등각지(七等覺支)·8성도지(八聖道支)이니라. 선현이여. 이와 같다면 37종류의 보리분법이라고 이름하느니라. 선현이여. 4념주라는 것은 이를테면, 보살마하살이 내신(內身)·외신(外身)·내외신(內外身)에서 순신관(循身觀)에 머무르고, 정지(正知)와 정념(正念)을 구족(具足)하고 정근(正勤)하면서 세간의 탐욕과 근심을 없애며, 신집관(身集觀)에 머무르고, 신멸관(身滅觀)에 머무르는데, 오히려 그들이 몸에서 순신관에 머무르고 신집관에 머무르며 신멸관에 머무르면서 의지하는 것이 없어서 여러 세간에서 집착하는 수(受)가 없다면 이것이 제일이 되느니라. 수(受)에서, 심(心)에서, 법(法)에서도 역시 그와 같은데, 이것이 4념주이니라.

선현이여. 4정단이라는 것은 이를테면, 보살마하살이 아직 생겨나지 않은 악한 법을 영원히 생겨나지 않게 하기 위한 까닭으로, 이미 생겨난 악한 법을 영원히 단절하여 소멸시키기 위한 까닭으로, 아직 생겨나지 않은 선법을 생겨나게 하기 위한 까닭으로, 이미 생겨난 선법에 견고하게 머무르면서 잊지 않고 광대한 지혜를 수행하고 원만하게 두 배로 증장시키고서 증득을 짓기 위한 까닭으로, 욕락(欲樂)을 일으켜서 생겨나게 하고 정근하면서 정진을 일으키며 마음을 경책하고 마음을 수지하는데, 이것이 4정단이니라.

선현이여. 4신족이라는 것은 이를테면, 보살마하살이 욕삼마지(欲三摩地)를 단절하는 행으로 신족을 수습하여 성취하고, 근삼마지(勤三摩地)를 단절하는 행으로 신족을 수습하여 성취하며, 심삼마지(心三摩地)의 부지런한 행을 성취하여 신통을 수학하고, 관삼마지(觀三摩地)를 단절하는 행으로 신족을 수습하여 성취하면서 싫어함에 의지하고 벗어남에 의지하며 소멸함에 의지하고서 버리는 것(捨)에서 회향하나니, 이것을 4신족이라고 이름하느니라.

선현이여. 5근이라는 것은 이를테면, 보살마하살의 신근(信根)·정진근(精進根)·염근(念根)·정근(定根)·혜근(慧根)이나니, 이것이 5근이니라. 선현이여. 5력이라는 것은 이를테면, 보살마하살의 신력(信力)·정진력(精進力)·염력(念力)·정력(定力)·혜력(慧力)이나니, 이것이 5력이니라. 선현이여. 7등각지라는 것은 이를테면, 보살마하살의 염등각지(念等覺支)·택법등각지(擇法等覺支)·정진등각지(精進等覺支)·희등각지(喜等覺支)·경안등각지(輕安等覺支)·정등각지(定等覺支)·사등각지(捨等覺支)이나니, 이것이 일곱 가지의 깨닫는 부분이니라.

선현이여. 8성도지라는 것은 이를테면, 정견(正見)·정사유(正思惟)·정어(正語)·정업(正業)·정명(正命)·정정진(正精進)·정념(正念)·정정(正定)이나니, 이것이 8성도지이니라. 선현이여. 3해탈문이라는 것은 이를테면, 보살마하살의 공(空)·무상(無相)·무원해탈문(無願解脫門)이니라. 무엇이 공해탈문인가? 이를테면, 보살마하살이 공(空)과 무아(無我)의 행상(行相)으로써 마음을 하나의 세계(一趣)로 섭수하나니, 이것이 공해탈문이니라.

무엇이 무상해탈문인가? 이를테면, 보살마하살이 소멸(滅)과 적정(寂靜)의 행상으로써 마음을 하나의 세계로 섭수하나니, 이것이 무상해탈문이니라. 무엇이 무원해탈문인가? 이를테면, 보살마하살의 고통(苦)과 무상(無常)의 행상으로써 마음을 하나의 세계로 섭수하나니, 이것이 무원해탈문이니라.

선현이여. 8해탈이라는 것은 이를테면, 보살마하살이 유색(有色)에서 여러 색을 관찰하나니, 이것이 제1해탈이고, 내신(內身)에는 색이라는 생각(想)이 없으나 외신(外身)으로 여러 색을 관찰하나니, 이것이 제2해탈이며, 청정하고 수승하며 해탈한 몸으로 증득을 짓나니, 이것이 제3해탈이고, 일체의 색이라는 생각을 초월하여 마주할 수 있다는 생각을 소멸시키고, 여러 종류의 생각을 사유(思惟)하지 않으며, 무변(無邊)한 공(空)에 들어가서 공무변처정(空無邊處定)에 구족하고 안주하나니 이것이 제4해탈이며, 일체의 공무변처정을 초월하여 무변한 식(識)에 들어가서 식무변처정(識無邊處定)에 구족하고 안주하나니 이것이 제5해탈이고, 일체의 식무변처를 초월하여 무소소유(無少所有)에 들어가서 무소소유처정(無少所有處定)에 구족하고 안주하나니 이것이 제6해탈이고, 일체의 무소소유처를 초월하여 비상비비상처정(非想非非想處定)에 들어가서 구족하고 안주하나니 이것이 제7해탈이고, 일체의 비상비비상처를 초월하여 멸상수정(滅想受定)에 들어가서 구족하고 안주하나니 이것이 제8해탈이니라.

선현이여. 9차제정이라는 것은 이를테면, 제보살마하살들이 욕망과 악한 불선법을 벗어나서 유심유사(有尋有伺)의 이생희락(離生喜樂)으로 초정려를 구족하고 안주한다면 이것에 제1차제정이고, 심사(尋伺)가 적정(寂靜)하고 내신 등이 청정하며 마음(心)이 하나로 나아가는 성품이고 무심무사(無尋無伺)의 이생희락(定生喜樂)으로 제2정려를 구족하고 안주한다면 이것에 제2차제정이며, 이희주사(離喜住捨)의 정념(正念)과 정지(正知)와 몸으로 받는 즐거움을 성인의 말씀처럼 상응하여 버리고서 염낙(念樂)⁴⁾을 구족하고 안주하고서 제3정려를 구족하고 안주한다면 이것에 제3차제정이고, 즐거움을 단절하고 괴로움을 단절하며 이전의 기쁨과 근심을 없애고서 괴롭지 않고 즐겁지도 않으며 사념(捨念)이 청정한 제4정려에 구족하고 안주한다면 이것이 제4차제정이며, 일체의 색이라는 생각을 초월하고 마주할 수 있다는 생각을 소멸시키고 여러 종류의 생각을 사유하지 않으며, 무변한 공에 들어가서 공무변처정에 구족하고 안주한다면 이것이 제5차제정이고, 이와 같이 나아가, 일체의 비상비비상처를 초월하여 멸상수정에 들어가서 구족하고 안주한다면 이것이 제9차제정이니라.

선현이여. 사성제의 지혜라는 것은 이를테면, 보살마하살의 고지(苦智)·집지(集智)·멸지(滅智)·도지(道智)이나니, 이것이 사성제의 지혜이니라. 선현이여. 바라밀다라는 것은 이를테면, 보살마하살의 보시(布施)·정계(淨戒)·안인(安忍)·정진(精進)·정려(靜慮)·반야(般若)·방편(方便)·선교묘원(善巧妙願)·력(力)·지바라밀다(智波羅蜜多)이니, 이것을 바라밀다라고 이름하느니라. 선현이여. 여러 공 등의 지혜라는 것은 이를테면, 보살마하살의 내공(內空), 나아가 무성자성공(無性自性空)의 지혜이거나, 더불어 진여(眞如), 나아가 부사의계(不思議界)의 지혜이니, 이러한 여러 공 등을 지혜라고 이름하느니라.

선현이여. 보살의 10지(十地)라는 것은 이를테면, 보살마하살의 극희지(極喜地)·이구지(離垢地)·발광지(發光地)·염혜지(焰慧地)·극난승지(極難勝地)·현전지(現前地)·원행지(遠行地)·부동지(不動地)·선혜지(善慧地)·법운지(法雲地)이나니, 이것을 보살의 10지라고 이름하느니라. 선현이여. 5안이라는 것은 이를테면, 보살마하살이 구하였던 것인 육안(肉眼)·천안(天眼)·성혜안(聖慧眼)·법안(法眼)·불안(佛眼)이나니, 이것을 5안이라고 이름하느니라. 선현이여. 6신통이라는 것은 이를테면, 보살마하살이 수학하였던 것인 신경지증통(神境智證通)·천안지증통(天眼智證通)·천이지증통(天耳智證通)·타심지증통(他心智證通)·숙주수념지증통(宿住隨念智證通)·누진지증통(漏盡智證通)이나니, 이것을 6신통이라고 하느니라.

---

4) '염(念)'은 사유하는 것이고, '락(樂)'은 즐거움이나 쾌락이니, '염락(念樂)'은 사유를 통한 쾌락을 뜻한다.

선현이여. 여래의 10력이라는 것은 이를테면, 만약 제여래·응공·정등각이라면, 이 처소에서 여실하게 이 처소라고, 처소가 아닌 것에서 여실하게 이 처소가 아니라고 아는데, 이것이 제1력이고, 만약 제여래·응공·정등각이라면, 제유정들의 과거·미래·현재의 여러 업과 제법을 받는 처소의 인(因)과 이숙을 모두 여실하게 아는데, 이것이 제2력이며, 만약 제여래·응공·정등각이라면, 여러 세간의 하나가 아닌 여러 종류에서 여러 경계의 차별을 모두 여실하게 아는데, 이것이 제3력이고, 만약 제여래·응공·정등각이라면, 여러 세간의 하나가 아닌 여러 종류에서 수승한 신해의 차별과 심사(尋伺)[5]가 차별이 있다고 모두 여실하게 아는데, 이것이 제4력이며, 만약 제여래·응공·정등각이라면, 제유정들에게서 보특가라와 여러 근기의 수승함과 하열함을 모두 여실하게 아는데, 이것이 제5력이고,

만약 제여래·응공·정등각이라면, 두루 나아가는 행을 모두 여실하게 아는데, 이것이 제6력이며, 만약 제여래·응공·정등각이라면, 일체의 정려(靜慮)·해탈(解脫)·등지(等持)·등지(等至)·잡염(雜染)·청정(淸淨)·안립(安立) 등의 차별을 모두 여실하게 아는데, 이것이 제7력이고, 만약 제여래·응공·정등각이라면, 인간을 초월하는 청정한 천안(天眼)으로써 제유정들이 죽을 때와 태어나는 때의 여러 좋고 나쁜 일을 보고서 이와 같은 유정은 신(身)·어(語)·의(意)를 인연으로 세 종류로 악행(惡行)인, 여러 삿된 견해를 인연으로, 현성(賢聖)들을 비방한 인연으로 여러 악취(惡趣)에 떨어지는 것을 보고, 이와 같은 유정은 신·어·의를 인연으로 세 종류로 미묘한 행인, 여러 정견을 인연으로, 현성들을 찬탄한 인연으로, 여러 선취(善趣)에 태어나는 것을 보며, 다시 인간을 초월하는 청정한 천안으로써 제유정들이 죽을 때와 태어나는 때에 좋은 빛깔이나 나쁜 빛깔이라고 보고, 이것을 쫓아서 다시 선취와 악취에 태어나는 것을 보며, 제유정들에게 업의 세력을 따라서 선취와 악취에 태어나는 것을 모두 여실하게 아는데, 이것이 제8력이고,

---

[5] '심(尋)'과 '사(伺)'의 마음작용을 통칭하는 말이다. '심(尋)'은 거친 마음상태를 관찰하는 마음작용이고, '사(伺)'는 세밀한 마음상태를 관찰하는 마음작용이다.

만약 제여래·응공·정등각이라면, 제유정들의 과거의 무량한 숙주(宿住)의 일이거나, 혹은 한 생이거나, 혹은 열 생이거나, 혹은 백 생이거나, 혹은 천 생이거나, 혹은 무량한 생이거나, 혹은 한 겁이거나, 혹은 열 겁이거나, 혹은 백 겁이거나, 혹은 천 겁이거나, 혹은 무량한 겁에서 소유한 제행(諸行)·제설(諸說)·제상(諸相)을 모두 여실하게 아는데, 이것이 제9력이고, 만약 제여래·응공·정등각이라면, 여러 누진(漏盡)에서 무루심(無漏心)의 해탈(解脫)과 무루혜(無漏慧)의 해탈을 모두 여실하게 알고, 스스로가 누진의 진실한 해탈법에서 스스로가 지혜를 통달하고 증득하며 구족하고 안주하면서 '나는 태어남을 이미 끝마쳤고 범행은 이미 서 있으며 지을 것은 이미 성취하여 후유(後有)를 받지 않는다.'라고 여실하게 깨달아서 받아들이는데, 이것이 제10력이니라. 이와 같다면 여래의 10력이라고 이름하느니라.

선현이여. 4무소외라는 것은 이를테면, 만약 제여래·응공·정등각이라면, 스스로가 '나는 정등각자(正等覺者)이다.'라고 말하였는데 설사 사문이 있었거나, 만약 바라문이 있었거나, 만약 천마(天魔)가 있었거나, 만약 범천(梵天)이 있었거나, 만약 나머지의 세간들이 법에 의지하여 비난하였거나, 혹은 '세존(佛)은 정등각(正等覺)이 아니다.'라고 억념(憶念)할지라도 나는 그들의 비난이 인연(因)이 없다고 바르게 보느니라. 그들의 비난이 인연이 없다고 바르게 보는 까닭으로써 무서움과 두려움이 없이 안은하게 안주하여 '나의 처소는 큰 선인의 존귀한 지위이다.'라고 말하며, 대중의 가운데에서 곧 사자후(師子吼)로 대범륜(大梵輪)을 굴리나니, 일체의 사문이거나, 만약 바라문이거나, 만약 천마이거나, 만약 범천이거나, 만약 나머지의 세간이라면 결정적으로 능히 법을 굴리는 자와 같은 자는 없었느니라. 이것이 제1무소외이니라.

만약 제여래·응공·정등각이라면, 스스로가 '나는 이미 여러 번뇌(漏)를 영원히 끝마쳤다.'라고 말하였는데 설사 사문이 있었거나, 만약 바라문이 있었거나, 만약 천마가 있었거나, 만약 범천이 있었거나, 만약 나머지의 세간들이 법에 의지하여 비난하였거나, 혹은 '세존은 이 번뇌에서 영원히 끝마치지 못하였다.'라고 억념할지라도 나는 그들의 비난이 인연이 없다고 바르게 보느니라. 그들의 비난이 인연이 없다고 바르게 보는 까닭으로써 무서움과 두려움이 없이 안은하게 안주하여 '나의 처소는 큰 선인의 존귀한 지위이다.'라고 말하며, 대중의 가운데에서 곧 사자후로 대범륜을 굴리나니, 일체의 사문이거나, 만약 바라문이거나, 만약 천마이거나, 만약 범천이거나, 만약 나머지의 세간이라면 결정적으로 능히 법을 굴리는 자와 같은 자는 없었느니라. 이것이 제2무소외이니라.

만약 제여래·응공·정등각이라면, 스스로가 '나는 여러 제자들을 위하여 능히 장애하는 법에 염오된다면 반드시 장애가 된다고 설하느니라.'라고 말하였는데 설사 사문이 있었거나, 만약 바라문이 있었거나, 만약 천마가 있었거나, 만약 범천이 있었거나, 만약 나머지의 세간들이 법에 의지하여 비난하였거나, 혹은 '염오가 있을지라도 이러한 법은 능히 장애가 되지 않는다.'라고 억념할지라도 나는 그들의 비난이 인연이 없다고 바르게 보느니라. 그들의 비난이 인연이 없다고 바르게 보는 까닭으로써 무서움과 두려움이 없이 안은하게 안주하여 '나의 처소는 큰 선인의 존귀한 지위이다.'라고 말하며, 대중의 가운데에서 곧 사자후로 대범륜을 굴리나니, 일체의 사문이거나, 만약 바라문이거나, 만약 천마이거나, 만약 범천이거나, 만약 나머지의 세간이라면 결정적으로 능히 법을 굴리는 자와 같은 자는 없었느니라. 이것이 제3무소외이니라.

만약 제여래·응공·정등각이라면, 스스로가 '나는 여러 제자들을 위하여 출리도(出離道)를 설하고, 여러 성자들이 수습한다면 결정적으로 출리하며, 결정적으로 통달하여 곧 고통을 끝마치고 고통의 변제(邊際)를 짓는다.'라고 말하였는데 설사 사문이 있었거나, 만약 바라문이 있었거나, 만약 천마가 있었거나, 만약 범천이 있었거나, 만약 나머지의 세간들이 법에 의지하여 비난하였거나, 혹은 '이러한 도를 수습하는 것이 있을지라도 곧 출리하지 못하고, 곧 통달하지 못하며, 곧 고통을 끝마치지 못하며, 고통의 변제를 짓지 못한다.'라고 억념할지라도 나는 그들의 비난이 인연이 없다고 바르게 보느니라. 그들의 비난이 인연이 없다고 바르게 보는 까닭으로써 무서움과 두려움이 없이 안은하게 안주하여 '나의 처소는 큰 선인의 존귀한 지위이다.'라고 말하며, 대중의 가운데에서 곧 사자후로 대범륜을 굴리나니, 일체의 사문이거나, 만약 바라문이거나, 만약 천마이거나, 만약 범천이거나, 만약 나머지의 세간이라면 결정적으로 능히 법을 굴리는 자와 같은 자는 없었느니라. 이것이 제4무소외이니라.

선현이여. 4무애해라는 것은, 이를테면, 의무애해(義無礙解)·법무애해(法無礙解)·사무애해(詞無礙解)·변무애해(辯無礙解)이니, 이것을 4무애해라고 이름하느니라. 선현이여. 무엇이 의무애해인가? 이를테면, 의취를 인연하여 장애가 없는 지혜이니라. 무엇이 법무애해인가? 이를테면, 법을 인연하여 장애가 없는 지혜이니라. 무엇이 사무애해인가? 이를테면, 말을 인연하여 장애가 없는 지혜이니라. 무엇이 변무애해인가? 이를테면, 변재를 인연하여 장애가 없는 지혜이니라.

선현이여. 18불불공법이라는 것은 이를테면, 제여래·응공·정등각께서는 항상 어긋나는 허물이 없고, 갑작스럽고 폭력적인 음성이 없으며, 잊어버리는 생각이 없고, 안정되지 않은 마음이 없으며, 여러 종류의 생각이 없고, 선택하거나 버리지 않는 것이 없으며, 하려는 뜻에서 물러나지 않고, 정진에서 물러나지 않으며, 억념에서 물러나지 않고, 반야에서 물러나지 않으며, 해탈에서 물러나지 않고, 해탈지견에서 물러나지 않으며, 만약 지혜이거나 만약 견해일지라도 과거의 세간에서 집착과 장애가 없고, 만약 지혜이거나 만약 견해일지라도 현재의 세간에서 집착과 장애가 없으며, 만약 지혜이거나 만약 견해일지라도 미래의 세간에서 집착과 장애가 없고, 일체의 신업(身業)이 지혜를 앞의 인도자로 삼고서 따라서 전전하며, 일체의 어업(語業)이 지혜를 앞의 인도자로 삼고서 따라서 전전하고, 일체의 의업(意業)이 지혜를 앞의 인도자로 삼고서 따라서 전전하나니, 이것이 18불불공법이라고 이름하느니라.

선현이여. 또 32대사상이라는 것은 이를테면, 여래께서는 발바닥은 평평하고 원만한 상(相)이 있어서 미묘하고 잘 안주하므로 오히려 경대(奩)6)의 밑바닥과 같고, 땅이 비록 높고 낮을지라도 발로 밟는 곳을 따라서 모두가 평탄해져서 동등하게 접촉하지 않은 곳이 없는데, 이것이 제1이 되느니라. 여래께서는 발바닥에 천폭륜문(千輻輪文)과 망곡(輞轂)[7]의 여러 상이 원만하지 않은 것이 없는데, 이것이 제2가 되느니라. 여래께서는 손과 발이 모두 유연(柔軟)하고 도라면(覩羅綿)[8]과 같이 수승하여 일체를 초월하는데, 이것이 제3이 되느니라.

여래께서는 손과 발은 하나하나의 손가락과 발가락의 사이에 오히려 기러기왕과 같이 만망(鞔網)[9]이 있고 금색(金色)이 교차하고 혼합되어 무늬가 비단의 그림과 같으신데, 이것이 제4가 되느니라. 여래께서는 손과 발이 소유한 여러 손가락과 발가락은 원만하고 가늘고 길어서 매우 애락(愛樂)하신데, 이것이 제5가 되느니라. 여래께서는 발꿈치(足跟)가 넓고 길며 원만하고 발등의 모습이 서로 대칭되어 다른 유정들보다 수승하신데, 이것이 제6이 되느니라. 여래께서는 발등이 길고 높으며 충만하고 부드러우며 미묘하고 좋아서 발꿈치와 서로 대칭이신데, 이것이 제7이 되느니라.

여래께서는 두 장딴지(腨)가 점차로 가늘어지고 원만하시며, 예니야선(瑿泥耶仙)[10] 사슴왕과 같으신데, 이것이 제8이 되느니라. 여래께서는 두 팔은 길고 곧으시며 균등하고 원만하시며, 코끼리왕의 코와 같이 평평하고 서 있으면서 무릎을 어루만지시는데, 이것이 제9가 되느니라. 여래께서는 음상(陰相)인 세봉(勢峰)이 은밀하게 감추어지셨으므로 그것은 오히려 용이나 말과 같고 역시 코끼리와 같으신데, 이것이 제10이

---

6) 여인들이 몸을 단장하고 치장하면서 필요한 화장품과 화장 도구 및 비녀와 같은 장신구 등을 보관하던 소형의 목가구이다.
7) 수레의 바퀴인 '륜(輪)'은 바퀴테인 '망(輞)'과 바퀴살인 '폭(輻)', 바퀴통인 '곡(轂)'과 굴대인 '축(軸)'으로 이루어진다. 따라서 천 개의 바퀴(輪)의 모양들이 있고 그 바퀴에 다시 바퀴테와 바퀴통을 두루 갖추고 있는 모습이라는 뜻이다.
8) 산스크리트어 tūla의 음사이고, 매우 부드러운 솜을 가리킨다.
9) 산스크리트어 jālāvanaddha-hasta-pāda의 번역이고, 기러기왕의 물갈퀴와 비슷하다는 뜻이다.
10) 산스크리트어 aineya의 음사이고, 영양의 한 종류이며, 고대부터 사슴의 왕으로 번역되었다.

되느니라. 여래께서는 털구멍은 각각 하나의 터럭이 생겨나서 부드럽고 매끄러우며 감청(紺靑)[11]색이고 오른쪽으로 완만하게 휘어지는데, 이것이 제11이 되느니라.

여래께서는 머리카락과 터럭의 끝이 모두 위로 휘어졌고 오른쪽으로 완만하게 회전하고 부드러우며 윤택하고 검푸르며 금색으로 장엄되신 색신은 매우 애락(愛樂)하신데, 이것이 제12가 되느니라. 여래께서는 몸과 피부는 가늘고 엷으시며 윤택하고 매끄러우시며 티끌·먼지·물이 모두 붙어 있지 않는데, 이것이 제13이 되느니라. 여래께서는 몸과 피부는 진금색(眞金色)이고 광채가 맑고 환하게 빛나므로 미묘한 황금의 무대(金臺)를 여러 보배로 장엄하면 대중들이 모두 보고서 즐거워하는 것과 같은데, 이것이 제14가 되느니라. 여래께서는 두 발·두 손바닥의 가운데·목(頸)·두 어깨의 일곱 곳이 충만하신데, 이것이 제15가 되느니라.

여래께서는 어깨와 목이 원만하고 수승하며 미묘하신데, 이것이 제16이 되느니라. 여래께서는 어깨뼈(髆)와 겨드랑이(腋)가 모두 충실하신데, 이것이 제17이 되느니라. 여래께서는 용모와 위의가 원만하고 단정하고 곧으신데, 이것이 제18이 되느니라. 여래께서는 몸의 모습(身相)이 길고 넓으며 단엄(端嚴)하신데, 이것이 제19가 되느니라. 여래께서는 신체의 모습(體相)의 가로와 세로의 분량이 균등하시고 주위가 두루(周币) 원만하시므로 약구타(諾瞿陀)[12]와 같으신데, 이것이 제20이 되느니라. 여래께서는 턱(頷)과 가슴(臆), 아울러 몸에 상체(上半)의 위의와 용모가 광대하시어 사자와 같으신데, 이것이 제21이 되느니라. 여래의 항상하는 광명(常光)은

---

11) 산뜻하고 짙은 남색(藍色)을 가리킨다.
12) 산스크리트어 nyagrodha의 음사이고, '니구율수(尼拘律樹)', '니구타수(尼拘陀樹)' 등으로도 음사하며, '무절(無節)', '사유(四維)', '다근(多根)' 등으로 한역한다. 뱅골보리수를 가리키는데, 상록교목으로 인도가 원산지이며 높이가 30m까지 자라고, 둘레가 16m에 달한다. 열매는 무화과처럼 2개씩 열리고 식용이 가능하며 잎은 코끼리의 사료 또는 접시 대용으로 쓰기도 하며, 가지에서 공기뿌리가 많이 나와 넓게 퍼지는데, 가지가 사방으로 뻗어나가고 줄기에서 수많은 기근이 자라나 땅속에 박히면 다시 뿌리가 되며, 줄기가 땅에 닿아 뿌리를 내리기 때문에 줄기 둘레가 10~20m나 되는 것도 있다.

4방으로 각각 1심(尋)¹³⁾이신데, 이것이 제22가 되느니라.
　여래께서는 치아(齒)가 40개이고 가지런하며 평평하고 청정하며 조밀하고 뿌리가 깊고 희어서 옥(珂)과 눈(雪)을 뛰어넘는데, 이것이 제23이 되느니라. 여래께서는 네 개의 어금니가 곱고 희며 뾰쪽하고 날카로우신데, 이것이 제24가 되느니라. 여래께서는 항상 맛의 가운데에서 최상의 맛을 얻으시고, 목구멍의 맥이 곧은 까닭으로 능히 몸 가운데의 여러 지절(指節)이 소유한 최상의 맛으로 이끌며, 풍열(風熱)과 가래(痰病)가 능히 섞이지 못하느니라. 오히려 그것들은 핏줄(脈)이 가라앉고 들뜨며 느리고 촉박하며 손괴(壞損)되고 염증(癰)이 생기며 굽어(曲)지는 등의 허물에 섞이지 않으며, 능히 바르게 삼키고 목구멍의 진액(津液)이 통하면서 흐르므로 몸과 마음이 쾌적하고 즐거워서 항상 최상의 맛을 얻으시는데, 이것이 제25가 되느니라.
　여래께서는 혀의 모습(舌相)이 얇고 청정하시고 넓고 길어서 능히 얼굴 둘레를 덮고서 귀와 머리카락 사이까지 이르시는데, 이것이 제26이 되느니라. 여래께서는 범음(梵音)인 말씨와 음운이 넓고 아름다워서 대중이 많고 적음을 따라서 모두 평등하지 않음이 없으므로 듣는다면, 그 소리가 널리 진동하여 오히려 천상의 북(天鼓)을 치는 것과 같고, 말씀을 일으키면 완곡하고 함축적이므로 빈가(頻迦)¹⁴⁾의 소리와 같으신데, 이것이 제27이 되느니라.
　여래께서는 속눈썹이 오히려 우왕(牛王)과 같아서 감청색이고 가지런하여 섞이고 어지럽지 않으시는데, 이것이 제28이 되느니라. 여래께서는 눈동자가 감청색이고 매우 희며 분홍색 고리가 사이를 장식하여 희고 맑으며 분명하신데, 이것이 제29가 되느니라. 여래께서는 얼굴 모양은

---

13) 고대의 길이 단위로서 대략 8척(尺)을 가리키는데, 1척은 33.3㎝이므로, 약 226㎝에 해당한다.
14) 가릉빈가(迦陵頻伽)의 줄임말로 산스크리트어 kalaviṅka의 음사이다. '묘음조(妙音鳥)', '애란(哀鸞)' 등으로 번역한다. 머리와 팔은 사람의 모습이고 몸은 새의 모습을 하고 있다고 알려져 있다.

오히려 보름달과 같고, 눈썹의 모습이 희고 청정하여 오히려 제석천의 활과 같으신데, 이것이 제30이 되느니라.

여래께서는 미간(眉間)에 백호상(白毫相)이 있으며 오른쪽으로 감아졌고 유연하여 도라면(睹羅綿)과 같으며 매우 희고 광채가 청정하여 희어서 옥과 눈을 뛰어넘는데, 이것이 제31이 되느니라. 여래께서는 정수리 위에 오슬니사(烏瑟膩沙)가 높이 나타나서 두루 원만하며 오히려 천상(天上) 일산과 같으신데, 이것이 제32가 되느니라. 선현이여. 이것을 32대사상이라고 이름하느니라."

마하반야바라밀다경 제470권

76. 중덕상품(衆德相品)(3)

"다시 다음으로 선현이여. 80수호라는 것은 이를테면, 여래께서는 손톱이 좁고 길며 얇고 윤택하며 광채가 맑고 선명하며 청정하여 빛나는 구리(花赤銅)와 같으신데, 이것이 제1이 되느니라. 여래께서는 손가락과 발가락이 둥글고 가늘고 길며, 장딴지는 곧고 부드러우며, 뼈마디가 나타나지 않으시는데, 이것이 제2가 되느니라. 여래께서는 손과 발 등이 각각 차별이 없고 여러 손가락과 발가락 사이가 모두가 충만하고 세밀하신데, 이것이 제3이 되느니라.

여래께서는 손과 발이 뜻과 같이 원만하고 유연하시며 청정하고 빛나는 색깔이 연꽃과 같으신데, 이것이 제4가 되느니라. 여래께서는 힘줄과 핏줄이 이리저리 얽혀서 견고하시고 깊이 감춰져서 나타나지 않으시는데, 이것이 제5가 되느니라. 여래께서는 두 복사뼈(踝)가 함께 감춰져서 나타나지 않으시는데, 이것이 제6이 되느니라. 여래께서는 걸음걸이가 곧게 나아가시고 침착하며 안정되셨으므로 용이나 코끼리왕과 같으신데, 이것이 제7이 되느니라. 여래께서는 걸음걸이가 위의와 용모가 가지런하시고 엄숙하여 사자왕과 같으신데, 이것이 제8이 되느니라.

여래께서는 걸음걸이가 평안(平安)하고 침착하고 차례가 있으셔서 지나치지도 않고 부족하지도 않으시므로 우왕(牛王)과 같으신데, 이것이 제9가 되느니라. 여래께서는 걸음걸이가 나아가고 멈추는 위의가 우아하여 거위왕(鵝王)과 같으신데, 이것이 제10이 되느니라. 여래께서는 돌아보신다면 반드시 오른편으로 돌리므로 용이나 코끼리왕과 같이 몸을 따라서 돌리는 것과 같으신데, 이것이 제11이 되느니라. 여래께서는 지절(支節)이 점차로 균등하게 둥글고 미묘하며 좋고 안정적으로 분포되셨는데, 이것이 제12가 되느니라.

여래께서는 뼈마디가 교차하고 연결되어 틈새가 없어서 오히려 용반(龍盤)[1]과 같으신데, 이것이 제13이 되느니라. 여래께서는 무릎(膝輪)이 미묘하고 좋고 안정적으로 분포하여 견고하고 원만하신데, 이것이 제14가 되느니라. 여래께서는 감춰진 곳(隱處)이 문양이 미묘하고 좋으시며 위세를 구족하고 원만하며 청정하신데, 이것이 제15가 되느니라. 여래께서는 색신(身)의 지절이 윤택하고 매끄러우며 유연하며 빛나고 즐거우며 선명하고 청정하며 티끌과 먼지(塵垢)가 묻지 않으시는데, 이것이 제16이 되느니라.

여래께서는 색신과 용모가 둥글고 엄숙하며 두려움이 없고 항상 겁내고 나약하지 않으시는데, 이것이 제17이 되느니라. 여래께서는 색신의 지절이 견고하고 조밀(稠密)[2]하여 서로가 잘 부착되어 있으신데, 이것이 제18이 되느니라. 여래께서는 색신의 지절이 안정(安定)되고 진중(敦重)하므로 일찍이 흔들리지 않고 움직이지 않으며 원만하고 무너짐이 없으신데, 이것이 제19가 되느니라. 여래께서는 색신의 모습이 오히려 선인의 왕(仙王)과 같아서 널리 두루 단엄하고 빛나며 청정하고 감추어짐을 벗어나셨는데, 이것이 제20이 되느니라.

여래께서는 색신이 널리 두루 원광(圓光)이 있어서 다니는 것 등의 때에도 항상 스스로를 비추시는데, 이것이 제21이 되느니라. 여래께서는 배의 모습(腹形)이 네모지고 반듯하며 결함이 없고 유연하며 나타나지 않는 여러 모습으로 장엄하셨는데, 이것이 제22가 되느니라. 여래께서는 배꼽이 깊고 오른쪽으로 휘어졌으며 원만하고 미묘하며 청정하고 광택이 있으신데, 이것이 제23이 되느니라. 여래께서는 배꼽이 두껍고 오목하지

---

1) '용(龍)이 머무른다.'는 뜻으로, 호걸(豪傑)이 민간에 숨어 있음을 이르는 말이다.
2) 틈새이거나, 간격 등이 매우 좁거나 작은 것을 가리킨다.

도 않으며 뾰족하지도 않아 널리 두루 미묘하고 좋으신데, 이것이 제24가 되느니라. 여래께서는 피부가 개선(疥癬)3)이 없고 역시 검정 사마귀(黶)·점(點)·사마귀(疣)·혹(贅) 등의 허물도 없으신데, 이것이 제25가 되느니라.
　여래께서는 손바닥이 충만하고 유연하며, 발바닥은 안정하고 평평하신데, 이것이 제26이 되느니라. 여래께서는 손금(手文)이 깊고 길며 밝고 곧으며 윤택하고 끊어지지 않으시는데, 이것이 제27이 되느니라. 여래께서는 입술 색깔이 빛나고 윤택하며 붉고 선명하며, 빈바(頻婆)4)의 열매와 같고 위와 아래가 서로 알맞으신데, 이것이 제28이 되느니라. 여래께서는 입(面門)이 길지 않고 짧지도 않으며, 크지 않고 작지도 않아서 알맞게 단엄하신데, 이것이 제29가 되느니라. 여래께서는 혀의 모습이 부드럽고 얇으며 넓고 길어서 붉은 구리의 빛과 같으신데, 이것이 제30이 되느니라.
　여래께서는 소리를 일으킨다면 위엄으로 울리면서 깊고 멀어서 코끼리 왕의 소리가 명랑하고 맑게 이르는 것과 같으신데, 이것이 제31이 되느니라. 여래께서는 음운(音韻)이 아름다움과 미묘함을 구족하여 깊은 골짜기의 메아리 같으신데, 이것이 제32가 되느니라. 여래께서는 코가 높고 길며 또한 곧으시고 구멍이 드러나지 않으신데, 이것이 제33이 되느니라. 여래께서는 여러 치아(齒)가 반듯하게 가지런하고(方整) 선명하게 희신데, 이것이 제34가 되느니라. 여래께서는 여러 어금니가 둥글고 희며 빛나고 맑으며 점차로 뾰족하고 날카로우신데, 이것이 제35가 되느니라.
　여래께서는 눈은 맑고 푸른 곳과 흰 곳이 분명(分明)하신데, 이것이 제36이 되느니라. 여래께서는 눈매(眼相)는 길고 넓으므로 비유한다면 청련화(靑蓮華)와 같아서 매우 애락하신데, 이것이 제37이 되느니라. 여래께서는 속눈썹(眼睫)이 위·아래가 가지런하고 조밀하며 희지 않으신데, 이것이 제38이 되느니라. 여래께서는 두 눈썹이 길고 희지는 않으며 빽빽하여 가늘고 부드러우신데, 이것이 제39가 되느니라. 여래께서는

---

3) 옴진드기가 기생하여 일으키는 피부병인 옴을 가리킨다.
4) 산스크리트어 bimba의 음사이고, 인도에서 자생하는 덩굴풀로서 흰꽃이 피며, 빨간색의 열매가 맺힌다.

두 눈썹이 화려하고 아름다우며(綺靡) 순차(循次)로 짙은 남색(紺)의 유리색(瑠璃色)이신데, 이것을 이것이 제40이 되느니라. 여래께서는 두 눈썹은 높이 드러났고 빛나며 윤택하고 형상이 초승달과 같으신데, 이것이 제41이 되느니라.

여래께서는 귀가 두껍고 넓으며 크고 길어서 귓바퀴와 귓불(輪埵)을 성취하시는데, 이것이 제42가 되느니라. 여래께서는 두 귀가 아름답고 수려하며 가지런하고 평평하여서 여러 허물을 벗어나시는데, 이것이 제43이 되느니라. 여래께서는 용모와 위의가 능히 보는 자에게 손해가 없게 하고 염오가 없게 하며 모두가 사랑하고 공경하는 마음을 생겨나게 하시는데, 이것이 제44가 되느니라. 여래께서는 이마가 넓고 원만하고 평정(平正)하고 형태와 모습이 수승하며 미묘하신데, 이것이 제45가 되느니라. 여래께서는 색신의 부분인 상체(上半)는 원만하여 사자왕의 위엄(威嚴)에 상대가 없는 것과 같으신데, 이것이 제46이 되느니라.

여래께서는 머리카락이 길고 감청색이며 조밀하고 희지 않는데, 이것이 제47이 되느니라. 여래께서는 머리카락이 향기롭고 맑으며 가늘고 부드러우며 윤택하고 둥그렇게 휘어져 있으신데, 이것이 제48이 되느니라. 여래께서는 머리카락이 가지런하게 정리되었고 어지러움이 없으며 역시 뒤섞이지도 않으신데, 이것이 제49가 되느니라. 여래께서는 머리카락이 견고하여 끊어지지 않으므로 영원히 벗겨져서 떨어지지 않으시는데, 이것이 제50이 되느니라. 여래께서는 머리카락이 빛나고 매끄러우며 수승하고 미묘하여서 티끌과 먼지가 붙지 않으신데, 이것이 제51이 되느니라.

여래께서는 색신의 부분이 견고하고 충실하여 나라연(那羅延)[5]을 초월하시는데, 이것이 제52가 되느니라. 여래께서는 색신(身體)이 장대(張大)하고 단엄하며 곧으신데, 이것이 제53이 되느니라. 여래께서는 여러 구멍(竅)이 청정하고 둥글며 좋으신데, 이것이 제54가 되느니라. 여래께서

---

5) 산스크리트어 Nārāyaṇa의 음사이고, 제석천(帝釋天)의 권속(眷屬)으로, 집금강(執金剛)의 하나이며, 밀적금강(密迹金剛)과 함께 이천(二天)이라고 하는데, 그 힘이 코끼리의 백만 배나 된다고 알려져 있다.

는 색신의 지절은 세력이 수승하고 함께 동등한 자가 없으신데, 이것이 제55가 되느니라. 여래께서는 색신의 모습은 대중들이 관상(觀賞)하기를 좋아하여 싫증이 없는데, 이것이 제56이 되느니라. 얼굴은 길이와 넓이가 알맞고 희고 맑으며 빛나고 청정하며 가의 보름달과 같으신데, 이것이 제57이 되느니라.

여래께서는 얼굴과 용모는 넓고 광채가 있으며 말씀하시기 이전에 웃음을 머금으시고 오직 향하면서 등지는 것이 없으신데, 이것이 제58이 되느니라. 여래께서는 얼굴과 용모는 광택(光澤)이 있고 화기애애(熙怡)하므로 찡그림과 얼굴을 붉히는 것 등의 허물들을 멀리 벗어나시는데, 이것이 제59가 되느니라. 여래께서는 색신과 피부는 청정하고 때가 없으며 항상 냄새와 더러움이 없으신데, 이것이 제60이 되느니라. 여래께서 소유하신 여러 털구멍(毛孔)에서는 항상 여의(如意)한 미묘한 향기가 뿜어 나오시는데, 이것이 제61이 되느니라.

여래께서는 입에서 항상 최상의 수승한 향기를 내뿜으시는데, 이것이 제62가 되느니라. 여래께서는 머리의 모습(首相)이 두루 원만하고 미묘하며 좋아서 말달나(末達那)[6]와 같고 역시 천상의 일산(天蓋)과 같으신데, 이것이 제63이 되느니라. 여래께서는 색신의 모발이 감청색이고 빛나며 청정하여 공작(孔雀)의 목과 같이 분홍빛으로 빛나고 아름답게 장엄되었으며 빛깔은 붉은 구리의 부류와 같으신데, 이것이 제64가 되느니라. 여래께서는 법음(法音)이 대중이 많거나 적거나 늘어나지 않거나 줄어들지 않을지라도 이치에 상응하여 차별이 없으신데, 이것이 제65가 되느니라.

여래께서는 정수리의 모습을 능히 보는 자가 없는데, 이것이 제66이 되느니라. 여래께서는 손가락과 발가락이 부드럽고 분명하게 장엄되었고 미묘하게 좋아서 붉은 구리색과 같으신데, 이것이 제67이 되느니라. 여래께서는 다니시는 때에 땅에서 네 손가락 두께를 솟아나서 다니실지라도 인문(印文)[7]을 나타내시는데, 이것이 제68이 되느니라. 여래께서는

---

6) 산스크리트어 Madana의 음사이고, 취과(醉果)로 번역되는데 이 열매를 먹으면 취한다고 한다.

스스로가 수지하시고 다른 사람의 시위(侍衛)를 받지 않으시며 색신을 기울이면서 움직이지 않고 역시 구부리고 웅크리지 않으시는데, 이것이 제69가 되느니라.

여래께서는 위덕(威德)이 멀리 펼쳐지므로 일체의 악심(惡心)인 자가 본다면 기뻐하고 두려운 자가 본다면 안심하는데, 이것이 제70이 되느니라. 여래께서는 음성(音聲)이 높지도 않고 낮지도 않으며 대중을 따라서 뜻이 생겨나서 화합하고 기쁘게 함께 말씀하시는데, 이것이 제71이 되느니라. 여래께서는 능히 제유정의 부류들의 말과 음성의 의요(意樂)를 따라서 설법하시는데, 이것이 제72가 되느니라. 여래께서는 한 음성으로 정법을 널리 설(演說)하시면서 제유정의 부류들에게 각자 이해를 얻게 하시는데, 이것이 제73이 되느니라.

여래께서는 설법이 모두가 차례에 의지하고 반드시 인연이 있으며 선(善)하지 않은 말씀은 없으신데, 이것이 제74가 되느니라. 여래께서는 제유정의 부류들을 관찰하면서 선을 칭찬하고 악을 꾸짖을지라도 사랑과 미움이 없어서 평등하신데, 이것이 제75가 되느니라. 여래께서는 하실 것을 먼저 관찰하고 뒤에 지으시며 궤범(軌範)을 구족하시고 좋고 청정함을 알게 하시는데, 이것이 제76이 되느니라. 여래께서는 상호는 일체의 유정이 관찰하지 못하는데, 이것이 제77이 되느니라. 여래께서는 정수리의 뼈가 견실(堅實)하고 원만하신데, 이것이 제78이 되느니라.

여래께서는 얼굴과 용모가 항상 젊어서 늙지 않고, 옛 처소의 순행(巡行)을 좋아하시는데, 이것이 제79가 되느니라. 여래께서는 손과 발과 가슴의 앞에 함께 길상희선(吉祥喜旋)8)의 덕상(德相)이 있으시고 문양은 비단의 그림과 같으며 색깔은 주단(朱丹)9)과 같으신데, 이것이 제80이 되느니라. 선현이여. 이와 같다면 80수호라고 이름하느니라."

---

7) 도장(圖章)을 찍은 흔적(形跡)을 가리킨다.
8) '만(卍)'자를 가리키고, '길상해운(吉祥海雲)'이라고도 말한다.
9) '곱고 붉은 빛깔'이라는 뜻이다.

"선현이여. 여래·응공·정등각은 이와 같은 여러 종류의 상호를 성취하신 까닭으로 몸의 광명을 마음대로 움직이면서 능히 삼천대천세계를 비추면서 두루 가득 채우지 못하는 곳이 없나니, 만약 뜻을 짓는 때라면 나아가서 무량(無量)하고 무변(無邊)하며 무수(無數)인 세계를 능히 두루 비출 수 있느니라. 그렇지만 제유정들을 애민하게 생각하는 까닭으로 광명을 섭수하여 항상 사방으로 각각 1심(一尋)을 비추나니, 만약 몸의 광명을 마음대로 펼치신다면, 나아가 해·달 등의 소유한 광명이 모두 나타나지 않아서 제유정의 부류들은 밤·낮·보름·한 달·년 등의 숫자를 능히 알지 못하고, 지었던 것인 사업도 성취할 수 없느니라.

세존(佛)의 음성은 마음대로 움직이면서 능히 3천대천세계에 두루하신데, 만약 뜻을 짓는 때라면 나아가서 무량하고 무변하며 무수인 세계를 능히 두루 가득 채울 수 있느니라. 그렇지만 제유정들을 애민하게 생각하는 까닭으로 음성이 대중의 수량에 따라서 감소하지 않고 증장하지도 않느니라.

선현이여. 이와 같은 수승한 공덕과 이익은 내가 먼저 보살의 지위에서 반야바라밀다를 수행하였던 때에 이미 능히 성취하였나니, 이러한 까닭으로 지금 상호가 원만하고 장엄되어서 일체의 유정들이 보았던 자는 환희하고 모두가 수승한 이익과 안락을 획득하였느니라. 이와 같아서 선현이여. 제보살마하살들이 깊은 반야바라밀다를 수행하는 때에 능히 재시와 법시의 두 종류의 보시로써 제유정들을 섭수하는 것은 매우 기이하고 희유한 법이니라.

선현이여. 무엇이 보살마하살이 애어(愛語)의 일로써 제유정들을 섭수(攝受)하는 것인가? 선현이여. 제보살마하살들이 깊은 반야바라밀다를 수행하는 때에 유연(柔軟)한 음성으로써 유정의 부류들을 위하여 먼저 보시바라밀다를 설하고 다음으로 안인바라밀다를 설하며 다음으로 정진바라밀다를 설하고 다음으로 정려바라밀다를 설하며 뒤에 반야바라밀다를 설하여 방편으로 섭수하느니라. 선현이여. 제보살마하살들이 깊은 반야바라밀다를 수행하는 때에 유연한 음성으로써 이러한 6바라밀다를 설하여 유정들을 섭수하느니라. 그 까닭은 무엇인가? 오히려 이러한 6바라밀다는 여러 선법을 널리 능히 섭수하는 까닭이니라.

선현이여. 무엇이 보살마하살이 이행(利行)의 일로써 제유정들을 섭수하는 것인가? 선현이여. 제보살마하살들이 깊은 반야바라밀다를 수행하는 때에 장야(長夜)의 가운데에서 여러 종류의 방편으로 제유정들에게 보시·정계·안인·정진·정려·반야바라밀다와 나머지의 여러 종류의 수승한 선법을 정근하면서 수학하라고 권유하면서 항상 해태(懈怠)하여 그만두는 것이 없느니라.

선현이여. 무엇이 보살마하살이 동사(同事)의 일로써 제유정들을 섭수하는 것인가? 선현이여. 제보살마하살들이 깊은 반야바라밀다를 수행하는 때에 수승한 신통과 대원력(大願力)으로써 지옥·방생·귀계·인간·천상 등의 가운데에 현재의 처소에서 그들과 같은 사업을 방편으로 섭수하여 수승한 이익과 안락을 획득하게 하느니라. 선현이여. 제보살마하살들은 능히 이와 같은 보시·애어·행·동사의 일로써 제유정들을 섭수하나니, 이것이 매우 기이하고 희유한 법이 되느니라."

"다시 다음으로 선현이여. 내가 불안(佛眼)으로써 시방의 긍가사 등의 제불세계의 가운데에서 두루 관찰하건대 희유한 보살마하살이 깊은 반야바라밀다를 수행하는 때에, 다른 보살마하살들에게 '오십시오. 선남자여. 그대들은 여러 글자(字)의 다라니문(陀羅尼門)을 상응하여 잘 수학해야 하는데 이를테면, 한 글자·두 글자, 나아가 열 글자를 상응하여 잘 수학해야 하며, 이와 같이 나아가, 스무 글자·서른 글자, 나아가 만약 백 글자이거나, 만약 천 글자이거나, 만약 만 글자이거나, 만약 나아가 무수한 글자를 상응하여 잘 수학(修學)하고서 자재(自在)하게 이끌어서 일으켜야 합니다.

또한 일체의 언어(語言)가 모두 한 글자에 들어가고, 혹은 두 글자, 나아가 열 글자에 들어가며, 이와 같이 나아가, 스무 글자·서른 글자, 나아가 만약 백 글자이거나, 만약 천 글자이거나, 만약 만 글자이거나, 만약 나아가 무수한 글자에 들어간다고 상응하여 잘 수학하고서 자재하게 이끌어서 일으켜야 합니다. 또한 한 글자의 가운데에서 일체 글자를 섭수하고, 일체 글자의 가운데에서 한 글자를 섭수한다고 잘 수학하고서 자재하게 이끌어서 일으켜야 합니다. 또한 한 글자가 42본모자(四十二本母字)를 능히 섭수하고, 42본모자가 한 글자를 섭수한다고 상응하여 잘 수학해야 합니다.'라고 교계(教誡)하고 교수(教授)하면서 말하느니라.

선현이여. 이 보살마하살은 마땅히 이와 같이 42자가 한 글자에 들어가고 한 문자가 역시 42자에 들어간다고 상응하여 이와 같이 잘 수학해야 하고, 이와 같이 수학하였다면, 여러 글자의 가운데에서 선교(善巧)를 이끌어서 일으키나니, 이끌어서 일으킨 글자에서 선교를 얻고서, 다시 글자가 없는 것에서 선교를 이끌어서 일으키는데, 제여래·응공·정등각들과 같이 법에서 선교이고 글자에서도 선교이니라. 제법과 여러 글자에서 선교인 까닭으로 글자가 없는 가운데서도 역시 선교를 얻느니라. 오히려 선교인 까닭으로 능히 유정들을 위하여 글자가 있는 법을 설하고 글자가 없는 법을 설하면서 글자가 없는 법을 위하여 글자가 있는 법을 설하느니라.

그 까닭은 무엇인가? 글자와 글자가 없는 것을 벗어난다면 글자도 없고 다른 불법이 없나니, 일체의 글자를 초월한다면 진실한 불법이라고 이름하느니라. 그 까닭은 무엇인가? 일체법으로써, 일체의 유정으로써 모두 필경공(畢竟空)이며, 무제공(無際空)인 까닭이니라."

구수 선현이 세존께 아뢰어 말하였다.
"세존이시여. 만약 일체법과 일체의 유정들이 모두 필경공이고, 무제공인 까닭으로 여러 글자를 초월한 것이라면 일체법과 일체의 유정들의 자성은 반드시 결국에는 모두 얻을 수 없는데, 제보살마하살들은 어찌하여 보시바라밀다, 나아가 반야바라밀다를 수행하고, 어찌하여 4정려·4무량·4무색정을 수행하며, 어찌하여 4념주, 나아가 8성도지를 수행하고, 어찌하여 공·무상·무원해탈문을 수행하며, 어찌하여 내공, 나아가 무성자성공에 안주하고, 어찌하여 진여, 나아가 부사의계에 안주하며, 어찌하여 고·집·멸·도성제에 안주하고,

어찌하여 8해탈, 나아가 10변처를 수행하며, 어찌하여 극희지, 나아가 법운지를 수행하고, 어찌하여 일체의 다라니문·삼마지문을 수행하며, 어찌하여 5안·6신통을 수행하고, 어찌하여 여래의 10력, 나아가 18불불공법을 수행하며, 어찌하여 무망실법·항주사성을 수행하고, 어찌하여 일체지·도상지·일체상지를 수행하며, 어찌하여 32대사상·80수호를 수행하고, 어찌하여 이숙(異熟)인 6바라밀다와 6신통에 안주하여 제유정들을 위하여 정법을 널리 설합니까?

세존이시여. 일체의 유정들은 모두 얻을 수 없고, 유정들의 시설(施設)도 얻을 수 없으며, 일체의 유정들을 얻을 수 없는 까닭으로 색, 나아가 식을 역시 얻을 수 없고, 안처, 나아가 의처도 역시 얻을 수 없으며, 색처, 나아가 법처도 역시 얻을 수 없고, 안계, 나아가 의계도 역시 얻을 수 없으며, 색계, 나아가 법계도 역시 얻을 수 없고, 안식계, 나아가 의식계도 역시 얻을 수 없으며, 안촉, 나아가 의촉도 역시 얻을 수 없고, 안촉을 인연으로 생겨난 여러 수, 나아가 의촉을 인연으로 생겨난 여러 수도 역시 얻을 수 없으며,

지계, 나아가 식계도 역시 얻을 수 없고, 인연, 나아가 증상연도 역시 얻을 수 없으며, 무명, 나아가 노사도 역시 얻을 수 없고, 보시바라밀다, 나아가 반야바라밀다도 역시 얻을 수 없으며, 내공, 나아가 무성자성공도 역시 얻을 수 없고, 진여, 나아가 부사의계도 역시 얻을 수 없으며, 고·집·멸·도성제도 역시 얻을 수 없고, 4념주, 나아가 8성도지도 역시 얻을 수 없으며, 4정려·4무량·4무색정도 역시 얻을 수 없고, 8해탈, 나아가 10변처도 역시 얻을 수 없으며, 공·무상·무원해탈문도 역시 얻을 수 없고, 정관지, 나아가 여래지도 역시 얻을 수 없으며,

극희지, 나아가 법운지도 역시 얻을 수 없고, 일체의 다라니문·삼마지문도 역시 얻을 수 없으며, 5안·6신통도 역시 얻을 수 없고, 여래의 10력, 나아가 18불불공법도 역시 얻을 수 없으며, 무망실법·항주사성도 역시 얻을 수 없고, 일체지·도상지·일체상지도 역시 얻을 수 없으며, 예류과, 나아가 독각도 역시 얻을 수 없고, 일체의 보살마하살의 행도 역시 얻을

수 없으며, 제불의 무상정등보리도 역시 얻을 수 없고, 32대사상·80수호도 역시 얻을 수 없습니다.

　세존이시여. 얻을 수 없는 가운데에서는 유정도 없고 역시 그 시설도 없으며, 색, 나아가 식도 없고 역시 그 시설도 없으며, 안처, 나아가 의처도 없고 역시 그 시설도 없으며, 색처, 나아가 법처도 없고 역시 그 시설도 없으며, 안계, 나아가 의계도 없고 역시 그 시설도 없으며, 색계, 나아가 법계도 없고 역시 그 시설도 없으며, 안식계, 나아가 의식계도 없고 역시 그 시설도 없으며, 안촉, 나아가 의촉도 없고 역시 그 시설도 없으며, 안촉을 인연으로 생겨난 여러 수, 나아가 의촉을 인연으로 생겨난 여러 수도 없고 역시 그 시설도 없으며,
　지계, 나아가 식계도 없고 역시 그 시설도 없으며, 인연, 나아가 증상연도 없고 역시 그 시설도 없으며, 무명, 나아가 노사도 없고 역시 그 시설도 없으며, 보시바라밀다, 나아가 반야바라밀다도 없고 역시 그 시설도 없으며, 내공, 나아가 무성자성공도 없고 역시 그 시설도 없으며, 진여, 나아가 부사의계도 없고 역시 그 시설도 없으며, 고·집·멸·도성제도 없고 역시 그 시설도 없으며, 4념주, 나아가 8성도지도 없고 역시 그 시설도 없으며, 4정려·4무량·4무색정도 없고 역시 그 시설도 없으며,
　8해탈, 나아가 10변처도 없고 역시 그 시설도 없으며, 공·무상·무원해탈문도 없고 역시 그 시설도 없으며, 정관지, 나아가 여래지도 없고 역시 그 시설도 없으며, 극희지, 나아가 법운지도 없고 역시 그 시설도 없으며, 일체의 다라니문·삼마지문도 없고 역시 그 시설도 없으며, 5안·6신통도 없고 역시 그 시설도 없으며, 여래의 10력, 나아가 18불불공법도 없고 역시 그 시설도 없으며, 무망실법·항주사성도 없고 역시 그 시설도 없으며, 일체지·도상지·일체상지도 없고 역시 그 시설도 없으며, 예류과, 나아가 독각도 없고 역시 그 시설도 없으며, 일체의 보살마하살의 행도 없고 역시 그 시설도 없으며, 제불의 무상정등보리도 없고 역시 그 시설도 없으며, 32대사상·80수호도 없고 역시 그 시설도 없습니다.

세존이시여. 일체의 유정들과 법의 시설을 이미 얻을 수 없고 모두 무소유인데, 제보살마하살들이 깊은 반야바라밀다를 수행하는 때에 제유정들을 위하여 무엇 등의 법을 설하겠습니까? 세존이시여. 이를테면, 보살마하살들이 스스로가 부정(不正)한 법에 머무르고, 제유정들을 위하여 부정한 법을 설하면서 제유정들에게 부정한 법에 머무르게 권유하며, 전도된 법으로써 유정들을 안립시키지 못하게 하십시오. 그 까닭은 무엇인가? 제보살마하살들이 깊은 반야바라밀다를 수행하는 때에 오히려 보리(菩提)도 증득할 수 없는데, 하물며 보리분법(菩提分法)을 증득할 수 있겠습니까? 오히려 보살마하살도 얻을 수 없는데, 하물며 보살마하살의 법을 증득할 수 있겠습니까?"

　세존께서 선현에게 알리셨다.

　"그와 같으니라. 그와 같으니라. 그대가 말한 것과 같으니라. 일체의 유정들을 모두 얻을 수 없고, 일체의 유정들의 시설도 얻을 수 없으며 일체법을 얻을 수 없고 일체의 유정들의 시설도 얻을 수 없느니라. 오히려 얻을 수 없는 까닭으로 모두 무소유이고 무소유인 까닭으로 내공(內空)·외공(外空)·내외공(內外空)·공공(空空)·대공(大空)·승의공(勝義空)·유위공(有爲空)·무위공(無爲空)·필경공(畢竟空)·무제공(無際空)·산공(散空)·무변이공(無變異空)·본성공(本性空)·자상공(自相空)·공상공(共相空)·일체법공(一切法空)·불가득공(不可得空)·무성공(無性空)·자성공(自性空)·무성자성공(無性自性)이라고 마땅히 알아야 하느니라.

　진여(眞如)가 공이고 법계(法界)가 공이며 법성(法性)이 공이고 불허망성(不虛妄性)이 공이며 불변이성(不變異性)이 공이고 평등성(平等性)이 공이며 이생성(離生性)이 공이고 법정(法定)이 공이며 법주(法住)가 공이고 실제(實際)가 공이며 허공계(虛空界)가 공이고 부사의계(不思議界)가 공이라고 마땅히 알아야 하고, 고성제가 공이고 집성제가 공이며 멸성제가 공이고 도성제가 공이라고 마땅히 알아야 하느니라.

　색온(色蘊), 나아가 식온(識蘊)이 공이라고 마땅히 알아야 하고, 안처, 나아가 의처가 공이라고 마땅히 알아야 하며, 색처, 나아가 법처가 공이라고 마땅히 알아야 하고, 안계, 나아가 의계가 공이라고 마땅히 알아야 하며, 색계, 나아가 법계가 공이라고 마땅히 알아야 하고, 안식계, 나아가 의식계가 공이라고 마땅히 알아야 하며, 안촉, 나아가 의촉이 공이라고 마땅히 알아야 하고, 안촉을 인연으로 생겨난 여러 수, 나아가 의촉을 인연으로 생겨난 여러 수가 공이라고 마땅히 알아야 하며,

지계, 나아가 식계가 공이라고 마땅히 알아야 하고, 인연, 나아가 증상연이 공이라고 마땅히 알아야 하고, 무명, 나아가 노사가 공이라고 마땅히 알아야 하고, 아(我)·유정(有情), 나아가 지자(知者)·견자(見者)가 공이라고 마땅히 알아야 하며, 보시바라밀다, 나아가 반야바라밀다가 공이라고 마땅히 알아야 하고, 4정려·4무량·4무색정이 공이라고 마땅히 알아야 하며, 4념주, 나아가 8성도지가 공이라고 마땅히 알아야 하고, 공·무상·무원해탈문이 공이라고 마땅히 알아야 하며,

8해탈, 나아가 10변처가 공이라고 마땅히 알아야 하고, 정관지, 나아가 여래지가 공이라고 마땅히 알아야 하며, 극희지, 나아가 법운지가 공이라고 마땅히 알아야 하고, 일체의 다라니문·삼마지문이 공이라고 마땅히 알아야 하며, 5안·6신통이 공이라고 마땅히 알아야 하고, 여래의 10력, 나아가 18불불공법이 공이라고 마땅히 알아야 하며, 무망실법·항주사성이 공이라고 마땅히 알아야 하고, 일체지·도상지·일체상지가 공이라고 마땅히 알아야 하며, 예류과, 나아가 독각이 공이라고 마땅히 알아야 하고,

보살마하살의 정생이생이 공이라고 마땅히 알아야 하며, 유정을 성숙시키고 불국토를 청정하게 장엄하는 것이 공이라고 마땅히 알아야 하고, 일체의 보살마하살의 행이 공이라고 마땅히 알아야 하며, 제불의 무상정등보리가 공이라고 마땅히 알아야 하고, 32대사상·80수호가 공이라고 마땅히 알아야 하느니라.

선현이여. 제보살마하살들이 깊은 반야바라밀다를 수행하는 때에 일체법이 모두 공이라고 이미 보았다면, 제유정들을 위하여 제법을 널리 설하여 전도(顚倒)를 벗어나게 하나니, 비록 유정들을 위하여 제법을

널리 설할지라도 유정들에게 모두 얻는 것이 없고, 일체법에서도 역시 얻는 것도1 없으며, 여러 공상(空相)에서도 증장하지 않고 감소하지 않으며, 취하지 않고 버리지도 않느니라. 오히려 이러한 인연으로 비록 제법을 설할지라도 설하는 것이 없느니라.

선현이여. 이 보살마하살은 일체법에서 이와 같이 관찰하는 때에 장애가 없는 지혜를 얻나니, 오히려 이러한 지혜를 까닭으로 제법을 파괴하지 않고, 무이(無二)의 분별로 여러 유정들을 위하여 여실하게 널리 설하고, 망상(妄想)과 전도된 집착을 벗어나게 하며, 그것을 따라서 상응하여 3승과(三乘果)에 나아가며, 구경에 항상 안락한 열반을 증득하게 하느니라.

여래·응공·정등각께서 변화로 지으셨던 한 여래(一佛)가 계셨고, 이 여래께서 다시 능히 무량한 백천 구지·나유타의 대중을 변화로 지으셨으며, 이때 그 변화로 지으셨던 여래께서 변화로 지었던 대중들을 교화하여 보시바라밀다, 나아가 반야바라밀다를 수행하게 하였거나, 혹은 4정려·4무량·4무색정을 수행하게 하였거나, 4념주, 나아가 8성도지를 수행하게 하였거나, 공·무상·무원해탈문을 수행하게 하였거나, 혹은 내공, 나아가 무성자성공에 안주하게 하였거나, 진여, 나아가 부사의계에 안주하게 하였거나, 고·집·멸·도성제에 안주하게 하였거나, 8해탈, 나아가 10변처를 수행하게 하였거나, 혹은 정관지, 나아가 여래지를 수행하게 하였거나, 극희지, 나아가 법운지를 수행하게 하였거나, 일체의 다라니문과 삼마지문을 수행하게 하였거나, 5안과 6신통을 수행하게 하였거나, 여래의 10력, 나아가 18불불공법을 수행하게 하였거나, 혹은, 32대사상·80수호를 수행하게 하였거나, 무망실법·항주사성을 수행하게 하였거나, 일체지·도상지·일체상지를 수행하게 하였거나, 혹은 예류과, 나아가 독각의 깨달음에 안주하게 하였거나, 보살의 수승한 지위에 안주하게 하였거나, 무상정등보리에 안주하게 하였다면 그대의 뜻은 어떠한가? 이 변화시킨 여래와 변화시킨 대중들이 제법에서 분별하는 것이 있거나, 파괴하는 것이 있겠는가?"

선현이 대답하여 말하였다.

"아닙니다. 세존이시여. 여러 변화시킨 자들은 일체법에서 분별이 없는 까닭입니다."

세존께서 말씀하셨다.

"오히려 이러한 까닭으로 제보살마하살들도 역시 다시 이와 같아서 깊은 반야바라밀다를 수행하는 때에 제유정들을 위하여 상응하게 설법하는 것과 같아서, 비록 법상(法相)을 분별하지 않고 파괴하지 않으나 유정들을 능히 여실하게 안립시키고서 그 상응하여 안주할 지위에 안주시키고, 비록 유정들과 일체법을 모두 얻을 수 없을지라도, 유정들을 망상과 전도된 집착을 해탈시키는데, 속박이 없고 해탈이 없는 것으로 방편을 삼는 까닭이라고 마땅히 알아야 하느니라.

그 까닭은 무엇인가? 선현이여. 색의 본성(本性), 나아가 식의 본성은 속박이 없고 해탈이 없나니, 만약 법의 본성이 속박이 없고 해탈이 없다면 이 법은 색, 나아가 식이 아니니라. 왜 그러한가? 색, 나아가 식은 반드시 결국에는 청정한 까닭이니라. 선현이여. 안처의 본성, 나아가 의처의 본성은 속박이 없고 해탈이 없나니, 만약 법의 본성이 속박이 없고 해탈이 없다면 이 법은 안처, 나아가 의처가 아니니라. 왜 그러한가? 안처, 나아가 의처는 반드시 결국에는 청정한 까닭이니라.

선현이여. 색처의 본성, 나아가 법처의 본성은 속박이 없고 해탈이 없나니, 만약 법의 본성이 속박이 없고 해탈이 없다면 이 법은 색처, 나아가 법처가 아니니라. 왜 그러한가? 색처, 나아가 법처는 반드시 결국에는 청정한 까닭이니라. 선현이여. 안계의 본성, 나아가 의계의 본성은 속박이 없고 해탈이 없나니, 만약 법의 본성이 속박이 없고 해탈이 없다면 이 법은 안계, 나아가 의계가 아니니라. 왜 그러한가? 안계, 나아가 의계는 반드시 결국에는 청정한 까닭이니라.

선현이여. 색계의 본성, 나아가 법계의 본성은 속박이 없고 해탈이 없나니, 만약 법의 본성이 속박이 없고 해탈이 없다면 이 법은 색계, 나아가 법계가 아니니라. 왜 그러한가? 색계, 나아가 법계는 반드시 결국에는 청정한 까닭이니라. 선현이여. 안식계의 본성, 나아가 의식계의 본성은 속박이 없고 해탈이 없나니, 만약 법의 본성이 속박이 없고 해탈이 없다면 이 법은 안식계, 나아가 의식계가 아니니라. 왜 그러한가? 안식계, 나아가 의식계는 반드시 결국에는 청정한 까닭이니라.

　선현이여. 안촉의 본성, 나아가 의촉의 본성은 속박이 없고 해탈이 없나니, 만약 법의 본성이 속박이 없고 해탈이 없다면 이 법은 안촉, 나아가 의촉이 아니니라. 왜 그러한가? 안촉, 나아가 의촉은 반드시 결국에는 청정한 까닭이니라. 선현이여. 안촉을 인연으로 생겨난 여러 수의 본성, 나아가 의촉을 인연으로 생겨난 여러 수의 본성은 속박이 없고 해탈이 없나니, 만약 법의 본성이 속박이 없고 해탈이 없다면 이 법은 안촉을 인연으로 생겨난 여러 수, 나아가 의촉을 인연으로 생겨난 여러 수가 아니니라. 왜 그러한가? 안촉을 인연으로 생겨난 여러 수, 나아가 의촉을 인연으로 생겨난 여러 수는 반드시 결국에는 청정한 까닭이니라.

　선현이여. 지계의 본성, 나아가 식계의 본성은 속박이 없고 해탈이 없나니, 만약 법의 본성이 속박이 없고 해탈이 없다면 이 법은 지계, 나아가 식계가 아니니라. 왜 그러한가? 지계, 나아가 식계는 반드시 결국에는 청정한 까닭이니라. 선현이여. 인연의 본성, 나아가 증상연의 본성은 속박이 없고 해탈이 없나니, 만약 법의 본성이 속박이 없고 해탈이 없다면 이 법은 인연, 나아가 증상연이 아니니라. 왜 그러한가? 인연, 나아가 증상연은 반드시 결국에는 청정한 까닭이니라.

　선현이여. 인연을 쫓아서 생겨나는 것인 제법의 본성은 속박이 없고 해탈이 없나니, 만약 법의 본성이 속박이 없고 해탈이 없다면 이 법은 인연을 쫓아서 생겨나는 것인 제법이 아니니라. 왜 그러한가? 인연을 쫓아서 생겨나는 것인 제법은 반드시 결국에는 청정한 까닭이니라. 선현이여. 무명의 본성, 나아가 노사의 본성은 속박이 없고 해탈이 없나니, 만약 법의 본성이 속박이 없고 해탈이 없다면 이 법은 무명, 나아가 노사가 아니니라. 왜 그러한가? 무명, 나아가 노사는 반드시 결국에는 청정한 까닭이니라.

　선현이여. 보시바라밀다의 본성, 나아가 반야바라밀다의 본성은 속박이 없고 해탈이 없나니, 만약 법의 본성이 속박이 없고 해탈이 없다면 이 법은 보시바라밀다, 나아가 반야바라밀다가 아니니라. 왜 그러한가? 보시바라밀다, 나아가 반야바라밀다는 반드시 결국에는 청정한 까닭이니라. 선현이여. 4정려·4무량·4무색정의 본성은 속박이 없고 해탈이 없나니, 만약 법의 본성이 속박이 없고 해탈이 없다면 이 법은 4정려·4무량·4무색정이 아니니라. 왜 그러한가? 4정려·4무량·4무색정은 반드시 결국에는 청정한 까닭이니라.

선현이여. 4념주의 본성, 나아가 8성도지의 본성은 속박이 없고 해탈이 없나니, 만약 법의 본성이 속박이 없고 해탈이 없다면 이 법은 4념주, 나아가 8성도지가 아니니라. 왜 그러한가? 4념주, 나아가 8성도지는 반드시 결국에는 청정한 까닭이니라. 선현이여. 공·무상·무원해탈문의 본성은 속박이 없고 해탈이 없나니, 만약 법의 본성이 속박이 없고 해탈이 없다면 이 법은 공·무상·무원해탈문이 아니니라. 왜 그러한가? 공·무상·무원해탈문은 반드시 결국에는 청정한 까닭이니라.

선현이여. 내공의 본성, 나아가 무성자성공의 본성은 속박이 없고 해탈이 없나니, 만약 법의 본성이 속박이 없고 해탈이 없다면 이 법은 내공, 나아가 무성자성공이 아니니라. 왜 그러한가? 내공, 나아가 무성자성공은 반드시 결국에는 청정한 까닭이니라. 선현이여. 진여의 본성, 나아가 부사의계의 본성은 속박이 없고 해탈이 없나니, 만약 법의 본성이 속박이 없고 해탈이 없다면 이 법은 진여, 나아가 부사의계가 아니니라. 왜 그러한가? 진여, 나아가 부사의계는 반드시 결국에는 청정한 까닭이니라.

선현이여. 고·집·멸·도성제의 본성은 속박이 없고 해탈이 없나니, 만약 법의 본성이 속박이 없고 해탈이 없다면 이 법은 고·집·멸·도성제가 아니니라. 왜 그러한가? 고·집·멸·도성제는 반드시 결국에는 청정한 까닭이니라. 선현이여. 8해탈의 본성, 나아가 10변처의 본성은 속박이 없고 해탈이 없나니, 만약 법의 본성이 속박이 없고 해탈이 없다면 이 법은 8해탈, 나아가 10변처가 아니니라. 왜 그러한가? 8해탈, 나아가 10변처는 반드시 결국에는 청정한 까닭이니라.

선현이여. 고·집·멸·도성제의 본성은 속박이 없고 해탈이 없나니,

만약 법의 본성이 속박이 없고 해탈이 없다면 이 법은 고·집·멸·도성제가 아니니라. 왜 그러한가? 고·집·멸·도성제는 반드시 결국에는 청정한 까닭이니라. 선현이여. 8해탈의 본성, 나아가 10변처의 본성은 속박이 없고 해탈이 없나니, 만약 법의 본성이 속박이 없고 해탈이 없다면 이 법은 8해탈, 나아가 10변처가 아니니라. 왜 그러한가? 8해탈, 나아가 10변처는 반드시 결국에는 청정한 까닭이니라.

선현이여. 정관지의 본성, 나아가 여래지의 본성은 속박이 없고 해탈이 없나니, 만약 법의 본성이 속박이 없고 해탈이 없다면 이 법은 정관지, 나아가 여래지가 아니니라. 왜 그러한가? 정관지, 나아가 여래지는 반드시 결국에는 청정한 까닭이니라. 선현이여. 극희지의 본성, 나아가 법운지의 본성은 속박이 없고 해탈이 없나니, 만약 법의 본성이 속박이 없고 해탈이 없다면 이 법은 극희지, 나아가 법운지가 아니니라. 왜 그러한가? 극희지, 나아가 법운지는 반드시 결국에는 청정한 까닭이니라.

선현이여. 다라니문의 본성과 삼마지문의 본성은 속박이 없고 해탈이 없나니, 만약 법의 본성이 속박이 없고 해탈이 없다면 이 법은 다라니문과 삼마지문이 아니니라. 왜 그러한가? 다라니문과 삼마지문은 반드시 결국에는 청정한 까닭이니라. 선현이여. 5안의 본성과 6신통의 본성은 속박이 없고 해탈이 없나니, 만약 법의 본성이 속박이 없고 해탈이 없다면 이 법은 5안과 6신통이 아니니라. 왜 그러한가? 5안과 6신통은 반드시 결국에는 청정한 까닭이니라.

선현이여. 여래의 10력의 본성, 나아가 18불불공법의 본성은 속박이 없고 해탈이 없나니, 만약 법의 본성이 속박이 없고 해탈이 없다면 이 법은 여래의 10력, 나아가 18불불공법이 아니니라. 왜 그러한가? 여래의 10력, 나아가 18불불공법은 반드시 결국에는 청정한 까닭이니라. 선현이여. 32대사상의 본성과 80수호의 본성은 속박이 없고 해탈이 없나니, 만약 법의 본성이 속박이 없고 해탈이 없다면 이 법은 32대사상과 80수호가 아니니라. 왜 그러한가? 32대사상과 80수호는 반드시 결국에는 청정한 까닭이니라.

선현이여. 무망실법의 본성과 항주사성의 본성은 속박이 없고 해탈이 없나니, 만약 법의 본성이 속박이 없고 해탈이 없다면 이 법은 무망실법과 항주사성이 아니니라. 왜 그러한가? 무망실법과 항주사성은 반드시 결국에는 청정한 까닭이니라. 선현이여. 일체지의 본성과 도상지·일체상지의 본성은 속박이 없고 해탈이 없나니, 만약 법의 본성이 속박이 없고 해탈이 없다면 이 법은 일체지와 도상지·일체상지가 아니니라. 왜 그러한가? 일체지와 도상지·일체상지는 반드시 결국에는 청정한 까닭이니라.

선현이여. 예류과의 본성, 나아가 독각의 보리의 본성은 속박이 없고 해탈이 없나니, 만약 법의 본성이 속박이 없고 해탈이 없다면 이 법은 예류과, 나아가 독각의 보리가 아니니라. 왜 그러한가? 예류과, 나아가 독각의 보리는 반드시 결국에는 청정한 까닭이니라. 선현이여. 일체의 보살마하살의 행의 본성, 나아가 제불의 무상정등보리의 본성은 속박이 없고 해탈이 없나니, 만약 법의 본성이 속박이 없고 해탈이 없다면 이 법은 일체의 보살마하살의 행, 나아가 제불의 무상정등보리가 아니니라. 왜 그러한가? 일체의 보살마하살의 행, 나아가 제불의 무상정등보리는 반드시 결국에는 청정한 까닭이니라.

선현이여. 선법의 본성과 비선법(非善法)의 본성은 속박이 없고 해탈이 없나니, 만약 법의 본성이 속박이 없고 해탈이 없다면 이 법은 선법과 비선법이 아니니라. 왜 그러한가? 선법과 비선법은 반드시 결국에는 청정한 까닭이니라. 선현이여. 유기법의 본성과 무기법의 본성은 속박이 없고 해탈이 없나니, 만약 법의 본성이 속박이 없고 해탈이 없다면 이 법은 유기법과 무기법이 아니니라. 왜 그러한가? 유기법과 무기법은 반드시 결국에는 청정한 까닭이니라.

선현이여. 유루법의 본성과 무루법의 본성은 속박이 없고 해탈이 없나니, 만약 법의 본성이 속박이 없고 해탈이 없다면 이 법은 유루법과 무루법이 아니니라. 왜 그러한가? 유루법과 무루법은 반드시 결국에는 청정한 까닭이니라. 선현이여. 세간법의 본성과 출세간법의 본성은 속박이 없고 해탈이 없나니, 만약 법의 본성이 속박이 없고 해탈이 없다면 이 법은 세간법과 출세간법이 아니니라. 왜 그러한가? 세간법과 출세간법은 반드시 결국에는 청정한 까닭이니라.

선현이여. 유위법의 본성과 무위법의 본성은 속박이 없고 해탈이 없나니, 만약 법의 본성이 속박이 없고 해탈이 없다면 이 법은 유위법과 무위법이 아니니라. 왜 그러한가? 유위법과 무위법은 반드시 결국에는 청정한 까닭이니라. 이와 같아서 선현이여. 보살마하살이 깊은 반야바라밀다를 수행하는 때에 비록 유정들을 위하여 제법을 널리 설할지라도, 유정들과 제법의 성품은 얻을 것이 없느니라. 그 까닭은 무엇인가? 제유정들과 일체의 법을 얻을 수 없는 까닭이니라.

다시 다음으로 선현이여. 제보살마하살들이 깊은 반야바라밀다를 수행하는 때에 얻을 수 없는 것으로써 방편으로 삼아서 일체법의 얻을 것이 없는 가운데에 안주하는데 이를테면, 얻을 수 없는 것으로써 방편으로 삼아서 색의 공, 나아가 식의 공에 안주하고, 얻을 수 없는 것으로써 방편으로 삼아서 안처의 공, 나아가 의처의 공에 안주하며, 얻을 수 없는 것으로써 방편으로 삼아서 색처의 공, 나아가 법처의 공에 안주하고, 얻을 수 없는 것으로써 방편으로 삼아서 안계의 공, 나아가 의계의 공에 안주하며, 얻을 수 없는 것으로써 방편으로 삼아서 색계의 공, 나아가 법계의 공에 안주하고,

얻을 수 없는 것으로써 방편으로 삼아서 안촉의 공, 나아가 의촉의 공에 안주하며, 얻을 수 없는 것으로써 방편으로 삼아서 안촉을 인연으로 생겨난 여러 수의 공, 나아가 의촉을 인연으로 생겨난 여러 수의 공에 안주하고, 얻을 수 없는 것으로써 방편으로 삼아서 지계의 공, 나아가 식계의 공에 안주하며, 얻을 수 없는 것으로써 방편으로 삼아서 인연의 공, 나아가 증상연의 공에 안주하고, 얻을 수 없는 것으로써 방편으로 삼아서 인연을 쫓아서 생겨나는 것인 제법의 공에 안주하며, 얻을 수 없는 것으로써 방편으로 삼아서 무명의 공, 나아가 노사의 공에 안주하고,

얻을 수 없는 것으로써 방편으로 삼아서 보시바라밀다의 공, 나아가

반야바라밀다의 공에 안주하며, 얻을 수 없는 것으로써 방편으로 삼아서 4정려·4무량·4무색정의 공에 안주하고, 얻을 수 없는 것으로써 방편으로 삼아서 4념주의 공, 나아가 8성도지의 공에 안주하며, 얻을 수 없는 것으로써 방편으로 삼아서 공·무상·무원해탈문의 공에 안주하고, 얻을 수 없는 것으로써 방편으로 삼아서 내공, 나아가 무성자성공에 안주하며, 얻을 수 없는 것으로써 방편으로 삼아서 진여의 공, 나아가 부사의계의 공에 안주하고, 얻을 수 없는 것으로써 방편으로 삼아서 고·집·멸·도성제의 공에 안주하며,

얻을 수 없는 것으로써 방편으로 삼아서 8해탈의 공, 나아가 10변처의 공에 안주하고, 얻을 수 없는 것으로써 방편으로 삼아서 정관지의 공, 나아가 여래지의 공에 안주하며, 얻을 수 없는 것으로써 방편으로 삼아서 극희지의 공, 나아가 법운지의 공에 안주하고, 얻을 수 없는 것으로써 방편으로 삼아서 일체의 다라니문과 삼마지문의 공에 안주하며, 얻을 수 없는 것으로써 방편으로 삼아서 5안과 6신통의 공에 안주하고, 얻을 수 없는 것으로써 방편으로 삼아서 여래의 10력의 공, 나아가 18불불공법의 공에 안주하며,

얻을 수 없는 것으로써 방편으로 삼아서 32대사상과 80수호의 공에 안주하고, 얻을 수 없는 것으로써 방편으로 삼아서 무망실법과 항주사성의 공에 안주하며, 얻을 수 없는 것으로써 방편으로 삼아서 일체지·도상지·일체상지의 공에 안주하고, 얻을 수 없는 것으로써 방편으로 삼아서 예류과의 공, 나아가 독각의 보리의 공에 안주하며, 얻을 수 없는 것으로써 방편으로 삼아서 보살마하살의 행과 제불의 무상정등보리의 공에 안주하고, 얻을 수 없는 것으로써 방편으로 삼아서 선법과 비선법의 공에 안주하며,

얻을 수 없는 것으로써 방편으로 삼아서 유기법과 무기법의 공에 안주하고, 얻을 수 없는 것으로써 방편으로 삼아서 유루법과 무루법의 공에 안주하며, 얻을 수 없는 것으로써 방편으로 삼아서 세간법과 출세간법의 공에 안주하고, 얻을 수 없는 것으로써 방편으로 삼아서 유위법과 무위법의 공에 안주하느니라.

선현이여. 마땅히 알아야 하느니라. 색, 나아가 식은 머무르는 것이 없고, 색의 공, 나아가 식의 공도 머무르는 것이 없느니라. 왜 그러한가? 색, 나아가 식은 자성이 없어서 얻을 것이 없고, 색의 공, 나아가 식의 공도 자성이 없어서 얻을 것이 없나니, 자성이 없어서 얻을 수 없는 법은 머무르는 것이 있지 않는 까닭이니라.

이와 같이 나아가, 일체의 보살마하살의 행과 제불의 무상정등보리는 머무르는 것이 없고, 일체의 보살마하살의 행과 제불의 무상정등보리의 공도 머무르는 것이 없느니라. 왜 그러한가? 일체의 보살마하살의 행과 제불의 무상정등보리는 자성이 없어서 얻을 것이 없고, 일체의 보살마하살의 행과 제불의 무상정등보리의 공도 자성이 없어서 얻을 것이 없나니, 자성이 없어서 얻을 수 없는 법은 머무르는 것이 있지 않는 까닭이니라.

선법과 비선법은 머무르는 것이 없고, 선법과 비선법의 공도 머무르는 것이 없느니라. 왜 그러한가? 선법과 비선법은 자성이 없어서 얻을 것이 없고, 선법과 비선법의 공도 자성이 없어서 얻을 것은 없나니, 자성이 없어서 얻을 수 없는 법은 머무르는 것은 있지 않는 까닭이니라. 유기법과 무기법은 머무르는 것이 없고, 유기법과 무기법의 공도 머무르는 것이 없느니라. 왜 그러한가? 유기법과 무기법은 자성이 없어서 얻을 것이 없고, 유기법과 무기법의 공도 자성이 없어서 얻을 것은 없나니, 자성이 없어서 얻을 수 없는 법은 머무르는 것이 있지 않는 까닭이니라.

유루법과 무루법은 머무르는 것이 없고, 유루법과 무루법의 공도 머무르는 것이 없느니라. 왜 그러한가? 유루법과 무루법은 자성이 없어서 얻을 것이 없고, 유루법과 무루법의 공도 자성이 없어서 얻을 것이 없나니, 자성이 없어서 얻을 수 없는 법은 머무르는 것이 있지 않는 까닭이니라. 세간법과 출세간법은 머무르는 것이 없고, 세간법과 출세간법의 공도 머무르는 것이 없느니라. 왜 그러한가? 세간법과 출세간법은 자성이 없어서 얻을 것이 없고, 세간법과 출세간법의 공도 자성이 없어서 얻을 것은 없나니, 자성이 없어서 얻을 수 없는 법은 머무르는 것이 있지 않는 까닭이니라.

유위법과 무위법은 머무르는 것이 없고, 유위법과 무위법의 공도 머무르는 것이 없느니라. 왜 그러한가? 유위법과 무위법은 자성이 없어서 얻을 것이 없고, 유위법과 무위법의 공도 자성이 없어서 얻을 것은 없나니, 자성이 없어서 얻을 수 없는 법은 머무르는 것이 있지 않은 까닭이니라.

선현이여. 마땅히 알아야 하느니라. 무성(無性)의 법이 무성의 법에 머무르는 것이 아니고, 유성(有性)의 법이 유성의 법에 머무르는 것이 아니며, 무성의 법이 유성의 법에 머무는 것이 아니고, 유성의 법이 무성의 법에 머무르는 것도 아니며, 자성(自性)의 법이 자성의 법에 머무르는 것이 아니고, 타성(他性)의 법이 타성의 법에 머무르는 것이 아니며, 자성의 법이 타성의 법에 머무르는 것이 아니고, 타성의 법이 자성의 법에 머무르는 것도 아니라고 마땅히 알아야 하느니라.

그 까닭은 무엇인가? 이 일체법은 모두가 얻을 수 없고, 얻을 수 없는 법이 마땅히 어느 것에 머무르겠는가? 이와 같아서 선현이여. 제보살마하살들이 깊은 반야바라밀다를 수행하는 때에 이러한 여러 공으로써 제법을 수행하면서 없애고, 역시 능히 유정들에게 여실하게 설하면서 보여주느니라. 만약 보살마하살이 능히 이와 같은 매우 깊은 반야바라밀다를 행한다면, 제불·보살·독각·성문 등의 일체의 현성들에게 모두 허물이 없느니라.

그 까닭은 무엇인가? 제불·보살·독각·성문 등의 일체의 현성들은 모두가 이러한 법성을 모두 능히 따라서 깨달았고, 이미 따라서 깨달았다면 유정들을 위하여 전도가 없이 널리 설하느니라. 비록 유정들을 위하여 전도가 없이 널리 설할지라도, 법성에서 전전하지 않고 초월하지도 않느니라. 그 까닭은 무엇인가? 제법의 진실한 성품은 나아가 진실한 법계·진여·실제이므로, 이와 같은 법계·진여·실제는 모두가 전전하지 않고 초월하지도 않느니라. 왜 그러한가? 이와 같은 법계·진여·실제는 모두가 자성이 없어서 얻을 수 없나니, 얻을 수 없는 법은 전선하지 않고 초월하지도 않는 까닭이니라."

마하반야바라밀다경 제471권

76. 중덕상품(衆德相品)(4)

그때 구수 선현이 세존께 아뢰어 말하였다.

"세존이시여. 만약 진실한 법계·진여·실제를 전전함이 없고 초월도 없는 것이라면 색, 나아가 식이 진실한 법계·진여·실제와 다른 것이 있습니까? 안처, 나아가 의처가 진실한 법계·진여·실제와 다른 것이 있습니까? 색처, 나아가 법처가 진실한 법계·진여·실제와 다른 것이 있습니까? 안계, 나아가 의계가 진실한 법계·진여·실제와 다른 것이 있습니까? 색계, 나아가 법계가 진실한 법계·진여·실제와 다른 것이 있습니까? 안식계, 나아가 의식계가 진실한 법계·진여·실제와 다른 것이 있습니까? 안촉, 나아가 의촉이 진실한 법계·진여·실제와 다른 것이 있습니까?

안촉을 인연으로 생겨난 여러 수, 나아가 의촉을 인연으로 생겨난 여러 수가 진실한 법계·진여·실제와 다른 것이 있습니까? 지계, 나아가 식계가 진실한 법계·진여·실제와 다른 것이 있습니까? 인연, 나아가 증상연이 진실한 법계·진여·실제와 다른 것이 있습니까? 무명, 나아가 노사가 진실한 법계·진여·실제와 다른 것이 있습니까? 보시바라밀다, 나아가 반야바라밀다가 진실한 법계·진여·실제와 다른 것이 있습니까? 4정려·4무량·4무색정이 진실한 법계·진여·실제와 다른 것이 있습니까? 4념주, 나아가 8성도지가 진실한 법계·진여·실제와 다른 것이 있습니까? 공·무상·무원해탈문이 진실한 법계·진여·실제와 다른 것이 있습니까?

내공, 나아가 무성자성공이 진실한 법계·진여·실제와 다른 것이 있습니까? 고·집·멸·도성제가 진실한 법계·진여·실제와 다른 것이 있습니까? 8해탈, 나아가 10변처가 진실한 법계·진여·실제와 다른 것이 있습니까? 정관지, 나아가 여래지가 진실한 법계·진여·실제와 다른 것이 있습니까? 극희지, 나아가 법운지가 진실한 법계·진여·실제와 다른 것이 있습니까? 일체의 다라니문·삼마지문이 진실한 법계·진여·실제와 다른 것이 있습니까? 5안·6신통이 진실한 법계·진여·실제와 다른 것이 있습니까?

여래의 10력, 나아가 18불불공법이 진실한 법계·진여·실제와 다른 것이 있습니까? 32대사상·80수호가 진실한 법계·진여·실제와 다른 것이 있습니까? 무망실법·항주사성이 진실한 법계·진여·실제와 다른 것이 있습니까? 일체지·도상지·일체상지가 진실한 법계·진여·실제와 다른 것이 있습니까? 예류과, 나아가 독각의 보리가 진실한 법계·진여·실제와 다른 것이 있습니까? 일체의 보살마하살의 행과 제불의 무상정등보리가 진실한 법계·진여·실제와 다른 것이 있습니까? 선법과 비선법이 진실한 법계·진여·실제와 다른 것이 있습니까? 유기법과 무기법이 진실한 법계·진여·실제와 다른 것이 있습니까? 유루법과 무루법이 진실한 법계·진여·실제와 다른 것이 있습니까? 세간법과 출세간법이 진실한 법계·진여·실제와 다른 것이 있습니까? 유위법과 무위법이 진실한 법계·진여·실제와 다른 것이 있습니까?"

세존께서 선현에게 알리셨다.

"색, 나아가 식이 진실한 법계·진여·실제와 다르지 않고, 이와 같이 나아가, 일체의 보살마하살의 행과 제불의 무상정등보리가 진실한 법계·진여·실제와 다르지 않으며, 선법과 비선법이 진실한 법계·진여·실제와 다르지 않고, 유기법과 무기법이 진실한 법계·진여·실제와 다르지 않으며, 유루법과 무루법이 진실한 법계·진여·실제와 다르지 않고, 세간법과 출세간법이 진실한 법계·진여·실제와 다르지 않으며, 유위법과 무위법이 진실한 법계·진여·실제와 다르지 않으니라."

구수 선현이 다시 세존께 아뢰어 말하였다.

"만약 색 등의 법이 진실한 법계·진여·실제와 다르지 않다면, 어찌하여 세존께서는 흑업(黑業)은 흑이숙(黑異熟)이 있는데 이를테면, 지옥·귀계·방생에 감응한다고 시설(施設)하십니까? 백업(白業)은 백이숙(白異熟)이 있는데 이를테면, 천상·인간에 감응한다고 시설하십니까? 흑백업(黑白業)은 흑백이숙(黑白異熟)이 있는데 이를테면, 한 부분은 방생과 귀계에 감응하고, 한 부분은 인간에 감응한다고 시설하십니까? 비흑(非黑)이고 비백(非白)인 업에는 비흑이고 비백인 이숙이 있는데 이를테면, 예류과·일래과·불환과·아라한과·독각의 보리·제불의 무상정등보리를 시설하십니까?"

세존께서 선현에게 알리셨다.

"나는 세속제(世俗諦)에 의지하여 이와 같은 인과의 차별을 시설한 것이고, 승의제(勝義諦)에 의지하는 것이 아니며, 승의제의 가운데로써 인과의 차별이 있다고 설할 수 없느니라. 그 까닭은 무엇인가? 승의제의 이치(勝義諦理)는 제법의 성상(性相)을 분별할 수 없고, 설할 수 없으며, 보여줄 수 없는데, 어찌하여 마땅히 인과의 차별이 있겠는가? 선현이여. 마땅히 알아야 하느니라. 승의제에는 색, 나아가 식이 생겨남이 없고 소멸함이 없으며 염오가 없고 청정함이 없는데 필경공(畢竟空)이고 무제공(無際空)인 까닭이며,

안처, 나아가 의처가 생겨남이 없고 소멸함이 없으며 염오가 없고 청정함이 없는데 필경공이고 무제공인 까닭이고, 색처, 나아가 법처가 생겨남이 없고 소멸함이 없으며 염오가 없고 청정함이 없는데 필경공이고 무제공인 까닭이며, 안계, 나아가 의계가 생겨남이 없고 소멸함이 없으며 염오가 없고 청정함이 없는데 필경공이고 무제공인 까닭이고, 색계, 나아가 법계가 생겨남이 없고 소멸함이 없으며 염오가 없고 청정함이 없는데 필경공이고 무제공인 까닭이며, 안식계, 나아가 의식계가 생겨남이 없고 소멸함이 없으며 염오가 없고 청정함이 없는데 필경공이고 무제공인 까닭이고,

안촉, 나아가 의촉이 생겨남이 없고 소멸함이 없으며 염오가 없고 청정함이 없는데 필경공이고 무제공인 까닭이며, 안촉을 인연으로 생겨난

여러 수, 나아가 의촉을 인연으로 생겨난 여러 수가 생겨남이 없고 소멸함이 없으며 염오가 없고 청정함이 없는데 필경공이고 무제공인 까닭이고, 지계, 나아가 식계가 생겨남이 없고 소멸함이 없으며 염오가 없고 청정함이 없는데 필경공이고 무제공인 까닭이며, 인연, 나아가 증상연이 생겨남이 없고 소멸함이 없으며 염오가 없고 청정함이 없는데 필경공이고 무제공인 까닭이고, 무명, 나아가 노사가 생겨남이 없고 소멸함이 없으며 염오가 없고 청정함이 없는데 필경공이고 무제공인 까닭이며,

보시바라밀다, 나아가 반야바라밀다가 생겨남이 없고 소멸함이 없으며 염오가 없고 청정함이 없는데 필경공이고 무제공인 까닭이고, 4정려·4무량·4무색정이 생겨남이 없고 소멸함이 없으며 염오가 없고 청정함이 없는데 필경공이고 무제공인 까닭이며, 4념주, 나아가 8성도지가 생겨남이 없고 소멸함이 없으며 염오가 없고 청정함이 없는데 필경공이고 무제공인 까닭이고, 공·무상·무원해탈문이 생겨남이 없고 소멸함이 없으며 염오가 없고 청정함이 없는데 필경공이고 무제공인 까닭이며, 내공, 나아가 무성자성공이 생겨남이 없고 소멸함이 없으며 염오가 없고 청정함이 없는데 필경공이고 무제공인 까닭이고,

진여, 나아가 부사의계가 생겨남이 없고 소멸함이 없으며 염오가 없고 청정함이 없는데 필경공이고 무제공인 까닭이며, 고·집·멸·도성제가 생겨남이 없고 소멸함이 없으며 염오가 없고 청정함이 없는데 필경공이고 무제공인 까닭이고, 8해탈, 나아가 10변처가 생겨남이 없고 소멸함이 없으며 염오가 없고 청정함이 없는데 필경공이고 무제공인 까닭이며, 정관지, 나아가 여래지가 생겨남이 없고 소멸함이 없으며 염오가 없고 청정함이 없는데 필경공이고 무제공인 까닭이고, 극희지, 나아가 법운지가 생겨남이 없고 소멸함이 없으며 염오가 없고 청정함이 없는데 필경공이고 무제공인 까닭이며,

일체의 다라니문·삼마지문이 생겨남이 없고 소멸함이 없으며 염오가 없고 청정함이 없는데 필경공이고 무제공인 까닭이고, 5안·6신통이 생겨남이 없고 소멸함이 없으며 염오가 없고 청정함이 없는데 필경공이고

무제공인 까닭이며, 여래의 10력, 나아가 18불불공법이 생겨남이 없고 소멸함이 없으며 염오가 없고 청정함이 없는데 필경공이고 무제공인 까닭이고, 32대사상·80수호가 생겨남이 없고 소멸함이 없으며 염오가 없고 청정함이 없는데 필경공이고 무제공인 까닭이며, 무망실법·항주사성이 생겨남이 없고 소멸함이 없으며 염오가 없고 청정함이 없는데 필경공이고 무제공인 까닭이고,

일체지·도상지·일체상지가 생겨남이 없고 소멸함이 없으며 염오가 없고 청정함이 없는데 필경공이고 무제공인 까닭이며, 예류과, 나아가 독각의 보리가 생겨남이 없고 소멸함이 없으며 염오가 없고 청정함이 없는데 필경공이고 무제공인 까닭이고, 일체의 보살마하살의 행과 제불의 무상정등보리가 생겨남이 없고 소멸함이 없으며 염오가 없고 청정함이 없는데 필경공이고 무제공인 까닭이며, 선법과 비선법이 생겨남이 없고 소멸함이 없으며 염오가 없고 청정함이 없는데 필경공이고 무제공인 까닭이고,

유기법과 무기법이 생겨남이 없고 소멸함이 없으며 염오가 없고 청정함이 없는데 필경공이고 무제공인 까닭이며, 유루법과 무루법이 생겨남이 없고 소멸함이 없으며 염오가 없고 청정함이 없는데 필경공이고 무제공인 까닭이며, 세간법과 출세간법이 생겨남이 없고 소멸함이 없으며 염오가 없고 청정함이 없는데 필경공이고 무제공인 까닭이고, 유위법과 무위법이 생겨남이 없고 소멸함이 없으며 염오가 없고 청정함이 없는데 필경공이고 무제공인 까닭이니라."

구수 선현이 다시 세존께 아뢰어 말하였다.

"만약 세속제에 의지하여 인과의 분위(分位)[1]와 차별을 시설하고, 승의제에 의지하지 않는다면, 곧 상응하여 어리석은 범부인 이생들도 역시 예류·일래·불환·아라한과·독각의 보리와 제불의 무상정등보리가 있습

---

1) 수행에서 성취하는 지위의 부분을 가리킨다.

니다.”

세존께서 선현에게 알리셨다.

“선현이여. 그대의 뜻은 어떠한가? 어리석은 범부인 이생들이 세속제와 승의제의 2제(二諦)를 여실하게 깨닫겠는가? 만약 2제의 이치(理)를 여실하게 깨달았다면 그들도 역시 상응하여 예류·일래·불환·아라한과·독각의 보리와 제불의 무상정등보리가 있느니라. 그렇지만 여러 어리석은 범부인 이생들은 세속제와 승의제의 2제를 여실하게 깨닫지 못하는 까닭으로 성스러운 도(聖道)가 없고 성스러운 도를 수행하지 못하나니, 여러 성스러운 과보의 분위와 차별이 있다고 시설하지 못하느니라. 오직 여러 성자들이 능히 세속제와 승의제의 2제를 여실하게 깨닫는 까닭으로 성스러운 도가 있고 성스러운 도의 수행이 있나니, 오히려 이 이러한 성스러운 과보의 차별이 있는 것을 얻느니라.”

구수 선현이 다시 세존께 아뢰어 말하였다.

“성스러운 도를 수행한다면 성스러운 과보를 얻습니까?”

세존께서 말씀하셨다.

“그렇지 않으니라.”

구수 선현이 다시 세존께 아뢰어 말하였다.

“성스러운 도(道)를 수행하지 않는다면 성스러운 과보를 얻습니까?”

세존께서 말씀하셨다.

“그렇지 않으니라. 선현이여. 성스러운 도를 수행하고서 성스러운 과보를 얻는 것이 아니고, 역시 성스러운 도를 수행하지 않고서 성스러운 과보를 얻는 것이 아니며, 성스러운 도를 벗어나서 성스러운 과보를 얻는 것이 아니고, 역시 성스러운 도를 벗어나지 않고서 성스러운 과보를 얻는 것이 아니니라. 그 까닭은 무엇인가? 승의제에서 도와 도의 과보는 수행과 수행하지 않는 것으로 얻을 수 없는 까닭이니라. 이와 같아서 선현이여. 제보살마하살들이 깊은 반야바라밀다를 수행하는 때에 비록 유정들을 위하여 성스러운 과보의 여러 종류의 차별을 시설할지라도, 유위계이거나, 혹은 무위계에서 성스러운 과보의 분위와 차별을 시설한다고 분별하지 않는다고 마땅히 알아야 하느니라."

구수 선현이 다시 아뢰어 말하였다.
"만약 유위계이거나, 혹은 무위계에서 성스러운 과보의 분위와 차별을 시설한다고 분별하지 않는다면, 어찌하여 여래·응공·정등각께서는 3결(三結)을 단절한다면 예류과라고 이름하고, 탐욕과 진에가 엷어진다면 일래과라고 이름하며, 순5하분결(順五下分結)을 단절하여 영원히 끝마친다면 불환과라고 이름하고, 순5상분결(順五上分結)을 단절하여 영원히 끝마친다면 아라한과라고 이름하며, 소유한 법집(集法)은 모두 소멸하는 법이라고 안다면 독각의 보리라고 이름하고, 번뇌와 습기의 상속을 영원히 단절한다면 제불의 무상정등보리라고 이름합니까?
세존이시여. 저희들은 마땅히 어찌해야 여래께서 설하신 것의 매우 깊은 의취(義趣)인 이를테면, 유위계이거나, 혹은 무위계에서 성스러운 과보의 분위와 차별을 시설한다고 분별하지 않는다고 알겠습니까?"
세존께서 선현에게 알리셨다.
"선현이여. 그대의 뜻은 어떠한가? 설하였던 것인 예류·일래·불환·아라한·독각의 보리와 제불의 무상정등보리의 이와 같은 성스러운 과보는 이것이 유위가 되는가? 무위가 되는가?"
선현이 대답하여 말하였다.
"이와 같은 성스러운 과보는 오직 무위입니다."
세존께서 선현에게 알리셨다.
"무위법의 가운데에서 분별이 있는가?"
선현이 대답하여 말하였다.
"아닙니다. 세존이시여."
세존께서 선현에게 알리셨다.
"그대의 뜻은 어떠한가? 만약 선남자와 선여인 등이 일체의 유위와 무위가 모두 같은 하나의 상(一相)인 이를테면, 무상(無相)이라고 통달하였다면, 마땅히 그때 대체로 제법에서 이것을 '이것은 유위이다. 혹은 무위이다.'라고 분별하는 것이 있겠는가?"

선현이 대답하여 말하였다.

"아닙니다. 세존이시여."

세존께서 선현에게 알리셨다.

"제보살마하살들도 역시 이와 같아서 깊은 반야바라밀다를 수행하는 때에, 비록 제유정들을 위하여 제법을 널리 설할지라도, 설하였던 것의 법상(法相)을 분별치 않는데 이를테면, 내공인 까닭이고, 나아가 무성자성공인 까닭이니라.

이 보살마하살은 스스로가 제법에서 집착하는 것이 없고, 역시 능히 다른 사람을 교계하여 제법의 가운데에서 집착하는 것이 없게 하는데 이를테면, 보시바라밀다, 나아가 반야바라밀다에 집착하는 것을 없게 하고, 역시 4정려·4무량·4무색정도 집착하는 것을 없게 하며, 역시 4념주, 나아가 8성도지에도 집착하는 것을 없게 하고, 공·무상·무원해탈문에도 집착하는 것을 없게 하며, 역시 내공, 나아가 무성자성공에도 집착하는 것을 없게 하고, 역시 진여, 나아가 부사의계에도 집착하는 것을 없게 하며, 역시 고·집·멸·도성제에도 집착하는 것을 없게 하고, 역시 8해탈, 나아가 10변처에도 집착하는 것을 없게 하며,

역시 극희지, 나아가 법운지에도 집착하는 것을 없게 하고, 역시 일체의 다라니문·삼마지문에도 집착하는 것을 없게 하며, 역시 5안·6신통에도 집착하는 것을 없게 하고, 역시 여래의 10력, 나아가 18불불공법에도 집착하는 것을 없게 하며, 역시 무망실법·항주사성에도 집착하는 것을 없게 하고, 역시 일체지·도상지·일체상지에도 집착하는 것을 없게 하며, 역시 일체의 보살마하살의 행에도 집착하는 것을 없게 하고, 제불의 무상정등보리에도 집착하는 것을 없게 하며, 역시 일체지지에도 집착하는 것을 없게 하느니라.

이 보살마하살은 집착이 없는 까닭으로 일체의 처소에서 모두 장애를 얻지 않고, 제여래·응공·정등각의 처소에서 변화시켰던 자가 비록 보시바라밀다, 나아가 반야바라밀다를 행할지라도 그 과보를 받아들이지도

않고 머무르지도 않는 것과 같이, 오직 유정들의 반열반을 위한 까닭으로, 이와 같이 나아가, 비록 일체지지를 행할지라도, 그 과보를 받아들이지도 않고 머무르지도 않는데, 오직 유정들의 반열반을 위한 까닭이니라.

보살마하살도 역시 다시 이와 같아서 깊은 반야바라밀다를 수행하는 때에 일체법에서 만약 선이거나, 만약 비선이거나, 만약 유기이거나, 만약 무기이거나, 만약 유루이거나, 만약 무루이거나, 만약 세간이거나, 만약 출세간이거나, 만약 유위이거나, 만약 무위일지라도 모두 집착하는 것이 없고, 역시 장애하는 것도 없느니라. 그 까닭은 무엇인가? 제법의 여실한 상(相)을 잘 통달한 까닭이니라.”

77. 선달품(善達品)(1)

그때 구수 선현이 세존께 아뢰어 말하였다.

"세존이시여. 제보살마하살들이 깊은 반야바라밀다를 수행하는 때에 어찌하여 제법의 실상(實相)을 잘 통달합니까?”

세존께서 선현에게 알리셨다.

“제보살마하살들이 깊은 반야바라밀다를 수행하는 때에 변화시킨 자와 같이, 일체의 탐·진·치의 결박을 행하지 않고, 색온(色蘊), 나아가 식온(識蘊)을 행하지 않으며, 안처, 나아가 의처를 행하지 않고, 색처, 나아가 법처를 행하지 않으며, 안계, 나아가 의계를 행하지 않고, 색계, 나아가 법계를 행하지 않으며, 안식계, 나아가 의식계를 행하지 않고, 안촉, 나아가 의촉을 행하지 않으며, 안촉을 인연으로 생겨난 여러 수, 나아가 의촉을 인연으로 생겨난 여러 수를 행하지 않고, 지계, 나아가 식계를 행하지 않으며, 인연, 나아가 증상연을 행하지 않고, 무명, 나아가 노사를 행하지 않으며,

보시바라밀다, 나아가 반야바라밀다를 행하지 않고, 4정려·4무량·4무색정을 행하지 않으며, 4념주, 나아가 8성도지를 행하지 않으며, 공·무상·무원해탈문을 행하지 않고, 내공, 나아가 무성자성공을 행하지 않으며, 진여, 나아가 부사의계를 행하지 않고, 고·집·멸·도성제를 행하지 않으며, 8해탈, 나아가 10변처를 행하지 않고, 정관지, 나아가 여래지를 행하지 않으며, 극희지, 나아가 법운지를 행하지 않고, 일체의 다라니문·삼마지문을 행하지 않으며, 5안·6신통을 행하지 않고, 여래의 10력, 나아가 18불공법을 행하지 않으며,

32대사상·80수호를 행하지 않고, 무망실법·항주사성을 행하지 않으며, 일체지·도상지·일체상지를 행하지 않고, 예류과, 나아가 독각의 보리를 행하지 않으며, 일체의 보살마하살의 행을 행하지 않고, 제불의 무상정등보리를 행하지 않으며, 일체지지를 행하지 않고, 내법(內法)·외법(外法)을 행하지 않으며, 수면(睡眠)과 여러 번뇌(纏)를 행하지 않고, 선법을 행하지 않으며, 비선법을 행하지 않고, 유기법을 행하지 않으며, 무기법을 행하지 않고, 유루법을 행하지 않으며, 무루법을 행하지 않고, 세간법을 행하지 않으며, 출세간법을 행하지 않느니라.

제보살마하살들이 이와 같은 깊은 반야바라밀다를 수행하는 때에 역시 다시 이와 같아서 일체법에서 모두 행하는 것이 없는데, 이것이 제법의 실상을 잘 통달하는 것이니라."

구수 선현이 다시 세존께 아뢰어 말하였다.
"어찌하여 변화시킨 자가 능히 성스러운 도를 수행합니까?"
세존께서 선현에게 알리셨다.
"변화시킨 자가 성스러운 도의 수행에 의지한다면 염오가 없고 청정함도 없으며, 역시 생사의 여러 세계를 윤회하면서 전전하지도 않느니라."
구수 선현이 다시 세존께 아뢰어 말하였다.
"제보살마하살들이 깊은 반야바라밀다를 수행하는 때에 일체법에서 어찌하여 모두가 진실한 일이 없다고 잘 통달합니까?"

세존께서 선현에게 알리셨다.

"그대의 뜻은 어떠한가? 일체의 여래·응공·정등각들께서 변화시킨 자가 진실한 일이 있고, 이 진실한 일에 의지하여 염오와 청정함이 있으며, 여러 세계의 일을 윤회하고 전전함이 있는가?"

선현이 대답하여 말하였다.

"아닙니다. 세존이시여. 제여래·응공·정등각들께서 변화시킨 자에게 조금이라도 진실한 일이 있지 않고, 그 일에 의지하여 염오와 청정함이 있지 않으며, 여러 세계의 일을 윤회하거나 전전함도 있지 않습니다."

세존께서 선현에게 알리셨다.

"제보살마하살들이 깊은 반야바라밀다를 수행하는 때에 일체법에서 실상을 잘 통달하는 것도 이와 같아서 제법이 모두 진실한 일이 없다고 통달하느니라."

구수 선현이 다시 세존께 아뢰어 말하였다.

"일체의 색·수·상·행·식이 모두 변화한 것과 같지 않습니까? 일체의 안처, 나아가 의처가, 일체의 색처, 나아가 법처가, 일체의 안계, 나아가 의계가 모두 변화한 것과 같지 않습니까? 일체의 색계, 나아가 법계가 모두 변화한 것과 같지 않습니까? 일체의 안식계, 나아가 의식계가 모두 변화한 것과 같지 않습니까? 일체의 안촉, 나아가 의촉이 모두 변화한 것과 같지 않습니까? 일체의 안촉을 인연으로 생겨난 여러 수, 나아가 의촉을 인연으로 생겨난 여러 수가 모두 변화한 것과 같지 않습니까?

일체의 지계, 나아가 식계가 모두 변화한 것과 같지 않습니까? 일체의 인연, 나아가 증상연이 모두 변화한 것과 같지 않습니까? 일체의 무명, 나아가 노사가 모두 변화한 것과 같지 않습니까? 일체의 보시바라밀다, 나아가 반야바라밀다가 모두 변화한 것과 같지 않습니까? 일체의 4정려·4무량·4무색정이 모두 변화한 것과 같지 않습니까? 일체의 4념주, 나아가 8성도지가 모두 변화한 것과 같지 않습니까? 일체의 공·무상·무원해탈문이 모두 변화한 것과 같지 않습니까? 일체의 내공, 나아가 무성자성공이 모두 변화한 것과 같지 않습니까? 일체의 진여, 나아가 부사의계가 모두 변화한 것과 같지 않습니까?
 일체의 고·집·멸·도성제가 모두 변화한 것과 같지 않습니까? 일체의 8해탈, 나아가 10변처가 모두 변화한 것과 같지 않습니까? 일체의 정관지, 나아가 여래지가 모두 변화한 것과 같지 않습니까? 일체의 극희지, 나아가 법운지가 모두 변화한 것과 같지 않습니까? 일체의 다라니문·삼마지문이 모두 변화한 것과 같지 않습니까? 일체의 5안·6신통이 모두 변화한 것과 같지 않습니까? 일체의 여래의 10력, 나아가 18불불공법이 모두 변화한 것과 같지 않습니까? 일체의 32대사상·80수호가 모두 변화한 것과 같지 않습니까? 일체의 무망실법·항주사성이 모두 변화한 것과 같지 않습니까?
 일체의 일체지·도상지·일체상지가 모두 변화한 것과 같지 않습니까? 일체의 예류과, 나아가 독각의 보리가 모두 변화한 것과 같지 않습니까? 일체의 보살마하살의 행이 모두 변화한 것과 같지 않습니까? 일체의 제불의 무상정등보리가 모두 변화한 것과 같지 않습니까? 일체의 선법과 비선법이 모두 변화한 것과 같지 않습니까? 일체의 유기법과 무기법이 모두 변화한 것과 같지 않습니까? 일체의 유루법과 무루법이 모두 변화한 것과 같지 않습니까? 일체의 세간법과 출세간법이 모두 변화한 것과 같지 않습니까?"
 세존께서 선현에게 알리셨다.
 "그와 같으니라. 그와 같으니라. 색 등의 제법은 모두가 변화시킨 것과 같지 않은 것이 없느니라."
 구수 선현이 다시 아뢰어 말하였다.
 "만약 일체법이 모두가 변화시킨 자와 같다면 여러 변화시킨 자가 모두 진실한 색·수·상·행·식이 없고, 나아가 진실한 유위·무위가 없으며, 오히려 이것으로 역시 염오와 청정함이 없고, 역시 여러 세계의 일을 윤회하고 전전함도 없으며, 역시 그것을 쫓아서 해탈하는 의취도 없는데, 어찌하여 보살마하살은 제유정들을 위하여 수승한 사부(勝士)로 작용합니까?"
 세존께서 선현에게 알리셨다.
 "그대의 뜻은 어떠한가? 제보살마하살들이 본래 보살도를 수행하는 때에 대체로 유정들이 지옥·방생·귀계·인간·천상의 세계에서 해탈할 수 있다고 보겠는가?"

선현이 대답하여 말하였다.

"아닙니다. 세존이시여."

세존께서 선현에게 알리셨다.

"그와 같으니라. 그와 같으니라. 제보살마하살들이 본래 보살도를 수행하는 때에 유정들이 삼계에서 벗어날 수 있다고 보지 않느니라. 그 까닭은 무엇인가? 제보살마하살들이 깊은 반야바라밀다를 수행하는 때에 일체법이 모두 환영과 변화시킨 것과 같아서 모두 진실로 있지 않다고 통달하여 알고 보느니라."

선현이 다시 세존께 아뢰어 말하였다.

"제보살마하살들이 일체법이 모두 환영과 변화시킨 것과 같아서 모두 진실로 있지 않다고 통달하여 알고 보았다면, 제보살마하살들은 무슨 일을 까닭으로 6바라밀다를 수행합니까? 무슨 일을 까닭으로 4정려·4무량·4무색정을 수행합니까? 무슨 일을 까닭으로 4념주, 나아가 8성도지를 수행합니까? 무슨 일을 까닭으로 공·무상·무원해탈문을 수행합니까? 무슨 일을 까닭으로 내공, 나아가 무성자성공을 수행합니까? 무슨 일을 까닭으로 진여, 나아가 부사의계를 수행합니까? 무슨 일을 까닭으로 고·집·멸·도성제를 수행합니까? 무슨 일을 까닭으로 8해탈, 나아가 10변처를 수행합니까?

무슨 일을 까닭으로 일체의 다라니문·삼마지문을 수행합니까? 무슨 일을 까닭으로 5안·6신통을 수행합니까? 무슨 일을 까닭으로 여래의 10력, 나아가 18불불공법을 수행합니까? 무슨 일을 까닭으로 무망실법·항주사성을 수행합니까? 무슨 일을 까닭으로 일체지·도상지·일체상지를 수행합니까? 무슨 일을 까닭으로 일체의 보살마하살의 행을 수행합니까? 무슨 일을 까닭으로 제불의 무상정등보리를 수행합니까? 무슨 일을 까닭으로 유정들을 성숙시킵니까? 무슨 일을 까닭으로 불국토를 청정하게 장엄합니까?"

세존께서 선현에게 알리셨다.

"제유정들이 일체법에서 모두가 환영과 변화시킨 것과 같아서 모두가 진실로 있지 않다고 능히 통달하지 않았다면 삼세의 무수(無數)인 겁을 지내면서 제유정들을 위하여 상응하여 보살행을 수행하면서 불국토를 청정하게 장엄하지 못하고 유정들을 성숙시키지 못하느니라. 제유정들이 일체법에서 모두가 환영과 변화시킨 것과 같아서 모두가 진실로 있지 않다고 능히 통달하지 않았다면, 이러한 까닭으로 보살이 삼세의 무수인 겁에 제유정들을 위하여 상응하여 보살행을 수행하면서 고행(苦行)을 행하느니라.

다시 다음으로 선현이여. 만약 보살하살들이 일체법에서 모두가 환영과 변화시킨 것과 같아서 모두가 진실로 있지 않다고 능히 통달하지 않았다면 삼세의 무수인 겁을 지내면서 제유정들을 위하여 상응하여 보살행을 수행하면서 불국토를 청정하게 장엄하지 못하고 유정들을 성숙시키지 못하느니라. 제유정들이 일체법에서 모두가 환영과 변화시킨 것과 같아서 모두가 진실로 있지 않다고 능히 통달하였다면, 이러한 까닭으로 삼세의 무수한 겁을 지내면서 제유정들을 위하여 6바라밀다를 수행하고, [자세한 내용은 생략한다.] 나아가, 유정을 성숙시키고 불국토를 청정하게 장엄하며 무상정등보리를 증득하느니라."

그때 구수 선현이 세존께 아뢰어 말하였다.

"세존이시여. 만약 일체법이 환영(幻)과 같고 꿈(夢)과 같으며 메아리(響)와 같고 형상(像)과 같으며 그림자(光影)와 같고 아지랑이(陽焰)와 같으며 심향성(尋香城)과 같고 변화시킨 일(變化事)과 같다면, 교화받을 유정들은 어느 처소에 머무르고 있으며, 제보살마하살들이 깊은 반야바라밀다를 수행하면서 구제(救濟)하고 발제(拔濟)하여 출리(出離)시킵니까?"

세존께서 선현에게 알리셨다.

"교화할 유정들은 이름과 명자(名)·상(相)·허망(虛妄)한 분별(分別)에 머무르고 있으며, 제보살마하살들이 깊은 반야바라밀다를 수행하여 그러한 명자·상·허망한 분별에서 발제하여 출리시키느니라."

구수 선현이 다시 세존께 아뢰어 말하였다.

"무엇 등이 명자이고, 무엇 등이 상입니까?"

세존께서 선현에게 알리셨다.

"명자는 오직 이것이 객명(客名)이고, 오직 가립(假立)으로 시설(施設)하였으며, 표시할 것을 의취로 나타내었는데 이를테면, 이것은 색·수·상·행·식이라고 이름하고, 이것은 안처, 나아가 의처라고 이름하며, 이것은 색처, 나아가 법처라고 이름하고, 이것은 안계, 나아가 의계라고 이름하며, 이것은 색계, 나아가 법계라고 이름하고, 이것은 안식계, 나아가 의식계라고 이름하며, 이것은 남자라고 이름하고, 이것은 여자라고 이름하며, 이것은 작다고 이름하고, 이것은 크다고 이름하며,

이것은 지옥이라고 이름하고, 이것은 방생이라고 이름하며, 이것은 귀계라고 이름하고, 이것은 인간이라고 이름하며, 이것은 천상이라고 이름하고, 이것은 선법이라고 이름하며, 이것은 비선법이라고 이름하고, 이것은 유기법이라고 이름하며, 이것은 무기법이라고 이름하고, 이것은 유루법이라고 이름하며, 이것은 무루법이라고 이름하고, 이것은 세간법이라고 이름하며, 이것은 출세간법이라고 이름하고, 이것은 유위법이라고 이름하며, 이것은 무위법이라고 이름하며,

이것은 예류과라고 이름하고, 이것은 일래과라고 이름하며, 이것은 불환과라고 이름하고, 이것은 아라한과라고 이름하며, 이것은 독각의 보리라고 이름하고, 이것은 일체의 보살마하살의 행이라고 이름하며, 이것은 제불의 무상정등보리라고 이름하고, 이것은 이생이라고 이름하며, 이것은 성문이라고 이름하고, 이것은 독각이라고 이름하며, 이것은 보살이라고 이름하고, 이것은 여래라고 이름하느니라.

선현이여. 이와 같은 일체의 명자는 여러 의취를 표시하기 위하여 가립으로 시설한 까닭으로, 일체의 명자는 모두가 진실로 있지 않고, 여러 유위법도 다만 명자가 있으며, 오히려 이러한 무위법까지도 진실로 없으나, 어리석은 범부인 이생들은 그 가운데에서 허망하게 집착하느니라.

제보살마하살들은 깊은 반야바라밀다를 수행하여 비원(悲願)[2]·훈심(熏心)[3]·방편선교로써 멀리 벗어나게 하면서 '명자인 이것은 분별과 망상에서 일어난 것이고, 역시 이것은 여러 인연이 화합하여 가립한 것이니, 그대들은 그 가운데에서 상응하여 집착하지 마십시오. 명자는 진실한 일이 없고 자성이 모두 공한데, 누가 지혜가 있는 자라면 공한 법에 집착하겠는가!'라고 이와 같이 말을 짓느니라.

이와 같아서 선현이여. 제보살마하살들이 깊은 반야바라밀다를 수행하는 때에 방편선교로써 제유정들에게 명자를 버리는 법을 설하느니라.

선현이여. 이것을 명자라고 이름하고, 상에는 두 종류가 있는데 어리석은 범부인 이생들은 그 가운데에서 집착하느니라. 무엇이 두 가지인가? 이를테면, 색상(色相)과 무색상(無色相)이니라. 이를테면 유색(有色)인 것은, 만약 과거이거나 만약 미래이거나 만약 현재이거나 만약 내신이거나 만약 외신이거나 만약 거칠거나 만약 미세하거나 만약 하열하거나 만약 수승하거나 만약 멀거나 만약 가까운 것 등이니, 이와 같은 일체는 자성이 모두 공한데 어리석은 범부인 이생들은 분별하고 집착하면서 그것을 색이라고 말하느니라. 이것이 색상이라고 이름하느니라.

무색상인 것은 이를테면, 여러 소유한 무색법(無色法)의 가운데에서 어리석은 범부인 이생들은 상을 취하고 분별하므로 여러 번뇌가 생겨나므로 무색상이라고 이름하느니라. 제보살마하살들은 깊은 반야바라밀다를 수행하면서 방편선교로 교계하여 제유정들이 두 상을 멀리 벗어나게 하고, 다시 교계하여 무상계(無相界)의 가운데에 안주하게 하나니, 비록 무상계의 가운데에 안주할지라도 그들이 2변(二邊)인 이를테면, '이것은 상이다. 이것은 무상이다.'에 떨어지지 않게 하느니라.

이와 같아서 선현이여. 제보살마하살들이 깊은 반야바라밀다를 수행하는 때에 방편선교로 제유정들에게 여러 상을 벗어나서 무상계를 행하게 할지라도 집착이 없느니라."

---

2) 불보살(佛菩薩)의 본원(本願)인 자비로운 대원(大願)을 가리킨다.
3) 근심이나 걱정으로 마음을 태우는 것이다.

구수 선현이 다시 세존께 아뢰어 말하였다.

"만약 일체법이 다만 명자와 상이 있고, 일체의 명자와 상은 모두 이것이 가립이고 허망한 분별이 집적되어 일어난 것이며, 그 가운데에서는 모두 적은 진실도 얻을 수 없다면, 어찌하여 보살마하살이 깊은 반야바라밀다를 수행하는 때에 여러 선법에서 스스로가 능히 증진(增進)하고, 역시 다른 사람에게 선법을 증진시키며, 오히려 스스로가 선법이 점차 증진하는 까닭으로 여러 지위에서 점차 원만함을 얻게 하고, 역시 능히 제유정의 부류들을 안립시키며, 따르는 것인 3승과(三乘果)에 상응하여 안주하게 합니까?"

세존께서 선현에게 알리셨다.

"제법의 가운데에서 적은 진실이라도 있어서 다만 가립한 명자와 상이 있는 것이 아니라면, 곧 제보살마하살들이 깊은 반야바라밀다를 수행하는 때에 선법에서 스스로가 증진하지 않고, 다른 사람들도 선법을 증진하게 하지 않으니라. 제법의 가운데에서는 모두 적은 진실도 없어서 다만 가립한 명자와 상이 있나니, 이러한 까닭으로 보살마하살이 깊은 반야바라밀다를 수행하는 때에 여러 선법에서 스스로가 증진하고, 다른 사람들도 선법을 증진하게 하며, 능히 무상(無相)으로써 방편으로 삼아서 반야바라밀다, 나아가 보시바라밀다를 원만하게 하고, 능히 무상으로써 방편으로 삼아서 4정려·4무량·4무색정을 원만하게 하며, 능히 무상으로써 방편으로 삼아서 4념주, 나아가 8성도지를 원만하게 하고, 능히 무상으로써 방편으로 삼아서 공·무상·무원해탈문을 원만하게 하며,

능히 무상으로써 방편으로 삼아서 내공, 나아가 무성자성공을 원만하게 하고, 능히 무상으로써 방편으로 삼아서 진여, 나아가 부사의계를 원만하게 하며, 능히 무상으로써 방편으로 삼아서 고·집·멸·도성제를 원만하게 하고, 능히 무상으로써 방편으로 삼아서 8해탈, 나아가 10변처를 원만하게 하며, 능히 무상으로써 방편으로 삼아서 극희지, 나아가 법운지를 원만하게 하고, 능히 무상으로써 방편으로 삼아서 일체의 다라니문·삼마지문을 원만하게 하며, 능히 무상으로써 방편으로 삼아서 5안·6신통을

원만하게 하고,

　능히 무상으로써 방편으로 삼아서 여래의 10력, 나아가 18불불공법을 원만하게 하며, 능히 무상으로써 방편으로 삼아서 무망실법·항주사성을 원만하게 하고, 능히 무상으로써 방편으로 삼아서 일체지·도상지·일체상지를 원만하게 하며, 능히 무상으로써 방편으로 삼아서 일체의 보살마하살의 행을 원만하게 하고, 능히 무상으로써 방편으로 삼아서 제불의 무상정등보리를 원만하게 하며, 능히 무상으로써 방편으로 삼아서 일체지지를 원만하게 하고, 능히 무상으로써 방편으로 삼아서 유정들을 성숙시키고 불국토를 청정하게 장엄하느니라.

　이와 같아서 선현이여. 일체법이 적은 진실도 없고 다만 가립한 명자와 상이 있으므로 제보살마하살들은 그 가운데에서 전도된 집착을 일으키지 않고 능히 무상으로써 방편으로 삼아서 여러 선법을 스스로가 증진하고 다른 사람도 선법을 증진하게 하느니라.

　다시 다음으로 선현이여. 만약 제법의 가운데에서 털끝과 같은 진실한 법상(法相)이 있는 것이라면, 제보살마하살들이 깊은 반야바라밀다를 수행하는 때에 일체법에서 무상(無相)이고 무념(無念)이며 역시 작의(作意)가 없는 무루상(無漏相)이라고 상응하여 깨닫지 못할 것이고, 무상정등보리를 증득할지라도 유정들을 무루법에서 상응하여 안립(安立)시키지 못할 것인데, 일체의 무루법은 모두가 무상이고 무념이며 작의가 없는 까닭이니라. 이와 같아서 선현이여. 제보살마하살들이 깊은 반야바라밀다를 수행하는 때에 방편선교로 유정들을 무루법에 안립시키는데, 나아가 진실로 다른 일을 요익하게 한다고 이름하느니라."

　구수 선현이 다시 세존께 아뢰어 말하였다.
"일체법이 진실한 무루의 성품이므로 무상이고 무념이며 작의가 없다면, 무슨 인연으로 세존께서는 여러 경전의 가운데에서 '이것은 유루법(有漏法)이고, 이것은 무루법(無漏法)이며, 이것은 세간법(世間法)이고, 이것은 출세간법(出世間法)이며, 이것은 유위법(有爲法)이고, 이것은 무위법

(無爲法)이며, 이것은 유쟁법(有諍法)이고, 이것은 무쟁법(無諍法)이며, 이것은 유전법(流轉法)이고, 이것은 환멸법(還滅法)이며, 이것은 성문법(聲聞法)이고, 이것은 독각법(獨覺法)이며, 이것은 보살법(菩薩法)이고, 이것은 불법(佛法)이다.'라고 자주 이와 같이 설하셨습니까?"

세존께서 선현에게 알리셨다.

"그대의 뜻은 어떠한가? 유루 등의 법과 무상 등의 무루의 법성이 다른 것이 있겠는가?"

선현이 대답하여 말하였다.

"아닙니다. 세존이시여."

세존께서 선현에게 알리셨다.

"그대의 뜻은 어떠한가? 성문 등의 법이 무상 등의 무루의 법성과 다른 것이 있겠는가?"

선현이 대답하여 말하였다.

"아닙니다. 세존이시여."

세존께서 선현에게 알리셨다.

"유루 등의 법이 어찌 나아가 무상과 무념 등의 무루의 법성이 아니겠는가?"

선현이 대답하여 말하였다.

"그와 같습니다. 세존이시여."

세존께서 선현에게 알리셨다.

"여러 예류, 나아가 무상정등보리가 어찌 나아가, 무상과 무념 등의 무루의 법성이 아니겠는가?"

선현이 대답하여 말하였다.

"그와 같습니다. 세존이시여."

세존께서 선현에게 알리셨다.

"오히려 이러한 인연으로 일체법은 모두가 무상 등이므로 무이(無二)이고 차별이 없다고 마땅히 알아야 하느니라. 선현이여. 마땅히 알아야 하느니라. 보살마하살이 일체법은 무상이고 무념이며 작의가 없다고 수학하는 때에, 행하였던 선법이 항상 능히 증장하는데 이를테면, 보시바라밀다, 나아가 반야바라밀다이고, 만약 4정려·4무량·4무색정이거나, 만약 4념주, 나아가 8성도지이거나, 만약 공·무상·무원해탈문이거나, 만약 내공, 나아가 무성자성공이거나, 만약 진여, 나아가 부사의계이거나, 만약 고·집·멸·도성제이거나, 만약 8해탈, 나아가 10변처이거나, 만약 극희지, 나아가 법운지이거나, 만약 일체의 다라니문과 삼마지문이거나, 만약 5안과 6신통이거나, 만약 여래의 10력, 나아가 18불불공법이거나, 만약 무망실법·항주사성이거나, 만약 일체지·도상지·일체상지이거나, 만약 유정을 성숙시키고 불국토를 청정하게 장엄하는 것이니라.

여러 이와 같은 등의 제법은 무상이고 무념이며 작의가 없다고 수학하는 때에, 행하였던 선법이 항상 능히 증장하느니라. 그 까닭은 무엇인가? 제보살마하살들은 공·무상·무원해탈문을 제외하고서 다시 반드시 수학해야 할 법이 없느니라. 왜 그러한가? 선현이여. 3해탈문이 일체의 미묘한 선법을 모두 섭수하는 까닭이니라. 그 까닭은 무엇인가? 공해탈문으로 일체법의 자상이 모두 공하다고 관찰하고, 무상해탈문으로 일체법이 여러 상을 멀리 벗어났다고 관찰하며, 무원해탈문으로 일체법이 소원을 멀리 벗어났다고 관찰하느니라. 제보살마하살들이 이러한 3해탈문에 의지한다면 일체의 수승한 선법을 능히 섭수하고, 이러한 3해탈문을 벗어난다면 상응하여 수학해야 하는 수승한 선법이 증장하지 않느니라.

다시 다음으로 선현이여. 만약 보살마하살이 이와 같은 3해탈문을 능히 수학한다면, 곧 색온, 나아가 식온을 수학하는 것이고, 역시 안처, 나아가 의처를 수학하는 것이며, 역시 색처, 나아가 법처를 수학하는 것이고, 역시 안계, 나아가 의계를 수학하는 것이며, 역시 색계, 나아가 법계를 수학하는 것이고, 역시 안식계, 나아가 의식계를 수학하는 것이며, 역시 안촉, 나아가 의촉을 수학하는 것이고, 역시 안촉을 인연으로 생겨난 여러 수, 나아가 의촉을 인연으로 생겨난 여러 수를 수학하는 것이며,

역시 지계, 나아가 식계를 수학하는 것이고, 역시 인연, 나아가 증상연을 수학하는 것이며, 역시 무명, 나아가 노사를 수학하는 것이고, 역시 내공, 나아가 무성자성공을 수학하는 것이며, 역시 진여, 나아가 부사의계를

수학하는 것이고, 역시 고·집·멸·도성제를 수학하는 것이며, 역시 보시바라밀다, 나아가 반야바라밀다를 수학하는 것이고, 역시 4정려·4무량·4무색정을 수학하는 것이고, 역시 4념주, 나아가 8성도지를 수학하는 것이며, 역시 8해탈, 나아가 10변처를 수학하는 것이고, 역시 극희지, 나아가 법운지를 수학하는 것이며,

역시 일체의 다라니문·삼마지문을 수학하는 것이고, 역시 5안·6신통을 수학하는 것이며, 역시 여래의 10력, 나아가 18불불공법을 수학하는 것이고, 역시 무망실법·항주사성을 수학하는 것이며, 역시 일체지·도상지·일체상지를 수학하는 것이고, 역시 유정을 성숙시키고 불국토를 청정하게 장엄하는 것도 수학하는 것이며, 역시 나머지의 무량하고 무변한 불법도 수학하는 것이니라."

구수 선현이 세존께 아뢰어 말하였다.
"세존이시여. 무엇이 보살마하살이 이와 같은 3해탈문을 능히 수학한다면 곧 색온, 나아가 식온을 능히 수학하는 것입니까?"
세존께서 선현에게 알리셨다.
"보살마하살이 깊은 반야바라밀다를 수학하는 때에 색, 나아가 식의 만약 상(相)이거나, 만약 생멸(生滅)이거나, 만약 진여(眞如)를 여실하게 안다면, 이것이 색, 나아가 식을 능히 수학한다고 이름하느니라. 선현이여. 무엇이 보살마하살이 깊은 반야바라밀다를 수학하는 때에 색의 상을 여실하게 아는 것인가? 이를테면, 보살마하살이 깊은 반야바라밀다를 수행하는 때에 색은 반드시 결국에는 구멍이 있고, 반드시 결국에는 틈새가 있나니, 비유한다면 거품들의 성질과 같아서 견고하지 않다고 여실하게 안다면, 이것을 보살마하살이 깊은 반야바라밀다를 수행하는 때에 색의 상을 여실하게 안다고 이름하느니라.

선현이여. 무엇이 보살마하살이 깊은 반야바라밀다를 수학하는 때에 색의 생멸을 여실하게 아는 것인가? 이를테면, 보살마하살이 깊은 반야바라밀다를 수행하는 때에 색이 생겨나는 때에 따라서 오는 것이 없고

소멸하는 때에도 떠나가서 이르는 것이 없으며, 비록 오는 것이 없고 떠나가는 것이 없으나 생멸에 상응한다고 여실하게 안다면 이것을 보살마하살이 깊은 반야바라밀다를 수행하는 때에 색의 생멸을 여실하게 안다고 이름하느니라.

선현이여. 무엇이 보살마하살이 깊은 반야바라밀다를 수학하는 때에 색의 진여를 여실하게 아는 것인가? 이를테면, 보살마하살이 깊은 반야바라밀다를 수행하는 때에 색의 진여는 생겨남이 없고 소멸함이 없으며 떠나가는 것이 없고 오는 것도 없으며 염오도 없고 청정함도 없으며 증장도 없고 감소도 없으며, 항상 그 성품과 같아서 허망(虛妄)하지 않고 변이(變易)하지 않는 까닭으로 진여라고 이름한다고 여실하게 안다면, 이것을 보살마하살의 깊은 반야바라밀다를 수행하는 때에 색의 진여를 여실하게 안다고 이름하느니라.

선현이여. 무엇이 보살마하살이 깊은 반야바라밀다를 수학하는 때에 수(受)의 상을 여실하게 아는 것인가? 이를테면, 보살마하살이 깊은 반야바라밀다를 수행하는 때에 수는 반드시 결국에는 종기와 같고, 반드시 결국에는 화살과 같아서 빠르게 일어나고 빠르게 소멸하며, 오히려 뜬 거품과 같이 허망하고 거짓되어 머무르지 않으나, 세 가지가 화합하여 일어난다고 여실하게 안다면, 이것을 보살마하살이 수의 상을 여실하게 안다고 이름하느니라.

선현이여. 무엇이 보살마하살이 깊은 반야바라밀다를 수학하는 때에 수의 생멸을 여실하게 아는 것인가? 이를테면, 보살마하살이 깊은 반야바라밀다를 수행하는 때에 수가 생겨나는 때에 따라서 오는 것이 없고 소멸하는 때에도 떠나가서 이르는 것이 없으며, 비록 오는 것이 없고 떠나가는 것이 없으나 생멸에 상응한다고 여실하게 안다면 이것을 보살마하살이 깊은 반야바라밀다를 수행하는 때에 수의 생멸을 여실하게 안다고 이름하느니라.

선현이여. 무엇이 보살마하살이 깊은 반야바라밀다를 수학하는 때에 수의 진여를 여실하게 아는 것인가? 이를테면, 보살마하살이 깊은 반야바라밀다를 수행하는 때에 수의 진여는 생겨남이 없고 소멸함이 없으며 떠나가는 것이 없고 오는 것도 없으며 염오도 없고 청정함도 없으며 증장도 없고 감소도 없으며, 항상 그 성품과 같아서 허망하지 않고 변이하지 않는 까닭으로 진여라고 이름한다고 여실하게 안다면, 이것을 보살마하살의 깊은 반야바라밀다를 수행하는 때에 수의 진여를 여실하게 안다고 이름하느니라.

선현이여. 무엇이 보살마하살이 깊은 반야바라밀다를 수학하는 때에 상(想)의 상을 여실하게 아는 것인가? 이를테면, 보살마하살이 깊은 반야바라밀다를 수행하는 때에 상은 아지랑이의 물결과 같아서 얻을 수 없는데, 갈애(渴愛)를 인연으로 이러한 생각을 망령되게 일으키며 거짓의 언설을 일으킨다고 여실하게 안다면, 이것을 보살마하살이 깊은 반야바라밀다를 수행하는 때에 색의 상을 여실하게 안다고 이름하느니라.

선현이여. 무엇이 보살마하살이 깊은 반야바라밀다를 수학하는 때에 상의 생멸을 여실하게 아는 것인가? 이를테면, 보살마하살이 깊은 반야바라밀다를 수행하는 때에 상이 생겨나는 때에 따라서 오는 것이 없고 소멸하는 때에도 떠나가서 이르는 것이 없으며, 비록 오는 것이 없고 떠나가는 것이 없으나 생멸에 상응한다고 여실하게 안다면 이것을 보살마하살이 깊은 반야바라밀다를 수행하는 때에 상의 생멸을 여실하게 안다고 이름하느니라.

선현이여. 무엇이 보살마하살이 깊은 반야바라밀다를 수학하는 때에 상의 진여를 여실하게 아는 것인가? 이를테면, 보살마하살이 깊은 반야바라밀다를 수행하는 때에 상의 진여는 생겨남이 없고 소멸함이 없으며 떠나가는 것이 없고 오는 것도 없으며 염오도 없고 청정함도 없으며 증장도 없고 감소도 없으며, 항상 그 성품과 같아서 허망하지 않고 변이하지 않는 까닭으로 진여라고 이름한다고 여실하게 안다면, 이것을 보살마하살의 깊은 반야바라밀다를 수행하는 때에 상의 진여를 여실하게 안다고 이름하느니라."

마하반야바라밀다경 제472권

77. 선달품(善達品)(2)

"선현이여. 무엇이 보살마하살이 깊은 반야바라밀다를 수학하는 때에 행(行)의 상을 여실하게 아는 것인가? 이를테면, 보살마하살이 깊은 반야바라밀다를 수행하는 때에, 행은 파초(芭蕉) 나무와 같아서 한 잎·한 잎을 벗겨내어 버릴지라도 진실로 얻을 수 없다고 여실하게 안다면, 이것을 보살마하살이 깊은 반야바라밀다를 수행하는 때에 색의 상을 여실하게 안다고 이름하느니라.

선현이여. 무엇이 보살마하살이 깊은 반야바라밀다를 수학하는 때에 행의 생멸을 여실하게 아는 것인가? 이를테면, 보살마하살이 깊은 반야바라밀다를 수행하는 때에 행이 생겨나는 때에 따라서 오는 것이 없고 소멸하는 때에도 떠나가서 이르는 것이 없으며, 비록 오는 것이 없고 떠나가는 것이 없으나 생멸에 상응한다고 여실하게 안다면 이것을 보살마하살이 깊은 반야바라밀다를 수행하는 때에 행의 생멸을 여실하게 안다고 이름하느니라.

선현이여. 무엇이 보살마하살이 깊은 반야바라밀다를 수학하는 때에 행의 진여를 여실하게 아는 것인가? 이를테면, 보살마하살이 깊은 반야바라밀다를 수행하는 때에 행의 진여는 생겨남이 없고 소멸함이 없으며 떠나가는 것이 없고 오는 것도 없으며 염오도 없고 청정함도 없으며 증장도 없고 감소도 없으며, 항상 그 성품과 같아서 허망하지 않고 변이하지 않는 까닭으로 진여라고 이름한다고 여실하게 안다면, 이것을 보살마하살의 깊은 반야바라밀다를 수행하는 때에 행의 진여를 여실하게 안다고 이름하느니라.

선현이여. 무엇이 보살마하살이 깊은 반야바라밀다를 수학하는 때에 식(識)의 상을 여실하게 아는 것인가? 이를테면, 보살마하살이 깊은 반야바라밀다를 수행하는 때에 식은 여러 환영의 일과 같아서 여러 인연이 화합하여 가립으로 있다고 시설할지라도 진실로는 얻을 수 없는데 이를테면, 마술이거나, 혹은 그의 제자들이 네거리의 도로에서 환영으로 4군(四軍)을 지었는데 이를테면, 상군(象軍)·마군(馬軍)·차군(車軍)·보군(步軍)이었고, 혹은 다시 환영으로 여러 나머지의 색의 부류인 상을 지었다면, 비록 있는 것과 비슷할지라도 실제가 없는데, 식도 역시 이와 같아서 진실로 얻을 수 없다고 여실하게 안다면, 이것을 보살마하살이 깊은 반야바라밀다를 수행하는 때에 식의 상을 여실하게 안다고 이름하느니라.

선현이여. 무엇이 보살마하살이 깊은 반야바라밀다를 수학하는 때에 식의 생멸을 여실하게 아는 것인가? 이를테면, 보살마하살이 깊은 반야바라밀다를 수행하는 때에 식이 생겨나는 때에 따라서 오는 것이 없고 소멸하는 때에도 떠나가서 이르는 것이 없으며, 비록 오는 것이 없고 떠나가는 것이 없으나 생멸에 상응한다고 여실하게 안다면 이것을 보살마하살이 깊은 반야바라밀다를 수행하는 때에 식의 생멸을 여실하게 안다고 이름하느니라.

선현이여. 무엇이 보살마하살이 깊은 반야바라밀다를 수학하는 때에 식의 진여를 여실하게 아는 것인가? 이를테면, 보살마하살이 깊은 반야바라밀다를 수행하는 때에 식의 진여는 생겨남이 없고 소멸함이 없으며 떠나가는 것이 없고 오는 것도 없으며 염오도 없고 청정함도 없으며 증장도 없고 감소도 없으며, 항상 그 성품과 같아서 허망하지 않고 변이하지 않는 까닭으로 진여라고 이름한다고 여실하게 안다면, 이것을 보살마하살의 깊은 반야바라밀다를 수행하는 때에 식의 진여를 여실하게 안다고 이름하느니라.

선현이여. 이것이 보살마하살이 3해탈문을 능히 수학한다면 곧 색온,

나아가 식온을 능히 수학하는 것이니라."

구수 선현이 다시 세존께 아뢰어 말하였다.
"무엇이 보살마하살이 3해탈문을 능히 이와 같이 수학한다면, 역시 안처, 나아가 의처도 능히 수학하는 것입니까?"
세존께서 선현에게 알리셨다.
"만약 보살마하살이 깊은 반야바라밀다를 수학하는 때에 안처는 안처의 자성이 공하고, 나아가 의처는 의처의 자성이 공하므로, 내처(內處)의 자성을 얻을 수 없다고 여실하게 안다면, 선현이여. 이것이 보살마하살이 3해탈문을 능히 이와 같이 수학한다면, 역시 안처, 나아가 의처도 능히 수학하는 것이니라."

구수 선현이 다시 세존께 아뢰어 말하였다.
"무엇이 보살마하살이 3해탈문을 능히 이와 같이 수학한다면, 역시 색처, 나아가 법처도 능히 수학하는 것입니까?"
세존께서 선현에게 알리셨다.
"만약 보살마하살이 깊은 반야바라밀다를 수학하는 때에 색처는 색처의 자성이 공하고, 나아가 법처는 법처의 자성이 공하므로, 내처의 자성을 얻을 수 없다고 여실하게 안다면, 선현이여. 이것이 보살마하살이 3해탈문을 능히 이와 같이 수학한다면, 역시 색처, 나아가 법처도 능히 수학하는 것이니라."

구수 선현이 다시 세존께 아뢰어 말하였다.
"무엇이 보살마하살이 3해탈문을 능히 이와 같이 수학한다면, 역시 안계, 나아가 의계도 능히 수학하는 것입니까?"
세존께서 선현에게 알리셨다.
"만약 보살마하살이 깊은 반야바라밀다를 수학하는 때에 안계는 안계의 자성이 공하고, 나아가 의계는 의계의 자성이 공하다고 여실하게 안다면, 선현이여. 이것이 보살마하살이 3해탈문을 능히 이와 같이 수학한다면, 역시 안계, 나아가 의계도 능히 수학하는 것이니라."

구수 선현이 다시 세존께 아뢰어 말하였다.
"무엇이 보살마하살이 3해탈문을 능히 이와 같이 수학한다면, 역시 색계, 나아가 법계도 능히 수학하는 것입니까?"
세존께서 선현에게 알리셨다.
"만약 보살마하살이 깊은 반야바라밀다를 수학하는 때에 색계는 색계의 자성이 공하고, 나아가 법계는 법계의 자성이 공하다고 여실하게 안다면, 선현이여. 이것이 보살마하살이 3해탈문을 능히 이와 같이 수학한다면, 역시 색계, 나아가 법계도 능히 수학하는 것이니라."
구수 선현이 다시 세존께 아뢰어 말하였다.
"무엇이 보살마하살이 3해탈문을 능히 이와 같이 수학한다면, 역시 안식계, 나아가 의식계도 능히 수학하는 것입니까?"
세존께서 선현에게 알리셨다.
"만약 보살마하살이 깊은 반야바라밀다를 수학하는 때에 안식계는 안식계의 자성이 공하고, 나아가 의식계는 의식계의 자성이 공하다고 여실하게 안다면, 선현이여. 이것이 보살마하살이 3해탈문을 능히 이와 같이 수학한다면, 역시 안식계, 나아가 의식계도 능히 수학하는 것이니라."
구수 선현이 다시 세존께 아뢰어 말하였다.
"무엇이 보살마하살이 3해탈문을 능히 이와 같이 수학한다면, 역시 안촉, 나아가 의촉도 능히 수학하는 것입니까?"
세존께서 선현에게 알리셨다.
"만약 보살마하살이 깊은 반야바라밀다를 수학하는 때에 안촉은 안촉의 자성이 공하고, 나아가 의촉은 의촉의 자성이 공하다고 여실하게 안다면, 선현이여. 이것이 보살마하살이 3해탈문을 능히 이와 같이 수학한다면, 역시 안촉, 나아가 의촉도 능히 수학하는 것이니라."
구수 선현이 다시 세존께 아뢰어 말하였다.
"무엇이 보살마하살이 3해탈문을 능히 이와 같이 수학한다면, 역시 안촉을 인연으로 생겨난 여러 수, 나아가 의촉을 인연으로 생겨난 여러 수도 능히 수학하는 것입니까?"

세존께서 선현에게 알리셨다.

"만약 보살마하살이 깊은 반야바라밀다를 수학하는 때에 안촉을 인연으로 생겨난 여러 수는 안촉을 인연으로 생겨난 여러 수의 자성이 공하고, 나아가 의촉을 인연으로 생겨난 여러 수는 의촉을 인연으로 생겨난 여러 수의 자성이 공하다고 여실하게 안다면, 선현이여. 이것이 보살마하살이 3해탈문을 능히 이와 같이 수학한다면, 역시 안촉을 인연으로 생겨난 여러 수, 나아가 의촉을 인연으로 생겨난 여러 수도 능히 수학하는 것이니라."

구수 선현이 다시 세존께 아뢰어 말하였다.

"무엇이 보살마하살이 3해탈문을 능히 이와 같이 수학한다면, 역시 지계, 나아가 식계도 능히 수학하는 것입니까?"

세존께서 선현에게 알리셨다.

"만약 보살마하살이 깊은 반야바라밀다를 수학하는 때에 지계는 지계의 자성이 공하고, 식계는 식계의 자성이 공하다고 여실하게 안다면, 선현이여. 이것이 보살마하살이 3해탈문을 능히 이와 같이 수학한다면, 역시 지계, 나아가 식계도 능히 수학하는 것이니라."

구수 선현이 다시 세존께 아뢰어 말하였다.

"무엇이 보살마하살이 3해탈문을 능히 이와 같이 수학한다면, 역시 인연, 나아가 증상연도 능히 수학하는 것입니까?"

세존께서 선현에게 알리셨다.

"만약 보살마하살이 깊은 반야바라밀다를 수학하는 때에 인연은 이것이 종자상(種子相)이고, 등무간연(等無間緣)은 이것이 개발상(開發相)이며, 소연연(所緣緣)은 이것이 임지상(任持相)이고, 증상연은 이것이 불애상(不礙相)이므로, 자성은 본래 공하고 두 법을 멀리 벗어났다고 여실하게 안다면, 선현이여. 이것이 보살마하살이 3해탈문을 능히 이와 같이 수학한다면, 역시 인연, 나아가 증상연도 능히 수학하는 것이니라."

구수 선현이 다시 세존께 아뢰어 말하였다.

"무엇이 보살마하살이 3해탈문을 능히 이와 같이 수학한다면, 역시 인연을 따라서 생겨나는 것의 제법도 능히 수학하는 것입니까?"

세존께서 선현에게 알리셨다.

"만약 보살마하살이 깊은 반야바라밀다를 수학하는 때에 인연을 따라서 생겨나는 것의 제법은 생겨나지 않고 소멸하지 않으며 단절하지 않고 항상하지 않으며 하나가 아니고 다르지 않으며 오지 않고 떠나가지 않으며, 여러 희론(戱論)이 단절되어 본성(本性)이 담박(憺怕)하다고 여실하게 안다면, 선현이여. 이것이 보살마하살이 3해탈문을 능히 이와 같이 수학한다면, 역시 인연을 따라서 생겨나는 것의 제법도 능히 수학하는 것이니라."

구수 선현이 다시 세존께 아뢰어 말하였다.

"무엇이 보살마하살이 3해탈문을 능히 이와 같이 수학한다면, 역시 무명, 나아가 노사도 능히 수학하는 것입니까?"

세존께서 선현에게 알리셨다.

"만약 보살마하살이 깊은 반야바라밀다를 수학하는 때에 무명, 나아가 노사는 생겨남이 없고 소멸함이 없으며 염오가 없고 청정함이 없으며, 자성이 본래 공하므로 두 가지의 법을 멀리 벗어났다고 여실하게 안다면, 선현이여. 이것이 보살마하살이 3해탈문을 능히 이와 같이 수학한다면, 역시 무명, 나아가 노사도 능히 수학하는 것이니라."

구수 선현이 다시 세존께 아뢰어 말하였다.

"무엇이 보살마하살이 3해탈문을 능히 이와 같이 수학한다면, 역시 내공, 나아가 무성자성공도 능히 수학하는 것입니까?"

세존께서 선현에게 알리셨다.

"만약 보살마하살이 깊은 반야바라밀다를 수학하는 때에 내공, 나아가 무성자성공은 모두가 자성이 없어서 모두 얻을 수 없다고 여실하게 알고서 능히 안주한다면, 선현이여. 이것이 보살마하살이 3해탈문을 능히 이와 같이 수학한다면, 역시 공, 나아가 무성자성공도 능히 수학하는 것이니라."

구수 선현이 다시 세존께 아뢰어 말하였다.

"무엇이 보살마하살이 3해탈문을 능히 이와 같이 수학한다면, 역시 진여, 나아가 부사의계도 능히 수학하는 것입니까?"

세존께서 선현에게 알리셨다.

"만약 보살마하살이 깊은 반야바라밀다를 수학하는 때에 진여, 나아가 부사의계는 모두가 희론이 없어서 모두 분별할 수 없다고 여실하게 알고서 능히 안주한다면, 선현이여. 이것이 보살마하살이 3해탈문을 능히 이와 같이 수학한다면, 역시 진여, 나아가 부사의계도 능히 수학하는 것이니라."

구수 선현이 다시 세존께 아뢰어 말하였다.

"무엇이 보살마하살이 3해탈문을 능히 이와 같이 수학한다면, 역시 고·집·멸·도성제도 능히 수학하는 것입니까?"

세존께서 선현에게 알리셨다.

"만약 보살마하살이 깊은 반야바라밀다를 수학하는 때에 고·집·멸·도성제는 고성제는 이것이 핍박상(逼迫相)이고, 집성제는 이것이 생기상(生起相)이며, 멸성제는 이것이 적정상(寂靜相)이고, 도성제는 이것이 출리상(出離相)이며, 자성이 본래 공하고 두 가지의 법을 멀리 벗어났으며, 이것은 성자의 진리이고, 고성제 등은 나아가서 진여이고, 진여 등은 나아가서 고성제 등이며, 무이(無二)이고 차별이 없으나, 오직 진실한 성자가 능히 여실하게 아는 것이라고 여실하게 안다면, 선현이여. 이것이 보살마하살이 3해탈문을 능히 이와 같이 수학한다면, 역시 고·집·멸·도성제도 능히 수학하는 것이니라."

구수 선현이 다시 세존께 아뢰어 말하였다.

"무엇이 보살마하살이 3해탈문을 능히 이와 같이 수학한다면, 역시 보시바라밀다, 나아가 반야바라밀다도 능히 수학하는 것입니까?"

세존께서 선현에게 알리셨다.

"만약 보살마하살이 깊은 반야바라밀다를 수학하는 때에 보시바라밀다, 나아가 반야바라밀다는 증장이 없고 감소가 없으며 염오가 없고 청정함이 없으며, 자성도 없어서 얻을 수 없다고 여실하게 알고서 능히 수습(修習)한다면, 선현이여. 이것이 보살마하살이 3해탈문을 능히 이와 같이 수학한다면, 역시 보시바라밀다, 나아가 반야바라밀다도 능히 수학하는 것이니라."

구수 선현이 다시 세존께 아뢰어 말하였다.
"무엇이 보살마하살이 3해탈문을 능히 이와 같이 수학한다면, 역시 4정려·4무량·4무색정도 능히 수학하는 것입니까?"
세존께서 선현에게 알리셨다.
"만약 보살마하살이 깊은 반야바라밀다를 수학하는 때에 4정려·4무량·4무색정은 증장이 없고 감소가 없으며 염오가 없고 청정함이 없으며, 자성도 없어서 얻을 수 없다고 여실하게 알고서 능히 수습한다면, 선현이여. 이것이 보살마하살이 3해탈문을 능히 이와 같이 수학한다면, 역시 4정려·4무량·4무색정도 능히 수학하는 것이니라."
구수 선현이 다시 세존께 아뢰어 말하였다.
"무엇이 보살마하살이 3해탈문을 능히 이와 같이 수학한다면, 역시 8해탈, 나아가 10변처도 능히 수학하는 것입니까?"
세존께서 선현에게 알리셨다.
"만약 보살마하살이 깊은 반야바라밀다를 수학하는 때에 8해탈, 나아가 10변처는 증장이 없고 감소가 없으며 염오가 없고 청정함이 없으며, 자성도 없어서 얻을 수 없다고 여실하게 알고서 능히 수습한다면, 선현이여. 이것이 보살마하살이 3해탈문을 능히 이와 같이 수학한다면, 역시 8해탈, 나아가 10변처도 능히 수학하는 것이니라."
구수 선현이 다시 세존께 아뢰어 말하였다.
"무엇이 보살마하살이 3해탈문을 능히 이와 같이 수학한다면, 역시 극희지, 나아가 법운지도 능히 수학하는 것입니까?"
세존께서 선현에게 알리셨다.
"만약 보살마하살이 깊은 반야바라밀다를 수학하는 때에 극희지, 나아가 법운지는 증장이 없고 감소가 없으며 염오가 없고 청정함이 없으며, 자성도 없어서 얻을 수 없다고 여실하게 알고서 능히 수습한다면, 선현이여. 이것이 보살마하살이 3해탈문을 능히 이와 같이 수학한다면, 역시 극희지, 나아가 법운지도 능히 수학하는 것이니라."
구수 선현이 다시 세존께 아뢰어 말하였다.

"무엇이 보살마하살이 3해탈문을 능히 이와 같이 수학한다면, 역시 일체의 다라니문·삼마지문도 능히 수학하는 것입니까?"

세존께서 선현에게 알리셨다.

"만약 보살마하살이 깊은 반야바라밀다를 수학하는 때에 일체의 다라니문·삼마지문은 증장이 없고 감소가 없으며 염오가 없고 청정함이 없으며, 자성도 없어서 얻을 수 없다고 여실하게 알고서 능히 수습한다면, 선현이여. 이것이 보살마하살이 3해탈문을 능히 이와 같이 수학한다면, 역시 일체의 다라니문·삼마지문도 능히 수학하는 것이니라."

구수 선현이 다시 세존께 아뢰어 말하였다.

"무엇이 보살마하살이 3해탈문을 능히 이와 같이 수학한다면, 역시 5안·6신통도 능히 수학하는 것입니까?"

세존께서 선현에게 알리셨다.

"만약 보살마하살이 깊은 반야바라밀다를 수학하는 때에 5안·6신통은 증장이 없고 감소가 없으며 염오가 없고 청정함이 없으며, 자성도 없어서 얻을 수 없다고 여실하게 알고서 능히 수습한다면, 선현이여. 이것이 보살마하살이 3해탈문을 능히 이와 같이 수학한다면, 역시 5안·6신통도 능히 수학하는 것이니라."

구수 선현이 다시 세존께 아뢰어 말하였다.

"무엇이 보살마하살이 3해탈문을 능히 이와 같이 수학한다면, 역시 10력, 나아가 18불불공법도 능히 수학하는 것입니까?"

세존께서 선현에게 알리셨다.

"만약 보살마하살이 깊은 반야바라밀다를 수학하는 때에 10력, 나아가 18불불공법은 증장이 없고 감소가 없으며 염오가 없고 청정함이 없으며, 자성도 없어서 얻을 수 없다고 여실하게 알고서 능히 수습한다면, 선현이여. 이것이 보살마하살이 3해탈문을 능히 이와 같이 수학한다면, 역시 10력, 나아가 18불불공법도 능히 수학하는 것이니라."

구수 선현이 다시 세존께 아뢰어 말하였다.

"무엇이 보살마하살이 3해탈문을 능히 이와 같이 수학한다면, 역시 여래의 10력, 나아가 18불불공법도 능히 수학하는 것입니까?"

세존께서 선현에게 알리셨다.

"만약 보살마하살이 깊은 반야바라밀다를 수학하는 때에 여래의 10력, 나아가 18불불공법은 증장이 없고 감소가 없으며 염오가 없고 청정함이 없으며, 자성도 없어서 얻을 수 없다고 여실하게 알고서 능히 수습한다면, 선현이여. 이것이 보살마하살이 3해탈문을 능히 이와 같이 수학한다면, 역시 여래의 10력, 나아가 18불불공법도 능히 수학하는 것이니라."

구수 선현이 다시 세존께 아뢰어 말하였다.

"무엇이 보살마하살이 3해탈문을 능히 이와 같이 수학한다면, 역시 무망실법·항주사성도 능히 수학하는 것입니까?"

세존께서 선현에게 알리셨다.

"만약 보살마하살이 깊은 반야바라밀다를 수학하는 때에 무망실법·항주사성은 증장이 없고 감소가 없으며 염오가 없고 청정함이 없으며, 자성도 없어서 얻을 수 없다고 여실하게 알고서 능히 수습한다면, 선현이여. 이것이 보살마하살이 3해탈문을 능히 이와 같이 수학한다면, 역시 무망실법·항주사성도 능히 수학하는 것이니라."

구수 선현이 다시 세존께 아뢰어 말하였다.

"무엇이 보살마하살이 3해탈문을 능히 이와 같이 수학한다면, 역시 일체지·도상지·일체상지도 능히 수학하는 것입니까?"

세존께서 선현에게 알리셨다.

"만약 보살마하살이 깊은 반야바라밀다를 수학하는 때에 일체지·도상지·일체상지는 증장이 없고 감소가 없으며 염오가 없고 청정함이 없으며, 자성도 없어서 얻을 수 없다고 여실하게 알고서 능히 수습한다면, 선현이여. 이것이 보살마하살이 3해탈문을 능히 이와 같이 수학한다면, 역시 일체지·도상지·일체상지도 능히 수학하는 것이니라."

구수 선현이 다시 세존께 아뢰어 말하였다.

"무엇이 보살마하살이 3해탈문을 능히 이와 같이 수학한다면, 역시 유정을 성숙시키고 불국토를 청정하게 장엄하는 것도 능히 수학하는 것입니까?"

세존께서 선현에게 알리셨다.

"만약 보살마하살이 깊은 반야바라밀다를 수학하는 때에 유정을 성숙시키고 불국토를 청정하게 장엄하는 것은 증장이 없고 감소가 없으며 염오가 없고 청정함이 없으며, 자성도 없어서 얻을 수 없다고 여실하게 알고서 능히 수습한다면, 선현이여. 이것이 보살마하살이 3해탈문을 능히 이와 같이 수학한다면, 역시 유정을 성숙시키고 불국토를 청정하게 장엄하는 것도 능히 수학하는 것이니라."

구수 선현이 다시 세존께 아뢰어 말하였다.

"무엇이 보살마하살이 3해탈문을 능히 이와 같이 수학한다면, 역시 여러 나머지의 무량하고 무변한 불법도 능히 수학하는 것입니까?"

세존께서 선현에게 알리셨다.

"만약 보살마하살이 깊은 반야바라밀다를 수학하는 때에 여러 나머지의 무량하고 무변한 불법은 증장이 없고 감소가 없으며 염오가 없고 청정함이 없으며, 자성도 없어서 얻을 수 없다고 여실하게 알고서 능히 수습한다면, 선현이여. 이것이 보살마하살이 3해탈문을 능히 이와 같이 수학한다면, 역시 여러 나머지의 무량하고 무변한 불법도 능히 수학하는 것이니라."

이때 구수 선현이 세존께 아뢰어 말하였다.

"세존이시여. 만약 보살마하살이 깊은 반야바라밀다를 수행하는 때에 색 등의 제법이 각각 차별하여 서로 잡스럽고 요란하지 않다고 여실하게 안다면, 장차 색으로써, 나아가 식으로써 법계를 파괴하는 것이 없겠습니까? 장차 안처로써, 나아가 의처로써 법계를 파괴하는 것이 없겠습니까? 장차 색처로써, 나아가 법처로써 법계를 파괴하는 것이 없겠습니까? 장차 안계로써, 나아가 의계로써 법계를 파괴하는 것이 없겠습니까? 장차 색계로써, 나아가 법계로써 법계를 파괴하는 것이 없겠습니까? 장차 안식계로써, 나아가 의식계로써 법계를 파괴하는 것이 없겠습니까?

장차 안촉으로써, 나아가 의촉으로써 법계를 파괴하는 것이 없겠습니까? 장차 안촉을 인연으로 생겨난 여러 수로써, 나아가 의촉을 인연으로 생겨난 여러 수로써 법계를 파괴하는 것이 없겠습니까? 장차 지계로써, 나아가 식계로써 법계를 파괴하는 것이 없겠습니까? 장차 인연으로써, 나아가 증상연으로써 법계를 파괴하는 것이 없겠습니까? 장차 무명으로써, 나아가 노사로써 법계를 파괴하는 것이 없겠습니까? 장차 내공으로써, 나아가 무성자성공으로써 법계를 파괴하는 것이 없겠습니까? 장차 진여로써, 나아가 부사의계로써 법계를 파괴하는 것이 없겠습니까? 장차 고·집·멸·도성제로써 법계를 파괴하는 것이 없겠습니까?

장차 보시바라밀다로써, 나아가 반야바라밀다로써 법계를 파괴하는 것이 없겠습니까? 장차 4정려·4무량·4무색정으로써 법계를 파괴하는 것이 없겠습니까? 장차 4념주로써, 나아가 8성도지로써 법계를 파괴하는 것이 없겠습니까? 장차 공·무상·무원해탈문으로써 법계를 파괴하는 것이 없겠습니까? 장차 8해탈·8승처·9차제정·10변처로써 법계를 파괴하는 것이 없겠습니까? 장차 극희지로써, 나아가 법운지로써 법계를 파괴하는 것이 없겠습니까? 장차 일체의 다라니문·삼마지문으로써 법계를 파괴하는 것이 없겠습니까? 장차 5안·6신통으로써 법계를 파괴하는 것이 없겠습니까?

장차 여래의 10력으로써, 나아가 18불불공법으로써 법계를 파괴하는 것이 없겠습니까? 장차 32대사상·80수호로써 법계를 파괴하는 것이 없겠습니까? 장차 무망실법·항주사성으로써 법계를 파괴하는 것이 없겠습니까? 장차 일체지·도상지·일체상지로써 법계를 파괴하는 것이 없겠습니까? 장차 예류과로써, 나아가 독각의 보리로써 법계를 파괴하는 것이 없겠습니까? 장차 일체의 보살마하살의 행으로써 법계를 파괴하는 것이 없겠습니까? 장차 제불의 무상정등보리로써 법계를 파괴하는 것이 없겠습니까? 일체지지로써 법계를 파괴하는 것이 없겠습니까? 왜 그러한가? 법계는 무이이고 차별이 없는 까닭입니다."

세존께서 선현에게 알리셨다.

"만약 법계를 벗어나서 나머지의 법을 얻을 수 있다면, 그 법들이 법계를 파괴한다고 능히 말할 수 있느니라. 그렇지만 법계를 벗어나서 얻을 법이 없는 까닭으로 나머지의 법이 법계를 파괴할 수 없느니라. 그 까닭은 무엇인가? 제불·보살·독각·성문들은 법계를 벗어나서 법을 얻을 수 없다고 아느니라. 이미 법이 법계에서 벗어나는 것이 없다고 알았으므로, 역시 다른 사람을 위하여 시설하거나 널리 설하지 않느니라. 이러한 까닭으로 법계는 파괴할 자가 없느니라. 이와 같아서 선현이여. 제보살마하살들은 깊은 반야바라밀다를 수행하는 때에 법계는 무이이고 차별이 없으며 파괴할 수 없는 상이라고 상응하여 수학해야 하느니라."

구수 선현이 다시 세존께 아뢰어 말하였다.
"만약 보살마하살이 법계를 수학하고자 한다면, 마땅히 무엇에서 수학해야 합니까?"
세존께서 선현에게 알리셨다.
"만약 보살마하살이 법계를 수학하고자 한다면, 마땅히 일체법에서 수학해야 하느니라. 그 까닭은 무엇인가? 선현이여. 일체법으로써 모두가 법계에 들어가는 까닭이니라."
구수 선현이 다시 세존께 아뢰어 말하였다.
"무슨 인연을 까닭으로 일체법이 모두 법계에 들어갑니까?"
세존께서 선현에게 알리셨다.
"만약 제불께서 세상에 출현하거나, 만약 출현하시지 않을지라도, 제법은 법이 그러하듯이 모두가 법계의 차별이 없는 상에 들어가는 것이고, 오히려 제불께서 설하시지 않았느니라. 그 까닭은 무엇인가? 만약 선법이거나 만약 비선법이거나, 만약 유기법이거나 만약 무기법이거나, 만약 유루법이거나 만약 무루법이거나, 만약 세간법이거나 만약 출세간법일지라도, 이와 같은 등의 일체법은 모두가 무상(無相)이고 무위(無爲)이며 성품이 공(空)한 법계에 들어가지 않는 것이 없느니라.
이러한 까닭으로 선현이여. 제보살마하살들이 깊은 반야바라밀다를 수행하는 때에 법계를 수학하고자 한다면, 마땅히 일체법에서 수학해야 하나니, 만약 일체법을 수학한다면 나아가서 이것이 법계를 수학하는 것이니라."

구수 선현이 다시 세존께 아뢰어 말하였다.
"만약 일체법이 모두가 법계에 들어가고 무이이고 차별이 없다면, 제보살마하살들은 어찌하여 반야바라밀다, 나아가 보시바라밀다를 마땅히 수학해야 합니까? 어찌하여 초정려, 나아가 4정려를 마땅히 수학해야 합니까? 어찌하여 인자함의 자무량(慈無量), 나아가 사무량(捨無量)을 마땅히 수학해야 합니까? 어찌하여 공무변처정, 나아가 비상비비상처정을 마땅히 수학해야 합니까? 어찌하여 4념주, 나아가 8성도지를 마땅히 수학해야 합니까? 어찌하여 공·무상·무원해탈문을 마땅히 수학해야 합니까?

어찌하여 8해탈, 나아가 10변처를 마땅히 수학해야 합니까? 어찌하여 극희지, 나아가 법운지를 마땅히 수학해야 합니까? 어찌하여 일체의 다라니문과 삼마지문을 마땅히 수학해야 합니까? 어찌하여 내공, 나아가 무성자성공을 마땅히 수학해야 합니까? 어찌하여 진여, 나아가 부사의계를 마땅히 수학해야 합니까? 어떻게 고·집·멸·도성제를 마땅히 수학해야 합니까? 어찌하여 5안과 6신통을 마땅히 수학해야 합니까? 어찌하여 여래의 10력, 나아가 18불불공법을 마땅히 수학해야 합니까? 어찌하여 무망실법·항주사성을 마땅히 수학해야 합니까?

어찌하여 일체지·도상지·일체상지를 마땅히 수학해야 합니까? 어찌하여 32대사상·80수호를 원만하게 성취하는 것을 마땅히 수학해야 합니까? 어찌하여 찰제리의 대종족·바라문의 대종족·장자의 대종족·거사의 대종족을 원만하게 성취하는 것을 마땅히 수학해야 합니까? 어찌하여 4대왕중천(四大王衆天), 나아가 타화자재천(他化自在天)을 원만하게 성취하는 것을 마땅히 수학해야 합니까? 어찌하여 범중천(梵衆天), 나아가 광과천(廣果天)을 원만하게 성취하는 것을 마땅히 수학해야 합니까? 어찌하여 무상유정천(無想有情天)의 법을 원만하게 성취하거나, 그곳에 태어남을 좋아하지 않는 것을 마땅히 수학해야 합니까?

어찌하여 정거천(淨居天)의 법을 원만하게 성취하거나, 그곳에 태어남을 좋아하지 않는 것을 마땅히 수학해야 합니까? 어찌하여 공무변처천(空無邊處天)의 법, 나아가 비상비비상처천(非想非非想處天)의 법을 원만하게 성취하거나, 그곳에 태어남을 좋아하지 않는 것을 마땅히 수학해야 합니까? 어찌하여 초발보리심(初發菩提心), 나아가 제10발보리심(第十發菩提心)을 마땅히 수학해야 합니까? 어찌하여 보살의 정성이생(正性離生)에 나아가서 증득하는 것을 마땅히 수학해야 합니까? 어찌하여 일체의 성문과 독각지의 증득을 짓지 않는 것을 마땅히 수학해야 합니까?

어찌하여 유정을 성숙시키고 불국토를 청정하게 장엄하는 것을 마땅히 수학해야 합니까? 어찌하여 여러 다라니와 장애가 없는 변재(辯才)를 마땅히 수학해야 합니까? 어찌하여 일체의 보살마하살의 도(道)와 제불의 무상정등보리를 마땅히 수학해야 합니까? 이렇게 수학하고서 일체법의 일체의 종류와 상을 이미 알았다면, 곧 능히 일체지지를 증득하겠습니까?

세존이시여. 법계 가운데에 이와 같은 등의 분별이 있지 않는데, 장차 보살마하살들이 오히려 이러한 분별이 없을지라도 전도(轉倒)에서 행한다면, 희론이 없는 가운데에서 여러 희론이 일어날 것입니다. 그 까닭은 무엇인가? 진실한 법계의 가운데에는 모두 분별과 희론의 일이 없는 까닭입니다. 세존이시여. 법계는 색·수·상·행·식이 아니고, 역시 색·수·상·행·식을 벗어나지 않나니, 색·수·상·행·식은 나아가서 이것이 법계이고, 법계는 나아가서 이것이 색·수·상·행·식입니다.

세존이시여. 법계는 안처, 나아가 의처가 아니고, 역시 안처, 나아가 의처를 벗어나지 않나니, 안처, 나아가 의처는 나아가서 이것이 법계이고, 법계는 나아가서 이것이 안처, 나아가 의처입니다. 세존이시여. 법계는 색처, 나아가 법처가 아니고, 역시 색처, 나아가 법처를 벗어나지 않나니, 색처, 나아가 법처는 나아가서 이것이 법계이고, 법계는 나아가서 이것이 색처, 나아가 법처입니다.

　세존이시여. 법계는 안계, 나아가 의계가 아니고, 역시 안계, 나아가 의계를 벗어나지 않나니, 안계, 나아가 의계는 나아가서 이것이 법계이고, 법계는 나아가서 이것이 안계, 나아가 의계입니다. 세존이시여. 법계는 색계, 나아가 법계가 아니고, 역시 색계, 나아가 법계를 벗어나지 않나니, 색계, 나아가 법계는 나아가서 이것이 법계이고, 법계는 나아가서 이것이 색계, 나아가 법계입니다.

　세존이시여. 법계는 안식계, 나아가 의식계가 아니고, 역시 안식계, 나아가 의식계를 벗어나지 않나니, 안식계, 나아가 의식계는 나아가서 이것이 법계이고, 법계는 나아가서 이것이 안식계, 나아가 의식계입니다. 세존이시여. 법계는 안촉, 나아가 의촉이 아니고, 역시 안촉, 나아가 의촉을 벗어나지 않나니, 안촉, 나아가 의촉은 나아가서 이것이 법계이고, 법계는 나아가서 이것이 안촉, 나아가 의촉입니다.

　세존이시여. 법계는 안촉을 인연으로 생겨난 여러 수, 나아가 의촉을 인연으로 생겨난 여러 수가 아니고, 역시 안촉을 인연으로 생겨난 여러 수, 나아가 의촉을 인연으로 생겨난 여러 수를 벗어나지 않나니, 안촉을 인연으로 생겨난 여러 수, 나아가 의촉을 인연으로 생겨난 여러 수는 나아가서 이것이 법계이고, 법계는 나아가서 이것이 안촉을 인연으로 생겨난 여러 수, 나아가 의촉을 인연으로 생겨난 여러 수입니다.

　세존이시여. 법계는 지계, 나아가 식계가 아니고, 역시 지계, 나아가 식계를 벗어나지 않나니, 지계, 나아가 식계는 나아가서 이것이 법계이고, 법계는 나아가서 이것이 지계, 나아가 식계입니다. 세존이시여. 법계는 인연, 나아가 증상연이 아니고, 역시 인연, 나아가 증상연을 벗어나지 않나니, 인연, 나아가 증상연은 나아가서 이것이 법계이고, 법계는 나아가서 이것이 인연, 나아가 증상연입니다.

　세존이시여. 법계는 인연을 따라서 생겨나는 것의 제법이 아니고, 역시 법계는 인연을 따라서 생겨나는 것의 제법을 벗어나지 않나니, 법계는 인연을 따라서 생겨나는 것인 제법은 나아가서 이것이 법계이고,

법계는 나아가서 이것이 인연을 따라서 생겨나는 것인 제법입니다. 세존이시여. 법계는 무명, 나아가 노사가 아니고, 역시 무명, 나아가 노사를 벗어나지 않나니, 무명, 나아가 노사는 나아가서 이것이 법계이고, 법계는 나아가서 이것이 무명, 나아가 노사입니다.

세존이시여. 법계는 보시바라밀다, 나아가 반야바라밀다가 아니고, 역시 법계는 보시바라밀다, 나아가 반야바라밀다를 벗어나지 않나니, 보시바라밀다, 나아가 반야바라밀다는 나아가서 이것이 법계이고, 법계는 나아가서 이것이 보시바라밀다, 나아가 반야바라밀다입니다. 세존이시여. 법계는 4정려·4무량·4무색정이 아니고, 역시 4정려·4무량·4무색정을 벗어나지 않나니, 4정려·4무량·4무색정은 나아가서 이것이 법계이고, 법계는 나아가서 이것이 4정려·4무량·4무색정입니다.

세존이시여. 법계는 4념주, 나아가 8성도지가 아니고, 역시 법계는 4념주, 나아가 8성도지를 벗어나지 않나니, 4념주, 나아가 8성도지는 나아가서 이것이 법계이고, 법계는 나아가서 이것이 4념주, 나아가 8성도지입니다. 세존이시여. 법계는 4정려·4무량·4무색정이 아니고, 역시 4정려·4무량·4무색정을 벗어나지 않나니, 4정려·4무량·4무색정은 나아가서 이것이 법계이고, 법계는 나아가서 이것이 4정려·4무량·4무색정입니다.

세존이시여. 법계는 공·무상·무원해탈문이 아니고, 역시 법계는 공·무상·무원해탈문을 벗어나지 않나니, 공·무상·무원해탈문은 나아가서 이것이 법계이고, 법계는 나아가서 이것이 공·무상·무원해탈문입니다. 세존이시여. 법계는 내공, 나아가 무성자성공이 아니고, 역시 내공, 나아가 무성자성공을 벗어나지 않나니, 내공, 나아가 무성자성공은 나아가서 이것이 법계이고, 법계는 나아가서 이것이 내공, 나아가 무성자성공입니다.

세존이시여. 법계는 고·집·멸·도성제가 아니고, 역시 법계는 고·집·멸·도성제를 벗어나지 않나니, 고·집·멸·도성제는 나아가서 이것이 법계이고, 법계는 나아가서 이것이 고·집·멸·도성제입니다. 세존이시여. 법계는 8해탈, 나아가 10변처가 아니고, 역시 8해탈, 나아가 10변처를 벗어나지 않나니, 8해탈, 나아가 10변처는 나아가서 이것이 법계이고, 법계는 나아가서 이것이 8해탈, 나아가 10변처입니다.

　세존이시여. 법계는 정관지, 나아가 여래지가 아니고, 역시 법계는 정관지, 나아가 여래지를 벗어나지 않나니, 정관지, 나아가 여래지는 나아가서 이것이 법계이고, 법계는 나아가서 이것이 정관지, 나아가 여래지입니다. 세존이시여. 법계는 극희지, 나아가 법운지가 아니고, 역시 극희지, 나아가 법운지를 벗어나지 않나니, 극희지, 나아가 법운지는 나아가서 이것이 법계이고, 법계는 나아가서 이것이 극희지, 나아가 법운지입니다.

　세존이시여. 법계는 일체의 다라니문·삼마지문이 아니고, 역시 법계는 일체의 다라니문·삼마지문을 벗어나지 않나니, 일체의 다라니문·삼마지문은 나아가서 이것이 법계이고, 법계는 나아가서 이것이 일체의 다라니문·삼마지문입니다. 세존이시여. 법계는 5안·6신통이 아니고, 역시 5안·6신통을 벗어나지 않나니, 5안·6신통은 나아가서 이것이 법계이고, 법계는 나아가서 이것이 5안·6신통입니다.

　세존이시여. 법계는 여래의 10력, 나아가 18불불공법이 아니고, 역시 법계는 여래의 10력, 나아가 18불불공법을 벗어나지 않나니, 여래의 10력, 나아가 18불불공법은 나아가서 이것이 법계이고, 법계는 나아가서 이것이 여래의 10력, 나아가 18불불공법입니다. 세존이시여. 법계는 무망실법·항주사성이 아니고, 역시 무망실법·항주사성을 벗어나지 않나니, 무망실법·항주사성은 나아가서 이것이 법계이고, 법계는 나아가서 이것이 무망실법·항주사성입니다.

　세존이시여. 법계는 일체지·도상지·일체상지가 아니고, 역시 법계는 일체지·도상지·일체상지를 벗어나지 않나니, 일체지·도상지·일체상지는 나아가서 이것이 법계이고, 법계는 나아가서 이것이 일체지·도상지·일체상지입니다. 세존이시여. 법계는 32대사상·80수호가 아니고, 역시 32대사상·80수호를 벗어나지 않나니, 32대사상·80수호는 나아가서 이것이 법계이고, 법계는 나아가서 이것이 32대사상·80수호입니다.

　세존이시여. 법계는 예류과, 나아가 독각의 보리가 아니고, 역시 법계는 예류과, 나아가 독각의 보리를 벗어나지 않나니, 예류과, 나아가 독각의 보리는 나아가서 이것이 법계이고, 법계는 나아가서 이것이 예류과, 나아가 독각의 보리입니다. 세존이시여. 법계는 일체의 보살마하살의 행과 제불의 무상정등보리가 아니고, 역시 일체의 보살마하살의 행과 제불의 무상정등보리를 벗어나지 않나니, 일체의 보살마하살의 행과 제불의 무상정등보리는 나아가서 이것이 법계이고, 법계는 나아가서 이것이 일체의 보살마하살의 행과 제불의 무상정등보리입니다.

세존이시여. 법계는 선법과 비선법이 아니고, 역시 법계는 선법과 비선법을 벗어나지 않나니, 선법과 비선법은 나아가서 이것이 법계이고, 법계는 나아가서 이것이 선법과 비선법입니다. 세존이시여. 법계는 유기법과 무기법이 아니고, 역시 유기법과 무기법을 벗어나지 않나니, 유기법과 무기법은 나아가서 이것이 법계이고, 법계는 나아가서 이것이 유기법과 무기법입니다.

세존이시여. 법계는 유루법과 무루법이 아니고, 역시 법계는 유루법과 무루법을 벗어나지 않나니, 유루법과 무루법은 나아가서 이것이 법계이고, 법계는 나아가서 이것이 유루법과 무루법입니다. 세존이시여. 법계는 세간법과 출세간법이 아니고, 역시 세간법과 출세간법을 벗어나지 않나니, 세간법과 출세간법은 나아가서 이것이 법계이고, 법계는 나아가서 이것이 세간법과 출세간법입니다.

세존이시여. 법계는 유위법과 무위법이 아니고, 역시 법계는 유위법과 무위법을 벗어나지 않나니, 유위법과 무위법은 나아가서 이것이 법계이고, 법계는 나아가서 이것이 유위법과 무위법입니다."

세존께서 선현에게 알리셨다.

"그와 같으니라. 그와 같으니라. 그대가 말한 것과 같으니라. 진실한 법계의 가운데에는 일체의 종류의 분별과 희론이 없나니, 법계는 색·수·상·행·식이 아니고, 역시 색·수·상·행·식을 벗어나지 않나니, 색·수·상·행·식이 나아가서 이것이 법계이고, 법계가 나아가서 이것이 색·수·상·행·식이니라. 이와 같이 나아가, 법계는 유위법과 무위법이 아니고, 역시 법계는 유위법과 무위법을 벗어나지 않나니, 유위법과 무위법은 나아가서 이것이 법계이고, 법계는 나아가서 이것이 유위법과 무위법이니라.
　다시 다음으로 선현이여. 제보살마하살들이 깊은 반야바라밀다를 수행하는 때에 만약 법이 법계를 떠난 것이 있다고 본다면, 곧 구하였던 것인 무상정등보리에 바르게 나아가는 것이 아니니라. 이러한 까닭으로 제보살마하살들은 깊은 반야바라밀다를 수행하는 때에 법이 법계를 떠난 것이 있다고 보지 않느니라.
　선현이여. 제보살마하살들이 깊은 반야바라밀다를 수행하는 때에 일체법이 나아가서 진실한 법계라고 알고서 방편선교로 명자가 없는 법상(法相)을 제유정들을 위하여 명자와 상에 의지하여 설하는데 이를테면, 이것은 색·수·상·행·식이고, 이것은 안처, 나아가 의처이며, 이것은 색처, 나아가 법처이고, 이것은 안계, 나아가 의계이며, 이것은 색계, 나아가 법계이고, 이것은 안식계, 나아가 의식계이며, 이것은 안촉, 나아가 의촉이고, 이것은 안촉을 인연으로 생겨난 여러 수, 나아가 의촉을 인연으로 생겨난 여러 수이며,
　이것은 지계, 나아가 식계이고, 이것은 인연, 나아가 증상연이며, 이것은 무명, 나아가 노사이고, 이것은 선법과 비선법이며, 이것은 유기법과 무기법이고, 이것은 유루법과 무루법이며, 이것은 세간법과 출세간법이고, 이것은 유위법과 무위법이며, 이것은 보시바라밀다, 나아가 반야바라밀다이고, 이것은 4정려·4무량·4무색정이며, 이것은 4념주, 나아가 8성도지이고, 이것은 공·무상·무원해탈문이며, 이것은 내공, 나아가 무성자성공이고, 이것은 진여, 나아가 부사의계이며,
　이것은 고·집·멸·도성제이고, 이것은 8해탈, 나아가 10변처이며, 이것은 정관지, 나아가 여래지이고, 이것은 극희지, 나아가 법운지이며, 이것은 일체의 다라니문·삼마지문이고, 이것은 5안·6신통이며, 이것은 여래의 10력, 나아가 18불불공법이고, 이것은 32대사상·80수호이며, 이것은 무망실법·항주사성이고, 이것은 일체지·도상지·일체상지이며, 이것은 예류과, 나아가 독각이고, 이것은 일체의 보살마하살의 행이며, 이것은 제불의

무상정등보리라고 마땅히 알아야 하느니라.
　공교로운 마술사(幻師)와 그의 제자들이 작은 물건을 집어서 가지고 여러 사람의 앞에서 환영으로 여러 종류의 다른 부류의 색깔과 모습의 이를테면, 남자·여자·어른·아이를 마술로 지었거나, 혹은 다시 코끼리·말·소·양·낙타·당나귀·닭 등의 여러 동류의 새와 짐승을 마술로 지었거나, 혹은 성읍·취락(聚落)·원림(園林)·연못 등의 여러 종류로 장엄하여서 매우 애락(愛樂)하게 마술로 지었거나, 혹은 의복·음식·방사(房舍)·와구·꽃·향·영락 등의 여러 종류의 진기한 보배·재물·곡식·창고를 마술로 지었거나, 혹은 무량한 종류의 기악(伎樂)과 배우(俳優)들을 마술로 지어서 무량한 사람들이 환희(歡娛)하고 즐거움을 받게 하였거나,
　혹은 여러 종류의 형상(形相)을 마술로 지어서 보시를 행하게 시켰고 혹은 정계하게 시켰으며 혹은 안인하게 시켰고 정진하게 시켰으며, 혹은 정려를 수습하게 시켰고, 혹은 지혜를 수습하게 시켰거나, 혹은 다시 찰제리의 대종족, 나아가 거사의 대종족에 태어남을 나타내거나, 혹은 여러 산·큰 바다·묘고산왕(妙高山王)·윤위산(輪圍山) 등을 마술로 지었거나, 혹은 4대왕중천, 나아가 타화자재천에 태어남을 나타내거나, 혹은 범중천, 나아가 색구경천에 태어남을 나타내거나, 혹은 공무변처천, 나아가 비상비비상처천에 태어남을 나타내거나, 혹은 예류·일래·불환·아라한·독각을 지어서 나타내거나,
　혹은 다시 보살마하살이 초발심부터 보시바라밀다, 나아가 반야바라밀다를 수행하거나, 4정려·4무량·4무색정을 수행하거나, 4념주, 나아가 8성도지를 수행하거나, 공·무상·무원해탈문을 수행하거나, 내공, 나아가 무성자성공을 수학하고 안주하거나, 진여, 나아가 부사의계를 수학하고 안주하거나, 고·집·멸·도성제를 수학하고 안주하거나, 보살의 정성이생에 들어감을 나타내거나, 극희지, 나아가 법운지를 수행하거나, 여러 종류의 수승한 신통을 이끌어서 일으키거나, 큰 광명을 펼쳐서 여러 세계를 비추거나, 유정을 성숙시키고 불국토를 청정하게 장엄하거나, 일체의 정려·해탈·등지(等持)·등지(等至)·여러 다라니와 삼마지에 유희

(遊戱)하거나, 여러 종류의 제불의 공덕을 수행하는 것을 지어서 나타내거나,

혹은 여래의 형상이 32대장부상·80수호를 구족하여 원만히 장엄하였거나, 10력·4무소외·4무애해와 대자·대비·대희·대사·18불불공법과, 무망실법·항주사성과, 일체지·도상지·일체상지 등의 무량하고 무변하며 불가사의한 수승한 공덕을 성취한 것을 지어서 나타내는 것과 같으니라.

선현이여. 이와 같은 마술사와 그의 제자들이 다른 사람을 미혹하기 위한 까닭으로 여러 사람 앞에 있으면서 마술로 이것 등의 여러 마술의 일을 짓는다면 그 가운데에서 지혜가 없는 남자·여자·어른·아이들은 이러한 일을 보고서 함께 놀라고 감탄하면서 '기이하구나! 이 사람은 미묘한 여러 기능(技能)을 이해하였으므로, 능히 여러 종류의 매우 희유한 일, 나아가 여래의 색신을 능히 지었고, 상호를 장엄하고 일체의 공덕을 갖추어서 대중들을 환락(歡樂)시키고자 스스로가 기능을 나타내는구나.'라고 말하느니라.

그 가운데에서 지혜가 있는 자는 이러한 일을 보고서 '매우 신기하고 기이하구나! 어떻게 이 사람은 능히 이러한 일을 나타내는가? 그 가운데에서는 비록 진실한 일을 얻을 수 없으나, 어리석은 사람들을 미혹시켜서 환희(歡悅)하게 하고, 진실한 물건이 없는 가운데에서 진실한 물건이라는 생각을 일으키게 하는구나! 오직 지혜가 있는 자라면 모두가 공하다고 통달하여 비록 보거나 듣는 것이 있을지라도 집착이 없을 것이다.'라고 이렇게 생각을 짓느니라."

마하반야바라밀다경 제473권

77. 선달품(善達品)(3)

"이와 같아서 선현이여. 제보살마하살들이 깊은 반야바라밀다를 수행하는 때에 비록 법계가 제법을 벗어나서 있다고 보지 않고, 제법이 법계를 벗어나서 있다고 보지 않으며, 유정과 그 시설에서 진실한 일을 얻을 수 있다고 보지 않을지라도, 방편선교를 능히 발생시켜서 스스로가 6바라밀다를 수행하고서, 역시 다른 사람에게 권유하여 6바라밀다를 수행하게 하며, 6바라밀다를 수행하는 법을 전도가 없이 칭찬(稱揚)하고, 6바라밀다를 수행하는 자를 환희(歡喜)하고 찬탄(讚歎)하느니라.

스스로가 10선업도(十善業道)를 수지(受持)하고서, 역시 다른 사람에게 권하여 10선업도를 수지하게 하며, 10선업도를 수지하는 법을 전도가 없이 칭찬하고, 10선업도를 수지하는 자를 환희하고 찬탄하느니라. 스스로가 5계(五戒)를 수지하고서, 역시 다른 사람에게 권유하여 5계를 수지하게 하며, 5계를 수지하는 법을 전도가 없이 칭찬하고, 5계를 수지하는 자를 환희하고 찬탄하느니라.

스스로가 8계(八戒)를 수지하고서, 역시 다른 사람에게 권유하여 8계를 수지하게 하며, 8계를 수지하는 법을 전도가 없이 칭찬하고, 8계를 수지하는 자를 환희하고 찬탄하느니라. 스스로가 출가계(出家戒)를 수지하고서, 역시 다른 사람에게 권유하여 출가계를 수지하게 하며, 출가계를 수지하는 법을 전도가 없이 칭찬하고, 출가계를 수지하는 자를 환희하고 찬탄하느니라.

스스로가 4정려를 수행하고서, 역시 다른 사람에게 권유하여 4정려를 수행하게 하며, 4정려를 수행하는 법을 전도가 없이 칭찬하고, 4정려를 수행하는 자를 환희하고 찬탄하느니라. 스스로가 4무량을 수행하고서, 역시 다른 사람에게 권유하여 4무량을 수행하게 하며, 4무량을 수행하는 법을 전도가 없이 칭찬하고, 4무량을 수행하는 자를 환희하고 찬탄하느니라.

스스로가 4무색정을 수행하고서, 역시 다른 사람에게 권유하여 4무색정을 수행하게 하며, 4무색정을 수행하는 법을 전도가 없이 칭찬하고, 4무색정을 수행하는 자를 환희하고 찬탄하느니라. 스스로가 4념주, 나아가 8성도지를 수행하고서, 역시 다른 사람에게 권유하여 4념주, 나아가 8성도지를 수행하게 하며, 4념주, 나아가 8성도지를 수행하는 법을 전도가 없이 칭찬하고, 4념주, 나아가 8성도지를 수행하는 자를 환희하고 찬탄하느니라.

스스로가 공·무상·무원해탈문을 수행하고서, 역시 다른 사람에게 권유하여 공·무상·무원해탈문을 수행하게 하며, 공·무상·무원해탈문을 수행하는 법을 전도가 없이 칭찬하고, 공·무상·무원해탈문을 수행하는 자를 환희하고 찬탄하느니라. 스스로가 내공, 나아가 무성자성공에 안주하고서, 역시 다른 사람에게 권유하여 내공, 나아가 무성자성공에 안주하게 하며, 내공, 나아가 무성자성공에 안주하는 법을 전도가 없이 칭찬하고, 내공, 나아가 무성자성공에 안주하는 자를 환희하고 찬탄하느니라.

스스로가 고·집·멸·도성제에 안주하고서, 역시 다른 사람에게 권유하여 고·집·멸·도성제에 안주하게 하며, 고·집·멸·도성제에 안주하는 법을 전도가 없이 칭찬하고, 고·집·멸·도성제에 안주하는 자를 환희하고 찬탄하느니라. 스스로가 8해탈을 수행하고서, 역시 다른 사람에게 권유하여 8해탈을 수행하게 하며, 8해탈을 수행하는 법을 전도가 없이 칭찬하고, 8해탈을 수행하는 자를 환희하고 찬탄하느니라.

스스로가 8승처를 수행하고서, 역시 다른 사람에게 권유하여 8승처를 수행하게 하며, 8승처를 수행하는 법을 전도가 없이 칭찬하고, 8승처를 수행하는 자를 환희하고 찬탄하느니라. 스스로가 9차제정을 수행하고서,

역시 다른 사람에게 권유하여 9차제정을 수행하게 하며, 9차제정을 수행하는 법을 전도가 없이 칭찬하고, 9차제정을 수행하는 자를 환희하고 찬탄하느니라.

스스로가 10변처를 수행하고서, 역시 다른 사람에게 권유하여 10변처를 수행하게 하며, 10변처를 수행하는 법을 전도가 없이 칭찬하고, 10변처를 수행하는 자를 환희하고 찬탄하느니라. 스스로가 보살의 10지(十地)를 수행하고서, 역시 다른 사람에게 권유하여 보살의 10지를 수행하게 하며, 보살의 10지를 수행하는 법을 전도가 없이 칭찬하고, 보살의 10지를 수행하는 자를 환희하고 찬탄하느니라.

스스로가 일체의 다라니문을 수행하고서, 역시 다른 사람에게 권유하여 일체의 다라니문을 수행하게 하며, 일체의 다라니문을 수행하는 법을 전도가 없이 칭찬하고, 일체의 다라니문을 수행하는 자를 환희하고 찬탄하느니라. 스스로가 일체의 삼마지문을 수행하고서, 역시 다른 사람에게 권유하여 일체의 삼마지문을 수행하게 하며, 일체의 삼마지문을 수행하는 법을 전도가 없이 칭찬하고, 일체의 삼마지문을 수행하는 자를 환희하고 찬탄하느니라.

스스로가 5안을 수행하고서, 역시 다른 사람에게 권유하여 5안을 수행하게 하며, 5안을 수행하는 법을 전도가 없이 칭찬하고, 5안을 수행하는 자를 환희하고 찬탄하느니라. 스스로가 6신통을 수행하고서, 역시 다른 사람에게 권유하여 6신통을 수행하게 하며, 6신통을 수행하는 법을 전도가 없이 칭찬하고, 6신통을 수행하는 자를 환희하고 찬탄하느니라.

스스로가 여래의 10력을 수행하고서, 역시 다른 사람에게 권유하여 여래의 10력을 수행하게 하며, 여래의 10력을 수행하는 법을 전도가 없이 칭찬하고, 여래의 10력을 수행하는 자를 환희하고 찬탄하느니라. 스스로가 4무소외를 수행하고서, 역시 다른 사람에게 권유하여 4무소외를 수행하게 하며, 4무소외를 수행하는 법을 전도가 없이 칭찬하고, 4무소외를 수행하는 자를 환희하고 찬탄하느니라.

스스로가 4무애해를 수행하고서, 역시 다른 사람에게 권유하여 4무애해를 수행하게 하며, 4무애해를 수행하는 법을 전도가 없이 칭찬하고, 4무애해를 수행하는 자를 환희하고 찬탄하느니라. 스스로가 대자·대비·대희·대사를 수행하고서, 역시 다른 사람에게 권유하여 대자·대비·대희·대사를 수행하게 하며, 대자·대비·대희·대사를 수행하는 법을 전도가 없이 칭찬하고, 대자·대비·대희·대사를 수행하는 자를 환희하고 찬탄하느니라.

스스로가 18불불공법을 수행하고서, 역시 다른 사람에게 권유하여 18불불공법을 수행하게 하며, 18불불공법을 수행하는 법을 전도가 없이 칭찬하고, 18불불공법을 수행하는 자를 환희하고 찬탄하느니라. 스스로가 무망실법을 수행하고서, 역시 다른 사람에게 권유하여 무망실법을 수행하게 하며, 무망실법을 수행하는 법을 전도가 없이 칭찬하고, 무망실법을 수행하는 자를 환희하고 찬탄하느니라.

스스로가 항주사성을 수행하고서, 역시 다른 사람에게 권유하여 항주사성을 수행하게 하며, 항주사성을 수행하는 법을 전도가 없이 칭찬하고, 항주사성을 수행하는 자를 환희하고 찬탄하느니라. 스스로가 일체지를 수행하고서, 역시 다른 사람에게 권유하여 일체지를 수행하게 하며, 일체지를 수행하는 법을 전도가 없이 칭찬하고, 일체지를 수행하는 자를 환희하고 찬탄하느니라.

스스로가 도상지를 수행하고서, 역시 다른 사람에게 권유하여 도상지를 수행하게 하며, 도상지를 수행하는 법을 전도가 없이 칭찬하고, 도상지를 수행하는 자를 환희하고 찬탄하느니라. 스스로가 일체상지를 수행하고서, 역시 다른 사람에게 권유하여 일체상지를 수행하게 하며, 일체상지를 수행하는 법을 전도가 없이 칭찬하고, 일체상지를 수행하는 자를 환희하고 찬탄하느니라.

스스로가 32대사상을 수행하고서, 역시 다른 사람에게 권유하여 32대사상을 수행하게 하며, 32대사상을 수행하는 법을 전도가 없이 칭찬하고, 32대사상을 수행하는 자를 환희하고 찬탄하느니라. 스스로가 80수호를 수행하고서, 역시 다른 사람에게 권유하여 80수호를 수행하게 하며,

80수호를 수행하는 법을 전도가 없이 칭찬하고, 80수호를 수행하는 자를 환희하고 찬탄하느니라.

선현이여. 만약 진실한 법계의 초(初)·중(中)·후제(後際)에서 차별이 있다면, 보살마하살이 깊은 반야바라밀다를 수행하는 때에 방편선교를 능히 시설할 수 없고 제유정들을 위하여 진실한 법계를 설하거나, 불국토를 청정하게 장엄하거나, 유정을 성숙시키거나, 제보살마하살들의 행을 수행하여 무상정등보리를 증득하거나, 미래의 이익과 안락의 일체를 능히 끝마치지 못하느니라.

진실한 법계는 초·중·후제에서 항상 차별이 없느니라. 이러한 까닭으로 보살마하살이 깊은 반야바라밀다를 수행하는 때에 능히 방편선교를 잘 시설하고 제유정들을 위하여 진실한 법계를 설하며 불국토를 청정하게 장엄하고 유정을 성숙시키며 제보살마하살들의 행을 수행하여 무상정등보리를 증득하고서, 미래의 이익과 안락의 일체를 능히 끝마치느니라."

78. 실제품(實際品)(1)

그때 구수 선현이 세존께 아뢰어 말하였다.

"세존이시여. 만약 제유정들과 유정의 시설을 함께 반드시 결국에는 얻을 수 없다면 제보살마하살들은 누구를 위한 까닭으로 매우 깊은 반야바라밀다를 수행합니까?"

세존께서 선현에게 알리셨다.

"제보살마하살들은 다만 실제(實際)로써 한량을 삼는 까닭으로 매우 깊은 반야바라밀다를 수행하느니라. 선현이여. 만약 유정제(有情際)가 실제와 다른 것이라면, 제보살마하살들은 곧 깊은 반야바라밀다를 상응하여 수행하지 않는데, 유정제로써 실제는 다르지 않으니라. 이러한 까닭으로 보살마하살들이 제유정들을 위하여 매우 깊은 반야바라밀다를 수행한다고 마땅히 알아야 하느니라.
 다시 다음으로 선현이여. 제보살마하살들이 깊은 반야바라밀다를 수행하는 때에 파괴되지 않는 실제법(實際法)으로써 유정들을 안립(安立)시켜서 실제에 머무르게 하느니라.”
 구수 선현이 다시 세존께 아뢰어 말하였다.
 “만약 유정제가 나아가서 이것이 실제라면, 어찌하여 보살마하살이 깊은 반야바라밀다를 수행하는 때에 파괴되지 않는 실제법(實際法)으로써 유정들을 안립(安立)시켜서 실제에 머무르게 합니까? 세존이시여. 보살마하살이 깊은 반야바라밀다를 수행하는 때에 유정들을 안립시켜서 실제에 머무르게 한다면, 이것은 곧 실제를 안립시키기 위하여 실제에 머무르게 하는 것입니다.
 세존이시여. 만약 보살마하살이 깊은 반야바라밀다를 수행하는 때에 유정들을 안립시켜서 실제에 머무르게 한다면, 곧 자성을 안립시켜서 자성에 머무르게 하는 것입니다. 그렇지만 자성을 안립시켜서 자성에 머무르게 한다면 이치에 상응하지 않는데, 어찌하여 제보살마하살들이 깊은 반야바라밀다를 수행하는 때에 파괴되지 않는 실제법으로써 유정들을 안립시켜서 실제에 머무르게 한다고 설하십니까?”
 세존께서 선현에게 알리셨다.
 “실제를 안립시켜서 실제에 머무르게 할 수도 없고 자성을 안립시켜서 자성에 머무르게 할 수도 없느니라. 그렇지만 제보살마하살들이 깊은 반야바라밀다를 수행하는 때에 방편선교가 있는 까닭으로, 능히 유정들을 안립시켜서 실제에 머무르게 할지라도, 유정들은 실제와 다르지 않고, 유정과 실제는 무이(無二)이고 두 처소가 없느니라.”

 구수 선현이 다시 세존께 아뢰어 말하였다.
 “무엇 등을 제보살마하살들이 방편선교로 삼는다고 이름합니까? 제보살마하살들이 깊은 반야바라밀다를 수행하는 때에, 오히려 이러한 방편선교의 힘을 까닭으로 유정들을 안립시켜서 실제에 머무르게 하고, 실제의 상을 능히 파괴하지 않습니까?"

세존께서 선현에게 알리셨다.

"제보살마하살들이 깊은 반야바라밀다를 수행하는 때에 이와 같은 선교한 방편을 성취하나니, 오히려 이러한 방편선교의 힘을 까닭으로 유정들을 안립시켜서 보시에 머무르게 하고, 이미 안립시켰다면 보시의 초·중·후제의 차별이 없는 상을 설하게 되는데 이를테면, '이와 같은 보시는 초·중·후제가 모두 공하지 않음이 없고, 보시하는 자·보시받는 자·보시로 얻는 과보라는 것도 모두가 공합니다. 이와 같이 일체가 실제의 가운데에서 모두가 무소유이고, 모두를 얻을 수 없습니다. 그대들은 보시·보시하는 자·보시받는 자·보시로 얻는 과보가 각각 다른 것이 있다고 집착하지 마십시오. 그대들이 만약 보시·보시하는 자·보시받는 자·보시로 얻는 과보가 각각 다르다고 집착하지 않는다면, 수행하였던 것인 보시의 복취는 곧 감로(甘露)에 나아가고 감로의 과보를 얻으며, 결정적으로 감로로써 후제의 변제를 지을 것입니다.'라고 이렇게 말을 짓느니라.

다시 '그대들은 이렇게 수행하였던 것인 보시를 수용하여 색, 나아가 식을 취하지 않아야 하고, 안처, 나아가 의처를 취하지 않아야 하며, 색처, 나아가 법처를 취하지 않아야 하고, 안계, 나아가 의계를 취하지 않아야 하며, 색계, 나아가 법계를 취하지 않아야 하고, 안식계, 나아가 의식계를 취하지 않아야 하며, 안촉, 나아가 의촉을 취하지 않아야 하고, 안촉을 인연으로 생겨난 여러 수, 나아가 의촉을 인연으로 생겨난 여러 수를 취하지 않아야 하며, 지계, 나아가 식계를 취하지 않아야 하고, 인연, 나아가 증상연을 취하지 않아야 하며,

무명, 나아가 노사를 취하지 않아야 하고, 보시바라밀다, 나아가 반야바라밀다를 취하지 않아야 하며, 4정려·4무량·4무색정를 취하지 않아야 하고, 4념주, 나아가 8성도지를 취하지 않아야 하며, 공·무상·무원해탈문을 취하지 않아야 하고, 내공, 나아가 무성자성공를 취하지 않아야 하며, 진여, 나아가 부사의계를 취하지 않아야 하고, 고·집·멸·도성제를 취하지

않아야 하며, 8해탈, 나아가 10변처를 취하지 않아야 하고, 정관지, 나아가 여래지를 취하지 않아야 하며, 극희지, 나아가 법운지를 취하지 않아야 하고, 일체의 다라니문·삼마지문을 취하지 않아야 하며,

　5안·6신통을 취하지 않아야 하고, 여래의 10력, 나아가 18불불공법을 취하지 않아야 하며, 32대사상·80수호를 취하지 않아야 하고, 무망실법·항주사성을 취하지 않아야 하며, 일체지·도상지·일체상지를 취하지 않아야 하고, 예류과, 나아가 독각의 보리를 취하지 않아야 하며, 일체의 보살마하살의 행을 취하지 않아야 하고, 제불의 무상정등보리를 취하지 않아야 하며, 선법을 취하지 않아야 하고, 비선법을 취하지 않아야 하며, 유기법을 취하지 않아야 하고, 무기법을 취하지 않아야 하며, 유루법을 취하지 않아야 하고, 무루법을 취하지 않아야 하며, 세간법을 취하지 않아야 하고, 출세간법을 취하지 않아야 하며, 유위법을 취하지 않아야 하고, 무위법을 취하지 않아야 합니다.'라고 이렇게 말을 짓느니라.

　그 까닭은 무엇인가? 일체의 보시는 보시의 성품이 공하고, 일체의 보시하는 자는 보시하는 자의 성품이 공하며, 일체의 보시받는 자는 보시받는 자의 성품이 공하고, 일체의 보시의 과보는 보시의 과보가 공하나니, 공한 가운데에서는 보시·보시하는 자·보시받는 자·보시하는 과보를 모두 얻을 수 없느니라. 왜 그러한가? 이와 같은 제법의 차별과 자성은 모두가 반드시 결국에는 공하고, 반드시 결국에는 공한 가운데서는 이와 같은 제법을 얻을 수 없는 까닭이니라. 오히려 이러한 제법을 얻을 수 없는 까닭으로 나머지의 취하는 법도 역시 얻을 수 없느니라.

　다시 다음으로 선현이여. 제보살마하살들이 깊은 반야바라밀다를 수행하는 때에 이와 같은 방편선교를 성취하는데, 오히려 이러한 방편선교의 힘을 까닭으로 유정을 안립시켜서 정계바라밀다에 머무르게 하느니라. 이미 머무르게 하였다면, 다시 '그대들은 지금 제유정들에게 상응하여 깊이 자비하고 애민하므로 생명을 끊는 것을 벗어나고, [자세한 내용은 생략한다.] 나아가, 상응하여 삿된 견해를 벗어나서 정견을 수행하십시오. 그 까닭은 무엇인가? 이와 같은 제법은 모두 자성이 없나니, 그대들은

상응하여 분별하거나 집착하지 마십시오.'라고 이렇게 말을 짓느니라.

그대 등은 다시 상응하여 분별하거나 집착하지 않아야 하고, 그대 등은 다시 '무슨 법의 이름으로 그들의 생명을 끊고자 하는 욕망이 생겨나는가? 다시 무슨 인연으로써 그들의 생명을 끊고자 하는가? 자세한 내용은 생략한다.] 나아가, 무슨 법의 이름으로 삿된 견해의 경계라는 것을 위하여 삿된 견해를 일으키고자 하는가? 다시 무슨 인연으로 삿된 견해를 일으키는가? 이와 같은 일체는 자성이 모두 공한 것이다.'라고 상응하여 여실하게 관찰해야 하느니라.

선현이여. 제보살마하살들이 깊은 반야바라밀다를 수행하는 때에 이와 같은 방편선교를 성취하고 제유정의 부류들을 능히 잘 성숙시키며, 무량문(無量門)으로써 보시와 정계의 과보는 함께 얻을 수 없다고 설하여서, 보시와 정계의 과보는 자성이 모두 공하다고 알게 하느니라.

그들이 이미 수행하였던 것인 보시와 정계의 과보가 자성이 공하다고 명료하게 알았다면, 그 가운데에서 능히 집착이 생겨나지 않고, 오히려 집착하지 않으므로 마음에 산란(散亂)함이 없으며, 산란함이 없는 까닭으로 능히 미묘한 지혜를 일으키고, 오히려 이러한 미묘한 지혜로 수면(隨眠)과 여러 번뇌(纏)를 영원히 단절하고서 무여의열반계(無餘依涅槃界)에 들어가느니라.

선현이여. 이와 같이 세속제에 의지하여 설한 것이고, 승의제에 의지하여 설한 것은 아니니라. 그 까닭은 무엇인가? 공한 가운데에서는 적은 법도 얻을 수 없나니, 만약 이미 열반하였거나, 만약 마땅히 열반할 것이거나, 만약 지금 열반하거나, 만약 열반한 자이거나, 만약 오히려 이것을 까닭으로 열반을 얻을지라도, 이와 같은 일체는 모두가 무소유이고, 모두가 반드시 결국에는 공하느니라. 반드시 결국에는 공한 성품이 나아가서 이것이 열반이고, 이 열반을 벗어나서는 별도의 법이 있지 않느니라.

다시 다음으로 선현이여. 제보살마하살들이 깊은 반야바라밀다를 수행하는 때에 이와 같은 방편선교를 성취하는데, 오히려 이러한 방편선교의 힘을 까닭으로 제유정들의 마음에서 진에와 분노가 많은 것을 본다면, 깊은 자비와 연민이 생겨나서 방편으로 교계(教誡)하면서 '그대들은 지금 안인(安忍)의 즐거운 안인법을 상응하여 수행하여 그 마음을 조복시키고 안인의 행(行)을 받아들이십시오. 그대들이 진에하는 법이라는 것은 자성은 모두가 공인데, 어찌하여 그 가운데서 진에와 분노가 생겨나는가?'

그대들은 다시 '나는 오히려 무슨 법으로 진에와 분노가 생겨나는가? 누가 능히 진에와 분노가 생겨나는가? 누구에게 진에와 분노가 생겨나는가?'라고 상응하여 여실하게 관찰하십시오. 이와 같은 제법은 모두가 본성이 공하나니, 본성이 공한 법은 일찍이 공하지 않은 법이 없습니다. 이와 같이 공한 성품은 제불께서 지으신 것이 아니고, 보살들께서 지으신 것이 아니며, 독각들께서 지으신 것이 아니고, 성문들께서 지으신 것이 아니며, 천인(天)·용(龍)·약차(藥叉)·건달박(健達縛)·아소락(阿素洛)·갈로다(揭路茶)·긴나락(緊捺洛)·막호락가(莫呼洛伽)·인비인(人非人) 등이 지은 것도 아니고, 4대왕중천, 나아가 타화자재천이 지은 것도 아니며, 범중천, 나아가 색구경천이 지은 것도 아니고, 공무변처천, 나아가 비상비비상처천이 지은 것도 아닙니다.

그대들은 다시 '이와 같은 진에와 분노가 오히려 무엇으로 생겨나는가? 누구에게 속(屬)하게 되는가? 다시 누구에게 일으키는가? 마땅히 무슨 과보를 얻는가? 지금은 무슨 이익을 얻는가? 이러한 일체법은 모두가 본성이 공하고, 공한 성품 가운데에서는 진에와 분노가 있지 않다. 그러므로 상응하게 안인하는 것으로써 스스로가 요익할 것이다.'라고 상응하여 여실하게 관찰하십시오.

이와 같아서 선현이여. 제보살마하살들이 깊은 반야바라밀다를 수행하는 때에 최고로 수승한 방편선교를 성취하여 유정들을 성품이 공한 이치와 성품을 공한 인과에 안립시키며 점차로 무상정등보리로써 보여주고 권유하며 인도하고 찬탄하며 격려하고 축하하고 환희하며 잘 안주시켜서 빠르게 증득하게 하느니라. 선현이여. 이와 같이 세속제에 의지하여 설한 것이고, 승의제에 의지하여 설한 것은 아니니라. 그 까닭은 무엇인가? 본성공(本性空)인 가운데에서는 능히 얻는 것·얻어지는 것·얻는 처소·얻는 때의 일체가 있지 않느니라.

선현이여. 이것을 실제가 본성공인 이치라고 이름하느니라. 제보살마하살들이 제유정들을 요익하게 하려는 까닭으로 이 실제의 본성공인 이치에 의지하여 깊은 반야바라밀다를 행할지라도, 유정들과 그 시설을 얻을 수 없느니라. 왜 그러한가? 선현이여. 일체법이 유정을 벗어난 까닭으로 법을 얻을 수 없는, 법과 유정은 서로 상대하면서 세워지는 까닭이라고 마땅히 알아야 하느니라.

다시 다음으로 선현이여. 제보살마하살들이 깊은 반야바라밀다를 수행하는 때에 이와 같은 방편선교를 성취하는데, 오히려 이러한 방편선교의 힘을 까닭으로 제유정들의 몸과 마음이 해태(懈怠)하여 정진에서 퇴실(退失)하는 것을 본다면, 방편으로 권유하고 인도하면서 그에게 몸과 마음의 정진을 일으켜서 여러 선법을 수행하게 하면서 '여러 선남자들이여. 상응하여 깊은 본성공(本性空)의 가운데에서는 해태한 법이 없고 해태한 자가 없으며 해태한 처소가 없고 해태한 때가 없으며, 오히려 이러한 법에 해태가 발생함이 없는데, 이와 같은 일체의 본성의 모두가 공의 이치를 초월하지 못한다고 상응하여 깊이 믿으십시오.

그대들은 상응하여 몸과 마음의 정진을 일으켜서 여러 해태함을 버리고 선법을 정근하면서 수행해야 하는데 이를테면, 보시바라밀다, 나아가 반야바라밀다를 수행하거나, 만약 4정려·4무량·4무색정을 수행하거나, 만약 4념주, 나아가 8성도지를 수행하거나, 만약 공·무상·무원해탈문을 수행하거나, 만약 내공, 나아가 무성자성공에 안주하거나, 만약 진여, 나아가 부사의계에 안주하거나, 만약 고·집·멸·도성제에 안주하거나, 만약 8해탈, 나아가 10변처를 수행하거나, 만약 정관지, 나아가 여래지를 수행하거나, 만약 극희지, 나아가 법운지를 수행하거나, 만약 일체의 다라니문·삼마지문을 수행하거나, 만약 5안·6신통을 수행하거나, 만약 여래의 10력, 나아가 18불불공법을 수행하거나, 만약 32대사상·80수호를 수행하거나, 만약 무망실법·항주사성을 수행하거나, 만약 일체지·도상지·일체상지를 수행하거나, 만약 예류과, 나아가 독각의 보리를 수행하거나, 만약 일체의 보살마하살의 행을 수행하거나, 만약 제불의 무상정등보리를 수행하거나, 만약 여러 나머지의 무량한 불법을 수행하면서 상응하여 정근하면서 해태가 생겨나지 않게 하십시오. 만약 해태함이 생겨난다면 끝이 없는 고통을 받을 것입니다.

선남자들이여. 이러한 일체법은 모두가 본성공이므로 여러 장애가 없나니, 그대들은 상응하여 본성공인 이치의 장애가 없는 가운데에서는 해태한 법이 없고 해태한 자가 없으며 이러한 처소·때·인연도 역시 얻을 수 없다고 관찰하십시오.'라고 이와 같이 말을 짓느니라.

이와 같아서 선현이여. 제보살마하살들이 깊은 반야바라밀다를 수행하는 때에 매우 수승한 방편선교를 성취하여 유정들을 안립시켜서 제법의 본성공의 이치에 머무르게 하고, 비록 머무르게 하였을지라도 두 생각이 없느니라. 그 까닭은 무엇인가? 본성공의 이치에는 무이이고 차별이 없으며, 무이법(無二法)은 그 가운데에서 두 가지의 생각을 짓지 않느니라.

다시 다음으로 선현이여. 이 보살마하살이 깊은 반야바라밀다를 수행하면서 본성공에 의지하여 제유정들을 교계(敎誡)하고 교수(敎授)하여 정근하며 수행하게 하면서 '여러 선남자들이여. 그대들은 선법에서 마땅히 정근하면서 정진해야 하고, 만약 보시바라밀다, 나아가 반야바라밀다를 수행하는 때에 이러한 제법에서 둘이거나 둘이 아닌 상(相)이라고 상응하여 사유하지 않아야 하며, 만약 4정려·4무량·4무색정을 수행하는 때에도 이러한 제법에서 둘이거나 둘이 아닌 상이라고 상응하여 사유하지 않아야 하고, 만약 4념주, 나아가 8성도지를 수행하는 때에도 이러한 제법에서 둘이거나 둘이 아닌 상이라고 상응하여 사유하지 않아야 하며,

만약 공·무상·무원 해탈문을 수행하는 때에도 이러한 제법에서 둘이거나 둘이 아닌 상이라고 상응하여 사유하지 않아야 하고, 만약 내공,

나아가 무성자성공에 안주하는 때에도 이러한 제법에서 둘이거나 둘이 아닌 상이라고 상응하여 사유하지 않아야 하며, 만약 진여, 나아가 부사의계에 안주하는 때에도 이러한 제법에서 둘이거나 둘이 아닌 상이라고 상응하여 사유하지 않아야 하고, 만약 고·집·멸·도성제에 안주하는 때에도 이러한 제법에서 둘이거나 둘이 아닌 상이라고 상응하여 사유하지 않아야 하며, 만약 8해탈, 나아가 10변처를 수행하는 때에도 이러한 제법에서 둘이거나 둘이 아닌 상이라고 상응하여 사유하지 않아야 하고,

만약 정관지, 나아가 여래지를 수행하는 때에도 이러한 제법에서 둘이거나 둘이 아닌 상이라고 상응하여 사유하지 않아야 하며, 만약 극희지, 나아가 법운지를 수행하는 때에도 이러한 제법에서 둘이거나 둘이 아닌 상이라고 상응하여 사유하지 않아야 하고, 만약 일체의 다라니문·삼마지문을 수행하는 때에도 이러한 제법에서 둘이거나 둘이 아닌 상이라고 상응하여 사유하지 않아야 하며, 만약 5안·6신통을 수행하는 때에도 이러한 제법에서 둘이거나 둘이 아닌 상이라고 상응하여 사유하지 않아야 하고, 만약 여래의 10력, 나아가 18불불공법을 수행하는 때에도 이러한 제법에서 둘이거나 둘이 아닌 상이라고 상응하여 사유하지 않아야 하며,

만약 32대사상·80수호를 수행하는 때에도 이러한 제법에서 둘이거나 둘이 아닌 상이라고 상응하여 사유하지 않아야 하고, 만약 무망실법·항주사성을 수행하는 때에도 이러한 제법에서 둘이거나 둘이 아닌 상이라고 상응하여 사유하지 않아야 하며, 만약 일체지·도상지·일체상지를 수행하는 때에도 이러한 제법에서 둘이거나 둘이 아닌 상이라고 상응하여 사유하지 않아야 하고, 만약 예류과, 나아가 독각의 보리를 수행하는 때에도 이러한 제법에서 둘이거나 둘이 아닌 상이라고 상응하여 사유하지 않아야 하며, 만약 일체의 보살마하살의 행과 제불의 무상정등보리를 수행하는 때에도 이러한 제법에서 둘이거나 둘이 아닌 상이라고 상응하여 사유하지 않아야 하고,

만약 나머지의 무량한 불법을 수행하는 때에도 이러한 제법에서 둘이거나 둘이 아닌 상이라고 상응하여 사유하지 않아야 하느니라. 왜 그러한가?

선남자여. 이와 같은 제법은 모두가 본성공이고, 본성공의 이치는 둘이거나 둘이 아닌 상이라고 상응하여 사유하지 않느니라.'라고 이렇게 생각을 짓느니라.

이와 같아서 선현이여. 제보살마하살들이 깊은 반야바라밀다를 수행하는 때에 매우 수승한 방편선교를 성취하여 보살행을 행하면서 유정을 성숙시키고 제유정의 부류들이 이미 성숙되었다면 그들에게 상응하는 것을 따라서 안립시켜서, 혹은 예류과에 안주하게 하고, 혹은 일래과에 안주하게 하며, 혹은 불환과에 안주하게 하고, 혹은 아라한과에 안주하게 하며, 혹은 독각의 보리에 안주하게 하고, 혹은 보살의 수승한 지위에 안주하게 하며, 혹은 무상정등보리에 안주하게 하느니라.

다시 다음으로 선현이여. 제보살마하살들이 깊은 반야바라밀다를 수행하는 때에 이와 같은 방편선교를 성취하는데, 오히려 이러한 방편선교의 힘을 까닭으로 제유정들의 마음에 산란함이 많고, 여러 욕망의 경계에서 여러 근(諸根)을 섭수하지 못하여 여러 종류의 적정(寂靜)하지 않은 업을 일으키는 것을 보았다면, 방편으로 수승한 정려에 들어가게 하고자 '오십시오. 선남자들이여. 그대들은 상응하여 수승한 삼마지를 수행해야 하고 산란하고 수승한 정려라는 생각을 일으키지 않아야 합니다.

그 까닭은 무엇인가? 일체법은 모두가 본성공이고, 본성공의 가운데에서는 법을 얻을 수 없는데, 산란(散亂)이라고 이름하거나, 혹은 일심(一心)이라고 이름합니다. 그대들이 만약 이와 같은 수승한 정려에 머무른다면 지었던 것인 선한 일을 모두 빠르게 원만함을 성취할 것이고, 역시 따라서 구하였던 것인 본성공에 머무를 것입니다.

무엇 등을 지었던 것인 선한 일이라고 이름하는가? 이를테면, 수승하고 청정한 신·어·의업을 일으키는 것이니, 만약 보시바라밀다, 나아가 반야바라밀다를 수행하거나, 만약 4념주, 나아가 8성도지를 수행하거나, 만약 공·무상·무원해탈문을 수행하거나, 만약 내공, 나아가 무성자성공에 안주하거나, 만약 진여, 나아가 부사의계에 안주하거나, 만약 고·집·멸·도성제에 안주하거나, 만약 4정려·4무량·4무색정을 수행하거나, 만약 8해탈, 나아가 10변처를 수행하거나, 만약 정관지, 나아가 여래지를 수행하거나, 만약 보살의 정성이생에 나아가거나, 만약 극희지, 나아가 법운지를 수행하거나, 만약 일체의 다라니문·삼마지문을 수행하거나,

만약 5안·6신통을 수행하거나, 만약 여래의 10력, 나아가 18불불공법을 수행하거나, 만약 32대사상·80수호를 수행하거나, 만약 무망실법·항주사성을 수행하거나, 만약 일체지·도상지·일체상지를 수행하거나, 만약 성문의 도·독각의 도·여래의 도를 수행하거나, 만약 혹은 예류과, 나아가 독각의 보리를 수행하거나, 만약 보살마하살의 행과 제불의 무상정등보리를 수행하거나, 만약 유정을 성숙시키고 불국토를 청정하게 장엄하는 것이니, 이와 같은 일체의 수승하고 청정한 선법은 오히려 수승한 정려의 힘으로 모두가 빠르게 성취되며, 소원하는 것을 따라서 본성공에 머무른다.'라고 이렇게 말을 짓느니라.

이와 같아서 선현이여. 제보살마하살들이 깊은 반야바라밀다를 수행하는 때에 방편선교로써 초발심부터 구경에 이르기까지 선한 이익을 구하고 지으면서 항상 중간에 단절이 없으며, 제유정들을 이익되고 안락하게 하기 위한 까닭으로 한 국토에서 다른 한 국토에 이르면서 제불·세존께 친근하고 공양하며, 제불의 처소에서 정법을 듣고서 몸을 버리거나 몸을 받으면서 무량한 겁을 지나서 무상정등보리에 이르기까지 그 중간에서 결국 잊어버리지 않느니라.

이 보살마하살은 다라니를 얻어서 여러 근(根)이 감소가 없느니라. 그 까닭은 무엇인가? 이 보살마하살은 항상 일체지지를 구족하고서 잘 수행하며, 여러 지었던 것을 잘 사유하느니라. 오히려 일체지지를 구족하고서 잘 수행하며, 여러 지었던 것을 잘 사유하는 까닭으로 일체의 도에서 모두 능히 수습하는데 이를테면, 만약 성문의 도(道)이거나, 만약 독각의 도이거나, 만약 보살의 도이거나, 만약 제불의 도이거나, 만약 수승한 천상의 도이거나, 만약 수승한 인간의 도이거나, 만약 제보살들의 수승한 신통의 도이니라.

이 보살마하살이 수승한 신통의 도에 안주하는 까닭으로 항상 제유정들에게 이익되고 안락한 일을 짓나니, 비록 여러 세계를 지나면서 생사를 윤회할지라도 수승한 신통에서는 항상 퇴전(退轉)과 감소(減少)가 없느니라. 오히려 이숙인 신통에서 퇴전과 감소가 없으므로 항상 스스로와 다른 사람에게 수승하고 요익한 일을 짓느니라. 이와 같아서 선현이여. 제보살마하살들이 깊은 반야바라밀다를 수행하는 때에 본성공의 방편선교에 머무르면서 제유정의 부류들에게 능히 잘 이익되고 안락하게 하면서 빠르게 무상정등보리를 증득하게 하느니라.

다시 다음으로 선현이여. 제보살마하살들이 깊은 반야바라밀다를 수행하는 때에 이와 같은 방편선교를 성취하는데, 오히려 이러한 방편선교의 힘을 까닭으로 본성공에 머물러서 제유정들이 지혜가 적어서 우치하고 전도되어 여러 악업을 조작하는 것을 본다면, 방편으로 이끌어서 매우 깊은 반야바라밀다에 들어가게 하면서 '오십시오. 선남자들이여. 마땅히 반야바라밀다를 수행하여 일체법의 본성이 공적(空寂)하다고 관찰하십시오. 그대들이 만약 이 반야바라밀다를 능히 수행하고, 일체법의 본성이 공적하다고 관찰한다면, 여러 수행하였던 것인 신·어·의업이 모두가 감로에 나아가서 감로의 과보를 얻고, 결정적으로 감로로써 후제를 지을 것입니다.

선남자들이여. 이 일체법은 모두가 본성이 공하나니, 본성이 공한 가운데에서는 유정과 법을 비록 얻을 수 없을지라도 수행하였던 것은 역시 퇴전하여 잃어버리지 않습니다. 왜 그러한가? 선남자들이여. 본성이 공한 이치는 증장하지 않고 감소하지도 않으며, 본성이 공한 가운데서는 증장하거나 감소하는 법이 없습니다. 그 까닭은 무엇인가? 본성이 공한 이치는 무성(無性)으로써 성품을 삼고, 여러 분별을 벗어났으며 여러 희론이 단절된 까닭이니, 이 가운데에서는 증장하거나 감소하는 법이 없으며, 오히려 이것을 지었던 것도 퇴전하여 잃어버리지 않습니다. 이러한 까닭으로 그대들은 마땅히 반야바라밀다를 수행하고, 본성이 공한 이치를 관찰하며 지을 것을 상응하여 지으십시오.'라고 이렇게 말을 짓느니라.

이와 같아서 선현이여. 제보살마하살들이 깊은 반야바라밀다를 수행하는 때에 방편선교로 제유정들을 교계하고 교수하여 반야바라밀다에 들어가게 하며, 본성공에 머물러서 여러 선업을 수행하게 하느니라. 선현이여. 이 보살마하살이 이와 같이 유정들을 교계하고 교수하여 항상 해태와 멈춤이 없는데 이를테면, 스스로가 항상 10선업도를 수행하고서 역시 다른 사람에게도 권유하여 항상 10선업도를 수행하게 하고, 스스로가 항상 5근사계를 수지하고서 역시 다른 사람에게도 권유하여 항상 8근주계를 수지하게 하며, 스스로가 항상 5근사계를 수지하고서 역시 다른 사람에게도 권유하여 항상 8근주계를 수지하게 하고,

스스로가 항상 4정려·4무량·4무색정을 수행하고서 역시 다른 사람에게도 권유하여 항상 4정려·4무량·4무색정을 수행하게 하며, 스스로가 항상 4념주, 나아가 8성도지를 수행하고서 역시 다른 사람에게도 권유하여 항상 4념주, 나아가 8성도지를 수행하게 하고, 스스로가 항상 공·무상·무원해탈문을 수행하고서 역시 다른 사람에게도 권유하여 항상 공·무상·무원해탈문을 수행하게 하며, 스스로가 항상 보시바라밀다, 나아가 반야바라밀다를 수행하고서 역시 다른 사람에게도 권유하여 항상 보시바라밀다, 나아가 반야바라밀다를 수행하게 하고, 스스로가 항상 내공, 나아가 무성자성공에 안주하고서 역시 다른 사람에게도 권유하여 항상 내공, 나아가 무성자성공에 안주하게 하며,

스스로가 항상 진여, 나아가 부사의계에 안주하고서 역시 다른 사람에게도 권유하여 항상 진여, 나아가 부사의계에 안주하게 하고, 스스로가 항상 고·집·멸·도성제에 안주하고서 역시 다른 사람에게도 권유하여 항상 고·집·멸·도성제에 안주하게 하며, 스스로가 항상 8해탈, 나아가 10변처를 수행하고서 역시 다른 사람에게도 권유하여 항상 8해탈, 나아가 10변처를 수행하게 하고, 스스로가 일체의 다라니문·삼마지문을 수행하고서 역시 다른 사람에게도 권유하여 항상 일체의 다라니문·삼마지문을

수행하게 하며, 스스로가 5안·6신통을 수행하고서 역시 다른 사람에게도 권유하여 항상 5안·6신통을 수행하게 하고,

　스스로가 여래의 10력, 나아가 18불불공법을 수학하고서 역시 다른 사람에게도 권유하여 항상 여래의 10력, 나아가 18불불공법을 수학하게 하며, 스스로가 항상 32대사상·80수호를 수학하고서 역시 다른 사람에게도 권유하여 항상 32대사상·80수호를 수학하게 하고, 스스로가 무망실법·항주사성을 수학하고서 역시 다른 사람에게도 권유하여 항상 무망실법·항주사성을 수학하게 하며, 스스로가 일체지·도상지·일체상지를 수학하고서 역시 다른 사람에게도 권유하여 항상 일체지·도상지·일체상지를 수학하게 하고,

　스스로가 항상 예류과의 지혜, 나아가 독각의 보리의 지혜를 일으킬지라도 예류과의 지혜, 나아가 독각의 보리의 지혜에 안주하지 않고서 역시 다른 사람에게도 권유하여 항상 예류과의 지혜, 나아가 독각의 보리의 지혜를 일으킬지라도 예류과의 지혜, 나아가 독각의 보리의 지혜에 안주하지 않게 하며, 스스로가 항상 제보살마하살의 행을 일으키고서 역시 다른 사람에게도 권유하여 항상 제보살마하살의 행을 일으키게 하고, 스스로가 항상 제불의 무상정등보리를 일으키고서 역시 다른 사람에게도 권유하여 항상 제불의 무상정등보리를 일으키게 하느니라.

　이와 같아서 선현이여. 제보살마하살들이 깊은 반야바라밀다를 수행하는 때에 방편선교로 스스로가 선업을 수행하면서 항상 해태와 멈춤이 없고, 제유정의 부류들을 교계하고 교수하여 선업을 수행하면서 항상 해태와 멈춤이 없게 하느니라. 선현이여. 이것이 제보살마하살들이 깊은 반야바라밀다를 수행하는 때의 방편선교이니라. 오히려 이러한 방편선교의 힘을 까닭으로 유정들을 실제의 가운데에 안립시킬지라도 능히 실제의 상을 능히 파괴하지 않느니라."

　그때 구수 선현이 세존께 아뢰어 말하였다.

　"세존이시여. 만약 일체법이 모두 본성공이라면 본성공의 가운데에서

유정과 법을 함께 얻을 수 없고, 오히려 이 가운데에서 역시 비법(非法)도 없는데, 어찌하여 보살마하살은 유정의 부류들을 위하여 무상정등보리를 구하여 증득하고, 미래를 끝마치도록 항상 요익을 짓고자 합니까?"
　세존께서 선현에게 알리셨다.
"그와 같으니라. 그와 같으니라. 그대가 말한 것과 같으니라. 여러 소유한 법이 모두가 본성공이니 본성공의 가운데에서 유정과 법을 함께 얻을 수 없고, 오히려 이 가운데에서 역시 비법(非法)도 없느니라.
　선현이여. 만약 일체법이 본성공이 아니라면 제보살마하살들이 깊은 반야바라밀다를 수행하는 때에 본성공의 이치에 안주하여 무상정등보리를 구하면서 증득하지 않거나, 유정들의 요익을 위하여 본성공인 법을 설하지 않느니라. 일체법으로써 모두가 본성공이니라. 이러한 까닭으로 보살마하살이 깊은 반야바라밀다를 수행하는 때에 일체법이 본성공인 이치에 머물러서 무상정등보리를 구하면서 증득하고서, 유정들의 요익을 위하여 본성공인 법을 널리 설한다고 마땅히 알아야 하느니라.
　선현이여. 무엇 등의 제법이 본성이 모두 공하므로 제보살마하살들이 깊은 반야바라밀다를 수행하는 때에 본성공을 여실하고 명료하게 알고서 본성공에 머물러서 다른 사람을 위하여 설법하는가? 선현이여. 색, 나아가 식의 본성이 모두 공하고, 안처, 나아가 의처의 본성이 모두 공하며, 색처, 나아가 법처의 본성이 모두 공하고, 안계, 나아가 의계의 본성이 모두 공하며, 색계, 나아가 법계의 본성이 모두 공하고, 안식계, 나아가 의식계의 본성이 모두 공하며, 안촉, 나아가 의촉의 본성이 모두 공하고, 안촉을 인연으로 생겨난 여러 수, 나아가 의촉을 인연으로 생겨난 여러 수의 본성이 모두 공하며,
　지계, 나아가 식계의 본성이 모두 공하고, 인연, 나아가 증상연의 본성이 모두 공하며, 무명, 나아가 노사의 본성이 모두 공하고, 보시바라밀다, 나아가 반야바라밀다의 본성이 모두 공하며, 4정려·4무량·4무색정의 본성이 모두 공하고, 4념주, 나아가 8성도지의 본성이 모두 공하며, 공·무상·무원해탈문의 본성이 모두 공하고, 내공, 나아가 무성자성공의 본성이

모두 공하며, 진여, 나아가 부사의계의 본성이 모두 공하고, 고·집·멸·도 성제의 본성이 모두 공하며, 8해탈, 나아가 10변처의 본성이 모두 공하고, 정관지, 나아가 여래지의 본성이 모두 공하며,

극희지, 나아가 법운지의 본성이 모두 공하고, 일체의 다라니문·삼마지 문의 본성이 모두 공하며, 5안·6신통의 본성이 모두 공하고, 여래의 10력, 나아가 18불불공법의 본성이 모두 공하며, 32대사상·80수호의 본성이 모두 공하고, 무망실법·항주사성의 본성이 모두 공하며, 일체지· 도상지·일체상지의 본성이 모두 공하고, 예류과, 나아가 독각의 보리의 본성이 모두 공하며, 일체의 보살마하살의 행의 본성이 모두 공하며, 제불의 무상정등보리의 본성이 모두 공하며, 일체의 번뇌와 습기의 상속 을 영원히 단절하는 본성이 모두 공하느니라.

제보살마하살들이 깊은 반야바라밀다를 수행하는 때에 색 등의 여러 온(蘊), 나아가 일체의 번뇌와 습기의 상속을 영원히 단절하는 본성이 모두 공하다고 여실하고 명료하게 알고서 본성공에 머물러서 제유정들을 위하여 이와 같이 본성공의 법을 널리 설하느니라.

다시 다음으로 선현이여. 만약 내공(內空)의 성품의 본성이 공하지 않거나, 만약 외공(外空)·내외공(內外空)·공공(空空)·대공(大空)·승의공 (勝義空)·유위공(有爲空)·무위공(無爲空)·필경공(畢竟空)·무제공(無際空) ·산무산공(散無散空)·본성공(本性空)·자공상공(自共相空)·일체법공(一切 法空)·불가득공(不可得空)·무성공(無性空)·자성공(自性空)·무성자성공 (無性自性空)의 성품도 본성이 공하지 않다면, 곧 제보살마하살들이 깊은 반야바라밀다를 수행하는 때에 제유정들을 위하여 일체법은 모두가 본성 공이라고 상응하여 설하지 못하는데, 만약 이렇게 설하여 지었다면 본성 공을 파괴하는 것이니라.

그렇지만 본성공인 이치는 파괴할 수 없고, 항상함도 아니고 단절도 아니니라. 그 까닭은 무엇인가? 본성공인 이치는 방위도 없고 처소도 없으며, 따라서 왔던 것도 없고 역시 떠나가는 것도 없느니라. 이와

같은 공의 이치를 역시 법주(法住)라고 이름하고, 이 가운데에서는 법도 없고 쌓임(聚)도 없으며 흩어짐(散)도 없고 감소도 없으며 증장도 없고 생겨남도 없으며 소멸함도 없고 청정함도 없으며 부정함도 없는데, 이러한 일체법은 본래 머무르는 성품인 것이니라.

제보살마하살들이 그 가운데에 안주하여 무상정등보리를 구하면서 나아갈지라도, 법이 있거나 구하면서 나아갈 것이 있다고 보지 않고, 법이 있거나 구하면서 나아갈 것이 없다고 보지 않으며, 일체법으로써 모두 머무르는 것이 없는 까닭으로 법주라고 이름하느니라.

제보살마하살들이 이 가운데에 안주하여 깊은 반야바라밀다를 수행하면서 일체법의 본성이 공하다고 본다면, 결정적으로 무상정등보리에서 불퇴전(不退轉)을 얻느니라. 그 까닭은 무엇인가? 이 보살마하살은 능히 장애하는 법이 있다고 보지 않나니, 일체법이 장애가 없다고 보는 까닭으로 곧 무상정등보리에서 의혹이 생겨나지 않는 까닭으로 불퇴전이니라.

다시 다음으로 선현이여. 제보살마하살들이 일체법의 본성이 공한 가운데에 안주하여 본성공은 모두 얻을 것이 없다고 관찰하는데 이를테면, 아(我)·유정(有情)·명자(命者)·생자(生者)·양자(養者)·사부(士夫)·보특가라(補特伽羅)·의생(意生)·유동(孺童)·작자(作者)·수자(受者)·지자(知者)·견자(見者) 등을 모두 얻을 수 없고, 색, 나아가 식도 역시 얻을 수 없고, 안처, 나아가 의처도 역시 얻을 수 없으며, 색처, 나아가 법처도 역시 얻을 수 없고, 안계, 나아가 의계도 역시 얻을 수 없으며, 색계, 나아가 법계도 역시 얻을 수 없고, 안식계, 나아가 의식계도 역시 얻을 수 없으며,

안촉, 나아가 의촉도 역시 얻을 수 없고, 안촉을 인연으로 생겨난 여러 수, 나아가 의촉을 인연으로 생겨난 여러 수도 역시 얻을 수 없으며, 지계, 나아가 식계도 역시 얻을 수 없고, 인연, 나아가 증상연도 역시 얻을 수 없으며, 무명, 나아가 노사도 역시 얻을 수 없고, 보시바라밀다, 나아가 반야바라밀다도 역시 얻을 수 없으며, 내공, 나아가 무성자성공도 역시 얻을 수 없고, 진여, 나아가 부사의계도 역시 얻을 수 없으며, 고·집·멸

·도성제도 역시 얻을 수 없고, 4념주, 나아가 8성도지도 역시 얻을 수 없으며,

4정려·4무량·4무색정도 역시 얻을 수 없고, 8해탈, 나아가 10변처도 역시 얻을 수 없으며, 공·무상·무원해탈문도 역시 얻을 수 없고, 정관지, 나아가 여래지도 역시 얻을 수 없으며, 극희지, 나아가 법운지도 역시 얻을 수 없고, 일체의 다라니문·삼마지문도 역시 얻을 수 없으며, 5안·6신통도 역시 얻을 수 없고, 여래의 10력, 나아가 18불불공법도 역시 얻을 수 없으며, 무망실법·항주사성도 역시 얻을 수 없고, 일체지·도상지·일체상지도 역시 얻을 수 없으며,

예류과, 나아가 독각의 보리도 역시 얻을 수 없고, 일체의 보살마하살의 행도 역시 얻을 수 없으며, 제불의 무상정등보리도 역시 얻을 수 없고, 선법과 비선법도 역시 얻을 수 없으며, 유기법과 무기법도 역시 얻을 수 없고, 유루법과 무루법도 역시 얻을 수 없으며, 세간법과 출세간법도 역시 얻을 수 없으며, 유위법과 무위법도 역시 얻을 수 없고, 32대사상·80수호도 역시 얻을 수 없느니라."

마하반야바라밀다경 제474권

78. 실제품(實際品)(2)

"선현이여. 마땅히 알아야 하느니라. 여래·응공·정등각께서 머무시면서 사부대중의 이를테면, 비구(苾芻)·비구니(苾芻尼)·우바색가(鄔波索迦)·우바사가(鄔波斯迦)를 변화시켜 지었는데, 가사(假使) 화불(化佛)께서 혹은 1겁이거나, 혹은 1겁을 넘겨서 지내면서 사부대중을 위하여 정법을 널리 설하는 것과 같다면, 그대의 뜻은 어떠한가? 이와 같은 변화하였던 대중들이 대체로 능히 혹은 예류과를 증득하거나, 혹은 일래과를 증득하거나, 혹은 불환과를 증득하거나, 혹은 아라한과를 증득하거나, 혹은 독각의 보리를 증득하거나, 혹은 무상정등보리의 수기를 증득하겠는가?"

선현이 대답하여 말하였다.

"아닙니다. 세존이시여. 왜 그러한가? 이 여러 변화하였던 대중은 모두 진실한 일이 없고, 실제가 없는 법은 과보를 얻거나 수기를 얻지 못합니다."

세존께서 선현에게 알리셨다.

"선현이여. 제법도 그와 같아서 모두가 본성공(本性空)이고 모두 진실한 일이 없는데, 그 가운데서 무엇 등의 보살마하살이 무엇 등의 유정들을 위하여 무엇 등의 법을 설하여 혹은 예류과를 증득하게 하거나, 혹은 일래과를 증득하게 하거나, 혹은 불환과를 증득하게 하거나, 혹은 아라한과를 증득하게 하거나, 혹은 독각의 보리를 증득하게 하거나, 혹은 무상정등보리의 수기를 증득하게 하겠는가?

선현이여. 제보살마하살들이 비록 유정들을 위하여 공한 법을 널리 설할지라도 제유정들은 진실로 얻을 수 없으나, 그들이 전도(轉倒)된 법에 떨어진 것을 애민하게 생각하는 까닭으로 발제하여 전도가 없는 법에 머무르게 하느니라. 전도가 없는 것은 분별이 없는 것을 말하고, 분별이 없다면 전도가 없는 까닭이니, 만약 분별이 있다면 곧 전도가 있으므로, 그것은 등류(等流)[1]인 까닭이라고 마땅히 알아야 하느니라.

선현이여. 마땅히 알아야 하느니라. 전도는 나아가서 전도가 없는 법이고, 전도가 없는 가운데에서 아(我)가 없고 유정(有情)도 없으며, [자세한 내용은 생략한다.] 나아가, 지자(知者)가 없고 견자(見者)도 없으며, 역시 색·수·상·행·식도 없으며, 역시 안처, 나아가 의처도 없고, 역시 색처, 나아가 법처도 없으며, 역시 안계, 나아가 의계도 없고, 역시 색계, 나아가 법계도 없으며, 역시 안식계, 나아가 의식계도 없고, 역시 안촉, 나아가 의촉도 없으며, 역시 안촉을 인연으로 생겨난 여러 수, 나아가 의촉을 인연으로 생겨난 여러 수도 없고, 역시 지계, 나아가 식계도 없으며, 인연, 나아가 증상연도 없고, 무명, 나아가 노사도 없으며, 보시바라밀다, 나아가 반야바라밀다도 없으며,

내공, 나아가 무성자성공도 없고, 진여, 나아가 부사의계도 없으며, 고·집·멸·도성제도 없고, 4념주, 나아가 8성도지도 없으며, 4정려·4무량·4무색정도 없고, 8해탈, 나아가 10변처도 없으며, 공·무상·무원해탈문도 없고, 정관지, 나아가 여래지도 없으며, 극희지, 나아가 법운지도 없고, 일체의 다라니문·삼마지문도 없으며, 5안·6신통도 없고, 여래의 10력, 나아가 18불불공법도 없으며, 32대사상·80수호도 없고, 무망실법·항주사성도 없으며, 일체지·도상지·일체상지도 없고, 예류과, 나아가 독각의 보리도 없으며, 일체의 보살마하살의 행도 없고, 제불의 무상정등보리도 없느니라.

---

[1] 산스크리트어 nisyanda의 번역이고, 비슷한 종류를 뜻한다.

선현이여, 이러한 무소유(無所有)가 나아가 본성공이고, 제보살마하살들이 깊은 반야바라밀다를 수행하는 때에 이 가운데에서 안주하면서 제유정들이 전도된 생각에 떨어진 것을 본다면 방편선교로 해탈을 얻게 하는데 이를테면, 무아(無我)에서 아라는 생각을 해탈시키고 무유정(無有情)에서 유정이라는 생각을 해탈시키며, [자세한 내용은 생략한다.] 나아가, 무지자(無知者)에서 지자라는 생각을 해탈시키고 무견자(無見者)에서 견자라는 생각을 해탈시키며, 역시 무상(無常)에서 항상하다는 생각을 해탈시키고 즐거움이 없는 것에서 괴롭다는 생각에서 해탈시키며, 부정(不淨)에서 청정하다는 생각을 해탈시키며,

역시 색·수·상·행·식이 없음에서 색·수·상·행·식이라는 생각을 해탈시키고, 역시 안처, 나아가 의처도 없음에서 안처, 나아가 의처라는 생각을 해탈시키며, 역시 색처, 나아가 법처도 없음에서 색처, 나아가 법처라는 생각을 해탈시키고, 역시 안계, 나아가 의계도 없음에서 안계, 나아가 의계라는 생각을 해탈시키며, 역시 색계, 나아가 법계도 없음에서 색계, 나아가 법계라는 생각을 해탈시키고, 역시 안식계, 나아가 의식계도 없음에서 안식계, 나아가 의식계라는 생각을 해탈시키며, 역시 안촉, 나아가 의촉도 없음에서 안촉, 나아가 의촉이라는 생각을 해탈시키고, 역시 안촉을 인연으로 생겨난 여러 수, 나아가 의촉을 인연으로 생겨난 여러 수도 없음에서 안촉을 인연으로 생겨난 여러 수, 나아가 의촉을 인연으로 생겨난 여러 수라는 생각을 해탈시키며,

역시 지계, 나아가 식계도 없음에서 지계, 나아가 식계라는 생각을 해탈시키고, 역시 인연, 나아가 증상연도 없음에서 인연, 나아가 증상연이라는 생각을 해탈시키며, 역시 인연을 쫓아서 생겨난 제법도 없음에서 인연을 쫓아서 생겨난 제법이라는 생각을 해탈시키고, 역시 무명, 나아가 노사도 없음에서 무명, 나아가 노사라는 생각을 해탈시키며, 역시 보시바라밀다, 나아가 반야바라밀다도 없음에서 보시바라밀다, 나아가 반야바라밀다라는 생각을 해탈시키고, 역시 내공, 나아가 무성자성공도 없음에서 내공, 나아가 무성자성공이라는 생각을 해탈시키며, 역시 진여, 나아가 부사의

계도 없음에서 진여, 나아가 부사의계라는 생각을 해탈시키고, 역시 고·집·멸·도성제도 없음에서 고·집·멸·도성제라는 생각을 해탈시키며,

역시 4념주, 나아가 8성도지도 없음에서 4념주, 나아가 8성도지라는 생각을 해탈시키고, 역시 4정려·4무량·4무색정도 없음에서 4정려·4무량·4무색정이라는 생각을 해탈시키며, 역시 8해탈, 나아가 10변처도 없음에서 8해탈, 나아가 10변처라는 생각을 해탈시키고, 역시 공·무상·무원해탈문도 없음에서 공·무상·무원해탈문이라는 생각을 해탈시키며, 역시 정관지, 나아가 여래지도 없음에서 정관지, 나아가 여래지라는 생각을 해탈시키고, 역시 극희지, 나아가 법운지도 없음에서 극희지, 나아가 법운지라는 생각을 해탈시키며, 역시 5안·6신통도 없음에서 5안·6신통이라는 생각을 해탈시키고, 역시 여래의 10력, 나아가 18불불공법도 없음에서 여래의 10력, 나아가 18불불공법이라는 생각을 해탈시키며,

역시 32대사상·80수호도 없음에서 32대사상·80수호라는 생각을 해탈시키고, 역시 무망실법·항주사성도 없음에서 무망실법·항주사성이라는 생각을 해탈시키며, 역시 일체지·도상지·일체상지도 없음에서 일체지·도상지·일체상지라는 생각을 해탈시키고, 역시 예류과, 나아가 독각의 보리도 없음에서 예류과, 나아가 독각의 보리라는 생각을 해탈시키며, 역시 일체의 보살마하살의 행도 없음에서 일체의 보살마하살의 행이라는 생각을 해탈시키고, 역시 제불의 무상정등보리도 없음에서 제불의 무상정등보리라는 생각을 해탈시키며, 역시 5취온(五取蘊) 등의 여러 유루법에서 해탈시키고, 4념주 등의 여러 무루법에서 해탈시키느니라.

그 까닭은 무엇인가? 4념주 등의 여러 무루법은 승의제이니 생겨남이 없고 소멸함이 없으며 무상(無相)이고 무위(無爲)이며 희론이 없고 분별이 없는 것과 같지 않은 까닭이니라. 이러한 까닭으로 역시 상응하여 그러한 법에서도 해탈해야 하느니라. 진실한 승의제는 나아가서 본성공이고, 이 본성공은 나아가서 이것은 제불께서 증득하신 것인 무상정등보리이니라.

선현이여, 이 가운데에서 아, 나아가 견자도 얻을 수 없고, 역시 안처,

나아가 의처도 얻을 수 없으며, 역시 색처, 나아가 법처도 얻을 수 없고, 역시 안계, 나아가 의계도 얻을 수 없으며, 역시 색계, 나아가 법계도 얻을 수 없고, 역시 안식계, 나아가 의식계도 얻을 수 없으며, 역시 안촉, 나아가 의촉도 얻을 수 없고, 역시 안촉을 인연으로 생겨난 여러 수, 나아가 의촉을 인연으로 생겨난 여러 수도 얻을 수 없으며, 역시 지계, 나아가 식계도 얻을 수 없고, 역시 인연, 나아가 증상연도 얻을 수 없으며, 인연을 쫓아서 생겨난 것의 제법도 얻을 수 없고,

역시 무명, 나아가 노사도 얻을 수 없으며, 역시 보시바라밀다, 나아가 반야바라밀다도 얻을 수 없고, 역시 내공, 나아가 무성자성공도 얻을 수 없으며, 역시 진여, 나아가 부사의계도 얻을 수 없고, 역시 고·집·멸·도 성제도 얻을 수 없으며, 역시 4정려·4무량·4무색정도 얻을 수 없고, 역시 4념주, 나아가 8성도지도 얻을 수 없으며, 역시 8해탈, 나아가 10변처도 얻을 수 없고, 역시 공·무상·무원해탈문도 얻을 수 없으며, 역시 정관지, 나아가 여래지도 얻을 수 없고, 역시 극희지, 나아가 법운지도 얻을 수 없으며, 역시 일체의 다라니문·삼마지문도 얻을 수 없고,

역시 5안·6신통도 얻을 수 없으며, 역시 여래의 10력, 나아가 18불불공법도 얻을 수 없고, 역시 32대사상·80수호도 얻을 수 없으며, 역시 무망실법·항주사성도 얻을 수 없고, 역시 일체지·도상지·일체상지도 얻을 수 없으며, 역시 예류과, 나아가 독각의 보리도 얻을 수 없고, 역시 일체의 보살마하살의 행도 얻을 수 없으며, 역시 제불의 무상정등보리도 얻을 수 없다고 마땅히 알아야 하느니라.

선현이여. 마땅히 알아야 하느니라. 제보살마하살들은 무상정등보리의 도를 위한 까닭으로 무상정등보리를 구하면서 나아가지 않고, 다만 제법의 본성공을 위하는 까닭으로 무상정등보리를 구하면서 나아가느니라. 이 본성공은 전(前)·후(後)·중제(中際)가 항상 본성공이고 일찍이 공하지 않는 것이 없다고 마땅히 알아야 하느니라. 제보살마하살들은 본성공의 바라밀다에 안주하여 제유정의 부류들이 유정이라는 생각과 법이라는 생각에 집착하는 까닭으로 헤아려서 해탈(度脫)시키려는 까닭

으로 도상지(道相智)를 수행하는데, 이 보살마하살이 도상지를 수행하는 때에는 나아가서 일체의 도(道)인 이를테면, 성문의 도이거나, 만약 독각의 도이거나, 보살의 도이거나, 제불의 도를 증득하느니라.

선현이여. 이 보살마하살은 일체의 도에서 원만함을 얻었다면, 곧 능히 교화시킬 유정을 성숙시키고 불국토를 청정하게 장엄하며, 유제수행(留諸壽行)2)으로 나아가면서 무상정등보리를 증득하느니라. 이미 무상정등보리를 증득하였다면 능히 불안(佛眼)이 항상 단절과 파괴를 없게 하느니라. 무엇을 불안이라고 말하는가? 이를테면, 본성공(本性空)이니, 과거·미래·현재의 제불께서 시방세계에 안주하시면서 제유정들을 위하여 정법을 널리 설하시면서, 모두 이 본성공으로써 불안을 삼지 않은 것이 없다고 마땅히 알아야 하느니라.

선현이여. 제불께서는 본성공을 벗어나서 세상에 출현하신 자가 결정적으로 없나니, 제불께서 세상에 출현하시고서 모두가 본성공의 이치를 설하시지 않는 자가 없었나니, 교화시킬 유정들도 여래께서 설하시는 본성공의 이치를 반드시 듣는다면, 비로소 성스러운 도에 들어가서 성스러운 도의 과보를 증득하고, 본성공을 벗어난다면 별도의 방편이 없느니라. 이러한 까닭으로 선현이여. 무상정등보리를 증득하고자 한다면 상응하여 본성공의 이치에 안주하여 6바라밀다와 나머지의 보살마하살의 행을 수행해야 하나니, 만약 본성공의 이치에 바르게 안주하여 6바라밀다와 나머지의 보살마하살의 행을 수행한다면, 결국 일체지지(一切智智)에서 퇴실(退失)하지 않고 항상 일체의 유정들을 이익되고 안락하게 한다고 마땅히 알아야 하느니라."

---

2) 산스크리트어 āyuh-sajskāra의 번역이고, 유사수행(留捨壽行)이라고 말하며, 유다수행(留多壽行)과 사다수행(舍多壽行)을 합쳐서 부르는 말이다. 『아비달마구사론(阿毘達磨俱舍論)』 제3권에서는 유다수행은 아라한들이 중생을 요익하게 하고 교법을 오래 머무르게 하기 위하여 복을 버리면서 수명을 늘이는 법을 가리키고, 사다수행은 아라한이 범행은 이미 서 있으나 질병 등의 인연으로 몸을 핍박받았으므로 수명을 줄여서 복덕을 증장하는 법을 가리킨다.

그때 구수 선현이 세존께 아뢰어 말하였다.
"세존이시여. 제보살마하살들은 매우 희유하옵니다. 비록 일체법을 행할지라도 모두 본성공일지라도 본성공에서 항상 퇴실과 파괴가 없는데 이를테면, 색, 나아가 식이 본성공과 다르다고 집착하지 않고, 역시 안처, 나아가 의처도 본성공과 다르다고 집착하지 않으며, 역시 색처, 나아가 법처도 본성공과 다르다고 집착하지 않고, 역시 안계, 나아가 의계도 본성공과 다르다고 집착하지 않으며, 역시 색계, 나아가 법계도 본성공과 다르다고 집착하지 않고, 역시 안식계, 나아가 의식계도 본성공과 다르다고 집착하지 않으며, 역시 안촉, 나아가 의촉도 본성공과 다르다고 집착하지 않고, 역시 안촉을 인연으로 생겨난 여러 수, 나아가 의촉을 인연으로 생겨난 여러 수도 본성공과 다르다고 집착하지 않으며,

역시 지계, 나아가 식계도 본성공과 다르다고 집착하지 않고, 역시 인연, 나아가 증상연도 집착하지 않으며, 인연을 쫓아서 생겨난 것의 제법도 집착하지 않고, 역시 무명, 나아가 노사도 집착하지 않으며, 역시 보시바라밀다, 나아가 반야바라밀다도 집착하지 않고, 역시 내공, 나아가 무성자성공도 집착하지 않으며, 역시 진여, 나아가 부사의계도 집착하지 않고, 역시 고·집·멸·도성제도 집착하지 않으며, 역시 4정려·4무량·4무색정도 집착하지 않고, 역시 4념주, 나아가 8성도지도 집착하지 않으며, 역시 8해탈, 나아가 10변처도 집착하지 않고, 역시 공·무상·무원해탈문도 집착하지 않으며, 역시 정관지, 나아가 여래지도 집착하지 않고, 역시 극희지, 나아가 법운지도 집착하지 않으며, 역시 일체의 다라니문·삼마지문도 집착하지 않고,

역시 5안·6신통도 집착하지 않으며, 역시 여래의 10력, 나아가 18불불공법도 집착하지 않고, 역시 32대사상·80수호도 집착하지 않으며, 역시 무망실법·항주사성도 집착하지 않고, 역시 일체지·도상지·일체상지도 집착하지 않으며, 역시 예류과, 나아가 독각의 보리도 집착하지 않고, 역시 일체의 보살마하살의 행도 집착하지 않으며, 역시 제불의 무상정등보리도 집착하지 않습니다.

세존이시여. 색은 나아가서 이것이 본성공이고, 본성공은 나아가서 이것이 색이며, 이와 같이 나아가, 제불의 무상정등보리는 나아가서 이것이 본성공이고, 본성공은 나아가서 이것이 무상정등보리입니다."

세존께서 선현에게 알리셨다.

"그와 같으니라. 그와 같으니라. 그대가 말한 것과 같으니라. 제보살마하살들은 매우 희유하나니, 비록 일체법을 행할지라도 모두가 본성공이고 본성공에서 항상 퇴실과 파괴가 없느니라. 선현이여. 마땅히 알아야 하느니라. 색은 본성공과 다르지 않고 본성공은 색과 다르지 않으니, 색은 나아가서 이것이 본성공이고, 본성공은 나아가서 이것이 색이니라. 이와 같이 나아가, 제불의 무상정등보리는 본성공과 다르지 않고 본성공은 제불의 무상정등보리와 다르지 않으니, 제불의 무상정등보리는 나아가서 이것이 본성공이고, 본성공은 나아가서 이것이 제불의 무상정등보리라고 마땅히 알아야 하느니라.

선현이여. 마땅히 알아야 하느니라. 만약 색이 본성공과 다르거나 본성공이 색과 다르다면, 색은 본성공이 아니고 본성공은 색이 아니며, 이와 같이 나아가, 제불의 무상정등보리가 본성공과 다르거나 본성공이 제불의 무상정등보리와 다르다면, 제불의 무상정등보리는 본성공이 아니고 본성공은 제불의 무상정등보리가 아니라면, 곧 제보살마하살들이 깊은 반야바라밀다를 수행하는 때에 일체법이 모두가 본성공이라고 상응하여 관찰하지 못하고, 역시 일체지지도 상응하여 능히 증득하지 못하느니라.

색이 본성공과 다르지 않은 까닭으로써 본성공이 색과 다르지 않으며, 색은 나아가서 이것이 본성공이고 본성공은 나아가서 이것이 색이며, 이와 같이 나아가, 제불의 무상정등보리가 본성공과 다르지 않고 본성공이 제불의 무상정등보리와 다르지 않으며, 제불의 무상정등보리는 나아가서 이것이 본성공이고 본성공은 나아가서 이것이 제불의 무상정등보리인 까닭으로 제보살마하살들이 깊은 반야바라밀다를 수행하는 때에 일체법이 모두가 본성공이라고 관찰하고, 역시 일체지지도 능히 증득하느니라.

그 까닭은 무엇인가? 본성공을 벗어난다면 하나의 법(一法)이라도 이것이 진실하거나, 이것이 항상하거나, 파괴하거나, 단절할 수 있는 것이 없으며, 본성공의 가운데에서도 역시 하나의 법이라도 이것이 진실하거나, 이것이 항상하거나, 파괴하거나, 단절할 수 있는 것이 없는데, 다만 어리석은 범부들은 미혹(迷謬)되고 전도되어 별도로 다르다는 생각을 일으키는데 이를테면, 색이 본성공과 다르다고 분별하고 수·상·행·식이 본성공과 다르다고 분별하며, 이와 같이 나아가, 혹은 일체의 보살마하살의 행이 본성공과 다르다고 분별하거나, 혹은 제불의 무상정등보리가 본성공과 다르다고 분별하느니라.

이러한 여러 어리석은 범부들이 제법은 본성공과 차별이 있다고 분별하는 까닭으로 색을 여실하게 알지 못하고 수·상·행·식도 여실히 알지 못하며, 오히려 알지 못하는 까닭으로 곧 색에 집착하고 수·상·행·식에도 집착하느니라. 오히려 집착하는 까닭으로 곧 색에서 아(我)·아소(我所)라고 헤아리고 수·상·행·식도 아·아소라고 헤아리며, 오히려 허망하게 헤아리는 까닭으로 내(內)·외신(外身)의 물건에 집착하므로 후세(後世)의 몸이 수·상·행·식을 받고, 오히려 이것으로 여러 세계길에서 생·노·병·사의 근심·걱정·고통·번뇌에서 능히 해탈하지 못하고 삼유(三有)[3]를 왕래하면서 윤회하고 전전하면서 끝마침이 없느니라.

오히려 이러한 인연으로 제보살마하살들이 본성공의 바라밀다에 안주하여 깊은 반야바라밀다를 수행하는 때에 색에 집착하여 받아들이지 않고 역시 색이 만약 공하거나 공하지 않을지라도 파괴하지 않으며, 수·상·행·식에 집착하여 받아들이지 않고 역시 수·상·행·식이 만약 공하거나 공하지 않을지라도 파괴하지 않으며, 이와 같이 나아가, 일체의 보살마하살에 집착하여 받아들이지 않고 역시 일체의 보살마하살이 만약 공하거나 공하지 않을지라도 파괴하지 않으며, 제불의 무상정등보리에 집착하여 받아들이지 않고 역시 제불의 무상정등보리가 만약 공하거나

---

[3] 미혹한 중생이 윤회하는 욕계(欲界)·색계(色界)·무색계(無色界)의 삼계(三界)를 가리킨다.

공하지 않을지라도 파괴하지 않느니라.

　그 까닭은 무엇인가? 색이 공을 파괴하지 않고 공이 색을 파괴하지 않으므로 '이것은 색이다. 이것은 공이다.'라고 말하거나, 수·상·행·식이 공을 파괴하지 않고 공이 수·상·행·식을 파괴하지 않으므로 '이것은 수·상·행·식이다. 이것은 공이다.'라고 말하거나, 이와 같이 나아가, 일체의 보살마하살의 행이 공을 파괴하지 않고 공이 일체의 보살마하살의 행을 파괴하지 않으므로 '이것은 일체의 보살마하살의 행이다. 이것은 공이다.'라고 말하거나, 제불의 무상정등보리가 공을 파괴하지 않고 공이 제불의 무상정등보리를 파괴하지 않으므로 '이것은 제불의 무상정등보리이다. 이것은 공이다.'라고 말하느니라.

　비유한다면 허공이 허공을 파괴하지 못하나니, 내신의 허공계가 외신의 허공계를 파괴하지 못하고, 외신의 허공계가 내신의 허공계를 파괴하지 못하는 것과 같으니라. 이와 같아서 선현이여. 색이 공을 파괴하지 않고 공이 색을 파괴하지 않으며, 수·상·행·식이 공을 파괴하지 않고 공이 수·상·행·식을 파괴하지 않느니라. 그 까닭은 무엇인가? 이와 같은 제법은 함께 자성(自性)이 없으므로 '이것은 공이다. 이것은 공이 아니다.'라고 말하면서 분별할 수 없느니라.

　이와 같이 나아가, 일체의 보살마하살의 행이 공을 파괴하지 않고 공이 일체의 보살마하살의 행을 파괴하지 않으며, 제불의 무상정등보리가 공을 파괴하지 않고 공이 제불의 무상정등보리를 파괴하지 않느니라. 그 까닭은 무엇인가? 이와 같은 제법은 함께 자성이 없으므로 '이것은 공이다. 이것은 공이 아니다.'라고 말하면서 분별할 수 없느니라."

　그때 구수 선현이 세존께 아뢰어 말하였다.

　"세존이시여. 만약 일체법이 모두가 본성공이고 모두 차별이 없다면 제보살마하살들이 어느 처소에 안주하고 무상정등보리를 일으켜서 나아갑니까? 제불의 무상정등보리는 무이(無二)의 행상(行相)일지라도, 두 가지의 행상으로 무상정등보리를 능히 증득하지 않습니다. 오직 바라옵건대, 세존께서는 애민하게 생각하시어 설하여 주십시오."
세존께서 선현에게 알리셨다.
"그와 같으니라. 그와 같으니라. 그대가 말한 것과 같으니라. 제불의 무상정등보리는 무이의 행상일지라도, 두 행상으로 무상정등보리를 능히 증득하지 않느니라. 그 까닭은 무엇인가? 보리는 무이이고 분별도 없나니, 만약 보리에서 두 가지의 상(相)을 행하여 분별이 있는 자는 구하였던 것인 무상정등보리를 반드시 능히 증득하지 못하느니라.
선현이여. 제보살마하살들은 보리에서 두 가지의 행상을 행하지 않고 역시 분별하지도 않으며 모두 안주하는 것이 없고 무상정등보리를 일으켜서 나아가나니, 제보살마하살들이 일체법에서 두 가지의 행상을 행하지 않고 역시 분별하지도 않으며 모두 행하는 것이 없다면 구하였던 것인 무상정등보리를 증득한다고 마땅히 알아야 하느니라.
선현이여. 마땅히 알아야 하느니라. 제보살마하살들이 구하였던 것인 무상정등보리는 두 가지의 행상으로 능히 증득하는 것이 아니고, 보살마하살이 소유한 보리도 모두 행하는 것이 없는데 이를테면, 색에서 행하지 않고 수·상·행·식에서도 행하지 않으며, 이와 같이 나아가, 일체의 보살마하살의 행에서도 행하지 않고 제불의 무상정등보리에서도 행하지 않느니라. 그 까닭은 무엇인가? 제보살마하살들이 소유한 보리는 명자와 소리를 따라서 아(我)·아소(我所)를 집착하지 않은 인연이나니 이를테면, '나는 색에서 행한다. 나는 수·상·행·식에서 행한다.'라고 이렇게 생각을 짓지 않으며, 이와 같이 나아가, '나는 일체의 보살마하살의 행을 행한다. 나는 제불의 무상정등보리를 행한다.'라고 이렇게 생각을 짓지 않느니라.
다시 다음으로 선현이여. 제보살마하살들이 소유한 보리는 취하려는 까닭으로 행하는 것이 아니고, 버리려는 까닭으로 행하는 것도 아니니라."

구수 선현이 세존께 아뢰어 말하였다.
"세존이시여. 만약 보살마하살의 소유한 보리를 취하려는 까닭으로 행하지 않고, 버리려는 까닭으로 행하지도 않는다면, 제보살마하살들이 소유한 보리는 마땅히 어느 처소에서 행해야 합니까?"

세존께서 선현에게 알리셨다.

"그대의 뜻은 어떠한가? 여래가 변화시킨 몸이 소유한 보리는 마땅히 어느 처소에서 행해야 하는가? 취하기 위한 까닭으로 행하는가? 버리기 위한 까닭으로 행하는가?"

선현이 대답하여 말하였다.

"아닙니다. 세존이시여. 여래께서 변화시킨 몸은 진실로 무소유인데, 어찌하여 소유한 보리를 수행하는 처소를 만약 취하거나, 만약 버릴 수 있다고 말할 수 있겠습니까?"

세존께서 선현에게 알리셨다.

"그대의 뜻은 어떠한가? 제아라한들의 꿈속의 보리는 마땅히 어느 처소에서 행하겠는가? 취하기 위한 까닭으로 행하는가? 버리기 위한 까닭으로 행하는가?"

선현이 대답하여 말하였다.

"아닙니다. 세존이시여. 제아라한들은 여러 번뇌를 영원히 끝마쳤고, 혼침(惛沈)·수면(睡眠)·개(蓋)·전(纏)4)이 함께 소멸하였으므로, 반드시 결국에는 꿈이 없는데 어찌하여 마땅히 꿈속의 보리가 행할 처소인 만약 취하거나, 만약 버릴 것을 소유하겠습니까?"

세존께서 선현에게 알리셨다.

"그와 같으니라. 그와 같으니라. 그대가 말한 것과 같으니라. 제아라한들은 반드시 결국에는 꿈이 없는데, 혼침과 수면의 분별을 끝마친 까닭이니라. 제보살마하살들이 깊은 반야바라밀다를 수행하는 때의 소유한 보리도 역시 다시 이와 같아서 취하려는 까닭으로 행하지 않고, 버리려는

---

4) '번뇌(煩惱)'를 가리키는 말이다. 전(纏)은 근본 번뇌에 부수적으로 일어나는 열 가지 번뇌로서 몸과 마음을 얽어서 자유롭지 못하게 하는데, 무참(無慚)·무괴(無愧)·질(嫉)·간(慳)·회(悔)·수면(睡眠)·도거(掉擧)·혼침(惛沈)·분(忿)·부(覆)의 열 가지가 있으며, 개(蓋)는 지혜와 청정한 마음을 덮는 다섯 가지의 번뇌로써 탐욕개(貪欲蓋)·진에개(瞋恚蓋)·수면개(睡眠蓋)·도회개(掉悔蓋)·의개(疑蓋) 등이 있다.

까닭으로 행하지도 않으므로 모두 행하는 처소가 없으며, 일체법의 본성이 공하다고 통달한 까닭이니라."

구수 선현이 다시 세존께 아뢰어 말하였다.

"보살마하살이 깊은 반야바라밀다를 수행하면서 소유한 보리를 취하려는 까닭으로 행하지 않고, 버리려는 까닭으로 행하지도 않으므로 모두 행하는 처소가 없는데 이를테면, 색에서 행하지 않고, 수·상·행·식에서도 행하지 않으며, 이와 같이 나아가, 일체의 보살마하살의 행에서 행하지 않고 역시 제불의 무상정등보리에서도 행하지 않는다면, 어찌 보살마하살이 제유정들을 요익하게 하기 위한 까닭으로 보시바라밀다, 나아가 반야바라밀다를 행하지 않고, 내공, 나아가 무성자성공을 행하지 않으며, 진여, 나아가 부사의계를 행하지 않고, 고·집·멸·도성제를 행하지 않으며, 4념주, 나아가 8성도지를 행하지 않고, 4정려·4무량·4무색정을 행하지 않으며, 8해탈, 나아가 10변처를 행하지 않고, 공·무상·무원해탈문을 행하지 않으며, 극희지, 나아가 법운지를 행하지 않고, 일체의 다라니문·삼마지문을 행하지 않으며, 5안·6신통을 행하지 않고, 여래의 10력, 나아가 18불불공법을 행하지 않고, 32대사상·80수호를 행하지 않으며, 무망실법·항주사성을 행하지 않고, 일체지·도상지·일체상지를 행하지 않으며, 보살의 수승한 신통에 안주하여 유정들을 성숙시키고 불국토를 청정하게 장엄하지 않을지라도, 무상정등보리를 증득합니까?"

세존께서 선현에게 알리셨다.

"제보살마하살들이 소유한 보리가 비록 행하는 처소가 없으나, 제보살마하살들이 제유정들을 요익하게 하려는 까닭으로 보시바라밀다, 나아가 반야바라밀다를 행하고, 이와 같이 나아가, 일체지·도상지·일체상지를 반드시 행하며, 보살의 반드시 수승한 신통에 안주하여 유정들을 성숙시키고 불국토를 청정하게 장엄한다면, 비로소 무상정등보리를 증득하느니라."

구수 선현이 다시 세존께 아뢰어 말하였다.

"세존이시여. 제보살마하살들이 소유한 보리가 만약 행하는 처소가 없다면, 장차 보살마하살이 제유정들을 요익하게 하려는 까닭으로 보시바라밀다, 나아가 반야바라밀다에 반드시 안주하여 오랫동안 수행하여 원만하게 하고, 이와 같이 나아가, 반드시 일체지·도상지·일체상지에 반드시 안주하여 오랫동안 수행하여 원만하게 하며, 보살의 반드시 수승한 신통에 안주하여 유정들을 성숙시키고 불국토를 청정하게 장엄하며 오랫동안 수행하여 원만하게 한다면, 비로소 무상정등보리를 증득합니까?"

세존께서 선현에게 알리셨다.

"제보살마하살들이 소유한 보리가 비록 행하는 처소가 없으나, 제보살마하살들이 제유정들을 요익하게 하려는 까닭으로 보시바라밀다, 나아가 반야바라밀다에서 반드시 안주하여 오랫동안 수행하여 원만하게 하고, 이와 같이 나아가, 일체지·도상지·일체상지에 반드시 안주하여 오랫동안 수행하여 원만하게 하며, 보살의 수승한 신통에 반드시 안주하여 유정들을 성숙시키고 불국토를 청정하게 장엄하며 오랫동안 수행하여 원만하게 한다면, 비로소 무상정등보리를 증득하느니라. 선현이여. 만약 보살마하살이 일체의 선근을 수행하였을지라도 모두 원만하게 하지 못하였다면 구하였던 것인 무상정등보리를 결국 증득하지 못한다고 마땅히 알아야 하느니라.

선현이여. 마땅히 알아야 하느니라. 만약 보살마하살이 무상정등보리를 증득하고자 하였다면, 상응하여 색의 본성공에 안주하고 수·상·행·식의 본성공에 안주하며, 이와 같이 나아가, 일체의 보살마하살의 행의 본성공에 안주하고 제불의 무상정등보리의 본성공에 안주하며, 일체법의 보살마하살의 행의 본성공에 안주하고 일체의 유정의 본성공에 안주하면서 보시바라밀다, 나아가 반야바라밀다를 수행하여 원만함을 얻게 하고, 이와 같이 나아가, 일체지·도상지·일체상지를 수행하여 원만함을 얻게 하며, 보살의 수승한 신통을 수행하여 유정을 성숙시키고 불국토를 청정하게 장엄하며 원만함을 얻는다면, 곧 무상정등보리를 증득한다고 마땅히 알아야 하느니라.

선현이여. 마땅히 알아야 하느니라. 이러한 일체법의 본성이 공한 이치와 제유정들의 본성이 공한 이치는 최고로 지극히 적정(寂靜)하여서 적은 법이라도 능히 증장하거나, 능히 감소하거나, 능히 생겨나거나,

능히 소멸하거나, 능히 단절되거나, 능히 항상하거나, 능히 염오되거나, 능히 청정하거나, 능히 과보를 얻거나, 능히 현관(現觀)하는 것이 있지 않다고 마땅히 알아야 하느니라.

선현이여. 제보살마하살들이 세속제에 의지하는 까닭으로 반야바라밀다를 수행하고 여실하고 명료하게 본성공을 안다면 무상정등보리를 증득한다고 말할지라도, 승의제에 의지하는 것은 아니라고 마땅히 알아야 하느니라. 그 까닭은 무엇인가? 승의제의 가운데에서 색을 얻을 수 없고, 역시 수·상·행·식도 얻을 수 없으며, 이와 같이 나아가, 일체의 보살마하살의 행을 얻을 수 없고, 역시 제불의 무상정등보리도 얻을 수 없으며, 일체의 보살마하살의 행을 행하는 자도 얻을 수 없고, 역시 제불의 무상정등보리를 행하는 자도 얻을 수 없기 때문이니라. 선현이여. 이와 같이 제법은 모두가 세속의 언설에 의지하여 시설한 것이고 승의제에 의지하는 것은 아니니라.

선현이여. 제보살마하살들이 깊은 반야바라밀다를 수행하는 때에 초발심부터 비록 제유정들을 위하여 매우 용맹하고 예리하게 보리행(菩提行)을 행할지라도, 이러한 마음에서 모두 얻을 것이 없고, 제유정들에게 역시 얻을 것이 없으며, 대보리(大菩提)에서도 역시 얻을 것이 없고, 제불과 보살에게서 역시 얻을 것이 없는데, 일체법과 일체의 유정을 얻을 수 없는 까닭이니라."

그때 구수 선현이 세존께 아뢰어 말하였다.
"세존이시여. 만약 일체법이 모두 무소유이고 모두 얻을 수 없다면 어찌하여 보살마하살은 보리행을 행하고, 어찌하여 능히 구하였던 것인 무상정등보리를 증득합니까? 누가 보리행을 행합니까? 누가 다시 능히 증득할 수 있습니까?"

세존께서 선현에게 알리셨다.
"그대의 뜻은 어떠한가? 그대는 이전의 때에 단절한 경계에 의지하여 여러 번뇌를 단절하였고 무루(無漏)의 근(根)을 얻었으며 끊임없는 정려에 안주하여 예류과를 증득하였고 다음으로 일래과를 증득하였으며 다음으로 불환과를 증득하였고 뒤에 아라한과를 얻었다면, 그대는 그때에 대체로 유정의 만약 마음이거나 만약 도(道)이거나 만약 여러 도의 과보(道果)를 얻는 것이 있다고 보는가?"

선현이 대답하여 말하였다.

"아닙니다. 세존이시여."

세존께서 선현에게 알리셨다.

"만약 그대가 그때에 단절하는 경계에 의지하여 여러 번뇌를 단절하였고 무루(無漏)의 근(根)을 얻었으며, 유정의 마음·도·도의 과보에서 모두 얻은 것이 없다면, 어찌하여 아라한과를 얻었다고 말하는가?"

선현이 대답하여 말하였다.

"세속제에 의지하여 말하였고, 승의제에 의지하지 않았습니다."

세존께서 선현에게 알리셨다.

"그와 같으니라. 그와 같으니라. 그대가 말한 것과 같으니라. 제보살마하살들도 이와 같아서 세속제에 의지하여 보리행을 행하고 무상정등보리를 얻는다고 설할지라도, 승의제에 의지하는 것은 아니니라. 선현이여. 세속제에 의지하는 까닭으로 색·수·상·행·식이 있다고 가립(假立)하여 설하고, 이와 같이 나아가, 세속제에 의지하는 까닭으로 일체의 보살마하살의 행과 제불의 무상정등보리가 있다고 가립하여 설하나니, 세속제에 의지하는 까닭으로 유정·보살·제불이 있다고 설할지라도, 승의제에 의지하는 것은 아니라고 마땅히 알아야 하느니라. 선현이여. 제보살마하살들은 무상정등보리에서 능히 증장이 있고 감소가 있으며 이익이 있고 손해되는 법이 있다고 보지 않는데, 일체법으로써 본성은 공한 까닭이라고 마땅히 알아야 하느니라.

선현이여. 제보살마하살들이 일체법에서 본성공을 관찰할지라도 오히려 얻을 수 없는데 하물며 초발심에서 얻을 수 있겠는가! 최고의 초발심도 오히려 얻을 수 없는데, 하물며 보시바라밀다, 나아가 반야바라밀다를 수행하는 것을 얻을 수 있겠는가! 하물며 내공, 나아가 무성자성공에 안주하는 것을 얻을 수 있겠는가! 하물며 진여, 나아가 부사의계에 안주하는 것을 얻을 수 있겠는가! 하물며 고·집·멸·도성제에 안주하는 것을 얻을 수 있겠는가! 하물며 4념주, 나아가 8성도지를 수행하는 것을 얻을 수 있겠는가!

하물며 4정려·4무량·4무색정을 수행하는 것을 얻을 수 있겠는가! 하물며 8해탈과 10변처를 수행하는 것을 얻을 수 있겠는가! 하물며 공·무상·무원해탈문을 수행하는 것을 얻을 수 있겠는가! 하물며 극희지, 나아가 법운지를 수행하는 것을 얻을 수 있겠는가! 하물며 일체의 다라니문·삼마지문을 수행하는 것을 얻을 수 있겠는가! 하물며 5안·6신통을 수행하는 것을 얻을 수 있겠는가! 하물며 여래의 10력, 나아가 18불불공법을 수행하는 것을 얻을 수 있겠는가!, 하물며 32대사상·80수호를 수행하는 것을 얻을 수 있겠는가! 하물며 무망실법·항주사성을 수행하는 것을 얻을 수 있겠는가!

하물며 일체지·도상지·일체상지를 수행하는 것을 얻을 수 있겠는가! 하물며 일체의 보살마하살의 행을 수행하는 것을 얻을 수 있겠는가! 하물며 제불의 무상정등보리를 수행하는 것을 얻을 수 있겠는가! 선현이여. 제보살마하살들이 수행하거나 안주하는 일체법에서 얻을 것이 있다는 이러한 처소는 없느니라. 이와 같아서 선현이여. 제보살마하살들이 깊은 반야바라밀다를 수행하는 때에 방편으로써 대보리(大菩提)의 행을 수행하여 무상정등보리를 증득하고서 유정들을 이익되고 안락하게 하면서 항상 단절되는 것이 없다고 마땅히 알아야 하느니라."

79. 무궐품(無闕品)(1)

그때 구수 선현이 세존께 아뢰어 말하였다.

"세존이시여. 만약 보살마하살이 비록 정근하면서 정진하여 보시바라밀다, 나아가 반야바라밀다를 수행하고, 내공, 나아가 무성자성공에 안주하며, 진여, 나아가 부사의계에 안주하고, 고·집·멸·도성제에 안주하며, 4념주, 나아가 8성도지를 수행하고, 4정려·4무량·4무색정을 수행하며, 8해탈, 나아가 10변처를 수행하고, 공·무상·무원해탈문을 수행하며, 극희지, 나아가 법운지를 수행하고, 일체의 다라니문·삼마지문을 수행하며, 5안·6신통을 수행하고, 여래의 10력, 나아가 18불불공법을 수행하고, 32대사상·80수호를 수행하며, 무망실법·항주사성을 수행하고, 일체지·도상지·일체상지를 수행하며, 일체의 보살마하살의 행을 수행하고, 제불의 무상정등보리를 수행할지라도, 만약 보리도(菩提道)의 수행이 원만하지 않다면 구하였던 것인 무상정등보리를 능히 증득하지 못할 것입니다. 세존이시여. 어찌하여 보살마하살이 보리도를 수행하여 원만함을 증득한다면 능히 무상정등보리를 증득할 수 있습니까?"

세존께서 선현에게 알리셨다.

"보살마하살이 깊은 반야바라밀다를 수행하는 때에 수승하고 방편선교를 구족한다면, 오히려 이러한 방편선교의 힘을 까닭으로 보시바라밀다를 수행하는 때에 보시를 얻을 수 없고 보시하는 자를 얻을 수 없으며 보시받는 자를 얻을 수 없고, 역시 이와 같은 제법을 멀리 벗어나지도 않으면서 보시바라밀다를 수행하나니, 이 보살마하살이 이와 같이 보시하는 때에 3보리도를 능히 구족하여 비추고, 보리도를 수행하여 빠르게 능히 성취하느니라. 이와 같아서 선현이여. 제보살마하살들이 깊은 반야바라밀다를 수행하는 때에 방편선교로 보리도를 수행하여 원만하게 한다면, 능히 무상정등보리를 증득하느니라.

이와 같아서 선현이여. 만약 보살마하살이 깊은 반야바라밀다를 수행하는 때에 수승한 방편선교를 구족한다면, 오히려 이러한 방편선교의 힘을 까닭으로 정계·안인·정진·정려·반야바라밀다를 수행하고, [자세한 내용은 생략한다.] 나아가, 일체의 보살마하살의 행과 제불의 무상정등보리를 수행하면서 그 상응하는 것을 따라서 모두 마땅히 널리 설할 수 있느니라."

그때 구수 사리자(舍利子)가 세존께 아뢰어 말하였다.
"세존이시여. 어찌하여 보살마하살이 깊은 반야바라밀다를 수행하는 때에 용맹스럽게 정근(正勤)하면서 보리도를 수행합니까?"
세존께서 사리자에게 알리셨다.
"만약 보살마하살이 깊은 반야바라밀다를 수행하는 때에는 방편선교로 색·수·상·행·식에 화합하지 않고 색·수·상·행·식을 벗어나서 흩어지지 않으며, 안처, 나아가 의처에 화합하지 않고 안처, 나아가 의처를 벗어나서 흩어지지 않으며, 색처, 나아가 법처에 화합하지 않고 색처, 나아가 법처를 벗어나서 흩어지지 않으며, 안계, 나아가 의계에 화합하지 않고 안계, 나아가 의계를 벗어나서 흩어지지 않으며, 색계, 나아가 법계에 화합하지 않고 색계, 나아가 법계를 벗어나서 흩어지지 않으며, 안식계, 나아가 의식계에 화합하지 않고 안식계, 나아가 의식계를 벗어나서 흩어지지 않으며,
안촉, 나아가 의촉에 화합하지 않고 안촉, 나아가 의촉을 벗어나서 흩어지지 않으며, 안촉을 인연으로 생겨난 여러 수, 나아가 의촉을 인연으로 생겨난 여러 수에 화합하지 않고 안촉을 인연으로 생겨난 여러 수, 나아가 의촉을 인연으로 생겨난 여러 수를 벗어나서 흩어지지 않으며, 지계, 나아가 식계에 화합하지 않고 지계, 나아가 식계를 벗어나서 흩어지지 않으며, 인연, 나아가 증상연에 화합하지 않고 인연, 나아가 증상연을 벗어나서 흩어지지 않으며, 인연을 쫓아서 생겨난 제법에 화합하지 않고 인연을 쫓아서 생겨난 제법을 벗어나서 흩어지지 않으며, 무명, 나아가 노사에 화합하지 않고 무명, 나아가 노사를 벗어나서 흩어지지 않으며,
보시바라밀다, 나아가 반야바라밀다에 화합하지 않고 보시바라밀다, 나아가 반야바라밀다를 벗어나서 흩어지지 않으며, 내공, 나아가 무성자성공에 화합하지 않고 내공, 나아가 무성자성공을 벗어나서 흩어지지 않으며, 진여, 나아가 부사의계에 화합하지 않고 진여, 나아가 부사의계를

벗어나서 흩어지지 않으며, 고·집·멸·도성제에 화합하지 않고 고·집·멸·도성제를 벗어나서 흩어지지 않으며, 4념주, 나아가 8성도지에 화합하지 않고 4념주, 나아가 8성도지를 벗어나서 흩어지지 않으며, 4정려·4무량·4무색정에 화합하지 않고 4정려·4무량·4무색정을 벗어나서 흩어지지 않으며, 8해탈, 나아가 10변처에 화합하지 않고 8해탈, 나아가 10변처를 벗어나서 흩어지지 않으며,

공·무상·무원해탈문에 화합하지 않고 공·무상·무원해탈문을 벗어나서 흩어지지 않으며, 정관지, 나아가 여래지에 화합하지 않고 정관지, 나아가 여래지를 벗어나서 흩어지지 않으며, 극희지, 나아가 법운지에 화합하지 않고 극희지, 나아가 법운지를 벗어나서 흩어지지 않으며, 일체의 다라니문·삼마지문에 화합하지 않고 일체의 다라니문·삼마지문을 벗어나서 흩어지지 않으며, 5안·6신통에 화합하지 않고 5안·6신통을 벗어나서 흩어지지 않으며, 여래의 10력, 나아가 18불불공법에 화합하지 않고 여래의 10력, 나아가 18불불공법을 벗어나서 흩어지지 않으며, 32대사상·80수호에 화합하지 않고 32대사상·80수호를 벗어나서 흩어지지 않으며,

무망실법·항주사성에 화합하지 않고 무망실법·항주사성을 벗어나서 흩어지지 않으며, 일체지·도상지·일체상지에 화합하지 않고 일체지·도상지·일체상지를 벗어나서 흩어지지 않으며, 예류과, 나아가 독각의 보리에 화합하지 않고 예류과, 나아가 독각의 보리를 벗어나서 흩어지지 않으며, 일체의 보살마하살의 행에 화합하지 않고 일체의 보살마하살의 행을 벗어나서 흩어지지 않으며, 제불의 무상정등보리에 화합하지 않고 제불의 무상정등보리를 벗어나서 흩어지지 않느니라.

그 까닭은 무엇인가? 이와 같은 제법은 모두가 화합하거나 벗어나는 자성이 없는 까닭이니라. 이와 같아서 사리자여. 제보살마하살들이 깊은 반야바라밀다를 수행하는 때에 용맹스럽게 정근하면서 보리도를 수행하느니라."

이때 사리자가 다시 세존께 아뢰어 말하였다.

"만약 일체법이 모두 화합하거나 벗어나는 자성이 없다면, 어찌하여 보살마하살이 반야바라밀다를 이끌어 일으키고서 그 가운데서 수학하겠습니까? 세존이시여. 만약 보살마하살이 반야바라밀다를 수학하지 않는다면 결국 구하였던 것인 무상정등보리를 능히 증득하지 못할 것입니다."

세존께서 사리자에게 알리셨다.

"그와 같으니라. 그와 같으니라. 그대가 말한 것과 같으니라. 보살마하살이 반야바라밀다를 수학하지 않는다면 결국 구하였던 것인 무상정등보리를 능히 증득하지 못하느니라. 사리자여. 제보살마하살들은 반야바라밀다를 반드시 수학해야 비로소 구하였던 것인 무상정등보리를 능히 증득하느니라. 사리자여. 제보살마하살들이 구하였던 것인 무상정등보리는 반드시 방편선교가 있다면 비로소 증득하는 것이고, 방편선교가 없다면 능히 증득할 수 없느니라.

사리자여. 제보살마하살들이 깊은 반야바라밀다를 수행하는 때에 만약 법에 자성이 있어서 얻을 수 있다고 보았다면 곧 상응하여 취하겠으나, 법에 자성이 있어서 얻을 수 있다고 보지 않았다면 마땅히 무엇을 취하겠는가? 이를테면, '이것은 반야바라밀다, 나아가 보시바라밀다이다. 이것은 색, 나아가 식이다. 이것은 안처, 나아가 의처이다. 이것은 색처, 나아가 법처이다. 이것은 안계, 나아가 의계이다. 이것은 색계, 나아가 법계이다. 이것은 안식계, 나아가 의식계이다. 이것은 안촉, 나아가 의촉이다. 이것은 안촉을 인연으로 생겨난 여러 수, 나아가 의촉을 인연으로 생겨난 여러 수이다.

이것은 지계, 나아가 식계이다. 이것은 인연, 나아가 증상연이다. 이것은 인연을 쫓아서 생겨난 것의 제법이다. 이것은 무명, 나아가 노사이다. 이것은 내공, 나아가 무성자성공이다. 이것은 진여, 나아가 부사의계이다. 이것은 고·집·멸·도성제이다. 이것은 4념주, 나아가 8성도지이다. 이것은 4정려·4무량·4무색정이다. 이것은 8해탈, 나아가 10변처이다. 이것은 공·무상·무원해탈문이다. 이것은 정관지, 나아가 여래지이다. 이것은 극희지, 나아가 법운지이다. 이것은 일체의 다라니문·삼마지문이다. 이것은 5안·6신통이다. 이것은 여래의 10력, 나아가 18불불공법이다. 이것은 32대사상·80수호이다. 이것은 무망실법·항주사성이다. 이것은 일체지·도상지·일체상지이다. 이것은 예류과, 나아가 독각의 보리이다. 이것은 일체의 보살마하살의 행이다. 이것은 제불의 무상정등보리이다.'라고 취하지 않느니라."

마하반야바라밀다경 제475권

79. 무궐품(無闕品)(2)

"사리자여. 제보살마하살들이 깊은 반야바라밀다를 수행하면서 일체의 법성을 모두 취할 수 없다고 여실하고 명료하게 아는데 이를테면, 반야바라밀다, 나아가 보시바라밀다를 모두 취할 수 없고, 색, 나아가 식도 취할 수 없으며, 안처, 나아가 의처도 역시 취할 수 없고, 색처, 나아가 법처도 역시 취할 수 없으며, 안계, 나아가 의계도 역시 취할 수 없고, 색계, 나아가 법계도 역시 취할 수 없으며, 안식계, 나아가 의식계도 역시 취할 수 없고, 안촉, 나아가 의촉도 역시 취할 수 없으며, 안촉을 인연으로 생겨난 여러 수, 나아가 의촉을 인연으로 생겨난 여러 수도 역시 취할 수 없고,

지계, 나아가 식계도 역시 취할 수 없으며, 인연, 나아가 증상연도 역시 취할 수 없고, 인연을 쫓아서 생겨난 것의 제법도 역시 취할 수 없으며, 무명, 나아가 노사도 역시 취할 수 없고, 내공, 나아가 무성자성공도 역시 취할 수 없으며, 진여, 나아가 부사의계도 역시 취할 수 없고, 고·집·멸·도성제도 역시 취할 수 없으며, 4념주, 나아가 8성도지도 역시 취할 수 없고, 4정려·4무량·4무색정도 역시 취할 수 없으며, 8해탈, 나아가 10변처도 역시 취할 수 없고, 공·무상·무원해탈문도 역시 취할 수 없으며, 정관지, 나아가 여래지도 역시 취할 수 없으며,

극희지, 나아가 법운지도 역시 취할 수 없고, 일체의 다라니문·삼마지문도 역시 취할 수 없으며, 5안·6신통도 역시 취할 수 없고, 여래의 10력,

나아가 18불불공법도 역시 취할 수 없으며, 32대사상·80수호도 역시 취할 수 없고, 무망실법·항주사성도 역시 취할 수 없으며, 일체지·도상지·일체상지도 역시 취할 수 없고, 예류과, 나아가 독각의 보리도 역시 취할 수 없으며, 일체의 보살마하살의 행도 역시 취할 수 없고, 제불의 무상정등보리도 역시 취할 수 없느니라.

사리자여. 제보살마하살들이 깊은 반야바라밀다를 수행하여 일체법을 모두 취할 수 없다고 여실하고 명료하게 아는 까닭으로 일체법에서 장애가 없음을 얻게 되느니라. 사리자여. 이러한 취할 수 없는 바라밀다는 나아가서 이것이 장애가 없는 바라밀다이고, 이와 같은 장애가 없는 바라밀다는 나아가서 이것이 반야바라밀다이니, 제보살마하살들은 상응하여 이 가운데에서 수학해야 하느니라.

사리자여. 만약 보살마하살이 그 가운데에서 능히 수학한다면 일체법에서 모두 얻을 것이 없으므로 오히려 수학하여 얻을 수 없는데, 하물며 무상정등보리를 증득하겠고, 하물며 반야바라밀다를 증득하겠으며, 하물며 이생·성문·독각·보살·불법을 얻을 수 있겠는가! 왜 그러한가? 사리자여. 적은 법이라도 진실로 자성이 있지 않는데, 자성이 없는 일체법의 가운데에서 무엇 등의 이것이 이생의 법이겠는가? 무엇 등의 이것이 예류의 법이겠는가? 무엇 등의 이것이 일래의 법이겠는가? 무엇 등의 이것이 불환의 법이겠는가? 무엇 등의 이것이 아라한의 법이겠는가? 무엇 등의 이것이 독각의 법이겠는가? 무엇 등의 이것이 보살의 법이겠는가? 무엇 등의 이것이 여래의 법이겠는가?

사리자여. 이와 같은 제법을 이미 얻을 수 없다면 무엇 등의 법에 의지하여 보특가라가 있다고 시설하겠는가? 보특가라도 이미 얻을 수 없다면 어찌하여 이것은 이생이고 이것은 예류이며 이것은 일래이고 이것은 불환이며 이것은 아라한이고 이것은 독각이며 이것은 보살이고 이것은 여래라고 설하겠는가?"

이때 사리자가 아뢰어 말하였다.

"세존이시여. 일체법이 모두 자성이 없어서 모두가 실제로 있지 않는데, 무엇 등의 일에 의지하여 이것은 이생이고 이것은 이생의 법이며, [자세한 내용은 생략한다.] 나아가, 이것은 여래이고 이것은 여래의 법이라고 명료하게 알겠습니까?"

세존께서 사리자에게 알리셨다.

"그대의 뜻은 어떠한가? 혹은 과거이거나, 혹은 미래에 여러 어리석은 범부인 이생들의 집착하는 것과 같이 색이 진실로 있다고 생각하는가? 혹은 과거이거나, 혹은 미래에 여러 어리석은 범부인 이생들의 집착하는 것과 같이 수·상·행·식이 진실로 있다고 생각하는가? 이와 같이 나아가, 혹은 과거이거나, 혹은 미래에 여러 어리석은 범부인 이생들의 집착하는 것과 같이 일체의 보살마하살의 행이 진실로 있다고 생각하는가? 혹은 과거이거나, 혹은 미래에 여러 어리석은 범부인 이생들이 집착하는 것과 같이 제불의 무상정등보리가 진실로 있다고 생각하는가? 혹은 과거이거나, 혹은 미래에 여러 어리석은 범부인 이생들의 집착하는 것과 같이 이생·예류·일래·불환·아라한·독각·보살·여래가 진실로 있다고 생각하는가?"

사리자가 말하였다.

"아닙니다. 세존이시여. 다만 오히려 전도되고 어리석은 범부인 이생들이 이와 같은 집착이 있습니다."

세존께서 사리자에게 알리셨다.

"제보살마하살들이 깊은 반야바라밀다를 수행하면서 방편선교로 비록 제법은 모두가 자성이 없고, 모두가 진실로 있지 않다고 관찰할지라도 세속제에 의지하여 무상정등보리를 구하면서 나아가고, 제유정들을 위하여 방편으로 널리 설하여 바른 이해를 얻고 여러 전도를 벗어나게 하느니라."

이때 사리자가 다시 세존께 아뢰어 말하였다.

"어찌하여 보살마하살이 깊은 반야바라밀다를 수행하면서 방편선교로 비록 제법은 모두가 자성이 없고, 모두가 진실로 있지 않다고 관찰할지라도 세속제에 의지하여 무상정등보리를 구하면서 나아가고, 제유정들을 위하여 방편으로 널리 설하여 바른 이해를 얻고 여러 전도를 벗어나게 합니까?"

세존께서 사리자에게 알리셨다.

"제보살마하살들이 깊은 반야바라밀다를 수행하는 때에 이와 같은 방편선교를 성취하는데 이를테면, 적은 진실한 법이라도 그 가운데에 머무를 수 있다고 보지 않느니라. 오히려 그 가운데 머무른다면 장애(罣礙)가 있고, 오히려 장애가 있는 까닭으로 퇴전하여 사라짐이 있으며, 오히려 퇴전하여 사라짐이 있는 까닭으로 마음이 나약(劣弱)해지고, 마음이 나약해지는 까닭으로 곧 해태(懈怠)가 생겨나느니라. 사리자여. 일체법은 모두 진실한 일이 없어서 아(我)·아소(我所)를 벗어났고 모두가 무성(無性)으로써 자성(自性)을 삼는데, 본성(本性)이 공적(空寂)하고 자상(自相)이 공적하느니라.

오직 일체의 어리석은 범부인 이생들은 미혹되고 전도되어 색온, 나아가 식온에 집착하고, 안처, 나아가 의처에 집착하며, 색처, 나아가 법처에 집착하고, 안계, 나아가 의계에 집착하며, 색계, 나아가 법계에 집착하고, 안식계, 나아가 의식계에 집착하며, 안촉, 나아가 의촉에 집착하고, 안촉을 인연으로 생겨난 여러 수, 나아가 의촉을 인연으로 생겨난 여러 수에 집착하며, 지계, 나아가 식계에 집착하며, 인연, 나아가 증상연에 집착하고, 무명, 나아가 노사에 집착하며, 보시바라밀다, 나아가 반야바라밀다에 집착하고, 내공, 나아가 무성자성공에 집착하며,

진여, 나아가 부사의계에 집착하고, 고·집·멸·도성제에 집착하고, 4념주, 나아가 8성도지에 집착하며, 4정려·4무량·4무색정에 집착하고, 8해탈, 나아가 10변처에 집착하며, 공·무상·무원해탈문에 집착하고, 정관지, 나아가 여래지에 집착하며, 극희지, 나아가 법운지에 집착하고, 일체의 다라니문·삼마지문에 집착하고, 5안·6신통에 집착하며, 여래의 10력, 나아가 18불불공법에 집착하고, 32대사상·80수호에 집착하며, 무망실법·항주사성에 집착하고, 일체지·도상지·일체상지에 집착하며, 예류과, 나아가 독각의 보리에 집착하고, 일체의 보살마하살의 행에 집착하며, 제불

의 무상정등보리에 집착하느니라.

오히려 이것을 인연으로 제보살마하살들은 일체법은 모두 진실한 일이 없어서 아·아소를 벗어났고, 모두가 무성으로써 자성을 삼았으며, 본성이 공적하고 자상이 공적하다고 관찰하며, 깊은 반야바라밀다를 행하면서 스스로가 마술사와 같이 서 있으면서 유정들을 위하여 설법하면서, 여러 간탐이 있는 자에게는 보시를 설하여 주고, 여러 파계하는 자에게는 정계를 설하여 주며, 여러 분노하고 성내는 자에게는 안인을 설하여 주고, 여러 해태한 자에게는 정진을 설하여 주며, 여러 산란한 자에게는 정려를 설하여 주고, 여러 우치한 자에게는 반야를 설하여 주느니라.

이 보살마하살은 유정들을 안립시켜서 보시, 나아가 반야바라밀다에 머무르게 하고, 다시 생사를 출리하는 수승하고 성스러운 법을 널리 설하여서 유정들이 그것을 의지하여 수학하게 하여 혹은 예류과를 증득하거나, 혹은 일래과를 증득하거나, 혹은 불환과를 증득하거나, 혹은 아라한과를 증득하거나, 혹은 독각의 보리를 증득하거나, 혹은 보살의 정성이생에 들어가거나, 혹은 보살마하살의 지위에 안주하거나, 혹은 무상정등보리를 증득하게 하느니라."

이때 사리자가 다시 세존께 아뢰어 말하였다.

"제보살마하살들이 깊은 반야바라밀다를 수행하는 때에 어찌하여 얻은 것이 있는 자라고 말하지 않는가? 이를테면, 제유정들이 진실로 무소유이므로 보시바라밀다, 나아가 반야바라밀다에 안주하게 하며, 다시 능히 생사를 출리하는 수승한 법을 널리 설하여 혹은 예류과를 증득하게 하거나, 나아가 혹은 무상정등보리를 증득하게 합니다."

세존께서 사리자에게 알리셨다.

"제보살마하살들이 깊은 반야바라밀다를 수행하는 때에 제유정들에게 얻는 것이 있지 않느니라. 왜 그러한가? 사리자여. 이 보살마하살이 깊은 반야바라밀다를 수행하는 때에 유정들에게 적은 진실이라도 얻을 수 있다고 보지 않으나, 오직 세속제로 유정에게 가립으로 설하고 있느니라. 사리자여. 이 보살마하살이 깊은 반야바라밀다를 수행하는 때에

2제(二諦)에 안주하여 제유정들을 위하여 정법을 널리 설하느니라. 무엇을 2제라고 말하는가? 첫째는 세속제(世俗諦)이고, 둘째는 승의제(勝義諦)이니라.

사리자여. 비록 2제의 가운데에서는 유정(有情)과 시설(施設)을 함께 얻을 수 없으나, 제보살마하살들이 깊은 반야바라밀다를 수행하는 때에 방편선교로 제유정들을 위하여 정법을 널리 설하는데, 제유정들이 정법을 이미 들었을지라도 현재의 법의 가운데에서 오히려 나를 얻지 못하는데, 어찌 하물며 구하였던 것인 과보를 증득하겠고 더불어 능히 증득하는 자를 얻을 수 있겠는가! 이와 같아서 선현이여. 제보살마하살들이 깊은 반야바라밀다를 수행하는 때에 방편선교로 제유정들을 위하여 정법을 널리 설하여 정행(正行)을 수행하여 증득할 과를 얻게 할지라도, 마음은 그들에게 모두 얻는 것이 없는데, 일체법을 얻을 수 없다고 통달한 까닭이니라."

구수 사리자가 세존께 아뢰어 말하였다.
"세존이시여. 이 제보살마하살들이 비록 제법에서 하나의 성품을 얻지 못하고 다른 성품도 얻지 못하며, 모두의 성품을 얻지 못하고 차별인 성품도 얻지 못할지라도, 이와 같은 대공덕(大功德)의 갑옷을 입나니, 오히려 이와 같은 대공덕의 갑옷을 입으므로 욕계에 나타나지 않고 색계에 나타나지 않으며 무색계에 나타나지 않고 유위계에 나타나지 않으며 무위계에 나타나지 않습니다.
비록 유정들을 교화하여 삼계(三界)에서 출리(出離)시킬지라도 유정에게 모두 얻는 것이 없고, 역시 유정들의 시설도 얻지 못하며, 유정과 시설을 얻지 못하는 까닭으로 계박이 없고 해탈이 없으며, 계박과 해탈이 없는 까닭으로 염오와 청정함도 없고, 염오와 청정함이 없는 까닭으로 여러 세계의 차별을 명료하게 알지 못하며, 여러 세계의 차별을 명료하게 알지 못하는 까닭으로 업도 없고 번뇌도 없으며, 업과 번뇌가 없는 까닭으로 역시 이숙과(異熟果)도 없나니, 이미 이숙과가 없다면 어찌하여 아(我)

와 유정(有情)들이 있어서 여러 세계를 유전하면서 삼계의 여러 차별을 나타내겠습니까?"

세존께서 사리자에게 알리셨다.

"그와 같으니라. 그와 같으니라. 그대가 말한 것과 같으니라. 만약 제유정들이 이전에는 있었고 뒤에는 없다면 보살과 제불은 상응하여 허물이 있을 것이며, 만약 여러 세계의 생사가 앞에는 있었고 뒤에는 없다면 보살과 제불은 역시 허물이 있을 것이며, 앞에는 없었고 뒤에는 있다는 이치도 역시 그렇지 않으니라. 이러한 까닭으로 사리자여. 만약 제불께서 세상에 출현하거나 세상에 출현하시지 않을지라도, 법상(法相)은 항상 안주하고, 진여·법계·불허망성은 결국 개선(改善)과 전전(展轉)함이 없으며, 일체법의 법성(法性)·법계(法界)·법주(法住)·법정(法定)·진여(眞如)·실제(實際)·불허망성(不虛妄性)·불변이성(不變異性)은 오히려 허공과 같나니, 이 가운데에서는 오히려 아(我) 등을 얻을 수 없는데 하물며 색 등 제 법을 얻을 수 있겠는가?

이미 색 등 여러 법을 얻을 수 없는데, 어찌하여 마땅히 여러 세계의 생사가 있겠는가? 여러 세계의 생사를 이미 얻을 수 없는데, 어찌하여 마땅히 유정을 성숙시키고 그들이 해탈시킬 수 있겠는가? 오직 세속제에 의지하여 있다고 가립하여 설하느니라.

사리자여. 제보살마하살들은 과거로부터 제불께 '일체법의 자성이 모두가 공한데, 다만 제유정들이 전도되어 집착한다.'라고 들었다면, 이미 들었으므로 듣고는 여실하게 생각을 붙잡아서 사유하고, 유정들을 전도된 집착에서 해탈시키기 위하여 무상정등보리를 구하면서 나아가고, 구하면서 나아가는 때에 '내가 이 법에서 이미 얻었거나 마땅히 얻을지라도, 그 유정들이 집착하는 것인 생사의 여러 고통에서 이미 도탈시켰거나, 마땅히 도탈시키겠다.'라고 이렇게 생각을 짓지 않느니라.

사리자여. 이 보살마하살은 유정들의 전도된 집착을 해탈시키기 위하여 공덕의 갑옷을 입고 큰 서원으로 장엄하며, 용맹스럽고 정근하면서 고련(顧戀)[1]하지 않고, 무상정등보리에서 물러나지 않으며, 항상 보리에서 이를테면, '내가 마땅히 증득하겠는가? 마땅히 증득하지 못하겠는가?' 라고 주저함을 일으키지 않고, 다만 '나는 결정적으로 마땅히 구하였던 것인 무상정등보리를 증득하여 제유정들에게 진실한 이익을 짓겠는데 이를테면, 미혹하고 전도되어 여러 세계를 왕래하면서 받는 생사의 고통에서 해탈시키겠다.'라고 정념(正念)으로 말하느니라. 사리자여. 제보살마하살들은 비록 유정들이 미혹하고 전도된 여러 세계의 생사에서 해탈시킬지라도 얻는 것이 없으나, 다만 세속에 의지하여 이러한 일이 있다고 설하느니라.

사리자여. 공교로운 마술사이거나, 혹은 그의 제자들이 제망(帝網)[2]에 의지하여 무량한 백천 구지(俱胝)의 제유정의 부류들을 변화시켜 지었고, 다시 여러 종류의 상묘한 음식을 변화시켜서 변화한 유정에게 보시하여 모두가 배부르게 하였으며, 이러한 일을 짓고서 '나는 이미 광대한 복취(福聚)를 획득하였다.'라고 환희하며 외쳐서 말하였다면 그대의 뜻은 어떠한가? 이 공교로운 마술사이거나, 혹은 그의 제자들이 진실로 유정들을 배부르게 할 수 있겠는가?"

사리자가 대답하였다.

"아닙니다. 세존이시여."

세존께서 사리자에게 알리셨다.

"제보살마하살들도 이와 같아서, 초발심부터 제유정들을 요익하게 하려는 까닭으로 보시바라밀다, 나아가 반야바라밀다를 수행하고, 내공, 나아가 무성자성공에 안주하며, 진여, 나아가 부사의계에 안주하고, 고·집·멸·도성제에 안주하며, 4념주, 나아가 8성도지를 수행하고, 4정려·4무량·4무색정을 수행하며, 8해탈, 나아가 10변처를 수행하고, 공·무상·무원해

---

1) 마음에 맺혀서 잊지 못하는 것이다.
2) 제석천(帝釋天)의 그물인 '인다라망(因陀羅網)'을 가리킨다. 이 그물에는 수많은 구슬이 달려있는데, 한 구슬에 다른 모든 구슬의 영상이 비치고 그 영상이 다시 또 다른 모든 구슬에 비치는 것처럼, 세상의 모든 존재가 서로 깊이 연결되어 상호 의존적인 관계를 맺고 있음을 나타내는 비유이다.

탈문을 수행하며, 극희지, 나아가 법운지를 수행하고, 일체의 다라니문·삼마지문을 수행하며, 5안·6신통을 수행하고, 여래의 10력, 나아가 18불불공법을 수행하며, 32대사상·80수호를 수행하고, 무망실법·항주사성을 수행하며, 일체지·도상지·일체상지를 수행하고, 보살의 대보리도(大菩提道)를 원만하게 하며, 유정을 성숙시키고 불국토를 청정하게 장엄하느니라.

사리자여. 제보살마하살들이 비록 이러한 일을 지을지라도, 유정과 일체법에서 모두 얻는 것이 없으므로 '나는 이러한 법으로써 이와 같은 제유정의 부류들을 조복시키고, 그들이 전도된 집착을 멀리 벗어나며, 다시 여러 세계의 생시에 윤회하지 않게 하겠다.'라고 이렇게 생각을 짓지 않느니라."

그때 구수 선현이 세존께 아뢰어 말하였다.

"세존이시여. 무엇을 보살의 대보리도(大菩提道)라고 말합니까? 제보살마하살들이 이러한 도를 수행하면서 방편선교로 유정을 성숙시키고 불국토를 청정하게 장엄한다면 무상정등보리를 빠르게 증득합니까?"

세존께서 선현에게 알리셨다.

"제보살마하살들이 초발심부터 수행하였던 것인 보시바라밀다, 나아가 반야바라밀다이거나, 수행하였던 것인 내공, 나아가 무성자성공이거나, 수행하였던 것인 진여, 나아가 부사의계이거나, 수행하였던 것인 고·집·멸·도성제이거나, 수행하였던 것인 4념주, 나아가 8성도지이거나, 수행하였던 것인 4정려·4무량·4무색정이거나, 수행하였던 것인 8해탈, 나아가 10변처이거나, 수행하였던 것인 공·무상·무원해탈문이거나, 수행하였던 것인 극희지, 나아가 법운지이거나, 수행하였던 것인 일체의 다라니문·삼마지문이거나, 수행하였던 것인 5안·6신통이거나, 수행하였던 것인 여래의 10력, 나아가 18불불공법이거나, 수행하였던 것인 무망실법·항주사성이거나, 수행하였던 것인 일체지·도상지·일체상지이거나, 수행하였던 것인 나머지의 무량하고 무변한 불법이 모두가 보살의 대보리도이니라.

제보살마하살들이 이러한 도를 수행하여 방편선교로 유정을 성숙시키고 불국토를 청정하게 장엄한다면 무상정등보리를 빠르게 증득할지라도, 유정들과 불국토 등의 생각은 없느니라."

이때 구수 선현이 다시 세존께 아뢰어 말하였다.

"어찌하여 보살마하살이 보시바라밀다를 수행하는 때에 방편선교로 유정을 성숙시킵니까?"

세존께서 선현에게 알리셨다.

"보살마하살이 있어서 보시바라밀다를 수행하는 때에 방편선교로써 스스로가 보시를 행하고 역시 다른 사람에게 권유하여 보시를 행하게 하면서 그들을 은근(殷懃)하게 교계(敎誡)하고 교수(敎授)하면서 '여러 선남자들이여. 보시에 집착하지 마십시오. 만약 보시에 집착한다면 다시 몸을 받을 것이고, 만약 다시 몸을 받는다면, 오히려 이것으로 전전하면서 마땅히 무량하고 맹렬(猛利)한 큰 고통을 받을 것입니다. 여러 선남자들이여. 승의제의 가운데에서는 모두 보시도 없고 역시 보시하는 자·보시받는 자·보시하는 물건·보시의 과보도 없나니, 이와 같은 제법은 모두가 본성공이고 본성공의 가운데에서는 취할 법도 없으며, 제법의 공한 성품도 역시 취할 수 없습니다.'라고 알려 말하느니라.

이와 같아서 선현이여. 제보살마하살들이 보시바라밀다를 수행하면서 유정들에게 스스로가 보시를 행하고 역시 다른 사람에게 권유하여 보시를 행하게 할지라도, 보시·보시하는 자·보시받는 자·보시하는 물건·보시의 과보도 없나니, 이와 같은 보시바라밀다를 얻을 것이 없는 바라밀다라고 이름하느니라.

선현이여. 이 보살마하살이 이러한 제법에서 얻을 것이 없는 때에 방편선교로써 능히 유정들을 교화하여 예류과에 안주하게 하고 혹은 일래과이거나, 혹은 불환과이거나, 혹은 아라한과이거나, 혹은 독각의 보리에 안주하게 하거나, 혹은 무상정등보리에 나아가게 하느니라. 이와 같아서 선현이여. 제보살마하살들이 보시바라밀다를 수행하는 때에 유정을 성숙시켜서 수승한 이익을 획득하게 하느니라.

선현이여, 이 보살마하살이 스스로가 보시를 행하고 역시 다른 사람에게 권유하여 보시를 행하게 하며, 보시를 행하는 법을 전도가 없이 칭찬(稱揚)하고 보시를 행하는 자를 환희하고 찬탄하느니라. 선현이여, 이 보살마하살이 이와 같이 보시하고서 혹은 찰제리의 대종족에 태어나거나, 혹은 바라문의 대종족에 태어나거나, 혹은 장자의 대종족에 태어나거나, 혹은 거사의 대종족에 태어나서 재산과 보물이 풍요(豐饒)롭거나, 혹은 소왕(小王)을 지어서 소국(小國)의 국토에서 부귀하고 자재하거나, 혹은 대왕(大王)을 지어서 대국(大國)의 국토에서 부귀하고 자재하거나, 혹은 사대주의 경계(四洲界)에서 전륜왕(輪王)을 지어서 부귀하고 자재하느니라.

이 보살마하살이 이와 같이 일체의 존귀한 처소에 태어나서는 4섭사(四攝事)로써 제유정들을 섭수하고 먼저 유정들에게 보시에 안주하게 교계하고, 오히려 보시하는 인연으로 그 마음이 잘 조복되어 점차로 정계·안인·정진·정려·반야에 안주하게 하며, 다시 4정려·4무량·4무색정에 안주하게 하고, 다시 4념주, 나아가 8성도지에 안주하게 하며, 다시 공·무상·무원해탈문에 안주하게 하느니라.

이 보살마하살이 유정들을 이와 같은 등의 여러 선법에 안주하게 하고서 혹은 정성이생에 나아가서 들어가거나, 예류과, 나아가 아라한과를 증득하게 하거나, 혹은 정성이생에 나아가서 들어가고 점차로 독각의 보리를 증득하거나, 혹은 정성이생에 나아가서 들어가고 점차로 여러 보살지를 수학하거나, 빠르게 무상정등보리에 나아가게 하느니라.

다시 그들에게 '선남자들이여. 마땅히 대원(大願)을 일으키고 빠르게 무상정등보리에 나아가서 제유정들에게 요익되고 수승한 일을 지으십시오. 제유정들이 허망하게 분별하면서 집착하였던 것인 제법은 모두 자성이 없으나, 다만 오히려 전도된 허망한 집착이 있다고 생각하는 것입니다. 이러한 까닭으로 그대들은 항상 마땅히 정근하고 정진하면서 스스로가 전도를 없애야 하고 역시 다른 사람에게도 권유하여 단절하게 하며, 스스로가 생사에서 해탈하고는 역시 다른 사람에게도 권유하여 해탈하게 하며, 스스로가 큰 이익을 획득하고 역시 다른 사람에게도 권유하여 획득하게 하십시오.'라고 알려 말하느니라.

　선현이여. 이 보살마하살은 상응하여 이와 같이 보시바라밀다를 수행하는데, 오히려 이러한 보시바라밀다로 초발심부터 구경에 이르기까지 악취·빈천함·변방·비천함에 떨어지지 않고, 제유정들을 요익하게 하기 위한 까닭으로, 인간으로 많이 태어나고 전륜왕이 되어 부귀가 자재하므로 많은 요익을 짓느니라. 그 까닭은 무엇인가? 업의 위세(威勢)를 따라서 이와 같은 과보를 획득하는데 이를테면, 그 보살마하살이 전륜왕이 되는 때에 구걸하는 자가 오는 것을 본다면 '나는 무슨 일을 위하여 생사를 유전하면서 전륜왕이 되었는가? 어찌 내가 생사의 가운데에 머무르는 유정들을 요익하게 하려고 이러한 수승한 과보를 받은 것이 아니겠는가? 다른 일을 위한 것이 아니었다.'라고 곧 이렇게 생각을 짓느니라.

　이렇게 생각을 지었다면 구걸하는 자에게 '그대들이 필요한 것을 따라서 모두 마땅히 보시하여 주겠나니, 그대들이 물건을 취하는 때에 자기의 물건을 취하는 것과 같이 취하고 다른 생각을 짓지 말라. 그 까닭은 무엇인가? 나는 그대들에게 요익을 얻게 하기 위한 까닭으로 이 몸을 받고서 재물을 모아서 쌓아두었느니라. 이러한 까닭으로 이 재물들은 이것이 그대들의 소유이니, 따라서 그대들은 스스로가 취하고서 만약 스스로가 수용하거나 전전하여 다른 사람에게 보시하면서 의심과 어려움이 없게 하십시오.'라고 알려 말하느니라.

　이 보살마하살이 이와 같이 제유정들을 연민(憐愍)하는 때에 인연이 없는 대비(大悲)로 빠르게 원만함을 얻고, 오히려 이러한 대비로 빠르게 원만해지는 까닭으로, 비록 항상 무량한 유정들을 요익하게 할지라도 유정들에게 모두 얻는 것이 없으며, 역시 다시 수승한 과보라는 것도 얻지 않고, 다만 오히려 세속의 언설(言說)로 시설하여 여러 종류의 제유정들의 일을 요익하게 한다고 여실하게 아느니라. 또한 시설하였던 일이라는 것이 모두가 메아리와 같아서 비록 있는 것처럼 비슷하게 나타날지라도 진실로 없다고 여실히 아나니, 오히려 이것으로 제법에서 모두 취하는 것이 없느니라.

선현이여. 제보살마하살들이 상응하여 이와 같이 보시바라밀다를 수행해야 하는데 이를테면, 제유정들에게 모두 뒤돌아보는 것이 없고, 나아가 스스로의 몸·뼈·살까지도 능히 보시해야 하는데, 하물며 여러 외신의 자구(資具)를 능히 버리지 못하겠는가! 이를테면 여러 자구로써 제유정들을 섭수하여 생·노·병·사에서 빠르게 해탈시키느니라."

구수 선현이 세존께 아뢰어 말하였다.
"세존이시여. 무엇 등의 자구(資具)로써 유정들을 섭수하여 생·노·병·사에서 빠르게 해탈시킵니까?"
세존께서 선현에게 알리셨다.
"이를테면, 보시바라밀다, 나아가 반야바라밀다의 자구이거나, 만약 내공, 나아가 무성자성공의 자구이거나, 만약 진여, 나아가 부사의계의 자구이거나, 만약 고·집·멸·도성제의 자구이거나, 만약 4념주, 나아가 8성도지의 자구이거나, 만약 4정려·4무량·4무색정의 자구이거나, 만약 8해탈, 나아가 10변처의 자구이거나, 만약 공·무상·무원해탈문의 자구이거나, 만약 정관지, 나아가 여래지의 자구이거나, 만약 극희지, 나아가 법운지의 자구이거나, 만약 일체의 다라니문·삼마지문의 자구이거나, 만약 5안·6신통의 자구이거나, 만약 여래의 10력, 나아가 18불불공법의 자구이거나, 만약 일체지·도상지·일체상지의 자구이거나, 만약 예류과, 나아가 독각의 보리의 자구이거나, 만약 일체의 보살마하살의 행의 자구이거나, 만약 제불의 무상정등보리의 자구이니라.
선현이여. 이와 같은 등의 선법의 자구로써 유정들을 섭수하여 생·노·병·사에서 빠르게 해탈시키나니, 제보살마하살들이 항상 이와 같은 여러 종류의 자구로써 유정들을 섭수하여 생·노·병·사에서 빠르게 해탈시키느니라.
다시 다음으로 선현이여. 제보살마하살들이 보시바라밀다에 안주하여 스스로가 보시를 행하고 제유정들에게도 권유하여 보시를 행하게 하며, 만약 유정들이 정계를 훼손하고 범하는 것을 본다면 깊은 연민이 생겨나서

'그대 등은 지금 상응하게 정계를 수지하십시오. 내가 마땅히 그대 등에게 여러 종류의 자구를 보시하여 부족함이 없게 하겠습니다. 그대 등은 오히려 여러 자구가 부족한 까닭으로 정계를 훼손하고 범하며 여러 악업을 짓나니, 내가 마땅히 그대들이 부족한 자구를 따라서 모두 서로에게 공급하겠습니다. 그대 등이 율의계(律儀戒)3)에 안주한다면 점차로 마땅히 능히 고통의 변제(邊際)를 짓나니, 3승법에 의지하여 그 상응하는 것을 따라서 생사에서 출리하여 구경에 안락에 이를 것입니다.'라고 알려 말하느니라.

선현이여. 이 보살마하살이 보시바라밀다에 안주하여 스스로가 정계를 수지하고 다른 사람에게 권유하여 정계를 수지하게 하며, 정계를 수지하는 법을 전도가 없이 칭찬하고, 정계를 수지하는 자를 환희하고 찬탄하느니라. 이와 같아서 선현이여. 제보살마하살들이 보시바라밀다를 수행하고서 제유정들에게 권유하여 정계에 안주하게 하며, 일체의 생·노·병·사에서 해탈하여 구경에 이익과 안락을 증득하게 하느니라.

다시 다음으로 선현이여. 제보살마하살들이 보시바라밀다에 안주하여 만약 유정들이 다시 서로가 성내고 분노하는 것을 본다면 깊은 연민이 생겨나서 '그대 등은 무슨 인연으로 다시 서로가 성내고 분노하는가? 그대 등이 만약 부족한 것이 있었고, 전전하여 서로를 인연으로 여러 악한 것이 일어났다면, 상응하여 나를 쫓아서 구하십시오. 내가 마땅히 그대 등을 구제하겠나니, 따라서 그대 등이 필요한 것인 여러 종류의 자구를 내가 마땅히 그대 등에게 보시하여 부족함이 없게 하겠습니다. 그대 등은 상응하여 다시 서로가 성내고 분노하지 않을 것이고, 상응하게 안인을 수행하면서 함께 자비한 마음을 일으키십시오.'라고 알려 말하느니라.

선현이여. 이 보살마하살이 보시바라밀다에 안주하여 제유정들에게

---

3) 산스크리트어 sajvara-śīla의 번역이고, '섭율의계(攝律儀戒)'를 가리키며 '삼취정계(三聚淨戒)'의 하나이다. 여러 악업을 짓지 않고 세존께서 제정한 계율을 지키는 것을 의미한다.

권유하여 안인을 수행하게 하였다면, 견고하게 하기 위하여 '성내고 분노하는 인연은 모두 결정적인 진실이 없으나 모두가 허망한 분별을 따라서 생겨나는 것이고, 일체법으로써 본성은 공한 까닭인데, 그대 등은 무슨 인연으로 진실한 일이 없는 것에서 망령되게 성냄과 분노를 일으켜서 다시 서로를 헐뜯고 해치는가? 그대 등은 허망한 인연으로 분별하지 마십시오. 다시 서로에게 성내고 분노하면서 여러 악업을 짓는다면 지옥·방생·귀계와 여러 악한 처소에 떨어져서 여러 극심한 고통을 받는데, 그 고통의 매서움은 매우 강하고 몹시 날카로워서 극심하게 몸과 마음을 핍박하므로 최고로 지극하게 참기 어렵습니다.

그대 등은 진실로 있지 않은 일에 집착하여 망령되게 서로에게 성내고 분노하면서 이와 같은 악업을 짓지 마십시오. 이러한 악업이라면 오히려 하열(下劣)한 사람의 몸도 얻기 어려운데, 하물며 천상에 태어나거나 혹은 제불을 만나서 정법을 듣고 설하는 것과 같이 수행하겠습니까? 그대 등은 사람의 몸을 얻기 어렵고 여래의 세상을 만나기 어려우며 신심이 생겨나는 것은 더욱 어렵다고 상응하여 아십시오. 그대 등은 지금 이러한 일을 함께 갖추었는데 오히려 분노하고 성내면서 좋은 때를 잃지 마십시오. 만약 이러한 때를 잃는다면 구제받을 수 없습니다. 이러한 까닭으로 그대 등은 제유정들에게 분노와 성냄을 일으키지 말고 마땅히 안인을 수행하십시오.'라고 알려 말하느니라.

선현이여. 이 보살마하살이 보시바라밀다에 안주하여 스스로가 안인을 수행하고 다른 사람에게 권유하여 안인을 수행하게 하며, 안인을 수행하는 법을 전도가 없이 칭찬하고, 안인을 수행하는 자를 환희하고 찬탄하느니라. 이와 같아서 선현이여. 제보살마하살들이 보시바라밀다에 안주하여 제유정들에게 안인을 수행하게 권유하고, 제유정의 부류들은 오히려 이것을 전전하면서 점차로 3승에 의지하여 해탈을 얻게 되느니라.

다시 다음으로 선현이여. 제보살마하살들이 보시바라밀다에 안주하여 제유정들의 몸과 마음이 해태한 것을 본다면 깊은 연민이 생겨나서 그들에게 '그대 등은 무슨 인연으로 선법을 정근하면서 정진하지 않고 해태가 생겨났는가?'라고 알려 말하였고, 그들이 '우리들은 자구가 부족하여 여러 선한 일에서 정근하는 수행을 얻지 못합니다.'라고 이렇게 말을 지었다면, 보살은 '내가 그대 등에게 부족한 자구를 능히 보시하겠으니, 그대 등은 보시·정계·안인 등의 법에 상응하여 정근하면서 수행하십시오.'라고 알려 말하느니라.

이때 제유정들은 이 보살이 보시하는 것인 자구를 얻고 부족함이 없으므로 곧 몸과 마음의 정진을 능히 일으켜서 여러 선법을 수행하여 빠르게 원만함을 얻는데, 오히려 여러 선법이 원만함을 얻는 까닭으로 점차로 여러 무루법을 이끌어서 출생시키나니, 오히려 무루법으로 예류과를 증득하거나 혹은 일래과를 증득하거나 혹은 불환과를 증득하거나 혹은 아라한과를 증득하거나 혹은 독각의 보리를 증득하거나 혹은 여러 보살지에 나아가서 들어가고 점차로 무상정등보리를 증득하느니라.

선현이여. 이 보살마하살이 보시바라밀다에 안주하여 스스로가 정진하고 다른 사람에게 권유하여 정진하게 하며, 정진하는 법을 전도가 없이 칭찬하고, 정진하는 자를 환희하고 찬탄하느니라. 이와 같아서 선현이여. 제보살마하살들이 보시바라밀다에 안주하여 제유정들에게 해태를 멀리 벗어나게 하고, 여러 선법을 정근하면서 수행하여 빠르게 해탈을 증득하게 하며, 다시 제유정의 부류들을 능히 이익되고 안락하게 하느니라.

다시 다음으로 선현이여. 제보살마하살들이 보시바라밀다에 안주하여 제유정들의 여러 근(諸根)이 산란(散亂)하여 정념(正念)을 잊어버리는 것을 본다면 깊은 연민이 생겨나서 그들에게 '그대 등은 무슨 인연으로 정려를 수행하지 않아서, 산란하여 정념을 잊어버리고, 생사의 길에 떨어져 윤회하면서 무궁(無窮)한 고통을 받는가?'라고 알려 말하였고, 그들이 '우리들은 자구가 부족한 까닭으로 정려(靜慮)에서 정근하는 수행을 얻지 못합니다.'라고 이렇게 말을 지었으며, 보살이 다시 '내가 그대 등에게 부족한 자구라는 것을 능히 보시하겠으니, 그대 등은 지금부터 상응하여 다시는 허망한 심사(尋伺)를 일으켜서 내(內)·외신(外身)을 반연(攀緣)하고 스스로의 마음을 요란(擾亂)시키지 마십시오.'라고 알려 말하느니라.

이때 유정들은 이 보살이 보시하였던 것인 자구를 얻고서 부족함이 없으므로 곧 허망한 심사를 절복시켜 단절하고서 초정려에 들어가고, 점차로 다시 제2·제3·제4정려에 들어가며, 여러 정려에 의지하여 다시 자(慈)·비(悲)·희(喜)·사(捨)의 네 종류의 무량한 정려를 능히 이끌어서 일으키고, 정려와 무량을 의지하는 것으로 삼아서 다시 능히 4무색정(四無色定)을 일으키며, 정려·무량·무색정으로써 마음을 조복시켜서 유연하게 하고, 다시 4념주, 나아가 8성도지를 수행한다면, 오히려 이것으로 다시 공·무상·무원 등의 수승한 선법을 이끌어서 일으키며, 그 상응하는 것을 따라서 3승과(三乘果)를 증득하느니라.

선현이여. 이 보살마하살이 보시바라밀다에 안주하여 스스로가 정려를 수행하고 다른 사람에게 권유하여 정려를 수행하게 하며, 정려를 수행하는 법을 전도가 없이 칭찬하고, 정려를 수행하는 자를 환희하고 찬탄하느니라. 이와 같아서 선현이여. 제보살마하살들이 보시바라밀다에 안주하여 제유정들에게 권유하여 산란함을 멀리 벗어나서 여러 정려를 수행하여 큰 이익과 안락을 얻게 하느니라.

다시 다음으로 선현이여. 제보살마하살들이 보시바라밀다에 안주하여 만약 유정들이 우치(愚癡)하고 전도된 것을 본다면 깊은 연민이 생겨나서 '그대 등은 무슨 인연으로 미묘한 지혜를 수행하지 않고 우치하고 전도되어 무궁(無窮)한 고통을 받는가?'라고 알려 말하였고, 그들이 '우리들은 자구가 부족한 까닭으로 정려(靜慮)에서 정근하는 수행을 얻지 못합니다.'라고 이렇게 말을 지었으며, 보살이 다시 '내가 그대 등에게 부족한 자구라는 것을 능히 보시하겠으니, 그대들은 받고서 먼저 보시·정계·안인·정려를 수행하여 원만함을 얻고서 제법의 실상을 상응하여 자세하게 관찰하고 반야바라밀다를 수행하십시오.

이를테면, 그때 상응하여 자세하게 관찰한다는 것은 적은 법이라도 있어서 얻을 수 있는가를 생각하는 것이니, 이를테면, 아·유정, 나아가 지자·견자를 얻을 수 있는가를 생각하는 것이고, 색, 나아가 식을 얻을 수 있는가를 생각하는 것이며, 안처, 나아가 의처를 얻을 수 있는가를 생각하는 것이고, 색처, 나아가 법처를 얻을 수 있는가를 생각하는 것이며, 안계, 나아가 의계를 얻을 수 있는가를 생각하는 것이고, 색계, 나아가 법계를 얻을 수 있는가를 생각하는 것이며, 안식계, 나아가 의식계를 얻을 수 있는가를 생각하는 것이고, 안촉, 나아가 의촉을 얻을 수 있는가를 생각하는 것이며,

　안촉을 인연으로 생겨난 여러 수, 나아가 의촉을 인연으로 생겨난 여러 수를 얻을 수 있는가를 생각하는 것이고, 지계, 나아가 식계를 얻을 수 있는가를 생각하는 것이며, 인연, 나아가 증상연을 얻을 수 있는가를 생각하는 것이고, 무명, 나아가 노사를 얻을 수 있는가를 생각하는 것이며, 욕계·색계·무색계를 얻을 수 있는가를 생각하는 것이고, 무명, 나아가 노사를 얻을 수 있는가를 생각하는 것이며, 보시바라밀다, 나아가 반야바라밀다를 얻을 수 있는가를 생각하는 것이고, 내공, 나아가 무성자성공을 얻을 수 있는가를 생각하는 것이며, 진여, 나아가 부사의계를 얻을 수 있는가를 생각하는 것이고,

　고·집·멸·도성제를 얻을 수 있는가를 생각하는 것이며, 4념주, 나아가 8성도지를 얻을 수 있는가를 생각하는 것이고, 4정려·4무량·4무색정을 얻을 수 있는가를 생각하는 것이며, 8해탈, 나아가 10변처를 얻을 수 있는가를 생각하는 것이고, 공·무상·무원해탈문을 얻을 수 있는가를 생각하는 것이며, 정관지, 나아가 여래지를 얻을 수 있는가를 생각하는 것이고, 극희지, 나아가 법운지를 얻을 수 있는가를 생각하는 것이며, 일체의 다라니문·삼마지문을 얻을 수 있는가를 생각하는 것이고, 5안·6신통를 얻을 수 있는가를 생각하는 것이며, 여래의 10력, 나아가 18불불공법을 얻을 수 있는가를 생각하는 것이고,

　32대사상·80수호를 얻을 수 있는가를 생각하는 것이며, 무망실법·항주사성을 얻을 수 있는가를 생각하는 것이고, 일체지·도상지·일체상지를 얻을 수 있는가를 생각하는 것이며, 예류과, 나아가 독각의 보리를 얻을 수 있는가를 생각하는 것이고, 일체의 보살마하살의 행을 얻을 수 있는가를 생각하는 것이며, 제불의 무상정등보리를 얻을 수 있는가를 생각하는

것이다.'라고 알려 말하느니라.

그 여러 유정들이 이미 자구를 얻어서 부족함이 없으므로 보살의 말에 의지하여 먼저 보시·정계·안인·정진·정려를 수행하여 원만함을 얻고서 뒤에 다시 제법의 실상을 자세하게 관찰하고 반야바라밀다를 수행하면서 관찰하는 때에 앞에서 설한 것과 같이, 제법의 진실한 성품을 모두 얻을 수 없고 얻을 수 없는 까닭으로 집착하는 것이 없으며, 집착하지 않는 까닭으로 적은 법이라도 생겨남이 있고 소멸함도 있으며 염오도 있고 청정함이 있다고 보지 않느니라.

그들은 제법에서 얻을 것이 없는 때에 일체의 처소에서 분별을 일으키지 않는데 이를테면, 이러한 지옥·방생·귀계이거나, 만약 아소락이거나, 만약 인간이거나, 만약 천인이라도 역시 분별하지 않고, 이것은 지계(持戒)이고 이것은 범계(犯戒)라고 분별하지 않으며, 역시 이것은 이생이고 이것은 성자라고 분별하지 않고, 이것은 예류이고 이것은 일래이며 이것은 불환이고 이것은 아라한이며 이것은 독각이고 이것은 보살이며 이것은 불(佛)이라고 분별치 않으며, 이것은 유위이고 이것은 무위라고 분별하지 않느니라. 그들은 오히려 이와 같이 분별이 없는 까닭으로 그것을 따라서 상응하여 점차로 3승의 열반을 증득하여 구경에 안락하느니라.

선현이여. 이 보살마하살이 보시바라밀다에 안주하여 스스로가 반야를 수행하고 다른 사람에게 권유하여 반야를 수행하게 하며, 반야를 수행하는 법을 전도가 없이 칭찬하고, 반야를 수행하는 자를 환희하고 찬탄하느니라. 이와 같아서 선현이여. 제보살마하살들이 보시바라밀다에 안주하여 제유정들에게 권유하여 반야를 정근하면서 수행하여 구경에 큰 이익과 안락을 얻게 하느니라.

다시 다음으로 선현이여. 제보살마하살들이 보시바라밀다에 안주하여 스스로가 보시바라밀다, 나아가 반야바라밀다를 수행하고 다른 사람에게 권유하여 보시바라밀다, 나아가 반야바라밀다를 수행하게 하며, 다시 유정들이 여러 세계에 윤회하면서 무량한 고통을 받고 해탈을 얻지 못한 것을 본다면, 생사의 고통에서 해탈시키려는 까닭으로 먼저 여러 종류로써 요익하게 하고 뒤에 출세간의 여러 무루법과 방편선교로써 그들을 섭수하여 주느니라.

그 여러 유정들이 이미 자구를 얻고서 부족함이 없으므로 몸과 마음이 용맹스러워져서 내공, 나아가 무성자성공에 능히 안주하고, 역시 진여, 나아가 부사의계에 능히 안주하며, 역시 고·집·멸·도성제에 능히 안주하고, 역시 4념주, 나아가 8성도지를 능히 수행하며, 역시 4정려·4무량·4무색정을 능히 수행하고, 역시 8해탈, 나아가 10변처를 능히 수행하며, 역시 공·무상·무원해탈문을 능히 수행하고, 역시 정관지, 나아가 여래지를 능히 수행하며, 역시 극희지, 나아가 법운지를 능히 수행하고, 역시 일체의 다라니문·삼마지문을 능히 수행하며, 역시 5안·6신통을 능히 수행하고, 역시 여래의 10력, 나아가 18불불공법을 능히 수행하며, 역시 무망실법·항주사성을 능히 수행하고, 역시 일체지·도상지·일체상지를 능히 수행하며, 역시 무량하고 무변한 나머지의 불법도 능히 수행하며, 그 유정들도 오히려 무루법에 섭수되었던 까닭으로 생사를 해탈하고 열반을 증득하여 구경에 안락하느니라.

선현이여. 이 보살마하살이 보시바라밀다에 안주하여 스스로가 여러 종류의 수승한 무루법을 수행하고서 다른 사람에게 권유하여 여러 종류의 수승한 무루법을 수행하게 하며, 여러 종류의 수승한 무루법을 수행하는 법을 전도가 없이 칭찬하고, 여러 종류의 수승한 무루법을 수행하는 자를 환희하고 찬탄하느니라. 이와 같아서 선현이여. 제보살마하살들이 보시바라밀다에 안주하여 무루법으로써 유정을 섭수하고, 그들에게 생사의 여러 고통을 해탈시켜서 반드시 결국에는 항상 즐거운 열반을 증득하게 하며, 역시 능히 다른 사람을 위하여 큰 요익을 얻게 하느니라.

선현이여. 이 보살마하살이 보시바라밀다에 안주하여 제유정들이 의지할 처소가 없어서 여러 고뇌(苦惱)가 많고 여러 자구가 부족한 것을 본다면, 깊은 연민이 생겨나서 '내가 능히 그대들을 위하여 의지할 처소를 지어서 주겠고 그대들이 고통을 받는 일이라는 것을 해탈시키겠으니,

그대 등이 구하였던 음식(飮食)·의복(衣服)·와구(臥具)·수레(車乘)·주택(舍宅)·향(香)·꽃(花)·기악(伎樂)·등불(燈明)·재물(財寶)·노비(僮僕) 등과 나머지 여러 종류의 필요한 자구를 모두 뜻을 따라서 선택하면서 의혹하거나 어려워하지 마십시오.

나는 마땅히 그대 등이 선택하는 것을 따라서 모두 보시하여 그대 등을 장야(長夜)에 이익되고 안락하게 하겠습니다. 그대 등은 내가 보시하는 것인 물건을 받는 때에 자기의 물건을 취하는 것과 같이 다른 사람의 것이라는 생각을 마십시오. 그 까닭은 무엇인가? 내가 장야에 재물을 집적하여 모은 것은 다만 그대 등에게 이익과 안락을 얻게 하기 위한 까닭이었으니, 그대 등은 지금 어려움이 없는 마음으로써 이 재물에서 뜻을 따라서 취하여 받으십시오.

이미 받았다면 먼저 상응하여 스스로가 바르게 수용(受用)하여 여러 선업을 수행하고, 뒤에 이 물건으로써 여러 유정들에게 보시하여 역시 선업을 수행하게 할 것인데 이를테면, 보시바라밀다, 나아가 반야바라밀다를 수행하게 하거나, 역시 내공, 나아가 무성자성공에 안주하게 하거나, 역시 진여, 나아가 부사의계에 안주하게 하거나, 역시 고·집·멸·도성제에 안주하게 하거나, 역시 4념주, 나아가 8성도지에 수행하게 하거나, 역시 4정려·4무량·4무색정을 수행하게 하거나, 역시 8해탈, 나아가 10변처를 수행하게 하거나, 역시 공·무상·무원해탈문을 수행하게 하거나, 역시 정관지, 나아가 여래지를 수행하게 하거나, 역시 극희지, 나아가 법운지를 수행하게 하거나, 역시 일체의 다라니문·삼마지문을 수행하게 하거나, 역시 5안·6신통을 수행하게 하거나, 역시 여래의 10력, 나아가 18불불공법을 수행하게 하거나, 역시 무망실법·항주사성을 수행하게 하거나, 역시 나머지의 무량하고 무변한 불법을 수행하게 하느니라.

선현이여. 이 보살마하살이 이와 같이 유정들을 교계하고 인도하고서 그것을 따라서 상응하여 다시 여러 무루법을 수습하여 예류과에 안주하거나, 혹은 일래과에 안주하거나, 혹은 불환과에 안주하거나, 혹은 아라한과에 안주하거나, 혹은 독각의 보리에 안주하거나, 혹은 무상정등보리에 안주하게 하느니라. 이와 같아서 선현이여. 제보살마하살들이 보시바라밀다를 수행하여 방편선교로써 유정을 성숙시키고, 그들을 악취(惡趣)의 생사에서 해탈시키며, 상응하여 3승의 열반을 증득시키는 것과 같이, 스스로와 다른 사람을 요익하게 하고 구경에 안락하게 하느니라."

구수 선현이 다시 세존께 아뢰어 말하였다.
"무엇이 보살마하살이 정계바라밀다와 나머지 보살의 대보리도(大菩提道)를 수행하여 방편선교로 유정을 성숙시키는 것입니까?"
세존께서 선현에게 알리셨다.
"보살마하살이 있어서 정계바라밀다를 수행하는 때에 방편선교로써 제유정들이 자구가 부족하여 번뇌가 치성(熾盛)하므로 선법을 능히 수행하지 못하는 것을 본다면, 애민하게 생각하여 '그대 등이 만약 자구가 부족한 인연으로 선법을 능히 수행하지 못한다면, 내가 마땅히 그대들에게 여러 종류의 자구를 보시하겠으니, 그대 등은 번뇌와 악업을 일으키지 말고, 상응하여 보시 등의 선법을 수습하십시오.'라고 알려 말하느니라. 이 보살마하살이 정계바라밀다에 안주하여 상응하여 제유정들을 섭수하면서 여러 간탐하는 자는 보시를 수행하게 하여 몸·목숨·재물에서 뒤돌아보고 아끼는 것이 없게 하고, 여러 파계하는 자는 정계를 수행하게 하여 10선업도를 능히 바르게 받아들여서 행하고, 율의계에 머물러서 깨뜨리지 않고 구멍을 뚫지 않으며 번민(穢)이 없고 잡스러움이 없으며 집착을 없게 하고, 여러 성내고 분노하는 자는 안인을 수행하게 하며, 여러 해태한 자는 정진을 수행하게 하고, 여러 산란한 자는 정려를 수행하게 하며, 여러 우치한 자는 미묘한 지혜를 수행하게 하고, 제법을 집착하는 자는 법공(法空)을 수행하게 하며, 나머지 여러 종류의 수승한 공덕이 없는 자는 구족하고 수행하게 하느니라.
이와 같아서 선현이여. 제보살마하살들이 정계바라밀다에 안주하여 유정을 성숙시키고 방편선교로 그들을 악취의 생사에서 해탈시키며, 상응하여 3승의 열반을 증득시키는 것과 같이 스스로와 다른 사람을 요익하게 하고 구경에 안락하게 하느니라.

　선현이여. 마땅히 알아야 하느니라. 제보살마하살들이 나머지 4바라밀다와 나머지 보살의 대보리도를 수행하여 한 명·한 명을 모두 능히 방편선교로, 일체의 선법으로써 유정을 성숙시키고서 그들을 악취의 생사에서 해탈시키며, 상응하여 3승의 열반을 증득시키는 것과 같이 스스로와 다른 사람을 요익하게 하고 구경에 안락하게 하는 것은 하나·하나를 앞의 보시에서 자세하게 설한 것과 같으니라."

마하반야바라밀다경 제476권

80. 도사품(道士品)

그때 구수 선현은 이렇게 생각하면서 말하였다.

"무엇을 보살마하살의 도(道)라고 말하고, 제보살마하살들이 이러한 도에 안주하며, 능히 여러 종류의 수승한 공덕의 갑옷을 입고 일체의 유정을 여실하게 요익하게 하는가?"

세존께서 그가 생각하는 마음을 아시고 곧 말씀하셨다.

"선현이여. 보시바라밀다, 나아가 반야바라밀다가 보살마하살의 도이고, 4념주, 나아가 8성도지가 보살마하살의 도이며, 내공, 나아가 무성자성공이 보살마하살의 도이고, 진여, 나아가 부사의계가 보살마하살의 도이며, 고·집·멸·도성제가 보살마하살의 도이고, 4정려·4무량·4무색정이 보살마하살의 도이며, 8해탈·8승처·9차제정·10변처가 보살마하살의 도이고, 공·무상·무원해탈문이 보살마하살의 도이며, 극희지, 나아가 법운지가 보살마하살의 도이고, 일체의 다라니문·삼마지문이 보살마하살의 도이며, 5안·6신통이 보살마하살의 도이고, 여래의 10력, 나아가 18불불공법이 보살마하살의 도이며, 무망실법·항주사성이 보살마하살의 도이고, 일체지·도상지·일체상지가 보살마하살의 도이며, 나머지의 무량하고 무변한 불법이 보살마하살의 도이라고 마땅히 알아야 하느니라.

다시 다음으로 선현이여. 모든 일체의 법이 모두가 보살마하살의 도이니라. 선현이여. 그대의 뜻은 어떠한가? 대체로 법이 있을지라도 제보살마하살들이 상응하여 수학하지 않을 것이고, 제보살마하살들이 이러한 법을 수학하지 않을지라도 능히 무상정등보리를 증득하겠는가?"
 선현이 대답하여 말하였다.
 "아닙니다. 세존이시여."
 세존께서 선현에게 알리셨다.
 "그와 같으니라. 그와 같으니라. 결정적으로 제보살마하살들이 상응하여 수학하지 않을 것이고, 제보살마하살들이 이러한 법을 수학하지 않는다면 무상정등보리를 증득하지 못하느니라. 그 까닭은 무엇인가? 보살마하살이 제법을 수학하지 않는다면 결정적으로 능히 일체지지를 증득하지 못하느니라."
 구수 선현이 다시 세존께 아뢰어 말하였다.
 "만약 일체법이 모두 자성공이라면 어떻게 보살마하살이 어느 처소에서 수학하겠습니까? 만약 수학할 것이 있다면 장차 세존께서 희론이 없는 것에서 희론을 지으셨는데 이를테면, '제법이 있다면 이것이고 저것이며, 오히려 이것은 이것이 되고, 이것은 세간이고 이것은 출세간이다. 이것은 유루이고 이것은 무루이다. 이것은 유위이고 이것은 무위이다. 이것은 이생의 법이고 이것은 예류법이며 이것은 일래법이고 이것은 불환법이며 이것은 아라한법이고 이것은 독각법이며 이것은 보살법이고 이것은 여래법이다.'라는 것이 없겠습니까?"
 세존께서 선현에게 알리셨다.
 "그와 같으니라. 그와 같으니라. 그대가 말한 것과 같으니라. 여러 소유한 법은 모두가 자성이 공하느니라. 만약 일체법이 자성공이 아니라면 곧 보살마하살은 상응하여 무상정등보리를 능히 증득하지 못할지라도, 일체법으로써 모두가 자성공이고 이러한 까닭으로 보살마하살이 능히 무상정등보리를 증득하느니라.
 선현이여. 그대가 말하였던 것과 같이 '만약 일체법이 모두 자성공이라면 어떻게 보살마하살이 어느 처소에서 수학하겠는가? 만약 수학할 것이 있다면 장차 세존이 희론이 없는 것에서 희론을 짓는데 이를테면, 〈제법이 있다면 이것이고 저것이며, [자세한 내용은 생략한다.] 나아가, 이것은 여래법이다.〉'라는 것이 없겠는가? 선현이여. 만약 제유정들이 일체법이 모두 자성공이라고 알았다면, 곧 제보살마하살들은 일체법을 상응하여 수학하지 않고, 일체지지를 증득하고서 제유정들을 위하여 건립(建立)하고 널리 설하지 않느니라. 제유정으로써 제법이 모두 자성공이라고 알지 못하는 까닭으로 제보살마하살들은 결정적으로 일체법을 상응하여 수학하고, 일체지지를 증득하고서 제유정들을 위하여 건립하고 널리 설하느니라.

선현이여. 마땅히 알아야 하느니라. 제보살마하살들이 보살도에서 처음으로 수학하는 때에, '제법의 자성은 모두 얻을 수 없는 오직 집착이 있어서 화합하여 짓는 것이니, 나는 마땅히 제법의 자성이 모두 반드시 결국에는 공하고 자세하게 관찰하면서 그 가운데서 집착하지 않겠는데 이를테면, 색·수·상·행·식에 집착하지 않겠고, 안처, 나아가 의처에 집착하지 않겠으며, 색처, 나아가 법처에 집착하지 않겠고, 안계, 나아가 의계에 집착하지 않겠으며, 색계, 나아가 법계에 집착하지 않겠고, 안식계, 나아가 의식계에 집착하지 않겠으며,

안촉, 나아가 의촉에 집착하지 않겠고, 안촉을 인연으로 생겨난 여러 수, 나아가 의촉을 인연으로 생겨난 여러 수에 집착하지 않겠으며, 지계, 나아가 식계에 집착하지 않겠고, 인연, 나아가 증상연에 집착하지 않겠으며, 인연을 따라서 생겨난 것인 제법에 집착하지 않겠고, 무명, 나아가 노사에 집착하지 않겠으며, 보시바라밀다, 나아가 반야바라밀다에 집착하지 않겠고, 내공, 나아가 무성자성공에 집착하지 않겠으며, 진여, 나아가 부사의계에 집착하지 않겠으며, 고·집·멸·도성제에 집착하지 않겠으며, 4념주, 나아가 8성도지에 집착하지 않겠으며, 4정려·4무량·4무색정에 집착하지 않겠으며,

8해탈, 나아가 10변처에 집착하지 않겠고, 공·무상·무원해탈문에 집착하지 않겠으며, 정관지, 나아가 여래지에 집착하지 않겠고, 극희지, 나아가 법운지에 집착하지 않겠으며, 일체의 다라니문·삼마지문에 집착하지 않겠고, 5안·6신통에 집착하지 않겠으며, 여래의 10력, 나아가 18불불공

법에 집착하지 않겠고, 32대사상·80수호에 집착하지 않겠으며, 무망실법·항주사성에 집착하지 않겠고, 일체지·도상지·일체상지에 집착하지 않겠으며, 예류과, 나아가 독각의 보리에 집착하지 않겠으며, 일체의 보살마하살의 행에 집착하지 않겠으며, 제불의 무상정등보리에 집착하지 않겠다.'라고 상응하여 자세하게 관찰하느니라.

그 까닭은 무엇인가? 일체법으로써 모두가 자성공이라면 공성(空性)은 공성에 상응하여 집착하지 않고, 공한 가운데서는 공성도 오히려 얻을 수 없거늘 하물며 공성이 능히 공을 집착하는 것이 있겠는가!

선현이여. 제보살마하살들이 이와 같이 일체법을 관찰하는 때에 제법의 성품에서 비록 집착이 없을지라도 제법을 수학하면서 싫증과 게으름이 없느니라. 이 보살마하살이 이러한 수학의 가운데에 안주하여 제유정들의 심행(心行)[1]의 차별을 관찰하는데 이를테면, '이 제유정들의 심행은 어느 처소인가?'라는 것이고, 이미 관찰하였다면 그들의 마음이 다만 허망한 집착을 행한다고 여실하고 명료하게 아느니라. 그때에 보살은 '그들의 마음이 허망한 집착을 행하므로 내가 해탈시키는 것은 반드시 어렵지 않다.'라고 곧 이렇게 생각을 짓느니라.

이 보살마하살이 이렇게 생각을 지었다면 반야바라밀다에 안주하여 방편선교로써 제유정들을 교계하고 교수하면서 '그대 등은 지금 모두 상응하여 허망한 집착을 멀리 벗어나서 정법에 나아가고 들어가서 여러 선행(善行)을 수행하십시오.'라고 말하고, 다시 '그대 등이 지금 상응하여 보시를 행한다면 자구를 부족함이 없게 얻을 것입니다. 그렇지만 이것을 믿고서 교만과 안일함이 생겨나지 않게 하십시오. 그 까닭은 무엇인가? 이 가운데에서는 모두 견고하고 진실한 일이 없는 까닭입니다.

그대 등이 지금 상응하여 정계·안인·정진·정려·반야를 행한다면 마땅히 여러 종류의 공덕을 구족하고서 얻을 것입니다. 그렇지만 이것을 믿고서 교만과 안일함이 생겨나지 않게 하십시오. 그 까닭은 무엇인가?

---

1) '마음의 작용'을 뜻하고, 사량분별(思量分別)이 끊어진 상태인 심행처멸(心行處滅)과 같은 의미의 용어이다.

이 가운데에서는 모두 견고하고 진실한 일이 없는 까닭입니다.

그대 등은 지금 내공, 나아가 무성자성공을 행해야 하고, 진여, 나아가 부사의계를 행해야 하며, 고·집·멸·도성제를 행해야 하고, 4념주, 나아가 8성도지를 행해야 하며, 4정려·4무량·4무색정을 행해야 하고, 8해탈, 나아가 10변처를 행해야 하며, 공·무상·무원해탈문을 행해야 하고, 정관지, 나아가 여래지를 행해야 하며, 극희지, 나아가 법운지를 행해야 하고, 일체의 다라니문·삼마지문을 행해야 하며, 5안·6신통을 행해야 하고, 여래의 10력, 나아가 18불불공법을 행해야 하며, 무망실법·항주사성을 행해야 하고, 일체지·도상지·일체상지를 행해야 하며, 예류과, 나아가 독각의 보리를 행해야 하고, 제불의 무상정등보리를 행해야 하며, 나머지의 불법을 모두 행해야 합니다. 그렇지만 이것을 믿고서 교만과 안일함이 생겨나지 않게 하십시오. 그 까닭은 무엇인가? 이 가운데에서는 모두 견고하고 진실한 일이 없는 까닭입니다.

선현이여. 이 보살마하살이 반야바라밀다에 안주하여 방편선교로 제유정들을 교계하고 교수하는 때에 보살도를 행할지라도 집착하는 것이 없습니다. 그 까닭은 무엇인가? 일체의 법성이 상응하여 집착하지 않나니, 만약 능히 집착하는 것·집착되는 것·집착하는 때·집착하는 처소가 모두 자성이 없고, 일체법으로써 자성이 공한 까닭입니다.'

이와 같아서 선현이여. 제보살마하살들이 이와 같이 보살도를 수행하는 때에 일체법에서 모두 머무르는 것이 없고 머무름이 없는 것으로써 방편을 삼나니, 비록 보시바라밀다, 나아가 반야바라밀다를 행할지라도 그 가운데에서 모두 머무르는 것이 없고, 비록 내공, 나아가 무성자성공을 행할지라도 그 가운데에서 모두 머무르는 것이 없으며, 비록 진여, 나아가 부사의계를 행할지라도 그 가운데에서 모두 머무르는 것이 없고, 비록 고·집·멸·도성제를 행할지라도 그 가운데에서 모두 머무르는 것이 없으며, 비록 4념주, 나아가 8성도지를 행할지라도 그 가운데에서 모두 머무르는 것이 없고, 비록 4정려·4무량·4무색정을 행할지라도 그 가운데에서 모두 머무르는 것이 없으며, 비록 8해탈, 나아가 10변처를 행할지라도 그 가운데에서 모두 머무르는 것이 없고, 공·무상·무원해탈문을 행할지라도 그 가운데에서 모두 머무르는 것이 없으며,

비록 정관지, 나아가 여래지를 행할지라도 그 가운데에서 모두 머무르는 것이 없고, 비록 극희지, 나아가 법운지를 행할지라도 그 가운데에서 모두 머무르는 것이 없으며, 비록 일체의 다라니문·삼마지문을 행할지라도 그 가운데에서 모두 머무르는 것이 없고, 비록 5안·6신통을 행할지라도 그 가운데에서 모두 머무르는 것이 없으며, 비록 여래의 10력, 나아가 18불불공법을 행할지라도 그 가운데에서 모두 머무르는 것이 없고, 비록 무망실법·항주사성을 행할지라도 그 가운데에서 모두 머무르는 것이 없으며, 비록 일체지·도상지·일체상지를 행할지라도 그 가운데에서 모두 머무르는 것이 없고, 비록 예류과, 나아가 독각의 보리를 행할지라도 그 가운데에서 모두 머무르는 것이 없으며,

비록 일체의 보살마하살의 행을 행할지라도 그 가운데에서 모두 머무르는 것이 없고, 비록 제불의 무상정등보리를 행할지라도 그 가운데에서 모두 머무르는 것이 없으며, 비록 나머지의 무량한 불법을 행할지라도 그 가운데에서 모두 머무르는 것이 없느니라. 그 까닭은 무엇인가? 이와 같은 자성(自性)·행자(行者)·행상(行相)은 일체가 모두 공한 까닭이고, 그 가운데에서는 모두 머무르는 것이 없느니라.

선현이여. 제보살마하살들이 비록 예류과, 나아가 독각의 보리를 능히 증득할지라도 그 가운데서 증득하여 안주하고자 하지 않느니라. 그 까닭은 무엇인가? 두 가지의 인연이 있는 까닭이니라. 무엇이 두 가지인가? 첫째는 그 과보는 모두 자성이 없으므로 능히 머무르는 것과 머무르게 되는 것을 함께 얻을 수 없고, 둘째는 그것에서 환희와 만족이 생겨나지 않느니라. 이러한 까닭으로 그 가운데에서 증득하여 안주하고자 하지 않는다고 마땅히 알아야 하느니라.

이를테면, 제보살들은 항상 '내가 결정적으로 예류과, 나아가 독각의 보리를 상응하여 증득하겠다. 상응하여 증득하지 않겠다. 그렇지만 그

가운데에서 증득하고서 머무르지는 않겠다. 그 까닭은 무엇인가? 내가 처음으로 무상정등보리의 마음을 일으켰던 이후로 일체의 때에서 다시 다른 생각이 없이 오직 무상정등보리를 구하였다. 그러므로 나는 결정적으로 무상정등보리를 증득할 것인데, 어찌 그 중간에서 상응하여 나머지의 과보에 안주하겠는가?'라고 이렇게 생각을 짓느니라.

선현이여. 이 보살마하살이 초발심부터 보살의 처소에 나아가고 들어가서 정성이생을 얻기까지 일찍이 다른 생각이 없이 다만 무상정등보리를 구하였느니라. 선현이여. 이 보살마하살은 초지(初地)를 얻고서 나아가 전전(展轉)하면서 10지(十地)를 얻기까지 일찍이 다른 생각이 없이 다만 무상정등보리를 구하였느니라. 선현이여. 이 보살마하살은 오직 무상정등보리를 구하면서 일체의 때에 마음에 산란함이 없고 여러 신·어·의업을 일으킨다면 모두가 보리심(菩提心)을 구족하지 않은 것이 없느니라. 선현이여. 이 보살마하살이 보리심에 안주하여 보리도(菩提道)를 일으킬지라도 나머지의 일에 그 마음이 요란되지 않느니라."

구수 선현이 다시 세존께 아뢰어 말하였다.

"세존이시여. 만약 일체법이 반드시 결국에는 생겨나지 않는다면 어찌하여 보살마하살이 보리도를 일으킵니까?"

세존께서 선현에게 알리셨다.

"그와 같으니라. 그와 같으니라. 그대가 말한 것과 같이 일체법은 모두가 생겨나지 않는데, 이것이 다시 어찌 여러 지었던 것이 없었고, 나아가는 것도 없었다고 말하겠는가? 일체법이 모두가 생겨나지 않는다고 알았던 까닭이니라."

구수 선현이 다시 세존께 아뢰어 말하였다.

"어찌 여러 제불께서 세간에 출현하시거나, 출현하시지 않을지라도, 제법과 법계는 법이 그러하듯이 항상 머무르지 않습니까?"

세존께서 선현에게 알리셨다.

"그와 같으니라. 그와 같으니라. 그렇지만 제유정들이 제법과 법계는 법이 그러하듯이 항상 머무른다고 능히 명료하게 이해하지 못하므로 생사를 유전하면서 여러 고뇌를 받느니라. 제보살마하살들이 그들의 요익을 위하여 보리도를 일으키고, 오히려 보리도는 제유정들에게 반드시 결국에는 생사의 여러 고통에서 해탈시켜서 항상 즐겁고 청량(淸涼)한 열반을 증득하게 하느니라."

구수 선현이 다시 세존께 아뢰어 말하였다.

"제보살마하살들이 태어나는 도(生道)를 수용하여 보리도를 증득합니까?"

세존께서 말씀하셨다.

"아니니라."

"세존이시여. 태어나지 않는 도(不生道)를 수용하여 보리도를 증득합니까?"

세존께서 말씀하셨다.

"아니니라."

"세존이시여. 태어나거나, 태어나지 않는 도를 수용하여 보리도를 증득합니까?"

세존께서 말씀하셨다.

"아니니라."

구수 선현이 다시 세존께 아뢰어 말하였다.

"만약 그와 같다면 보리는 오히려 무엇으로 증득합니까?"

세존께서 선현에게 알리셨다.

"보리는 오히려 도이거나, 도가 아닌 것으로 증득하지 않느니라. 그 까닭은 무엇인가? 보리는 곧 도이고, 도는 보리이니라. 이러한 까닭으로 오히려 도이거나, 도가 아닌 것으로 증득하지 않느니라."

구수 선현이 다시 세존께 아뢰어 말하였다.

"세존이시여. 만약 보리는 곧 이것이 도이고, 도는 이것이 보리라면, 어찌 보살마하살이 이미 보리도를 얻었다면 상응하여 이미 도를 얻는 것이 아니겠습니까? 만약 그와 같다면 여래·응공·정등각께서는 무슨 인연으로 다시 보살들을 위하여 여래의 10력·4무소외·4무애해·대자·대비·대희·대사·18불불공법과 32대사상·80수호와 나머지의 무량하고 무변한 불법을 설하여 그들이 수행하여 증득하게 합니까?"

세존께서 선현에게 알리셨다.

"그대의 뜻은 어떠한가? 그대는 어찌 세존께서 보리를 얻었다고 말하겠는가?"

선현이 대답하여 말하였다.

"아닙니다. 세존이시여. 그 까닭은 무엇인가? 세존께서는 곧 이것이 보리이고, 보리는 곧 이것이 세존인 까닭으로 상응하여 세존께서 보리를 얻었다고 말할 수 없습니다."

세존께서 선현에게 알리셨다.

"그와 같으니라. 그와 같으니라. 그렇지만 그대가 '어찌 보살마하살이 이미 보리도를 얻었다면 상응하여 이미 도를 얻는 것이 아니겠는가?'라고 말한 것과 같이, 선현이여. 제보살마하살들이 보리도를 수행하면서 원만함을 얻지 못하였다면 어떻게 보리를 얻었다고 설하겠는가?

선현이여. 마땅히 알아야 하느니라. 보살마하살들이 만약 보시바라밀다, 나아가 반야바라밀다를 원만하게 하였거나, 만약 내공, 나아가 무성자성공을 원만하게 하였거나, 만약 진여, 나아가 부사의계를 원만하게 하였거나, 만약 고·집·멸·도성제를 원만하게 하였거나, 만약 4념주, 나아가 8성도지를 원만하게 하였거나, 만약 4정려·4무량·4무색정을 원만하게 하였거나, 만약 8해탈, 나아가 10변처를 원만하게 하였거나, 만약 공·무상·무원해탈문을 원만하게 하였거나, 만약 극희지, 나아가 법운지를 원만하게 하였거나, 만약 일체의 다라니문·삼마지문을 원만하게 하였거나, 만약 5안·6신통을 원만하게 하였거나,

만약 여래의 10력, 나아가 18불불공법을 원만하게 하였거나, 만약 32대사상·80수호를 원만하게 하였거나, 만약 무망실법·항주사성을 원만하게 하였거나, 일체지·도상지·일체상지를 원만하게 하였거나, 만약 나머지의 무량하고 무변한 불법을 원만하게 하였으며, 이것에서 끊임없이

한 찰나의 금강선정(金剛喩定)에 상응하는 미묘한 지혜로써 일체의 두 가지의 장애와 추중(麤重)한 습기의 상속을 영원히 끊고서 무상정등보리를 증득하여야 비로소 여래·응공·정등각이라고 이름하고, 일체법에서 대자재(大自在)를 얻어서 미래를 끝마치도록 유정들을 요익하게 하느니라."

그때 구수 선현이 다시 세존께 아뢰어 말하였다.
"세존이시여. 무엇이 보살마하살이 불국토를 청정하게 장엄하는 것입니까?"
세존께서 선현에게 알리셨다.
"제보살마하살들이 초발심부터 나아가 후유(後有)까지 항상 스스로가 신(身)·어(語)·의(意)의 세 가지의 추중한 업(業)을 청정하게 하고, 역시 다른 사람의 세 가지의 추중한 업도 청정하게 하는 까닭으로 능히 기거하는 처소인 불국토를 청정하게 장엄하느니라."
구수 선현이 다시 세존께 아뢰어 말하였다.
"무엇이 보살마하살의 신·어·의 세 가지의 추중한 업입니까?"
세존께서 선현에게 말씀하셨다.
"만약 생명을 해치거나, 만약 주지 않는 것을 취하거나, 만약 삿된 욕망을 행하면 이것이 몸의 추중이고, 만약 헛되게 거짓말하거나, 만약 이간질하여 말하거나, 만약 추악(麤惡)하게 말하거나, 만약 잡스럽고 지저분하게 말하면 이것이 말의 추중이며, 만약 탐욕스럽거나, 만약 진에하거나, 만약 삿된 견해라면 이것이 뜻의 추중이니라. 다시 다음으로 선현이여. 보살마하살이 계온(戒蘊)·정온(定蘊)·혜온(慧蘊)·해탈온(解脫蘊)·해탈지견온(解脫智見蘊)이 모두 청정하지 못한다면 역시 추중이라고 이름하느니라.
다시 다음으로 선현이여. 만약 보살마하살이 간탐하는 마음(慳貪心)·범계의 마음(犯戒心)·분노하고 성내는 마음(忿恚心)·해태한 마음(懈怠心)·산란한 마음(散亂心)·악한 지혜의 마음(惡慧心)이라면 역시 추중이라고 이름하느니라. 다시 다음으로 선현이여. 보살마하살이 4념주, 나아가 8성도지를 멀리 벗어나는 마음도 역시 추중이라고 이름하느니라. 다시 다음으로 선현이여. 보살마하살이 내공, 나아가 무성자성공을 멀리 벗어나는 마음도 역시 추중이라고 이름하느니라.

다시 다음으로 선현이여. 보살마하살이 진여, 나아가 부사의계를 멀리 벗어나는 마음도 역시 추중이라고 이름하느니라. 다시 다음으로 선현이여. 보살마하살이 4정려·4무량·4무색정을 멀리 벗어나는 마음도 역시 추중이라고 이름하느니라. 다시 다음으로 선현이여. 보살마하살이 8해탈, 나아가 10변처를 멀리 벗어나는 마음도 역시 추중이라고 이름하느니라. 다시 다음으로 선현이여. 보살마하살이 공·무상·무원해탈문을 멀리 벗어나는 마음도 역시 추중이라고 이름하느니라. 다시 다음으로 선현이여. 보살마하살이 극희지, 나아가 법운지를 멀리 벗어나는 마음도 역시 추중이라고 이름하느니라.

다시 다음으로 선현이여. 보살마하살이 일체의 다라니문·삼마지문을 멀리 벗어나는 마음도 역시 추중이라고 이름하느니라. 다시 다음으로 선현이여. 보살마하살이 5안·6신통을 멀리 벗어나는 마음도 역시 추중이라고 이름하느니라. 다시 다음으로 선현이여. 보살마하살이 여래의 10력, 나아가 18불불공법을 멀리 벗어나는 마음도 역시 추중이라고 이름하느니라. 다시 다음으로 선현이여. 보살마하살이 무망실법·항주사성을 멀리 벗어나는 마음도 역시 추중이라고 이름하느니라. 다시 다음으로 선현이여. 보살마하살이 일체지·도상지·일체상지를 멀리 벗어나는 마음도 역시 추중이라고 이름하느니라.

다시 다음으로 선현이여. 보살마하살이 일체의 보살마하살의 행을 멀리 벗어나는 마음도 역시 추중이라고 이름하느니라. 다시 다음으로 선현이여. 보살마하살이 제불의 무상정등보리를 멀리 벗어나는 마음도 역시 추중이라고 이름하느니라. 다시 다음으로 선현이여. 보살마하살이 예류과, 나아가 독각의 보리를 탐착(貪著)하여도 역시 추중이라고 이름하느니라.

다시 다음으로 선현이여. 보살마하살이 색·수·상·행·식이라는 생각을 일으킬지라도 역시 추중이라고 이름하고, 안처, 나아가 의처라는 생각을 일으킬지라도 역시 추중이라고 이름하며, 색처, 나아가 법처라는 생각을 일으킬지라도 역시 추중이라고 이름하고, 안계, 나아가 의계라는 생각을 일으킬지라도 역시 추중이라고 이름하며, 색계, 나아가 법계라는 생각을 일으킬지라도 역시 추중이라고 이름하고, 안식계, 나아가 의식계라는 생각을 일으킬지라도 역시 추중이라고 이름하며, 안촉, 나아가 의촉이라는 생각을 일으킬지라도 역시 추중이라고 이름하고,

안촉을 인연으로 생겨난 여러 수, 나아가 의촉을 인연으로 생겨난 여러 수라는 생각을 일으킬지라도 역시 추중이라고 이름하며, 지계, 나아가 식계라는 생각을 일으킬지라도 역시 추중이라고 이름하고, 인연, 나아가 증상연이라는 생각을 일으킬지라도 역시 추중이라고 이름하며, 인연을 따라서 생겨난 것인 제법이라는 생각을 일으킬지라도 역시 추중이라고 이름하고, 무명, 나아가 노사라는 생각을 일으킬지라도 역시 추중이라고 이름하고, 보시바라밀다, 나아가 반야바라밀다라는 생각을 일으킬지라도 역시 추중이라고 이름하며, 내공, 나아가 무성자성공이라는 생각을 일으킬지라도 역시 추중이라고 이름하고, 진여, 나아가 부사의계라는 생각을 일으킬지라도 역시 추중이라고 이름하며,

고·집·멸·도성제라는 생각을 일으킬지라도 역시 추중이라고 이름하고, 4념주, 나아가 8성도지라는 생각을 일으킬지라도 역시 추중이라고 이름하며, 4정려·4무량·4무색정이라는 생각을 일으킬지라도 역시 추중이라고 이름하고, 8해탈, 나아가 10변처라는 생각을 일으킬지라도 역시 추중이라고 이름하며, 공·무상·무원해탈문이라는 생각을 일으킬지라도 역시 추중이라고 이름하고, 정관지, 나아가 여래지라는 생각을 일으킬지라도 역시 추중이라고 이름하며, 극희지, 나아가 법운지라는 생각을 일으킬지라도 역시 추중이라고 이름하고, 일체의 다라니문·삼마지문이라는 생각을 일으킬지라도 역시 추중이라고 이름하며,

5안·6신통이라는 생각을 일으킬지라도 역시 추중이라고 이름하고,

여래의 10력, 나아가 18불불공법이라는 생각을 일으킬지라도 역시 추중이라고 이름하며, 32대사상·80수호라는 생각을 일으킬지라도 역시 추중이라고 이름하고, 무망실법·항주사성이라는 생각을 일으킬지라도 역시 추중이라고 이름하며, 일체지·도상지·일체상지라는 생각을 일으킬지라도 역시 추중이라고 이름하고, 예류과, 나아가 독각의 보리라는 생각을 일으킬지라도 역시 추중이라고 이름하며, 일체의 보살마하살의 행이라는 생각을 일으킬지라도 역시 추중이라고 이름하고, 제불의 무상정등보리라는 생각을 일으킬지라도 역시 추중이라고 이름하며,

이생이라는 생각·성문이라는 생각·독각이라는 생각·보살이라는 생각·여래라는 생각을 일으킬지라도 역시 추중이라고 이름하고, 지옥이라는 생각·방생이라는 생각·귀계라는 생각·인간이라는 생각·천인이라는 생각·남자라는 생각·여자라는 생각을 일으킬지라도 역시 추중이라고 이름하며, 욕계라는 생각·색계라는 생각·무색계라는 생각을 일으킬지라도 역시 추중이라고 이름하고, 선법이라는 생각·비선법이라는 생각을 일으킬지라도 역시 추중이라고 이름하며, 유기법이라는 생각·무기법이라는 생각을 일으킬지라도 역시 추중이라고 이름하고, 유루법이라는 생각·무루법이라는 생각을 일으킬지라도 역시 추중이라고 이름하며,

세간법이라는 생각·출세간법이라는 생각을 일으킬지라도 역시 추중이라고 이름하고, 유위법이라는 생각·무위법이라는 생각을 일으킬지라도 역시 추중이라고 이름하고, 선현이여. 여러 이와 같은 등의 무량하고 무변한 제법을 집착하는 것과 제유정들이 허망하고 분별하고 이울러 일으켰던 것인 신·어·의업과 더불어 그러한 종류의 맡아서 감당할 성품이 없는 것도 모두 추중이라고 이름하느니라.

다시 다음으로 선현이여. 제보살마하살들이 깊은 반야바라밀다를 수행하는 때에 이와 같이 말한 추중을 멀리 벗어나며 스스로가 보시바라밀다를 행하고서 역시 다른 사람도 교계하여 보시바라밀다를 행하게 하는데, 만약 제유정들이 음식을 구하면 음식을 주고, 물을 구하면 물을 주며,

수레를 구하면 수레를 주고, 의복을 구하면 의복을 주며, 따라서 나머지의 구하였던 것인 여러 종류의 자구를 때에 따라서 처소를 따라서 모두 보시하여 주고, 스스로가 행한 것과 같이 다른 사람도 교계하면서 역시 그와 같으니라.

이와 같이 보시하였다면 이러한 선근을 가지고 제유정들과 함께 평등하게 공유(共有)하면서 기거(寄居)하는 처소인 청정하게 장엄한 불국토에 회향하면서 유정들의 이익과 안락을 빠르게 원만하게 하느니라. 이 보살마하살이 스스로가 정계·안인·정진·정려·반야바라밀다를 행하고서 역시 다른 사람도 교계하여 정계, 나아가 반야바라밀다를 행하게 하나니, 이러한 일을 짓고서 이러한 선근을 가지고 제유정들과 함께 평등하게 공유하면서 기거하는 처소인 청정하게 장엄한 불국토에 회향하면서 유정들의 이익과 안락을 빠르게 원만하게 하느니라.

다시 다음으로 선현이여. 제보살마하살들이 신통과 원력으로써 삼천대천세계를 상묘(上妙)한 7보(七寶)로 가득 채워서 불·법·승께 보시하고, 보시하였다면 '나는 이와 같이 심었던 것인 선근을 가지고 제유정들과 함께 평등하게 공유하면서 기거하는 처소인 청정하게 장엄한 불국토에 회향하나니, 마땅히 내 국토에는 7보로 장엄되고 일체의 유정들이 뜻을 따라서 여러 미묘하고 진기한 보배를 수용하면서 탐착이 없게 하십시오.'라고 환희하면서 큰 서원을 일으키느니라.

다시 다음으로 선현이여. 제보살마하살들이 신통과 원력으로써 무량한 천상과 인간의 가운데에서 여러 미묘한 기악(伎樂)을 연주(擊奏)하면서 삼보와 제불의 제다(制多)[2]에 공양하고, 공양하였다면 '나는 이와 같이 심었던 선근을 가지고 제유정들과 함께 평등하게 공유하면서 기거하는 처소인 청정하게 장엄한 불국토에 회향하나니, 마땅히 내 국토는 항상 이와 같은 미묘한 기악이 연주되어 유정들이 듣는 자는 몸과 마음이 열락(悅豫)하여 탐착이 없게 하십시오.'라고 환희하면서 큰 서원을 일으키

---

2) 산스크리트어 caitya의 음사이고, '영묘(靈廟)', '탑(塔)' 등으로 번역한다.

느니라.
　다시 다음으로 선현이여. 제보살마하살들이 신통과 원력으로써 무량한 천상과 인간의 가운데에서 여러 미묘한 향과 꽃을 가득 채워서 삼보와 여래의 제다에 공양하고, 공양하였다면 '나는 이와 같이 심었던 선근을 가지고 제유정들과 함께 평등하게 공유하면서 기거하는 처소인 청정하게 장엄한 불국토에 회향하나니, 마땅히 내 국토는 항상 이와 같은 여러 미묘한 향과 꽃이 있고 유정들이 수용한다면 몸과 마음이 열락하여 탐착이 없게 하십시오.'라고 환희하면서 큰 서원을 일으키느니라.
　다시 다음으로 선현이여. 제보살마하살들이 신통과 원력으로써 백 가지 맛의 상묘한 음식을 준비하여 제불·독각·성문과 제보살마하살들께 공양하고, 공양하였다면 '나는 이와 같이 심었던 선근을 가지고 제유정들과 함께 평등하게 공유하면서 기거하는 처소인 청정하게 장엄한 불국토에 회향하나니, 마땅히 내 국토의 가운데에서 여러 유정의 부류들이 모두 이와 같은 백 가지 맛의 음식을 먹는다면 몸과 마음이 열락하여 탐착이 없게 하십시오.'라고 환희하면서 큰 서원을 일으키느니라.
　다시 다음으로 선현이여. 제보살마하살들이 신통과 원력으로써 여러 미묘한 바르는 향과 세밀하고 부드러운 의복을 준비하여 제불·독각·성문과 제보살마하살들께 받들어 보시하고, 혹은 다시 법과 아울러 제불의 제다에 보시하며, 보시하였다면 '나는 이와 같이 심었던 선근을 가지고 제유정들과 함께 평등하게 공유하면서 기거하는 처소인 청정하게 장엄한 불국토에 회향하나니, 마땅히 무상정등보리를 증득하는 때에 내 국토의 가운데에서 제유정의 부류들은 항상 이와 같은 의복과 바르는 향을 뜻에 따라서 수용하면서 탐착이 없게 하십시오.'라고 환희하면서 큰 서원을 일으키느니라.
　다시 다음으로 선현이여. 제보살마하살들이 신통과 원력으로써 뜻을 따라서 생겨나는 5욕락(五妙欲)의 경계를 준비하여 제불과 제불의 제다·독각·성문과 제보살마하살들께 받들어 보시하고, 나머지의 유정들에게 보시하며, 보시하였다면 '나는 이와 같이 심었던 선근을 가지고 제유정들과 함께 평등하게 공유하면서 기거하는 처소인 청정하게 장엄한 불국토에 회향하나니, 마땅히 무상정등보리를 증득하는 때에 내 국토의 가운데에서 제유정의 부류들은 심소(心所)를 따라서 상묘한 색·성·향·미·촉의 경계가 생가에 상응하여 생겨나서 환희하고 수용하면서 탐착이 없게 하십시오.'라고 환희하면서 큰 서원을 일으키느니라.

다시 다음으로 선현이여. 제보살마하살들이 깊은 반야바라밀다를 수행하는 때에 용맹하게 정근하면서 큰 서원을 일으키면서 스스로가 내공, 나아가 무성자성공에 안주하고, 역시 다른 사람을 교계하여 내공, 나아가 무성자성공에 안주하게 하며, 이러한 일을 지었다면 다시 '무상정등보리를 증득하는 때에 내 국토에 있는 제유정의 부류들은 내공, 나아가 무성자성공을 벗어나지 않게 하십시오.'라고 큰 서원을 일으키느니라.

다시 다음으로 선현이여. 제보살마하살들이 깊은 반야바라밀다를 수행하는 때에 용맹하게 정근하면서 큰 서원을 일으키면서 스스로가 진여, 나아가 부사의계에 안주하고, 역시 다른 사람을 교계하여 진여, 나아가 부사의계에 안주하게 하며, 이러한 일을 지었다면 다시 '무상정등보리를 증득하는 때에 내 국토에 있는 제유정의 부류들은 진여, 나아가 부사의계를 벗어나지 않게 하십시오.'라고 큰 서원을 일으키느니라.

다시 다음으로 선현이여. 제보살마하살들이 깊은 반야바라밀다를 수행하는 때에 용맹하게 정근하면서 큰 서원을 일으키면서 스스로가 고·집·멸·도성제에 안주하고, 역시 다른 사람을 교계하여 고·집·멸·도성제에 안주하게 하며, 이러한 일을 지었다면 다시 '무상정등보리를 증득하는 때에 내 국토에 있는 제유정의 부류들은 고·집·멸·도성제를 벗어나지 않게 하십시오.'라고 큰 서원을 일으키느니라.

다시 다음으로 선현이여. 제보살마하살들이 깊은 반야바라밀다를 수행하는 때에 용맹하게 정근하면서 큰 서원을 일으키면서 스스로가 4념주, 나아가 8성도지를 수행하고, 역시 다른 사람을 교계하여 4념주, 나아가 8성도지를 수행하게 하며, 이러한 일을 지었다면 다시 '무상정등보리를 증득하는 때에 내 국토에 있는 제유정의 부류들은 4념주, 나아가 8성도지를 벗어나지 않게 하십시오.'라고 큰 서원을 일으키느니라.

다시 다음으로 선현이여. 제보살마하살들이 깊은 반야바라밀다를 수행하는 때에 용맹하게 정근하면서 큰 서원을 일으키면서 스스로가 4정려·4무량·4무색정을 수행하고, 역시 다른 사람을 교계하여 4정려·4무량·4무색정을 수행하게 하며, 이러한 일을 지었다면 다시 '무상정등보리를 증득하는 때에 내 국토에 있는 제유정의 부류들은 4정려·4무량·4무색정을 벗어나지 않게 하십시오.'라고 큰 서원을 일으키느니라.

다시 다음으로 선현이여. 제보살마하살들이 깊은 반야바라밀다를 수행하는 때에 용맹하게 정근하면서 큰 서원을 일으키면서 스스로가 8해탈, 나아가 10변처를 수행하고, 역시 다른 사람을 교계하여 8해탈, 나아가 10변처를 수행하게 하며, 이러한 일을 지었다면 다시 '무상정등보리를 증득하는 때에 내 국토에 있는 제유정의 부류들은 8해탈, 나아가 10변처를 벗어나지 않게 하십시오.'라고 큰 서원을 일으키느니라.

다시 다음으로 선현이여. 제보살마하살들이 깊은 반야바라밀다를 수행하는 때에 용맹하게 정근하면서 큰 서원을 일으키면서 스스로가 공·무상·무원해탈문을 수행하고, 역시 다른 사람을 교계하여 공·무상·무원해탈문을 수행하게 하며, 이러한 일을 지었다면 다시 '무상정등보리를 증득하는 때에 내 국토에 있는 제유정의 부류들은 공·무상·무원해탈문을 벗어나지 않게 하십시오.'라고 큰 서원을 일으키느니라.

다시 다음으로 선현이여. 제보살마하살들이 깊은 반야바라밀다를 수행하는 때에 용맹하게 정근하면서 큰 서원을 일으키면서 스스로가 극희지, 나아가 법운지를 수행하고, 역시 다른 사람을 교계하여 극희지, 나아가 법운지를 수행하게 하며, 이러한 일을 지었다면 다시 '무상정등보리를 증득하는 때에 내 국토에 있는 제유정의 부류들은 극희지, 나아가 법운지를 벗어나지 않게 하십시오.'라고 큰 서원을 일으키느니라.

다시 다음으로 선현이여. 제보살마하살들이 깊은 반야바라밀다를 수행하는 때에 용맹하게 정근하면서 큰 서원을 일으키면서 스스로가 일체의 다라니문·삼마지문을 수행하고, 역시 다른 사람을 교계하여 일체의 다라니문·삼마지문을 수행하게 하며, 이러한 일을 지었다면 다시 '무상정등보리를 증득하는 때에 내 국토에 있는 제유정의 부류들은 일체의 다라니문·삼마지문을 벗어나지 않게 하십시오.'라고 큰 서원을 일으키느니라.

다시 다음으로 선현이여. 제보살마하살들이 깊은 반야바라밀다를 수행하는 때에 용맹하게 정근하면서 큰 서원을 일으키면서 스스로가 5안·6신통을 수행하고, 역시 다른 사람을 교계하여 5안·6신통을 수행하게 하며, 이러한 일을 지었다면 다시 '무상정등보리를 증득하는 때에 내 국토에 있는 제유정의 부류들은 일체의 5안·6신통을 벗어나지 않게 하십시오.'라고 큰 서원을 일으키느니라.

다시 다음으로 선현이여. 제보살마하살들이 깊은 반야바라밀다를 수행하는 때에 용맹하게 정근하면서 큰 서원을 일으키면서 스스로가 여래의 10력, 나아가 18불불공법을 수행하고, 역시 다른 사람을 교계하여 여래의 10력, 나아가 18불불공법을 수행하게 하며, 이러한 일을 지었다면 다시 '무상정등보리를 증득하는 때에 내 국토에 있는 제유정의 부류들은 일체의 여래의 10력, 나아가 18불불공법을 벗어나지 않게 하십시오.'라고 큰 서원을 일으키느니라.

다시 다음으로 선현이여. 제보살마하살들이 깊은 반야바라밀다를 수행하는 때에 용맹하게 정근하면서 큰 서원을 일으키면서 스스로가 32대사상·80수호를 수행하고, 역시 다른 사람을 교계하여 32대사상·80수호를 수행하게 하며, 이러한 일을 지었다면 다시 '무상정등보리를 증득하는 때에 내 국토에 있는 제유정의 부류들은 일체의 여래의 32대사상·80수호를 벗어나지 않게 하십시오.'라고 큰 서원을 일으키느니라.

다시 다음으로 선현이여. 제보살마하살들이 깊은 반야바라밀다를 수행하는 때에 용맹하게 정근하면서 큰 서원을 일으키면서 스스로가 무망실법·항주사성을 수행하고, 역시 다른 사람을 교계하여 무망실법·항주사성을 수행하게 하며, 이러한 일을 지었다면 다시 '무상정등보리를 증득하는 때에 내 국토에 있는 제유정의 부류들은 일체의 여래의 무망실법·항주사성을 벗어나지 않게 하십시오.'라고 큰 서원을 일으키느니라.
　다시 다음으로 선현이여. 제보살마하살들이 깊은 반야바라밀다를 수행하는 때에 용맹하게 정근하면서 큰 서원을 일으키면서 스스로가 일체지·도상지·일체상지를 수행하고, 역시 다른 사람을 교계하여 일체지·도상지·일체상지를 수행하게 하며, 이러한 일을 지었다면 다시 '무상정등보리를 증득하는 때에 내 국토에 있는 제유정의 부류들은 일체의 여래의 일체지·도상지·일체상지를 벗어나지 않게 하십시오.'라고 큰 서원을 일으키느니라.
　다시 다음으로 선현이여. 제보살마하살들이 깊은 반야바라밀다를 수행하는 때에 용맹하게 정근하면서 큰 서원을 일으키면서 스스로가 일체의 보살마하살의 행을 수행하고, 역시 다른 사람을 교계하여 일체의 보살마하살의 행을 수행하게 하며, 이러한 일을 지었다면 다시 '무상정등보리를 증득하는 때에 내 국토에 있는 제유정의 부류들은 일체의 보살마하살의 행을 벗어나지 않게 하십시오.'라고 큰 서원을 일으키느니라.
　다시 다음으로 선현이여. 제보살마하살들이 깊은 반야바라밀다를 수행하는 때에 용맹하게 정근하면서 큰 서원을 일으키면서 스스로가 제불의 무상정등보리를 수행하고, 역시 다른 사람을 교계하여 제불의 무상정등보리를 수행하게 하며, 이러한 일을 지었다면 다시 '무상정등보리를 증득하는 때에 내 국토에 있는 제유정의 부류들은 일체 제불의 무상정등보리를 벗어나지 않게 하십시오.'라고 큰 서원을 일으키느니라. 이와 같아서 선현이여. 제보살마하살들이 깊은 반야바라밀다를 수행하는 때에 오히려 이러한 행원에 곧 능히 기거하고 있는 불국토를 청정하게 장엄하느니라.
　선현이여. 이러한 제보살마하살들은 그것을 따라서 보살도를 행하는 때에 상응하여 일으켰던 것의 행원이 원만함을 얻었다면, 곧 그 처소에서 정근하면서 수학하는 때에 오히려 이러한 인연으로 스스로가 능히 일체의 선법을 성취하고 역시 능히 다른 사람에게도 점차로 일체의 선법을 성취하게 하며, 스스로가 능히 수승한 상호(相好)로 장엄된 몸이라는 것을 얻고, 역시 능히 다른 사람에게도 점차로 수승한 상호로 장엄된 몸이라는 것을 얻게 하는데, 오히려 광대한 복취에 섭수된 까닭이라고 마땅히 알아야 하느니라.

 선현이여. 이라한 제보살마하살들은 수행하였던 것의 행원이 원만함을 얻었다면, 각자 기거하는 처소인 불국토를 청정하게 장엄하고서 무상정등보리를 증득하는 때에 교화되었던 유정들도 역시 그 국토에 태어나서 정토(淨土)와 대승의 법락(法樂)을 함께 받는다고 마땅히 알아야 하느니라.

 선현이여. 이러한 보살마하살들은 상응하여 수행하면서 이와 같이 불국토를 청정하게 장엄하는데 이를테면, 그 국토의 가운데에는 항상 세 종류의 악취(惡趣)가 있다고 들리지 않고, 역시 여러 악한 견취(見趣)가 있다고 들리지 않으며, 역시 탐(貪)·진(瞋)·치(癡)의 독(毒)이 있다고 들리지 않고, 역시 남자와 여자의 형상이 있다고 들리지 않으며, 역시 성문이나 독각이 있다고 들리지 않고, 역시 고통과 무상(無常) 등의 뜻에 맞지 않는 일이 있다고 들리지 않으며, 역시 섭수할 자구(資具)가 있다고 들리지 않고, 역시 아(我)·아소(我所)의 집착과 수면(隨眠)·전결(纏結)·전도(顚倒) 등의 집착이 있다고 들리지 않으며, 역시 안립시킨 유정들의 과위(果位)의 차별이 있다고 들리지 않고, 다만 공(空)·무상(無相)·무원(無願)·무생(無生)·무멸(無滅)·무성(無性) 등의 소리를 설하는 것을 듣는데 이를테면,

 유정들이 즐거워하는 것의 차별을 따라서 나무·숲 등의 안과 밖의 물건에 항상 산들바람이 불어서 서로가 부딪친다면 여러 종류의 미묘한 음성을 일으키는데 그 음성의 가운데에서 '일체법은 모두가 자성이 없고, 자성이 없는 까닭으로 공하며, 공한 까닭으로 무상이고, 무상인 까닭으로 무원이며, 무원인 까닭으로 무생이고, 무생인 까닭으로 무멸이다. 이러한 까닭으로 제법은 본래부터 적정하고 자성이 열반이나니, 여래께서 세상에 출현하시거나, 만약 출현하시지 않을지라도, 제법과 법계는 법이 그러하듯이 항상 머무르는데 이를테면, 일체법은 무성과 공 등이다.'라고 말하느니라.

 그 불국토의 가운데에 제유정의 부류들은 만약 낮이거나, 만약 밤이거나, 만약 다니거나, 만약 서 있거나, 만약 앉았거나, 만약 누웠을지라도,

항상 이와 같은 미묘한 음성을 듣는다고 마땅히 알아야 하느니라.

　선현이여, 이 보살마하살들은 각자 머무르고 기거하는 처소인 불국토를 청정하게 장엄하고 무상정등보리를 증득하는 때에 시방의 여래·응공·정등각들께서 모두 함께 그곳·그곳의 불명(佛名)을 칭찬하는데, 만약 제유정들이 이와 같은 제불들의 명호를 듣는다면 결정적으로 무상정등보리에서 불퇴전(不退轉)을 얻는다고 마땅히 알아야 하느니라.

　선현이여, 이 보살마하살들은 각자 머무르고 기거하는 처소인 불국토를 청정하게 장엄하고 무상정등보리를 증득하는 때에 제유정들을 위하여 정법을 널리 설하는데, 유정들이 듣는다면 결정적으로 의혹이 생겨나지 않는데 이를테면, '이것은 법을 설하는가? 이것은 비법(非法)을 설하는가?'라는 것이니라. 그 까닭은 무엇인가? 그 제유정들은 일체법이 모두가 곧 진여·법계·법성이고 일체가 이것은 법이고 비법은 없다고 통달하였느니라. 이와 같아서 선현이여, 이 보살마하살들은 모두가 능히 이와 같이 불국토를 청정하게 장엄한다고 마땅히 알아야 하느니라.

　다시 다음으로 선현이여. 이 보살마하살들은 교화시킬 유정이 있는데 선근(善根)을 갖추지 않았으므로 제불·보살·독각·성문 등에게 선근을 심지 못하였거나, 악한 벗에게 섭수되었던 까닭으로, 선한 벗을 벗어난 까닭으로, 정법을 듣지 못하였거나, 항상 여러 종류의 아(我)·유정견(有情見)과 여러 견취(見趣)에 집장(執藏)[3]하여서 단견(斷見)·상견(常見)의 2변(二邊)에 편벽되게 집착하며 떨어져 있으며, 이러한 제유정들이 스스로가 삿된 집착을 일으키고 역시 다른 사람을 교계하여 삿된 소견을 일으키게 하며, 삼보(三寶)가 아닌 것에 삼보라는 생각을 일으키고 삼보에서 삼보가 아니라는 생각을 일으키며, 정법을 훼방(毀謗)하고 삿된 법을 칭찬(稱讚)한다면, 오히려 이러한 인연으로 몸이 무너지고 목숨을 끝마친다면 여러 악취(惡趣)에 떨어져서 여러 극심한 고통을 받느니라.

---

3) 유식사상에서 제7말나식이 제8아뢰야식을 '나'라고 집착하는 것을 가리킨다. 따라서 본 문장에서는 '집착한다.'는 의미로 번역할 수 있겠다.

이 보살마하살들은 각자 스스로의 국토에 머무르면서 무상정등보리를 증득하는데, 그 유정들이 생사의 윤회에 빠져서 무량한 고통을 받는 것을 보았다면, 신통력과 방편으로 교화하여 악한 견해를 버리고서 정견(正見)의 가운데에 머무르게 하며, 악취에서 출리시켜서 인취(人趣)에 태어나게 하며, 인취에 태어났다면 다시 여러 종류의 신통력과 방편으로 교화하여 정정취(正定聚)의 가운데에 머무르게 하나니, 오히려 이것으로 반드시 결국에는 악취에 떨어지지 않느니라. 다시 수승한 서원과 행을 정근하면서 수행하여 목숨을 끝마치고 청정하게 장엄된 불국토에 태어나서 정토와 대승의 법락을 받게 하느니라.

이와 같아서 선현이여. 이러한 제보살마하살들은 모두 능히 이와 같이 불국토를 청정하게 장엄하나니, 오히려 기거하는 처소인 국토가 지극하게 청정한 까닭으로 그 국토에 태어나는 유정들은 일체법에서 의혹을 일으키지 않는데 이를테면, '이것은 세간법이다. 이것은 출세간법이다. 이것은 유루법이다. 이것은 무루법이다. 이것은 유위법이다. 이것은 무위법이다.'라는 것의 이와 같은 여러 의혹과 분별이 반드시 결국에는 생겨나지 않느니라. 오히려 이러한 인연으로 그 유정의 부류들은 결정적으로 무상정등보리를 얻느니라. 선현이여. 이것이 보살마하살이 불국토를 청정하게 장엄하는 공덕의 상(相)이니라."

마하반야바라밀다경 제477권

81. 정정품(正定品)

그때 구수 선현이 세존께 아뢰어 말하였다.
"세존이시여. 이 제보살마하살들은 정성정취(正性定聚)에 안주합니까? 부정취(不定聚)에 안주합니까?"
세존께서 선현에게 알리셨다.
"이 제보살마하살들은 모두가 정성정취에 안주하고, 부정취에 안주하지 않느니라."
구수 선현이 다시 세존께 아뢰어 말하였다.
"이 제보살마하살들은 무슨 정성정취에 안주합니까? 성문승입니까? 독각승입니까? 보살승입니까?"
세존께서 선현에게 알리셨다.
"이 보살마하살들은 모두가 보살의 정성정취에 안주하고, 2승의 정성정취에 안주하지 않느니라."
구수 선현이 다시 세존께 아뢰어 말하였다.
"이 제보살마하살은 어느 때에 정성정취에 안주합니까? 만약 초발심(初發心)입니까? 만약 불퇴위(不退位)입니까? 만약 최후유(最後有)입니까?"
세존께서 선현에게 알리셨다.
"이 제보살마하살들은 만약 초발심이거나, 만약 불퇴위거나, 만약 최후유일지라도, 모두 보살의 정성정취에 안주하느니라."
구수 선현이 다시 아뢰어 말하였다.

"정성정취에 안주하는 보살마하살도 악취에 떨어집니까?"

세존께서 선현에게 알리셨다.

"정성정취에 안주하는 보살마하살은 결정적으로 악취의 가운데에 떨어지지 않느니라."

다시 선현에게 알리셨다.

"그대의 뜻은 어떠한가? 제8지·예류·일래·불환·아라한·독각 등이 악취에 떨어지겠는가?"

선현이 대답하여 말하였다.

"아닙니다. 세존이시여."

세존께서 선현에게 알리셨다.

"제보살마하살들도 역시 이와 같아서 초발심부터 보시바라밀다, 나아가 반야바라밀다와 나머지의 무량하고 무변한 불법을 수행하면서 여러 악법을 단절하나니, 오히려 이러한 인연으로 여러 악취에 떨어진다는 이러한 처소는 없으며, 장수천에 태어나는 것도 역시 이러한 처소는 없는데, 이를테면, 그 처소에는 여러 수승한 선법의 현행(現行)을 얻을 수 없느니라.

이 보살마하살이 만약 변이나, 비천하게 태어나거나, 혹은 달서(達絮)에 태어나거나, 혹은 멸려차(蔑戾車)의 가운데에 태어난다는 이러한 처소는 없는데, 그 처소에는 능히 여러 수승한 선법을 수행할 수 없고, 악한 견해를 많이 일으켜서 인과를 믿지 않으며, 항상 여러 잡스러운 악업을 즐겁게 수습하면서 행하고, 불명(佛名)·법명(法名)·승명(僧名)을 들을 수 없고, 역시 사부대중의 이를테면, 비구(苾芻)·비구니(苾芻尼)·우바색가(鄔波索迦)·우바사가(鄔波斯迦) 등도 들을 수 없느니라.

이 보살마하살은 삿된 견해의 집안에 태어난다는 이러한 처소는 없는데 이를테면, 그러한 집안에 태어나면 여러 종류의 많은 악한 견취(見趣)에 집착하고, 묘행(妙行)과 악행(惡行)의 그 과보가 없다고 생각하며, 여러 선하고 즐거운 여러 업을 수행하지 않는 까닭으로 보살들은 그러한 집안에 태어나지 않느니라.

다시 다음으로 선현이여. 제보살마하살들이 처음으로 무상정등보리의 마음을 일으키고서 수승한 뜻과 욕망으로써 열 종류의 불선업도(不善業道)를 수행한다는 이러한 처소는 없느니라."

구수 선현이 다시 세존께 아뢰어 말하였다.

"만약 보살마하살들이 초발심부터 이와 같은 공덕과 선근을 성취하여 악한 처소에서 태어나지 않는다면, 무슨 까닭에 여래께서는 매번 대중들을 위하여 스스로가 본생(本生)의 일을 많은 백천 종류로 설하시고, 그 가운데에서 여러 악한 처소에서 태어난 일이 있다고 설하십니까? 그때 선근은 어느 처소에 있습니까?"

세존께서 선현에게 알리셨다.

"제보살마하살들은 오히려 잡스러운 업으로 악취(惡趣)의 몸을 받는 것이 아니고, 다만 제유정의 부류들의 요익(饒益)을 위하여 오히려 일부러 생각하는 서원으로 그러한 몸을 받느니라. 이러한 까닭으로 그것을 이끌어서 상응하게 힐난하지 않아야 하느니라. 다시 다음으로 선현이여. 그대의 뜻은 어떠한가? 독각이나, 혹은 아라한이 있어서 제보살들과 같은 방편선교로 수승한 방편선교를 성취하여 흰 코끼리 등의 방생의 몸을 받았는데, 원수나 도둑들이 와서 해치려는 것을 본다면 곧 무상(無上)의 안인과 자비를 일으키고, 그들을 이익과 안락을 위한 까닭으로 스스로가 목숨을 버릴지라도 그들을 해치지 않겠는가?"

선현이 대답하여 말하였다.

"제독각(諸獨覺) 등에게는 이러한 일이 없습니다."

세존께서 선현에게 알리셨다.

"오히려 이러한 인연으로 보살은 유정들의 요익을 위한 까닭으로, 대자비(大慈悲)를 빠르게 원만하게 하기 위한 까닭으로, 비록 여러 종류의 방생의 몸을 받고서 나타낼지라도 방생들의 허물에 염오되지 않는다고 마땅히 알아야 하느니라."

구수 선현이 다시 세존께 아뢰어 말하였다.

"제보살마하살들은 무슨 선근에 안주하여 제유정들의 요익을 위한 까닭으로 방생의 몸을 받습니까?"

세존께서 선현에게 알리셨다.

"제보살마하살들에게 무슨 선근이 상응하여 원만하지 않음이 있겠는가? 그렇지만 제보살마하살들은 무상정등보리를 구하기 위하여 일체의 선근을 모두 원만하게 하는데 이를테면, 초발심부터 미묘한 보리좌(菩提座)에 안좌(安坐)하기까지 상응하여 원만하지 않은 선근이 없나니, 반드시 일체의 선법을 구족하고서 원만하다면 비로소 무상정등보리를 증득하느니라. 만약 하나의 선법이라도 능히 원만하지 못하였으나, 무상정등보리를 증득한다는 이러한 처소는 없느니라.

이러한 까닭으로 보살마하살은 초발심부터 미묘한 보리좌에 안좌하기까지 그 중간에 항상 일체의 선법을 원만하게 수학하고, 이미 수학하였다면 일체상지를 증득하고서 일체의 습기의 상속을 영원히 단절해야 비로소 일체지지를 증득하느니라."

구수 선현이 다시 세존께 아뢰어 말하였다.

"어찌하여 보살마하살은 백법(白法)과 진실하고 성스러운 지혜를 성취하였을지라도 악취에 태어나서 축생의 몸을 받습니까?"

세존께서 선현에게 알리셨다.

"그대의 뜻은 어떠한가? 여래는 백법과 진실하고 성스러운 지혜를 성취하였는가?"

선현이 대답하여 말하였다.

"여래께서는 일체의 백법과 진실하고 성스러운 지혜를 성취하셨습니다."

세존께서 선현에게 알리셨다.

"선현이여. 그대의 뜻은 어떠한가? 여래가 변화로 방생세계의 몸을 짓고서 유정들에게 요익한 불사를 짓는가?"

선현이 대답하여 말하였다.

"여래께서는 변화로 방생세계의 몸을 짓고서 유정들에게 요익한 불사를 짓습니다."

세존께서 선현에게 알리셨다.

"그대의 뜻은 어떠한가? 여래가 변화로 방생의 몸을 짓는 때에, 이것이 진실로 방생이고 그들의 고통을 받겠는가?"

선현이 대답하여 말하였다.

"여래께서 변화로 방생의 몸을 짓는 때에, 이것이 진실로 방생이고 그들의 고통을 받지 않습니다."

세존께서 선현에게 알리셨다.

"제보살마하살들도 역시 다시 이와 같아서 비록 백법과 진실하고 성스러운 지혜를 성취하였을지라도 제유정들을 성숙시키기 위한 까닭으로, 방편선교로 방생의 몸을 받고서 상응하여 제유정의 부류들을 성숙시키는 것과 같으니라. 다시 다음으로 선현이여. 그대의 뜻은 어떠한가? 아라한이 있어서 여러 번뇌(漏)를 영원히 끝마치고서 능히 변화로 몸을 짓고서 여러 사업(事業)을 일으켰다면, 오히려 그 사업으로 능히 다른 사람에게 환희하는 마음을 일으키겠는가?"

선현이 대답하여 말하였다.

"아라한이 있어서 여러 번뇌를 영원히 끝마치고서 능히 변화로 몸을 짓고서 여러 사업을 일으켰다면, 오히려 그 사업으로 능히 다른 사람에게 큰 환희가 생겨나게 합니다."

세존께서 선현에게 알리셨다.

"제보살마하살들도 역시 다시 이와 같아서 비록 백법과 진실하고 성스러운 지혜를 성취하였을지라도 유정들의 요익을 위한 까닭으로, 방편선교로 악취의 몸을 받고서 상응하여 제유정의 부류들을 성숙시키는 것과 같고, 비록 그러한 몸을 받았더라도 그들이 여러 괴로움을 받는 것과 같지 않으며, 역시 그들의 허물의 잡스러움에 염오되지 않느니라.

다시 다음으로 선현이여. 그대의 뜻은 어떠한가? 공교로운 마술사이거나, 혹은 그의 제자들이 환영으로 여러 종류의 코끼리·말 등의 일을 지었고 여러 사람이 보고 환희(歡喜)하고 용약(踊躍)하였다면, 그곳에 진실로 코끼리·말 등이 있겠는가?"

선현이 대답하여 말하였다.
"그곳에 진실로 코끼리·말 등이 있지 않습니다."
세존께서 선현에게 알리셨다.
"제보살마하살들도 역시 다시 이와 같아서 비록 백법과 진실하고 성스러운 지혜를 성취하였을지라도 제유정들의 요익을 위한 까닭으로, 여러 종류의 방생 등의 몸을 받는 것을 나타내었으며, 비록 그러한 몸을 받았을지라도 그것은 진실이 아니며, 역시 그들의 허물에 염오되지 않느니라."
구수 선현이 다시 세존께 아뢰어 말하였다.
"제보살마하살들은 이와 같은 광대한 방편선교로 비록 백법과 진실하고 성스러운 지혜를 성취하였을지라도 유정들을 위하여 여러 종류의 몸을 받았고, 그들에게 상응하는 것을 따라서 요익을 짓는 것을 나타내었습니다. 세존이시여. 제보살마하살들은 무엇 등의 법에 안주하여 능히 이와 같은 방편선교를 짓고 여러 세계의 여러 종류의 몸을 받을지라도 그들의 허물에 염오되지 않습니까?"
세존께서 선현에게 알리셨다.
"제보살마하살들은 깊은 반야바라밀다에 안주하여 능히 이와 같은 방편선교를 짓고, 오히려 이러한 방편선교의 힘을 까닭으로 시방(十方)의 긍가사(殑伽沙) 등의 제불세계로 가서 여러 종류의 몸을 나타내고서 그 유정들을 이익되고 안락하게 할지라도 그 가운데에서 염착(染著)을 일으키지 않느니라. 그 까닭은 무엇인가? 이 보살마하살은 일체법에서 모두 얻는 것이 없는데 이를테면, 능히 염착하는 것·염착되는 것·염착하는 인연을 모두 얻을 수 없느니라. 그 까닭은 무엇인가? 일체법으로써 자성이 공한 까닭이니라.
선현이여. 마땅히 알아야 하느니라. 공은 능히 공을 염착시킬 수 없고, 공도 역시 능히 나머지의 법을 염착시킬 수 없으며, 역시 나머지의 법도 공을 염착시킬 수 없느니라. 그 까닭은 무엇인가? 공의 가운데서 공성(空性)을 얻을 수 없는데 하물며 나머지의 법을 얻는 것이 있겠는가! 이와 같다면 불가득공(不可得空)이라고 이름하나니, 제보살마하살들이 이 가운데에 안주하여 능히 무상정등보리를 증득하고서 제유정들을 위하여 항상 요익한 일을 짓느니라."

구수 선현이 다시 세존께 아뢰어 말하였다.
"제보살마하살들은 다만 매우 깊은 반야바라밀다에 안주하여 능히 이와 같은 방편선교를 짓습니까? 역시 나머지의 법에도 안주하여 짓습니까?"

세존께서 선현에게 알리셨다.
"어찌 나머지의 법이 깊은 반야바라밀다에 섭수되지 않는 것이 있겠으며, 그대는 지금 이와 같은 의심이 생겨나는가?"

구수 선현이 다시 세존께 아뢰어 말하였다.
"매우 깊은 반야바라밀다는 이미 자성공(自性空)인데 어찌하여 매우 깊은 반야바라밀다에 일체법이 섭수된다고 설하십니까? 공의 가운데에서 섭수되는 것과 섭수되지 않는 법이 있다고 설할 수 없습니다."

세존께서 선현에게 알리셨다.
"어찌 제법은 제법의 성품이 공하지 않겠는가?"

선현이 대답하여 말하였다.
"그와 같습니다. 그와 같습니다."

세존께서 선현에게 알리셨다.
"만약 일체법이 일체의 성품이 공하다면 어찌 공의 가운데에서 일체법을 섭수하지 않겠는가?"

선현이 대답하여 말하였다.
"그와 같습니다. 그와 같습니다."

세존께서 선현에게 알리셨다.
"오히려 이러한 인연으로 매우 깊은 반야바라밀다는 일체법을 섭수하느니라. 보살은 깊은 반야바라밀다에 안주하여 이와 같은 방편선교를 능히 짓는다고 마땅히 알아야 하느니라."

그때 구수 선현이 세존께 아뢰어 말하였다.

"세존이시여. 어찌하여 보살마하살이 깊은 반야바라밀다를 수행하는 때에 제법의 자성(自性)은 공의 가운데에 안주하여서 신통바라밀다를 이끌어서 일으키고, 신통바라밀다에 안주하여 능히 시방의 긍가사 등의 제불세계에 가서 제불·세존(諸佛世尊)께 공양하고 공경하며, 제불의 처소에서 정법을 듣고 무량하고 수승한 선근의 종자(種子)를 심습니까?"

세존께서 선현에게 알리셨다.

"제보살마하살들이 깊은 반야바라밀다를 수행하는 때에 시방의 긍가사 등의 제불세계와 제불들과 아울러 설하신 법의 자성이라는 것이 모두 공하고, 오직 세속의 가립(假立)으로 명자(名字)를 설하며, 세계와 제불들과 법이라고 설하는 것이 있을지라도, 이와 같은 세속의 가립으로 설하는 명자도 자성이 공(空)하다고 두루 관찰하느니라.

선현이여. 마땅히 알아야 하느니라. 만약 시방세계와 제불들과 아울러 설하신 법과 가립하여 설한 명자의 자성이 공하지 않으면, 곧 설하였던 것인 공이 상응하여 한 부분으로 성취될 것이나, 설하였던 것인 공으로써 한 부분이 성취되지 않는 까닭으로, 일체법의 자성이 모두 공하고, 그 이치는 두루 원만하고 무이(無二)이며 차별이 없느니라. 제보살마하살들은 깊은 반야바라밀다를 수행하는 때에 오히려 공을 두루 관찰하는 방편선교로 신통바라밀다를 일으키고, 신통바라밀다에 안주하여 곧 천안(天眼)·천이(天耳)·신경(神境)·타심(他心)·숙주(宿住)·수념(隨念)과 누진(漏盡)을 아는 미묘한 신통의 지혜를 일으키느니라.

선현이여. 마땅히 알아야 하느니라. 보살마하살들이 신통바라밀다를 벗어나서는 능히 자재하게 유정을 성숙시키고 불국토를 청정하게 장엄하며 무상정등보리를 증득하는 것이 있지 않느니라. 이러한 까닭으로 신통바라밀다는 이것이 보리도(菩提道)이니라. 제보살마하살들은 모두가 이러한 도에 의지하여 무상정등보리를 구하면서 나아가는데, 그때에 스스로가 일체의 선법을 원만하게 하고서, 역시 능히 다른 사람을 교계하여 여러 선법을 수행하게 하나니, 비록 이와 같은 일을 짓더라도 선법에서 모두 집착함이 없느니라.

　그 까닭은 무엇인가? 이 보살마하살은 여러 선법이 모두 자성이 공하고 자성이 공하다면 집착할 것이 없다고 아느니라. 만약 집착이 있다면 곧 애미(愛未)가 있겠으나, 오히려 집착이 없으므로 역시 사랑하는 맛도 없나니, 자성이 공한 가운데는 사랑하는 맛이 없는 까닭이며, 능히 맛보는 것·맛보여지는 것·맛보는 인연도 공한 법의 가운데에서는 얻을 수 없는 까닭이니라.

　선현이여. 마땅히 알아야 하느니라. 제보살마하살들이 깊은 반야바라밀다를 수행하는 때에 신통바라밀다에 안주하여 인간을 초월하는 청정한 천안(天眼)을 이끌어서 일으키고, 이러한 천안을 이용하여 일체법의 자성이 모두가 공하다고 관찰하며, 일체법의 자성이 공하다고 보는 까닭으로, 법상(法相)에 의지하여 여러 업을 조작(造作)하지 않나니, 비록 유정들을 위하여 이와 같은 법을 설할지라도 역시 제유정들의 상(相)과 그들의 시설을 얻을 수 없느니라. 이 보살마하살은 얻을 수 없는 것으로써 방편을 삼아서 보살의 수승한 신통을 이끌어서 일으키며, 이러한 신통을 수용하여 상응하여 일체의 사업을 조작하느니라.

　이 보살마하살은 지극히 청정한 인간을 초월하는 천안으로써 시방의 긍가사 등의 제불세계를 두루 관찰하고, 이미 보았다면 신경지통(神境智通)을 이끌어서 일으키며 그곳에 가서 제유정들을 요익하게 하면서 혹은 보시바라밀다, 나아가 반야바라밀다로써 요익을 짓거나, 혹은 4념주, 나아가 8성도지로써 요익을 짓거나, 혹은 4정려·4무량·4무색정으로써 요익을 짓거나, 혹은 8해탈, 나아가 10변처로써 요익을 짓거나, 혹은 공·무상·무원해탈문으로써 요익을 짓거나, 혹은 여러 나머지의 수승한 선법으로써 요익을 짓거나, 혹은 성문·독각·보살과 제불의 법으로써 요익을 짓느니라.

　이 보살마하살은 시방세계에서 만약 유정들이 있어서 간탐(慳貪)이 많은 자를 본다면 깊은 연민(憐愍)이 생겨나서 '그대들 유정들은 마땅히 보시를 행하십시오. 여러 간탐하는 자는 빈궁(貧窮)한 고통을 받나니,

오히려 빈궁한 까닭으로 위덕이 없어서 능히 스스로를 요익하게 하지 못하는데 하물며 다른 사람을 요익하게 하겠는가? 이러한 까닭으로 그대 등은 마땅히 정근하면서 보시를 행하십시오. 이미 스스로가 안락하다면 역시 다른 사람도 안락할 것입니다. 빈궁으로써 서로를 잡아먹지 마십시오. 함께 여러 악취(惡趣)의 고통에서 해탈하지 못할 것입니다.'라고 이와 같이 법을 설하느니라.

만약 유정들이 있어서 정계를 범하는 것을 본다면 깊은 연민이 생겨나서 '그대들 유정들은 마땅히 정계를 수지하십시오. 여러 파계(破戒)하는 자는 여러 악취의 고통을 받습니다. 파계한 사람은 위덕이 없어서 능히 스스로를 요익하게 하지 못하는데 하물며 다른 사람을 요익하게 하겠는가? 파계하는 인연으로 3악취(三惡趣)에 떨어진다면 고통의 이숙을 받고 근심하고 지독하여 고통을 참기가 어려우므로, 스스로를 능히 구제하지 못하는데 하물며 다른 사람을 구제하겠는가? 이러한 까닭으로 마땅히 정계를 수지하십시오. 파계할 마음으로 찰나(刹那)의 순간이라도 지내는 것을 상응하여 용납하지 않아야 하는데, 하물며 오랜 시간을 보내겠는가? 스스로가 마음을 방일하여 뒤에 근심과 후회가 생겨나지 않게 하십시오.'라고 이와 같이 법을 설하느니라.

만약 유정들이 있어서 다시 서로가 성내고 분노하며 전전하여 원한 맺고 서로를 손해시키고 번뇌시키는 것을 본다면 깊은 연민이 생겨나서 '그대들 유정들은 마땅히 안인을 수행하고, 서로가 성내고 분노하며 원한을 맺고 서로를 해치지 마십시오. 여러 분노하고 원망하는 마음(忿恨心)은 선법을 수순하지 않고 악법을 증장시키며 쇠퇴와 손해를 불러서 나타나게 합니다. 그대 등은 오히려 이렇게 분노하고 원망하는 마음을 까닭으로 몸이 무너지고 목숨을 끝마친다면 마땅히 악취에 떨어져서 여러 지독한 고통을 받으면서 벗어날 기약이 있기가 어렵습니다. 이러한 까닭으로 그대 등은 분노하고 원망하는 마음으로 찰나의 순간이라도 지내는 것을 상응하여 용납하지 않아야 하는데, 하물며 오랜 시간을 보내겠는가? 그대 등은 지금부터 전전하면서 서로를 인연하여 상응하게 자비한 마음을 일으켜서 요익한 일을 지으십시오.'라고 이와 같이 법을 설하느니라.

 만약 유정들이 있어서 나태(懶惰)하고 해태(懈怠)한 것을 본다면 깊은 연민이 생겨나서 '그대들 유정들은 마땅히 정근하면서 정진하고, 선법에서 나태하거나 해태하지 마십시오. 여러 해태한 자는 여러 선법과 여러 수승한 일에서 모두 성취하지 못하나니, 그대 등은 오히려 이것으로 여러 악취에 떨어져서 무량한 고통을 받을 것입니다. 이러한 까닭으로 그대 등은 분노하고 해태한 마음으로 찰나의 순간이라도 지내는 것을 상응하여 용납하지 않아야 하는데, 어찌 하물며 그 오랜 시간을 상속하게 하겠는가?'라고 이와 같이 법을 설하느니라.

 만약 유정들이 있어서 생각을 잃어버려서 산란(散亂)스러운 마음이고 적정하지 않은 것을 본다면 깊은 연민이 생겨나서 '그대들 유정들은 마땅히 정려를 수행해야 하고, 생각을 잃어버려서 산란스러운 마음이 일어나게 하지 마십시오. 이와 같은 마음은 선법에 수순(隨順)하지 않고 악법을 증장시키며 쇠퇴와 손해를 부르고 나타나게 합니다. 그대 등은 오히려 이것으로 몸이 무너지고 목숨을 끝마친다면 마땅히 악취에 떨어져서 무량한 고통을 받습니다. 이러한 까닭으로 그대 등은 분노하고 원망하는 마음으로 찰나의 순간이라도 지내는 것을 상응하여 용납하지 않아야 하는데, 어찌 하물며 그 오랜 시간을 상속하게 하겠는가?'라고 이와 같이 법을 설하느니라.

 만약 유정들이 있어서 우치(愚癡)하고 악한 지혜인 것을 본다면 깊은 연민이 생겨나서 '그대들 유정들은 마땅히 수승한 지혜를 수행하고 악한 지혜를 일으키지 마십시오. 악한 지혜를 일으키는 자는 여러 선취(善趣)에 오히려 능히 가지 못하는데 하물며 해탈을 얻겠는가? 그대 등은 오히려 이러한 악한 지혜를 인연으로 떨어져서 무량한 고통을 받습니다. 이러한 까닭으로 그대 등은 우치하고 악한 상으로 찰나의 순간이라도 지내는 것을 상응하여 용납하지 않아야 하는데, 어찌 하물며 그 오랜 시간을 상속하게 하겠는가?'라고 이와 같이 법을 설하느니라.

 만약 유정들이 있어 탐욕이 많은 자를 본다면 깊은 연민이 생겨나서 방편으로써 그들이 부정관(不淨觀)을 수행하게 하고, 만약 유정들이 있어 진에(瞋恚)가 많은 자를 본다면 깊은 연민이 생겨나서 방편으로써 그들이 자비관(慈悲觀)을 수행하게 하며, 만약 유정들이 있어 우치가 많은 자를 본다면 깊은 연민이 생겨나서 방편으로써 그들이 연기관(緣起觀)을 수행하게 하고, 만약 유정들이 있어 교만(憍慢)이 많은 자를 본다면 깊은 연민이 생겨나서 방편으로써 그들이 계분별관(界分別觀)을 수행하게 하며, 만약 유정들이 있어 심사(尋伺)가 많은 자를 본다면 깊은 연민이 생겨나서 방편으로써 지식념(持息念)을 수행하게 하고, 만약 유정들이 있어 정도(正道)를 잃은 자를 보면 깊이 불쌍히 여기는 마음을 내어 방편으로써 교계하고 인도하여 정도에 들게 하는데 이를테면, 성문도(聲聞道)이거나, 혹은 독각도(獨覺道)이거나, 혹은 여래도(如來道)이며, 방편으로써 그들을 위하여 '그대 등이 집착하는 것은 모두가 자성이 공합니다. 공한의 법의 가운데에서 집착할 것이 있지 않나니, 집착할 것이 없음으로써 공의 상을 삼는 까닭입니다.'라고 이와 같이 법을 설하느니라.

이와 같아서 선현이여. 제보살마하살들이 깊은 반야바라밀다를 수행하는 때에 반드시 신통바라밀다에 안주해야 비로소 자재(自在)하게 정법을 널리 설하여 제유정의 부류들을 이익되고 안락하게 하느니라.

선현이여. 마땅히 알아야 하느니라. 보살마하살이 신통바라밀다를 멀리 벗어난다면 정법을 널리 설하여 제유정의 부류들을 이익되고 안락하게 하지 못한다고 마땅히 알아야 하느니라. 선현이여. 새가 날개가 없다면 능히 자재하게 허공을 날아서 멀리 있는 곳에 이르지 못한 것과 같이, 제보살마하살들도 역시 다시 이와 같아서 신통바라밀다가 없다면 정법을 널리 설하여 제유정의 부류들을 이익되고 안락하게 하지 못한다고 마땅히 알아야 하느니라. 이러한 까닭으로 선현이여. 제보살마하살들이 깊은 반야바라밀다를 수행하는 때에 상응하여 신통바라밀다를 이끌어서 일으켜야 하나니, 만약 신통바라밀다를 이끌어서 일으킨다면 곧 능히 자재하게 정법을 널리 설하여 제유정의 부류들을 이익되고 안락하게 하느니라.

선현이여. 제보살마하살들은 인간을 초월하는 지극히 청정한 천안(天眼)으로써 두루 시방의 긍가사 등의 제불세계와 그 처소에서 태어난 제유정들을 관찰하는데, 이미 보았다면 신경지통(神境智通)을 일으키고 수유(須臾)의 시간이 지난다면 그 세계에 가서 이르고 타심지(他心智)로써 그 제유정들의 심(心)·심소법(心所法)을 여실하게 알고서 그 처소에서 상응하는 것을 따라서 법요(法要)를 설하게 되는데 이를테면, 보시바라밀다, 나아가 반야바라밀다를 설(說)하거나, 혹은 4념주, 나아가 8성도지를 설하거나, 혹은 4정려·4무량·4무색정을 설하거나,

혹은 8해탈, 나아가 10변처를 설하거나, 혹은 공·무상·무원해탈문을 설하거나, 혹은 일체의 다라니문·삼마지문을 설하거나, 혹은 내공, 나아가 무성자성공을 설하거나, 혹은 진여, 나아가 부사의계를 설하거나, 혹은 고·집·멸·도성제를 설하거나, 혹은 인연, 나아가 증상연을 설하거나, 혹은 인연에서 생겨나는 것인 제법을 설하거나, 혹은 무명, 나아가 노사를 설하거나, 혹은 여러 종류의 온(蘊)·처(處)·계(界) 등의 문(門)을 설하거나, 성문도를 설하거나, 혹은 독각을 설하거나, 혹은 보살을 설하거나, 혹은 보리를 설하거나, 혹은 열반을 설하면서 그 유정들이 이 법을 듣는다면 모두가 수승한 이익과 안락을 얻게 한다고 마땅히 알아야 하느니라.

선현이여. 이 보살마하살은 인간을 초월하는 지극히 청정한 천이(天耳)로써 일체의 인간과 비인(非人)들의 소리를 듣나니, 오히려 이러한 천이로 두루 시방의 긍가사 등의 제불세계와 일체의 여래·응공·정등각께서 설하시는 것인 정법을 듣는데, 이미 들었다면, 의취(義趣)를 수지하고 사유하며 들었던 것을 따라서 유정들을 위하여 여실하게 널리 설하는데, 혹은 보시바라밀다, 나아가 반야바라밀다를 설하거나, [자세한 내용은 생략한다.] 나아가, 혹은 보리를 설하거나, 혹은 열반을 설하면서 그 유정들이 이 법을 듣는다면 모두가 수승한 이익과 안락을 얻게 한다고 마땅히 알아야 하느니라.

선현이여. 이 보살마하살은 지극히 청정한 타심지통(他心智通)으로써 제유정들의 심·심소법을 여실히 알고서 그들에게 상응하는 것을 따라서

법요를 설하게 되는데 이를테면, 보시바라밀다, 나아가 반야바라밀다를 설하거나, [자세한 내용은 생략한다.] 나아가, 혹은 보리를 설하거나, 혹은 열반을 설하면서 그 유정들이 이 법을 듣는다면 모두가 수승한 이익과 안락을 얻게 한다고 마땅히 알아야 하느니라.

선현이여. 이 보살마하살은 지극히 청정한 숙주수념지통(宿住隨念智通)으로써 능히 스스로와 다른 사람의 여러 본생의 일(本生事)을 억념(憶念)하나니, 오히려 이러한 숙주수념지통으로 과거의 제불들과 그 제자들의 명호 등의 차별을 여실하게 억념하여 아느니라. 만약 제유정들이 과거의 여러 전생에 머무른 일을 듣고서 이익을 얻을 자가 있다면 곧 그들을 위하여 여러 과거에 머물렀던 일을 널리 설하고, 이러한 방편을 인연으로 정법을 설하게 되는데 이를테면, 보시바라밀다, 나아가 반야바라밀다를 설하거나, [자세한 내용은 생략한다.] 나아가, 혹은 보리를 설하거나, 혹은 열반을 설하면서 그 유정들이 이 법을 듣는다면 모두가 수승한 이익과 안락을 얻게 한다고 마땅히 알아야 하느니라.

선현이여. 이 보살마하살은 지극히 청정한 극신속신경지통(極迅速神境智通)으로써 시방의 긍가사 등의 제불세계에 나아가서 이르고, 제불·세존께 친근하고 공양하며, 제불의 처소에서 여러 선근을 심고서 본래의 국토에 돌아와서 유정들을 위하여 여러 불국토의 일을 설하며, 이러한 방편을 인연으로 정법을 설하게 되는데 이를테면, 보시바라밀다, 나아가 반야바라밀다를 설하거나, [자세한 내용은 생략한다.] 나아가, 혹은 보리를 설하거나, 혹은 열반을 설하면서 그 유정들이 이 법을 듣는다면 모두가 수승한 이익과 안락을 얻게 한다고 마땅히 알아야 하느니라.

선현이여. 이 보살마하살은 누진지통(漏盡智通)을 따라서 제유정의 부류들이 번뇌(漏)를 끝마쳤거나 끝마치지 못한 것을 여실히 알고, 역시 번뇌를 끝마치는 방편도 여실하게 알아서 번뇌를 끝마치지 못한 자를 위하여 법요를 널리 설하는데 이를테면, 보시바라밀다, 나아가 반야바라밀다를 설하거나, [자세한 내용은 생략한다.] 나아가, 혹은 보리를 설하거나, 혹은 열반을 설하면서 그 유정들이 이 법을 듣는다면 모두가 수승한 이익과 안락을 얻게 한다고 마땅히 알아야 하느니라.
　이와 같아서 선현이여. 제보살마하살들이 깊은 반야바라밀다를 수행하는 때라면, 상응하여 신통바라밀다를 이끌어서 일으켜야 하나니, 이 보살마하살이 신통바라밀다를 수습하여 원만함을 얻는 까닭으로, 뜻으로 즐거워하는 것을 따라서 여러 종류의 몸을 받을지라도 괴롭거나 즐거운 허물에 염오되지 않나니, 여래께서 변화하신 몸이 비록 여러 사업을 능히 짓더라도 그 괴롭거나 즐거운 허물에 염오되지 않는 것과 같으니라. 이와 같아서 선현이여. 제보살마하살들이 깊은 반야바라밀다를 수행하는 때라면 신통바라밀다에 유희해야 하나니, 만약 신통바라밀다에 유희한다면 곧 능히 유정들을 성숙시키고 불국토를 청정하게 장엄하며 빠르게 무상정등보리를 증득하느니라.
　선현이여. 마땅히 알아야 하느니라. 보살마하살이 유정들을 성숙시키지 않고 불국토를 청정하게 장엄하지 않는다면 결국 구하였던 것인 무상정등보리를 증득하지 못하느니라. 그 까닭은 무엇인가? 제보살마하살들이 보리(菩提)의 자량(資糧)을 만약 원만하지 않는다면 구하였던 것인 무상정등보리를 반드시 능히 증득할 수 없느니라."

　구수 선현이 세존께 아뢰어 말하였다.
　"세존이시여. 무엇 등을 제보살마하살들의 보리의 자량이라고 이름하고, 제보살마하살들이 이와 같은 보리의 자량을 원만하게 해야 비로소 능히 구하였던 것인 무상정등보리를 증득합니까?"
　세존께서 선현에게 알리셨다.
　"일체의 선법이 모두가 이것이 보살에게 보리의 자량이니라."
　구수 선현이 다시 세존께 아뢰어 말하였다.
　"무엇 등을 일체의 선법이라고 이름합니까?"
　세존께서 선현에게 알리셨다.
　"제보살마하살들이 초발심부터 보시바라밀다, 나아가 반야바라밀다를 수행하면서, 그 중간에서 모두 분별과 집착이 없었으므로 이를테면,

'이것이 보시, 나아가 반야이다. 오히려 이것으로, 이것을 위하여 보시, 나아가 반야를 수행한다.'라고 이렇게 생각을 지었다면, 이것은 세 부분에서 분별과 집착이 모두 없는데, 일체법의 자성이 공하다고 아는 까닭이니라. 오히려 이렇게 수행하였던 것인 보시 등의 6바라밀다는 능히 스스로를 요익하게 하고, 역시 일체의 유정들을 요익하게 하며, 생사에서 출리(出離)시키고 열반을 증득하게 하는 까닭으로 선법이라고 설하며, 역시 보살에게 보리의 자량이라고 이름하고, 역시 보살마하살의 도(道)라고 이름하느니라.

과거·미래·현재의 보살마하살들도 이러한 도를 행하는 까닭으로 무상정등보리를 이미 증득하였고 마땅히 증득할 것이며 지금 증득하며, 역시 유정들을 생사의 큰 바다에서 이미 도탈(度脫)시켰고 마땅히 도탈시킬 것이며 지금도 도탈시키면서 열반의 즐거움을 얻게 하느니라.

다시 다음으로 선현이여. 제보살마하살들이 초발심부터 4념주, 나아가 8성도지를 수행하고, 내공, 나아가 무성자성공에 안주하며, 진여, 나아가 부사의계에 안주하고, 고·집·멸·도성제에 안주하며, 4정려·4무량·4무색정을 수행하고, 8해탈, 나아가 10변처를 수행하며, 공·무상·무원해탈문을 수행하고, 보살마하살의 지위(地)를 수행하며, 일체의 다라니문·삼마지문을 수행하고, 여래의 10력, 나아가 18불불공법을 수행하며, 무망실법·항주사성을 수행하고, 일체지·도상지·일체상지를 수행할지라도 그 중간에 모두 분별과 집착이 없는데 이를테면, '이것이 4념주, 나아가 일체상지이다. 오히려 이것으로, 이것을 위하여 4념주, 나아가 일체상지를 수행한다.'라고 이렇게 생각을 지었다면, 이것은 세 부분에서 분별과 집착이 모두 없는데, 일체법의 자성이 공하다고 아는 까닭이니라. 오히려 이렇게 수행하였던 것인 4념주, 나아가 일체상지는 능히 스스로를 요익하게 하고, 역시 일체의 유정들을 요익하게 하며, 생사에서 출리시키고 열반을 증득하게 하는 까닭으로 선법이라고 설하며, 역시 보살에게 보리의 자량이라고 이름하고, 역시 보살마하살의 도라고 이름하느니라.

과거·미래·현재의 보살마하살들도 이러한 도를 행하는 까닭으로 무상정등보리를 이미 증득하였고 마땅히 증득할 것이며 지금 증득하며, 역시 유정들을 생사의 큰 바다에서 이미 도탈시켰고 마땅히 도탈시킬 것이며 지금도 도탈시키면서 열반의 즐거움을 얻게 하느니라.

선현이여. 마땅히 알아야 하느니라. 다시 무량한 보살들이 수행하였던 것이 공덕이 있다면 모두 선법이라고 이름하고, 역시 보살에게 보리의 자량이라고 이름하고, 역시 보살마하살의 도라고 이름하느니라. 제보살마하살들은 반드시 이와 같은 여러 수승한 선법을 수행하여 지극히 원만하게 해야 비로소 능히 일체지지를 증득하고, 반드시 이미 일체지지를 증득해야 도리어 전도가 없는 정법륜(正法輪)을 굴리면서 제유정들을 구경에 안락하게 하느니라."

82. 불법품(佛法品)

그때 구수 선현이 세존께 아뢰어 말하였다.
"세존이시여. 이와 같은 여러 선법의 이것이 보살법이라면 다시 무엇 등의 이것이 불법(佛法)입니까?"

세존께서 선현에게 알리셨다.
"곧 보살법도 역시 불법이니라. 이를테면, 제보살들은 일체법에서 일체의 상(相)을 깨닫고, 오히려 이러한 일체상지를 마땅히 증득하고 일체의 습기(習氣)의 상속(相續)을 영원히 단절(斷絶)하느니라. 만약 제여래·응공·정등각들께서 일체법에서 하나의 찰나에 상응하는 미묘한 지혜로써 등각(等覺)을 나타내고서 무상정등보리를 증득하는데, 선현이여. 이것을 보살과 여래의 두 가지 법의 차별이라고 이름하느니라. 두 성자가 비록 함께 성자인 것은 같을지라도, 수행(行)·향(向)·안주(住)·과보(果) 등에는 차별이 있으며, 성취하였던 법이라는 것은 차이가 있지 않으니라.

이와 같아서 선현이여. 만약 무간도(無間道)의 가운데에서 일체법을 행하면서 어두운 장애를 벗어나지 못하였고 피안(彼岸)에 이르지 못하였으며 자재함을 얻지 못하였고 과보를 얻지 못한 때라면 보살이라고 이름하고, 만약 해탈도(解脫道)의 가운데에서 일체법을 행하면서 어두운 장애를 벗어났고 피안에 이르렀으며 자재함을 얻었고 과보를 얻은 때라면 불(佛)이라고 이름하나니, 이것이 보살과 제불이 차이가 있는 것이 되느니라. 오히려 지위에 차이가 있으나, 법에는 차별이 없고, 법성(法性)에 차이가 있다고 설할 수 없느니라."

구수 선현이 다시 세존께 아뢰어 말하였다.

"만약 일체법의 자상(自相)이 모두 공하다면 자상이 공한 가운데에서 어떻게 여러 종류의 차별을 얻는데 이를테면, '이것은 지옥이고 이것은 방생이며 이것은 귀계이고 이것은 인간이며 이것은 천인이고 이것은 종성지이며 이것은 제8지이고 이것은 예류이며 이것은 일래이고 이것은 불환이며 이것은 아라한이고 이것은 독각이며 이것은 보살이고 이것은 여래이다.'라는 것이 있겠습니까? 세존이시여. 이와 같이 설하였던 것인 보특가라는 얻을 수 없다면 그들이 지었던 업도 역시 얻을 수 없고, 지었던 업을 얻을 수 없는 것과 같다면 그들의 이숙(異熟)인 과보도 역시 얻을 수 없습니다."

세존께서 선현에게 알리셨다.

"그와 같으니라. 그와 같으니라. 그대가 말한 것과 같으니라. 일체법은 자상공(自相空)이고, 자상공의 가운데에서 보특가라는 이미 무소유(無所有)이며, 업의 과보와 이숙도 역시 무소유이며, 무소유의 가운데에는 차별하는 상도 없느니라. 그렇지만 제유정들은 일체법의 자상이 공한 이치를 여실히 알지 못하므로 여러 업을 조작하는데 혹은 선업(善業)이고, 혹은 악업(惡業)이며, 오히려 선업을 조작하고 증장시키면 천상과 인간에 태어나고, 오히려 악업을 조작하고 증장시키면 3악취(三惡趣)에 떨어지며, 선업의 가운데에서 오히려 결정적으로 조작하고 증장시키면 색계 혹은 무색계에 태어나느니라.

오히려 이러한 인연으로 제보살마하살들이 보시바라밀다, 나아가 반야바라밀다를 수행하고, 내공, 나아가 무성자성공에 안주하며, 진여, 나아가 부사의계에 안주하고, 고·집·멸·도성제에 안주하며, 4념주, 나아가 8성도지를 수행하고, 4정려·4무량·4무색정을 수행하며, 8해탈, 나아가 10변처를 수행하고, 공·무상·무원해탈문을 수행하며, 극희지, 나아가 법운지를 수행하고, 일체의 다라니문·삼마지문을 수행하며, 5안·6신통을 수행하고, 여래의 10력, 나아가 18불불공법을 수행하며, 무망실법·항주사성을 수행하고, 일체지·도상지·일체상지를 수행하느니라.

선현이여. 제보살마하살들은 이와 같은 보리분법을 끊임이 없고 결함이 없게 수행하여 원만하게 하고, 이미 원만해졌다면 곧 보리를 가까이서 돕는 금강유정(金剛喩定)을 이끌어 일으켜서 무상정등보리를 증득하고서 제유정들에게 큰 요익을 지으면서 항상 손실과 파괴가 없게 하는데, 손실과 파괴가 없는 까닭으로 제유정들이 생사의 여러 고뇌(苦惱)의 일에서 해탈하느니라."

구수 선현이 다시 세존께 아뢰어 말하였다.
"세존께서 무상정등보리를 이미 증득하셨을지라도 여러 세계에 생사의 법을 얻습니까?"
세존께서 말씀하셨다.
"아니니라."
구수 선현이 다시 세존께 아뢰어 말하였다.
"세존께서 여러 세계의 생사와 업의 차별을 얻을 수 없다면 어떻게 이것은 지옥이고 이것은 방생이며 이것은 귀계이고 이것은 인간이며 이것은 천상이고 이것은 종성지이며 이것은 제8지이고 이것은 예류이며 이것은 일래이고 이것은 불환이며 이것은 아라한이고 이것은 독각이며 이것은 보살이고 이것은 여래라고 시설하겠습니까?"
세존께서 선현에게 알리셨다.
"제유정의 부류들이 제법의 자상(自相)이 공하다고 알겠는가?"

선현이 대답하여 말하였다.

"아닙니다. 세존이시여."

세존께서 선현에게 알리셨다.

"만약 제유정들이 제법의 자상이 공하다고 알았다면 제보살마하살들은 곧 무상정등보리에서 상응하여 구하고 증득하면서 방편선교로 제유정들을 악취의 생사에서 발제(拔濟)시키지 않았을 것이다. 제유정들이 자상이 공하다고 알지 못하는 까닭으로 여러 세계를 유전(流傳)하면서 무량한 고통을 받느니라. 이러한 까닭으로 보살들은 제불께 일체법의 자상이 공하다고 듣는 것이고 제유정들을 요익을 위한 까닭으로 무상정등보리를 구하고 증득하면서 방편선교로 제유정들을 악취의 생사에서 발제시키느니라.

선현이여. 마땅히 알아야 하느니라. 제보살마하살들은 항상 '일체법은 여러 어리석은 범부인 이생들이 집착하는 것과 같이 자상이 진실로 있지 않지만, 그들은 분별하고 전도된 힘을 까닭으로 진실로 있지 않은 가운데에서 진실로 있다는 생각을 일으키는데 이를테면, 무아(無我)의 가운데에서 아(我)라는 생각을 일으키고 무유정(無有情)의 가운데에서 유정이라는 생각을 일으키며, [자세한 내용은 생략한다.] 나아가, 무견자(無見者)의 가운데에서 견자(見者)라는 생각을 일으키고 무색(無色)의 가운데에서 색(色)이라는 생각을 일으키며, 무수(無受)·상(想)·행(行)·식(識)의 가운데에서 수·상·행·식이라는 생각을 일으키고, 나아가 일체의 유위법(有爲法)의 가운데에서 허망하게 분별하고 전도된 힘을 까닭으로 진실이 아닌데 진실이라고 말하고 있지 않으나 있다고 집착하나니, 오히려 이것으로 신(身)·어(語)·의업(意業)을 조작하고 능히 악취의 생사에서 해탈하지 못하는구나. 내가 마땅히 발제하여서 해탈을 얻게 하겠다.'라고 이렇게 생각을 짓느니라.

이 보살마하살이 이렇게 생각을 짓고서 깊은 반야바라밀다를 수행하면서 여러 선법으로써 그 가운데에서 섭수하여 제보살마하살들의 행을 전도가 없이 수행하면서 점차로 보리의 자량을 원만하게 하느니라. 이미 보리의 자량을 원만하게 하였다면 무상정등보리를 증득하는 것이고, 이미 무상정등보리를 증득하였다면 제유정들을 위하여 사성제(四聖諦)의 의취를 널리 설하고 열어서 보여주며 분별하고 건립(建立)하는데 이를테면, 이것은 고성제(苦聖諦)이고, 이것은 집성제(集聖諦)이며, 이것은 멸성제(滅聖諦)이고, 이것은 도성제(道聖諦)이니라.

다시 일체의 보리분법(菩提分法)으로써 통달한 지혜에 의지하여 이와 같은 사성제의 가운데에 섭수하고 있으며, 다시 일체의 보리분법에 의지하여 미묘한 지혜로써 불(佛)·법(法)·승보(僧寶)를 시설(施設)하고 건립하나니, 오히려 이것으로 삼보가 세간에 출현하고 제유정의 부류들이 생사에서 해탈하느니라. 만약 제유정들이 불·법·승보를 귀의하고 믿지 않으며 여러 업을 조작한다면 여러 세계를 윤회(輪迴)하면서 받는 고통이 끝이 없는 까닭으로 상응하게 불·법·승보에 귀의해야 하느니라."

구수 선현이 다시 세존께 아뢰어 말하였다.
"오히려 고·집·멸·도성제를 위하여 제유정들이 반열반을 얻습니까? 오히려 고·집·멸·도성지(道聖智)를 위하여 제유정들이 반열반을 얻습니까?"

세존께서 선현에게 알리셨다.
"오히려 고·집·멸·도성제를 위하여 제유정들이 반열반을 얻지 않고 오히려 고·집·멸·도성지(道聖智)를 위하여 제유정들이 반열반을 얻지 않느니라. 선현이여. 나는 사성제의 평등한 성품이 나아가서 이것이 열반이라 설하나니, 이와 같은 열반은 오히려 고·집·멸·도성제로 얻는 것이 아니고, 고·집·멸·도성지로 얻는 것도 아니며, 다만 오히려 반야바라밀다의 평등성(平等性)을 증득한다면 열반을 얻었다고 이름하느니라."

구수 선현이 다시 세존께 아뢰어 말하였다.
"무엇 등을 고·집·멸·도의 평등성이라고 이름합니까?"

세존께서 선현에게 알리셨다.
"만약 이 처소에서 고·집·멸·도성제가 없거나, 고·집·멸·도성지가 없다면 사성제의 평등성이라고 이름하나니, 이러한 평등성이 나아가서 사성제이고, 소유한 진여·법계·법성·불허망성·불변이성·평등성·이생성·법정·법주·실제·허공계·부사의계는 만약 제불이 세상에 출현하시거나, 만약 세상에 출현하시지 않더라도, 성상(性相)이 항상 머무르므로 손실과 파괴가 없고 변역(變易)이 없나니, 이와 같다면 고·집·멸·도성제의 평등성이라고 이름하느니라.

제보살마하살들이 깊은 반야바라밀다를 수행하는 때에 이 사성제의 평등성을 따라서 깨닫기 위한 까닭으로 깊은 반야바라밀다를 수행하나니, 만약 능히 이러한 사성제의 평등성을 따라서 깨닫는 때라면 진실로 일체의 성제(聖諦)를 깨달았다고 이름하며, 빠르게 무상정등보리를 증득하느니라."

구수 선현이 다시 세존께 아뢰어 말하였다.

"어찌하여 보살마하살이 깊은 반야바라밀다를 수행하는 때에 이 사성제의 평등성을 따라서 깨닫기 위한 까닭으로 깊은 반야바라밀다를 수행하며, 만약 능히 이러한 사성제의 평등성을 깨달으면 일체의 성제를 진실로 따라서 깨달았다고 이름하며, 성문·독각 등의 지위에 떨어지지 않고 보살의 정성이생에 나아가서 들어갑니까?"

세존께서 선현에게 알리셨다.

"제보살마하살들이 깊은 반야바라밀다를 수행하는 때에 적은 법이라도 여실하게 보지 못하는 것이 없나니, 일체법에서 여실하게 보는 때에 일체법에서 모두 얻는 것이 없고, 일체법에서 얻는 것이 없는 때에 곧 일체법이 공하다고 여실하게 보는데 이를테면, 사성제에 섭수되는 것과 섭수되지 않는 것인 일체법이 모두가 공하다고 여실하게 보나니, 이와 같이 보는 때에 능히 보살의 정성이생에 들어가며, 오히려 능히 보살의 정성이생에 들어가는 까닭으로 보살의 종성지(種性地) 가운데에 안주하고, 이미 보살의 종성지 가운데에 안주한다면 곧 능히 결정적으로 보살정(菩薩頂)에서 떨어지지 않거니와, 만약 보살정에서 떨어진다면 마땅히 성문·독각지에 떨어지느니라.

이 보살마하살은 보살의 종성지에 안주하여 4정려·4무량·4무색정을 일으키느니라. 이 보살마하살이 이와 같은 사마타(奢摩他)의 지위에 안주하여 곧 일체의 법성(法性)을 결택(決擇)하고, 더불어 사성제의 이치를 따라서 깨닫느니라. 그때 보살은 비록 고성제를 두루 알았을지라도 고성제의 마음에 집착하는 연기(緣起)를 일으키지 않으며, 비록 집성제를 영원히 단절하였을지라도 집성제의 마음에 집착하는 연기를 일으키지 않으며, 비록 멸성제를 증득하였을지라도 멸성제의 마음에 집착하는 연기를 일으키지 않으며, 비록 도성제를 수행하였을지라도 도성제의 마음에 집착하는 연기를 일으키지 않으며, 다만 무상정등보리를 수순하고 향하며 이르러서 들어가려는 마음만을 일으키면서 제법의 실상(實相)을 여실하게 관찰하느니라."

구수 선현이 다시 세존께 아뢰어 말하였다.
"이 보살마하살이 어찌하여 제법의 실상을 관찰합니까?"
세존께서 선현에게 알리셨다.
"이 보살마하살은 일체법이 모두 공하지 않은 것이 없다고 관찰하나니, 이것이 제법의 실상을 관찰하는 것이 되느니라."
구수 선현이 다시 세존께 아뢰어 말하였다.
"이 보살마하살은 어찌하여 제법이 모두가 공하다고 관찰합니까?"
세존께서 선현에게 알리셨다.
"이 보살마하살은 일체법에서 모두가 자상공(自相空)이라고 여실하게 관찰하나니, 이와 같이 제법이 모두 공하다고 관찰하느니라. 이 보살마하살은 이와 같은 상(相)의 비발사나(毗鉢舍那)로써 제법이 모두 공하다고 관찰하면서 보는데, 모두 제법에 자성이 그곳에 머물러서 무상정등보리를 증득하는 것이 있다고 보지 않느니라.
그 까닭은 무엇인가? 제불의 무상정등보리와 일체법은 모두가 무성으로써 자성을 삼는데 이를테면, 색, 나아가 식이 모두 무성(無性)으로써 자성(自性)을 삼고, 안처, 나아가 의처가 역시 모두 무성으로써 자성을 삼으며, 색처, 나아가 법처가 역시 모두 무성으로써 자성을 삼고, 안계, 나아가 의계가 역시 모두 무성으로써 자성을 삼으며, 색계, 나아가 법계가 역시 모두 무성으로써 자성을 삼고, 안식계, 나아가 의식계가 역시 모두 무성으로써 자성을 삼으며, 안촉, 나아가 의촉이 역시 모두 무성으로써 자성을 삼고, 안촉을 인연으로 생겨난 여러 수, 나아가 의촉을 인연으로 생겨난 여러 수가 역시 모두 무성으로써 자성을 삼으며,

지계, 나아가 식계가 역시 모두 무성으로써 자성을 삼고, 인연, 나아가 증상연이 역시 모두 무성으로써 자성을 삼으며, 인연을 따라서 생겨난 것의 제법이 역시 모두 무성으로써 자성을 삼고, 무명, 나아가 노사가 역시 모두 무성으로써 자성을 삼으며, 보시바라밀다, 나아가 반야바라밀다가 역시 모두 무성으로써 자성을 삼고, 내공, 나아가 무성자성공이 역시 모두 무성으로써 자성을 삼으며, 진여, 나아가 부사의계가 역시 모두 무성으로써 자성을 삼고, 고·집·멸·도성제가 역시 모두 무성으로써 자성을 삼으며, 4념주, 나아가 8성도지가 역시 모두 무성으로써 자성을 삼고, 4정려·4무량·4무색정이 역시 모두 무성으로써 자성을 삼으며,

8해탈, 나아가 10변처가 역시 모두 무성으로써 자성을 삼고, 공·무상·무원해탈문이 역시 모두 무성으로써 자성을 삼으며, 정관지, 나아가 여래지가 역시 모두 무성으로써 자성을 삼고, 극희지, 나아가 법운지가 역시 모두 무성으로써 자성을 삼으며, 일체의 다라니문·삼마지문이 역시 모두 무성으로써 자성을 삼고, 5안·6신통이 역시 모두 무성으로써 자성을 삼으며, 여래의 10력, 나아가 18불불공법이 역시 모두 무성으로써 자성을 삼고, 32대사상·80수호가 역시 모두 무성으로써 자성을 삼으며, 무망실법·항주사성이 역시 모두 무성으로써 자성을 삼고,

일체지·도상지·일체상지가 역시 모두 무성으로써 자성을 삼으며, 예류과, 나아가 독각이 역시 모두 무성으로써 자성을 삼고, 일체의 보살마하살의 행이 역시 모두 무성으로써 자성을 삼으며, 제불의 무상정등보리가 역시 모두 무성으로써 자성을 삼느니라.

이와 같은 무성(無性)은 제불께서 지은 것이 아니고, 독각이 지은 것도

아니며, 보살이 지은 것도 아니고, 성문이 지은 것도 아니며, 역시 과보에 머무르거나 향하여 가는 자가 지은 것도 아닌데, 다만 유정들을 위하여 일체법을 여실하게 모두 공한 까닭이라고 알지 못하고 보지 못하므로, 제보살마하살들이 깊은 반야바라밀다를 수행하면서 방편선교로 스스로가 깨달은 것과 같이, 제유정들을 위하여 여실히 널리 설하면서 집착을 벗어나게 하고 일체의 생·노·병·사에서 해탈시키며 반열반에서 구경(究竟)의 안락(安樂)을 얻게 하느니라."

마하반야바라밀다경 제478권

83. 무사품(無事品)

그때 구수 선현이 세존께 아뢰어 말하였다.

"세존이시여. 만약 일체법이 모두가 무성(無性)으로써 자성을 삼았을지라도, 이와 같은 무성은 제불께서 지은 것이 아니고, 독각이 지은 것도 아니며, 보살이 지은 것도 아니고, 성문이 지은 것도 아니며, 역시 과보에 머무르거나 향하여 가는 자가 지은 것도 아니라면 어찌하여 제법이 차이가 있다고 시설하십니까?

이를테면, '이것은 지옥이고, 이것은 축생이며, 이것은 아귀이고, 이것은 인간이며, 이것은 4대왕중천, 나아가 타화자재천이고, 이것은 범중천, 나아가 색구경천이며, 이것은 공무변처천, 나아가 비상비비상처천이고, 이것은 예류이며, 이것은 일래이고, 이것은 불환이며, 이것은 아라한이고, 이것은 독각이며, 이것은 보살이고, 이것은 여래이다.'라고 하며, 오히려 이러한 업을 까닭으로 지옥을 시설하고, 오히려 이러한 업을 까닭으로 방생을 시설하며, 오히려 이러한 업을 까닭으로 귀계를 시설하고, 오히려 이러한 업을 까닭으로 인간을 시설하며, 오히려 이러한 업을 까닭으로 4대왕중천, 나아가 타화자재천을 시설하고, 오히려 이러한 업을 까닭으로 범중천, 나아가 색구경천을 시설하며, 오히려 이러한 업을 까닭으로 공무변처천, 나아가 비상비비상처천을 시설하고, 오히려 이러한 업을 까닭으로 예류·일래·불환을 시설하며, 오히려 이러한 업을 까닭으로 아라한을 시설하고, 오히려 이러한 업을 까닭으로 독각을 시설하며, 오히려 이러한 업을 까닭으로 보살을 시설하고, 오히려 이러한 업을 까닭으로 여래를 시설하십니까?

세존이시여. 무성의 법은 결정적으로 작용이 없는데, 어찌하여 오히려 이와 같은 업으로 지옥에 태어나고, 오히려 이와 같은 업으로 방생에 태어나며, 오히려 이와 같은 업으로 귀계에 태어나고, 오히려 이와 같은 업으로 인간에 태어나며, 어찌하여 오히려 이와 같은 업으로 4대왕중천, 나아가 타화자재천에 태어나고, 오히려 이와 같은 업으로 범중천, 나아가 색구경천에 태어나며, 오히려 이와 같은 업으로 공무변처천, 나아가 비상비비상처천에 태어나고, 오히려 이와 같은 업으로 예류과를 증득하며, 어찌하여 오히려 이와 같은 업으로 일래과를 증득하고, 오히려 이와 같은 업으로 불환과를 증득하며, 오히려 이와 같은 업으로 아라한과를 증득하고, 오히려 이와 같은 업으로 독각의 보리를 증득하며, 오히려 이와 같은 업으로 보살위(菩薩位)에 들어가서 보살도를 행하고, 오히려 이와 같은 업으로 일체상지(一切相智)를 증득하였으므로 불세존이라고 이름하며 제유정들의 생사를 해탈시키십니까?"

세존께서 선현에게 알리셨다.

"그와 같으니라. 그대가 말한 것과 같으니라. 무성법(無性法)의 가운데에서는 제법에 차이가 있다고 시설할 수 없으므로 업도 없고 과보도 없으며 역시 작용(作用)도 없으나, 여러 어리석은 범부들은 성스러운 법과 비나야(毘奈耶)를 명료하지 못한 까닭으로, 제법이 모두가 무성으로써 성품을 삼는 것을 여실하게 알지 못하고 우치(愚癡)하고 전도(顚倒)되어서 여러 종류의 신·어·의업을 일으키며, 업의 차별에 따라서 여러 종류의 몸을 받고, 이와 같은 몸의 차별에 의지하여 지옥·방생·귀계·인간·천상, 나아가 비상비비상처천을 시설하느니라.

이와 같이 어리석은 범부들이 우치하고 전도되어서 생사의 고통을 받는 것을 발제(拔濟)하기 위하여 성스러운 법과 비나야의 분위(分位)와 차별을 시설하고, 이러한 분위에 의지하여 예류, 나아가 독각·보살·여래를 시설하느니라. 그렇지만 일체법은 모두가 무성으로써 자성을 삼았으므로 무성법의 가운데에서는 진실로 다른 법이 없고 업이 없고 과보도 없으며 역시 작용도 없나니, 무성법은 항상 무성인 까닭이니라.
　다시 다음으로 선현이여. 그대가 말한 것과 같이 '무성법은 결정적으로 작용이 없는데, 어찌하여 오히려 이와 같은 법으로 예류과를 증득한다고 말할 수 있겠고, [자세한 내용은 생략한다.] 나아가, 오히려 이와 같은 업으로 일체상지를 증득하므로 불·세존이라고 이름하며 제유정들의 생사를 해탈시키십니까?'라는 것에서 그대의 뜻은 어떠한가? 여러 수행하는 것의 도는 이것이 무성인가? 여러 예류과·일래과·불환과·아라한과와 독각의 보리와 보살도와 더불어 일체상지의 이것은 무성인가?"
　선현이 대답하여 말하였다.
　"그와 같습니다. 여러 수행하는 것의 도(道)는 [자세한 내용은 생략한다.] 나아가, 일체상지는 모두가 무성입니다."
　세존께서 선현에게 알리셨다.
　"그대의 뜻은 어떠한가? 무성법으로써 무성법을 얻겠는가?"
　선현이 대답하여 말하였다.
　"아닙니다. 세존이시여."
　세존께서 선현에게 알리셨다.
　"무성과 도는 이것이 일체법이고, 모두가 상응하지 않고 상응하지 않는 것도 아니며, 색깔이 없고 볼 수 없으며 마주할 수 없는 한 상(一相)의 이를테면, 무상(無相)인데 어리석은 범부인 이생들은 우치하고 전도되어서 무상법에서 법이 있다는 생각을 일으켜서 오온(五蘊)을 집착하고, 무상한 가운데에서 항상하다는 생각을 일으키며, 여러 괴로움의 가운데에서 즐겁다는 생각을 일으키고, 무아의 가운데에서 아라는 생각을 일으키며, 부정한 가운데에서 청정하다는 생각을 일으키고, 무성법에서 성품이 있다고 집착하느니라.
　오히려 이것을 보살마하살들이 깊은 반야바라밀다를 행하면서 방편선교로 이와 같은 제유정의 부류들을 발제시켜서 전도되고 허망한 분별을 벗어나게 하고, 방편으로 무상법(無相法)의 가운데에 안치시키고 정근하면서 수행하여 생사를 해탈하여 반드시 결국에는 항상 즐거운 열반을 증득하게 하느니라."

구수 선현이 다시 세존께 아뢰어 말하였다.
"어리석은 범부인 이생들은 집착하는 일인 것에서 대체로 진실하고 허망하지 않음이 있으므로 그들이 집착하였다면 여러 업을 조작하고, 오히려 이것을 인연으로 여러 세계에 빠져서 가라앉으며 생사의 괴로움을 능히 해탈하지 못합니까?"
세존께서 선현에게 알리셨다.
"어리석은 범부인 이생들은 집착하는 일인 것에서 나아가 털끝과 같이 진실하고 허망하지 않음이 있다고 말할 수 없나니, 그들이 집착하였다면 여러 업을 조작하고, 오히려 이것을 인연으로 여러 세계에 빠져서 가라앉으며 생사의 괴로움을 능히 해탈하지 못하나니, 오직 허망하고 전도된 집착이 있느니라. 내가 지금 그대를 위하여 널리 비유를 설하여 이러한 의취(義趣)를 거듭 나타내어서 그것을 쉽고 명료하게 하겠으니, 지혜가 있는 자들은 오히려 여러 비유에서 설하였던 의취에 능히 바른 이해를 생겨날 것이니라.
선현이여. 그대의 뜻은 어떠한가? 꿈속에서 사람이 5욕락(五欲樂)을 받는 것을 보았다면 꿈속에 대체로 적은 진실한 일이라도 있어서 그 사람에게 5욕락을 받게 하겠는가?"
선현이 대답하여 말하였다.
"꿈속에서 보았던 사람은 오히려 진실로 있지 않는데, 하물며 진실한 일이 있어서 그 사람에게 5욕락을 받게 할 수 있겠습니까?"
세존께서 선현에게 알리셨다.
"그대의 뜻은 어떠한가? 대체로 제법이 있어서 만약 선(善)이거나, 만약 비선(非善)이거나, 만약 유기(有記)이거나, 만약 무기(無記)이거나, 만약 유루(有漏)이거나, 만약 무루(無漏)이거나, 만약 세간(世間)이거나, 만약 출세간(出世間)이거나, 만약 유위(有爲)이거나, 만약 무위(無爲)일지라도 꿈속에서 보았던 일과 같지 않은 것이 있겠는가?"

선현이 대답하여 말하였다.

"결정적으로 법이 만약 선이거나, 만약 비선이거나, 만약 유기이거나, 만약 무기이거나, 만약 유루이거나, 만약 무루이거나, 만약 세간이거나, 만약 출세간이거나, 만약 유위이거나, 만약 무위일지라도 꿈속에서 보았던 일과 같지 않은 것은 있지 않습니다."

세존께서 선현에게 알리셨다.

"그대의 뜻은 어떠한가? 꿈속에서 대체로 진실로 여러 세계에 있고, 그 가운데에서 생사를 왕래(往來)하는 일이 있겠는가?"

선현이 대답하여 말하였다.

"아닙니다. 세존이시여."

세존께서 선현에게 알리셨다.

"꿈속에 대체로 진실로 수행할 도가 있고, 그것에 의지하여 도를 수행한다면 잡염(雜染)을 벗어나고 청정함을 얻을 수 있겠는가?"

선현이 대답하여 말하였다.

"아닙니다. 세존이시여. 그 까닭은 무엇인가? 꿈에서 보았던 법은 모두 진실한 일이 없고, 능히 시설할 수 없으며, 시설되는 것도 아니고, 수행할 도가 오히려 없는데, 하물며 수행하는 도에 의지하여 잡염(雜染)을 벗어나고 청정함을 얻을 수 있겠습니까?"

세존께서 선현에게 알리셨다.

"그대의 뜻은 어떠한가? 거울 등의 가운데에 나타난 여러 형상이라는 것에 진실한 일이 있다고 생각하여 의지하여 업을 조작하며, 오히려 조작한 업이라는 것에서 혹은 지옥에 떨어지거나, 혹은 방생에 떨어지거나, 혹은 귀계에 떨어지거나, 혹은 인간의 가운데에 태어나거나, 혹은 천상에 태어나서 고통과 즐거움을 받겠는가?"

선현이 대답하여 말하였다.

"거울 등의 가운데에 나타난 여러 형상이라는 것은 모두 진실한 일이 없고, 다만 어리석은 자들을 속이는 것인데, 어떻게 그것을 의지하여 여러 업을 조작할 것이며, 오히려 조작하였던 업이라는 것에서 혹은 악취에 떨어지거나, 혹은 인간과 천상에 태어나서 여러 고통과 즐거움을 받겠습니까?"

세존께서 선현에게 알리셨다.

"그대의 뜻은 어떠한가? 여러 형상에서 대체로 진실하게 수행할 도가 있고, 그것에 의지하여 도를 수행하여 잡염(雜染)을 벗어나고 청정함을 얻을 수 있겠는가?"

선현이 대답하여 말하였다.

"거울 등의 형상에는 모두 진실한 일이 없고, 능히 시설할 수 없으며, 시설되는 것도 아니고, 수행할 도가 오히려 없는데, 하물며 수행하는 도에 의지하여 잡염을 벗어나고 청정함을 얻을 수 있겠습니까?"

세존께서 선현에게 알리셨다.

"그대의 뜻은 어떠한가? 산골짜기 등의 가운데에서 일어나는 여러 메아리에서 진실한 일이 있다고 생각하여 의지하여 업을 조작하며, 오히려 조작한 업이라는 것에서 혹은 지옥에 떨어지거나, 혹은 방생에 떨어지거나, 혹은 귀계에 떨어지거나, 혹은 인간의 가운데에 태어나거나, 혹은 천상에 태어나서 고통과 즐거움을 받겠는가?"

선현이 대답하여 말하였다.

"산골짜기 등의 가운데에서 일어나는 여러 메아리라는 것은 모두 진실한 일이 없고, 다만 어리석은 자들을 속이는 것인데, 어떻게 그것을 의지하여 여러 업을 조작할 것이며, 오히려 조작하였던 업이라는 것에서 혹은 악취에 떨어지거나, 혹은 인간과 천상에 태어나서 여러 고통과 즐거움을 받겠습니까?"

세존께서 선현에게 알리셨다.

"그대의 뜻은 어떠한가? 여러 메아리에서 대체로 진실하게 수행할 도가 있고, 그것에 의지하여 도를 수행하여 잡염을 벗어나고 청정함을 얻을 수 있겠는가?"

선현이 대답하여 말하였다.

"아닙니다. 세존이시여. 그 까닭은 무엇인가? 산골짜기 등의 메아리에는 모두 진실한 일이 없고, 능히 시설할 수 없으며, 시설되는 것도 아니고, 수행할 도가 오히려 없는데, 하물며 수행하는 도에 의지하여 잡염을 벗어나고 청정함을 얻을 수 있겠습니까?"

세존께서 선현에게 알리셨다.

"그대의 뜻은 어떠한가? 여러 아지랑이의 가운데에서 나타나는 물 등이라는 것에서 진실한 일이 있다고 생각하여 의지하여 업을 조작하며, 오히려 조작한 업이라는 것에서 혹은 지옥에 떨어지거나, 혹은 방생에 떨어지거나, 혹은 귀계에 떨어지거나, 혹은 인간의 가운데에 태어나거나, 혹은 천상에 태어나서 고통과 즐거움을 받겠는가?"

선현이 대답하여 말하였다.

"여러 아지랑이의 가운데에 나타나는 물 등이라는 것은 모두 진실한 일이 없고, 다만 어리석은 자들을 속이는 것인데, 어떻게 그것을 의지하여 여러 업을 조작할 것이며, 오히려 조작하였던 업이라는 것에서 혹은 악취에 떨어지거나, 혹은 인간과 천상에 태어나서 여러 고통과 즐거움을 받겠습니까?"

세존께서 선현에게 알리셨다.

"그대의 뜻은 어떠한가? 여러 아지랑이의 물 등에서 대체로 진실하게 수행할 도가 있고, 그것에 의지하여 도를 수행하여 잡염을 벗어나고 청정함을 얻을 수 있겠는가?"

선현이 대답하여 말하였다.

"아닙니다. 세존이시여. 그 까닭은 무엇인가? 아지랑이의 물 등에는 모두 진실한 일이 없고, 능히 시설할 수 없으며, 시설되는 것도 아니고, 수행할 도가 오히려 없는데, 하물며 수행하는 도에 의지하여 잡염을 벗어나고 청정함을 얻을 수 있겠습니까?"

세존께서 선현에게 알리셨다.

"그대의 뜻은 어떠한가? 여러 그림자의 가운데에서 나타나는 색깔(色)과 상(相)이라는 것에서 진실한 일이 있다고 생각하여 의지하여 업을 조작하며, 오히려 조작한 업이라는 것에서 혹은 지옥에 떨어지거나, 혹은 방생에 떨어지거나, 혹은 귀계에 떨어지거나, 혹은 인간의 가운데에 태어나거나, 혹은 천상에 태어나서 고통과 즐거움을 받겠는가?"

선현이 대답하여 말하였다.

"여러 그림자의 가운데에서 나타나는 색깔과 상이라는 것은 모두 진실한 일이 없고, 다만 어리석은 자들을 속이는 것인데, 어떻게 그것을 의지하여 여러 업을 조작할 것이며, 오히려 조작하였던 업이라는 것에서 혹은 악취에 떨어지거나, 혹은 인간과 천상에 태어나서 여러 고통과 즐거움을 받겠습니까?"

세존께서 선현에게 알리셨다.

"그대의 뜻은 어떠한가? 여러 그림자의 가운데에서 나타나는 색깔과 상에서 대체로 진실하게 수행할 도가 있고, 그것에 의지하여 도를 수행하여 잡염을 벗어나고 청정함을 얻을 수 있겠는가?"

선현이 대답하여 말하였다.

"아닙니다. 세존이시여. 그 까닭은 무엇인가? 그림자의 색깔과 상에는 모두 진실한 일이 없고, 능히 시설할 수 없으며, 시설되는 것도 아니고, 수행할 도가 오히려 없는데, 하물며 수행하는 도에 의지하여 잡염을 벗어나고 청정함을 얻을 수 있겠습니까?"

세존께서 선현에게 알리셨다.

"그대의 뜻은 어떠한가? 마술사가 마술로 상군(象軍)·마군(馬軍)·차군(車軍)·보군(步軍)의 네 종류의 용맹스러운 군사를 짓거나, 혹은 다시 마술로써 소·양·남자·여자와 나머지 여러 종류의 매우 희유(希有)한 일을 지었다면 이러한 환영인 코끼리 등에서 진실한 일이 있다고 생각하여 의지하여 업을 조작하며, 오히려 조작한 업이라는 것에서 혹은 지옥에 떨어지거나, 혹은 방생에 떨어지거나, 혹은 귀계에 떨어지거나, 혹은 인간의 가운데에 태어나거나, 혹은 천상에 태어나서 고통과 즐거움을 받겠는가?"

선현이 대답하여 말하였다.

"환영인 코끼리와 말 등은 모두 진실한 일이 없고, 다만 어리석은 자들을 속이는 것인데, 어떻게 그것을 의지하여 여러 업을 조작할 것이며, 오히려 조작하였던 업이라는 것에서 혹은 악취에 떨어지거나, 혹은 인간과 천상에 태어나서 여러 고통과 즐거움을 받겠습니까?"

세존께서 선현에게 알리셨다.

"그대의 뜻은 어떠한가? 환영의 일에서 대체로 진실하게 수행할 도가 있고, 그것에 의지하여 도를 수행하여 잡염을 벗어나고 청정함을 얻을 수 있겠는가?"

선현이 대답하여 말하였다.

"아닙니다. 세존이시여. 그 까닭은 무엇인가? 환영인 코끼리와 말 등은 모두 진실한 일이 없고, 능히 시설할 수 없으며, 시설되는 것도 아니고, 수행할 도가 오히려 없는데, 하물며 수행하는 도에 의지하여 잡염을 벗어나고 청정함을 얻을 수 있겠습니까?"

세존께서 선현에게 알리셨다.

"그대의 뜻은 어떠한가? 능히 변화시킨 자가 변화로 몸을 지은 것이라면 이 변화시킨 몸에서 진실한 일이 있다고 생각하여 의지하여 업을 조작하며, 오히려 조작한 업이라는 것에서 혹은 지옥에 떨어지거나, 혹은 방생에 떨어지거나, 혹은 귀계에 떨어지거나, 혹은 인간의 가운데에 태어나거나, 혹은 천상에 태어나서 고통과 즐거움을 받겠는가?"

선현이 대답하여 말하였다.

"여러 변화시킨 몸은 모두 진실한 일이 없고, 다만 어리석은 자들을 속이는 것인데, 어떻게 그것을 의지하여 여러 업을 조작할 것이며, 오히려 조작하였던 업이라는 것에서 혹은 악취에 떨어지거나, 혹은 인간과 천상에 태어나서 여러 고통과 즐거움을 받겠습니까?"

세존께서 선현에게 알리셨다.

"그대의 뜻은 어떠한가? 여러 변화시킨 몸에서 대체로 진실하게 수행할 도가 있고, 그것에 의지하여 도를 수행하여 잡염을 벗어나고 청정함을 얻을 수 있겠는가?"

선현이 대답하여 말하였다.

"아닙니다. 세존이시여. 그 까닭은 무엇인가? 여러 변화시킨 몸은 모두 진실한 일이 없고, 능히 시설할 수 없으며, 시설되는 것도 아니고, 수행할 도가 오히려 없는데, 하물며 수행하는 도에 의지하여 잡염을 벗어나고 청정함을 얻을 수 있겠습니까?"

세존께서 선현에게 알리셨다.

"그대의 뜻은 어떠한가? 심향성(尋香城)의 가운데에서 나타난 물건들이라는 것에서 진실한 일이 있다고 생각하여 의지하여 업을 조작하며, 오히려 조작한 업이라는 것에서 혹은 지옥에 떨어지거나, 혹은 방생에 떨어지거나, 혹은 귀계에 떨어지거나, 혹은 인간의 가운데에 태어나거나, 혹은 천상에 태어나서 고통과 즐거움을 받겠는가?"

선현이 대답하여 말하였다.

"심향성의 가운데에서 나타난 물건들이라는 것은 모두 진실한 일이 없고, 다만 어리석은 자들을 속이는 것인데, 어떻게 그것을 의지하여 여러 업을 조작할 것이며, 오히려 조작하였던 업이라는 것에서 혹은 악취에 떨어지거나, 혹은 인간과 천상에 태어나서 여러 고통과 즐거움을 받겠습니까?"

세존께서 선현에게 알리셨다.

그대의 뜻은 어떠한가? 심향성 가운데의 물건들에서 대체로 진실하게 수행할 도가 있고, 그것에 의지하여 도를 수행하여 잡염을 벗어나고 청정함을 얻을 수 있겠는가?"

선현이 대답하여 말하였다.

"아닙니다. 세존이시여. 그 까닭은 무엇인가? 심향성의 가운데에서 나타난 물건들이라는 것은 모두 진실한 일이 없고, 능히 시설할 수 없으며, 시설되는 것도 아니고, 수행할 도가 오히려 없는데, 하물며 수행하는 도에 의지하여 잡염을 벗어나고 청정함을 얻을 수 있겠습니까?"

세존께서 선현에게 알리셨다.

"그대의 뜻은 어떠한가? 이 가운데서 대체로 진실하게 염오된 자와 청정한 자가 있는가?"

선현이 대답하여 말하였다.

"이 가운데는 모두 염오된 자와 청정한 자가 없습니다."

세존께서 선현에게 알리셨다.

"염오된 자와 청정한 자가 진실로 무소유(無所有)라면 오히려 이것을 인연으로 잡염과 청정함도 역시 진실로 있지 않느니라. 그 까닭은 무엇인가? 아(我)·아소(我所)에 머무르는 여러 유정의 부류들은 허망하게 분별하므로 잡염인 자와 청정한 자가 있다고 말하고, 오히려 이것을 인연으로 잡염과 청정함이 있다고 말하며, 진실을 보지 못한 자는 잡염인 자와 청정한 자가 있다고 말할지라도, 진실을 보는 자는 잡염인 자와 청정한 자가 없다고 아는 것과 같으니라. 이와 같아서 역시 잡염과 청정함도 진실한 일을 얻을 수 없는 것과 같은데, 일체법이 반드시 결국에는 공한 까닭이니라."

84. 실설품(實說品)

그때 구수 선현이 세존께 아뢰어 말하였다.

"세존이시여. 여러 진실을 보았던 자들은 이미 잡염과 청정함이 없고, 진실을 보지 못한 자들도 역시 잡염과 청정함이 없습니다. 그 까닭은 무엇인가? 일체법으로써 무소유인 까닭입니다. 세존이시여. 진실하게 말하는 자들은 이미 잡염과 청정함이 없고, 진실을 말하지 않는 자들도 역시 잡염과 청정함이 없습니다. 그 까닭은 무엇인가? 일체법으로써 무소유인 까닭입니다.

세존이시여. 무자성(無自性)의 법은 잡염과 청정함이 없고, 유자성(有自性)의 법도 역시 잡염과 청정함이 없습니다. 그 까닭은 무엇인가? 일체법으로써 모두가 무성을 수용하여 자성을 삼는 까닭입니다. 세존이시여. 진실을 보았던 자와 진실하게 말하였던 자에게 잡염과 청정함이 없다면, 진실을 보지 못하고 진실하게 말하지 않은 자들도 역시 잡염과 청정함이 없는데, 어찌하여 세존께서는 어느 때에는 청정한 법이 있다고 설하십니까?"
　세존께서 선현에게 알리셨다.
　"나는 일체법의 평등성이 청정한 법이라고 설하노라."
　구수 선현이 다시 세존께 아뢰어 말하였다.
　"무엇을 일체법의 평등성이라고 말하십니까?"
　세존께서 선현에게 알리셨다.
　"제법의 진여(眞如)·법계(法界)·법성(法性)·불허망성(不虛妄性)·불변이성(不變異性)·평등성(平等性)·이생성(離生性)·법정(法定)·법주(法住)·실제(實際)·허공계(虛空界)·부사의계(不思議界)는 제불께서 만약 세상에 출현하시거나, 만약 세상에 출현하시지 않을지라도 성상(性相)이 항상 머무르나니, 이것을 일체법의 평등성이라고 이름하느니라. 이러한 평등성을 청정한 법이라고 이름하고, 이것은 세속제에 의지하여 청정하다고 설할지라도 승의제에 의지하는 것은 아니니라. 그 까닭은 무엇인가? 승의제의 가운데에는 분별도 없고 역시 희론도 없으며, 일체의 명자(名字)와 언어(言語)의 도(道)가 단절되느니라."

　구수 선현이 다시 세존께 아뢰어 말하였다.
　"만약 일체법이 꿈(夢)·형상(像)·메아리(響)·아지랑이(焰)·그림자(影)·환영(幻)·변화한 것(化)과 심향성(尋香城)과 같아서 비록 있는 것과 비슷하게 나타날지라도 진실한 일이 없는데, 제보살마하살들은 어찌하여 이와 같이 진실로 있지 않는 법에 의지하여 무상정등각(無上正等覺)의 마음을 일으켜서 나아가면서 '나는 보시바라밀다, 나아가 반야바라밀다를 마땅히 원만하게 하겠다. 나는 수승한 신통바라밀다를 마땅히 원만하게 하겠다. 나는 방편선교(方便善巧)·묘원(妙願)·력(力)·지바라밀다(智波羅蜜多)를 마땅히 원만하게 하겠다. 나는 4정려·4무량·4무색정을 마땅히 원만하게 하겠다. 나는 4념주, 나아가 8성도지를 마땅히 원만하게 하겠다.
　나는 공·무상·무원해탈문을 마땅히 원만하게 하겠다. 나는 8해탈, 나아가 10변처를 마땅히 원만하게 하겠다. 나는 내공, 나아가 무성자성공을 마땅히 원만하게 하겠다. 나는 진여, 나아가 부사의계를 마땅히 원만하게 하겠다. 나는 고·집·멸·도성제를 마땅히 원만하게 하겠다. 나는 극희지, 나아가 법운지를 마땅히 원만하게 하겠다. 나는 일체의 다라니문·삼마지문을 마땅히 원만하게 하겠다. 나는 5안·6신통을 마땅히 원만하게 하겠다. 나는 여래의 10력, 나아가 18불불공법을 마땅히 원만하게 하겠다. 나는 무망실법·항주사성을 마땅히 원만하게 하겠다. 나는 일체지·도상지·일체상지를 마땅히 원만하게 하겠다. 나는 32대사상·80수호를 마땅히 원만하게 하겠다.
　나는 마땅히 무량한 광명을 일으켜서 시방의 무변한 세계를 두루 비추겠다. 나는 마땅히 하나의 미묘한 소리를 일으켜서 시방의 무변한 세계를 두루 채우겠으며 제유정들의 심·심소법으로 수승한 이해의 차별을 따라서 여러 종류의 미묘한 법문을 설하여 이익과 안락을 획득하게 하겠다.'라고 이러한 서원의 말을 짓습니까?"
　세존께서 선현에게 알리셨다.
　"그대의 뜻은 어떠한가? 그대가 설하였던 법이라는 것이, 어찌 일체법이 꿈·형상·메아리·아지랑이·그림자·변화한 것·심향성과 같지 않은가?"
　선현이 대답하여 말하였다.
　"그와 같습니다. 그와 같습니다. 세존이시여. 일체법이 꿈, 나아가 심향성과 같아서 모두 진실한 일이 없다면 어찌하여 보살마하살이 깊은 반야바라밀다를 수행하는 때에 '나는 일체의 공덕을 마땅히 원만하게 하여 무량한 유정들을 이익되고 안락하게 하겠다.'라고 큰 서원을 일으키면서 말합니까? 세존이시여. 꿈에서 보았던 것, [자세한 설명은 생략한다.] 나아가, 심향성의 가운데에서 나타난 물건의 부류들로 보시바라밀다, 나아가 반야바라밀다를 수행할 수 없는데 하물며 나머지의 일체법을 원만하게 하겠습니까? 역시 상응하여 이와 같아서 함께 진실하지 않은 까닭입니다.

　세존이시여. 꿈에서 보았던 것, [자세한 설명은 생략한다.] 나아가, 심향성의 가운데에서 나타난 물건의 부류들로 나아가, 2대사상·80수호를 수행할 수 없는데 하물며 나머지의 일체법을 원만하게 하겠습니까? 역시 상응하여 이와 같아서 함께 진실하지 않은 까닭입니다.

　세존이시여. 꿈에서 보았던 것, [자세한 설명은 생략한다.] 나아가, 심향성의 가운데에서 나타난 물건의 부류들로 일체의 소원하는 사업을 능히 성취할 수 없는데 하물며 나머지의 일체법을 원만하게 하겠습니까? 역시 상응하여 이와 같아서 함께 진실하지 않은 까닭입니다."

　세존께서 선현에게 알리셨다.

　"그와 같으니라. 그와 같으니라. 그대가 말한 것과 같이 진실로 법이 있지 않아서 보시바라밀다, 나아가 반야바라밀다를 수행할 수 없는데 하물며 원만하게 하겠는가? 이와 같이 나아가, 진실로 법이 있지 않아서 32대사상·80수호를 수행할 수 없는데 하물며 원만하게 하겠는가? 진실로 법이 있지 않아서 소원하는 사업을 성취할 수 없고, 진실로 법이 있지 않아서 구하였던 것인 무상정등보리를 증득하지 못하느니라.

　다시 다음으로 선현이여. 보시·정계·안인·정진·정려·반야바라밀다와 나머지의 무량하고 무변한 선법도 진실로 있지 않은 까닭으로 구하였던 것인 무상정등보리를 증득하지 못하느니라. 선현이여. 이와 같은 제법은 일체의 모두가 이것을 사유로 조작하였나니, 여러 사유로 조작하였던 법이 있다면 모두가 능히 일체지지를 증득하지 못한다고 마땅히 알아야 하느니라.

　다시 다음으로 선현이여. 이와 같은 제법은 비록 보리도를 능히 이끌어서 일으킬 수 있으나 그 과보에서 자량과 돕는 작용은 없는데, 오히려 이러한 제법은 생겨남이 없고 일어남이 없으며 실상(實相)이 없는 까닭이니라. 제보살마하살들이 깊은 반야바라밀다를 수행하는 때에는 초발심부터 비록 여러 종류의 신·어·의의 선업인 이를테면, 보시·정계·안인·정진·정려·반야바라밀다를 수행하거나, 이와 같이 나아가 일체지·도상지·일체상지를 수행할지라도, 일체는 꿈·형상·메아리·아지랑이·그림자·변화한 것·심향성 등과 같아서 있지 않다고 아느니라.
　다시 다음으로 선현이여. 이와 같은 제법은 비록 진실로 있지 않을지라도, 만약 원만하게 하지 않는다면 결정적으로 능히 유정을 성숙시키고 불국토를 청정하게 장엄하면서 무상정등보리를 증득하지 못하는데 이를테면, 보살마하살이 보시·정계·안인·정진·정려·반야바라밀다, 나아가 일체지·도상지·일체상지를 원만하게 하지 않는다면 결정적으로 능히 유정을 성숙시키고 불국토를 청정하게 장엄하면서 무상정등보리를 증득하지 못하느니라.
　다시 다음으로 선현이여. 이 보살마하살이 깊은 반야바라밀다를 수행하는 때에 수행하거나 안주하는 것인 일체의 선법을 따라서 모두가 꿈, 나아가 심향성과 같다고 여실하게 아는데 이를테면, 만약 보시·정계·안인·정진·정려·반야바라밀다를 수행한다면 꿈, 나아가 심향성과 같다고 능히 여실하게 알고, 이와 같이 나아가, 만약 일체지·도상지·일체상지를 수행한다면 꿈, 나아가 심향성과 같다고 능히 여실하게 알며, 만약 유정을 성숙시키고 불국토를 청정하게 장엄하며 무상정등보리를 구하면서 수행한다면 꿈, 나아가 심향성과 같다고 능히 여실하게 알고, 제유정의 부류들의 심행(心行)이 차별되는 것도 꿈, 나아가 심향성과 같다고 능히 여실하게 아느니라.
　다시 다음으로 선현이여. 이 보살마하살이 깊은 반야바라밀다를 수행하는 때에 일체법에서 있다고 생각하며 취하지도 않고 없다고 생각하며 취하지도 않느니라. 만약 오히려 이와 같이 취하는 까닭이라면 일체지지(一切智智)를 증득하며, 역시 그러한 법도 꿈, 나아가 심향성과 같다고 알았으므로 있다고 생각하며 취하지도 않고 없다고 생각하며 취하지도 않느니라. 그 까닭은 무엇인가? 보시·정계·안인·정진·정려·반야바라밀다, 나아가 일체지·도상지·일체상지는 모두가 취할 수 없는 까닭이고, 선법·비선법도 취할 수 없는 까닭이며, 유기법·무기법도 취할 수 없는 까닭이고, 유루법·무루법도 취할 수 없는 까닭이며, 세간법·출세간법도 취할 수 없는 까닭이고, 유위법·무위법도 취할 수 없는 까닭이니라.

이 보살마하살이 일체법을 취할 수 없다고 알았다면 무상정등보리를 구하면서 나아가느니라. 그 까닭은 무엇인가? 일체법으로써 모두 취할 수 없고 모두 진실한 일이 없으므로 꿈, 나아가 심향성이 취할 수 없는 법인 것과 같이, 능히 증득할 수도 없고 능히 취할 수도 없느니라. 그렇지만 제유정들은 이와 같은 법을 알지 못하고 보지 못하므로, 이 보살마하살들은 그 유정들의 요익을 위한 까닭으로 무상정등보리를 구하면서 나아가느니라.

다시 다음으로 선현이여. 이 보살마하살은 초발심부터 제유정들의 이익과 안락을 위한 까닭으로 보시바라밀, 나아가 반야바라밀다를 수행하는데, 스스로의 몸을 위한 것이 아니고 나머지의 일을 위한 것도 아니며, 제유정들의 이익과 안락을 위한 까닭으로 무상정등보리를 구하면서 나아가나니, 스스로의 몸을 위한 것이 아니고 나머지의 일을 위한 것도 아니니라.

다시 다음으로 선현이여. 이 보살마하살이 깊은 반야바라밀다를 수행하는 때에 어리석은 범부들이 아(我)가 아닌 가운데에서 아라는 생각에 머무르고, 유정(有情)이 아닌 가운데에서 유정이라는 생각에 머무르며, 이와 같이 나아가, 지자(知者)가 아닌 가운데에서 지자라는 생각에 머무르고, 견자(見者)가 아닌 가운데에서 견자라는 생각에 머무르는 것을 본다면, 이 보살마하살이 이러한 일을 보고서 매우 깊은 연민이 생겨나서 방편으로 교화하여 전도된 망상과 집착을 벗어나서 무상(無相) 감로계(甘露界)의 가운데에 안치시키느니라. 이러한 경계의 가운데에 머무른다면 다시 아라는 생각, 나아가 견자라는 생각을 일으켜서 나타내지 않나니, 이때에 일체의 도거(掉動)·산란(散亂)·희론(戲論)·분별(分別)들도 다시는 현행(現行)하지 않아서 마음은 많아 적정(寂靜)하고 담박(淡泊)하며 희론이 없는 경계에 머무느니라.

선현이여. 이 보살마하살이 오히려 이러한 방편으로 깊은 반야바라밀다를 행하면서 스스로가 제법에서 집착하는 것이 없고, 역시 다른 사람을 능히 교계하여 일체법에서 집착함이 없게 하느니라. 이것은 세속제에 의지하는 것이고 승의제에 의지하는 것은 아니며, 수승한 의취의 가운데에서 집착할 것이 없는 까닭이고, 나와 다른 사람의 차별을 얻을 수 없는 까닭이니라."

그때 구수 선현이 세존께 아뢰어 말하였다.
"세존이시여. 여래께서 무상정등보리를 증득하셨을 때에 증득하셨던 것인 불법은 세속제에 의지하여 증득하셨다고 이름하여 설하십니까? 승의제에 의지하여 증득하셨다고 이름하여 설하십니까?"
세존께서 선현에게 알리셨다.
"세존이 무상정등보리를 증득하셨을 때에 증득하셨던 것인 불법은 세속제에 의지하여 증득하셨다고 이름하여 설하고, 승의제에 의지하여 증득하셨다고 이름하여 설하지 않느니라. 만약 승의제에 의지한다면 얻는 것과 얻지 못하는 것을 모두 얻을 수 없느니라. 그 까닭은 무엇인가? 만약 이러한 사람이 이와 같은 법을 증득하였다고 말한다면 곧 얻을 수 있는 것이며, 얻을 것이 있는 자는 유이(有二)라고 집착하나니, 유이라고 집착하는 자는 과보도 얻지 못하고 역시 현관(現觀)1)도 없느니라."

구수 선현이 다시 세존께 아뢰어 말하였다.
"만약 유이라고 집착하는 자는 과보를 얻지도 못하고 역시 현관도 없다면, 무이(無二)라고 집착하는 자는 능히 과보를 얻고 현관도 있게 됩니까?"
세존께서 선현에게 알리셨다.
"유이라고 집착하는 자는 과보를 얻지도 못하고 역시 현관도 없으며, 무이라고 집착하는 자도 역시 다시 이와 같나니, 집착이 있는 까닭으로 유이라고 집착하는 것과 같으니라. 만약 유이라고 집착하지 않고 무이라고 집착하지 않는다면 곧 과보를 얻었다고 이름하고, 현관이라고 이름하느니라.

---

1) 산스크리트어 abhisamaya의 번역이고, 무루의 지혜로써 대상을 현재에서 명료하게 이해하는 깨달음을 가리킨다.

그 까닭은 무엇인가? 만약 오히려 이것으로 곧 능히 과보를 얻고 역시 현관도 있다고 집착하거나 더불어 그것으로 과보를 얻지 못하고 역시 현관도 없다고 집착한다면 함께 이것은 희론(戲論)이니라. 일체법의 평등성(平等性)의 가운데에는 여러 희론이 있지 않나니, 만약 희론을 벗어난다면 비로소 법의 평등성이라고 이름하느니라."

구수 선현이 다시 세존께 아뢰어 말하였다.

"만약 일체법이 모두가 무성으로써 자성을 삼는다면, 이 가운데서 무엇을 법의 평등성이라고 말하십니까?"

세존께서 선현에게 알리셨다.

"만약 이 처소에서 모두 유성(有性)도 없고 역시 무성(無性)도 없으며, 역시 평등성이라고 설할 수도 없고, 이와 같다면 법의 평등성이라고 이름하느니라. 선현이여. 법의 평등성은 이미 설할 수 없고 역시 알 수도 없나니, 평등성을 제외하고서 얻을 법이 없으며, 일체법을 벗어난다면 평등성도 없다고 마땅히 알아야 하느니라. 선현이여. 마땅히 알아야 하느니라. 법의 평등성은 이생들과 성자들이 함께 능히 행하지 못하나니 그들의 경계가 아닌 까닭이니라."

구수 선현이 다시 세존께 아뢰어 말하였다.

"법의 평등성은 어찌 역시 세존께서도 행하였던 경계가 아닙니까?"

세존께서 선현에게 알리셨다.

"법의 평등성은 일체의 성자(聖者)들이 모두가 능히 행하지 못하고 역시 능히 증득하지도 못하는데 이를테면, 여러 예류이거나, 만약 여러 일래이거나, 만약 여러 불환이거나, 만약 여러 아라한이거나, 만약 여러 독각이거나, 만약 여러 보살이거나, 만약 여러 여래일지라도 모두가 능히 법의 평등성으로써 수행할 것의 경계로 삼지 않나니, 이 가운데에서는 일체의 희론과 분별을 모두 행하지 않는 까닭이니라."

구수 선현이 다시 세존께 아뢰어 말하였다.

"세존께서는 제법에서 모두 자재(自在)함을 얻으셨는데, 어찌하여 법의 평등성은 역시 제불도 행하시는 경계가 아니라고 말씀하십니까?"
　세존께서 선현에게 알리셨다.
　"세존은 비록 제법에서 자재함을 얻었을지라도, 만약 평등성이 세존과 함께 차별이 있다면 이것은 세존이 행할 것의 경계라고 말할 수 있겠으나, 평등성과 세존은 차별이 없는데, 어찌하여 세존이 그 경계를 행한다고 설할 수 있겠는가? 선현이여. 마땅히 알아야 하느니라. 만약 여러 이생법(異生法)이 평등성이고, 만약 여러 예류(預流)·일래(一來)·불환(不還)·아라한(阿羅漢)·독각(獨覺)·보살(菩薩)·여래법(如來法)이 평등성이라면, 이와 같은 일체법의 평등성은 모두가 같은 하나의 상(一相)인 이를테면, 무상(無相)이니라.
　이러한 하나인 평등은 무이(無二)이고 차별이 없는 까닭으로, 이것은 이생법이 평등성이라고 설할 수 있고, [자세한 내용은 생략한다.] 나아가, 이러한 여래법이 평등성이라고 설할 수 있느니라. 이러한 한 법의 평등성의 가운데에서 여러 평등성을 이미 얻을 수 없었으므로 그 가운데서 이생들과 예류 등의 차별된 상도 얻을 수 없느니라."

　구수 선현이 다시 세존께 아뢰어 말하였다.
　"만약 일체법이 평등성의 가운데에서 여러 차별되는 상(相)을 모두 얻을 수 없다면 곧 여러 이생들과 예류 등의 법과 유정들은 상응하여 차별이 없습니다."
　세존께서 선현에게 알리셨다.
　"그와 같으니라. 그와 같으니라. 그대가 말한 것과 같으니라. 일체법이 평등성의 가운데에서 만약 여러 이생들이거나, 만약 여러 성자, 나아가 여래법과 유정들일지라도 모두 차별이 없느니라."
　구수 선현이 다시 세존께 아뢰어 말하였다.
　"만약 일체법이 평등성의 가운데에서 만약 이생·성자법과 유정들은 모두 차별이 없다면 어찌하여 세간에 삼보(三寶)인 이를테면, 불보(佛寶)·법보(法寶)·승보(僧寶)가 출현합니까?"

세존께서 선현에게 알리셨다.

"그대의 뜻은 어떠한가? 불보·법보·승보에 법의 평등성이 각각 차별되는가?"

선현이 대답하여 말하였다.

"제가 세존께서 설하셨던 의취(義趣)를 이해하는 것과 같다면, 불보·법보·승보에 법의 평등성은 모두가 차별이 없습니다. 그 까닭은 무엇인가? 불보·법보·승보에 법의 평등성은 이와 같은 일체와 모두 상응(相應)하지도 않고 상응하지 않는 것도 아니며, 색깔이 없고 볼 수 없으며 마주할 수 없는 하나의 상인 이를테면, 무상(無相)입니다. 그렇지만 불·세존께서는 무상법(無相法)에서 방편선교로써 여러 종류의 법과 유정의 명자와 상의 차별을 건립하는데 이를테면, 이것은 이생과 이생법이고, 나아가 여래와 여래법입니다."

세존께서 선현에게 알리셨다.

"그와 같으니라. 그와 같으니라. 그대가 말한 것과 같으니라. 제불께서는 법에서 방편선교로 능히 무상에서 여러 종류의 법과 유정의 명자와 상의 차별을 건립하시느니라. 다시 다음으로 선현이여. 그대의 뜻은 어떠한가? 여래·응공·정등각께서 무상정등보리를 증득하지 못하였거나, 설사 무상정등보리를 증득하셨을지라도 유정들을 위하여 여러 종류의 법과 유정의 명자와 상의 차별을 건립하시지 않으셨다면 제유정의 부류들이 능히 스스로가 알고서 '이것은 지옥이다. 이것은 방생이다. 이것은 귀계이다, 이것은 인간이다, 이것은 천상인 이를테면, 4대왕중천, 나아가 비상비비상처천이다.

이것은 색, 나아가 식이다. 이것은 안처, 나아가 의처이다. 이것은 색처, 나아가 법처이다. 이것은 안계, 나아가 의계이다. 이것은 색계, 나아가 법계이다. 이것은 안식계, 나아가 의식계이다. 이것은 안촉, 나아가 의촉이다. 이것은 안촉을 인연으로 생겨난 여러 수, 나아가 의촉을 인연으로 생겨난 여러 수이다. 이것은 지계, 나아가 식계이다. 이것은 인연, 나아가 증상연이다. 이것은 인연을 따라서 생겨나는 것의 제법이다.

이것은 무명, 나아가 노사이다. 이것은 선법과 비선법이다. 이것은 유기법과 무기법이다. 이것은 유루법과 무루법이다. 이것은 세간법과 출세간법이다. 이것은 유위법과 무위법이다.

이것은 보시바라밀다, 나아가 반야바라밀다이다. 이것은 내공, 나아가 무성자성공이다. 이것은 진여, 나아가 부사의계이다. 이것은 고·집·멸·도성제이다. 이것은 4정려·4무량·4무색정이다. 이것은 공·무상·무원해탈문이다. 이것은 8해탈, 나아가 10변처이다. 이것은 정관지, 나아가 여래지이다. 이것은 극희지, 나아가 법운지이다. 이것은 일체의 다라니문·삼마지문이다. 이것은 5안·6신통이다. 이것은 여래의 10력, 나아가 18불불공법이다. 이것은 32대사상·80수호이다. 이것은 무망실법·항주사성이다. 이것은 일체지·도상지·일체상지이다. 이것은 일체지·도상지·일체상지이다. 이것은 일체상묘원지(一切相妙願智)이다. 이것은 일체지지(一切智智)이다. 이것은 3보(三寶)이다. 이것은 3승(三乘)이다.'라고 생각하겠는가? 제유정의 부류들이 이와 같은 등의 차별에서 명자와 상을 능히 스스로가 알겠는가?"

선현이 대답하여 말하였다.

"아닙니다. 세존이시여. 만약 세존께서 유정들에게 같은 등의 차별에서 명자와 상을 건립하시지 않으셨다면 제유정들은 이와 같은 등의 차별에서 명자와 상을 능히 스스로가 알지 못합니다."

세존께서 선현에게 알리셨다.

"이러한 까닭으로 여래는 무상법에서 방편선교로 비록 유정들을 위하여 여러 종류의 차별되는 명자와 상을 건립할지라도, 제법의 평등성의 가운데에서 능히 요동되는 것이 없고, 비록 유정들에게 큰 은혜를 지을지라도 그 가운데에서 능히 상을 취하지 않느니라."

그때 구수 선현이 세존께 아뢰어 말하였다.

"세존이시여. 여래께서 일체법의 평등성의 가운데에서 모두 요동되는 것이 없다면, 이와 같아서 일체의 이생들과 예류·일래·불환·아라한·독각·

보살들도 역시 제법의 평등성의 가운데에서 모두 요동되는 것이 없습니까?"

세존께서 선현에게 알리셨다.

"그와 같으니라. 그와 같으니라. 일체법과 제유정으로써 모두는 평등성을 출리하지 않는 까닭으로 평등성과 같고, 진여, [자세한 내용은 생략한다.] 나아가, 부사의계도 역시 이와 같은, 제법은 차별이 없는 까닭이니라."

구수 선현이 다시 세존께 아뢰어 말하였다.

"만약 여러 이생들과 여러 성자들, 아울러 일체법에 평등성의 차별이 없다면, 지금의 일체법과 제유정들의 상이 각각 다른 까닭으로 성품도 역시 상응하여 다를 것입니다. 이것은 곧 법성도 역시 상응하여 다를 것인데 이를테면, 색, 나아가 식의 상이 각각 다른 까닭으로 성품도 역시 상응하여 다를 것이고, 안처, 나아가 의처의 상이 각각 다른 까닭으로 성품도 역시 상응하여 다를 것이며, 색처, 나아가 법처의 상이 각각 다른 까닭으로 성품도 역시 상응하여 다를 것이고, 안계, 나아가 의계의 상이 각각 다른 까닭으로 성품도 역시 상응하여 다를 것이며,

색계, 나아가 법계의 상이 각각 다른 까닭으로 성품도 역시 상응하여 다를 것이고, 안식계, 나아가 의식계의 상이 각각 다른 까닭으로 성품도 역시 상응하여 다를 것이며, 안촉, 나아가 의촉의 상이 각각 다른 까닭으로 성품도 역시 상응하여 다를 것이고, 안촉을 인연으로 생겨난 여러 수, 나아가 의촉을 인연으로 생겨난 여러 수의 상이 각각 다른 까닭으로 성품도 역시 상응하여 다를 것이며, 지계, 나아가 식계의 상이 각각 다른 까닭으로 성품도 역시 상응하여 다를 것이고, 인연, 나아가 증상연의 상이 각각 다른 까닭으로 성품도 역시 상응하여 다를 것이며, 인연을 따라서 생겨나는 것의 제법의 상이 각각 다른 까닭으로 성품도 역시 상응하여 다를 것이고, 무명, 나아가 노사의 상이 각각 다른 까닭으로 성품도 역시 상응하여 다를 것이고, 탐·진·치의 상이 각각 다른 까닭으로 성품도 역시 상응하여 다를 것이며,

이생들의 견취(見趣)의 상이 각각 다른 까닭으로 성품도 역시 상응하여 다를 것이고, 4정려·4무량·4무색정의 상이 각각 다른 까닭으로 성품도

역시 상응하여 다를 것이며, 4념주, 나아가 8성도지의 상이 각각 다른 까닭으로 성품도 역시 상응하여 다를 것이고, 공·무상·무원해탈문의 상이 각자 다른 까닭으로 성품도 역시 상응하여 다를 것이며, 내공, 나아가 무성자성공의 상이 각각 다른 까닭으로 성품도 역시 상응하여 다를 것이고, 진여, 나아가 부사의계의 상이 각각 다른 까닭으로 성품도 역시 상응하여 다를 것이며, 고·집·멸·도성제의 상이 각각 다른 까닭으로 성품도 역시 상응하여 다를 것이고, 보시바라밀다, 나아가 반야바라밀다의 상이 각각 다른 까닭으로 성품도 역시 상응하여 다를 것이며,

8해탈, 나아가 10변처의 상이 각각 다른 까닭으로 성품도 역시 상응하여 다를 것이고, 정관지, 나아가 여래지의 상이 각각 다른 까닭으로 성품도 역시 상응하여 다를 것이며, 극희지, 나아가 법운지의 상이 각각 다른 까닭으로 성품도 역시 상응하여 다를 것이고, 일체의 다라니문·삼마지문의 상이 각각 다른 까닭으로 성품도 역시 상응하여 다를 것이며, 5안·6신통의 상이 각각 다른 까닭으로 성품도 역시 상응하여 다를 것이고, 여래의 10력, 나아가 18불불공법의 상이 각각 다른 까닭으로 성품도 역시 상응하여 다를 것이며, 32대사상·80수호의 상이 각각 다른 까닭으로 성품도 역시 상응하여 다를 것이고, 무망실법·항주사성의 상이 각각 다른 까닭으로 성품도 역시 상응하여 다를 것이며,

일체지·도상지·일체상지의 상이 각각 다른 까닭으로 성품도 역시 상응하여 다를 것이고, 어리석은 범부인 이생, 나아가 여래의 상이 각각 다른 까닭으로 성품도 역시 상응하여 다를 것이며, 선법·비선법의 상이 각각 다른 까닭으로 성품도 역시 상응하여 다를 것이고, 유기법·무기법의 상이 각각 다른 까닭으로 성품도 역시 상응하여 다를 것이며, 유루법·무루법의 상이 각각 다른 까닭으로 성품도 역시 상응하여 다를 것이고, 세간법·출세간법의 상이 각각 다른 까닭으로 성품도 역시 상응하여 다를 것이고, 유위법·무위법의 상이 각각 다른 까닭으로 성품도 역시 상응하여 다를 것입니다.

세존이시여. 이와 같은 법 등의 상이 만약 각각 다르다면 이것은 곧

법성도 역시 상응하여 각각 다를 것인데, 어찌하여 여러 다른 상인 법 등에서 법성에 하나의 상(一相)을 안립(安立)시킵니까? 어찌하여 보살마하살은 깊은 반야바라밀다를 수행하는 때에 법과 유정들을 여러 종류의 성품이 있다고 분별하지 않습니까?

 만약 보살마하살들이 법과 유정들을 여러 종류의 성품이 있다고 분별하지 않는다면 곧 상응하여 깊은 반야바라밀다를 능히 행하지 못할 것이고, 만약 매우 깊은 반야바라밀다를 능히 행하지 못한다면 곧 상응하여 한 보살지에서 다른 한 보살지에 능히 이르지 못할 것이며, 만약 결정적으로 능히 한 보살지에서 다른 한 보살지에 이르지 못한다면 곧 상응하여 보살의 정성이생에 나아가서 들어가지 못할 것이고, 만약 결정적으로 번뇌를 보살의 정성이생에 능히 나아가서 들어가지 못한다면 곧 상응하여 여러 성문·독각지를 능히 초월하지 못할 것이며, 만약 결정적으로 여러 성문·독각지를 능히 초월하지 못한다면 곧 상응하여 신통바라밀다를 능히 원만하게 하지 못할 것이고, 만약 결정적으로 신통바라밀다를 능히 원만하게 하지 못한다면 곧 상응하여 여러 신통에서 자재하게 유희하지 못할 것이며,

 만약 결정적으로 능히 여러 신통에서 자재하게 유희하지 못한다면 곧 상응하여 보시바라밀다, 나아가 반야바라밀다를 능히 원만하게 하지 못할 것이고, 만약 결정적으로 보시바라밀다, 나아가 반야바라밀다를 능히 원만하게 하지 못한다면 곧 상응하여 한 불국토에서 다른 한 불국토에 이르면서 제불·세존께 능히 친근하고 공양하지 못할 것이며, 만약 결정적으로 한 불국토에서 다른 한 불국토에 이르면서 능히 제불·세존께 친근하고 공양하지 못한다면 곧 상응하여 제불의 처소에서 능히 선근을 심지 못할 것이고, 만약 결정적으로 제불의 처소에서 능히 선근을 심지 못한다면 곧 상응하여 불국토를 능히 청정하게 장엄하거나 유정을 성숙시키지 못할 것이며, 만약 결정적으로 불국토를 능히 청정하게 장엄하거나 유정을 성숙시키지 못한다면 곧 상응하여 무상정등보리를 증득하고서 정법륜(正法輪)을 굴리면서 유정들을 헤아려서 해탈시키고 그들을 악취의

생사에서 영원히 벗어나게 하지 못할 것입니다."

세존께서 선현에게 알리셨다.

"그대가 '만약 여러 이생들과 여러 성자들과, 아울러 일체법에 평등성의 차별이 없다면, 지금의 일체법과 제유정들의 상이 각각 다른 까닭으로 성품도 역시 상응하여 다를 것이고, 이것은 곧 법성도 역시 상응하여 다를 것인데, 어찌하여 여러 다른 상 등인 법에서 법성에 하나의 상을 안립시키며, 어찌하여 보살마하살이 깊은 반야바라밀다를 수행하는 때에 법과 제유정들에게 여러 종류의 성품이 있다고 분별하지 않는가? 나아가, [자세한 내용은 생략한다.]'라고 말한 것과 같다면, 선현이여. 그대의 뜻은 어떠한가? 여러 색의 법성은 이것이 공성(空性)은 아닌가? 수·상·행·식의 법성이 공성은 아닌가? 이와 같이 나아가, 일체의 유위와 무위의 법성이 공성은 아닌가?"

선현이 대답하여 말하였다.

"그와 같습니다. 그와 같습니다. 일체의 법성은 모두가 공성입니다."

세존께서 선현에게 알리셨다.

"그대의 뜻은 어떠한가? 공성의 가운데에서 법 등의 다른 상을 얻을 수 있겠는가? 이를테면, 색의 다른 상이거나, 자세한 내용은 생략한다.] 나아가, 일체의 유위와 무위의 상을 얻을 수 있겠는가?"

선현이 대답하여 말하였다.

"아닙니다. 세존이시여. 공성의 가운데에서 일체의 다른 상을 모두 얻을 수 없습니다."

세존께서 선현에게 알리셨다.

"오히려 이것으로 법의 평등성은 곧 일체의 어리석은 범부인 이생이 아니고 일체의 어리석은 범부인 이생을 벗어난 것도 아니며, 이와 같이 나아가, 여래·응공·정등각이 아니고 여래·응공·정등각을 벗어난 것도 아니며, 법의 평등성은 곧 색이 아니고 색을 벗어난 것도 아니며, 곧 수·상·행·식이 아니고 수·상·행·식을 벗어난 것도 아니며, 이와 같이 나아가, 유위와 무위가 아니고 유위와 무위를 벗어난 것도 아니라고 마땅히 알아야 하느니라."

 구수 선현이 다시 세존께 아뢰어 말하였다.

 "법의 평등성은 이것이 유위가 됩니까? 이것이 무위가 됩니까?"

 세존께서 선현에게 알리셨다.

 "법의 평등성은 유위도 아니고 무위도 아니니라. 그렇지만 유위법을 벗어나서 무위법을 얻을 수 없고, 무위법을 벗어나서 유위법도 얻을 수 없느니라. 선현이여. 만약 유위이거나, 만약 무위계일지라도 이와 같은 두 경계는 합쳐지지 않고 흩어지지 않으며 색깔도 없고 볼 수 없으며 마주할 수 없는 하나의 상인 이를테면, 무상이므로, 일체의 여래·응공·정등각께서는 세속제에 의지하여 설하셨으나 승의제에 의지하여 설하시지 않는다고 마땅히 알아야 하느니라. 그 까닭은 무엇인가? 승의제의 가운데에서는 신행(身行)·어행(語行)·의행(意行)을 얻을 수 없고, 신행·어행·의행을 벗어나서 승의제를 얻지 못하느니라.

 선현이여. 유위법과 무위법의 평등한 성에 나아간다면 승의제라고 이름하여 설하나니, 일체의 유위와 무위를 벗어나서 별도로 승의제가 있지 않다고 마땅히 알아야 하느니라. 이러한 까닭으로 보살마하살이 깊은 반야바라밀다를 수행하는 때에 승의제에서 요동하지 않고 보살마하살의 행을 수행하여 유정을 성숙시키고 불국토를 청정하게 장엄하며, 무상정등보리를 증득하고서 미묘한 법륜을 굴리면서 유정들을 헤아려서 해탈시키고 그들을 생·노·병·사에서 영원히 벗어나게 하여 구경에 항상 안락한 열반을 증득하게 하느니라."

85. 공성품(空性品)

 그때 구수 선현이 다시 아뢰어 말하였다.

"세존이시여. 만약 제법 등이 평등한 성품이고 모두가 본성공(本性空)이라면 이 본성공은 일체법에서 능히 짓는 것이 아니고 지어지는 것도 아닌데, 어찌하여 보살마하살이 깊은 반야바라밀다를 수행하는 때에 승의제에서 요동하지 않고 4섭사(四攝事)로써 유정들을 요익하게 합니까?"

세존께서 선현에게 알리셨다.

"그와 같으니라. 그와 같으니라. 일체법의 평등한 성품은 모두가 본성공인데, 이 본성공은 일체법에서 능히 짓는 것이 아니고 지어지는 것도 아니니라. 그렇지만 제보살들은 유정들을 위하여 보시 등으로써 요익한 일을 짓느니라. 만약 제유정들이 제법은 모두가 본성공이라고 스스로가 안다면 곧 제여래들과 보살들은 신통을 나타내어 희유(希有)한 일을 짓지 않는데 이를테면, 제법의 본성공의 가운데에서는 비록 요동이 없으나 제유정들에게 여러 종류의 망상과 전도를 멀리 벗어나게 하고,

이를테면, 유정들에게 아라는 생각과 유정이라는 생각, 나아가 지자라는 생각과 견자라는 생각을 멀리 벗어나게 하고, 색, 나아가 식이라는 생각을 멀리 벗어나게 하며, 안처, 나아가 의처라는 생각을 멀리 벗어나게 하고, 색처, 나아가 법처라는 생각을 멀리 벗어나게 하며, 안계, 나아가 의계라는 생각을 멀리 벗어나게 하며, 색계, 나아가 법계라는 생각을 멀리 벗어나게 하고, 안식계, 나아가 의식계라는 생각을 멀리 벗어나게 하며, 지계, 나아가 식계라는 생각을 멀리 벗어나게 하고, 무명, 나아가 노사라는 생각을 멀리 벗어나게 하며, 역시 유위계라는 생각에서 멀리 벗어나서 무위계에 머무르면서 일체의 생·노·병·사를 해탈시키나니, 무위계라는 것은 나아가서 제법이 공일지라도 세속제에 의지하여 무위계라고 이름하여 설하느니라."

구수 선현이 다시 세존께 아뢰어 말하였다.

"오히려 무슨 공을 까닭으로 제법이 공하다고 설합니까?"

세존께서 선현에게 알리셨다.

"오히려 공이라고 생각하는 까닭으로 제법이 공하다고 설하느니라. 다시 다음으로 선현이여. 그대의 뜻은 어떠한가? 만약 변화(變化)시킨

몸이 다시 변화시킨 일을 지었다면, 이것이 공하지 않은 진실한 일이 있겠는가?"

선현이 대답하여 말하였다.

"일체의 변화시킨 것은 모두 진실한 일이 없고, 일체가 모두가 공합니다."

세존께서 선현에게 알리셨다.

"변화시킨 것과 공(空)의 이와 같은 두 가지의 법은 합쳐지지 않고 흩어지지도 않는데, 이 두 가지는 함께 공공(空空)인 까닭으로 공은 이것이 공인가? 변화한 것인가를 상응하여 분별하지 못하느니라. 그 까닭은 무엇인가? 공성의 가운데는 공이 있거나 변화가 있다는 두 가지의 일이 얻을 수 없나니, 일체법으로써 필경공(畢竟空)인 까닭이니라."

"다시 다음으로 선현이여. 색은 변화가 아닌 것이 없고, 수·상·행·식도 변화가 아닌 것이 없으며, 여러 이러한 변화라는 모두가 공하지 않는 것이 없고, 나머지의 법과 유정들도 역시 그와 같다고 상응하여 알아야 하느니라."

구수 선현이 다시 세존께 아뢰어 말하였다.

"온(蘊)·계(界)·처(處) 등의 세간법과 제유정들은 모두가 변화한 것일지라도, 4념주 등의 출세간법과 제유정들이 어찌 역시 이것이 변화한 것이겠습니까?"

세존께서 선현에게 알리셨다.

"일체의 세간법과 출세간법 등은 이것이 변화가 아닌 것이 없느니라. 그렇지만 그 가운데에는 성문이라는 변화가 있고 독각이라는 변화가 있으며 보살이라는 변화가 있고 여래라는 변화가 있으며 번뇌라는 변화가 있고 제법이라는 변화가 있느니라. 오히려 이러한 인연으로 나는 일체의 모두가 변화 등과 같아서 차별이 없다고 설하느니라."

구수 선현이 다시 세존께 아뢰어 말하였다.

"일체의 단절하는 과보인 이를테면, 예류·일래·불환·아라한·독각·여래들은 번뇌와 습기의 상속을 영원히 단절하였는데, 어찌 역시 이것도 변화한 것입니까?"

세존께서 선현에게 알리셨다.
"이와 같이 제법이 만약 함께 생겨나고 소멸하면서 두 가지가 서로가 화합하는 것은 역시 모두가 변화한 것이니라."
구수 선현이 다시 세존께 아뢰어 말하였다.
"무슨 법이 변화한 것이 아닙니까?"
세존께서 선현에게 알리셨다.
"만약 법이 함께 생겨나고 소멸하면서 서로가 화합하지 않는다면 이 법은 변화하는 것이 아니니라."
구수 선현이 다시 세존께 아뢰어 말하였다.
"무슨 법이 함께 생겨나고 소멸하면서 서로가 화합하지 않습니까?"
세존께서 선현에게 알리셨다.
"헛되고 속이지 않은 법은 나아가서 이것은 열반이며, 이 법은 함께 생겨나고 소멸하면서 서로가 화합하지 않나니, 이러한 까닭으로 변화하는 것이 아니니라."
구수 선현이 다시 세존께 아뢰어 말하였다.
"세존께서 설하신 것과 같다면 평등한 법성은 일체가 모두 공하고, 능히 요동이 없는 자는 두 가지를 얻을 수 없으며, 적은 법이라도 있다면 자성공이 아닌 것이 없는데, 어찌하여 열반은 변화한 것이 아니라고 설하십니까?"
세존께서 선현에게 알리셨다.
"그와 같으니라. 그와 같으니라. 그대가 말한 것과 같으니라. 적은 법이라도 있다면 자성공이 아닌 것이 없느니라. 이 자성공은 성문이 지은 것이 아니고, 독각이 지은 것도 아니며, 보살이 지은 것도 아니고, 여래가 지은 것도 아니며, 역시 나머지가 지은 것도 아니어서, 여래가 있거나, 여래가 없을지라도 그 성품은 항상 공하나니, 이것은 열반으로 나아가느니라. 이러한 까닭으로 나는 열반을 변화한 것이 아니라고 설할 지라도, 진실로 열반이라고 이름할 법이 있지 않고, 생겨나지도 않고 소멸하지도 않으며 변화한 것이 아니라고 설하느니라."

"다시 다음으로 선현이여. 나는 새롭게 수학하는 보살들을 위하여 열반은 변화한 것이 아니라고 설하였으나, 진실로 공하지 않은 열반이 별도로 있지 않느니라. 이러한 까닭으로 상응하여 이것을 집착하고 고난을 삼지 않아야 하느니라."

그때 선현이 세존께 아뢰어 말하였다.

"무슨 방편으로 새롭게 수학하는 보살들을 교계(敎誡)하고 교수(敎授)하여 제법의 자성이 항상 공하다고 알게 해야 합니까?"

세존께서 선현에게 알리셨다.

"어찌 일체법이 앞에 있고 뒤에는 없더라도 항상 공하지 않겠는가? 그렇지만 일체법은 이미 앞에 있지 않았고 뒤에도 역시 없지 않았으며, 자성이 항상 공하나니, 상응하여 놀라지 않아야 하느니라. 상응하여 이와 같은 방편선교를 짓고서 새롭게 수학하는 보살들을 교계하고 교수하여 제법의 자성이 항상 공하다고 알게 해야 하느니라."

이때 박가범(薄伽梵)께서 이 경전을 설하셨으므로, 자씨보살(慈氏菩薩)을 상수(上首)로 삼았으며, 무량한 보살마하살들과 구수 선현(善現)·사리자(舍利子)·대채숙씨(大採菽氏)[2]·대가섭파(大迦葉波)·아난다(阿難陀) 등의 여러 대성문들과 하늘·용·아소락 등의 일체의 대중들이 세존께서 설하시는 것을 듣고서 모두가 크게 환희하면서 믿고 수지하며 받들어 행하였다.

---

2) 산스크리트어 Mahā Maudgalyāyana의 번역이고, 마하몰특가라(摩訶沒特伽羅)로 음사하며, 대목견련(大目乾連)을 가리킨다.

제3분
第三分

마하반야바라밀다경 제3회 서문

사문(沙門) 현칙(玄則)이 짓다.

　일반적으로 바른 이치(正理)는 정(情)을 쫓으면서 어리석어질지라도, 정(情)은 오히려 이치의 거울이고, 미묘한 관찰(妙觀)은 자취(迹)를 따르면서 어그러질지라도, 자취를 관찰하는 것으로써 그윽해지는 것이다. 그렇지만 정과 자취의 두 가지를 숭상하여 가명(假名)과 상(相)을 즐겁게 수습한다면, 곧 바른 이치와 미묘한 관찰의 두 가지가 없어져서, 자질은 점차 다문(多聞)[1]에 물드는 것이다. 왕성(王城)의 처소를 급히 벗어나서 성스러운 자리(聖席)인 이곳에서 다시 평안해졌으므로 이것을 수용하여 유희(遊戲)의 선정에 들어가서 이전 회중의 신비한 자취를 펼쳐놓고, 미묘(微妙)한 소리를 내면서 먼 시간을 향하여 증거를 결집하는 것이다.
　광명이 펼쳐지니 법(法)의 윤택하고, 마음(心)의 근원을 정밀하게 가려서 뽑는다면, 장차 유정들의 세계(情區)에서 이익이 없을지라도 이익되게 하고자 하고, 중생의 품류에서 도탈(度脫)되지 않은 자를 도탈시키며, 나아가 적정(寂)에서 육통(六通)[2]을 운용하고, 묵언(忘言)에서 사변(四辯)[3]이 유출될 것이니, 진실로 부사의(不思議)의 무분별(無分別)에 마땅히

---

1) 내전과 외전을 널리 익히고서, 소승과 대승의 교리를 헛되이 분별하는 것이다.
2) 여섯 신통력(神通力)인 천안통(天眼通)·천이통(天耳通)·타심통(他心通)·숙명통(宿命通)·신족통(神足通)·누진통(漏盡通)을 가리킨다.
3) 사무애변(四無礙辯)의 줄임말이고, 장애가 없이 자재한 이해와 설법의 네 가지를 말하는데, 법무애(法無礙)·의무애(義無礙)·사무애(辭無礙)·요설무애(樂說無碍)이다.

머무르는 것이다. 꿈속에서 거듭 꿈에 이른다면 오히려 아이처럼 내달리며 쫓으므로 수고롭게 되나니, 나아가서 밝게 깨우친 뒤에 다시 깨우친다면 비로소 가피를 일으키는 경사가 있느니라.

어찌 여러 사물이 다르게 빛날지라도 그것을 여여(如如)하게 관찰하는 것은 드문 것인가? 그것이 여여하고 다시 여여하다는 것은 다른 것이 다르게 되는 것이 아니니라. 얽매어져 있거나 얽매임에서 벗어났거나, 자성[性]은 청정하고, 불성이 있거나 불성이 없거나 실체(體)는 항상하나니, 그것을 회합시킨다면 자성으로 돌아오나니 여래(如來)라고 명호하는 것이고, 그것이 무너져서 다르게 흐른다면 이생(異生)이라고 부르는 것이다. 전제(前際)가 공하면 번뇌(累)를 끝마치게 되고 후제(後際)가 공하면 공덕을 가득 채우게 되는 것이다.

그 감로문(甘露門)을 열고 금강좌(金剛座)에 앉으며 가명법(假名法)으로 외신(外身)을 무색(無色)으로 장엄하고서 승의제(勝義諦)의 가운데에서 무심(無心)으로 열어서 깨닫느니라. 그러므로 공(空)으로써 공에 막혀서 악(惡)하게 취(取)라는 것을 능히 단절할 수 있는데, 무설(無說)과 가설(假說)을 수승한 방편(善權)으로 열고, 빛나는 묘색(妙色)을 다르게 마주하며, 원만한 법음(圓音)을 각각 이해하고서 쏟아내게 되나니, 스스로가 반야(般若)로써 근원을 삼지 않는 것이 없고, 반야에 의지하는 것으로 수학을 성취하게 되느니라. 비유하건대 산의 왕(山王)인 묘고(高妙)는 계곡의 왕으로 종장(宗長)4)이나니, 의취는 반드시 중요하고 깊으며, 말도 역시 풍부하고 비밀스러우니라. 일반적으로 59권 31품이며, 구역(舊譯)의 관련(涉)이 없어서 '단역(單譯)'이라고 이름하느니라.

---

4) 종교를 창시한 사람을 종장이라 부르는데, 본 문장에서는 근원이라고 해석할 수 있겠다.

마하반야바라밀다경 제479권

1. 연기품(緣起品)

나는 이와 같이 들었다.

어느 때 박가범(薄伽梵)께서는 왕사성(王舍城)[1]의 취봉산(鷲峰山)의 가운데에서 대비구(大苾芻)들과 5억명과 함께 머무르셨고, 모두가 아라한(阿羅漢)으로 여러 번민(諸漏)을 끝마쳐서 다시는 번뇌(煩惱)가 없었으며, 진실하게 자재함을 얻었다. 마음이 잘 해탈되었고 지혜가 잘 해탈되었으므로 조련(調練)시킨 지혜로운 말(馬)과 같았으며 역시 큰 용(龍)과 같았다. 지을 것은 이미 지었고 성취할 것은 이미 성취하였으므로 여러 무거운 짐을 버렸고 스스로의 이익을 얻었으며, 여러 생사의 번뇌(有結)를 끝마쳤고 정지(正知)로 해탈하였으며, 마음이 자재하여 제일구경(第一究竟)에 이르렀으나, 혼자서 학지(學地)에 기거하는 아난다(阿難陀)는 제외하였으며, 사리자(舍利子) 등을 상수(上首)로 삼았다. 다시 5백의 비구니가 있었는데, 모두가 아라한이었고 야수다라(耶輸達羅)를 상수로 삼았다. 다시 수천의 우바색가(鄔波索迦)와 우바사가(鄔波斯迦)들이 있었는데, 모두가 이미 법을 보았다.

다시 무량(無量)하고 무수(無數)인 보살마하살(菩薩摩訶薩)의 대중(大衆)이 있었는데, 일체(一切)의 모두가 다라니문(陀羅尼門)과 삼마지문(三摩地門)을 얻었고, 공(空)·무상(無相)·무분별(無分別)의 서원(願)에 머물렀으

---

1) 산스크리트어 Rājagaha의 번역이고, 마가다국(摩揭陀國)의 왕도(王都)를 가리킨다.

며, 이미 제법(諸法)의 평등성인(平等性忍)2)을 얻었고, 사무애해(四無碍解)를 성취하여 구족(具足)하였으며, 일반적으로 널리 설(演說)하는 변재(辯才)에 끝이 없었고, 5신통(五神通)에서 유희(遊戲)하면서 영원히 퇴실(退轉)하여 잃어버리는 것이 없었으며, 기운이 고르고 온화하고 단아(端雅)하여 일체가 흠모하고 받들었고, 정근하면서 정진하고 용맹스러웠으며 예리하므로 여러 해태가 없었으며, 친족을 버렸고 재물을 버렸으며, 몸을 잊어버렸고 목숨을 바쳤으며, 거짓으로써 간탐하면서 구하는 것이 없었다.

여러 유정(有情)들을 위하여 미묘한 이치를 널리 설하였으며, 깊은 법인(法忍)에 증득하여 등극취(等極趣)에 이르렀고, 큰 무외(無畏)를 얻어서 몸과 마음이 탄연(坦然)3)하였고, 여러 악마들이 지었던 것의 사업을 초월하였으며, 번뇌의 원적을 항복시켰고, 여러 업장(業障)에서 벗어났으며, 법에서 마음에서 모두 자재(自在)함을 얻었고, 소유한 업의 번뇌(煩惱)와 장애에서 해탈하였으며, 설하는 여러 인연에서 선교(善巧)가 아닌 것이 없었고, 깊은 연기(緣起)와 계합하였더라도 이취(理趣)는 끝이 없었으며, 견해(見)와 수면(隨眠)을 소멸시켰고, 여러 전결(纏結)4)을 단절하였으며, 지혜는 여러 진리의 이치(諦理)와 지혜를 모두 증득하였고, 이미 큰 서원(誓願)을 일으키고서 많은 겁(劫)을 지내왔으며, 말에 앞서 미소를 머금었고 용모와 얼굴(容顔)은 펼쳐져서 너그러웠으며, 말과 운율(詞韻)은 화합하고 아름다웠으며, 찬탄하는 미묘한 변재는 끝이 없었고, 대중의 처소에서 엄숙한 위엄으로 존중받았으며 용모는 엄숙하고 온화하였으며, 움직이고 멈추는 위의(威儀)는 단아하고 두려움이 없으며 탄연하였다.

나유타(那庾多)의 겁을 교묘히 설하면서 끝이 없었고, 여러 법문(法門)을 오히려 '환영(幻)의 일과 같고, 아지랑이와 같으며, 꿈의 경계와 같고, 물속의 달과 같으며, 메아리와 같고, 허공의 꽃과 같으며, 거울 속의

---

2) 산스크리트어 āśraya-parāvṛtti의 번역이고, 평등성지라고 말한다. 진여(眞如)와 무분별지(無分別智)를 성취하는 것을 말한다.
3) 마음이 안정(安定)되어 매우 평온(平穩)한 상태를 가리킨다.
4) 번뇌를 다르게 부르는 말이다.

형상(像)과 같고, 그림자와 같으며, 역시 변화하는 일과 같고, 심향성(尋香城)과 같아서, 비록 모두가 실체가 없으나 있는 것과 같이 나타난다.'라고 관찰(觀察)하였으며, 깊은 이치에서 무소외(無所畏)로 설하였고, 찬송(讚頌)은 교묘하고 마음은 하열(下劣)하지 않았으며, 유정들을 여러 종류의 수승한 이해로 심행(心行)이 나아가는 것(所趣)의 미세한 차별을 잘 알았고, 후제(後際)에 장애가 없다고 잘 통달하였으며, 최고로 수승한 무생법인(無生法忍)을 성취하였고, 법의 평등성에 여실하게 깨달아 들어갔으며, 무변한 대원(大願)으로 불국토를 섭수하였다.

시방세계에서 무수(無數)인 제불을 오히려 등지(等持)의 힘으로 항상 생각하여 앞에 현전(現前)하시게 하였고, 일체의 여래께서 세상에 출현하신다면 모두 능히 여러 일을 섬기면서 헛되게 지나치는 것이 없었으며, 역시 능히 세상에 오래도록 머무시면서 정법륜(正法輪)을 굴리면서 무량한 대중들을 도탈하시도록 권유하면서 청하였고, 일체의 수면과 여러 견취(見趣)·번뇌·전(纏)·구(垢)를 능히 조복시켜서 소멸시켰으며, 백천의 등지(等持)를 이끌어서 일으키고 유희(遊戲)하면서 여러 법문을 능히 깨달아 들어갔는데, 이러한 제보살마하살들은 이와 같은 등의 무량한 공덕을 구족하셨으므로 무수인 겁을 지내면서 찬탄하여도 끝마칠 수 없었다.

그 보살들의 명호를 말한다면, 그들의 이름은 현수보살(賢守菩薩)·보성보살(寶性菩薩)·도사보살(導師菩薩)·인수보살(仁授菩薩)·성수보살(星授菩薩)·수천보살(水天菩薩)·제수보살(帝授菩薩)·상혜보살(上慧菩薩)·관자재보살(觀自在菩薩)·득대세보살(得大勢菩薩)·묘길상보살(妙吉祥菩薩)·금강혜보살(金剛慧菩薩)·보인수보살(寶印手菩薩)·상거수보살(常擧手菩薩)·자씨보살(慈氏菩薩) 등이었고, 이와 같은 등의 무량한 백천 구지(俱胝)·나유타 보살들을 상수로 삼았다.

그때 세존께서는 사자좌(師子座)의 위에서 스스로가 니사단(尼師壇)5)을 펼치셨고 가부좌(跏趺坐)를 맺으셨으며, 몸을 단정하게 하셨고, 바른

---

5) 산스크리트어 niṣīdana의 음사이고, 좌구(坐具)라고 번역한다. 수행자가 앉거나 눕는 때에 바닥에 펼치는 직사각형의 깔개를 가리킨다.

서원으로 마주하는 생각에 안주하시면서 등지왕(等持王)의 묘한 삼마지(三摩地)에 들어가셨는데, 여러 삼마지는 모두가 이 삼마지의 가운데에 섭수되어 들어가고, 이것에서 유출되는 까닭이었다. 그때 세존께서는 정지(正知)[6]와 정념(正念)으로 등지왕의 삼마지에서 안상(安詳)하게 일어나셨고, 청정한 천안(天眼)으로 시방의 긍가사(殑伽沙)와 같은 제불의 세계를 관찰하셨으므로 색신을 일으키시니 가볍고 상쾌하셨다.

두 발바닥의 천폭륜상(千輻輪相)[7]을 따라서 각 방위(方位)에 60백천 구지·나유타 광명을 펼치셨고, 열 개의 발가락, 두 개의 발의 뒷등, 두 개의 발꿈치, 네 개의 복사뼈, 두 개의 정강이, 두 개의 허벅지, 두 개의 무릎, 두 개의 넓적다리, 허리와 옆구리, 배와 등, 배꼽과 명치, 가슴의 덕자(德字)와 두 개의 유두, 두 개의 겨드랑이, 두 개의 어깨, 두 개의 어깨뼈, 두 개의 팔꿈치, 두 개의 팔, 두 개의 팔뚝, 두 개의 손, 두 개의 손바닥, 열 개의 손가락, 목과 목구멍, 턱과 뺨, 이마와 머리, 정수리, 두 개의 눈썹, 두 개의 눈, 두 개의 귀, 두 개의 코, 입과 네 어금니, 40개의 치아, 눈썹 사이의 백호상(白毫相) 등의 하나·하나인 몸의 부분에서 각각 60백천 구지·나유타의 광명을 놓으셨고, 이 하나·하나의 광명은 각각 삼천대천세계(三千大千世界)를 비추었으며, 이것을 따라서 전전(展轉)하여 시방의 긍가사(殑伽沙) 등의 제불세계(諸佛世界)를 두루 비추셨으므로, 그 가운데 있는 유정들이 이러한 광명을 접촉하였던 자라면 반드시 무상정등보리(無上正等菩提)를 획득하였다.

그때 세존의 일체의 털구멍은 모두 화기애애하였으므로 각각 60백천 구지·나유타의 많은 광명을 쏟아냈으며, 이 하나·하나의 광명은 각자 삼천대천세계를 비추었고, 이것을 따라서 전전(展轉)하면서 시방의 긍가사 등의 제불세계를 두루 비추셨으므로, 그 가운데 있는 유정들이 이러한 광명을 접촉하였던 자라면 반드시 무상정등보리를 획득하였다. 그때

---

6) 산스크리트어 Sampajañña의 음사이다.
7) 세존께서 지니신 삼십이상(三十二相)의 하나이다. 세존의 발바닥에 있는 천 개의 수레바퀴살과 같은 무늬를 가리킨다.

세존께서 색신의 항상하는 광명(常光)을 펼치시어 이 삼천대천세계를 비추셨고, 이것을 따라서 전전하면서 시방의 긍가사 등의 제불세계를 두루 비추셨으므로, 그 가운데 있는 유정들이 이러한 광명을 접촉하였던 자라면 반드시 무상정등보리를 획득하였다.

그때 세존께서는 그 입안(面門)에서 장광설상(廣長舌相)[8]을 내미셨고, 삼천대천세계를 두루 덮으시면서 살포시 미소를 지으셨으며, 다시 장광설상을 따라서 무량한 백천 구지·나유타의 많은 광명을 펼치셨는데, 그 광명은 여러 가지의 빛깔이었다. 이 여러 가지의 빛깔에서 하나·하나인 광명의 가운데에서 보배 연꽃을 나타내셨는데, 그 꽃은 일천의 잎이었고 모두가 금빛이었으며 여러 보배로 장엄(莊嚴)되었다. 이러한 광명과 꽃이 삼천대천세계에 두루 퍼졌고, 이것을 따라서 전전하면서 시방의 긍가사 등의 제불세계에 두루 퍼졌다. 여러 화대(花臺)의 가운데에는 모두 화불(化佛)이 가부좌를 맺고서 미묘한 법을 널리 설하시는데, 하나·하나의 법음에서는 모두 반야바라밀다(般若波羅蜜多)와 상응(相應)하는 법을 설하셨으므로, 유정들이 들었던 자가 있었다면 반드시 무상정등보리를 획득하였다.

그때 세존께서는 자리에서 일어나지 않으셨으며, 다시 사자유희등지(師子遊戲等持)에 들어가시어 신통력을 나타내시어 이 삼천대천세계를 여섯 종류 변동(變動)을 시키셨는데 이를테면, 동극동등극동(動極動等極動)[9], 용극용등극용(踊極踊等極踊)[10], 진극진등극진(震極震等極震)[11], 격극격등극격(擊極擊等極擊)[12], 후극후등극후(吼極吼等極吼)[13], 폭극폭등극폭(爆極

---

8) 세존께서 지니신 삼십이상의 하나이다. 세존의 혀가 넓고 길어서 코를 덮고 귀까지 닿을 정도라는 긴 상태를 가리킨다.
9) 이 변동은 첫째는 미동(微動)이고, 둘째는 극동(極動)이고, 셋째는 등극동(等極動)이다.
10) 이 변동은 첫째는 미용(微涌)이고, 둘째는 극용(極涌)이고, 셋째는 등극용(等極涌)이다.
11) 이 변동은 첫째는 미진(微震)이고, 둘째는 극진(極震)이고, 셋째는 등극진(等極震)이다.
12) 이 변동은 첫째는 미격(微擊)이고, 둘째는 극격(極擊)이고, 셋째는 등극격(等極擊)이다.

爆等極爆)14)의 그것이었다. 또한 이 세계가 동쪽에서 솟아났고 서쪽으로 잠겼으며, 서쪽에서 솟아났고 동쪽으로 잠겼으며, 남쪽에서 솟아났고 북쪽으로 잠겼으며, 북쪽에서 솟아났고 남쪽으로 잠겼으며, 가운데서 솟아났고 끝자락으로 잠겼으며, 끝자락에서 솟아났고 가운데로 잠기게 하셨으므로, 그 땅이 청정하고 윤택하며 부드러워서 여러 유정들에게 이익과 안락이 생겨나게 하셨다.

 이때 이 삼천대천세계에서 소유한 지옥의 방생(傍生)과 아귀(餓鬼)의 세계와 나아가 틈새가 없는 험악(險惡)한 세계(趣)의 일체의 유정들은 모두 고통을 벗어났고, 이곳에서 목숨을 버리고서 인간의 가운데에 태어나거나, 6욕천(六欲天)15)에 태어났는데, 모두가 이전에 머물렀던 것을 기억하였으며, 환희(歡喜)하고 용약(踊躍)하면서 함께 세존의 처소로 나아갔고, 순수하고 청정한 마음으로 세존의 발에 예경하였다. 이것으로 전전하여 시방의 긍가사 등의 제불세계까지 널리 세존의 신통력으로써 여섯 종류로 변동시켰으므로, 이때 그 세계의 여러 악취(惡趣)의 일체의 유정들도 모두 고통을 벗어났고, 이곳에서 목숨을 버리고서 인간의 가운데에 태어나거나, 6욕천에 태어났는데, 모두가 이전에 머물렀던 것을 기억하였으며, 환희하고 용약하면서 함께 세존의 처소로 나아갔고, 은근하고 청정한 마음으로 세존의 발에 예경하였다.

 그때 삼천대천세계와 나머지의 시방의 긍가사 등의 세계의 유정들이 맹인(盲人)은 능히 보았고 귀머거리는 능히 들었으며, 벙어리는 능히 말하였고, 미친 자는 생각을 얻었으며, 산란한 자는 안정을 얻었고, 가난한 자는 재물을 얻었으며, 발가벗은 자는 옷을 얻었고, 굶주린 자는 음식을

---

13) 이 변동은 첫째는 미후(微吼)이고, 둘째는 극후(極吼)이고, 셋째는 등극후(等極吼)이다.
14) 이 변동은 첫째는 미폭(微爆)이고, 둘째는 극폭(極爆)이고, 셋째는 등극폭(等極爆)이다.
15) 산스크리트어 kāma-dhātu-deva의 번역이고, 사천왕천(四天王天), 도리천(忉利天), 야마천(夜摩天), 도솔천(兜率天), 낙변화천(樂變化天), 타화자재천(他化自在天)을 가리킨다.

얻었으며, 목마른 자는 음료를 얻었고, 병든 자는 병을 없애서 나았으며, 추루(醜)한 자는 단엄(端嚴)해졌고, 형체가 손상된 자는 구족되었으며, 근(根)이 결손(缺損)된 자는 원만함을 얻었고, 기절한 자는 깨어났으며, 피로한 자는 안은(安適)함을 얻었다.

 이때 제유정들은 동등한 마음으로 서로 향하면서 아버지와 같았고 어머니와 같았으며 형과 같았고 아우와 같았으며 누나와 같았고 누이와 같았으며 벗과 같았고 친족과 같았으며, 삿된 말·업(業)·생활을 벗어났고, 정어(正語)·정업(正業)·정명(正命)을 닦았으며, 십악(十惡)16)의 업도(業道)를 벗어났고 십선(十善)의 업도를 수행하였으며, 악(惡)한 심사(尋思)를 벗어났고 선(善)한 심사를 수행하였으며, 범행(梵行)이 아닌 것을 벗어났고 바른 범행을 수행하였으며, 청정(淨)함을 좋아하고 염오(穢)를 버렸으며, 적정(靜)함을 좋아하고 번잡함(喧)을 버렸으므로 몸과 마음이 태연(泰然)하고 홀연히 미묘한 즐거움이 생겨나서 수행자가 제3선정(第三定)에 들어간 것과 같았다. 다시 수승한 지혜가 홀연히 앞에 나타났으므로 함께 이렇게 생각하였다.

 '보시(布施)·조복(調伏)·안인(安忍)·용진(勇進)·적정(寂靜)·제관(諦觀)17)으로 방일(放逸)을 멀리 벗어났고, 범행(梵行)을 수행하였으며, 여러 유정들에게 자(慈)·비(悲)·희(喜)·사(捨)로 서로가 번뇌로 접촉하지 않으니 어찌 선하지 않겠는가!'

 그때 세존께서는 사자좌에 머무르셨으며 광명은 특이하셨고 위덕이 높고 높으셨으므로 삼천대천세계와 시방의 긍가사 등의 제불국토(諸佛國土)의 소미로산(蘇迷盧山)18)과 윤위산(輪圍山)19) 등과 더불어 일체의 용·

---

16) 산스크리트어로 daśakuśala-karmāni의 번역이고, '살생(殺生)', '투도(偸盜)', '사음(邪淫)', '망어(妄語)', '양설(兩舌)', '악구(惡口)', '기어(綺語)', '탐욕(貪欲)', '진에(瞋恚)', '사견(邪見)' 등이다.
17) 6바라밀의 가운데에서 지계·안인·정진·정려·반야(般若) 바라밀을 가리킨다.
18) 산스크리트어 Sumeru의 번역이고, 당나라 말로는 묘고산(妙高山)이라고 부르며, 수미산(須彌山)을 다르게 부르는 이름이다.
19) 산스크리트어 Cakravada이고 작가라파라(斫迦羅婆羅)라고 음사한다. 다른 이름

천신(天神)·천궁(天宮), 나아가 정거천(淨居天)20)에 이르기까지 빛이 가려져서 모두 나타나지 못하게 하셨으므로, 가을의 보름달이 많은 별을 비추는 것과 같았고, 여름의 햇볕이 여러 색깔을 빼앗는 것과 같았으며, 네 가지 보배의 묘고산왕(妙高山王)이 여러 산을 비춘다면 여러 산이 광채(光彩)를 잃는 것과 같았다.

세존께서는 신통력으로써 본래의 색신(色身)을 나타내시어 이 삼천대천세계의 유정들이 모두를 보게 하셨으므로, 이때 이 삼천대천세계의 무량하고 무수한 정거제천(淨居諸天)부터 아래로 욕계(欲界)의 4대왕중천(四大王衆天)들과 더불어 나머지의 일체 인비인(人非人)들이 모두 여래의 처소인 사자좌를 보았는데, 위덕과 광명이 대금산(大金山)과 같이 환하게 빛나는 것을 보았으므로 환희하고 용약하면서 미증유(未曾有)라고 찬탄하였으며, 각자 무량한 천화(天花)·향기로운 꽃다발·바르는 향·태우는 향·가루 향·의복(衣服)·영락(瓔珞)·보배의 당기와 번기(寶幢幡)·일산(蓋)·기악(伎樂)·여러 보물(諸珍)과 무량한 종류의 천청련화(天靑蓮花)·천적련화(天赤蓮花)·천백련화(天白蓮花)·천향련화(天香蓮花)·천황련화(天黃蓮花)·천홍련화(天紅蓮花)·천금전수화(天金錢樹花)와 천향엽(天香葉)과 아울러 나머지의 물과 땅의 생화(生花)를 가지고 세존의 처소로 나아갔으며 받들어 세존의 위에 흩뿌렸는데, 세존께서는 신력으로써 여러 꽃다발을 회전시키고 합쳐서 화대(花臺)를 성취하셨나니, 크기는 삼천대천세계와 동등(同等)하였고, 천화(天花)·일산·보배 방울(寶鐸)·구슬 깃발(珠幡)·비단(綺) 등으로 화려하고 아름답게 장식하였으므로 매우 애락(愛樂)하였다.

그때 이 불국토(佛土)는 미묘하게 장엄되었으므로 오히려 서방(西方)의 극락세계(極樂世界)와 같았고, 세존의 광휘(光暉)가 삼천대천세계를 비추었으므로 물건과 허공이 모두 금빛과 같았으며, 시방으로 각각 긍가사

으로는 '금강산(金剛山)', '금강위산(金剛圍山)', '철륜위산(鐵輪圍山)' 등이 있다.
20) 산스크리트어 Śuddhāvāsa의 번역이고, 색계 제4선천(第四禪天)의 '무번천(無煩天)', '무열천(無熱天)', '선현천(善現天)', '선견천(善見天)', '색구경천(色究竟天)' 등을 통틀어 일컫는 말이다.

등의 제불의 세계도 역시 다시 이와 같았다. 그때 이 삼천대천세계의 불국토에서 세존의 신력(神力)으로써 인체의 천인과 인간들이 각각 세존께서 그들의 앞에 바르게 앉아있는 것을 보고서 함께 '여래께서 혼자서 설법하신다!'라고 말하였다.

 이때 세존께서는 자리에서 일어나지 않으셨고 살포시 미소를 지으셨으며 그 입안에서 대광명(大光明)을 펼쳐놓아서 삼천대천의 불국토와 아울러 나머지 시방(十方)의 긍가사(殑伽沙) 등의 제불세계를 두루 비추셨다. 이때 이 삼천대천의 불국토의 일체의 유정들은 세존의 광명을 찾아서 시방의 긍가사 등의 제불의 세계에서 일체의 여래(如來)·응공(應供)·정등각(正等覺)들께서 성문(聲聞)과 보살(菩薩)들의 대중들에게 위요(圍繞)되셨고, 나머지의 유정(有情)과 무정(無情)들의 품류(品類)가 차별되는 것을 두루 보았다. 이때 그 시방의 긍가사 등의 제불세계의 일체의 유정들도 세존의 광명을 찾았고 역시 이 국토의 석가모니 여래·응공·정등각께서 성문과 보살들의 대중들에게 위요되셨고, 나머지의 유정과 무정들의 품류가 차별되는 것을 두루 보았다.

 그때 동방(東方)의 긍가의 모래와 같은 세계를 지나가면 최후의 세계를 다보(多寶)라고 이름하였고, 여래(佛)의 명호는 보성(寶性) 여래·응공·정등각이셨으며, 현재 제보살마하살들을 위하여 대반야바라밀다(大般若波羅蜜多)를 설하셨다. 그곳에 보살이 있어 보광(普光)이라고 명호하였는데, 이러한 큰 광명과 대지(大地)의 변동과 불신(佛身)의 상(相)을 보았고 마음에 의심을 품고 주저하였으나 세존의 처소로 나아가서 머리 숙여 두 발에 예경하고서 아뢰어 말하였다.

 "세존이시여. 무슨 인연으로 이런 상서로움이 있습니까?"

 그때 보성불께서는 보광보살마하살에게 말씀하셨다.

 "선남자여. 이곳에서 서방(西方)으로 긍가사 등의 세계를 지나가면 최후의 세계를 감인(堪忍)이라고 이름하고, 여래의 명호는 석가모니 여래·응공·정등각이시며, 현재에 제보살마하살들을 위하여 대반야바라밀다를 설하시는데, 그 여래의 신력을 까닭으로 이러한 상서가 나타나느니라."

보광보살은 듣고 환희하고 용약하면서 아뢰어 말하였다.

"세존이시여. 저는 지금 감인세계로 나아가서 석가모니여래와 제보살마하살들을 보고서 예경하고 공양하고자 합니다. 오직 원하옵건대 허락하여 주십시오."

이때 보성불께서는 보광보살에게 알려 말씀하셨다.

"지금이 바로 때이니라. 그대의 뜻을 따라서 떠나가도록 하라."

곧 일천 보배의 잎으로 장엄되었던 일천 줄기의 금색(金色)의 연꽃으로써 보광보살에게 주시면서 가르쳐서 말씀하셨다.

"그대는 이 꽃을 가지고 석가모니불의 처소에 이르러 내가 말한 것과 같이 아뢰도록 하라. '보성여래께서 무량하게 문신(致問)하셨습니다. 이 연꽃을 가지고 가서 세존께서 의지로써 불사(佛事)를 삼으십시오.'"

그대가 그 세계에 이른다면 정지(正知)에 상응하여 머물러야 하고 아만의 마음으로써 그 불국토와 여러 대중들을 관찰하면서 스스로가 훼손하고 해치지 말라. 왜 그러한가? 그 제보살들의 무애해(無礙解)인 다라니문(陀羅尼門)·삼마지문(三摩地門)의 신통과 자재함을 얻었고, 최후신(最後身)으로서 여래를 감당하고 계승할 지위에 머무르나니, 위덕에 이르기 어렵고 자비와 원력이 마음에 훈습(熏習)되었으며, 큰 인연으로써 그 세계에 태어났느니라."

이때 보광보살은 보성불의 처소에서 꽃을 받았고 칙명(勅)을 받들고서 무량한 백천 구지·나유타의 보살마하살과 무수인 백천의 동남(童男)·동녀(童女)와 세존의 발에 머리 숙여 예경하고 오른쪽으로 돌면서 떠나갔다. 각자 무량한 상묘한 공양구(供養具)를 이끌어서 일으켰으며 떠나왔고 지나는 곳의 동방의 여러 제불세계에 한 분·한 분의 여래의 처소에서 공양(供養)하였고 공경(恭敬)하였으며 존중(尊重)하고 찬탄(讚歎)하였으며, 헛되게 지나치지 않았다. 이 세존의 처소에 이르러서 두 발에 머리 숙여 예경하고 백천 번을 돌고 물러나서 한쪽에 서 있었으며, 보광보살이 세존의 앞에서 아뢰어 말하였다.

"세존이시여. 이곳에서 동방의 긍가의 모래와 같은 세계를 지나가면 최후에 있는 세계를 다보라고 이름하고 여래의 명호는 보성 여래·응공·정등각이시며, 세존께 무량하게 문신하셨습니다. '이 연꽃을 가지고 가서 세존께서 의지로써 불사(佛事)를 삼으십시오.'"

이때 석가모니불께서는 이 연꽃을 받으셨고 도리어 동방의 긍가사 등의 제불세계에 흩뿌리셨다. 세존의 신력을 까닭으로 이 연꽃들은 여러 불국토에 두루 퍼졌고, 여러 화대(花臺)의 가운데에서는 각각 화불(化佛)께서 계셔서 가부좌를 맺으셨으며 제보살들을 위하여 대반야바라밀다와 상응한 법을 설하셨으므로, 유정이 들었던 자는 반드시 무상정등보리를 얻었다. 이때 보광보살과 여러 권속들은 이러한 일을 보고서 미증유라고 환희하고 용약하면서 각자 선근(善根)과 공양구의 많고 적음을 따라서 세존과 보살들에게 공양하고 공경하고 존중하고 찬탄하였으며, 물러나서 한쪽에 앉았다.

그때 남방(南方)의 긍가사 등의 세계를 지나가면 최후의 세계를 이일체우(離一切憂)라고 이름하였고, 여래의 명호는 무우덕(無憂德)이셨으며, 그곳에 있는 보살은 이우(離憂)라고 명호하였다. 서방(西方)의 긍가사 등의 세계를 지나가면 최후의 세계를 근적정(近寂靜)이라고 이름하였고, 여래의 명호는 보염(寶焰)이셨으며, 그곳에 있는 보살은 행혜(行慧)라고 명호하였다. 북방(北方)의 긍가사 등의 세계를 지나가면 최후의 세계를 최승(最勝)이라고 이름하였고, 여래의 명호는 승제(勝帝)이셨으며, 그곳에 있는 보살은 승수(勝授)라고 명호하였다.

동북방(東北方)의 긍가사 등의 세계를 지나가면 최후의 세계를 정장엄(定莊嚴)이라고 이름하였고, 여래의 명호는 정상승덕(定象勝德)이셨으며, 그곳에 있는 보살은 이진용맹(離塵勇猛)이라고 명호하였다. 동남방(東南方)의 긍가사 등의 세계를 지나가면 최후의 세계를 묘각장엄심가애락(妙覺莊嚴甚可愛樂)이라고 이름하였고, 여래의 명호는 연화승덕(蓮華勝德)이셨으며, 그곳에 있는 보살은 연화수(蓮華手)라고 명호하였다. 서남방(西南方)의 긍가사 등의 세계를 지나가면 최후의 세계를 이진취(離塵聚)라고 이름하였고, 여래의 명호는 일륜변조승덕(日輪遍照勝德)이셨으며, 그곳에 있는 보살은 광명(光明)이라고 명호하였다.

서북방(西北方)의 긍가사 등의 세계를 지나가면 최후의 세계를 진자재(眞自在)라고 이름하였고, 여래의 명호는 일보개승(一寶蓋勝)이셨으며, 그곳에 있는 보살은 보승(寶勝)이라고 명호하였다. 하방(下方)의 긍가사 등의 세계를 지나가면 최후의 세계를 연화(蓮華)라고 이름하였고, 여래의 명호는 연화덕(蓮華德)이셨으며, 그곳에 있는 보살은 연화승(蓮華勝)이라고 명호하였다. 상방(上方)의 긍가사 등의 세계를 지나가면 최후의 세계를 환희(歡喜)라고 이름하였고, 여래의 명호는 희덕(喜德)이셨으며, 그곳에 있는 보살은 희수(喜授)라고 명호하였다. 이와 같이 일체가 모두 동방과 같았다.

그때 이 삼천대천의 감인세계에는 여러 보배가 가득하였고, 여러 미묘하고 향기로운 꽃이 그 땅에 두루 펼쳐져 있으며, 보배의 당기·번기와 일산이 여러 곳에 줄지어 서 있으며, 꽃나무(花樹)·과일나무(果樹)·향나무(香樹)·꽃다발 나무(鬘樹)·보배 나무(寶樹)·의복 나무(衣樹) 등의 여러 섞여서 장식된 나무가 두루 장엄되어서 매우 애락하였으므로, 중연화세계(衆蓮華世界)의 보화여래(普華如來)의 국토와 같았고, 묘길상보살(妙吉祥菩薩)[21]과 선주혜보살(善住慧菩薩)[22]과 나머지의 무량한 대위덕(大威德)의 보살마하살이 본래부터 머물렀던 주처(住處)와 같았다.

2. 사리자품(舍利子品)(1)

그때 세존께서는 여러 세계의 만약 천마(天魔)이거나, 만약 범왕(梵王)이거나, 만약 여러 사문이거나, 만약 여러 바라문이거나, 만약 제보살마하

---

21) 산스크리트어 Mañjuśrī의 번역이고, 문수사리보살(文殊師利菩薩)을 가리킨다.
22) 산스크리트어 Samantabhadra의 번역이고, 보현보살(普賢菩薩)을 가리킨다.

살들로써 존귀한 지위를 계승할 자들이거나, 만약 나머지의 일체법에서 인연이 있는 인비인(人非人) 등이 모두 와서 집회(集會)하는 것을 아시고, 곧 구수(具壽) 사리자(舍利子)에게 알려 말씀하셨다.

"만약 보살마하살이 제법(諸法)에서 여러 상(諸相)을 동등하게 깨닫고자 한다면 상응하여 반야바라밀다(般若波羅蜜多)를 수학해야 하느니라."

이때 사리자는 세존께서 설하신 것을 듣고 합장하고 공경하면서 세존께 아뢰어 말하였다.

"세존이시여. 어찌하여 보살마하살이 제법에서 여러 상을 동등하게 깨닫고자 한다면 상응하여 반야바라밀다를 수학해야 합니까?"

세존께서 구수 사리자에게 알려 말씀하셨다.

"제보살마하살들은 상응하여 안주가 없음(無住)으로써 방편으로 삼아서 반야바라밀다에 안주(安住)해야 하나니, 안주해지는 것과 능히 안주하는 것을 얻을 수 없는 까닭이고, 상응하여 버림이 없음(無捨)으로써 방편으로 삼아 보시바라밀다를 원만(圓滿)하게 해야 하나니, 보시하는 자와 보시받는 자를 얻을 수 없는 까닭이며, 상응하여 수호함이 없음(無護)으로써 방편으로 삼아서 정계바라밀다를 원만하게 해야 하나니, 범하는 상과 범하지 않는 상을 얻을 수 없는 까닭이고,

상응하여 취함이 없음(無取)으로써 방편으로 삼아서 안인바라밀다를 원만하게 해야 하나니, 요동하는 상과 요동하지 않는 상을 얻을 수 없는 까닭이며, 상응하여 계책이 없음(無策)으로써 방편으로 삼아서 정진바라밀다를 원만하게 해야 하나니, 몸과 마음의 정근(精勤)과 해태(懈怠)를 얻을 수 없는 까닭이고, 상응하여 생각이 없음(無思)으로써 방편으로 삼아서 정려바라밀다를 원만하게 해야 하나니, 법미가 있는 것과 법미가 없는 것을 얻을 수 없는 까닭이며, 상응하여 잡착이 없음(無執)으로써 방편으로 삼아서 반야바라밀다를 원만하게 해야 하나니, 유성(有性)과 무성(無性)의 상을 얻을 수 없는 까닭이니라.

다시 다음으로 사리자여. 제보살마하살들이 반야바라밀다에 안주하면서 얻을 수 없는 것으로써 방편으로 삼아서 상응하여 4념주(四念住)·4정단

(四正斷)·4신족(四神足)·5근(五根)·5력(五力)·7등각지(七等覺支)·8성도지(八聖道支)를 수행해야 하고, 상응하여 공해탈문(空解脫門)·무상해탈문(無相解脫門)·무원해탈문(無願解脫門)을 수행해야 하며, 상응하여 4정려(四靜慮)·4무량(四無量)·4무색정(四無色定)을 수행해야 하고, 상응하여 8해탈(八解脫)·9차제정(九次第定)을 수행해야 하느니라.

상응하여 9상(九想)을 수행해야 하나니, 무엇 등이 9상인가? 이를테면, 농란상(濃爛想)·이적상(異赤想)·청어상(靑瘀想)·탁담상(啄噉想)·이산상(離散想)·해골상(骸骨想)·분소상(焚燒)·염괴상(厭壞想)이니라. 상응하여 10수념(十隨念)을 수행해야 하나니, 무엇 등이 10수념인가? 이를테면, 불수념(佛隨念)·법수념(法隨念)·승수념(僧隨念)·계수념(戒隨念)·사수념(捨隨念)·천수념(天隨念)·입출식수념(入出息隨念)·염수념(厭隨念)·사수념(死隨念)·신수념(身隨念)이니라.

상응하여 10상(十想)을 수행해야 하나니, 무엇 등이 10상인가? 이를테면, 무상상(無常想)·고상(苦想)·무아상(無我想)·부정상(不淨想)·사상(死想)·일체세간불가락상(一切世間不可樂想)·염식상(厭食想)·단상(斷想)·이상(離想)·멸상(滅想)이니라. 상응하여 11지(十一智)를 수행해야 하나니, 무엇 등이 11지인가? 이를테면, 고지(苦智)·집지(集智)·멸지(滅智)·도지(道智)·진지(盡智)·무생지(無生智)·법지(法智)·유지(類智)·세속지(世俗智)·타심지(他心智)·여설지(如說智)이니라.

상응하여 유심유사삼마지(有尋有伺三摩地)·무심유사삼마지(無尋唯伺三摩地)·무심무사삼마지(無尋無伺三摩地)를 수행해야 하고, 상응하여 미지당지근(未知當知根)·이지근(已智根)·구지근(具智根)을 수행해야 하며, 부정처관(不淨處觀)·변처관(遍處觀)·일체지지(一切智智)를 수행해야 하고, 사마타(奢摩他)·비발사나(毘鉢舍那)를 수행해야 하며, 3명(三明)··4무애해(四無礙解)·4무소외(四無所畏)를 수행해야 하느니라.

상응하여 불퇴전(不退轉) 5신통(五神通)을 수행해야 하고, 6바라밀다(六波羅蜜多)·칠성재(七聖財)23)·8대사각(八大士覺)24)·9유정거지(九有情居智)25)를 수행해야 하며, 상응하여 마땅히 여래의 10력(十力)과 18불불공법

(十八佛不共法)을 수행해야 하고, 대자(大慈)·대비(大悲)·대희(大喜)·대사(大捨)를 수행해야 하며, 일체의 상이 미묘한 지혜 등의 무량(無量)하고 무변(無邊)하며 불가사의(不可思議)한 제불(諸佛)의 공덕(功德)을 수행해야 하나니, 이와 같은 제법은 얻을 수 없는 까닭이니라.

다시 다음으로 사리자여. 만약 보살마하살이 일체지지(一切智智)를 빠르게 증득하고자 한다면 상응하여 반야바라밀다를 수학(修學)해야 하고, 일체지(一切智)·도상지(道相智)·일체상지(一切相智)와 일체유정심행상지(一切有情心行相智)를 빠르게 원만하게 하고자 한다면 상응하여 반야바라밀다를 수학해야 하고, 일체의 번뇌(煩惱)와 습기(習氣)를 발제(拔濟)하고자 한다면 상응하여 반야바라밀다를 수학해야 하고, 보살의 정결정위(正決定位)에 들어가고자 한다면 상응하여 반야바라밀다를 수학해야 하며, 성문·독각지를 초월하고자 한다면 상응하여 반야바라밀다를 수학해야 하고, 보살의 불퇴전지(不退轉地)에 안주하고자 한다면 상응하여 반야바라밀다를 수학해야 하며, 수승한 6신통을 얻고자 한다면 상응하여 반야바라밀다를 수학해야 하고, 일체의 유정들의 심행(心行)에 전변(轉變)과 차별(差別)을 알고자 한다면 상응하여 반야바라밀다를 수학해야 하느니라.

일체의 성문·독각지의 작용(作用)을 극복하고자 한다면 상응하여 반야바라밀다를 수학해야 하고, 일체의 다라니문과 삼마지문을 얻고자 한다면 상응하여 반야바라밀다를 수학해야 하며, 한 생각을 따라서 기뻐하는 마음으로써 일체의 성문과 독각들이 소유한 보시를 초월(超過)하고자 한다면 상응하여 반야바라밀다를 수학해야 하고, 한 생각을 따라서 기뻐하는 마음으로써 일체의 성문들과 독각들이 소유한 정계를 초월하고자 한다면 상응하여 반야바라밀다를 수학해야 하며, 한 생각을 따라서 기뻐

---

23) 7등각지(七等覺支)를 다르게 부르는 말이다.
24) 8성도지(八聖道支)를 다르게 부르는 말이다.
25) 9차제정(九次第定)을 다르게 부르는 말이다.

하는 마음으로써 일체의 성문과 독각들의 정(定)·혜(慧)·해탈(解脫)·해탈지견(解脫智見)을 초월하고자 한다면 상응하여 반야바라밀다를 수학해야 하느니라.

한 생각을 따라서 기뻐하는 마음으로써 일체의 성문과 독각들의 정려(靜慮)·해탈(解脫)·등지(等地)·등지(等至)와 나머지의 선법(善法)을 초월하고자 한다면 상응하여 반야바라밀다를 수학해야 하고, 한 생각으로 수행하였던 것의 선법으로써 일체의 이생(異生)·성문·독각들의 선법을 초월하고자 한다면 상응하여 반야바라밀다를 수학해야 하며, 적은 분량의 보시·정계·안인·정진·정려·반야를 행하면서 제유정들을 위하여 방편선교로 일체지지를 향하여 평등하게 회향하고 곧 무량하고 무수한 공덕을 얻고자 한다면 상응하여 반야바라밀다를 수학해야 하느니라.

다시 다음으로 사리자여. 만약 보살마하살이 수행하였던 것인 보시·정계·안인·정진·정려·반야바라밀다가 빠르게 원만함을 얻고 여러 장애를 벗어나고자 한다면 상응하여 반야바라밀다를 수학해야 하고, 세상·세상에서 항상 제불을 보고 항상 정법을 들으며 제불의 깨달음을 얻고 세존께서 억념(憶念)하시고서 교계(敎誡)하고 교수(敎授)하는 것을 받고자 한다면 상응하여 반야바라밀다를 수학해야 하며, 불신(佛身)의 32대장부상(三十二大丈夫相)·80수호(八十隨好)를 구족(具足)하고 장엄(莊嚴)하고자 한다면 상응하여 반야바라밀다를 수학해야 하고, 불가(佛家)에 태어나 동진지(童眞地)26)에 들어가서 항상 제불·보살을 멀리 벗어나지 않고자 한다면 상응하여 반야바라밀다를 수학해야 하느니라.

여러 종류의 수승한 선근(善根)의 힘으로써 뜻을 따라서 상묘(上妙)한 공양구(供具)를 능히 이끌어서 일체의 여래·응공·정등각께 공양하고 공경하고 존중하고 찬탄하면서 여러 선근을 빠르게 원만함을 성취하게 하고자 한다면 상응하여 반야바라밀다를 수학해야 하고, 일체의 유정들이

---

26) 보살 10지의 하나인 부동지(不動地)를 가리킨다.

구하였던 것인 음식(飮食)·의복(衣服)·평상(床)·긴 의자(榻)·와구(臥具)·병을 인연한 의약품(病緣醫藥)·여러 종류의 향과 꽃(花香)·등불(燈明)·수레(車乘)·동산(園林)·주택(舍宅)·재물(財)·곡식(穀)·진기한 보물(珍寶)·장엄구(嚴具)·기악(伎樂)과, 나머지의 여러 종류의 왕 등이 수용하는 상묘한 악기(樂具)와 아울러 세간과 출세간의 여러 미묘한 선법을 만족시키고자 하고자 한다면 상응하여 반야바라밀다를 수학해야 하느니라.

다시 다음으로 사리자여. 만약 보살마하살이 진허공계(盡虛空界)·법계(法界)와 세계에 일체의 유정들을 널리 안립(安立)시키고, 모두 보시·정계·안인·정진·정려·반야바라밀다와 나머지의 수승한 선법에 안주하게 하고자 한다면 상응하여 반야바라밀다를 수학해야 하고, 한 생각의 선한 마음을 일으켜서 획득하였던 공덕으로 나아가 미묘한 보리좌(菩提座)에 안좌(安坐)하여 무상정등보리를 증득하고서 끝마침이 없게 하고자 한다면 상응하여 반야바라밀다를 수학해야 하며, 시방의 제불세계에 일체의 여래·응공·정등각들과 제보살마하살들이 모두가 함께 칭찬하고 찬탄하며 수호하고 힘을 주시는 것을 받고자 한다면 상응하여 반야바라밀다를 수학해야 하느니라.

한 번 일으킨 마음이 나아가서 시방으로 각각 긍가사의 세계와 같이 능히 두루 이르러서 일체의 여래·응공·정등각들과 제보살마하살들께 공양하고 공경하고 존중하고 찬탄하면서 무량한 유정들을 이익되고 안락하게 하고자 한다면 상응하여 반야바라밀다를 수학해야 하고, 한 번 일으킨 소리가 나아가서 시방으로 각각 긍가사의 세계와 같이 능히 두루 이르러서 제불들을 찬탄하고 유정들을 교계하고자 한다면 상응하여 반야바라밀다를 수학해야 하며, 삼보(三寶)의 종자를 잇고 단절이 없게 하면서 일체의 유정들을 이익되고 안락하게 하고자 한다면 상응하여 반야바라밀다를 수학해야 하느니라.

다시 다음으로 사리자여. 만약 보살마하살이 내공(內空)·외공(外空)·내외공(內外空)·대공(大空)·공공(空空)·승의공(勝義空)·유위공(有爲空)·무위공(無爲空)·필경공(畢竟空)·무제공(無際空)·산무산공(散無散空)·본성공(本性空)·자공상공(自空相空)·일체법공(一切法空)·무성공(無性空)·무성자성공(無性自性空)·소연공(所緣空)·증상공(增上空)·등무간공(等無間空) 등을 통달하고자 한다면 상응하여 반야바라밀다를 수학해야 하고, 만약 보살마하살이 일체법의 진여(眞如)·법계(法界)·법성(法性)·불허망성(不虛妄性)·불변이성(不變異性)·평등성(平等性)·이생성(離生性)·법정(法定)·법주(法住)·실제(實際)를 통달하고자 한다면 상응하여 반야바라밀다를 수학해야 하느니라.

만약 보살마하살이 시방의 긍가사와 같은 삼천대천세계에서 소유한 대지(大地)·허공(虛空)·여러 산(諸山)·큰 바다(大海)·강물(江河)·늪지(池沼)·계곡물(澗谷)·연못(陂)·호수(湖)·땅(地)·물(水)·불(火)·바람(風) 등의 여러 극미(極微)의 숫자까지 알고자 한다면 상응하여 반야바라밀다를 수학해야 하고, 만약 보살마하살이 겁화(劫火)가 일어나서 삼천대천세계의 천지(天地)가 타오르는 것을 보고 한 호흡으로써 불어서 순식간에 소멸시키고자 한다면 상응하여 반야바라밀다를 수학해야 하느니라.

만약 보살마하살이 풍겁(風劫)이 일어나서 삼천대천세계의 가장 아래에서 의지하는 것인 풍륜(風輪)이 소용돌이치면서 위로 솟아올라 장차 삼천대천세계의 소미로산(蘇迷盧山)과 윤위산(輪圍山) 등의 여러 소유한 물건을 불어서 마른 나뭇잎과 부수는 것을 보고 한 손가락으로써 그 바람의 힘을 막아서 일어나지 못하게 하고자 한다면 상응하여 반야바라밀다를 수학해야 하고, 만약 보살마하살이 삼천대천세계에서 한 번을 가부좌하고 앉아서 허공에 가득 채우고자 한다면 상응하여 반야바라밀다를 수학해야 하느니라.

만약 보살마하살이 한 개의 털로써 삼천대천세계의 수미산과 윤위산 등이 소유한 여러 물건을 묶어서 무량하고 무수이며 무변한 세계에 던질지라도 그 가운데의 유정들이 손해(損害)되지 않게 하고자 한다면 상응하여 반야바라밀다를 수학해야 하고, 만약 보살마하살이 하나의 음식·하나의 향·한 송이의 꽃·한 개의 꽃다발·한 벌의 옷·한 개의 당기·한 개의 일산·하나의 등불과 번기 등의 여러 공양구로써 시방의 각각 긍가사와 같은 세계의 일체의 여래·응공·정등각들과 그 제자들에게 공양하고 공경하고 존중하고 찬탄하면서 모두 충족되지 않음이 없게 하고자 한다면 상응하여 반야바라밀다를 수학해야 하느니라.

만약 보살마하살이 시방의 각각 긍가사와 같은 세계의 제유정의 부류들을 널리 안립(安立)시켜서 계온(戒蘊)·정온(定蘊)·혜온(慧蘊)·해탈온(解脫蘊)·해탈지견온(解脫智見蘊)에 안주하게 하고, 혹은 예류(預流)·일래(一來)·불환(不還)·아라한과(阿羅漢果)·독각의 보리(獨覺菩提)에 안주하게 하고, 나아가 무여의열반계(無餘依涅槃界)에 들어가서 구경의 안락을 얻게 하고자 한다면 상응하여 반야바라밀다를 수학해야 하느니라.

다시 다음으로 사리자여. 만약 보살마하살이 반야바라밀다를 수행한다면, 보시를 수행하여 얻게 되는 큰 과보를 여실(如實)하게 아는데 이를테면, 이러한 보시로 찰제리(刹帝利)의 대종족에 태어나게 되고, 이러한 보시로 바라문(婆羅門)의 대종족에 태어나게 되며, 이러한 보시로 장자(長者)의 대종족에 태어나게 되고, 이러한 보시로 거사(居士)의 대종족에 태어나게 되는 것을 여실하게 아느니라.

또한 이러한 보시로 4대왕중천(四大王衆天)에 태어나게 되고, 이러한 보시로 삼십삼천(三十三天)에 태어나게 되며, 이러한 보시로 야마천(夜摩天)에 태어나게 되고, 이러한 보시로 도사다천(覩史多天)에 태어나게 되며, 이러한 보시로 낙변화천(樂變化天)에 태어나게 되고, 이러한 보시로 타화자재천(他化自在天)에 태어나게 되는 것을 여실하게 아느니라.

또한 이러한 보시에 의지하여 초정려정(初靜慮定)을 얻거나, 혹은 제2정려정(第二靜慮定)을 얻거나, 혹은 제3정려정(第三靜慮定)을 얻거나, 혹은 제4정려정(第四靜慮定)을 얻는 것을 여실하게 아느니라. 또한 이러한 보시에 의지하여 공무변처정(空無邊處定)을 얻거나, 혹은 식무변처정(識無邊處定)을 얻거나, 혹은 무소유처정(無所有處定)을 얻거나, 혹은 비상비비상처정(非想非非想處定)을 얻게 되는 것을 여실하게 아느니라.

또한 이러한 보시에 의지하여 37보리분법(三十七菩提分法)을 일으키고 오히려 이러한 인연으로 예류과를 증득하거나, 혹은 일래과를 증득하거나, 혹은 불환과를 증득하거나, 혹은 아라한과를 증득하거나, 혹은 독각의 보리를 증득하거나, 혹은 무상정등보리를 증득하는 것을 여실하게 아는데, 정계·안인·정진·정려·지혜를 수행하여 얻게 되는 큰 과보를 능히 여실하게 아는 것도 역시 다시 그와 같으니라.

다시 다음으로 사리자여. 만약 보살마하살이 반야바라밀다를 수행한다면, 이와 같은 보시의 방편선교(方便善巧)로 보시바라밀다를 능히 원만하게 하고, 이와 같은 보시의 방편선교로 정계바라밀다를 능히 원만하게 하며, 이와 같은 보시의 방편선교로 안인바라밀다를 능히 원만하게 하고, 이와 같은 보시의 방편선교로 정진바라밀다를 능히 원만하게 하며, 이와 같은 보시의 방편선교로 정려바라밀다를 능히 원만하게 하고, 이와 같은 보시의 방편선교로는 반야바라밀다를 능히 원만하게 한다고 여실하게 아느니라.

또 이와 같은 정계·안인·정진·정려·반야의 방편선교로 각자 6바라밀다를 능히 원만하게 한다고 여실하게 아느니라."

이때 사리자가 세존께 아뢰어 말하였다.

"세존이시여. 어찌하여 보살마하살이 반야바라밀다를 수행한다면, 이와 같이 보시의 방편선교로 보시, 나아가 반야바라밀다를 원만하게 한다고 여실하게 알고, 이러한 정계, 나아가 반야의 방편선교로 정계, 나아가 반야바라밀다를 원만하게 한다고 여실하게 압니까?"

세존께서 존자 사리자에게 알려 말씀하셨다.

"얻을 수 없는 것으로써 방편으로 삼는 까닭으로 이를테면, 보살마하살은 보시를 행하는 때에 일체의 보시하는 자·보시받는 자·보시하는 물건의 상(相)을 얻을 수 없다고 명료하게 통달한 까닭으로 능히 보시바라밀다를 원만하게 하고, 범하거나 범하지 않는 상을 얻을 수 없다고 명료하게 통달한 까닭으로 정계바라밀다를 원만하게 하며, 요동하거나 요동하지

않는 상을 얻을 수 없다고 명료하게 통달한 까닭으로 안인바라밀다를 원만하게 하고,

몸과 마음의 정근과 해태의 상을 얻을 수 없다고 명료하게 통달한 까닭으로 능히 정진바라밀다를 원만하게 하고, 산란함이 있거나 산란함이 없는 상을 얻을 수 없다고 명료하게 통달한 까닭으로 정려바라밀다를 원만하게 하며, 제법의 성상(性相)을 얻을 수 없다고 명료하게 통달한 까닭으로 반야바라밀다를 원만하게 하느니라.

사리자여. 이것이 보살마하살이 보시를 행하는 때에 방편선교로 6바라밀다를 원만하게 하는 것이고, 이와 같아서 사리자여. 보살마하살이 정계를 행하거나, 나아가 반야를 행하는 때에 방편선교로 각자 6바라밀다를 능히 원만하게 하는 것이니라.

다시 다음으로 사리자여. 만약 보살마하살이 과거·미래·현재의 일체의 여래·응공·정등각들의 수승한 공덕을 얻고자 한다면 상응하여 반야바라밀다를 수학해야 하고, 만약 보살마하살이 일체의 유위(有爲)와 무위(無爲)의 구경인 피안(彼岸)을 통달하고자 한다면 상응하여 반야바라밀다를 수학해야 하며, 만약 보살마하살이 과거·미래·현재의 제법의 진여·법계·법성·무생(無生)·실제를 통달하고자 한다면 상응하여 반야바라밀다를 수학해야 하느니라.

만약 보살마하살이 일체의 성문과 독각들에게 항상 인도자(引導者)가 되어 주고자 한다면 상응하여 반야바라밀다를 수학해야 하고, 만약 보살마하살이 제불께 친근한 시자(侍者)가 되고자 한다면 상응하여 반야바라밀다를 수학해야 하며, 만약 보살마하살이 제불의 내권속(內眷屬)이 되고자 한다면 상응하여 반야바라밀다를 수학해야 하고, 만약 보살마하살이 태어나면서 큰 권속을 갖추고자 한다면 상응하여 반야바라밀다를 수학해야 하느니라.

만약 보살마하살이 보살과 항상 권속이 되고자 한다면 상응하여 반야바라밀다를 수학해야 하고, 만약 보살마하살이 세간의 진실하고 청정한 복전(福田)이 되고자 한다면 상응하여 반야바라밀다를 수학해야 하며,

만약 보살마하살이 간탐하는 마음을 조복시키고 범계(犯戒)하는 마음을 쉬며 분노하고 성내는 마음을 없애고 해태한 마음을 버리며 산란한 마음을 적정하게 하고 악한 지혜의 마음을 벗어나고자 한다면 상응하여 반야바라밀다를 수학해야 하느니라.

다시 다음으로 사리자여. 만약 보살마하살이 일체의 유정들을 보시의 성품인 복업사(福業事)로 안립(安立)시키거나, 정계의 성품인 복업사로 안립시키거나, 수행의 성품인 복업사로 안립시키거나, 공양하고 시봉하는 복업사로 안립시키거나, 의지가 있는 복업사로 안립시키고자 한다면 상응하여 반야바라밀다를 수학해야 하느니라.

다시 다음으로 사리자여. 만약 보살마하살이 5안을 얻고자 한다면 무엇 등이 5안인가? 이를테면, 육안(肉眼)·천안(天眼)·혜안(慧眼)·법안(法眼)·불안(佛眼)이니, 상응하여 반야바라밀다를 수학해야 하고, 만약 보살마하살이 천안으로써 시방의 긍가사 등의 세계에서 제불의 미묘한 상호(相好)의 색신을 모두 보고자 한다면 상응하여 반야바라밀다를 수학해야 하느니라.

만약 보살마하살이 천이(天耳)로써 시방의 긍가사 등의 세계에서 제불께서 설하시는 것의 법요(法要)를 두루 한다면 상응하여 반야바라밀다를 수학해야 하고, 만약 보살마하살이 시방의 긍가사 등의 세계에서 일체 여래의 심(心)·심소법(心所法)을 여실하게 알고자 한다면 상응하여 반야바라밀다를 수학해야 하며, 만약 보살마하살이 시방세계에서 제불의 설법을 널리 듣고, 나아가 무상정등보리에 이르기까지 항상 단절이 없는 것을 얻고자 한다면 상응하여 반야바라밀다를 수학해야 하느니라.

만약 보살마하살이 과거·미래·현재의 시방의 제불께서 소유한 국토를 보고자 한다면 상응하여 반야바라밀다를 수학해야 하고, 만약 보살마하살이 과거·미래·현재의 시방의 제불께서 설하셨던 것인 계경(契經)·응송(應頌)·수기(授記)·풍송(諷誦)·자설(自說)·인연(因緣)·본사(本事)·본생(本生)·방광(方廣)·희법(希法)·비유(譬喩)·논의(論議) 등의 제성문들이 일찍이 듣지 못하였던 것을 모두 능히 수지(受持)하고 구경에 예리하게 통달하고자 한다면 상응하여 반야바라밀다를 수학해야 하느니라.

만약 보살마하살이 과거·미래·현재의 시방의 제불께서 설하셨던 것인 법문을 스스로가 이미 수지하였고 구경에 예리하게 통달하였으며 설한 것과 같이 수행하였고, 다시 다른 사람을 위해 능히 여실하게 널리 설하면서 수행하게 권유하고자 한다면 상응하여 반야바라밀다를 수학해야 하고, 만약 보살마하살이 시방의 긍가사 등의 유명세계(幽冥世界)이거나, 혹은 세계의 중간에 햇빛과 달빛이 없는 처소에서 광명이 되고자 한다면 상응하여 반야바라밀다를 수학해야 하느니라.

만약 보살마하살이 시방의 긍가사 등의 무량한 세계에서 그 가운데의 중생(衆生)들이 삿된 견해를 성취하여 불명(佛名)·법명(法名)·승명(僧名)을 듣지 못하여서 인과(因果)를 믿지 않았으므로, 능히 교화하고 인도하여 바른 견해를 일으켜서 삼보(三寶)의 명호를 듣고 인과를 깊이 믿게 하고자 한다면 상응하여 반야바라밀다를 수학해야 하느니라.

만약 보살마하살이 시방의 긍가사 등의 무량한 세계의 유정들에게 스스로의 위력으로써 장님은 보게 하고, 귀머거리는 듣게 하며, 벙어리는 말하게 하고, 미친 자는 정신을 들게 하며, 산란한 자는 안정되게 하고, 가난한 자는 부유함을 얻게 하며, 벌거벗은 자는 옷을 얻게 하고, 배고픈 자는 음식을 얻게 하며, 목마른 자는 마실 것을 얻게 하고, 병든 자는 낫게 하며, 추루한 자는 단엄(端嚴)하게 하고, 형체가 손상된 자는 구족하게 하며, 근(根)이 결손된 자는 원만하게 하고, 기절한 자는 깨어나게 하며, 피로한 자는 편안하게 하면서 일체의 유정들이 인자한 마음으로 서로를 향하게 하며, 악취(惡趣)에 떨어진 자는 선취(善趣)에 태어나게 하고, 악업을 수습한 자는 모두 선업을 수습하게 하고, 여러 범계한 자는 계온(戒蘊)에 안주하게 하며, 아직 정려를 얻지 못한 자는 정온(定蘊)에 안주하게 하고, 악한 지혜가 있는 자는 혜온(慧蘊)에 안주하게 하며, 해탈이 없는 자는 해탈온(解脫蘊)에 안주하게 하고, 해탈지견이 없는 자는 해탈지견온(解脫知見蘊)에 안주하게 하며, 견제(見諦)가 아닌 자는 예류과를 증득시키거나, 혹은 일래과를 증득하게 하거나, 혹은 불환과를 증득하게 하거나, 혹은 아라한과를 증득하게 하거나, 혹은 독각의 보리를 증득하게 하며, 혹은 다시 점차로 무상정등보리를 증득하게 하고자 한다면 상응하여 반야바라밀다를 수학해야 하느니라.

만약 보살마하살이 여래·응공·정등각들의 수승한 위의를 수학하여 제유정들이 보고서 싫어함이 없어서 악을 소멸시키고 선을 생겨나게 하고자 한다면 상응하여 반야바라밀다를 수학해야 하느니라.

다시 다음으로 사리자여. 만약 보살마하살이 반야바라밀다를 수행하면서 '나는 어느 때에 용과 코끼리를 본다면 그 용모와 태도가 엄숙함과 같은 것을 얻고서, 내가 대중을 위하여 설법하면서 신(身)·어(語)·의업(意業)이 지혜를 따라서 행하므로 모두가 청정하고, 다니는 때에는 발이 땅을 밟지 않으면서 네 손가락의 분량과 같은 것을 얻겠는가?'라고 이와 같이 생각을 지었고, 이러한 일을 성취하고자 한다면 상응하여 반야바라밀다를 수학해야 하느니라.

만약 보살마하살이 반야바라밀다를 수행하면서 '나는 어느 때에 백천구지(俱胝)·나유타(那庾多)의 4대왕중천(四大王衆天)·삼십삼천(三十三天)·야마천(夜摩天)·도사다천(覩史多天)·낙변화천(樂變化天)·타화자재천(他化自在天)·범중천(梵衆天)·범보천(梵輔天)·범회천(梵會天)·대범천(大梵天)·광천(光天)·소광천(少光天)·무량광천(無量光天)·극광정천(極光淨天)·정천(淨天)·소정천(少淨天)·무량정천(無量淨天)·변정천(遍淨天)·광천(廣天)·소광천(少廣天)·무량광천(無量廣天)·광과천(廣果天)·무번천(無繁天)·무열천(無熱天)·선현천(善現天)·선견천(善見天)·색구경천(色究竟天) 등에게 인도되고 위요(圍繞)되어 보리수(菩提樹)로 나아가고, 이러한 여러 천인들이 보리수 아래에 천의(天衣)로써 자리를 삼으며, 나는 이것에 앉아서 가부좌를 맺고 여러 미묘한 상으로 장엄된 손으로써 대지(大地)를 어루만져서 지신(地神)과 아울러 여러 권속들이 같은 시간에 솟아나고 나타나서 악마와 원수(怨敵)를 항복시키게 하고, 무상정등보리를 증득하고서 이것을 따라서 이후(已後)에는 만약 가거나, 만약 서 있거나, 만약 앉거나, 만약 눕더라도 땅의 방위(方所)가 모두 금강(金剛)이 되는 것을 얻겠는가?'라고 이와 같이 생각을 지었고, 이러한 일을 성취하고자 한다면 상응하여 반야바라밀다를 수학해야 하느니라.

만약 보살마하살이 반야바라밀다를 수행하면서 '나는 어느 때에 나라를 버리고서 출가하고 나아가서 이 날짜에 무상정등보리를 증득하며, 나아가서 이 날짜에 미묘한 법륜을 굴리면서 무량하고 무수인 유정들에게 번민(塵)을 멀리하고 번뇌(垢)를 벗어나서 청정한 법안(法眼)이 생겨나게 하고, 다시 무량하고 무수인 유정들에게 여러 번뇌(諸漏)를 영원히 끝마치고 마음을 지혜로 해탈시키며, 역시 무량하고 무수인 유정들에게 능히 무상정등보리에서 불퇴전(不退轉)을 얻게 하겠는가?'라고 이와 같이 생각을 지었고, 이러한 일을 성취하고자 한다면 상응하여 반야바라밀다를 수학해야 하느니라.

만약 보살마하살이 반야바라밀다를 수행하면서 '나는 어느 때에 무상보리(無上菩提)를 증득하여 무량하고 무수인 성문과 보살들이 제자들을 위하여 하나로 설법하는 때에, 나아가서 무량하고 무수인 유정들을 그 자리에서 일어나지 않고 아라한을 성취하게 하며, 다시 무량하고 무수인 유정들에게 그 자리에서 일어나지 않고 능히 무상정등보리에서 불퇴전을 얻게 하겠는가?'라고 이와 같이 생각을 지었고, 이러한 일을 성취하고자 한다면 상응하여 반야바라밀다를 수학해야 하느니라.

만약 보살마하살이 반야바라밀다를 수행하면서 '나는 어느 때에 수명(壽量)이 끝이 없고, 무변한 광명으로 상호를 장엄하여 보는 자들이 싫어하지 않으며, 비록 다시 다니는 때에는 일천 잎의 연꽃이 매번 그 발을 따를지라도 땅 위에는 천폭륜(千輻輪)이 나타나게 하고, 발을 들고 다니는 때에는 대지가 진동할지라도 땅에 거주하는 유정들을 우뇌(憂惱)시키지 않으며, 돌아보려고 하는 때에는 들었던 몸이 모두 회전하고, 발로 밟는 곳은 금강제(金剛際)를 끝마치도록 수레바퀴의 분량과 같은 땅이 모두 따라서 움직이며, 몸을 들어올리면 지절(支節)에서 모두 광명이 펼쳐져서 시방의 무변한 세계를 두루 비추고 비추는 처소를 따라서 제유정들을 위하여 큰 이익을 짓겠는가?'라고 이와 같이 생각을 지었고, 이러한 일을 성취하고자 한다면 상응하여 반야바라밀다를 수학해야 하느니라.

만약 보살마하살이 반야바라밀다를 수행하면서 '내가 무상정등보리를 증득하는 때에, 원하건대 기거하는 국토에는 일체의 탐욕(貪欲)·진에(瞋恚)·우치(愚癡) 등의 이름이 없고, 그 가운데의 유정들은 미묘한 지혜를 성취하며, 오히려 이러한 지혜의 힘으로 보시하고 조복(調伏)하며 안인하고 용맹스럽게 정진하며 적정하고 자세하게 관찰(諦觀)하며 여러 방일(放逸)을 벗어나고 정근하여 범행(梵行)을 수행하면서 자(慈)·비(悲)·희(喜)·사(捨)로써 유정을 번뇌시키지 않는데, 다른 불국토와 같다면 어찌 좋지 않겠는가! 교화하였던 일이 이미 넓다면 반열반(般涅槃)한 뒤에는 정법이 소멸하고 끝나는 기한(期限)이 없으며 항상 유정들을 위하여 큰 요익을 짓게 하십시오.'라고 이와 같이 생각을 지었고, 이러한 일을 성취하고자 한다면 상응하여 반야바라밀다를 수학해야 하느니라.

만약 보살마하살이 반야바라밀다를 수행하면서 '내가 무상정등보리를 증득하는 때에, 원하건대 시방의 긍가사 등의 무량한 세계에 일체의 유정들이 나의 명호를 듣는다면 반드시 무상정등보리를 얻게 하십시오.'라고 이와 같이 생각을 지었고, 이러한 일을 성취하고자 한다면 상응하여 반야바라밀다를 수학해야 하느니라.

사리자여. 제보살마하살들이 이것 등의 무량하고 무변하며 수승한 공덕을 얻고자 한다면 상응하여 반야바라밀다를 수학해야 하느니라."

마하반야바라밀다경 제480권

2. 사리자품(舍利子品)(2)

"다시 다음으로 사리자여. 만약 보살마하살이 반야바라밀다를 수행하면서 이러한 공덕들을 이끌어서 일으킨다면, 그때 삼천대천세계의 4대천왕(四大天王)은 환희(歡喜)하고 용약(踊躍)하면서 '우리들은 지금 상응하여 네 개의 발우를 이 보살에게 받들면서 옛날의 천왕(天王)들이 먼저 세존께 받들었던 것과 같게 하겠다.'라고 이렇게 사유(思惟)를 짓느니라. 이때 삼천대천세계의 삼십삼천·야마천·도사다천·낙변화천·타화자재천 등도 환희하고 용약하면서 '우리들은 모두가 상응하여 이와 같은 보살에게 공급하고 모시면서 공양하겠고, 아소락의 흉악한 붕당(朋黨)들은 줄어들고 여러 천인들의 권속이 증장(增益)하게 하겠다.'라고 이렇게 사유를 짓느니라.

이때 삼천대천세계의 범중천(梵衆天) 나아가 대범천(大梵天)과, 광천(光天) 나아가 극광정천(極光淨天)과, 정천(淨天) 나아가 변정천(遍淨天)과, 광천(廣天) 나아가 광과천(廣果天)과, 무번천(無繁天) 나아가 색구경천(色究竟天) 등이 환희하고 열락(悅豫)하면서 '우리 등은 상응하여 이와 같은 보살에게 빠르게 무상정등보리를 증득하시고 미묘한 법륜을 굴리면서 일체를 요익하게 하시라고 청해야겠다.'라고 이렇게 사유를 짓느니라.

다시 다음으로 사리자여. 만약 보살마하살이 반야바라밀다를 수행하여 보시·정계·안인·정진·정려·반야바라밀다와 나머지의 선법을 증장(增益)한다면, 이때 그 세계의 여러 선남자와 선여인 등은 환희하고 용약하면서 '우리들은 마땅히 이와 같은 보살들을 부모(父母)·형제(兄弟)·처자(妻子)·권속(眷屬)·지식(知識)·친한 벗(朋友)으로 삼겠다.'라고 이렇게 사유를 짓느니라.

이때 그 세계의 4대왕중천 나아가 타화자재천과, 범중천 나아가 대범천과, 광천 나아가 극광정천과, 정천 나아가 변정천과, 광천 나아가 광과천과, 무번천 나아가 색구경천 등이 환희하고 열락하면서 '우리들은 마땅히 여러 종류의 방편을 베풀어서 이 보살이 음욕법(婬欲法)을 벗어나고 초발심부터 나아가 구하였던 것인 무상정등보리를 증득하기까지 항상 범행을 수행하며, 순결법(順結法)에서 탐염(貪染)이 생겨나지 않게 하겠다.'라고 이렇게 사유를 짓느니라.

그 까닭은 무엇인가? 범행이 아닌 것을 행하면 범천(梵天)에 태어나는 것도 오히려 능히 장애하게 되는데, 하물며 무상정등보리를 증득하겠는가! 이러한 까닭으로 보살은 음욕을 단절하고 출가하여 범행을 수행하는 자가 능히 무상정등보리를 증득하는 것이고, 출가하지 않는 행과 범행이 아니라면 증득하지 못하느니라."

그때 사리자가 세존께 아뢰어 말하였다.
"세존이시여. 제보살마하살들에게는 요컨대 마땅히 부모·처자·여러 친근한 벗이 있습니까?"
세존께서 말씀하셨다.
"사리자여. 혹은 어느 보살은 부모·처자·권속들이 갖추어 있으면서 보살마하살의 행을 수행하고, 혹은 어느 보살은 처자가 없으나 초발심부터 나아가 성불(成佛)까지 항상 범행을 수행하면서 동진(童眞)을 파괴하지 않으며, 혹은 어느 보살은 방편선교로 먼저 5욕락의 경계를 수용하고 뒤에 비로소 싫어하여 버리고서 정근하면서 범행을 수행하며 도리어 무상정등보리를 증득하느니라.

사리자여. 마술사이거나, 그의 제자로서 마술(幻術)에 뛰어난 자가 변화로 여러 종류의 5욕락을 갖추어 짓고서 그 가운데에서 스스로가 제멋대로 환락(歡娛)하면서 즐거움을 받는다면 그대의 뜻은 어떠한가? 그 마술로 지었던 것이 진실로 있겠는가?"

사리자가 말하였다.

"없습니다. 세존이시여."

세존께서 말씀하셨다.

"사리자여. 보살마하살도 역시 다시 그와 같아서 방편선교로 제유정들을 성숙시키기 위한 까닭으로 5욕락을 받는 것을 보여줄지라도 진실로 염오가 없느니라. 그 까닭은 무엇인가? 제보살마하살들은 5욕락의 가운데에서 깊은 싫증과 근심이 생겨나므로 그러한 허물에 염오(塗染)되지 않고 무량문(無量門)으로써 여러 애욕을 꾸짖고 훼자(毁呰)하는데 이를테면, '애욕은 불꽃과 같다. 애욕은 더러운 쓰레기와 같다. 애욕은 괴회(魁膾)[1]와 같다. 애욕은 원수(怨敵)와 같다. 애욕은 독약 그릇과 같다. 애욕은 함정(闇井)과 같다.'라고 이렇게 생각을 짓느니라.

사리자여. 제보살마하살들이 이와 같이 등의 무량한 허물의 문으로써 여러 애욕을 꾸짖고 훼자하는데 어찌 진실로 여러 애욕을 받는 일이 있겠는가? 다만 방편으로 유정을 요익(饒益)하게 하고, 이익(利益)과 안락(安樂)을 얻게 시키기 위하여 변화로 이러한 일을 나타내느니라."

그때 사리자가 세존께 아뢰어 말하였다.

"세존이시여. 제보살마하살들은 어찌하여 매우 깊은 반야바라밀다를 상응하게 수행해야 합니까?"

세존께서 말씀하셨다.

"사리자여. 제보살마하살들이 반야바라밀다를 수행하는 때라면 상응하여 '진실로 보살이 있을지라도 보살이 있음을 보지 않고, 보살의 명자도 보지 않으며, 반야바라밀다도 보지 않고, 반야바라밀다의 명자(名字)도 보지 않으며, 수행도 보지 않고, 수행하지 않는 것도 보지 않겠다.'라고

---

1) 관청에서 칼을 들고 사형(死刑)을 집행하는 관리를 가리킨다.

이와 같이 관찰해야 하느니라. 왜 그러한가? 사리자여. 보살의 자성이 공하고 보살의 명자도 공하느니라.

그 까닭은 무엇인가? 색의 자성이 공(空)일지라도 오히려 공하지 않는 까닭이고, 수·상·행·식의 자성이 공일지라도 오히려 공하지 않는 까닭이며, 색의 공이 색이 아니고, 수·상·행·식의 공도 수·상·행·식이 아니며, 색은 공을 벗어나지 않고 공은 색을 벗어나지 않으며, 수·상·행·식도 공을 벗어나지 않고 공도 수·상·행·식을 벗어나지 않으며, 색은 나아가 이것이 공이고, 공은 나아가 이것이 색이며, 수·상·행·식도 나아가 이것이 공이고, 공은 나아가 이것이 수·상·행·식이니라.

왜 그러한가?, 사리자여. 이것은 다만 명자가 있으나 보리(菩提)라고 말하고, 이것은 다만 명자가 있으나 살타(薩埵)라고 말하며, 이것은 다만 명자가 있으나 보살이라 말하고, 이것은 다만 명자가 있으나 공이라 말할지라도, 이와 같은 자성이 생겨남도 없고 소멸함도 없으며 염오도 없고 청정함도 없느니라. 제보살마하살들이 매우 깊은 반야바라밀다를 이와 같이 수행한다면 생겨남도 보지 않고 소멸함도 보지 않으며 염오도 보지 않고 청정함도 보지 않느니라.

왜 그러한가? 사리자여. 오직 가립(假立)이고 객명(客名)이며 별도이고 별도인 법에서 분별을 일으키거나, 가립한 객명을 언설(言說)에 따라서 일으키거나, 여여(如如)한 언설을 이와 같고 이와 같다는 집착을 생겨나게 일으키느니라. 제보살마하살들이 반야바라밀다를 수행하는 때에 이와 같은 등의 명자와 명자되는 것의 일체를 보지 않는다면, 오히려 보지 않는 까닭으로 집착이 생겨나지 않느니라.

다시 다음으로 사리자여. 보살마하살이 반야바라밀다를 수행하는 때에 상응하여 '보살은 다만 명자가 있다. 세존도 다만 명자가 있다. 반야바라밀다도 명자가 있다. 색도 다만 명자가 있다. 수·상·행·식도 명자가 있다. 나머지의 일체법도 명자가 있다.'라고 이와 같이 관찰해야 하느니라.

사리자여. 아(我)는 다만 명자가 있는데 이를테면, 나라고 생각하는 것을 진실로 얻을 수 없고 그와 같아서 유정(有情)·명자(命者)·생자(生者)·양자(養子)·장부(士夫)·보특가라(補特伽羅), [자세한 내용은 생략한다.] 나아가, 지자(知者)·견자(見者)도 역시 다만 명자가 있는데 이를테면, 유정이라고 말하고 나아가 견자라고 생각하는 것도 진실로 얻을 수 없나니, 불가득공(不可得空)인 까닭이니라. 다만 세속을 따라서 가립이고 객명이며 제법도 역시 그와 같나니 상응하여 집착하지 않아야 하느니라. 이러한 까닭으로 보살마하살이 반야바라밀다를 수행하는 때에 아, 나아가 견자가 있다고 보지 않고, 역시 일체법의 성품이 있다고 보지 않느니라.

사리자여. 보살마하살이 반야바라밀다를 이와 같이 수행한다면 제불의 지혜를 제외하고 일체의 성문과 독각 등의 지혜로는 미치지 못하는 것이니라. 그 까닭은 무엇인가? 이 보살마하살은 명자와 명자가 되는 것에서 함께 얻을 수 없나니, 보지 않음으로써 집착이 없는 까닭이니라. 사리자여. 만약 보살마하살이 이와 같은 매우 깊은 반야바라밀다를 수행한다면, 매우 깊은 반야바라밀다를 잘 수행한다고 이름하느니라.

사리자여. 가사(假使) 그대들의 여러 대성문(大聲聞)들이 남섬부주(南贍部洲)를 가득 채워서 대나무(竹)·갈대(蘆葦)·벼(稻)·조(粟)·사탕수수(甘蔗)·여러 삼나무(諸麻)·숲(林) 등과 같을지라도 소유한 지혜를 이 반야바라밀다를 수행하는 보살의 지혜에 비교하건대, 백 분의 일에도 미치지 못하고, 천 분의 일에도 미치지 못하며, 백천 분의 일에도 미치지 못하고, 수분(數分)·산분(算分), 나아가 오파니살담분(鄔波尼殺曇分)의 일에도 미치지 못하느니라. 왜 그러한가? 사리자여. 이 보살마하살이 소유한 지혜는 능히 시방의 일체의 유정들을 열반에 나아가게 하는 까닭이니라. 또한 사리자여. 반야바라밀다를 수행하는 한 보살마하살이 하루의 중간에서 수행하였던 것의 지혜를 일체의 성문과 독각의 지혜로는 능히 미치지 못하는 까닭이니라.

사리자여. 남섬부주는 제쳐두고 가사 여러 대성문들이 4대주(四大洲)를 가득 채워서 대나무·갈대·벼·조·사탕수수·여러 삼나무·숲 등과 같을지라도 소유한 지혜를 이 반야바라밀다를 수행하는 보살의 지혜에 비교하건대, 백 분의 일에도 미치지 못하고, 천 분의 일에도 미치지 못하며, 백천 분의 일에도 미치지 못하고, 수분·산분, 나아가 오파니살담분의 일에도 미치지 못하느니라. 왜 그러한가? 사리자여. 이 보살마하살이 소유한 지혜는 능히 시방의 일체의 유정들을 열반에 나아가게 하는 까닭이니라. 또한 사리자여. 반야바라밀다를 수행하는 한 보살마하살이 하루의 중간에서 수행하였던 것의 지혜를 일체의 성문과 독각의 지혜로는 능히 미치지 못하는 까닭이니라.

사리자여. 4대주는 제쳐두고 가사 여러 대성문들이 삼천대천세계(三千大千世界)를 가득 채워서 대나무·갈대·벼·조·사탕수수·여러 삼나무·숲 등과 같을지라도 소유한 지혜를 이 반야바라밀다를 수행하는 보살의 지혜에 비교하건대, 백 분의 일에도 미치지 못하고, 천 분의 일에도 미치지 못하며, 백천 분의 일에도 미치지 못하고, 수분·산분, 나아가 오파니살담분의 일에도 미치지 못하느니라. 왜 그러한가? 사리자여. 이 보살마하살이 소유한 지혜는 능히 시방의 일체의 유정들을 열반에 나아가게 하는 까닭이니라. 또한 사리자여. 반야바라밀다를 수행하는 한 보살마하살이 하루의 중간에서 수행하였던 것의 지혜를 일체의 성문과 독각의 지혜로는 능히 미치지 못하는 까닭이니라.

사리자여. 삼천대천세계는 제쳐두고 가사 여러 대성문들이 긍가사 등의 제불세계를 가득 채워서 대나무·갈대·벼·조·사탕수수·여러 삼나무·숲 등과 같을지라도 소유한 지혜를 이 반야바라밀다를 수행하는 보살의 지혜에 비교하건대, 백 분의 일에도 미치지 못하고, 천 분의 일에도 미치지 못하며, 백천 분의 일에도 미치지 못하고, 수분·산분, 나아가 오파니살담분의 일에도 미치지 못하느니라. 왜 그러한가? 사리자여. 이 보살마하살이 소유한 지혜는 능히 시방의 일체의 유정들을 열반에 나아가게 하는 까닭이니라. 또한 사리자여. 반야바라밀다를 수행하는 한 보살마하살이 하루의 중간에서 수행하였던 것의 지혜를 일체의 성문과 독각의 지혜로는 능히 미치지 못하는 까닭이니라."

그때 사리자가 세존께 아뢰어 말하였다.

"세존이시여. 만약 성문승(聲聞乘)인 예류·일래·불환·아라한 등이 소유한 지혜이거나, 만약 독각승(獨覺乘)이 소유한 지혜이거나, 만약 보살마하살이 소유한 지혜이거나, 만약 제여래·응공·정등각께서 소유한 지혜 등의 이와 같은 일체는 모두 차별이 없고 서로가 위배(違背)하지 않으며 생겨남이 없고 소멸함도 없어서 자성이 모두 공합니다. 만약 법에는 차별이 없고 서로가 위배(違背)하지 않으며 생겨남이 없고 소멸함도 없어서 자성공(自性空)이라면 이러한 법에서 차별의 이치를 얻을 수 없는데, 어찌하여 세존께서는 반야바라밀다를 수행하는 한 보살마하살이 하루의 중간에서 수행하였던 것의 지혜를 일체의 성문과 독각의 지혜로는 능히 미칠 수 없다고 설하십니까?"

세존께서 말씀하셨다.

"사리자여. 그대의 뜻은 어떠한가? 반야바라밀다를 수행하는 한 보살마하살이 하루의 중간에서 수행하였던 것의 지혜를 일체의 성문과 독각의 지혜에도 이러한 작용이 있겠는가?"

사리자가 말하였다.

"없습니다. 세존이시여."

세존께서 말씀하셨다.

"또한 사리자여. 그대의 뜻은 어떠한가? 반야바라밀다를 수행하는 한 보살마하살이 하루의 중간에서 수행하였던 것의 지혜는 일체상미묘지(一切相微妙智)와 일체지(一切智)와 도상지(道相智)와 일체상지(一切相智)를 구족하고 이끌어서 일으켜서 일체의 유정들을 이익되게 하고 안락하게 하며, 일체법에서 일체의 상을 깨닫고서 방편으로 일체의 유정들을 무여의열반계(無餘依涅槃界)에 안립시킬지라도 일체의 성문이나 독각의 지혜에도 이러한 작용이 있겠는가?"

사리자가 말하였다.

"없습니다. 세존이시여."

세존께서 말씀하셨다.

"또한 사리자여. 그대의 뜻은 어떠한가? 일체의 성문이거나, 여러 독각들이 '나는 무상정등보리를 증득하고서 방편으로 일체의 유정들을 무여의열반계에 안립시키겠다.'라고 능히 이렇게 생각을 짓겠는가?"

사리자가 말하였다.

"아닙니다. 세존이시여."

"또한 사리자여. 그대의 뜻은 어떠한가? 일체의 성문이거나, 여러 독각들이 '나는 마땅히 보시·정계·안인·정진·정려·반야바라밀다를 수행하여 유정을 성숙시키고 불국토를 청정하게 장엄하며, 여래(佛)의 10력(十力)·4무소외(四無所畏)·4무애해(四無礙解)·18불불공법(十八佛不共法)을 원만하게 하고, 무상정등보리를 증득하고서 방편으로 무량하고 무수이며 유정들을 무여의열반계에 안립시키겠다.'라고 능히 이렇게 생각을 짓겠는가?"

사리자가 말하였다.

"아닙니다. 세존이시여."

세존께서 말씀하셨다.

"사리자여. 반야바라밀다를 수행하는 여러 보살마하살들이 '나는 보시·정계·안인·정진·정려·반야바라밀다를 수행하여 유정을 성숙시키고 불국토를 청정하게 장엄하며 여래의 10력·4무소외·4무애·18불불공법을 원만하게 하고 무상정등보리를 증득하고서 방편으로 무량하고 무수이며 유정들을 무여의열반계에 안립시키겠다.'라고 능히 이렇게 생각을 짓느니라.

사리자여. 비유한다면 반딧불이 '나의 광명을 능히 남섬부주에 두루 비추어서 널리 크게 밝게 하겠다.'라고 이와 같이 생각을 짓지 않는 것과 같이, 성문이나 독각도 다시 역시 그와 같아서 '나는 6바라밀다를 수행하여 유정을 성숙시키고 불국토를 청정하게 장엄하며 여래의 10력·4무소외·4무애·18불불공법을 원만하게 하고 무상정등보리를 증득하고서 방편으로 무량하고 무수이며 유정들을 무여의열반계에 안립시키겠다.'라고 능히 이렇게 생각을 지었던 하나의 마음이라도 일찍이 없느니라.

사리자여. 비유한다면 해의 광명은 치성하여 나오자마자 곧 남섬부주를 두루 비추는 것과 같이, 반야바라밀다를 수행하는 제보살마하살들도 역시 다시 그와 같아서 '나는 6바라밀다를 수행하여 유정을 성숙시키고 불국토를 청정하게 장엄하며 여래의 10력·4무소외·4무애·18불불공법을 원만하게 하고 무상정등보리를 증득하고서 방편으로 무량하고 무수이며 유정들을 무여의열반계에 안립시키겠다.'라고 모두가 이렇게 생각을 짓느니라."

그때 사리자가 세존께 아뢰어 말하였다.
"세존이시여. 어찌하여 보살마하살이 성문이거나 독각 등의 지위를 능히 초월하고, 보살의 불퇴전지를 얻어서 청정한 보리도를 얻게 합니까?"
세존께서 말씀하셨다.
"사리자여. 제보살마하살들은 초발심부터 6바라밀다를 수행하여 공·무상·무원의 법에 안주하므로 곧 성문이나 독각 등의 지위를 능히 초월하고, 보살의 불퇴전지를 얻어서 청정한 보리도를 얻게 하느니라."
이때 사리자가 다시 세존께 아뢰어 말하였다.
"세존이시여. 제보살마하살들은 무엇 등의 지위에 안주하여 일체의 성문과 독각의 진실하고 청정한 복전(福田)이 됩니까?"
세존께서 말씀하셨다.
"사리자여. 제보살마하살들은 초발심부터 6바라밀다를 수행하여 미묘한 보리좌(菩提座)에 안좌하기까지 항상 일체의 성문과 독각의 진실하고 청정한 복전이 되느니라. 왜 그러한가? 사리자여. 제보살마하살들에게 의지하는 까닭으로 일체의 선법이 세간에 출현하는데 이를테면, 일체의 10선업도(十善業道)와, 5근사계(五近事戒)·8근주계(八近住戒)와, 4정려(四靜慮)·4무량(四無量)·4무색정(四無色定)과, 4성제지(四聖諦智)와, 4념주(四念住)·4정단(四正斷)·4신족(四神足)·5근(五根)·5력(五力)·7등각지(七等覺支)·8성도지(八聖道支)와, 4무소외·4무애해·여래의 10력과, 6바라밀다와, 18불불공법 등의 이와 같은 무량하고 무수이며 무변한 선법이 세간에 출현하느니라.

 오히려 이러한 보살의 여러 선법을 까닭으로 세간에는 곧 찰제리의 대종족·바라문의 대종족·장자의 대종족·거사의 대종족이 있고, 4대왕중천 나아가 타화자재천과, 범중천 나아가 대범천과, 광천 나아가 극광정천과, 정천 나아가 변정천과, 광천 나아가 광과천과 무상유정천(無想有情天)과, 무번천 나아가 색구경천과, 공무변처천(空無邊處天) 나아가 비상비비상처천(非想非非想處天)이 세간에 출현하느니라. 다시 오히려 이러한 보살의 여러 선법을 까닭으로 곧 예류·일래·불환·아라한·독각·보살마하살과 제여래·응공·정등각께서 세간에 출현하시느니라."

 이때 사리자가 다시 세존께 아뢰어 말하였다.
 "세존이시여. 제보살마하살들은 다시 스스로가 복전을 청정하게 해야 합니까?"

 세존께서 말씀하셨다.
 "사리자여. 제보살마하살들은 다시 스스로가 복전을 청정하게 하지 않느니라. 그 까닭은 무엇인가? 이미 지극히 청정한 까닭이니라. 왜 그러한가? 사리자여. 제보살마하살들은 큰 시주(施主)가 되어서 제유정들에게 세간과 출세간의 많은 선법을 베풀었는데 이를테면, 유정들에게 일체의 10선업도와, 5근사계·8근주계와, 4정려·4무량·4무색정과, 4성제지와, 4념주·4정단·4신족·5근·5력·7등각지·8성도지와, 4무소외·4무애해·여래의 10력과, 6바라밀다와, 18불불공법 등을 보시하였고, 이와 같은 무량하고 무수이며 무변한 선법을 보시한 까닭으로 보살은 큰 시주가 된다고 설하느니라. 오히려 이것으로 이미 스스로가 복전을 청정하게 하였고 세간의 무량한 복취(福聚)를 생장(生長)시키느니라."

 그때 사리자가 세존께 아뢰어 말하였다.
 "세존이시여. 제보살마하살들이 무슨 법과 함께 상응(相應)하는 까닭으로 마땅히 반야바라밀다와 함께 상응한다고 말하십니까?"

 세존께서 말씀하셨다.

"사리자여. 제보살마하살들이 색(色)의 공과 상응하는 까닭으로 마땅히 반야바라밀다와 함께 상응한다고 말하고, 수(受)·상(想)·행(行)·식(識)의 공과 상응하는 까닭으로 마땅히 반야바라밀다와 함께 상응한다고 말하느니라. 제보살마하살들은 안처(眼處)의 공과 상응하는 까닭으로 마땅히 반야바라밀다와 함께 상응한다고 말하고, 이(耳)·비(鼻)·설(舌)·신(身)·의처(意處)의 공과 상응하는 까닭으로 마땅히 반야바라밀다와 함께 상응한다고 말하느니라.

제보살마하살들이 색처(色處)의 공과 상응하는 까닭으로 마땅히 반야바라밀다와 함께 상응한다고 말하고, 성(聲)·향(香)·미(味)·촉(觸)·법처(法處)의 공과 상응하는 까닭으로 마땅히 반야바라밀다와 함께 상응한다고 말하느니라. 제보살마하살들은 안계(眼界)의 공과 상응하는 까닭으로 마땅히 반야바라밀다와 함께 상응한다고 말하고, 이(耳)·비(鼻)·설(舌)·신(身)·의계(意界)의 공과 상응하는 까닭으로 마땅히 반야바라밀다와 함께 상응한다고 말하느니라.

제보살마하살들이 색계(色界)의 공과 상응하는 까닭으로 마땅히 반야바라밀다와 함께 상응한다고 말하고, 성(聲)·향(香)·미(味)·촉(觸)·법계(法界)의 공과 상응하는 까닭으로 마땅히 반야바라밀다와 함께 상응한다고 말하느니라. 제보살마하살들은 안식계(眼識界)의 공과 상응하는 까닭으로 마땅히 반야바라밀다와 함께 상응한다고 말하고, 이(耳)·비(鼻)·설(舌)·신(身)·의식계(意識界)의 공과 상응하는 까닭으로 마땅히 반야바라밀다와 함께 상응한다고 말하느니라.

제보살마하살들이 고성제(苦聖諦)의 공과 상응하는 까닭으로 마땅히 반야바라밀다와 함께 상응한다고 말하고, 집(集)·멸(滅)·도성제(道聖諦)의 공과 상응하는 까닭으로 마땅히 반야바라밀다와 함께 상응한다고 말하느니라. 제보살마하살들이 무명(無明)의 공과 상응하는 까닭으로 마땅히 반야바라밀다와 함께 상응한다고 말하고, 행(行)·식(識)·명색(名色)·육처(六處)·촉(觸)·수(受)·애(愛)·취(取)·유(有)·생(生)·노사(老死)의 수탄고우뇌(愁歎苦憂惱)의 공과 상응하는 까닭으로 마땅히 반야바라밀다와 함께 상응한다고 말하느니라.

　제보살마하살들이 일체법공(一切法空)과 상응하는 까닭으로 마땅히 반야바라밀다와 함께 상응한다고 말하고, 유위(有爲)·무위법(無爲法)의 공과 상응하는 까닭으로 마땅히 반야바라밀다와 함께 상응한다고 말하느니라. 사리자여. 제보살마하살들은 이와 같은 일곱 가지의 공과 상응하는 까닭으로 마땅히 반야바라밀다와 함께 상응한다고 말하느니라.

　사리자여. 제보살마하살들이 이와 같은 일곱 가지의 공과 상응하는 때라면, 색이 만약 상응하거나 만약 상응하지 않더라도 보지 않고 수·상·행·식이 만약 상응하거나 만약 상응하지 않더라도 보지 않으며, 색이 만약 생겨나거나 만약 소멸하는 법이더라도 보지 않고 수·상·행·식이 생겨나거나 만약 소멸하는 법이더라도 보지 않으며, 색이 만약 염오이거나 만약 청정한 법이더라도 보지 않고 수·상·행·식이 만약 염오이거나 만약 청정한 법이더라도 보지 않으며, 색과 수(受)의 화합(合)함을 보지 않고, 수와 상(想)의 화합함을 보지 않으며, 상과 행(行)의 화합함을 보지 않고, 행과 식(識)의 화합함도 보지 않느니라. 왜 그러한가? 사리자여. 적은 법이라도 법과 화합하는 것이 없나니, 일체법의 본성이 공한 까닭이니라.

　사리자여. 여러 색은 공이므로 그것은 색이 아니고, 여러 수·상·행·식은 공이므로 그것은 수·상·행·식이 아니니라. 왜 그러한가? 사리자여. 여러 색은 공이므로 그것은 변이하고 장애하는 상(相)이 아니고, 여러 수는 공이므로 그것은 받아들이는 상이 아니며, 여러 상은 공이므로 그것은 형상을 취하는 상이 아니고, 여러 행은 공이므로 그것은 조작(造作)하는 상이 아니며, 여러 식은 공이므로 그것은 명료하게 분별하는 상이 아니니라. 왜 그러한가? 사리자여. 색이 공과 다르지 않고 공이 색과 다르지 않으며, 색은 곧 이것이 공이고 공은 곧 이것이 색이며, 수·상·행·식도 역시 다시 이와 같으니라.

　사리자여. 이 제법의 공한 상(空相)은 생겨나지도 않고 소멸하지도 않으며, 염오되지 않고 청정하지도 않으며, 증장하지 않고 감소하지도 않으며, 과거도 아니고 미래도 아니며 현재도 아니나니, 이와 같이 공한 가운데에서는 색이 없고 수·상·행·식도 없으며, 안처도 없고 이·비·설·신·의처도 없으며, 색처도 없고 성·향·미·촉·법처도 없으며, 지계도 없고 수·화·풍·공·식계도 없으며, 안계도 없고 이·비·설·신·의계도 없으며, 색계도 없고 성·향·미·촉·법계도 없으며, 안식계도 없고 이·비·설·신·의식계도 없으며,

무명도 없고 역시 무명의 소멸도 없으며, 행·식·명색·육처·촉·수·애·취·유·생·노사의 수탄고우뇌도 없고 역시 행, 나아가 노사의 수탄고우뇌도 없으며, 고성제도 없고 집·멸·도성제도 없으며, 증득(得)도 없고 현관(現觀)도 없으며, 예류도 없고 예류과도 없으며, 일래도 없고 일래과도 없으며, 불환도 없고 불환과도 없으며, 아라한도 없고 아라한과도 없으며, 독각도 없고 독각의 보리도 없으며, 보살도 없고 보살의 행도 없으며, 정등각(正等覺)도 없고 정등각의 보리도 없느니라. 사리자여. 제보살마하살들은 이와 같은 법과 상응하는 까닭으로 마땅히 반야바라밀다와 함께 상응한다고 말하느니라.

다시 다음으로 사리자여. 제보살마하살들이 반야바라밀다를 수행하면서 보시바라밀다가 만약 상응하거나 만약 상응하지 않을지라도 보지 않고 정계·안인·정진·정려·반야바라밀다가 만약 상응하거나 만약 상응하지 않을지라도 보지 않으며, 색이 만약 상응하거나 만약 상응하지 않을지라도 보지 않고 수·상·행·식이 만약 상응하거나 만약 상응하지 않을지라도 보지 않으며, 안처가 만약 상응하거나 만약 상응하지 않을지라도 보지 않고 이·비·설·신·의처가 만약 상응하거나 만약 상응하지 않을지라도 보지 않으며, 색처가 만약 상응하거나 만약 상응하지 않을지라도 보지 않으며, 성·향·미·촉·법처가 만약 상응하거나 만약 상응하지 않을지라도 보지 않으며, 안계가 만약 상응하거나 만약 상응하지 않을지라도 보지 않고 이·비·설·신·의계가 만약 상응하거나 만약 상응하지 않을지라도 보지 않으며,

색계가 만약 상응하거나 만약 상응하지 않을지라도 보지 않고 성·향·미·촉·법계가 만약 상응하거나 만약 상응하지 않을지라도 보지 않으며, 안식계가 만약 상응하거나 만약 상응하지 않을지라도 보지 않으며, 이·비·설·신·의식계가 만약 상응하거나 만약 상응하지 않을지라도 보지 않으며, 고성제가 만약 상응하거나 만약 상응하지 않을지라도 보지 않고 집·멸·도성제가 만약 상응하거나 만약 상응하지 않을지라도 보지 않으며, 무명이 만약 상응하거나 만약 상응하지 않을지라도 보지 않고 행·식·명색·육처·촉·수·애·취·유·생·노사가 만약 상응하거나 만약 상응하지 않을지라도 보지 않으며,

4념주가 만약 상응하거나 만약 상응하지 않을지라도 보지 않고 4정단·4신족·5근·5력·7등각지·8성도지가 만약 상응하거나 만약 상응하지 않을지라도 보지 않으며, 6신통이 만약 상응하거나 만약 상응하지 않을지라도 보지 않으며, 여래의 10력이 만약 상응하거나 만약 상응하지 않을지라도 보지 않고 4무소외·4무애해·18불불공법이 만약 상응하거나 만약 상응하지 않을지라도 보지 않으며, 일체상미묘지(一切相微妙智)가 만약 상응하거나 만약 상응하지 않을지라도 보지 않으며, 일체지지(一切智智)가 만약 상응하거나 만약 상응하지 않을지라도 보지 않느니라. 사리자여. 제보살마하살들은 이와 같은 법과 상응하는 까닭으로 마땅히 반야바라밀다와 함께 상응한다고 말하느니라.

다시 다음으로 사리자여. 제보살마하살들이 반야바라밀다를 수행하면서 공(空)이 공과 함께 화합하고 역시 공과 함께 상응하지 않더라도 관찰하지 않으며, 무상(無相)이 무상과 함께 화합하고 역시 무상과 상응하지 않더라도 관찰하지 않으며, 무원(無願)이 무원과 함께 화합하고 역시 무원과 상응하지 않더라도 관찰하지 않느니라. 왜 그러한가? 사리자여. 공·무상·무원은 화합하는 것도 없고 화합하지 않는 것도 없으며 상응하는 것도 없고 상응하지 않는 것도 없는 까닭이니라. 사리자여. 제보살마하살들은 이와 같은 법과 상응하는 까닭으로 마땅히 반야바라밀다와 함께

상응한다고 말하느니라.

　다시 다음으로 사리자여. 제보살마하살들이 반야바라밀다를 수행하여 일체법의 자상공(自相空)에 들어갔다면 색이 만약 화합하거나 만약 흩어진다고 관찰하지 않고, 수·상·행·식이 만약 화합하거나 만약 흩어진다고 관찰하지 않으며, 색과 전제(前際)가 만약 화합하거나 만약 흩어진다고 관찰하지 않느니라. 왜 그러한가? 전제를 보지 않는 까닭이니라. 색과 후제(後際)가 만약 화합하거나 만약 흩어진다고 관찰하지 않느니라. 왜 그러한가? 후제를 보지 않는 까닭이니라. 색과 중제(中際)가 만약 화합하거나 만약 흩어진다고 관찰하지 않느니라. 왜 그러한가? 후제를 보지 않는 까닭이니라.

　수·상·행·식과 전제가 만약 화합하거나 만약 흩어진다고 관찰하지 않느니라. 왜 그러한가? 전제를 보지 않는 까닭이니라. 수·상·행·식과 후제가 만약 화합하거나 만약 흩어진다고 관찰하지 않느니라. 왜 그러한가? 후제를 보지 않는 까닭이니라. 수·상·행·식과 중제가 만약 화합하거나 만약 흩어진다고 관찰하지 않느니라. 왜 그러한가? 후제를 보지 않는 까닭이니라. 사리자여. 제보살마하살들은 이와 같은 법과 상응하는 까닭으로 마땅히 반야바라밀다와 함께 상응한다고 말하느니라.

　다시 다음으로 사리자여. 전제와 후제가 만약 화합하거나 만약 흩어진다고 관찰하지 않고, 전제와 중제가 만약 화합하거나 만약 흩어진다고 관찰하지 않으며, 후제와 전제가 만약 화합하거나 만약 흩어진다고 관찰하지 않고, 후제와 중제가 만약 화합하거나 만약 흩어진다고 관찰하지 않으며, 중제와 전제가 만약 화합하거나 만약 흩어진다고 관찰하지 않고, 중제와 후제가 만약 화합하거나 만약 흩어진다고 관찰하지 않으며, 전제와 후제·중제가 만약 화합하거나 만약 흩어진다고 관찰하지 않고, 후제와 전제·중제가 만약 화합하거나 만약 흩어진다고 관찰하지 않으며, 중제와 전제·후제가 만약 화합하거나 만약 흩어진다고 관찰하지 않고, 전제·중제·후제가 만약 화합하거나 만약 흩어진다고 관찰하지 않느니라. 왜 그러한가? 3세(三世)가 공한 까닭이니라.

다시 다음으로 사리자여. 제보살마하살들이 반야바라밀다를 수행하면서 일체지(一切智)와 과거가 만약 화합하거나 만약 흩어진다고 관찰하지 않느니라. 왜 그러한가? 오히려 과거를 보지 않는데 하물며 일체지와 과거가 만약 화합하거나 만약 흩어진다고 관찰하겠는가! 일체지와 미래가 만약 화합하거나 만약 흩어진다고 관찰하지 않느니라. 왜 그러한가? 오히려 미래를 보지 않는데 하물며 일체지와 미래가 만약 화합하거나 만약 흩어진다고 관찰하겠는가!

일체지와 현재가 만약 화합하거나 만약 흩어진다고 관찰하지 않느니라. 왜 그러한가? 오히려 현재를 보지 않는데 하물며 일체지와 현재가 만약 화합하거나 만약 흩어진다고 관찰하겠는가! 일체지와 색이 만약 화합하거나 만약 흩어진다고 관찰하지 않느니라. 왜 그러한가? 오히려 색을 보지 않는데 하물며 일체지와 색이 만약 화합하거나 만약 흩어진다고 관찰하겠는가!

일체지와 수·상·행·식이 만약 화합하거나 만약 흩어진다고 관찰하지 않느니라. 왜 그러한가? 오히려 수·상·행·식을 보지 않는데 하물며 일체지와 수·상·행·식이 만약 화합하거나 만약 흩어진다고 관찰하겠는가! 일체지와 안처가 만약 화합하거나 만약 흩어진다고 관찰하지 않느니라. 왜 그러한가? 오히려 안처를 보지 않는데 하물며 일체지와 안처가 만약 화합하거나 만약 흩어진다고 관찰하겠는가!

일체지와 이·비·설·신·의처가 만약 화합하거나 만약 흩어진다고 관찰하지 않느니라. 왜 그러한가? 오히려 이·비·설·신·의처를 보지 않는데 하물며 일체지와 이·비·설·신·의처가 만약 화합하거나 만약 흩어진다고 관찰하겠는가! 일체지와 색처가 만약 화합하거나 만약 흩어진다고 관찰하지 않느니라. 왜 그러한가? 오히려 색처를 보지 않는데 하물며 일체지와 색처가 만약 화합하거나 만약 흩어진다고 관찰하겠는가!

일체지와 성·향·미·촉·법처가 만약 화합하거나 만약 흩어진다고 관찰하지 않느니라. 왜 그러한가? 오히려 성·향·미·촉·법처를 보지 않는데 하물며 일체지와 성·향·미·촉·법처가 만약 화합하거나 만약 흩어진다고 관찰하겠는가! 일체지와 안계가 만약 화합하거나 만약 흩어진다고 관찰하지 않느니라. 왜 그러한가? 오히려 안계를 보지 않는데 하물며 일체지와 안계가 만약 화합하거나 만약 흩어진다고 관찰하겠는가!

일체지와 이·비·설·신·의계가 만약 화합하거나 만약 흩어진다고 관찰하지 않느니라. 왜 그러한가? 오히려 이·비·설·신·의계를 보지 않는데 하물며 일체지와 이·비·설·신·의계가 만약 화합하거나 만약 흩어진다고 관찰하겠는가! 일체지와 색계가 만약 화합하거나 만약 흩어진다고 관찰하지 않느니라. 왜 그러한가? 오히려 색계를 보지 않는데 하물며 일체지와 색계가 만약 화합하거나 만약 흩어진다고 관찰하겠는가!

일체지와 성·향·미·촉·법계가 만약 화합하거나 만약 흩어진다고 관찰하지 않느니라. 왜 그러한가? 오히려 성·향·미·촉·법계를 보지 않는데 하물며 일체지와 성·향·미·촉·법계가 만약 화합하거나 만약 흩어진다고 관찰하겠는가! 일체지와 안식계가 만약 화합하거나 만약 흩어진다고 관찰하지 않느니라. 왜 그러한가? 오히려 안식계를 보지 않는데 하물며 일체지와 안식계가 만약 화합하거나 만약 흩어진다고 관찰하겠는가!

일체지와 이·비·설·신·의식계가 만약 화합하거나 만약 흩어진다고 관찰하지 않느니라. 왜 그러한가? 오히려 이·비·설·신·의식계를 보지 않는데 하물며 일체지와 이·비·설·신·의식계가 만약 화합하거나 만약 흩어진다고 관찰하겠는가! 일체지와 고성제가 만약 화합하거나 만약 흩어진다고 관찰하지 않느니라. 왜 그러한가? 오히려 고성제를 보지 않는데 하물며 일체지와 고성제가 만약 화합하거나 만약 흩어진다고 관찰하겠는가!

일체지와 집·멸·도성제가 만약 화합하거나 만약 흩어진다고 관찰하지 않느니라. 왜 그러한가? 오히려 집·멸·도성제를 보지 않는데 하물며 일체지와 집·멸·도성제가 만약 화합하거나 만약 흩어진다고 관찰하겠는가! 일체지와 무명이 만약 화합하거나 만약 흩어진다고 관찰하지 않느니라. 왜 그러한가? 오히려 무명을 보지 않는데 하물며 일체지와 무명이 만약 화합하거나 만약 흩어진다고 관찰하겠는가!

일체지와 행·식·명색·육처·촉·수·애·취·유·생·노사가 만약 화합하거나 만약 흩어진다고 관찰하지 않느니라. 왜 그러한가? 오히려 행, 나아가 노사를 보지 않는데 하물며 일체지와 행, 나아가 노사가 만약 화합하거나 만약 흩어진다고 관찰하겠는가! 일체지와 보시바라밀다가 만약 화합하거나 만약 흩어진다고 관찰하지 않느니라. 왜 그러한가? 오히려 보시바라밀다를 보지 않는데 하물며 일체지와 보시바라밀다가 만약 화합하거나 만약 흩어진다고 관찰하겠는가!

일체지와 정계·안인·정진·정려·반야바라밀다가 만약 화합하거나 만약 흩어진다고 관찰하지 않느니라. 왜 그러한가? 오히려 정계·안인·정진·정려·반야바라밀다를 보지 않는데 하물며 일체지와 정계·안인·정진·정려·반야바라밀다가 만약 화합하거나 만약 흩어진다고 관찰하겠는가! 일체지와 4념주가 만약 화합하거나 만약 흩어진다고 관찰하지 않느니라. 왜 그러한가? 오히려 4념주를 보지 않는데 하물며 일체지와 4념주가 만약 화합하거나 만약 흩어진다고 관찰하겠는가!

일체지와 4정단·4신족·5근·5력·7등각지·8성도지가 만약 화합하거나 만약 흩어진다고 관찰하지 않느니라. 왜 그러한가? 오히려 4정단, 나아가 8성도지를 보지 않는데 하물며 일체지와 4정단, 나아가 8성도지가 만약 화합하거나 만약 흩어진다고 관찰하겠는가! 일체지와 6신통이 만약 화합하거나 만약 흩어진다고 관찰하지 않느니라. 왜 그러한가? 오히려 6신통을 보지 않는데 하물며 일체지와 6신통이 만약 화합하거나 만약 흩어진다고 관찰하겠는가!

일체지와 여래의 10력이 만약 화합하거나 만약 흩어진다고 관찰하지 않느니라. 왜 그러한가? 오히려 여래의 10력을 보지 않는데 하물며 일체지와 여래의 10력이 만약 화합하거나 만약 흩어진다고 관찰하겠는가! 일체지와 4무소외·4무애해·18불불공법이 만약 화합하거나 만약 흩어진다고 관찰하지 않느니라. 왜 그러한가? 오히려 4무소외·4무애해·18불불공법을 보지 않는데 하물며 일체지와 4무소외·4무애해·18불불공법이 만약 화합하거나 만약 흩어진다고 관찰하겠는가!

일체지와 제불이 만약 화합하거나 만약 흩어진다고 관찰하지 않느니라. 왜 그러한가? 일체지가 나아가서 이것이 제불이고 제불은 나아가서 이것이 일체지인 까닭이니라. 일체지와 보리가 만약 화합하거나 만약 흩어진다고 관찰하지 않느니라. 왜 그러한가? 일체지가 나아가서 이것이 보리이고 보리는 나아가서 이것이 일체지인 까닭이니라. 제보살마하살들은 이와 같은 법과 상응하는 까닭으로 마땅히 반야바라밀다와 함께 상응한다고 말하느니라.

다시 다음으로 사리자여. 제보살마하살들이 반야바라밀다를 수행하면서 색이 만약 있거나 만약 있지 않은 것에 집착하지 않고 수·상·행·식이 만약 있거나 만약 있지 않은 것에 집착하지 않으며, 색이 만약 항상하거나 만약 무상(無常)하다는 것에 집착하지 않고 수·상·행·식이 항상하거나 만약 무상하다는 것에 집착하지 않으며, 색이 만약 즐겁거나 만약 괴롭다는 것에 집착하지 않고 수·상·행·식이 만약 즐겁거나 만약 괴롭다는 것에 집착하지 않으며, 색이 만약 아(我)이거나 만약 무아(無我)인 것에 집착하지 않고 수·상·행·식이 만약 아이거나 만약 무아인 것에 집착하지 않으며,

색이 만약 적정(寂靜)하거나 만약 적정하지 않다는 것에 집착하지 않고 수·상·행·식이 만약 적정하거나 만약 적정하지 않다는 것에 집착하지 않으며, 색이 만약 공(空)하거나 만약 공하지 않다는 것에 집착하지 않고 수·상·행·식이 만약 공하거나 만약 공하지 않다는 것에 집착하지 않으며, 색이 만약 유상(有相)이거나 만약 무상(無相)이라는 것에 집착하지 않고 수·상·행·식이 만약 유상이거나 만약 무상이라는 것에 집착하지 않으며, 색이 만약 유원(有願)이거나 만약 무원(無願)이라는 것에 집착하지 않고 수·상·행·식이 만약 유원이거나 만약 무원이라는 것에 집착하지 않느니라. 사리자여. 제보살마하살들은 이와 같은 법과 상응하는 까닭으로 마땅히 반야바라밀다와 함께 상응한다고 말하느니라.

다시 다음으로 사리자여. 제보살마하살들이 반야바라밀다를 수행하면

서 '나는 반야바라밀다를 행한다.'라고 이렇게 생각을 짓지 않고, '나는 반야바라밀다를 행하지 않는다.'라고 이렇게 생각을 짓지 않으며, '나는 반야바라밀다를 역시 행하고 역시 행하지 않는다.'라고 이렇게 생각을 짓지 않고, '나는 반야바라밀다를 역시 행하지 않고 역시 행하지 않지도 않는다.'라고 이렇게 생각을 짓지 않느니라. 사리자여. 제보살마하살들은 이와 같은 법과 상응하는 까닭으로 마땅히 반야바라밀다와 함께 상응한다고 말하느니라.

다시 다음으로 사리자여. 제보살마하살들이 반야바라밀다를 수행하는 때에, 보시바라밀다를 위한 까닭으로 반야바라밀다를 수행하지 않고 정계·안인·정진·정려·반야바라밀다를 위한 까닭으로 반야바라밀다를 수행하지 않으며, 보살의 정결정(正決定)에 들어가기 위한 까닭으로 반야바라밀다를 수행하지 않고, 보살의 불퇴전지(不退轉地)를 위한 까닭으로 반야바라밀다를 수행하지 않으며, 유정을 성숙시키기 위한 까닭으로 반야바라밀다를 수행하지 않고, 불국토를 청정하게 장엄하기 위한 까닭으로 반야바라밀다를 수행하지 않느니라.

4념주를 위한 까닭으로 반야바라밀다를 수행하지 않고 4정단·4신족·5근·5력·7등각지·8성도지를 위한 까닭으로 반야바라밀다를 수행하지 않으며, 여래의 10력을 위한 까닭으로 반야바라밀다를 수행하지 않고 4무소외·4무애해·18불불공법을 위한 까닭으로 반야바라밀다를 수행하지 않으며, 내공을 위한 까닭으로 반야바라밀다를 수행하지 않고 외공·내외공·공공·대공·승의공·유위공·무위공·필경공·무제공·산공·무산공·본성공·자상공·공상공·일체법공·무성공·무성자성공을 위한 까닭으로 반야바라밀다를 수행하지 않으며, 진여를 위한 까닭으로 반야바라밀다를 수행하지 않고 법계·법성·실제를 위한 까닭으로 반야바라밀다를 수행하지 않느니라.

왜 그러한가? 사리자여. 제보살마하살들이 반야바라밀다를 수행하는 때에는 제법의 성품의 차별을 보지 않는 까닭이니라. 사리자여. 제보살마하살들은 이와 같은 법과 상응하는 까닭으로 마땅히 반야바라밀다와 함께 상응한다고 말하느니라.

　다시 다음으로 사리자여. 제보살마하살들이 반야바라밀다를 수행하면서 천안지증통(天眼智證通)을 위한 까닭으로 반야바라밀다를 수행하지 않고,　천이(天耳)·타심(他心)·숙주수념(宿住隨念)·신경(神境)·누진지증통(漏盡智證通)을 위한 까닭으로 반야바라밀다를 수행하지 않느니라. 왜 그러한가? 제보살마하살들은 반야바라밀다를 수행하는 때에 반야바라밀다도 오히려 보지 않는데 하물며 보살마하살과 여래·응공·정등각의 6신통을 보겠는가! 사리자여. 제보살마하살들은 이와 같은 법과 상응하는 까닭으로 마땅히 반야바라밀다와 함께 상응한다고 말하느니라.

　다시 다음으로 사리자여. 제보살마하살들이 반야바라밀다를 수행하면서 '나는 천안지증통으로써 시방의 긍가사 등의 제불세계에서 일체의 유정들이 이곳에서 죽고 저곳에서 태어나는 품류(品類) 차별을 두루 관찰하겠다.'라고 이렇게 생각을 짓지 않느니라. '나는 천이지증통으로써 긍가사 등의 제불세계에서 일체의 유정들의 말과 음성의 차별을 두루 듣겠다.'라고 이렇게 생각을 짓지 않느니라. '나는 타심지증통으로써 시방의 긍가사 등의 제불세계에서 일체의 유정들의 심(心)·심소(心所)에 인연하는 생각의 차별을 두루 알겠다.'라고 이렇게 생각을 짓지 않느니라.
　'나는 숙주수념지증통으로써 시방의 긍가사 등의 제불세계에서 일체의 유정들의 전생에 머물렀던 차별을 두루 억념하겠다.'라고 이렇게 생각을 짓지 않느니라. '나는 신경지증통으로써 긍가사 등의 제불세계에서 두루 가서 제유정들을 위하여 정법을 널리 설하겠다.'라고 이렇게 생각을 짓지 않느니라. '나는 누진지증통으로써 시방의 긍가사 등의 제불세계에서 일체의 유정들의 누진(漏盡)과 누진이 아닌 것을 두루 알겠다.'라고 이렇게 생각을 짓지 않느니라. 사리자여. 제보살마하살들은 이와 같은 법과 상응하는 까닭으로 마땅히 반야바라밀다와 함께 상응한다고 말하느니라.

다시 다음으로 사리자여. 이와 같이 보살마하살이 반야바라밀다를 수행하고 반야바라밀다와 함께 상응하는 때에, 방편선교로써 무량(無量)하고 무수(無數)이며 무변(無邊)한 유정들을 무여의열반계에 두루 능히 안립(安立)시키고, 일체의 악마와 여러 권속들이 그 틈새를 얻지 못하게 하며, 일체의 번뇌를 모두 조복시켜서 소멸시키고, 세간의 여러 일들의 욕망하였던 것을 모두가 성취하게 하며, 시방의 각각 긍가사와 같은 세계의 일체의 여래·응공·정등각들과 제보살마하살들이 모두 함께 이와 같은 보살을 호념(護念)하여 일체의 성문과 독각 등의 지위에 떨어지지 않게 하고,

시방의 각각 긍가사와 같은 세계의 성문과 독각과 4대왕중천, 나아가 타화자재천, 범중천 나아가 대범천과, 광천 나아가 극광정천과, 정천, 나아가 변정천과, 광천 나아가 광과천과, 무번천 나아가 색구경천 등이 모두가 함께 이와 같은 보살을 옹위(擁衛)하여 여러 하였던 것이 있다면 장애가 없고 빠르게 성취되게 하며, 소유한 몸과 마음의 여러 종류의 질병과 고통들을 모두 낫게 하고 없애주며, 설사 죄업(罪業)이 있어서 마땅히 미래의 세상에서 상응하여 괴로운 과보를 받을지라도 현재에 전전하여 가볍게 받게 하느니라. 왜 그러한가? 사리자여. 이 보살마하살은 일체의 유정들에게 자비가 두루한 까닭이니라.

사리자여. 이 보살마하살은 반야바라밀다를 수행하면서 큰 세력을 구족하고서 가행(加行)을 적게 수용할지라도 곧 일체의 수승한 다라니문(陀羅尼門)과 일체의 수승한 삼마지문(三摩地門)을 능히 이끌어서 일으켜서 모두 앞에 나타나게 하고, 오히려 이러한 세력으로 뜻을 따라서 세간과 출세간의 여러 종류의 공덕을 이끌어서 일으키며, 태어나는 처소인 곳을 따라서 항상 제불·세존과 제보살마하살들을 만나서 섬기게 되고, 무상정등보리에 이르기까지 그 중간에서 항상 제불과 제보살마하살들을 벗어나지 않느니라.

사리자여. 이 보살마하살은 반야바라밀다를 수행하면서 반야바라밀다와 상응하는 까닭으로 이와 같은 등의 무량하고 무변하며 불가사의한

공덕과 수승한 이익을 얻는다고 마땅히 알아야 하느니라.

　다시 다음으로 사리자여. 제보살마하살들이 반야바라밀다를 수행하면서 '법과 법은 만약 상응하거나, 만약 상응하지 않거나, 만약 평등하거나, 만약 평등하지 않은 것이 있다.'라고 이렇게 생각을 짓지 않느니라. 왜 그러한가? 사리자여. 이 보살마하살은 법과 법은 만약 상응하거나, 만약 상응하지 않거나, 만약 평등하거나, 만약 평등하지 않은 것이 있다고 보지 않는 까닭이니라. 사리자여. 제보살마하살들은 이와 같은 법과 상응하는 까닭으로 마땅히 반야바라밀다와 함께 상응한다고 말하느니라.

漢譯 | 현장(玄奘)

중국 당나라 사문으로 하남성(河南省) 낙양(洛陽) 구씨현(緱氏縣)에서 출생하였고, 속성은 진씨(陳氏), 이름은 위(褘)이다. 10세에 낙양 정토사(淨土寺)에 귀의하였고, 경(經)·율(律)·논(論) 삼장(三藏)에 밝아서 삼장법사라고 불린다. 627년 인도로 구법을 떠나서 나란다사(那爛陀寺)에 들어가 계현(戒賢)에게 수학하였다. 641년 520질 657부(部)에 달하는 불경들을 가지고 귀국길에 올라 645년 정월 장안으로 돌아왔으며, 인도 여행기인『대당서역기(大唐西域記)』12권을 저술하였다. 번역한 삼장으로는 경장인 『대반야바라밀다경(大般若波羅蜜多經)』600권, 율장인『보살계본(菩薩戒本)』2권, 논장인『유가사지론(瑜伽師地論)』100권,『아비달마대비바사론(阿毘達磨大毘婆沙論)』200권 등이 있다. 번역한 경전은 76부 1,347권에 이르는 매우 중요한 대승불교 경전들이 상당수 포함되어 있으며, 문장과 단어에 충실하여 문장의 우아함은 부족하더라도 어휘의 정확도는 매우 진전되었다. 구마라집 등의 구역(舊譯)과 차별을 보여주고 있어 신역(新譯)이라 불리고 있다.

國譯 | 釋 普雲(宋法燁)

대한불교조계종 제2교구본사 용주사에서 출가하였고, 문학박사이다. 현재 대한불교조계종 교육아사리(계율)이고, 죽림불교문화연구원에서 연구와 번역을 병행하고 있다.

논저 | 논문으로「통합종단 이후 불교의례의 변천과 향후 과제」등 다수. 저술로『신편 승가의범』, 『승가의궤』가 있으며, 번역서로『마하반야바라밀다경』(1~15),『팔리율』(Ⅰ~Ⅴ),『마하승기율』(상·중·하),『십송율』(상·중·하),『보살계본소』,『근본설일체유부비나야』(상·하),『근본설일체유부비나야약사』,『근본설일체유부비나야파승사』,『근본설일체유부비나야잡사』(상·하),『근본설일체유부필추니비나야』,『근본설일체유부백일갈마 외』,『안락집』등이 있다.

마하반야바라밀다경 16 摩訶般若波羅蜜多經 16

三藏法師 玄奘 漢譯 | 釋 普雲 國譯

2025년 10월 31일 초판 1쇄 발행

펴낸이·오일주
펴낸곳·도서출판 혜안
등록번호·제22-471호
등록일자·1993년 7월 30일

주 소·㉾04052 서울시 마포구 와우산로 35길3(서교동) 102호
전 화·3141-3711~2 / 팩시밀리·3141-3710
E-Mail·hyeanpub@daum.net

ISBN 978-89-8494-736-8 03220

값 48,000 원